Zu diesem Buch

Rocklexika sind zumeist an Personen und Gruppen ausgerichtet. Rockmusik ist aber mehr als die Geschichte ihrer Interpreten. Sie ist Kunst und Handwerk, Medium und Ware. Wer Rock begreifen will, findet im «Sachlexikon Rockmusik» sachverständige Informationen. Ob Amplifier oder Achtelnote, Heavy Metal oder House, Kadenz oder Klirrfaktor, Riff oder Reggae, Synthesizer oder Scratching – das Sachlexikon erklärt Gattungen, Techniken und Instrumente, stilistische Dialekte und überpersönliche Richtungen, Vermarktungsformen und Gesellschaftsbezüge. Plattentips in Fülle helfen, das Gelesene wieder in Musik zu verwandeln.

Bernward Halbscheffel, 1953 geboren, studierte an der Freien Universität Berlin Musikwissenschaft, Vergleichende Musikwissenschaft und Publizistik. Für die Berliner Tageszeitung «Der Tagesspiegel» arbeitete er einige Jahre als Musikredakteur. Neben Aufsätzen und Rezensionen in verschiedenen Zeitungen und Zeitschriften veröffentlichte Bernward Halbscheffel «Living in the Past» (in: «Rock in den 70ern», herausgegeben von Tibor Kneif), «Zur Ontologie der Rockmusik» (in: International Review of the Aesthetics and Sociology of Music, 1983) und «Früher Jazzrock in Großbritannien – Die Canterbury-Strömung» (in: Jazzforschung/jazz research 22, 1990).

Tibor Kneif, deutscher Musikhistoriker ungarischer Abstammung. Während vieler Jahre hielt er regelmäßig an der Freien Universität Berlin Vorlesungen und Seminare über Rock und Jazz ab. Über Rockmusik veröffentlichte Tibor Kneif neben Aufsätzen in verschiedenen Zeitschriften: «Einführung in die Rockmusik – Entwürfe und Unterlagen für Studium und Unterricht» (Wilhelmshaven, Heinrichshofen, 2. Auflage 1981); «Rockmusik» (Kassette mit drei Langspielplatten und Kommentarheften, Arno Volk Verlag 1979, Herausgeber); «Rock in den 70ern» (rororo 6279). Das im Jahre 1978 erstmals erschienene «Sachlexikon Rockmusik» (rororo 6223, 3. Auflage 1980) war das erste seiner Art.

Bernward Halbscheffel
Tibor Kneif

SACHLEXIKON ROCKMUSIK

Instrumente, Stile, Techniken, Industrie und Geschichte

rororo
Rowohlt

Originalausgabe
Veröffentlicht im Rowohlt Taschenbuch Verlag GmbH,
Reinbek bei Hamburg, Juni 1992

Neubearbeitete Ausgabe des 1978 erschienenen
«Sachlexikon Rockmusik»
Umschlaggestaltung Walter Hellmann
Satz Times (Linotronic 500)
Gesamtherstellung Clausen & Bosse, Leck
Printed in Germany
1890-ISBN 3 499 16334 9

Vorwort

Das «Sachlexikon Rockmusik», das im Jahr 1978 erstmals erschien, war – wie Tibor Kneif in seinem Vorwort schrieb – ein erster Versuch. Es war der Versuch, etwa 25 Jahre Rock-Geschichte aus einer anderen Perspektive als der des Fans, der nur «seinen» Star sieht, zu betrachten. Das «Sachlexikon Rockmusik» nahm sich der Voraussetzungen an. Kein Elvis Presley ohne Sun Records, keine BEATLES ohne Star-Club, kein Jimi Hendrix ohne Fender Stratocaster, kein Mike Oldfield ohne Röhrenglocken. Daß sich auch Rockmusik in Begriffe fassen ließ – die zudem noch nicht einmal von Marketing-Strategen oder begeisterten Journalisten neu erfunden werden mußten –, das war für manchen Rockhörer ungewohnt. Es gibt aber keinen Grund, das Rad immer wieder neu zu erfinden oder einen Sachverhalt, der eine lange Tradition hat, nicht bei seinem Namen zu nennen; Riff und Basso Ostinato sind längst nicht so weit voneinander entfernt, wie die Vokabeln suggerieren.
Tibor Kneif hat all dies in seinem Lexikon zusammengetragen. Es ist damit weit mehr als ein Lexikon geworden, zumal der Leser manch ein Stichwort nicht fand und nach anderen nicht suchte. Aber es half, über den Tellerrand der Heldenverehrung hinauszusehen, half zu verstehen, wie verflochten die Plattenindustrie ist, wie technische Entwicklungen in künstlerische übergehen, wie künstlerische Eigenheiten erkannt und im wahrsten Sinne des Wortes umgemünzt werden. Allzuleicht wird vergessen, daß die Musikindustrie einer der größten Industriezweige der westlichen Welt ist und daß diese Industrie zum größeren Teil wiederum eine Rockmusikindustrie ist, wie weit auch immer man den Begriff Rock fassen möchte.
Mittlerweile ist die Rockmusik etwa vierzig Jahre alt. Was Rockmusik ist, ist zwar immer noch nicht ganz klar, aber die Intention des «Sachlexikons Rockmusik» ist geblieben: den Leser zu veranlassen, den Zusammenhängen nachzuspüren. Natürlich kann man sich über die Herstellung einer Compact Disc informieren und es dabei belassen.

Man kann aber auch den Artikel über digitale Audiotechnik lesen und wird dann feststellen, daß die CD Teil einer gewaltigen technischen Umwälzung ist, die einerseits auf die Rockmusik selbst zurückwirkt, die neue Stile hervorbringt und andererseits wirtschaftliche Folgen hat, deren Konsequenz noch nicht überschaubar ist. Es ist eben kein Zufall, daß der japanische Elektronikkonzern Sony die amerikanische Schallplattenfirma CBS, die mit Rockmusik groß wurde, kaufte.

So wünsche ich mir, daß der Leser sich festliest in diesem Buch, daß er vom Stichwort Fender zum Stichwort CBS wechselt, daß er danach den Artikel über Sony Music Entertainment liest und anschließend den über digitale Audiotechnik, der ihn veranlaßt, den Artikel über Hip Hop zu lesen, der ihn wiederum zu Breakdance führt und so weiter.

Natürlich ist das «Sachlexikon Rockmusik» auch in seiner überarbeiteten Form ein Versuch, nämlich der Versuch, einem Thema gerecht zu werden, dessen Grenzen niemand kennt. Daß diverse weitere Stichworte möglich wären, daß viele Musiker ungenannt bleiben und wichtige Schallplatten nicht verzeichnet sind, wird jeder feststellen, dem Rockmusik mehr ist als eine scheinbar beliebig austauschbare Klangtapete. Aber das «Sachlexikon Rockmusik» ist kein Lexikon für Spezialisten, und es ist kein Spezial-Lexikon – von denen es inzwischen eine erkleckliche Anzahl gibt –, sondern ein Nachschlagewerk für den Rockhörer, der über dieses oder jenes Detail, das er beispielsweise während eines Konzertes gesehen oder auf einem Plattencover gelesen hat, gern etwas wüßte.

Selbst wenn das Lexikon auf dieser Ebene vollständig wäre, würde es dennoch nur einen Teilaspekt der Rockmusik erfassen, denn Rock ist nicht nur Musik, nicht nur Instrumentenkunde, nicht nur Schallplatten-Geschichte. Das Drumherum indes, das oft ebenso wichtig wie die Musik war (und ist), läßt sich nicht in ein Lexikon pressen: Wie die Vespa eines Mods auszusehen hatte, welche Farbe die Gitarre eines Heavy Metal-Gitarristen nicht haben sollte, wie ein Hip Hop-Musiker seine Turnschuhe trägt – dies alles gehört natürlich dazu. Rockmusik ist dem Rockhörer viel zu sehr Bestandteil seines eigenen Lebens, als daß er sie auf die wohlüberlegte Organisation von Tönen beschränkt sehen möchte.

Das Lexikon wendet sich also an jeden, der sich für Rockmusik interessiert. Vorerst soll es auch bei dem Begriff Rockmusik bleiben, obwohl einige Artikel nicht von Rockmusik handeln. Der Begriff Popmusik ist ohne Inhalt und daher nur ein Synonym für U-Musik. Ob Pop nun als eine Ausprägung der bildenden Kunst verstanden wird oder als Abkürzung für «populäre Musik», ist dabei gleichgültig: Im ersten Fall trifft es nicht den Kern, denn Musik war nicht Teil des Pop – wenn es auch Pop-Künstler gab, die der Rockmusik jener Tage sehr nahe standen –, und der zweite Fall ist völlig realitätsfern. Denn von hundert Rock-Schallplatten sind vielleicht fünf populär. Rockmusik ist eine Musik der Minderheiten, die der Einfachheit halber unter einen Begriff gepackt werden.

Der Begriff Rockmusik ist in den achtziger Jahren ein wenig in Vergessenheit, vielleicht sogar in Verruf geraten. Ohne den Gründen weiter nachgehen zu wollen – wenn es in den achtziger Jahren auch keine musikalische Revolte wie Punk in den siebziger Jahren gab, so hat es in den Jahren zwischen 1980 und 1989 größere Veränderungen in der Musik gegeben als je zuvor. Die Einführung der Digitaltechnik auf jeder Ebene, die Zusammenballung der Schallplattenfirmen einerseits, die Formierung der von den großen Konzernen unabhängigen Schallplattenfirmen andererseits, die geradezu an Sucht erinnernde Abhängigkeit der Massenmedien wie Rundfunk und Fernsehen von der Rockmusik – dies alles gibt der Rockmusik eine Rolle, für die es kein Beispiel gibt. Die Digitaltechnik kommt in der Konsequenz ihrer Möglichkeiten eher der sogenannten E-Musik zugute – bezahlt werden die Entwicklungskosten aber von den Rockhörern. Die Schallplattenkonzerne der westlichen Welt haben ihre Größe und ihre Finanzmacht der Rockmusik zu verdanken. Und schließlich die Massenmedien: Rundfunk ohne Rockmusik ist undenkbar und wäre ohne die Unterstützung der Schallplattenkonzerne schon längst nicht mehr möglich; Fernsehsender, deren Programm aus Rockmusik besteht, die de facto aber ausschließlich Werbung für die Schallplattenindustrie betreiben, haben mittlerweile weltweiten Erfolg.
Rockmusiker wie Rockhörer haben daraus erstaunlicherweise keinen Gewinn ziehen können; ganz im Gegenteil ist das Dasein eines Rockmusikers nicht einfacher geworden. Rockmusik wird in derart großen

Mengen regelrecht verbraucht, daß kaum noch die Möglichkeit erkannt wird, Rockmusik als Kunstform zu nehmen, die in ihren Ausdrucksmöglichkeiten anderen Kunstformen nicht nachstehen muß.

In diesem Lexikon werden viele Musiker, viele Platten und viele Bücher genannt. Wer nähere Informationen zu den Musikern möchte, möge ein Musiker-Lexikon zu Rate ziehen, die meisten Rock-Lexika sind Musiker-Lexika, unter denen es einige gute gibt. Mit den Platten-Hinweisen ist es nicht ganz so einfach: Manche Platten sind längst aus den Katalogen gestrichen und selbst auf Auktionen oder bei britischen Plattenhändlern nicht zu bekommen. Trotzdem hat es einen Sinn, sie hier und da anzuführen: nämlich in den Fällen, in denen sie maßgebend waren. In der Regel allerdings sind Platten genannt, die leicht zu erhalten sind; das im Artikel Gesagte kann also leicht nachvollzogen werden. Daß die Plattenauswahl möglicherweise ein wenig einseitig ist, hat seinen Grund darin, daß ich diese Platten sehr gut kenne. Dies gilt auch für die Bücher, auf die ich hinweise, bis auf die Bücher, die aus den ersten Ausgaben des Lexikons übernommen wurden. Diese Bücher kenne ich nicht alle. Das Literaturverzeichnis am Schluß des Buches nennt Bücher, die einzelne Themen vertiefen.

Ein Lexikon bringt es mit sich, daß in einem Artikel zu einer Sache nicht alles gesagt werden kann, und das, was gesagt wird, auch noch sehr kurz sein muß. Dies hat Auswirkungen auf die Sprache. Wenn dem unbefangenen Leser daher manch eine Beschreibung akademisch oder gar zopfig vorkommen mag: es geschieht im Dienst der Sache. Anderes ist typisch für Lexika, so die in diesem Buch verwendeten Abkürzungen:

amer.: amerikanisch
Aufl.: Auflage
Bd.: Band
BRD: Bundesrepublik Deutschland (vor 1990)
bzw.: beziehungsweise
ca.: circa, ungefähr
Co.: Company

ders.: derselbe (bei Angaben von Verfassern, Musikern, Gruppen)
d. h.: das heißt
d. i.: das ist
dies.: dieselbe(n)
dt.: deutsch
engl.: englisch
erw.: erweiterte
f, ff: folgende (bei Seitenangaben)
ggf.: gegebenenfalls, eventuell
hg.: herausgegeben, Hg.: Herausgeber
Jg.: Jahrgang
o. J.: ohne Jahreszahl
s.: siehe
S.: Seite
sog.: sogenannt(e)
u. a.: unter anderem
usw.: und so weiter
vgl.: vergleiche
z. B.: zum Beispiel

Bei Schallplatten sind Urheber, Titel und Label genannt. Auch das Land, in dem die Platte hergestellt oder vertrieben wurde (oder wird), ist angeführt (mit der im internationalen Kraftverkehr üblichen Abkürzung des Landesnamens); doch ist diese Angabe mit Vorsicht zu genießen, weil manche Plattencover nur ein einziges Land nennen – das, in dem das Cover gedruckt wurde. Im übrigen wurde zwischen LP aus Vinyl und CD nicht unterschieden.

S ist ein Schallplattenhinweis.

L ist ein Literaturhinweis.

Platten- und Buchtitel sind *kursiv*, Gruppennamen in KAPITÄLCHEN gesetzt, Titel von Einzelmusikstücken stehen in Anführungszeichen.

Zum Schluß möchte ich denen danken, die mir geholfen haben. Mit einigen habe ich über bestimmte Themen sprechen können, andere haben mir Informationen zukommen lassen, und wieder andere haben mir Fingerzeige gegeben, wie man auch über Rockmusik denken kann, ohne daß sie zu diesem Buch direkt beigetragen haben. In erster Linie gilt mein Dank Tibor Kneif, der die Überarbeitung seines Buches begleitet hat. Weiterhin danke ich Knut Benzner aus Hamburg, der das Manuskript sorgfältig durchsah und mir manchen nützlichen Hinweis gab, sowie Ralph Geisenhanslücke, Uwe Marasus, Stefan Halbscheffel, Daniel Molines, Matthias Loose, Monika Döring, Uwe Tessnow von Line Records, Burkhard Seiler von Zensor Records, Janet M. Selman von EMI, Rosy Eming von WEA, dem Schallplattenladen Pinky Records, Sabine Baumann von Polydor, Dietrich Eggert von Rough Trade, Marina Rätzel von Metronome Records sowie Maximilian, Robert, Barbara, Gabriel und Christine.
Im übrigen bin ich für konstruktive Kritik dankbar; meine Adresse ist:

Bernward Halbscheffel
Flankenschanze 10
1000 Berlin 20

Berlin-Spandau, Dezember 1991

A

A ist ein Ton-Name, der sowohl das A der großen → Oktave wie auch allgemein die Tonqualität A in allen Oktavbereichen bezeichnen kann. Es ist zugleich Abkürzung für A-Dur, im Gegensatz zu a (= Moll), ja in neueren Kompositionen der → Bildungsmusik für die → Tonart allein, ohne Kenntlichmachung des → Tongeschlechtes. Ais ist ein chromatisch erhöhtes A, As ein chromatisch erniedrigtes A (engl. A ♯ oder A-sharp bzw. A ♭ oder A-flat).

ABC Records, New York, wurde 1956 von Sam Clark in Hollywood gegründet als ein Unternehmenszweig der American Broadcasting Company. Die Hauptattraktion des Labels war für lange Zeit (bis 1962) Paul Anka; weitere vertraglich verpflichtete Künstler waren bzw. sind Lloyd Price, Ray Charles, Sabicas und The Impressions. Sam Clark schied 1960 aus der Firma aus, die 1966 das von Lou Adler gegründete und in kurzer Zeit sehr erfolgreiche → Dunhill-Label aufkaufen konnte (mit Acts wie The Mamas and the Papas, Barry McGuire, P. F. Sloan und The Grassroots). Das Dachunternehmen ABC/Paramount befindet sich im Besitz des Mischkonzerns Gulf & Western. Weitere wichtige Acts waren The Crusaders, Steely Dan und Nine Nine Nine (weitere Labels: ABC Blue Thumb, ABC Dot, ABC Impulse u. a.). Die Firma wurde 1979 von MCA gekauft. In Deutschland werden die Schallplatten teils von → East West Records (Teldec), teils von Wishbone vertrieben.

Abkürzungen. Es gibt mündliche Abkürzungen, die von Rockmusikern, auch von Managern und von den im technischen Bereich Beschäftigten aus Gründen der Zeitersparnis gebraucht werden. Andere Abkürzungen werden in schriftlichen Texten verwendet, um Platz zu sparen oder der Übersichtlichkeit wegen, sei es auf Plattenhüllen und Werbemitteilungen, sei es in Fachzeitschriften und Lexika. Auch die Notation bedient sich einiger Symbole, deren Sinn in Abkürzung besteht. Eine besondere Form von Abkürzungen macht sich im englischen Sprachbereich den Wortklang von Zahlen und Buchstaben mit ganzen Wörtern zunutze: «2 hot 4 U» etwa bedeutet: «Too hot for you». Andere Abkürzungen kommen Spitznamen gleich: «Macca» für (Paul) McCartney oder «Chappo» für (Roger) Chapman.

Einige der wichtigsten Abkürzungen sind folgende:

ac: acoustic, akustisch
acc: accordion, Akkordeon
accel: accelerando, beschleunigend
accomp.: accompaniment, Begleitung
AOR: adults orientated rock, Rockmusik für Erwachsene (→ AOR)
A&R: Artist and Repertoire (→ A&R)
as: alto saxophone, Altsaxophon

ASCAP: American Society of Composers, Authors and Publishers (→ ASCAP)
b: bass, Baß, Kontrabaß
bar: baryton, Baritonsaxophon
bg: bass guitar, Baßgitarre
bj: banjo, Banjo
BMI: Broadcast Music Incorporated (→ BMI)
BPM: beats per minute, Schläge pro Minute
bs: bass saxophone, Baßsaxophon
b/w: backed with (→ Single)
cl: clarinet, Klarinette
cresc.: crescendo, lauter werdend
c/w: coupled with (→ Single)
C&W: Country and Western (Music) (→ Country)
dB: Dezibel
decresc.: decrescendo, leiser werdend
Deejay, DJ: Discjockey (→ Disc Jockey)
dr: drum(s), d. h. drum set (→ Schlagzeug); alle anderen Schlaginstrumente werden gewöhnlich als perc: percussion bezeichnet (→ Schlaginstrumente)
el(ec): electric, electronic; elektrisch, elektronisch
E-Musik: ernste Musik (→ Ernste Musik)
EP: Extended Play, Extended Player (→ EP)
f, ff, fff: forte, fortissimo, forte fortissimo; laut, sehr laut, äußerst laut
fl: flute, Querflöte
flh: flugelhorn, Flügelhorn
g: guitar, Gitarre
gliss.: glissando (→ Glissando)
harm: harmonica, Mundharmonika
harps: harpsichord, Cembalo
hype: hyperbolic, übertreibend, Irreführung durch Übertreibung (→ Hype)
keyb(d): keyboard(s), Instrumente mit einer Klaviatur oder Manual wie Klavier, Orgel, Clavichord, Clavinet, Cembalo, Mellotron usw.
l. H.: linke Hand, left hand
LP: Longplay, Long Player, Langspielplatte (→ LP)
mf: mezzoforte, mittellaut
mike: microphone, Mikrophon
M. M.: Mälzels Metronom
MOR: → Middle of the Road
op.: opus, Werk, Komposition
org: organ, Orgel (auch elektrisch)
p: piano, Klavier
PA(S): Public Address (System), Bezeichnung für das aus Mischpult, Verstärkern und Lautsprechern bestehende System, das den Klang in den Konzertsaal weitergibt (→ PA)
p, pp, ppp: piano, pianissimo, pianissimo piano; leise, sehr leise, äußerst leise
Ped.: Pedal (→ Pedal)
perc: percussion, alle Schlaginstrumente wie Congas, Maracas, Triangel, Tamtam usw. (→ Schlaginstrumente)
R&B: Rhythm and Blues (→ Rhythm & Blues)
rec: recorder, Blockflöte
r. H.: rechte Hand, right hand
rit.: ritardando, verlangsamend
sax: saxophone, Saxophon
sf: sforzato, plötzlich laut
sord.: sordino, Dämpfer für Streichinstrumente
ss: soprano saxophone, Sopransaxophon
stacc.: staccato, scharf abgehobene Töne

synth: synthesizer, Synthesizer (→ Synthesizer)
tb: trombone, Posaune
tp: trumpet, Trompete
tr.: Triller
ts: tenor saxophone, Tenorsaxophon
U-Musik: Unterhaltungsmusik (→ Unterhaltungsmusik)
vc: violoncello, Violoncello
vi: violin, Violine
vib: vibraphone, Vibraphon
voc: vocal(s), Gesang

Die wichtigsten Abkürzungen in der Notation sind:

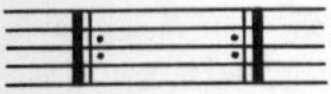
: der Takt ist zu wiederholen

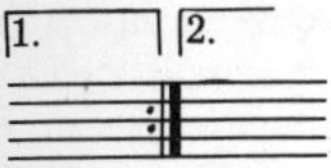

: nach der Wiederholung ist nicht Abschnitt 1, sondern Abschnitt 2 zu spielen

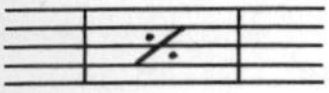
: wie der vorausgegangene Takt

: die Note ist in Achtel bzw. in Sechzehntel aufzulösen

: wie oben, zwei Töne abwechselnd in Achteln bzw. in Sechzehnteln

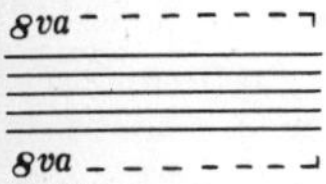

: die Tonfolge ist um eine Oktave höher bzw. tiefer zu spielen

: Fermate, der bezeichnete Ton ist auszuhalten

: der Zwischenbereich zwischen zwei Grenztönen ist durch Glissando auszufüllen

: zwei Zeichen, die auf entsprechende Zeichen im früheren oder späteren Notentext verweisen und zur Auslassung bzw. Raffung von Notenabschnitten im Wiederholungsfall dienen; hierzu:

D.S. (dal segno, von dem Zeichen an) gibt die Anweisung, von welchem Zeichen an der Abschnitt bis zu welchem Zeichen zu wiederholen ist.

Abmischung (engl. mix-down) heißt das Studioverfahren, bereits fertiggestellte Einzelspuren von Stimmen in zwei (für Stereophonie) endgültige Gruppen einzuteilen; die ehemals für einige Jahre modische Quadrophonie erforderte eine Abmischung auf vier Kanäle. Grundlage des Abmischens sind die Arbeitsbänder, auf denen Gesang und Instrumente hoch ausgesteuert und so «trocken», das heißt ohne Hall, Echo und andere Effekte, aufgenommen wurden wie nur möglich; diese Regel wird natürlich ständig durchbrochen, um besondere Klangeffekte zu erreichen. Im idealen Fall fehlt diesen Einzelspuren jedoch jegliche räumliche Information. Das Abmischen hat außer der Kanalverteilung nun die wichtige, wenn nicht entscheidende Aufgabe, die Lautstärken in ein optimales Verhältnis unter den Einzelspuren zu bringen, Solo und Begleitung in ein ausgewogenes Maß zu setzen und eventuelle Zusatzeffekte ebenso einzuschleifen wie überflüssig Erscheinendes zu entfernen bzw. nicht zu berücksichtigen; zuweilen werden sogar noch einmal neue Spuren aufgenommen und andere gelöscht. Vor allem aber wird durch die Verteilung der Lautstärkenverhältnisse mit Hilfe von → Fader und → Panorama-Potentiometer (Pan Pot) sowie der dosierten Beigabe von Hall ein künstlicher Raum geschaffen, in dem die Musik stattfindet – Rock-Schallplatten lassen die üblichen Hörgewohnheiten häufig völlig außer acht. Ein Beispiel bietet eine in den achtziger Jahren gängige Abmischung der Drums: Die Bass Drum wird dabei fast gänzlich ohne Nachhall sehr laut in die Musik eingebaut, die Snare Drum dagegen um weniges leiser mit sehr viel Nachhall; in einem Drum Set stehen aber beide Instrumente dicht beieinander, es gelten also für beide Trommeln die gleichen akustischen Verhältnisse.

Das Abmischen wird in technischer Hinsicht vom Tonmeister (mixing engineer) und den Studio-Tontechnikern bewerkstelligt. Angesichts der möglichen hohen Zahl von Spuren, die dabei berücksichtigt werden müssen – 24 oder 48 Spuren sind gängige Werte –, erfordert das Abmischen eine hohe Konzentration, denn letztlich heißt Abmischen auch Festlegen auf eine von vielen Möglichkeiten, einem Stück Musik den endgültigen Klangcharakter zu geben. In den achtziger Jahren haben sich daher zunehmend Mischpulte durchgesetzt, die einen eingebauten Computer besitzen oder sich mit einem Computer verbinden lassen: einmal gefundene Abmischungen oder Teile davon können so gespeichert und jederzeit reproduziert werden. Für das endgültige Klangbild ist der bei einer Abmischung stets anwesende → Produzent verantwortlich. Seine oft diffusen Vorstellungen von der endgültigen Atmosphäre der Musik müssen von den Technikern erfaßt und umgesetzt werden; daher gibt es etliche mixing engineers, die auch die Rolle des Produzenten übernehmen, wie es umgekehrt Produzenten gibt, die sich mit den Möglichkeiten und Grenzen eines → Studios befaßt haben. Üblicherweise ist auch wenigstens ein Mitglied der jeweiligen Band beim Abmischen anwesend; häufig genug aber fungieren Rockgruppen oder einige Mitglieder einer Gruppe als ihre eigenen Produzenten.

Die in den achtziger Jahren aufgekommene Gewohnheit, für Single, Maxi-Single und LP jeweils andere Abmischungen ein und desselben Songs herzustellen, zeigt die vielen Möglichkeiten, aus vorhandenem Material einen «neuen» Song zu kreieren. Unbefugte Veröffentlichungen von Studiositzungen (etwa im Fall der BEATLES) und ihr Vergleich mit dem offiziellen Plattenergebnis zeigen, wie lang der Weg von den bespielten Einzelspuren bis hin zu einem endgültig ausbalancierten Urtonband (master tape) sein kann (→ Studio). Die Platten in der unten angegebenen Discographie geben Beispiele, wie verschieden Abmischungen ein und desselben Songs ausfallen können.

S THE BEATLES: *The Beatles,* 1968 (D: EMI); THE BEATLES: *Ultra Rare Trax, 1989* (L: The Swingin' Pig); THE B-52's: –, 1979 (D: Island); dies.: *Wild Planet,* 1980 (D: Island); dies.: *Party Mix,* 1981 (D: Island); Howard Jones: *Dream Into Action,* 1985 (D: WEA); ders.: *No One Is To Blame,* 1986 (D: WEA)

Absolutes und relatives Gehör.

Ebenso wie das Erkennen logischer Zusammenhänge eine Fähigkeit des begrifflichen Zergliederns und Schließens voraussetzt, beruht das Musikhören und damit verbunden das ästhetische Urteilen über Musikwerte auf dem Vermögen des Gehörs, die Beziehung der Töne und ihrer Aufeinanderfolge wie auch in ihrem gleichzeitigen Erklingen zu erfassen. Ohne diese Fähigkeit, die teils angeboren ist, teils erlernt werden muß, kann auch der Rockhörer nur sinnliche Reizwirkungen wahrnehmen, die zwar in der Rockmusik – wie in Musik überhaupt – wesentlich sind, in denen sich jedoch die (außersprachliche) Aussage eines Musikstückes nicht erschöpft.

Angeboren ist das sogenannte absolute Gehör. Darunter versteht man die selbst unter Musikern sehr selten anzutreffende Fähigkeit, alle Töne in ihrer meßbaren Tonhöhe (pitch) leicht zu identifizieren, ohne dabei das Notenblatt zu lesen und auch ohne den gehörten Ton auf einen vorher oder nachher erklungenen Vergleichston zu beziehen. Absolutes Gehör ist zugleich eine spontane Leistung des Tongedächtnisses, indem jemand, der absolutes Gehör besitzt, ein früher gehörtes Stück jederzeit in der tatsächlich erklungenen → Tonart zu intonieren vermag. Eine gewisse Angleichung an das absolute Gehör kann sich infolge langdauernder Übung einstellen; besonders die Stellung des Kehlkopfes bei lautem und sogar lautlosem Singen gibt Aufschluß über die Tonhöhe. Von einer «absoluten» Tonhöhe zu sprechen, an der sich der Absoluthörer ausrichtet, erscheint insofern problematisch, als die normierte Höhe des eingestrichenen a (a^1), gewöhnlich → Stimmton oder Normalton (standard pitch) genannt, im Laufe der Musikgeschichte beträchtlichen Schwankungen unterlag und auch heute örtliche Unterschiede aufweist. Abgesehen von dieser geschichtlichen und lokalen Unbeständigkeit des Stimmtones, die dem absoluten Gehör naturgemäß Schwierigkeiten bereitet, bringt diese auch den Nachteil mit sich, daß es auf die Versetzung eines Musikstückes in eine andere Tonart sehr empfindlich reagiert (→ Transposition).

Weit erforderlicher als das absolute Gehör ist für das Musikverstehen das sogenannte relative Gehör; Musikalität besteht hauptsächlich in einem ausgebildeten relativen Gehör. Darunter wird die Fähigkeit verstanden, sowohl aufeinanderfolgende Töne in ihren → Intervallen (also sukzessiv) wie auch mehrere gleichzeitige Töne in ihrem → Tongeschlecht bzw. in der Akkordlage (also simultan), schließlich die Beziehung der → Akkorde zueinander (also einen zweifachen, nämlich sukzessiven und simultanen Vorgang) zu erkennen und ggf. zu benennen. Wer etwa den Ton d^1 nicht als solchen zu identifizieren vermag, aber die Tonfolge d^1–a^1 richtig als ein Quintintervall wahrnimmt oder die gleichzeitig erklingenden Töne d^1 fis^1 a^1 richtig als einen Durdreiklang erkennt (→ Dur), besitzt ein relatives Gehör. Viele Rockmusiker verfügen über kein ausgebildetes relatives Gehör, weil es ihnen nicht vermittelt wurde oder weil sie dessen Besitz für entbehrlich halten. Neben dem häufigen Üben in Gemeinschaft mit anderen empfiehlt es sich, eine gute einführende Lektüre über Intervalle, Akkordstrukturen und harmonische Fortschreitungen durchzuarbeiten, etwa:

L Hermann Grabner: *Allgemeine Musiklehre.* 7. erw. Aufl. (Kassel 1959)

A cappella oder A-cappella-Chor ist die Bezeichnung für einen Chorsatz, der ohne die Mitwirkung von Instrumenten vorgetragen wird. Unter A-cappella-Polyphonie versteht man ein → polyphon geführtes, rein vokales Musikstück, in geschichtlicher Hinsicht vor allem die Blütezeit der mehrstimmigen unbegleiteten Chormusik des 16. Jahrhunderts, wie sie in den Kompositionen von Giovanni Pierluigi Palestrina ihre höchste Ausprägung gefunden hat. Durchweg a cappella geführte Stükke gibt es in der Rockmusik nicht (Tracks wie «My Old Dutch» von THE IVY LEAGUE dürften kaum als Rockstücke angesehen werden), und selbst Episoden mit unbegleitetem Chor sind selten. Zu ihnen zählen «Gaudete» von STEELEYE SPAN (*Below the Salt*, 1972), der Anfang von «Shrieking Finally» auf der einzigen LP von QUILL (1970) und «Design» auf der LP *Interview* von GENTLE GIANT (1976) – letzteres ein dicht organisiertes, stark von frei einsetzenden Dissonanzen durchsetztes Chorstück; jüngere Beispiele bieten etwa THE HOUSEMARTINS und THE FLYING PICKETS. Die A-cappella-Behandlung erfordert eine genaue Kenntnis der Stimmlagen sowie der satztechnischen Regeln der Stimmführung (→ Barbershop Harmony).

S QUILL: –, 1970 (D: Cotillion/Atlantic); GENTLE GIANT: *Interview*, 1976 (D: Chrysalis/Phonogram); THE HOUSEMARTINS: *Think for a Minute*, 1986 (D: RCA/Ariola)

Accelerando heißt beschleunigend, schneller werdend; gleichbedeutend mit Stringendo. Abkürzung: accel.

Ace Records wurde 1955 von Johnny Vincent in Jackson, Mississippi, gegründet und widmete sich der Verbreitung des (schwarzen) → R&B New Orleansscher Prägung, dann dem weißen Rock 'n' Roll und dem Schlager. Unter den Musikern von Ace finden sich Earl King, Huey Piano Smith, Frankie Ford und Joe Tex. 1962 wurde die Firma mit dem Label → Vee Jay vereinigt. In den achtziger Jahren widmete sich Ace Records einerseits der Verwertung des eigenen Back-Kataloges, andererseits brachte die Firma etwa Aufnahmen der US-amerikanischen Gruppe The Cramps und von Ofra Haza («Galbi») heraus. In Deutschland werden die Platten des Labels vom → TIS vertrieben.

S *Ace Story,* Vol. 1–2, o. J. (GB: Ace CH 11–12 Mono)

Acetate ist die übliche Bezeichnung für die Rohpressung (Anpressung, Musterpressung) einer → Schallplatte, die noch vor der serienmäßigen Produktion in begrenzter Anzahl für Werbezwecke hergestellt wird. Solche Anpressungen sind qualitativ minderwertig, da die Oberfläche aus leicht verschleißbarem Schellack besteht. Die Vignette in der Mitte der Platte fehlt häufig; zu finden sind oft Vermerke wie «Not for sale», «Promotional Copy» oder «DJ Copy».

Achtelnote (engl. quaver, amer. eighth note) ist ein Achtel der Ganzen Note 𝅝. Das Zeichen für die Achtelnote ist ♪, für die entsprechende Pause 𝄾. Für die meisten Rockstücke gilt, daß sie in 8/8-Takten verlaufen (statt etwa im 4/4-Takt).

Acid als Teil von Begriffen wie Acid-House und Acid-Jazz bezeichnet eine Tanzmode, die Mitte der achtziger Jahre in Großbritannien mit dem Zentrum Manchester entstand. Während sich Acid-House kaum an der Musik dingfest machen läßt – das Medium dieser funktionalen Musik ist die schnell auf den Markt gebrachte → Sammelplatte mit → House Music –, ist Acid-Jazz ein recht konventioneller Jazz zwischen → Bebop und Cool Jazz, der letzten Endes Anfang der neunziger Jahre zu einem halbherzigen Jazz-Revival führte. Ein Star des Acid-Jazz ist allenfalls der Organist James Taylor.
Wichtiger als die Musik sind für Acid allemal das Leben in Discotheken, T-Shirts und → Badges mit Smiley – ein lächelndes Strichmännchen-Gesicht auf gelbem Grund – und der Gebrauch der Modedroge Ecstasy. Acid erinnert in manchen Requisiten, nicht in der Musik, an → psychedelischen Rock.

Acid-Rock → Psychedelische Rockmusik

Act heißt in der Werbesprache jeder Musiker (Solist oder Gruppenmitglied), der von einem → Label auf Grund eines Vertrages geführt und betreut wird. Ebenso werden die an einem Konzert teilnehmenden Gruppen und Musiker Act genannt. Der Top Act ist die Hauptattraktion eines solchen Konzertes und tritt gewöhnlich zuletzt auf.

Adaptation (auch: Adaption) heißt die Heranziehung einer schon vorhandenen, mehr oder weniger bekannten Musik für den Zweck, die Vorlage dem Rockidiom zu unterwerfen, sie sozusagen zu «verrokken». Die Mittel solcher Angleichung ergeben sich vornehmlich aus Umrhythmisierung und Klangverfremdung: z. B. erhält die Komposition einen durchgehenden → Beat, ihr Klang wird durch Filterung, Echowirkung usw. neu konzipiert.

Bekannt sind Adaptationen von Werken der → Bildungsmusik, etwa von Bach, Beethoven, Bartók und Janáček bei THE NICE, EKSEPTION, EMERSON, LAKE & PALMER, aber etwa auch bei Sting und vielen anderen. Im Gegensatz zum → Zitat betrifft die Adaptation nicht nur ein musikalisches → Motiv oder ein → Thema, sondern eine ganze Komposition oder zumindest einen längeren Ausschnitt aus ihr (→ Arrangement).

S THE NICE: *Nice,* 1969 (GB: Immediate); Michael Kamen: *New York Rock,* 1973 (US: Atco); EMERSON, LAKE & PALMER: *Pictures At An Exhibition,* 1971 (D: Island); Sting; ...*Nothing Like The Sun,* 1987 (D: A&M)

Adlib. The Adlib war ein Londoner Discothek-Privatclub der sechziger Jahre, in dem die BEATLES häufig verkehrten. Stammgäste waren auch die Mitglieder der ROLLING STONES, THE WHO, THE WALKER BROTHERS, THE ANIMALS und andere prominente Rockmusiker samt Freundinnen oder/und Ehefrauen.

L Guy Pellaert/Nik Cohn: *Rock Dreams* (London 1974, Bandmitte ohne Seitenzahl)

Ad libitum (abgekürzt: ad lib.) heißt «nach Ermessen», «nach Belieben». Die Anweisung bezieht sich zumeist auf den Solovortrag und heißt dann, daß der Spieler in Tempo, in der Anzahl der Wiederholungen, auch in der Wahl des Instrumentes usw. frei verfahren kann. Das Gegenteil zu solcher Freiheit ist «a tempo» (auf das Zeitmaß bezogen) und «ob(b)ligato» (bezogen auf die Führung einer Stimme bzw. auf die Wahl eines Instrumentes). In der saloppen Redeweise des englischsprachigen Rockmusikers entstand aus dem Wort ein Verb: «to adlib» heißt dann auf einem Instrument improvisieren, herumprobieren.

Afro-amerikanische Musik. Spanische, portugiesische und englische Handelsgesellschaften haben zwischen dem 16. und Mitte des 19. Jahrhunderts schätzungsweise 8 bis 10 Millionen Schwarzafrikaner, vornehmlich aus den westlichen Gebieten Afrikas, als Sklaven nach Brasilien, Westindien und in die nordamerikanischen Südstaaten gebracht. Seinen Höhepunkt erreichte der Sklavenhandel kurz vor dem nordamerikanischen Unabhängigkeitskrieg 1775–1783. Trotz der kulturellen Unterdrückung bewahrten die verschleppten Afrikaner ihre musikalischen Traditionen für lange Zeit, obwohl den Sklaven der Besitz von Instrumenten, vor allem von Trommeln, verboten war; letzteres, weil die weißen Plantagenbesitzer Trommeln als Kommunikationsinstrumente für die Verabredung von Aufständen befürchteten. Als afroamerikanische Musik kann heute jene Musik gelten, die auf dem amerikanischen Kontinent ausgeübt wird und in welcher Elemente der schwarzafrikanischen Urheimat ausgeprägt oder nur noch ansatzweise enthalten sind. Dazu gehören → Blue Note, → Off-Beat; Jazz, Blues und bluesbetonter Rock sind in diesem Sinne afro-amerikanische Musik, ebenso die mancherlei lokalen Tanz- und Singweisen auf dem amerikanischen Kontinent wie Ragtime, Calypso, Hip Hop und Reggae, selbst wenn sie inzwischen auch in Europa heimisch geworden sind.

L John A. Lomax/Alan Lomax: *Negro Folk Songs* (New York 1936); Alfons M. Dauer: *Geschichte und Systeme des europäischen und afrikanischen Sklavenhandels* (Jazzforschung, Jg. 10, 1978)

Afro-Rock hieß vor dem Aufkommen der Begriffe Ethno-Pop und → Weltmusik eine Musizierweise schwarzer Rockmusiker aus (West-) Afrika, in der einheimische Instrumente wie Sansa (Mbira), Schellen, Schlitz- und Handtrommeln sowie Stileigentümlichkeiten einiger Stämme Schwarzafrikas mit Standard-Rockformeln aus den USA und aus Europa verknüpft wurden. Vor allem sind hier Gruppen wie Osibisa, Assagai und Joe Burg Hawk zu nennen. Der Schlagzeuger Ginger Baker, ehemals bei Cream und Blind Faith, hatte bereits um 1972 mit nigerianischen Musikern zusammengearbeitet und in der Landeshauptstadt Lagos sogar ein Studio eingerichtet.
Im Laufe der achtziger Jahre wurden US-amerikanische, vor allem aber europäische Rock-Journalisten gewahr, daß sich auf dem afrikanischen Kontinent eine Vielzahl von regionalen Rockstilen herausgebildet hatte. Die Rockmusik Afrikas wird seitdem global unter dem Oberbegriff Weltmusik vermarktet. Gleichwohl gibt es zum Teil erhebliche Unterschiede in den Rockstilen Afrikas. Der Begriff Afro-Rock allerdings ist nicht mehr gebräuchlich, spiegelt er doch einen kulturellen Eurozentrismus wider, der dieser Musik nicht gerecht wird.

L Billy Bergman: *African Pop* (Dorset 1985); Francis Hanly/Tim May (Hg.): *Rhythms of the World* (London 1989)

Akkord (engl. Chord) heißt das gleichzeitige Gefüge mindestens dreier Töne. Im Gegensatz zu den Mehrklängen, die eine tonalitätsneutrale Anhäufung von Tönen sein können, stellen Akkorde harmonisch-funktional bestimmte Strukturen dar, indem sie auf einem Bauprinzip beruhen (Terzenschichtung, Dur- und Mollakkord) und eine Funktion als Grundakkord, Subdominantakkord, Dominantakkord usw. erfüllen. Akkorde werden in der notierten Rockmusik zumeist abgekürzt angegeben. Der große Buchstabe bezeichnet den Grundton eines Akkordes, ein nachfolgendes ♭ (Be) erniedrigt, ein nachfolgendes ♯ (Kreuz) erhöht diesen Ton. Zum Beispiel heißt G: G-Dur-Akkord, G♭: Ges-Dur-Akkord, G♯: Gis-Dur-Akkord; in englischen Ausgaben ist B = H und B♭ = B. Das dem Buchstaben nachfolgende Zeichen m bedeutet Minor, also Moll, während der Buchstabe allein, ohne Zusatz, einen Durakkord vorschreibt. Die Ziffer 7 nach dem Ton-Namen verlangt einen Septakkord, die Ziffer 9 einen Nonenakkord; dim heißt diminuierter oder verminderter Septakkord. Beispiele: Am7: a-Moll-Septakkord (a c e g), B7: H-Dur-Septakkord (h dis fis a), F♯ dim: verminderter Septakkord auf fis (fis a c es). Diese Art von Akkordbezeichnung stellt eine praktische Abkürzung für den Ausübenden dar, wird aber dem musikalischen Zusammenhang häufig nicht gerecht. Zum Beispiel ist der letztgenannte Akkord eigentlich ein Nonenakkord über dem fehlenden Grundton d (d fis a c es).

Akkordeon (engl. accordion) ist ein gleichtöniges Harmonika-Instrument. Man unterscheidet zwischen dem älteren Knopfgriff- und dem modernen Piano-Akkordeon mit Klaviertastatur. Durch Drücken auf die am Baßteil der linken Hand liegenden Knöpfe ertönen fest zusammengestellte Akkorde (daher der Name des Instrumentes): Dur- und Molldreiklänge, Septakkorde und verminderte Akkorde. Außer der Grundreihe in 8-Fuß (→ Fuß) gibt es gewöhnlich auch Verdoppelungen in der tiefen Oktave (16′) und in der höheren Oktave (4′). Das Akkordeon hat gelegentlich Eingang auch in die Rockmusik gefunden und dient der Verdichtung von Hafenkneipen-Atmosphäre, der musikalischen Nachzeichnung von Bildern aus der Vergangenheit und der Melodieführung in der → Cajun Music.

L Armin Fett: *Das Akkordeon* (Trossingen 1956)

Akustik ist Theorie und Lehre vom Schall, von dessen Eigenschaften und Gesetzmäßigkeiten. Die akustische Theorie, deren Anfänge auf die französischen Enzyklopädisten des 18. Jahrhunderts zurückgehen (d'Alembert, vor ihm schon Jean-Philippe Rameau), gipfelte im 19. Jahrhundert in dem epochemachenden Werk von Heinrich von Helmholtz über die Tonempfindungen (1. Auflage 1863). Die gegenwärtige Akustik wird weitgehend spezialisiert und unter verschiedenen Gesichtspunkten betrieben. Ihre wichtigsten Zweige sind 1. Physikalische Akustik, die sich mit den objektiv meßbaren Eigenschaften des Schalls befaßt (Frequenzen, Obertöne, Lautstärke, Dauer, Ein- und Ausschwingungsvorgänge u. a. m.); 2. Physiologische Akustik, welche die Auswirkung des Schalls auf die Gehörnerven bei Menschen und Tieren untersucht (von ihr stammt u. a. die Erkenntnis, daß das Ohr die Schwingungsverhältnisse der Töne ungefähr in logarithmischer Verkürzung registriert); 3. Psychologische Akustik, die sich für die Verhältnisse von objektiv meßbaren Daten und subjektiver Wahrnehmung interessiert (z. B. Klangfarbe); 4. Instrumentenakustik, welche den Eigenschaften einzelner Instrumente als Schwingungserreger und -fortpflanzer nachgeht; 5. Elektroakustik, zu deren Aufgaben die Erforschung von Übertragungssystemen mechanischer bzw. elektrischer Schwingungen gehört; 6. Raumakustik, deren Augenmerk der Konstruktion in akustischer Hinsicht idealer Bauwerke gilt. Die genannten Sparten überdecken einander in der Regel, und auch eine scharfe Trennung von Theorie und Anwendung läßt sich nicht vollziehen.

L Heinrich von Helmholtz: *Die Lehre von den Tonempfindungen als physiologische Grundlage für die Theorie der Musik* (3. Auflage Braunschweig 1870); Fritz Winkel: *Klangstruktur der Musik* (Berlin 1955); ders.: *Phänomene des musikalischen Hörens* (Berlin/Wunsiedel 1960); Wilhelm Stauder: *Einführung in die Akustik* (Wilhelmshaven 1976); Verlag Spektrum der Wissenschaft: *Die Physik der Musikinstrumente* (Heidelberg 1988); John R. Pierce: *Klang. Musik mit den Ohren der Physik* (Heidelberg 1985); Hans-Peter Reinecke: *Experimentelle Beiträge zur Psychologie des musikalischen Hörens* (Hamburg 1964)

Akustische Gitarre → Gitarre

Akzent (Betonung). In einem Musikstück sind die Töne nicht gleichmäßig betont, sondern einige von ihnen werden durch Akzentuierung hervorgehoben, andere hingegen bleiben unbetont. Hierbei lassen sich metrischer, dynamischer und Tondauer-Akzent voneinander unterscheiden. Die Gründe für den metrischen Akzent liegen in unserem etwa seit Anfang des 17. Jahrhunderts gültigen Taktverständnis. Der Hauptakzent in einem 4/4-Takt liegt gleich nach dem Taktstrich, also auf dem ersten Viertel; einen Nebenakzent erhält das dritte Viertel, während das zweite und das vierte Viertel unbetont bleiben (–̋∪–́∪); solch ein metrischer Akzent kann infolge von Synkopenbildung verlagert werden (z. B. –́–̋∪ ; → Synkope). Eine zweite Art der Betonung entsteht, wenn unabhängig von den metrischen Verhältnissen, ja mitunter ihnen widersprechend, Taktteile durch stärkere Intonation hervorgehoben werden (dynamischer oder Lautstärke-Akzent). Für die Rockmusik ist solche Umkehrung der Akzentverhältnisse kennzeichnend: Die «natürliche» Betonung wird infolge der dynamischen Akzente (deren Hervorhebung die Aufgabe von Schlagzeug und Baßgitarre ist) außer Kraft gesetzt oder zumindest abgeschwächt, z. B. Schlagzeug:

Eine dritte Akzentart wird dadurch hervorgerufen, daß einem Ton, der auf Grund seiner Stellung im Taktgefüge unbetont ist, ein längerer Zeitwert zufällt als den anderen Tönen der Umgebung. Ein solcher Tonlänge-Akzent liegt auf den Tönen es^2 und f^2 im folgenden Beispiel:

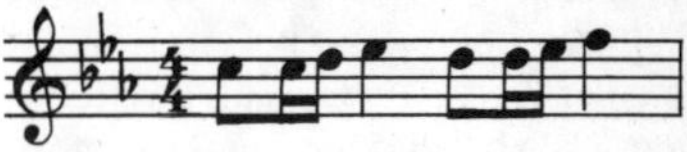

Album ist der englische, auch in der Bundesrepublik Deutschland eingebürgerte Name für eine Langspielplatte (→ LP), niemals für eine → EP oder eine → Single. Der Ausdruck erinnert an die Zeiten, in denen die 30-cm-Schellackplatten in umfangreichen Alben gesammelt wurden. Außer einfachen Alben gibt es zweifache und sogar dreifache Alben (Jimi Hendrix: *Electric Ladyland;* YES: *Yessongs*). Statt eines vier- oder gar fünffachen Albums wird eine Kassette mit mehreren LPs herausgebracht.

Alt (engl. contralto). 1: Die tiefere Frauen- und Knabenstimme, die sich im Tonbereich a–e^2 bewegt. Durch → Falsett kann die Alt-Lage auch von Männern gemeistert werden. – 2: Eine Klasse der Blasinstrumente, deren Stimmumfang (ihr Ambitus) um eine Quarte oder Quinte unter dem Normalinstrument liegt und dem Umfang der Alt-Vokalstimme entspricht (Altsaxophon, Alt-Blockflöte, → English Horn, → Viola).

Altamont Speedway war um 1970 eine nicht mehr benutzte Autorennbahn nordöstlich von San Francisco. Nicht ganz sechs Monate nach dem → Woodstock Festival, am 6. Dezember 1969, gaben die ROLLING STONES auf dem Gelände zum Abschluß ihrer USA-Tournee ein Freikonzert; JEFFERSON AIRPLANE, THE FLYING BURRITO BROTHERS und CROSBY, STILLS, NASH & YOUNG traten als Vorgruppen auf. Vor 350000 Zuhörern verlief das Konzert in einer Kette von Gewaltanwendungen; es gab zahlreiche Verletzte, Todesfälle und sogar einen Mord an einem jungen Farbigen (Meredith Hunter). Neben hastiger Vorbereitung sowie unkontrolliertem Alkohol- und Rauschgiftkonsum wirkte sich das Heranziehen einer kalifornischen Rocker-Organisation (→ Hell's Angels) als Ordnungshüter fatal aus. Der Live-Film *Gimme Shelter* (1972) vermittelt ein anschauliches Bild von den unheilvollen Zuständen, in deren Zeichen das Konzert stattfand und die eine breite Öffentlichkeit gegen die Veranstaltung weiterer → Festivals stimmten.

L *Let It Bleed. Die Rolling Stones in Altamont.* Berichte und Fotos, hg. und mit einem Nachwort von Siegfried Schober (München 1970)

Alteration heißt die Erhöhung oder Erniedrigung eines leitereigenen Tones mit Hilfe von → Vorzeichen. Was als «leitereigen» gilt, hängt von der jeweiligen → Tonart ab; z. B. ist der Ton cis leitereigen in A-Dur, nicht leitereigen dagegen in F-Dur. Durch die Alteration entstehen hochalterierte Töne wie cis in F-Dur und cisis in A-Dur, auch tiefalterierte Töne wie es in G-Dur und eses in Ges-Dur. Es gibt ebenfalls alterierte Akkorde, wobei die Alterierung mehrerer Töne zugleich möglich ist. In dem Septakkord c e g h, der auf der → Tonika von C-Dur errichtet ist, kann etwa die Quinte hoch- und gleichzeitig die Septime tiefalteriert werden, wodurch der doppelt alterierte Akkord c e gis b entsteht. Durch Alteration werden Bewegungsspannen, Strebetöne erzeugt und Akkorde umgeprägt; sie wirken vor allem an der Vorbereitung eines Tonartwechsels mit (→ Modulation).

American Bandstand wurde 1957 von der Fernsehgesellschaft ABC als eine regelmäßige Sendung mit populärer Musik ins Leben gerufen; als «Bandstand» wurde die Sendung vom WFIL in Philadelphia bereits 1952 eingeführt. Moderator der Sendereihe, die später auch manchen Rockmusiker populär machte, war von Anfang an Dick Clark. Ein vom Fernsehen aufgezeichneter Festakt zum fünfundzwanzigjährigen Jubiläum gab Clark Gelegenheit, viele der einst von ihm vorgestellten Künstler erneut in Erinnerung zu rufen.

L Dick Clark/Richard Robinson: *Rock, Roll & Remember,* 1978 (Popular Library, New York)

Amerikanische Rockmusik → US-amerikanische Rockmusik

Amplifier → Verstärker

AM Radio (Amplitude Modulated Radio) ist die Bezeichnung für Mittelwellen-Sender in den USA. In ihrem Unterhaltungs- und speziell Rockmusikprogramm spielten sie lange Jahre nur die als → Single erschienenen Tonträger vor. Im Gegensatz zu den UKW-Sendern (→ FM Radio) sprachen diese Rundfunkanstalten in erster Linie Hit-Hörer an. Das Programm wurde aus den Top 40 und ausgewählten → Oldies zusammengestellt, womit die Radio-Stationen ein typisch US-amerikanisches Erfolgssystem praktizierten: Die ohnehin schon populären Schallplatten werden durch die Wiederholungen im Rundfunk noch häufiger gekauft, und die übergangenen Stükke gelangen auch hier nicht in die engere Auswahl. Das Programm dieser Sender unterliegt regional bedingt starken Schwankungen; auch gibt es AM-Sender, die sich ausschließlich der → C&W Music widmen, andere dagegen spielen nur Schwarze Musik oder dienen beispielsweise religiösen Sendungen oder reinen Nachrichtenprogrammen. In den siebziger und achtziger Jahren glich sich das Programm der AM-Stationen allerdings dem der FM-Radiosender an, zumal es seit Anfang der achtziger Jahre auch AM-Stereo-Sender gibt. Vorher war der Ablauf einer Sendestunde in bezug auf Musik, Werbung, Nachrichten, Zeitansage und Temperaturmeldung sehr genau reglementiert. Der Programmablauf ist in manchen Fällen noch heute so starr, daß der Sendebetrieb vollautomatisch mit besonderen Magnetbandanlagen durchgeführt werden kann. (→ Rundfunk und Rockmusik)

L Michael Fink: *Inside The Music Business* (New York 1989)

A&M Records, Hollywood, wurde 1962 von Herb Alpert und Jerry Moss in Los Angeles gegründet (A&M = Alpert&Moss); der frühere Name des Labels war Carnival Records. Zu den ersten Acts gehörten Herb Alpert&The Tijuana Brass (Lonely Bull), Sergio Mendes and Brasil '66 sowie Chris Montez. Die Firma wurde ab 1968 auch für die Rockmusik bedeutsam, als sie The Flying Burrito Brothers und Joe Cocker unter Vertrag nahm und 1970 den Vertrieb des → Ode-Labels von Lou Adler (mit Künstlern wie Carole King, Cheech and Chong) übernahm. Zu ihren weiteren Musikern bzw. Gruppen gehör(t)en J. J. Cale, Rita Coolidge, Dillard & Clark, Tom Petty, The Tubes und Gino Vanelli. A&M hat auch in England Fuß gefaßt und veröffentlichte hier u. a. Cat Stevens, Procol Harum, The Strawbs, Humble Pie, The Police und Supertramp. Von der Vielzahl der Anfang der neunziger Jahre bei A&M unter Vertrag stehenden Musiker seien Suzanne Vega, Sam Brown, Tony Childs, Sting und Squeeze genannt.

Amusie heißt Mangel oder gänzliches Fehlen der Musikalität, des Sinns für Musik. Amusie in dieser Bedeutung ist äußerst selten. Menschen, die man abschätzig als amusisch bezeichnet, leiden gewöhnlich nicht unter diesem Defekt, sondern haben sich früh Hemmungen gegenüber der Musik, speziell dem Instrumentenspiel, erworben. Zu den Ursachen dafür können gewaltsame oder pädagogisch sonst nicht vertretbare Unterrichtsweise, auch die Verbindung mit einer unsympathischen Person zählen. Einem weitverbreiteten Irrtum entgegen sind fast alle Menschen fähig, an Musik Gefallen zu finden und auch selbsttätig hervorzubringen. Nach Ausweis der Anthropologen gibt es keine menschliche Kultur, in welcher die Musik als Kunst und als ein gesellschaftliches Phänomen unbekannt wäre.

Analyse ist das Aufdecken sowie Aufzeigen der Tonbeziehungen innerhalb eines Musikstückes, insgesamt der umfassende Hinweis darauf, wie ein Musikstück «gemacht» ist. Da die meisten Rockstücke nicht nur musikalische Strukturen, sondern auch sprachliche Botschaften enthalten, wird eine wirklichkeitsnahe Analyse vom jeweiligen Liedtext ausgehen, zumal die Bauweise des Textes in der Regel die musikalische Gliederung (Strophenbau, gegensätzliche Ideen usw.) bestimmt; vielfach dient die Musik auch als eine klangliche Verdeutlichung und Nachzeichnung der Worte.

So gut wie alle Rockstücke setzen sich aus motivischen und thematischen Zellen zusammen, die ihrerseits mannigfaltige Beziehungen der Wiederholung, der Abwandlung (Variation) und des Kontrastes unter sich eingehen (→ Motiv, → Thema). In solchen Beziehungen verwirklicht sich jene nichtbegriffliche Aussage eines Musikwerkes, die man «musikalischen Sinn» zu nennen pflegt. Obgleich die Analyse die bereits geleistete kompositorische Arbeit nachvollzieht, kann sie auch Sachverhalte zutage fördern, die vom Komponisten nicht oder nicht bewußt gesehen worden sind, und insofern hat die scheinbar widersprüchliche Vorstellung ihre Berechtigung, wonach eine eindringliche Analyse dazu führen kann, das Musikstück besser zu verstehen, als es sein Urheber getan hat.

In der Hauptsache konzentriert sich die Analyse auf die formale Beziehung der größeren wie kleineren Bauelemente innerhalb einer Komposition bzw. – in der Rockmusik nicht selten – einer aufgezeichneten Improvisation. Sie kann darüber hinaus auch die geschichtliche Verzahnung des Musikwerkes mit den kompositorischen Gewohnheiten seiner Entstehungszeit aufzeigen, ebenso seine Einbettung in bestimmte Gattungen und Formen (stilistische Analyse bzw. historische Werkbetrachtung). Analyse setzt immer schon ein gewisses Vor-Wissen von der musikalischen Umgebung voraus, und dieses Wissen entscheidet darüber, welche Merkmale dem betreffenden Musikstück allein zukommen und welche das stilistische Allgemeingut der Zeit bilden. Was den Rockbereich betrifft, so mag man fragen, ob die musikalische Analyse einen angemessenen Zugang zu einer Musikart findet, deren wesentliche Eigenschaften auf sinnlichen Reiz und auf studiotechnische Raffinessen abgestellt sind. Hinzu kommt, daß die Klangstrukturen der Rockmusik im Vergleich zur Menge der jährlichen Produktion äußerst einfache Züge zeigen, so daß ein Mißverständnis

entstehen würde, bemühte man das differenzierte, durch steten Umgang erlernbare Handwerk der Analyse wegen eines simplen Gegenstandes. Doch scheint es, daß der Hörer auch im Bereich der Rockmusik Ansprüche des klanglichen Beziehungsreichtums stellen kann, ohne seiner Musik untreu werden zu müssen. Ein Hörer, der die großen Niveauunterschiede unter den Rockstücken allmählich erkennt und höherorganisierte Werke mehr schätzen lernt als das ewige Wiederholen gleicher Harmoniefolgen und melodischer Wendungen, betreibt schon eine Art Analyse, auch wenn er seine Hörerfahrung nicht so nennt und dem Wort «Analyse» sogar Mißtrauen entgegenbringt. Denn Analyse, auch die spontan angewendete, ist zugleich die Methode, verschiedene Grade der musikalischen Gestaltung kennenzulernen; sie kann im Zuge wachsender Erfahrung sogar zu dem Vergnügen führen, selbst bei komplizierten Gebilden zu durchschauen, wie sie gemacht sind.
Es versteht sich, daß ein solches Durchschauen, besser Durchhören, der persönlichen Freude am Hören nicht abträglich ist, sondern den sinnlichen Reiz mit einem geistigen Genuß ergänzt. Analyse bildet zugleich den gediegenen Hintergrund für eine Argumentation für und wider ästhetische Stellungnahmen. Statt der heute noch herrschenden unartikulierten Machtansprüche von der Art «Diese Platte ist prima, die andere ist schlecht», lernt der Rockhörer seine Urteile begründen, sobald er die Musik analytisch erfaßt hat.
Mit diesen Hinweisen soll nicht einer Intellektualisierung das Wort geredet werden, die die Rockmusik gewiß steril machen würde. Aber es ist auch dann nützlich, Rockstücke in ihre Kompositionstechnik zu zerlegen, wenn man überzeugt ist, daß dadurch nicht alles, ja nicht einmal das Wesentliche davon verstanden wird, was Rockmusik insgesamt ist, nämlich eine Einheit von musikalischen und nichtmusikalischen Sachverhalten.

L Hermann Erpf: *Form und Struktur in der Musik* (Mainz 1967); Carl Dahlhaus: *Analyse und Werturteil* (Mainz 1970); Volkmar Kramarz: *Harmonieanalyse der Rockmusik* (Mainz 1983)

Analyzer heißt ein Hilfsmittel zur korrekten Einstellung des Frequenzganges einer Übertragungsanlage. Er besteht aus einem Mikrophon, aus Filtern, die den Tonfrequenzbereich in verschiedene Spektren teilen (meist in Terzen und Oktaven), und aus einer Anzeige, welche die vom Mikrophon abgegebene Spannung in den einzelnen Tonfrequenzbereichen anzeigt. Zur Messung wird «rosa Rauschen» auf die Lautsprecher gegeben; die Klangregelung der Übertragungsanlage (→ Equalizer) wird dabei so lange verändert, bis der Analyzer in allen Tonfrequenzbereichen den gleichen Meßwert, d. h. einen gleichmäßigen Frequenzgang, anzeigt.

Anpressung → Acetate

Anspielung ist die Bezugnahme auf ein Ereignis, auf ein Musikstück oder auf eine Person, ohne daß ein regelrechtes musikalisches → Zitat zustande kommt. Eine sehr verbreitete Anspielung dieser Art ist die Wendung auf den Plattenhüllen «with a little help from (my friends)» in Erinnerung an die BEATLES. In dem Stück «My Shangri-La» von Elo (*A New World Record*, 1976) heißt es «My Shangri-La has gone away, Faded like The Beatles on ‹Hey Jude›...», also eine weitere Erinnerung an die BEATLES. «Speed King» von DEEP PURPLE häuft bekannte Songtitel an (*Deep Purple in Rock*, 1970). Auf *Blues For Allah* der GRATEFUL DEAD (1975) heißt der Titel eines Stückes «The Music Never Stopped», und mit ihm wird offensichtlich auf Chuck Berrys «Roll over Beethoven» Bezug genommen («...the music won't never stop») usw. Das wirkliche Verständnis eines Rocktextes setzt, neben dem wörtlichen Sinn, auch das Verstehen solcher Anspielungen voraus, deren Erraten dem Rockkenner Vergnügen bereiten kann.

Antiskating → Plattenspieler

AOR (engl. adults orientated rock, auch: album orientated rock) ist Rockmusik für Erwachsene. Wenn es auch keine Rockmusik gibt, die explizit für Erwachsene produziert wird, so wird dennoch unter dieser Musik eine Musik verstanden, die auf Grund ihrer Interpreten, Themen und Produktion von älteren Rock-Hörern bevorzugt wird. Zumeist handelt es sich dabei um die Musik von Gruppen und Musikern, die diese Hörer schon in ihrer Jugend hörten, beispielsweise Paul McCartney, Bob Dylan, Pete Townshend (THE WHO) usw. Weiterhin sind es Musiker, die auf Grund ihres eigenen Alters von einem jugendlichen Publikum nicht weiter beachtet werden, etwa Kate Bush, Peter Gabriel, David Sylvian und Chris de Burgh, um nur einige zu nennen. Ausschlaggebend, bestimmte Rockmusik als AOR zu bezeichnen, dürften auch die besungenen Themen und eine perfekte Produktion sein. Vor allem letztere ist unabdingbares Kennzeichen von AOR.

Apollo Theatre steht im Harlem-Viertel New Yorks (125. Straße) und war seit der Gründung (1934) eines der Zentren für → Blues und → Soul, Inspirationsquelle auch für weiße → Rock 'n' Roll-Interpreten der fünfziger Jahre. Bekannte professionelle Sänger und Instrumentalisten, einmal in der Woche auch Amateure, hatten sich hier vor einem kundigen, kritischen Publikum zu behaupten. Die künstlerischen Anfänge von Sammy Davis jr., Ella Fitzgerald, Billie Holiday und Joe Tex sind eng mit dem Apollo Theatre verbunden.

S *Stars of the Apollo Theatre.* 1973, 2 LP (USA: Columbia)

L Jack Schiffman: *Uptown. The Story of Harlem's Apollo Theatre* (New York 1971)

Apple Records, London, war Teil des Unternehmens Apple Corps Ltd., das 1968 von den vier BEATLES zur Vermarktung eigener Produkte wie auch zur Förderung von Talenten ins Leben gerufen wurde. Neben dem Plattenlabel gab es die Zweige Film, Verlag, Elektrotechnik und

Boutiquen. Allen Klein, Manager der BEATLES, wurde mit der Führung des geschäftlichen Bereichs beauftragt. Für Avantgarde-Musik und für Sprechplatten wurde das Unterlabel Zapple eingerichtet, auf dem indes nur wenige Aufnahmen erschienen sind, darunter John Lennons und Yoko Onos *Life with the Lions* und *Electronic Sound* von George Harrison; Verträge bestanden mit BADFINGER, Mary Hopkin, Jackie Lomax, THE MODERN JAZZ QUARTET und James Taylor. Auf dem Apple-Label erschienen außerdem zunächst die späteren Gruppen- und Solistenkompositionen der BEATLES auch nach deren Trennung im Jahre 1970. Ende 1991 wurden einige der von Apple veröffentlichten Langspielplatten als Compact Disc wiederveröffentlicht; manche dieser CDs enthalten bisher unveröffentlichte Aufnahmen.

L Peter McCabe/Robert D. Schonfeld: *Apple to the Core. The Unmaking of the Beatles* (London 1972)

Archiv für Populäre Musik, Bremen, ist eine gemeinnützige Gesellschaft mbH mit den Geschäftsführern Klaus Kuhnke, Manfred Miller und Peter Schulze-Carstens. Das Archiv wurde im Jahre 1975 gegründet. Das Archiv hat sich die Aufgabe gestellt, Ton- und Bildträger sowie Literatur zur populären Musik zu sammeln und wissenschaftlich auszuwerten. Die Einrichtung besitzt etwa 40000 Tonträger, 4000 Bücher und 60 Periodika. Seit dem Tod des Mitbegründers Klaus Kuhnke im Jahre 1988 heißt das Archiv Klaus-Kuhnke-Archiv für Populäre Musik; als weiterer Geschäftsführer ist Ulrich Duve beteiligt. Seit Herbst 1990 beteiligt sich die Stadt Bremen als Gesellschafterin an dem Archiv.

L Klaus Kuhnke/Manfred Miller/Peter Schulze: *Geschichte der Pop-Musik,* Band 1 (Lilienthal/Bremen 1976); Schriftenreihe des Archivs für Populäre Musik (Bremen seit 1975); *Anschläge* (sieben Ausgaben zwischen 1978 und 1981)

Ariola-Eurodisc, München, war eine 1958 gegründete Firma der Bertelsmann AG mit Niederlassungen in europäischen und amerikanischen Ländern und besaß u. a. die Eigenlabels Ariola und Eurodisc (Ariola America führt z. B. die San Francisco-Gruppe THE SONS OF CHAMPLIN). Die Firma war für Rockmusik zunächst als eine Vertriebsorganisation bedeutsam, später jedoch nahm die Eigenproduktion beträchtliche Ausmaße an, nicht zuletzt durch den Kauf der → Arista Records im Jahre 1979. Durch diesen Kauf sicherte sich die Firma Einfluß auf den amerikanischen Markt. Ein heute nicht mehr bestehendes Unterlabel Pan brachte bundesdeutsche und ausländische Rockmusiker heraus (METROPOLIS, CHRIS BRAUN BAND, GYPSY LOVE, HERO u. a.). Ariola-Eurodisc wurde im Jahre 1987 in den → BMG-Ariola-Medienkonzern überführt.

Arista Records, New York/London, ist eine 1974 vom ehemaligen CBS/Columbia-Chef Clive Davis gegründete und geführte Plattenfirma, mit der Davis das wie Arista zu Columbia Pictures Industries (keine Gemeinsamkeit mit → Columbia Records) gehörende Label → Bell

Records ablöste. Arista hat einige technisch vorzügliche Aufnahmen für musikalisch gehobene Ansprüche von THE ALAN PARSONS PROJECT, Patti Smith, BANDIT, HAPPY THE MAN usw. herausgebracht. Ab 1979 war Arista unter Beibehaltung der Verwaltung von Clive Davis im Teilbesitz von → Ariola-Eurodisc, später wurde das Label gänzlich in die Bertelsmann Music Group (→ BMG Ariola) eingegliedert. Gegenwärtig gehören neben anderen Whitney Houston, Barry Manilow, GRATEFUL DEAD und YES zu dem Label.

A&R (Artist & Repertoire) ist die Umschreibung für eine Abteilung bzw. für einen Manager bei Schallplattenfirmen und Labels. Der Leiter der A&R-Abteilung, der A&R-Manager, bestimmt Richtung und Umfang der Produktion, schließt Verträge mit Musikern ab und betreut sie ggf. persönlich. Manch ein A&R-Manager war vor seiner Tätigkeit selbst Musiker. Die Kompetenz eines A&R-Managers wechselt von Firma zu Firma, so daß eine eindeutige Tätigkeitsabgrenzung nicht möglich ist. A&R-Mann bei EMI/Parlophone war George Martin, der die BEATLES 1962 vertraglich an die britische Firma band. Zu dieser Zeit war es noch durchaus üblich, daß ein A&R-Manager auch die Songs für seine Schützlinge auswählte, Arrangements bestimmte und mitunter auch schrieb sowie die Aufnahmen überwachte. Heute sind diese vielfältigen Aufgaben unter mehreren Personen, mindestens aber unter dem A&R-Manager und dem → Produzenten verteilt.

L George Martin: *All You Need is Ears* (London 1979)

ARP, Newton, Mass., war neben → Moog die zweite erfolgreiche Synthesizer-Firma in den siebziger Jahren. Gegründet wurde ARP 1969 von dem Ingenieur Alan R. Pearlman (ARP), der sich bereits in den fünfziger Jahren mit elektronischer Musik beschäftigt hatte. 1970 erschien das erste Instrument der Firma, der ARP 2500, ein modularer Synthesizer, dessen Module allerdings nicht wie bei Moog-Synthesizern mittels Kabel untereinander verbunden wurden, sondern mit Hilfe eines Kreuzschienenverteilers. Diese Verbesserung erwies sich allerdings als ungenügend, denn die dicht beieinanderliegenden Steckkontakte führten zum Übersprechen der Einzelmodule. Doch war der ARP 2500 ohnehin nicht für den Live-Einsatz gedacht. 1971 stellte ARP einen weiteren Synthesizer vor, das Modell 2600, das eher den Erfordernissen von Musikern entsprach. Als unmittelbaren Konkurrenten zum Mini-Moog brachte die Firma den Odyssey auf den Markt, später den Omni, den Pro Soloist und den Avatar, einen Gitarrensynthesizer, der im wesentlichen aus einem Odyssey und einem sog. Extractor bestand. Der Extractor gewann aus der Tonhöhe der gezupften Gitarrensaite eine Steuerspannung. Das Instrument stieß allerdings nicht auf das Interesse der Gitarristen und brachte der Firma erhebliche Verluste ein. Auch mit einem elektrischen Klavier hatte ARP keinen Erfolg. Die Entwicklung eines neuen Synthesizers, des Chroma, konnte von der Firma nicht mehr zu Ende geführt werden. 1981 mußte ARP Konkurs anmelden. Der Medienkonzern CBS übernahm den Chroma und vertrieb das Instrument unter der Bezeichnung Rhodes-Chroma.

Arpeggio oder arpeggiando (von ital. arpa: Harfe; engl. auch broken chord) ist eine Spielweise, bei der die Töne eines → Akkordes nicht, wie notiert, gleichzeitig, sondern in rascher Aufeinanderfolge zum Erklingen gebracht werden; das Arpeggio-Spiel ist mit Saiten- und Tasteninstrumenten möglich (Gitarre, Harfe, Violine, Klavier). Die Tonabfolge verläuft in der Regel von unten nach oben; die umgekehrte Richtung wird mit einem nach unten zeigenden Pfeil kenntlich gemacht.

Arrangement heißt die Bearbeitung einer musikalischen Vorlage. Seine Skala reicht vom gelegentlichen Eingriff bis hin zu einer gänzlichen Neugestaltung des ursprünglichen Stükkes. Insbesondere versteht man unter Arrangement die Glättung der Stimmführung, die Übertragung der Originalstimmen auf andere Instrumente (besonders Orchestrierung unter Hinzuziehung von Streichern und Bläsern), ferner die Aufnahme weiterer Vokal- bzw. Instrumentalstimmen oder von elektrischen Effekten und schließlich die Hinzufügung neuer Abschnitte in Gestalt eines eigenen Musikstückes, so daß das bearbeitete Stück nur noch den Vorwand für das Arrangement abgibt. Der vorherrschende Grund für solche freie Phantasie über vorhandene Rockstücke ist die Bekanntheit der Vorlage. Als Beispiele seien die Arrangements von «Eleanor Rigby» der BEATLES bei THE IDES OF MARCH (*Vehicle,* 1970), THE CRUSADERS (*Scratch,* 1974) und ESPERANTO (*Last Tango,* 1975) genannt. Arrangeure mit künstlerischer Klangphantasie sind in der Rockmusik etwa George Martin, Jimmi Haskell, Jack Nitzsche, Todd Rundgren, Phil Spector, Allen Toussaint, Quincy Jones, Prince, Phil Ramone und Narada Michael Walden.

In einem weiteren Sinne kann natürlich auch die Produktion eines Rockstückes ein Arrangement sein; das Ausgangsmaterial des → Produzenten kann ein → Demo sein, sein Arbeitsmaterial ist nicht Notenpapier und Bleistift, sondern das Mehrspurband und die Einrichtungen des Studios. Aus den einzelnen Aufnahmespuren des Tonbandes wird erst ein wirkliches Rockstück, wobei der Produzent die Gewichtsverhältnisse festlegt und gegebenenfalls weitere Spuren aufnehmen läßt. Ein Arrangeur in diesem Sinne ist beispielsweise Frank Zappa, aber auch jeder andere Produzent, der die Hauptaufgabe seiner Arbeit nicht darin sieht, eine Band möglichst authentisch – wie im Konzertsaal – klingen zu lassen, sondern der sich aus den Teilen eines Songs eine Klangwelt vorstellen kann, die er zu verwirklichen sucht.

Letztlich arrangieren auch Hip Hop-Musiker bereits vorhandene Musik. Ihr hauptsächliches Mittel ist dabei die Auswahl aus vorhandener Musik – der eine erhebliche Kenntnis nicht nur der Rockmusik zugrunde liegen muß – und das Zusammenstellen einer Collage aus dem gefundenen Material.

Artist (engl., Künstler) heißt im Bereich der Rockmusik der Komponist, Textdichter, Arrangeur, Instrumentenspieler und Sänger, kurz jeder, der auf Grund eines Vertrages mit einer Plattenfirma, mit einem Produzenten, mit einer Konzertagentur usw. rechtlich geschützte musikalische bzw. dichterische Leistungen hervorbringt. Feststehende Wortverbindungen sind: Varied Artists (Umschreibung der Besetzung auf einer → Sammelplatte mit mehreren Solisten bzw. Gruppen) und Artist and Repertoire (→ A & R).

ASCAP (American Society of Composers, Authors and Publishers) ist eine der zwei großen Verwertungsgesellschaften musikalischer Rechte in den USA. Sie wurde 1914 in New York gegründet und war jahrzehntelang die einzige Inkassogesellschaft des Landes. Da ihre Tantiemenforderungen von den US-amerikanischen Rundfunkanstalten für ungerechtfertigt hoch gehalten wurden, riefen diese 1941 die Konkurrenz-Einrichtung Broadcast Music Incorporated (→ BMI) ins Leben. Musiker wie Textdichter, überhaupt alle → «Artists» im urheberrechtlichen Sinn, die Mitglieder der ASCAP sind, führen bei ihr eigene Rechtsschutzmarken, welche die Wahrung der Autorenrechte sowie die Abrechnung über die Tantiemen erleichtern sollen.

Asylum Records, Los Angeles/New York, wurde 1971 von David Geffen gegründet. Ein Jahr später hat → Warner Communications – genauer gesagt der Kinney-Konzern – die junge Firma, zu deren Rockkünstlern Jo Jo Gunne, Judee Sill, später die Eagles und vorübergehend sogar Bob Dylan gehörten, für eine beträchtliche Summe aufgekauft. Geffen blieb nicht nur Präsident des Warner-Tochterlabels, sondern übernahm auch gleich die Leitung von → Elektra Records, das 1970 gleichfalls eine Abteilung von Warner Communications wurde. Dank der Umorganisierung und der geschickten → A & R-Politik Geffens konnte Elektra/Asylum die Verkaufsumsätze in den folgenden Jahren steigern. Unter Vertrag stehen oder standen u. a. auch Joni Mitchell, Warren Zevon und Tom Waits. Seit 1975 ist Joe Smith Präsident des Labels.

Atonalität wird als Begriffsprägung im Zusammenhang mit Kompositionen von Arnold Schönberg und der neuen Wiener Schule (Alban Berg, Anton von Webern) gebraucht, vielfach und ungenau auch im Sinne einer negativ gewerteten «Unmusik». Ohne die letztere polemische Bedeutung heißt atonal, daß die in einem Musikstück verwendeten Töne nicht mehr, wie in der überlieferten Musik, auf einen tonal oder modal zu verstehenden Grundton bezogen sind, sondern zusammen Strukturen ergeben, die jenseits von → Tonalität und auch außerhalb der → modalen Tonarten liegen. In dieser Bedeutung ist zwar auch ein in der → Zwölftonmusik verfaßtes Mu-

sikstück «atonal»; jedoch wird der Begriff zumeist im Sinne einer «freien Atonalität» verwendet, die keinen vorgefaßten Konstruktionsgrundsätzen unterworfen ist.
In der Improvisationspraxis des Free Jazz sind lange Passagen, ja ganze musikalische Abläufe im atonalen Stil entstanden. In der Rockmusik dagegen kommt atonale Spielweise äußerst selten vor, allenfalls als ein kurzer, witziger Effekt oder als eine zufällige Tonfolge (etwa als Zufallstöne auf dem → Synthesizer).

L Reinhold Brinkmann: *Arnold Schönberg: Drei Klavierstücke op. 11. Studien zur frühen Atonalität bei Schönberg* (Wiesbaden 1969); Ekkehard Jost: *Free Jazz. Stilkritische Untersuchungen zum Jazz der 60er Jahre* (Mainz 1975)

Auflösungszeichen ♮ → Vorzeichen

Aufnahmestudio → Studio

Auftakt (engl. up-beat). Musikalische Motive heben nicht immer auf dem ersten guten (betonten) Taktteil an, vielmehr nehmen sie Anlauf häufig schon vor dem Taktstrich. Dieser dem folgenden Takt vorangestellte unbetonte Rest von einem Ton oder von mehreren Tönen heißt Auftakt. «Yellow Submarine» der BEATLES beginnt mit einem solchen Auftakt (A):

Ausblenden (engl. fading) nennt man die allmähliche Zurücknahme der Lautstärke am Schluß eines Stükkes, bis die Musik nicht mehr zu hören ist. Das gleiche Verfahren in der entgegengesetzten Richtung, das man Klangeinfädelung nennen könnte, tritt gelegentlich am Anfang von Musikstücken auf. Aus- wie Einfädelung des Klanges sind Techniken, die sich lediglich auf Tonband bzw. auf Schallplatte verwirklichen lassen; in Klavierauszügen (→ Songbook) enthaltene Anweisungen wie «Repeat till fade with effects» sind unrealistisch und dienen nur als Beschreibung eines Klangereignisses auf der Schallplatte. Besonders die Klangausfädelung zielt auf Stimmungswahrung ab und findet in der ursprünglichen Aufgabe als Tanzmusik ihre Erklärung: Die tanzenden Paare sollen in ihrer «Stimmung» nicht plötzlich unterbrochen, vielmehr auf das bevorstehende Ende vorbereitet werden. Obwohl die Rockmusik der einstigen Aufgabe, zum Tanz aufzuwarten, längst entwachsen ist, endet eine große Zahl von Stücken weiterhin durch Fading. Fading bedeutet zwar unbedingt das bevorstehende Ende, es suggeriert aber gleichzeitig, daß «irgendwo», «weit weg» die Musik immer weitergeht; Fading täuscht in diesem Sinne so etwas wie Ewigkeit vor, als zeige die Platte nur einen winzigen Ausschnitt aus einer anderen Welt voller Musik.
Das technisch bequeme Verfahren verhindert dabei, daß die Musiker besondere Schlußqualitäten am Ende einer Komposition ausarbeiten, Strategien von Spannung und Entspannung, die künstlerisch überzeugend den Eindruck eines Ankommens am Ziel erwecken könnten. Im

Gegensatz zum Rock verwendet der Jazz bewährte Schlußformeln, wie pointierte Trommelabschläge und ausgehaltene Bläserakkorde; der → Punk seit 1977 kehrt dem arg mißbrauchten, nur noch konventionell wirkenden Klangausblenden den Rücken. Daß ein Rockstück auch ohne Ausblenden und ohne wirklichen Schluß beendet werden kann, bewiesen die BEATLES auf der LP *Abbey Road*: Der Song «I Want You/She's So Heavy» bricht unvermittelt ab.

Ausdruck (engl. expression). Da Musik eine begriffslose Kunst ist, läßt sich nicht scharf umreißen, was sie darstellt und was sie «ausdrückt». Ein ganzer Zweig der Musikästhetik galt im ausgehenden 18. und 19. Jahrhundert der Erforschung und Beschreibung des Ausdrucks in der Musik, ohne wesentlich mehr Einsichten zu bringen, als daß Musik einen Seelenausdruck, eine Stimmung oder einen Charakter wiedergibt. Ästhetische Theorien des 20. Jahrhunderts (Ferruccio Busoni, Igor Strawinsky, John Cage u. a.) haben sogar bestritten, daß Musik des Ausdrucks fähig oder daß ihr hauptsächlicher Sinn darin gegeben sei, etwas auszudrücken. (Die Ausdrucksästhetik wurde am radikalsten ausgerechnet um die Mitte des 19. Jahrhunderts, in Eduard Hanslicks vielaufgelegter Schrift *Vom Musikalisch-Schönen*, 1854, angezweifelt.)
Am ehesten wird man Ausdrucksabsichten vermuten, wenn zwischen Musikstück und Vortrag eine gewisse künstlerisch vertretbare Spannung besteht, etwa durch dynamische Betonung oder durch Verlängerung von Notenwerten, auch durch eine kaum merkliche Taktdehnung; entsprechende Vortragsanweisungen heißen espressivo, con espressione. In der Rockmusik läßt sich indessen, im Gegensatz zu der meistens notierten → Bildungsmusik, zwischen einer abstrakten Schicht der «Komposition» und ihrem individuellen Vortrag kaum unterscheiden, denn die Komposition erscheint auf der Schallplatte zugleich als Interpretation und umgekehrt (und Schallplatten sind die herrschende Erscheinungsform von Rockmusik). Hinzu kommt, daß das gleichmäßig durchgehaltene Zeitmaß, das für die Rockmusik kennzeichnend ist, ausdrucksbedingte Abweichungen kaum gestattet, ferner, daß die Vermittlung auf elektrisch verstärkten Instrumenten sehr feine Nuancen nicht zuläßt: Rockmusik ist auf Massenwirkung statt auf kammermusikalische Intimität abgestellt.

Australische Rockmusik steht stark unter britischem Einfluß, was die witzig absurden Texte wie die pointenreiche Musik der einzelnen Gruppen betrifft. Die frühesten, noch in Australien veröffentlichten Schallplatten der später in England berühmt gewordenen BEE GEES sind nicht in dem Umfang bekannt, der zu einer Beurteilung befähigen könnte; bei den EASYBEATS hat bis auf ihren Hit «Friday On My Mind» wenig auf ein überdurchschnittliches Gestaltungsvermögen schließen lassen. Weit später, nämlich erst um 1973, wurde man in der US-amerikanisch-

europäischen Rockwelt auf die Existenz einer australischen Rockproduktion aufmerksam. Die wichtigsten Gruppen samt einiger LPs sind The Captain Matchbox Whopee Band (*Smoke Dreams,* 1973), weiterhin Skyhooks (*Ego Is Not a Dirty Word,* 1975; *Straight In a Gay Gay World,* 1975), Little River Band (*Little River Band,* 1975; *After Hours,* 1976), die tourneefreudige Hardrockgruppe AC/DC (*Let There Be Rock,* 1975) und – sofern es erlaubt ist, Rock aus Neuseeland hier zu nennen – die ebenso exzentrische wie musikalisch höchsten Ansprüchen genügende Band Split Enz samt deren Splittergruppen Crowded House, Schnell Fenster und den Solo-Platten von Tim Finn, vorher Sänger von Split Enz.
In den achtziger Jahren waren es vor allem die Bands Inxs und Midnight Oil, die in den USA und in Europa eindrucksvolle Erfolge für sich verbuchen konnten. Aber auch andere Gruppen und Musiker zeugen von einem, manchmal eigenwilligen, eigenständigen Rock Australiens, so etwa das Duo Divinyls, Nick Cave, The Church, God, Icehouse, The Dubrovniks und Lubricated Goat.

S Buffalo: *Dead Forever...,* um 1971 (D: Vertigo/Phonogram); Flash & The Pan: –, 1979 (D: Ensign/Mercury); Mi-Sex: *Graffiti Crimes,* 1979 (NL: CBS); Procession: –, um 1970 (USA: Smash/Mercury); Rabbit: *Too Much Rock 'n' Roll,* 1976 (NL: CBS); Radio Birdman: *Radios Appear,* 1978 (USA: Trafalgar/Sire); The Saints: *Prehistoric Sounds,* 1978 (GB: Harvest/EMI); dies.: *(I'm) Stranded,* 1977 (D: Electrola); Split Enz: *Mental Notes,* 1976 (GB: Chrysalis); dies.: *Second Thoughts,* 1976 (AUS: Mushroom); dies.: *Beginnung of The Enz,* 1977 (GB: Chrysalis); dies.: *The Beginning of The Enz,* 1979 (AUS: Mushroom); dies.: *Dizrythmia,* 1977 (D: Chrysalis/Phonogram); dies.: *True Colours,* 1980 (NL: Mushroom/CBS); dies.: *Waiata,* 1981 (NL: Mushroom/CBS); dies.: *Conflicting Emotions,* 1984 (NL: A&M/CBS); dies.: *See Ya 'Round,* 1984 (Kanada: Mushroom/A&M); Schnell Fenster: *The Sound of Trees,* 1990 (D: WEA); Midnight Oil: *Blue Sky Mining,* 1990 (NL: CBS); dies.: *Diesel and Dust,* 1987 (NL: CBS); Divinyls: *Divinyls,* 1990 (D: Virgin)

Authentische Kadenz nennt man eine akkordische Schlußwendung, bei der der abschließende Grundakkord auf der ersten Stufe (Tonika = T) von der fünften Stufe (Dominante = D) erreicht wird, in der Regel über die dazwischen auftretende vierte Stufe (Subdominante = S), z. B. in C-Dur:

T S D7 T

Während die authentische Kadenz in der → Bildungsmusik seit dem 17. Jahrhundert bis zur Spätromantik die Regel bildet, ist sie in der Rockmusik lediglich eine der möglichen Schlußformeln.

Autodidakt (Selbstlerner) ist auf musikalischem Gebiet jemand, der sich seine Kenntnisse spieltechnischer oder theoretischer Art ohne einen geregelten schulmäßigen Unterricht erwirbt. Im Rockbereich, aber auch im Jazz sind die meisten Musiker Autodidakten. Zwar gibt es auch erfolgreiche Instrumentalisten, die entweder eine private Ausbildung an ihrem Instrument genossen haben (Keith Emerson) oder aber eine Hochschule besucht haben (Rick Wakeman, die meisten Mitglieder der Gruppe CHICAGO) bzw. eine Jazz-Schule wie die Berklee School of Music in Boston. Tatsächlich sind es aber vor allem Keyboard-Spieler, die sich mit ihrer Musik um so mehr vom Rock entfernten, wie sie ihre instrumentalen Kenntnisse nutzten. Zur Rockmusik gehört, ebenso wie zum Jazz, eine gewisse Unbefangenheit im Umgang mit dem Instrument, die man zwar als Naivität – oder eben als Un-gebildetheit – ansehen kann, die es aber dem Musiker erst möglich macht, etwas Singuläres, Individuelles zu schaffen. Dabei kann allzu große Fingerfertigkeit durchaus störend wirken, denn Virtuosität – vor allem große Geschwindigkeit im Spiel des Instruments – ist zwar für ein Publikum, dem die Maßstäbe fehlen, ein nachvollziehbares Kriterium zur Beurteilung der Kompetenz eines Musikers, für die Wertung von Rockmusik aber ein eher zu vernachlässigender Maßstab. Autodidakten haben im Rock und mitunter auch noch im Jazz – obwohl sich auch hier manchmal die Ansicht hält, daß nur der Musiker ein guter ist, der möglichst viele Noten in möglichst kurzer Zeit vom Blatt spielen kann – die Möglichkeit, eine eigene Technik, eine eigene Spielweise zu entwickeln, die letzten Endes zu einem eigenständigen, kaum nachzuahmenden Instrumentalklang führt; aus diesem Grund gehört es z. B. für einen Rock-Gitarristen dazu, sich auch mit der elektroakustischen Seite seines Instrumentalspiels auseinanderzusetzen. Zwar ist der Weg, sich das Spielen eines Instruments selbst anzueignen, mühsam und mitunter voller Sackgassen, wie z. B. Hunter Davies in seiner BEATLES-Biographie beschreibt; der Notwendigkeit, einen eigenen Weg zu finden, enthebt aber auch die Ausbildung an einer Schule den Musiker nicht.

Die anarchischen Produktionsverhältnisse von Rockmusik haben es bisher auch verhindert, daß – wie z. B. im Jazz – die Hochschulen auf breiter Basis Ausbildungsgänge für Rockmusiker anbieten. Zwar gibt es hier und da, beispielsweise in Hamburg, derartige Versuche, doch kann ein solcher Abschluß nicht eine daran anschließende erfolgreiche Karriere garantieren. Schließlich – und das zeigen gerade die Erfahrungen einiger ehedem sozialistischer Länder – kann die Verschulung eines Bereiches wie der Rockmusik zu künstlerischem Stillstand führen.

L Hunter Davies: *The Beatles. The Authorised Biography* (London 1968, S. 31 ff)

Autumn Records wurde 1964 von Tom Donahue und Bob Mitchell in San Francisco gegründet; unter den Acts befanden sich die BEAU BRUMMELS. Mit der Übernahme von Autumn Records durch den Warner Bros.-Konzern existierte das Label nicht mehr.

L *Who Put the Bomp!* (Sommer 1974, S. 15)

Avalon Ballroom, ein großer Tanzsaal in San Francisco, war Ort der Entstehung des sog. → San Francisco-Sound. Die Gruppe Family Dog übernahm das Management für einige lokale Gruppen, die als Tanzkapellen in der Longshore Hall, dann aber vor allem im Avalon auftraten. Die erst 1970 erschienene LP *Vintage Dead* der Grateful Dead vergegenwärtigt gut die Atmosphäre dieser Abende im Jahr 1966. Die Musik wurde von Lightshows, Stroboskopen und Projektionen ergänzt.

L Ralph J. Gleason: *The Jefferson Airplane and the San Francisco Sound* (New York 1969)

B

B ist ein Ton-Name, der sowohl das B der großen → Oktave wie auch allgemein die Tonqualität B in allen Oktavbereichen bezeichnen kann. Es ist zugleich Abkürzung für B-Dur, im Gegensatz zu b (= b-Moll), in neueren Kompositionen der → Bildungsmusik auch für die → Tonart allein, ohne Kenntlichmachung des → Tongeschlechtes. In England versteht man unter B unser H, einen Ton also, der um einen Halbton über unserem B liegt: Das B wird hingegen als B♭ (B-flat) bezeichnet. Dementsprechend heißt eine B-Klarinette Clarinet B♭ (B-flat).

Background (musikalischer Hintergrund). Solistische Darbietungen vokaler oder instrumentaler Art werden häufig, besonders im wiederkehrenden → Refrain, von einem Vokalchor oder/und von Streichern unterstützt. Die unterschiedlichen Präsenzgrade des Klanges sowie die Abstufung von musikalisch «wesentlich» und «zweitrangig» werden auf das Begriffspaar Solo (Vordergrund) und Background oder Hintergrund gebracht. Trotz der ironischen Formulierung geht die Bedeutung des Wortes aus dem Vermerk der Plattenhülle von *Absolutely Free* der Mothers of Invention (1967) hervor: «The Mothers of Invention play all their own musical backgrounds. The only exception on this disc is ‹Brown Shoes Don't Make It› where they have added 2 violins, 1 viola, 1 'cello, 1 trumpet and 1 contra-bass clarinet.» Eine etwas anders betonte Verteilung zwischen dem Solisten und den sonstigen Musikern kommt in der Wendung → Backing Group zum Ausdruck.
Background ist immer ein Ornament, eine nicht unbedingt notwendige Dreingabe des → Arrangements. Häufig bleiben deshalb Background-Musiker – Sänger wie Instrumentalisten – unbekannt und werden nicht unbedingt auf den Schallplatten genannt. Der Background-Gesang kann im übrigen auch von den nicht solistisch agierenden Musikern einer Band übernommen werden, wie etwa von Stewart Copeland und Andy Summers bei The Police.

Backing Group heißt eine vokale oder/und instrumentale Gruppe, die einen Solisten im Konzert oder bei Studioaufnahmen begleitet. Viele Rockbands, die später Karriere gemacht haben, fingen als begleitende Gruppen an (andere haben es nie zur Selbständigkeit gebracht). Die kanadische Gruppe THE BAND begleitete Bob Dylan in dessen kritischer Zeit um 1965, als Dylan – unter dem Protest vieler Anhänger – auch zur elektrischen Gitarre griff. Die BEATLES bildeten 1962 im Hamburger → Star-Club die Begleitgruppe des englischen Popsängers Tony Sheridan (festgehalten auf einem Doppelalbum), wie THE NICE als Backing Group der Sängerin P. P. Arnold begann. Zum Starkult um Jimi Hendrix paßt die Vorstellung, daß er nicht etwa Mitglied des Trios JIMI HENDRIX EXPERIENCE war, sondern als Starsolist sich von zwei weiteren Musikern als seiner Backing Group begleiten ließ. In jüngerer Zeit konnten sich beispielsweise die Sängerinnen Alison Moyet und Jennifer Warnes aus der Namenlosigkeit einer Backing Group befreien und eigene Karrieren aufbauen.

Badges sind Plaketten oder Ansteckknöpfe (buttons, «Meinungsknöpfe»), die auf die Wahlkämpfe in den USA zurückgehen und im Rockbereich die persönliche Vorliebe ihrer Träger für eine Gruppe oder für eine Musikrichtung (z. B. Punk, New Wave) bekunden. Mit einem Begriff des Marketing gehören sie zum → Merchandising.

Bagpipe → Dudelsack

Ballade (von altprovenzalisch balada, balar: tanzen) 1. Als «ballads» werden im anglo-amerikanischen Bereich erzählende, meist sentimentale Liedstücke bezeichnet, die in einem langsamen Zeitmaß verlaufen. «She's Leaving Home» der BEATLES ist eine parodierte Ballade. Schwermütige Balladen erfreuen sich beim Publikum wie bei Musikern ungebrochener Beliebtheit, was man etwa an den Erfolgen von Chris de Burgh und Phil Collins – um nur zwei Sänger zu nennen – ablesen kann. Auch eine LP einer beliebigen Heavy Metal-Band wäre ohne wenigstens eine Ballade unvollständig.

2. Seit dem letzten Drittel des 18. Jahrhunderts wird mit dem Ausdruck, unter englischem Einfluß, ein mehrstrophiges erzählendes Gedicht bezeichnet, dessen Stoff der Sage, dem Volksleben, zerstörerischen Naturereignissen usw. entnommen ist. Die bekannteste Ballade aus dieser Frühzeit ist *Lenore* von Gottfried August Bürger (1773); sie wurde mehrfach vertont. Balladen haben in der Folgezeit u. a. Carl Loewe, Franz Schubert, Robert Schumann und Johannes Brahms komponiert. Die Ballade ist auch eine im Blues, im Folksong und im Country & Western eingebürgerte Gattung. Sie erzählt bald ein historisch bedeutsames, bald ein schauerliches, wehmütiges usw. Ereignis in mehreren Strophen, deren Anzahl beträchtlich sein kann. Die Musik der einzelnen Strophen wird gelegentlich geringfügigen Veränderungen unterzogen.

3. Im 13. bis 14. Jahrhundert war eine Ballade ein vielstimmiges Lied mit festgeprägtem Formverlauf,

Strophen und dem Wechsel von Vorsängern und Chor beim Vortrag.

Band. 1. Eine Musikgruppe, Kapelle, deren Besetzung und Stärke unbestimmt bleiben (→ Big Band, → Combo). Mitunter wird dieser Begriff in den Namen der Band aufgenommen (TONTO'S EXPANDING HEAD BAND, THE GAP BAND). – 2. Tonband (→ Magnettongerät)

Bangla Desh-Konzert (Concert for Bangla Desh). Kaum hatte der junge Staat Bangla Desh seine Unabhängigkeit von Pakistan erlangt, hatte er mit chaotischen Verhältnissen in der Volkswirtschaft, mit Hungersnot und Krankheiten in der Bevölkerung zu kämpfen. Auf die Anregung des indischen Sitarspielers Ravi Shankar organisierte der Ex-Beatle George Harrison am 1. August 1971 im New Yorker Madison Square Garden ein Massenkonzert für ca. 40000 Zuhörer, das verfilmt und auf einem Dreifachalbum aufgezeichnet wurde. Aufgetreten sind dabei u. a. Eric Clapton, Ringo Starr, Jim Keltner, Klaus Voormann und Bob Dylan. Die Einnahmen des Wohltätigkeitskonzertes sowie seiner Verfilmung flossen dem Bangla Desh-Hilfskonto der UNESCO zu. Das Bangla Desh-Konzert kann als erstes großes, von Rockmusikern organisiertes Benefiz-Konzert gelten, wie sie in den achtziger Jahren aus unterschiedlichen Anlässen immer wieder veranstaltet wurden (→ Festivals).

L *The Concert for Bangla Desh.* 1971, 3 LP (NL: Apple) mit beigefügtem Foto-/Textheft

Banjo ist ein Saiteninstrument der nordamerikanischen Schwarzen, die es in primitiver Form (Kürbis, Tierhaar) einst aus Afrika in die USA gebracht haben; da das Instrument die Schwarzen an die Zeit der Sklaverei erinnert, wird es von ihnen gemieden. Im 20. Jahrhundert wurde das Banjo fast nur von weißen Musikern gespielt. Das Banjo besitzt einen langen Hals und einen runden, mit Fell oder Kunststoff bespannten Schallkörper aus Holz oder Metall. Die 4 bis 6 Saiten sind unterschiedlich je nach Landschaft und Spielweise gestimmt. Die Melodiesaite des fünfsaitigen Instrumentes (Stimmung g^1 c g h d^1 oder c^2 G g b d^1) ist neben bzw. über der tiefsten Saite links angebracht, sie ist kürzer als die anderen und wird mit dem Daumen gespielt. Notiert wird der Klang eine Oktave höher. Das Banjo war fester Bestandteil der → Skiffle-Bewegung und erfreut sich in der Bluegrass-Musik gleichbleibender Beliebtheit; zu seinen Virtuosen gehört Earl Scruggs (→ Bluegrass, → Stimmungen)

S Lester Flatt & Earl Scruggs: *The Original Sound,* 1963 (NL: Fontana/Philips)

L Jay Bailey: *Historic Origins and Stylistic Development of the Five-String Banjo* (in: Journal of American Folklore 85, 1972); Pete Seeger: *How to play the 5-String Banjo,* 3. Auflage 1962 (Oak, New York); Jochen Schulte/Werner Pöhlert: *Schule für 5-saitiges Banjo* (Zimmermann, Frankfurt/M.); *Interview mit Günter Amendt,* in: *Spotlight* Nr. 8, 1978

Barbershop Harmony. Während des 19. Jahrhunderts hat der Friseur in manchen Gegenden der USA nicht nur Haare geschnitten und Bärte rasiert, sondern auch verschiedene Waren, so etwa alkoholische Getränke, verkauft. Der Barbierladen war ein Treffpunkt für Männer, und es wurde erzählt und ohne instrumentale Begleitung chorisch gesungen. Parallele Akkordfolgen – hauptsächlich in Terz- und Quintparallelen – unterstützten die melodietragende Stimme, und dieses «close-harmony-singing» erhielt den Namen Barbershop Harmony. In einem allgemeinen Sinn bezeichnet der Ausdruck unbegleiteten Männergesang, auch ohne die Parallelakkorde. In den USA finden jährlich Wettbewerbe unter den besten Männer-Gesangvereinen statt, deren bestabschneidende Chöre auf einer Schallplatte erscheinen. Eine witzige Verfremdung der Barbershop Harmony, deren künstlerischer Rang nicht hoch eingeschätzt wird, enthält das Stück «Help, I'm a Rock» auf der LP *Freak Out!* der MOTHERS OF INVENTION (1966); auf der Plattenhülle wird das Wort ausdrücklich genannt. Auf solche ironische Verfremdung des Männergesangs greift Zappa auch später zurück. Ein weiteres Beispiel bot die Gruppe BLOOD, SWEAT AND TEARS auf ihrer LP *New City* mit der Cover-Version von Randy Newmans Song «Naked Man» (1975).

S *1968 International Barbershop Chorus Winners,* 1968 (USA: Decca); Frank Zappa: *Zoot Allures live in Paris,* 1977 (Raubpressung)

Bariton (engl. baritone). 1: Stimmlage zwischen Tenor und Baß, die etwa zwischen den Grenztönen A–g^1 liegt. – 2: Eine Klasse der Instrumente, deren Stimmumfang sich mit der Bariton-Stimmlage ungefähr deckt, z. B. Bariton-Saxophon (engl. barytone).

Baroque-Rock. In der Musikgeschichte wird der Zeitraum von etwa 1600 bis 1750, also von den Anfängen des begleiteten Sologesanges (der Monodie) bis zum Tode J. S. Bachs, mit dem von der Kunstgeschichte entlehnten Ausdruck «Barock» bezeichnet. Der sachlich kaum gewinnbringende Begriff «Baroque-Rock» bedeutet eine Stilrichtung, die sich in Form von → Adaptation, → Arrangement und → Zitat an die Musik des Barockzeitalters anlehnt. In der Bundesrepublik Deutschland wurde diese Stilrichtung allgemeiner in Anlehnung an den Begriff → Klassische Musik «Klassik-Rock» genannt (nicht zu verwechseln mit Classic Rock). Getragen wurde diese Richtung der Jahre 1968–72 von Gruppen wie THE NICE, PROCOL HARUM, RENAISSANCE, in Holland von EKSEPTION, in der BRD von PARZIFAL und TRIUMVIRAT, in der ehemaligen DDR von ELEKTRA; zahllose Beispiele finden sich bis in die jüngste Zeit auch bei vielen anderen Rockgruppen.

In einem erweiterten Sinn gilt vom Baroque-Rock, daß er auf Formen und Gattungen der Barockmusik wie → Suite, → Oratorium zurückgreift; in einer noch allgemeineren Bedeutung ist Baroque-Rock eine Musik, die aus den Stilmitteln und dem Repertoire der → Bildungsmusik schöpft, auch wenn diese zeitlich nach dem Barock liegt (Wiener Klassik, Romantik, Impressionismus). In diesem sehr ungenauen Sinn ist «The

Fifth» von EKSEPTION oder «For Elisa» und «Moonlight Sonata» von VANILLA FUDGE – mehr oder weniger oberflächliche Arrangements Beethovenscher Themen – Baroque-Rock zu nennen, ebenso das erste Album von ARS NOVA (1968), auf dem Themen von Richard Strauss und Igor Strawinsky, freilich ohne diese zu nennen, erklingen.
Baroque-Rock war in erster Linie eine Sache der europäischen Rockmusik, in den USA sind es einzelne Beispiele der Gruppen ARS NOVA und VANILLA FUDGE; die überzeugendsten Beispiele dieser Richtung überhaupt bot THE NEW YORK ROCK (AND ROLL) ENSEMBLE. In Europa waren es unter dem Einfluß von Keith Emerson (THE NICE) häufig traditionell ausgebildete Pianisten, die in Rock-Bands spielten, etwa Rick van der Linden bei EKSEPTION und auch Rick Wakeman bei YES. Das Repertoire der verwendeten Vorlagen deckt sich daher mit dem des bildungsbürgerlichen Konzertbetriebes, beginnt mit der Musik Bachs und endet mit der Musik der Jahrhundertwende. Trotz der Zweifelhaftigkeit des Unterfangens, → Bildungsmusik und Rockmusik durch → Arrangements miteinander zu verbinden, hat der Baroque-Rock interessante und allemal hörenswerte Ergebnisse hervorgebracht.

L Manfred Schuler: *Rockmusik und Kunstmusik der Vergangenheit – ein analytischer Versuch,* in: Archiv für Musikwissenschaft, Heft 2 (Wiesbaden 1978); Bernward Halbscheffel: *Living in the Past – Rock-Opern – Symphonien – Suiten und Parodien,* in: Tibor Kneif (Hg.): Rock in den 70ern (Reinbek 1980)

S THE NICE: *Five Bridges,* 1970 (GB: Charisma); EKSEPTION: –, o. J. (D: Philips); THE NEW YORK ROCK & ROLL ENSEMBLE: –, 1968 (USA: Atco); Michael Kamen: *New York Rock,* 1973 (USA: Atco); EMERSON, LAKE & PALMER: *Pictures At An Exhibition,* 1971 (D: Island/Ariola)

Barrelhouse Piano-Stil nennt man die frühe Form der Boogie Woogie-Spielweise, bei der die linke Hand die Taktzeiten angibt und die rechte Hand sich in zuweilen sehr freier Off-Beat-Phrasierung ergeht.

Baß (engl. bass) 1. Die tiefste Männerstimme, die sich im Tonbereich E–d[1] bewegt. – 2. Die tiefste Stimme einer Komposition, die als die klangliche Stütze des musikalischen Geschehens dient. – 3. Eine Klasse der Instrumente, deren Stimmumfang sich mit dem der menschlichen Baßstimme in etwa deckt, z. B. Baßposaune.

Bass-Bin ist ein Lautsprechergehäuse in Form eines gefalteten Exponentialhorns für den Baßbereich einer → PA. Wie Horn-Lautsprechersysteme überhaupt, wurden auch die Bass-Bins im Laufe der achtziger Jahre seltener eingesetzt und machten vor allem in mittelgroßen Hallen kleineren Stacking-Systemen Platz. Für Konzerte im Freien sind Bass-Bins allerdings nach wie vor unentbehrlich.

Baßgitarre (engl. bass guitar) ist ein tiefes Gitarreninstrument, das es sowohl in einer akustischen wie in einer mit Tonabnehmern versehenen Form gibt; allerdings sind akustische

Baßgitarren nur selten zu sehen und werden in der Rockmusik kaum verwendet. Wie beim → Kontrabaß und genauso wie die tieferen vier Saiten der normalen Gitarre sind die vier Saiten der Baßgitarre in reinen Quarten gestimmt: E_1 A_1 G D, wobei die Töne um eine Oktave höher notiert werden.

1. Geschichte und Technik. Die elektrische Baßgitarre, wie sie zumeist in der Rockmusik verwendet wird – massiver Korpus aus Holz, vier Saiten, ein oder zwei Tonabnehmer –, ist eine Entwicklung des Gitarrenbauers Leo Fender, der im Jahre 1951 die erste elektrische Baßgitarre herstellte, den Precision Bass, der letztlich in Form und Ausstattung das Vorbild aller elektrischen Baßgitarren ist. Innerhalb von kurzer Zeit verdrängte die handliche Baßgitarre den bis dahin auch in der Rockmusik üblichen Kontrabaß und stieß auf die unumschränkte Annahme durch Rockmusiker. Im Jazz dagegen führte die Baßgitarre lange Zeit ein Schattendasein und steht heute bestenfalls gleichberechtigt neben dem Kontrabaß, dann aber auch eher in der bundlosen (fretless) Form. Denn Fender hatte der Baßgitarre Bünde wie bei einer Gitarre mitgegeben, wodurch sich jeder Gitarrist auf diesem Instrument sofort zurechtfand. Die bundlose Baßgitarre dagegen emanzipierte sich erst im Laufe der siebziger Jahre im Jazz und in den achtziger Jahren auch im Rock, wird aber oft in stilistisch eingeschränktem Maß verwendet, nämlich auffallend oft für Balladen. Es gibt auch Mischformen, deren Griffbrett für die tiefere der zwei Oktaven Bünde aufweist, während das Griffbrett in der hohen Lage keine Bünde hat (Ibanez). Je nach Länge des Griffbrettes werden drei Bauarten unterschieden: Lange, mittlere und kurze Mensuren (Long, Mid und Short Scale). Der Precision Bass ist ein Long Scale-Baß, der durch Paul McCartney bekanntgewordene Violin-Baß der deutschen Firma Höfner – tatsächlich eine Nachahmung eines früheren Gibson-Modells – ein Short Scale-Baß, dessen Griffbrett nicht nur kürzer, sondern auch deutlich schmaler als das eines Long Scale ist. Bassisten bevorzugen in der Regel Bässe mit langer Mensur, solche mit kurzer Mensur haben einen eher kurzen Ton und sind daher auf bestimmte Stile festgelegt (Beat, bestimmte Formen von Reggae). Im Jahre 1960 brachte Fender den Jazz Bass heraus, ein Instrument mit zwei Tonabnehmern und einem schmaleren Griffbrett als das des Precision Bass. Der Jazz Bass verfügt über eine Korpusform und Bespielbarkeit, an denen es nichts zu verbessern gibt.

Wie beim Precision Bass bestehen auch beim Jazz Bass der Korpus und der Hals, der in seinem Inneren einen Stahlstab trägt, aus Holz. Der Stahlstab dient einerseits der Verstärkung, andererseits kann damit die Neigung des Halses zum Korpus eingestellt werden. Die Firma Kramer verwendete als Material für die Hälse ihrer Instrumente Leichtmetall, gelegentlich wird auch Kohlefaser-Verbundwerkstoff eingesetzt; weitere Werkstoffe sind etwa Ebonol (Papier-Phenolharz-Verbund) und Carbon-Graphit. Am Ende des Halses sitzt die Kopfplatte mit den

Stimmechaniken. Anfang der achtziger Jahre kam eine Bauweise auf, in der die Stimmechaniken an das andere Ende der Saiten, also an das Ende des Korpus versetzt wurden. Der Grund ist darin zu suchen, daß Bässe sehr oft «kopflastig» sind, d. h. die Wirbelplatte neigt sich ohne Zutun des Bassisten dem Boden zu, ein lästiger Umstand, dem der Instrumentalist ständig entgegenwirken muß. Die Saiten der Baßgitarre bestehen üblicherweise aus Metall, es sind mit Draht spiralig umsponnene Metallkerne. Es gibt ungeschliffene und geschliffene Saiten, auch Zwischenstufen sind verfügbar, wobei die meisten Bassisten ungeschliffene Saiten wegen ihres klaren und obertonreichen Klanges bevorzugen. Bei bundlosen Baßgitarren werden allerdings auch geschliffene Saiten – bei ihnen wird die Umspinnung glattgeschliffen, vergleichbar etwa den Tomastik-Saiten beim Kontrabaß – eingesetzt, sie ergeben einen zwar dumpferen, aber auch «wärmeren» Ton, beschädigen vor allem aber das Griffbrett nicht so leicht wie geschliffene. Mitunter werden auch nylonumsponnene Saiten aufgezogen, sie spielen allerdings nur eine untergeordnete Rolle, zumal der Klang dieser Saiten nicht dem Ideal der Rockmusiker entspricht.

Zwar spielen die meisten Rock-Bassisten auf einem viersaitigen Instrument, schon zu Beginn der sechziger Jahre (1964) aber stellte Fender für kurze Zeit einen fünfsaitigen Baß her, der mitunter noch bei Konzerten zu sehen ist. Im Laufe der achtziger Jahre stand im Vordergrund der sich verändernden Baß-Bauweise die Saitenzahl neben dem durchgehenden Hals, an den die Korpusteile angefügt sind. So wurden von den meisten Herstellern zunächst fünfsaitige Bässe gebaut – ihr tiefster Ton ist das Subkontra H – dann sechs- und mittlerweile siebensaitige Instrumente. Bei diesen Bässen sind es dann aber höhere Töne, die es dem Bassisten erlauben, jederzeit solistisch zu spielen. Um eben diesem Anliegen gerecht zu werden, wurden in den siebziger Jahren Instrumente mit zwei Hälsen hergestellt: So gibt es Kombinationen von Baßgitarren und Gitarren wie auch Kombinationen von bebundeten und bundlosen Baßgitarren-Hälsen.

Auch die Tonabnahme wurde weiterentwickelt. Die ursprünglich wie bei einer elektrischen Gitarre passiven – also ohne im Instrument eingebauten Vorverstärker – Tonabnehmer wurden zum Teil von einer aktiven Tonabnahme verdrängt, die Firma Alembic war der Vorreiter auf diesem Gebiet. Dieser Entwicklung zollte schließlich auch Fender Tribut: Im Jahre 1980 wurde der Precision Bass mit einer aktiven Elektronik versehen. Die siebziger und achtziger Jahre standen auch im Bereich des Baßgitarrenbaus vollständig unter dem Zeichen eines wachsenden Einflusses japanischer Instrumentenbauer, deren hochwertige und preiswerte Instrumente angestammte Firmen wie Fender, Gibson, Music Man und Rickenbacker veranlaßte, ihre Instrumente zu überarbeiten und zunehmend auf die Wünsche von Musikern einzugehen. Andererseits bevorzugten viele Bassisten Instrumente, die in kleinen Serien von

Gitarrenbauern angefertigt wurden, andere Bassisten ließen sich ein Instrument maßschneidern.

2. Baßverstärker. Instrumente mit elektrischer Tonabnahme können nur im Zusammenhang mit einem Verstärker beurteilt werden: Das gesamte Instrument besteht aus Baßgitarre (Gitarre), Verstärker und Lautsprecher. In der Anfangszeit der Rockmusik wurden wie zur Verstärkung der Tonsignale einer elektrischen Gitarre auch für Baßgitarren mit Röhren bestückte Verstärker verwendet. Anfang der siebziger Jahre wurden diese Verstärker zunehmend von transistorisierten Verstärkern verdrängt, Anführer dieser Entwicklung war die Firma Acoustic; heute stellen u.a. die Firmen Peavey und Trace Elliott häufig verwendete Verstärker her. Der Wunsch vieler Bassisten nach sehr hoher Ausgangsleistung – Verstärkerleistungen von 300 bis 1000 Watt sind durchaus üblich – führte zu einer parallelen Entwicklung: Dem Baß angepaßte, mit Röhren oder Transistoren bestückte Vorverstärker steuern dabei eine sehr starke Stereo-Endstufe an, wie sie üblicherweise in einer → PA verwendet wird. Entsprechend imposant fallen die benötigten Lautsprecherboxen aus: Zumeist werden Lautsprecher mit sehr großflächigen Membranen – 18 oder 15 Zoll Durchmesser – mit kleineren – 12 oder 10 Zoll Durchmesser – kombiniert; ebenso gehören aktive oder passive Frequenzweichen dazu. Einen anderen Weg ging die Firma Ampeg – deren SVT-Baßverstärker immer noch der Röhren-Baßverstärker schlechthin ist –, die eine große Anzahl von kleineren Lautsprechern – 10 Zoll Durchmesser – in ihre Boxen einbaute. Maßgeblich für eine gute Tieftonwiedergabe ist tatsächlich die Gesamt-Membranfläche der Lautsprecher. Das Streben der meisten Bassisten geht aber zu einem klaren, unverzerrten Baß-Klang; daher verzichten Bassisten im Studio und auf der Bühne sehr oft auf einen eigenen Verstärker. Die Baßgitarre wird also ohne weitere Umwege direkt an das Mischpult angeschlossen.

3. Spielweisen und Musiker. Baßgitarren werden zumeist mit den Fingern gezupft, selten mit dem Daumen, in der Regel im Wechselschlag mit Zeigefinger und Mittelfinger, manche Bassisten nehmen noch den Ringfinger hinzu. Auch werden Bässe mit dem Plektrum gespielt, viele Bassisten bevorzugen sogar diese Spielweise, die immer einen «harten», obertonreichen Klang hervorbringt. Es haben sich aber auch andere Spielweisen herausgebildet, die im engen Zusammenhang mit der Emanzipation der Baßgitarre vom bloß begleitenden hin zum eigenständigen, sogar solistisch hervortretenden Bestandteil einer Band zu sehen sind. Vor allem sind dies Popping und Slapping. Beim Popping wird die Saite mit der Kante des Daumens in der Art eines Klavierhammers kurz angeschlagen – möglichst nicht gegen die Bünde, so daß die Saite sehr schnell frei schwingen kann. Der Ton baut sich in der Regel wie ein Klavierton auf; vor allem scheint er zunächst anzuschwellen und dann erst auszuklingen. Beim Slapping greift der Bassist unter die Saite – vor allem D und G –, zieht sie

vom Griffbrett weg und läßt sie zum geeigneten Zeitpunkt gegen das Griffbrett zurückschnellen; das Resultat ist ein kurzer, durchdringender, perkussiver Klang. Häufig werden Popping und Slapping im Zusammenhang angewendet. Vor allem in Oktavgängen – etwa im Funk-Rock – wird der jeweils tiefere Ton mit dem Daumen angeschlagen, während der darauffolgende höhere angerissen wird. Eine weitere Spieltechnik ist das Hammering, das eine gitarristische Spielweise ist: Dabei werden die Fingerkuppen der Griffhand mit Nachdruck auf das Griffbrett gesetzt. Der Ton trägt – ausreichende Verstärkung vorausgesetzt – ebenso wie ein tatsächlich gezupfter Ton; auch → Tapping wird von manchen Bassisten eingesetzt. Maßgeblich für ein gutes Baßspiel ist neben der Beherrschung dieser Spieltechniken aber ebenso die Dämpfung der schwingenden Saiten. Vor allem beim Popping und Slapping äußert sich mangelhafte Dämpfung schnell im Mitschwingen nicht gespielter Saiten.

Gute Bassisten hat es in der Rockmusik zu jeder Zeit gegeben. Donald «Duck» Dunn, James Jamerson und Carol Kaye etwa waren die ersten Baßgitarristen, die dem Instrument den Weg ebneten. Carol Kaye z. B. begann mit der Gitarre, wechselte zur Baßgitarre und war bald eine gefragte Studiomusikerin, so für zahlreiche Motown-Aufnahmen (Martha Reeves, Stevie Wonder) und für The Beach Boys («Good Vibrations»). In den sechziger Jahren waren es die Bassisten Paul McCartney, John Entwistle und Jack Bruce, die dem Instrument eine eigene Stimme zubilligten und dessen Möglichkeiten zeigten. Die siebziger Jahre standen im Zeichen der Emanzipation der Baßgitarre: Durch die Hinwendung vieler Jazzmusiker zum → Jazz-Rock wurde die Baßgitarre von begleitenden Funktionen weitgehend befreit und eroberte sich eine eigene Klangwelt. Hier sind vor allem Stanley Clarke und Jaco Pastorius zu nennen, letzterem kommt das Verdienst zu, die bundlose Baßgitarre im Jazz durchgesetzt und für Rockmusiker interessant gemacht zu haben. Im Rock waren es Colin Hodgkinson – auch er bevorzugt die bundlose Baßgitarre –, Chris Squire von Yes, John Wetton, der bei Roxy Music und bei King Crimson spielte; herausragende Bassisten sind weiterhin Bernard Edwards (Chic), Percy Jones (Brand X), Robbie Shakespeare, Alphonso Johnson, Mark King, Dave Patton, Abraham Laboriel, Pino Palladino und Bill Sheehan. Auffallend ist die große Zahl von Bassisten, die in einem Bereich zwischen Jazz und Rock ihren Stil entwickelten; es läßt sich sogar die Regel aufstellen, daß alle wichtigen Bassisten der Rockmusik der achtziger Jahre stark vom Jazz beeinflußt worden sind oder gar aus dem Jazz kommen und immer wieder auch Jazz spielen wie etwa Jonas Hellborg, Marcus Miller, Darryl Jones und John Pattitucci. Diese These wird von der Tatsache untermauert, daß aus Punk und New Wave nur wenige Bassisten hervorgegangen sind, die einen eigenen Stil entwickelten; zu nennen wären etwa Jah Wobble, Tina Weymouth und Jean-Jacques Burnel. (→ Funk)

L Tony Bacon: *Rock Hardware* (London 1981); Robert Lindmaier: *Baßtechniken* (Bonn 1984); Rick Laird: *Jazz Riffs für Baß* (Köln 1979); Bert Gerecht: *Bass-Talk* (Köln 1991)

Battle (engl., Schlacht, Wettkampf) ist, in Angleichung an eine traditionsreiche Gepflogenheit der Jazzmusiker, der musikalische Wettkampf zwischen verschiedenen Rockgruppen oder zwischen den einzelnen Mitgliedern einer Gruppe, die ihr technisches Können sowie ihren Einfallsreichtum beim Improvisieren unter Beweis stellen. Das Urteil wird vom Publikum oder von einer Jury gefällt. Das Album *The Battle of the Bands* (1968) von THE TURTLES stellt stilparodierend wie zugleich stileinfühlend einen vorgestellten Wettkampf nicht genannter, aber in den Hauptzügen identifizierbarer Rockgruppen vor (THE BEATLES, THE BEACH BOYS, COUNTRY JOE & THE FISH, THE MAMAS AND THE PAPAS usw.).

Dem natürlichen Ehrgeiz eines jeden Musikers, nicht schlechter abzuschneiden als der nächste in der Gruppe, verdanken Live-Konzerte die Einmaligkeit inspirierter Einzelleistungen: Konkurrenz – also Battle unter den Bandmitgliedern selbst – kann sich freilich auch hemmend auf das Zusammenspiel wie auf das künstlerische Gesamtergebnis auswirken, wie das etwa die verkrampften Anstrengungen zwischen Jon Lord und Ritchie Blackmore in manchen Konzerten von DEEP PURPLE gezeigt haben.

Mit Beginn der achtziger Jahre entstand in der Bundesrepublik Deutschland eine neue Art der Battles, die staatlich veranstalteten Rockwettbewerbe, die der Förderung des Nachwuchses dienen sollten. Vorreiter dieser Einrichtungen war Berlin, wo seit 1981 jährlich ein Senats-Rock-Wettbewerb ausgerichtet wird. Interessierte Gruppen schicken zur Teilnahme an diesem Wettbewerb Tonbandkassetten ein, die von einer Jury bewertet werden. Die Sieger dieser Vorauswahl müssen sich in einem Live-Konzert erneut der Jury, vor allem aber einem Publikum stellen. War früher eine Schallplattenaufnahme unter professionellen Bedingungen der Siegespreis, so sind es inzwischen Geldpreise. Ähnliche Rock-Wettbewerbe gibt es in verschiedenen anderen Bundesländern, beispielsweise im Saarland.

S THE TURTLES Present: *The Battle of the Bands,* 1968 (USA: White Whale)

Battle of Speeds (engl., «Krieg der Umdrehungs-Geschwindigkeiten») heißt blumig der Zusammenstoß der beiden Fernseh- und Schallplattengiganten CBS-Columbia und RCA-Victor in den Jahren 1948/49. Dank jahrelanger Laboratoriumsversuche unter der Leitung von Peter Goldmark stellte Columbia im Juni 1948 die erste Kunststoff-LP mit 33 ⅓ Umdrehungen pro Minute (UpM) auf 12-inch-Größe vor, die gegenüber den 78er Platten eine wesentlich längere Spieldauer versprach. (Die gleiche Geschwindigkeit wurde von Victor bereits 1931 eingeführt, doch vertrug sich die reduzierte Umdrehungszahl schlecht mit dem körnigen

Schellack und wurde daher wieder zurückgenommen.) Statt auf das Angebot von Columbia einzugehen, das Patent ihrerseits zu nutzen, trumpfte RCA 1949 mit einer eigenen Geschwindigkeit von 45 UpM auf 7-inch-Größe auf. Da der Kampf zu großer Unsicherheit auf dem Markt der Tonabnahmegeräte führte, suchten beide Firmen einen Ausweg aus der Patt-Situation. Er wurde gefunden, indem man die 33er Geschwindigkeit vor allem für klassisch-romantische Musik wählte, während die 45er Geschwindigkeit dem populären Bereich und vor allem dem beginnenden Rock 'n' Roll vorbehalten blieb.

B & C Records, London, war für die Rockmusik weniger durch die eigenen Produktionen als vielmehr durch die Herstellung und den Vertrieb von Produkten anderer Firmen bedeutsam (Philips: ATOMIC ROOSTER, Charisma: AUDIENCE, THE MONTY PYTHON u. a.).

Be ♭ → Vorzeichen

Beat (engl., Schlag). 1. Die Markierung der Schlagzeiten und deren Unterteilung in kleinere Werte. Im Gegensatz zur → Bildungsmusik, bei der die metrischen Verhältnisse häufig nur ideell gemeint sind und auch bloß gedanklich nachvollzogen werden, macht in der Rockmusik das Schlagzeug den herrschenden Taktrahmen durch Markierungspunkte deutlich. Die einfachste Form solcher Hervorhebung besteht darin, daß im 4/4-Takt – der den weitaus größten Teil der Rockmusik beherrscht – die gängigen Schwereverhältnisse nur noch mehr betont werden, indem das erste Viertel den Hauptakzent, das dritte Viertel den Nebenakzent erhält; zweites und viertes Viertel bleiben unbetont (→ Akzent). Da diese metrischen Verhältnisse jedoch zu bekannt, das heißt trivial sind, wird der Beat vielfach vom gängigen Schema abweichend gestaltet, etwa

oder es werden weitere Komplizierungen eingeführt, z. B. → Synkopen:

 usw.

So wird der Beat, statt eine bloße Wiederholung der ohnehin erwarteten Betonung zu bilden, zu einer rhythmischen Gegenstimme gemacht. Andererseits darf der Beat nicht allzu kompliziert sein, da sonst die Gefahr besteht, daß die geltenden Bezugspunkte aus den Augen verloren werden (→ Off-Beat).
2. Als Beat wird die britische Rockmusik von etwa 1962 bis Ende der sechziger Jahre bezeichnet. Beat in diesem Sinn ist ein Begriff, der eine Epoche in der britischen Rockgeschichte angibt, jedoch keine besonderen Stilmerkmale beinhaltet, die sich von anderen Merkmalen der Rockmusik grundsätzlich unterscheiden lassen können. Die Behauptung, daß die US-amerikanische Plattenindustrie um 1970 eine «Umbenennungskampagne» durchge-

führt und den ursprünglich europäischen Beat in Rock umgetauft habe, entbehrt der Beweise. Richtig ist vielmehr, daß die ursprünglich aus den USA importierte Musik um 1960–62 selbst in Liverpool zunächst Rock genannt wurde. Die Bezeichnung Beat geht auf die 1962 von Bill Harry in Liverpool gegründete Zeitung *Mersey Beat* zurück, die nicht nur der lokalen Gruppe The Mersey Beats (später The Merseys) den Namen gab, sondern den Ausdruck Beat auch sonst zu verbreiten half. Nicht zuletzt unter dem Einfluß der Beatles wurde die Bezeichnung Beat auch in London (man sprach dort bis dahin von Rhythm and Blues) und auf dem europäischen Kontinent heimisch.

Beatlemania wird die überspannte Reaktion des zumeist zwölf- bis zwanzigjährigen Publikums auf das Auftreten der Beatles von Mitte 1963 bis etwa 1966 genannt. Sie zeigte Merkmale einer Massenhysterie, die sich nicht nur in Straßenverfolgungen der einzelnen Beatles, im beschädigten Mobiliar der Konzertsäle und im unaufhörlichen Kreischen fünfzehnjähriger Mädchen während der Live-Auftritte äußerte, sondern auch in manchem unangemessenen Vergleich zwischen den Beatles und Beethoven bzw. Schubert durch überschwengliche Journalisten. Schallplatten und Filme von Konzerten in Melbourne, in Japan, im New Yorker Shea-Stadion sowie ein Amateurfilm über das Washington-Konzert von 1965 und schließlich der Film *Help!* vermitteln ein anschauliches Bild von dem einstigen Massenwahn. Wenn es auch keine zweite Rockband vermocht hat, eine ähnliche Reaktion beim Publikum hervorzurufen wie die Beatles, so sind einige Begleiterscheinungen der Beatlemania heute fester Bestandteil der Vermarktung von Rockmusik. Beatlemania bestand nicht nur aus Konzerten, die im Kreischen der Fans untergingen, sondern in einer Allgegenwart der Stars, deren Leben öffentlich gemacht wurde. Frisuren, Anzüge, Schuhe, Fotos, Musikinstrumente – alles, was sich in einen Zusammenhang mit den Beatles bringen ließ, war käuflich zu erwerben. Eine Langhaarfrisur hieß Beatles-Frisur, Anzüge, zu denen ein Jackett ohne Kragen gehörte, waren Beatles-Anzüge und selbst die Höfner-Baßgitarre, die Paul McCartney spielte, wurde Beatles-Baß genannt. Am Ende der Beatlemania war Rockmusik nicht mehr bloß eine bestimmte Art von Musik, sondern bildete einen eigenen Kosmos, zu dem vielerlei Requisiten gehörten.

L Clive James: *A Cavern in Arcadia* (in: Cream No. 17, Oktober 1972, S. 24ff)

Bebop (Be-Bop, Re-Bop) ist ein in den frühen vierziger Jahren im Harlem-Viertel New Yorks entwickelter Jazzstil, der durch sprunghafte melodische Linien und abgehackte Phrasierung gekennzeichnet ist. Herrschendes Intervall ist die verminderte Quinte (z. B. c^2 fis^1). Im mittleren Improvisationsteil eines Stückes werden Akkordfortschreitungen im Stil erweiterter Tonalität bevorzugt, in der Variationstechnik läßt sich das zugrunde liegende melodisch-har-

monische Gerüst häufig nur noch erahnen. Erschwert wird das Verfolgen der Beziehung von Thema und Solovariation dadurch, daß letztere an jeder beliebigen Stelle, also nicht nur zu Beginn eines → Chorus, einsetzen und jederzeit, also nicht nur am Chorusschluß, aufhören kann.
Wie andere Neuerungen des Jazz stellt auch der Bebop einen Versuch der (schwarzen) Jazzmusiker dar, sich vor billiger Nachahmung und (weißer) Kommerzialisierung zu schützen. In der Tat stellt die Bebop-Spielweise höchste Anforderungen an die Instrumentenbeherrschung und an die klanglich-variative Phantasie des Musikers. Der Bebop hat den Jazz revolutioniert und dem Free Jazz die Wege geebnet. Einige Hauptvertreter des Bebop: der Altsaxophonist Charlie Parker, der Trompeter Dizzy Gillespie, die Pianisten Thelonius Monk und Bud Powell sowie der Schlagzeuger Kenny Clarke.
Mitte der fünfziger Jahre erfuhr der Bebop eine Radikalisierung und Neubelebung durch den Hardbop. Herausragender Vertreter dieser die afrikanischen Wurzeln wie den Blues hervorhebenden Stilrichtung war der Schlagzeuger Art Blakey.
Wenn der Bebop auch als Jazzstil abgeschlossen ist, so gibt es durchaus eine Vielzahl junger Jazzmusiker, die in der Musiksprache des Bop musizieren. Denn anders als die vorangegangenen Jazzstile repräsentiert der Bebop so etwas wie eine autonome, absolute Musik, die nur sich selbst verpflichtet ist. Entstanden nicht zuletzt als Ventil für Musiker, die in den großen Swing Bands keine Möglichkeiten sahen, das eigene Empfinden in der Musik auszudrükken, öffnete der Bebop den Musikern einen zweckfreien Raum. Als solcher ist er der Prototyp späterer Strömungen im Jazz und wird häufig mit dem Begriff «Jazz» gleichgesetzt.

L Leonard Feather: *Inside Be-bop* (New York 1949), spätere Auflage: *Inside Jazz,* 1977 (Da capo, New York); Ira Gitler: *Jazz Masters Of The Forties,* 1976 (Collier, New York)

Becken (engl. cymbals) gehören zu einem Schlagzeug wie die Trommeln. Zumeist werden die Becken auf Ständern verschiedener Art aufgehängt; eine Sonderform ist die → Hi-Hat, zu der zwei Becken gehören. Je nach Aufgabe und Einsatz werden Ride- und Crash-Becken unterschieden; auf Ride-Becken werden in der Regel durchlaufende rhythmische Werte, etwa Achtel, gespielt, während ein Crash-Becken dem Akzentuieren dient, stets zum Beispiel auf der Zählzeit 1 am Beginn einer viertaktigen Periode. Schlagzeuger setzen aber auch Ride-Becken für Crashs und umgekehrt ein.
Becken sind eine besondere Form von Glocken und bestehen aus einer Legierung von Kupfer und Zinn, gelegentlich werden weitere Metalle in geringen Anteilen zugesetzt. Die Bronzelegierung wird entweder in runde, der späteren Beckenform vage entsprechende Formen oder aber in große Platten, aus denen die Beckenrohlinge geschnitten werden, gegossen. Eine dritte Herstellungsweise, in der ein Becken aus einem spiralig gelegten Bronzedraht geschmie-

det wird, ist heute nicht mehr gebräuchlich und hat bestenfalls musealen Wert. Der so oder so entstandene Rohling wird in mehreren Arbeitsgängen gehämmert und auf Form gedreht; dabei entsteht die bekannte leicht glockige Form mit einer ausgeprägten Kuppe. Eine spezielle Form sind die sehr lauten und durchdringend klingenden China-Becken, deren Kuppe in etwa trapezförmig ist und die einen hochgebogenen breiten Rand haben. Eine weitere Spezialform eines Beckens sind die sogenannten Sizzle-Becken: In deren Rand werden Löcher gebohrt, in denen wiederum kleine Nieten frei schwingen können. Der Klang dieser Becken ist sehr weich und äußerst langanhaltend. Derselbe Effekt läßt sich aber auch mit einer am Beckenständer befestigten und über das Becken gelegten feingliedrigen Metallkette erreichen.
Die Beckenherstellung wurde in Asien entwickelt und in der Türkei zur Blüte gebracht; daher haben türkische Hersteller beziehungsweise deren US-amerikanische Nachfahren noch heute eine große Bedeutung als Beckenhersteller, etwa A. und K. Zildjian, deren Becken immer noch als die besten ihrer Art gelten. Weitere Hersteller von verschiedenen Becken sind Sabian und Paiste.

Beggar's Banquet Records, London, gehört nach eigener Darstellung zu den Labels, «die dort einhaken, wo die Multimillionen-Industrie der großen Konzerne es nicht mehr schafft, klarzukommen – in den Clubs, wo das Wasser von der Decke tropft und die arbeitslose Jugend zu Monstern verunstaltet Pogo tanzt» (→ Pogo). Die Gründer Nick Austin und Martin Mills betätigten sich ursprünglich als Besitzer von Plattenläden und als Konzertveranstalter. 1977 gründeten sie die Firma, die sich von Anfang an der Punk- und New Wave-Richtung annahm. Unter den Acts finden sich THE DOLL, THE LURKERS, John Spencer und TUBEWAY ARMY; im Laufe der achtziger Jahre kamen etwa THE CULT, BAUHAUS, THE FIELDS OF THE NEPHILIM, THE FALL, FLESH FOR LULU, THE GO-BETWEENS und John Cale zu dem Label.

Bellaphon Records, Frankfurt/M., wurde für die Rockmusik durch Übernahme des Unterlabels Bacillus bedeutsam, auf welchem einige deutsche Gruppen (und die britische Formation NEKTAR) erschienen sind: DZYAN, KARTHAGO, NINE DAYS WONDER und TIGER B. SMITH. Unter dem Hauptlabel Bellaphon wurde u. a. EPSILON herausgebracht. Unter den Lizenzausgaben sind wichtige historische Blues- und Jazzaufnahmen enthalten.

Bell Records, New York, wurde Mitte der fünfziger Jahre als eine Ergänzung von Columbia Pictures Industries gegründet (keine Gemeinsamkeit mit → Columbia Records); auf R&B waren die Unterlabels Amy und Mala spezialisiert, zu den Rockmusikern gehörten THE BOX TOPS, LEGEND (Mickey Jupp), Leslie West und MOUNTAIN. Bell wurde 1974 vom ehemaligen Columbia/CBS-Chef Clive Davis übernommen und in das → Arista-Label umgewandelt (heute → BMG). Larry Uttal, der frühere Chef von Bell, schied aus und gründete seinerseits das Label Private Stock Records.

Benefiz → Festivals

Benelux. Holländische und belgische Rockmusiker haben in der Vergangenheit schon oft bewiesen, daß ihre Musik an Witz, Einfallsreichtum und instrumentaler Finesse den besten Beispielen britischer Rockmusik ebenbürtig ist. Während die in den Niederlanden lebenden Musiker in den fünfziger und sechziger Jahren dominierten, ist es in den achtziger Jahren relativ still um holländische Gruppen und Musiker geworden; nun zeigen sich die in Belgien lebenden Musiker als Vertreter eines regen Musiklebens.

Im weltoffenen Holland fanden die Rockmusiker früh Anschluß an angelsächsische Vorbilder und legten auch Züge einer einheimischen Rockmusik fest. Die wohl älteste Gruppe, CUBY & THE BLIZZARDS, war von Anfang an (um 1965) am Blues ausgerichtet, und auch SHOCKING BLUE, BINTANGS, LIVIN' BLUES und andere Gruppen verschrieben sich einem Bluesrock. In die psychedelische Zeit führt bereits die GROEP 1850: Die erste LP aus dem Jahre 1969, deren Coverbild durch die beigegebene grün-rote Brille dreidimensional erscheint (*Agemo's Trip to Mother Earth*), schildert eine unwirkliche Reise von Agemo (Omega), des Sohnes von Dog (God), zur Erde.

«Schöne Stellen» aus klassischer und romantischer Musik hat EKSEPTION aneinandergereiht und damit bei den Bildungsbürgern Achtung errungen. Die zeitweise vor allem in Deutschland sehr populäre Gruppe befand sich mit ihrer Musik im Kielwasser der britischen Band THE NICE, ohne jemals deren provokatorische Haltung einzunehmen. Größere künstlerische Ansprüche stellten die Mitglieder von FOCUS an das Publikum (zwei von ihnen, Jan Akkerman und Pierre van der Linden, haben zuvor bei BRAINBOX gespielt), obwohl auch sie sich am Standard der Bildungsmusik orientierten. Aber die Gruppe musizierte sozusagen im klassischen Geist, statt klassische Bildungssignale wahllos zu verwerten und zu verramschen. Eine hauptsächlich aus Holländern bestehende Gruppe, BRAINTICKET, erzeugte schwirrende Orgelklänge und machte sich die damalige «psychedelische» Welle zunutze, indem ihre LP *Cotton Wood Hill* sich als «LSD/Hashish/Fixy/Joint Sound» empfahl. Die Musik, die reichlich Collagen und Horror-Töne verwendete, war erheblich besser, als die plump-witzige Werbung es vermuten läßt. Genannt seien noch folgende Gruppen: die brillante Jazz-Rock-Gruppe SUPERSISTER, dann die auch zu Beginn der neunziger Jahre noch aktive Gruppe GOLDEN EARRING – mit einem über die Jahrzehnte hinweg konstanten Hardrock –, EARTH AND FIRE, ALQUIN, PILOT, in den späten siebziger Jahren dann WATER, SCOPE und KAYAK. Die Weltoffenheit und unverkrampfte Originalität holländischer Gruppen dieser Zeit kommt auch bei VITESSE, HERMAN BROOD & HIS WILD

ROMANCE, SWEET D'BUSTER, PHONEY & THE HARDCORE und besonders bei GRUPPO SPORTIVO bzw. deren Ableger BUDDY ODOR zum Ausdruck. Auch die zeitweilig bei der Gruppe singende Meike Touws konnte mit einem Solo-Album den Witz holländischer Musiker unterstreichen. Hardrock wurde von TURBO vertreten, während Punk und New Wave – außer von unzähligen lokalen Bands – etwa von THE SPIDERZ und THE METEORS gespielt wurde. THE NITS konnten ihre Anfang der achtziger Jahre entwickelte Kreativität bis in die neunziger Jahre hinein halten. Die fünfköpfige Gruppe URBAN DANCE SQUAD um den Rapper Rude Boy und der DJ DNA erweiterte ihren Hip Hop auf witzige Weise mit allerlei ungewöhnlichen Beigaben. So gehören zu der Gruppe ständig Instrumentalisten.
Holland ist für einige Musiker anderer Länder zur ständigen oder zeitweiligen Heimat geworden, so z. B. für die eigenwillige Band THE LEGENDARY PINK DOTS und den Reggae-Musiker Lee Scratch Perry.
Die belgische Rockmusik scheint erst Mitte der siebziger Jahre Eigenständigkeit entwickelt zu haben. So wurde die belgische Rockmusik erst zu Beginn der achtziger Jahre einem größeren Publikum mit THE HONEYMOON KILLERS bekannt, die mit einer singulären Musik überraschten. Von völlig anderer Art ist die Musik der Sängerin Lio, die regelmäßig Schallplatten mit Liedern von tatsächlicher oder gespielter Naivität veröffentlicht. Die Formation FRONT 242, europäischer Vorreiter einer kompromißlosen Techno-House-Musik, hat dagegen weder mit Ironie noch mit Naivität etwas im Sinn; in manchem Detail erinnert ihre Musik an die deutsche Band EINSTÜRZENDE NEUBAUTEN. Schließlich ist mit Cos eine weitere eigenwillige belgische Band zu nennen. Einen Eindruck von der belgischen Rockmusik zu Beginn der neunziger Jahre gibt der Sampler *Crack Of A Belgian Whip*.

S CUBY & THE BLIZZARDS: *Groeten Uit Grollo,* 1967 (NL: Philips); GROEP 1850: *Agemo's Trip to Mother Earth,* 1969 (NL: Philips); BRAINBOX: –, 1970 (D: EMI); BRAINTICKET: *Cotton Wood Hill,* o. J. (D: Bellaphon); SUPERSISTER: *Pudding and Yesterday,* 1972 (D: Polydor); GRUPPO SPORTIVO: *10 Mistakes,* 1977 (D: Bellaphon); Harry Sacksioni: *Amsterdam,* 1973 (D: Polydor); SWEET D'BUSTER: *Gigs,* 1979 (NL: Ariola); VITESSE: *Out In The Country,* 1978 (D: Electrola); HERMAN BROOD & HIS WILD ROMANCE: *Cha Cha,* 1978 (D: Intercord); BUDDY ODOR: *Buddy Odor Is A Gas,* 1979 (D: Ariola); PHONEY & THE HARDCORE: *Phoney Hits,* 1979 (NL: Ariola); THE NITS: *Henk,* 1988 (NL: CBS); Meike Touws: *Tutti Frutti,* 1980 (NL: Ariola); URBAN DANCE SQUAD: *Life 'n Perspectives*, 1991 (D: BMG); THE LEGENDARY PINK DOTS: *Island Of Jewels,* o. J. (GB: BIAS); THE HONEYMOON KILLERS: *Les Tueurs de la Lune de Miel,* 1981 (D: Riskant); Cos: *Pasiones,* o. J. (D: Clic Music); dies.: *Hotel Atlantic Hotel Atlantic,* 1983 (D: GeeBeeDee); Lio: *Amour Toujour,* 1983 (B: Ariola); Lio: –, 1980 (B: Ariola); FRONT 242: *Tyranny For You*, 1991 (D: SPV); *Crack Of A Belgian Whip,* 2 LPs, 1990 (B: KK-Records)

Besen (engl. brush) ist ein Schlagzeug-Zubehör. Er besteht aus dünnen, fächerartigen an einem Metallstiel befestigten Stahldrähten; mitunter wird auch Kunststoff verwendet. Die Spielweise mit Besen entspricht im wesentlichen der mit normalen

Stöcken, besonders allerdings ist eine im Jazz übliche Spielweise für langsame Stücke: Dabei wird mit einem der Besen das Fell der Snare-Drum gerieben, meist in einer Kreisbewegung. Mit dem jeweils freien Besen werden Akzente gesetzt. In der Rockmusik werden Besen selten verwendet; ein Beispiel bietet Carl Palmer von EMERSON, LAKE AND PALMER auf der ersten LP der Gruppe in dem Stück «The Barbarian» (1970); auch auf der LP *Stop!* (1988) der Sängerin Sam Brown ist in dem vom Jazz beeinflußten Song «Piece of My Luck» der Klang von Besen zu hören sowie bei der britischen Band THE HOTHOUSE FLOWERS («Sweet Marie» auf: *Home,* 1990), und auch der Schlagzeuger Phil Collins setzt Besen für das Stück «Living Forever» auf der GENESIS-LP *We Can't Dance* (1991) ein.

Beserkley Records, Berkeley, Calif., ist ein 1975 von Matthew Kaufmann gegründetes Label, auf dem u. a. Platten von Jonathan Richman und THE MODERN LOVERS, EARTH QUAKE, Greg Kihn und THE RUBINOOS erschienen sind. Das Label, das anfänglich «Home of Hits» hieß, wird in der Bundesrepublik Deutschland von → Line Records vertrieben.

S *Beserkley Chartbusters* Vol. I, 1977 (NL: Beserkley/Ariola)

BIEM → GEMA

Big Band ist der geläufige Ausdruck für eine instrumentale Großbesetzung des Jazz, in der mindestens zehn bis zwölf Mitwirkende vereinigt sind (gewöhnlich: vier Trompeten, vier Posaunen, fünf Saxophone und eine Rhythmusgruppe mit Schlagzeug, Kontrabaß und ggf. Klavier). Die erste Blütezeit der Big Bands fällt in die Swing-Ära der dreißiger und Anfang der vierziger Jahre (Fletcher Henderson, Count Basie, Duke Ellington, Benny Goodman u. a.). Spätere Big Bands leiteten Woody Herman, Gil Evans, Stan Kenton, Dizzy Gillespie und Buddy Rich, die das Arrangieren für eine Big Band zu einer differenzierten Kunst entwickelt haben.

In der Rockmusik sind Big Bands kaum anzutreffen. In reduziertem Umfang mit der Idee des massiven Blechklanges und einander gegenübergestellten Klangblöcken von Blech-, Rohrblatt- und Rhythmusinstrumenten zählen eventuell Formationen wie BLOOD, SWEAT & TEARS, CHASE, AMBERGRIS und CHICAGO hierzu, durchweg Formationen, die in einem Grenzbereich zwischen Jazz und Rock musizieren; am eindrucksvollsten – und einer wirklichen Big Band noch am nächsten kommend – war die Gruppe CCS (CREATIVE CONSCIOUSNESS SOCIETY) um den Bluesgitarristen Alexis Korner und den Pianisten John Cameron. Keith Tippetts CENTIPEDE mit 55 Musikern fällt stilistisch eher in den Bereich von Free Jazz, in dem auch die von John Coltrane und Michael Mantler geleiteten Großformationen beheimatet waren. Eher kurios, wenn auch liebenswert, war die Big Band, die der Drummer der ROLLING STONES, Charlie Watts, im Jahre 1990 aus vielen britischen Jazzmusikern zusammenstellte – er selbst spielte eines der beiden Schlagzeuge. (→ Jazz-Rock)

S CENTIPEDE: *Septober Energy*, 1971, 2 LP (GB: RCA); Michael Mantler & THE JAZZ COMPOSER'S ORCHESTRA, 1974, 2 LP (GB: Virgin); Carla Bley & Paul Haines: *Escalator Over the Hill*, 1974, 3 LP (GB: Virgin). Beide Virgin-Alben wurden schon früher veröffentlicht. CCS: –, 1970 (D: EMI); TEN WHEEL DRIVE: *Peculiar Friends*, 1971 (USA: Polydor); LIGHTHOUSE: *One Fine Light*, 1971 (USA: RCA)

L Albert McCarthy: *Big Band Jazz* (London 1974, mit Discographie); Bernward Halbscheffel: *Big Bands zwischen Rock und Jazz* (in: *Musik und Bildung* 9/1979)

Bildungsmusik und Rockmusik.
Der Ausdruck «Bildungsmusik» ist in der Rockliteratur bereits eingeführt worden, um mit ihm die sogenannte höhere Kunstmusik von Europa (oder unter europäischem Einfluß) zu bezeichnen, die ihre Anfänge in der mittelalterlichen Mehrstimmigkeit hat und ihre letzte Ausprägung in der Avantgarde der sechziger Jahre gefunden hat. Die Berechtigung dieses Ausdrucks ergibt sich aus der Überlegung, daß die sonstigen Bezeichnungen für jenes künstlerisch wie auch soziologisch umreißbare Gebiet, das «klassische Musik» oder «ernste Musik» heißt, einseitig sind oder schlicht irreführen. So ist vor allem «klassische Musik» ein zweideutiger Begriff. Er kann erstens die Musik der Wiener Klassik (Haydn, Mozart, Beethoven) meinen; zweitens kann er einen geschichtsunabhängigen Wertungsbegriff darstellen, wobei gewisse herkömmliche Merkmale für klassische Kunst angegeben werden (Einheit von Inhalt und Form, Einheit in der Mannigfaltigkeit usw.). Die abendländische Kunstmusik hat indessen auch Epochen hervorgebracht, in denen sich Kriterien dieser Art nicht finden lassen (Spätmittelalter, Romantik, Expressionismus). Der Brauch, mit «klassischer Musik» alle Werke mit gehobenem ästhetischen Anspruch zu bezeichnen, ist geschichtlich wie typologisch bedenklich. Der Ausdruck «ernste Musik» schließlich ist eine dilettantische Begriffsmarke, die heute nur noch von der → GEMA und von einigen Rundfunkanstalten (im Gegensatz zur «Unterhaltungsmusik» oder «Leichten Musik») verwendet wird. Ernst im Sinne von erhaben, heroisch, religiös, traurig usw. kann eine Heroische Symphonie oder ein Requiem sein; doch dient das meiste im bisherigen Schaffen der Musikgeschichte nicht solchen ernsten Zwekken, sondern dem Vergnügen, der Erholung und der gelockerten Geselligkeit. Die sogenannten «ernsten» Komponisten wie Bach, Mozart, Beethoven, Debussy und Strawinsky haben viele unernste, eben auf intellektuelles und sinnliches Vergnügen abzielende Werke geschrieben. Es entspringt einem späteren Mißverständnis, diese Kompositionen mit einer lebensfernen Feierlichkeit zu umgeben.
Solche Bedenken veranlassen es, von Bildungsmusik zu sprechen und mit dieser Wortwahl dem Selbstverständnis des Bildungsbürgers Rechnung zu tragen, der in der Rockmusik das «Ungebildete» verachtet. In der Tat gehört Rockmusik nicht zur Bildung im heutigen, veräußerlichten Sinne des Wortes, da sie nicht zum Kulturgüter-Konsum taugt und auch keine «echten» Werte für den verunsicherten Bürger (und Klein-

bürger) bereithält. Kenntnisse über Rockmusik kann man nicht – als Beweis sozial gehobener Stellung – zur Schau tragen, während eine derart heruntergekommene Funktion von bildender Kunst, Theater, Literatur und Symphoniekonzert heute sehr wohl erfüllt werden kann. Zudem ist «Bildung» ein nie allgemein erreichtes Ideal des aufkommenden und später siegreichen Bürgertums gewesen, gleichsam seine verklärende Eigeninterpretation, in der ein beträchtlicher Anteil von Verachtung gegenüber den unteren Schichten, die keine Bildung besaßen, enthalten war. Damit soll kein negatives Urteil über Bildungsmusik selbst ausgesprochen werden, die doch zu den eindrucksvollsten Leistungen der europäischen Geschichte zählt. Ihre Vergangenheit umfaßt, grob aufgezählt, die Epochen Mittelalter, Humanismus und Renaissance, Barock, Klassik, Romantik und Spätromantik, schließlich Moderne.

Die Musik des europäischen Mittelalters war zunächst einstimmig. Sie bestand aus den solistisch oder vom Chor vorgetragenen Gesängen der Katholischen Kirche, die unter dem Namen Gregorianischer Gesang zusammengefaßt werden (benannt nach ihrem Erneuerer und Ordner Papst Gregor dem Großen um 600). Sie wurden in Neumen aufgezeichnet, in einer Schrift, die lediglich das Gedächtnis zu stützen geeignet war und die einzelnen Tonschritte nur sehr ungenau wiedergab. Ende des 9. Jahrhunderts treten die ersten Anzeichen für eine Mehrstimmigkeit in der theoretischen Schrift *Musica Enchiriadis* auf. Die primitive Gattung hieß Organum: als sein melodisches Rückgrat diente ein gregorianischer Gesang, über und unter welchem sich die anderen Stimmen in parallelen Quinten, Quarten und Oktaven bewegten. Erst in der ersten Hälfte des 11. Jahrhunderts ging man dazu über, mehr Geschmeidigkeit in die Begleitstimmen einzuführen. Die Ausbildung von variablen Schlußpartien wird etwa in der um 1025 entstandenen Abhandlung *Micrologus* des Mönchs Guido von Arezzo erörtert. Guido war es auch, der den Umgang mit gezogenen Hilfslinien in der Notation lehrte und die genaue Fixierung der Tonhöhen damit um einen großen Schritt weiterbrachte.

Die nächsten Stadien der Entwicklung galten der Ausbildung der Mehrstimmigkeit und der diese festhaltende Notation. Die mehrstimmige Kompositionsweise (Polyphonie) wurde in der Weise festgelegt, daß der zugrunde liegende gregorianische Choral nunmehr endgültig die unterste, tiefste Stimme bildete, zu welcher sich die anderen Stimmen im oberen Tonbereich frei kontrapunktierend verhielten; man teilte die Intervalle in Konsonanzen und Dissonanzen ein und regelte auch den Eintritt wie die Auflösung der dissonierenden Intervalle. Die sogenannte Notre-Dame-Epoche um 1170–1250 in Paris war ein erster Höhepunkt mittelalterlicher Mehrstimmigkeit mit ihren zwei-, drei- und vierstimmigen Organa (die führende Gestalt war Perotin der Große = Perotinus Magnus). Etwa zur gleichen Zeit blühte die einstimmige Kunst der Trobador- und Trouvèrelyrik im provenzalischen bzw. nordfranzösischen

Sprachbereich auf. Das 13. Jahrhundert entwickelte aus dem Organum die Motette, eine mehrstimmige Gattung, deren Einzelstimmen verschiedene Texte, häufig auch weltlicher Art, vortrugen; die unterste Stimme, Tenor genannt, konnte auch rein instrumental vorgetragen werden (sie bildete weiterhin einen Ausschnitt aus Kirchenmelodien). Die Motette wurde im 14. Jahrhundert zu kunstvollen, architektonisch berechneten Gebilden emporgeführt (so von Philippe de Vitry und Guillaume de Machaut), wobei die hierzu erforderliche Notation in Theorie wie in Praxis immer mehr verfeinert und kompliziert wurde. Der überwiegend dreistimmige Satz, nunmehr mit weltlichem Text, eroberte auch italienischen Boden und erlebte hier eine differenzierte, sich in mehrere Typen verzweigende Gestalt (Madrigal, Caccia, Ballata). Die bedeutendste Gestalt dieser sogenannten Trecento-Musik ist Francesco Landini (Trecento heißt die Zeit zwischen 1300 und 1400). Ein neuzeitliches, auf dem Wechsel von Konsonanz und Dissonanz, von Sologesang und Vollklang beruhendes Musikgefühl prägte sich um 1430 aus; damit trat die europäische Musikgeschichte – etwas früher als die allgemeine Geschichte – in die «Neuzeit». Die führenden Komponisten der nun folgenden Jahrzehnte entstammten fast durchweg den heute nordfranzösischen, belgischen und holländischen Gebieten. Guillaume Dufay, Josquin des Prez, Orlando di Lasso und viele bedeutende Meister dieser sog. franko-flämischen Schule wirkten in der päpstlichen Kapelle von Rom oder standen im Dienst italienischer, burgundischer und deutscher Fürsten. Die Pflege der mehrstimmigen Messe, Motette und des Madrigals gipfelte in der klassischen A-cappella-Polyphonie, einem vier- bis sechsstimmigen unbegleiteten Vokalsatz, bei dem die Einzelstimmen eine große Selbständigkeit genießen. Diese mehrstimmige Chormusik erreichte im «Palestrina-Stil» einen Zustand der Reife, der in den folgenden Jahrhunderten immer wieder als Vorbild angesehen wurde (Giovanni Pierluigi Palestrina starb 1594).

Um 1600 verhielt sich die neue Generation eher ablehnend der mehrstimmigen Setzweise gegenüber. In Florenz diskutierten Dichter, Musiker und Philosophen adliger wie bürgerlicher Herkunft (unter ihnen Vincenzo Galilei, Vater des Physikers Galileo Galilei) über die Möglichkeit, die altgriechische einstimmige Musik samt deren wunderbaren Wirkungen erneut ins Leben zu rufen. Diese sog. Florentiner Camerata blieb nicht bei Spekulationen, sondern leitete die ersten Versuche mit dramatischem Gesang und Bühnenhandlung ein. Das letzte Jahrzehnt des 16. Jahrhunderts erlebte in Florenz die ersten Opernaufführungen, denen ausschließlich antike Mythologien zugrunde lagen (Daphne, Eurydike, Orpheus usw.); der frei deklamierende, auf die Verständlichkeit des Textes peinlich achtende Gesang wurde von einigen wenigen Instrumenten akkordisch begleitet. Die Oper eroberte bald auch die Privatpaläste in Rom, in Venedig wurde das erste öffentliche Opernhaus 1637 eröffnet, und von hier aus verbreitete sich die neue, vor allem die Zerstreuungssucht und das Prestigebedürfnis der Mächtigen befriedigende musikalische Gattung nach Deutschland und etwas später auch nach Frankreich, wo sie unter Ludwig XIV. und seinem (italienischen) Hofkomponisten Jean-Baptiste Lully (1632–1687) einen noch nie dagewesenen Prunk entfalten konnte.

Obwohl das 17. und teilweise noch das 18. Jahrhundert im Zeichen der italienischen oder – wie bei Händel – italienisch beeinflußten Oper standen, erhielten Chormusik und die Musik für Tasteninstrumente (Orgel, Clavichord, Cembalo) eine aufmerksame Pflege in Italien, England (Virginalmusik), bei den französischen Clavecinisten (François Couperin) und im protestantischen Deutschland. Die Klaviersuiten, Orgelfugen, Kantaten und Passionswerke von Johann Sebastian Bach (1685–1750) können füglich als die reifsten, endgültigen Ausformungen dieser verschiedenen Formen und Gattungen angesehen werden.

In der Vorbereitung der Wiener Klassik spielte das Mannheimer Orchester unter Johann und Carl Stamitz um 1750–60 eine besonders wichtige Rolle. Der Mannheimer Orchesterstil ist vielfach als Ausdruck der Sturm-und-Drang-Zeit gedeutet worden: häufige Crescendi, plötzliche Forte-Einwürfe, unerwartete Pausen, eine kantable, empfindsame Melodik in den langsamen Sätzen zeugen vom erwachten sentimentalen Ausdruckswillen der Generation, die Goethes *Werther* als erste lesen konnte. Solche zuweilen exzentrischen Züge finden bei den Meistern der Wiener Klassik ihre Mäßigung, Abklärung und Vertiefung. Das Streichquartett und der Ausbau der symphonischen Viersätzigkeit stand im Vordergrund des Schaffens von Joseph Haydn; Mozart als Opernkomponist, als Symphoniker und als Komponist von Kammermusikwerken brachte mehrere Stilrichtungen der Zeit in eine persönlich geprägte Synthese. Als Inbegriff von Klassik gilt Beethoven, der die übernommenen Formen wie Sonate, Symphonie, Rondo und Variation mit einer dichten motivisch-thematischen Arbeit und mit dynamischen Gegensätzen erfüllte. Doch nahm er in seinen späteren Klaviersonaten und Streichquartetten manches vorweg, was heute als romantisch gilt: die Auflösung geschlossener Formen, das Aufstellen unvermittelter Gegensätze, eine gewisse Gebrochenheit der Gesamthaltung.

Die letztgenannte Linie der intimen Form, des kurzen, dafür intensiven Atems, kurz diese «Kunst der Innerlichkeit» (Hegel), wurde von Komponisten wie Robert Schumann, Carl Loewe und Hugo Wolf weitergeführt. Neben dem Hang zum Niedlichen, Biedermeierlichen entfaltete das 19. Jahrhundert auch das Gegenteil, nämlich eine Neigung zum Kolossalen und Maßlosen, die sich am anschaulichsten im Requiem von Hector Berlioz, in den Musikdramen von Richard Wagner und in den Symphonien Anton Bruckners sowie – um die Jahrhundertwende – Gustav Mahlers ausdrückt. Das einstige Gleichgewicht von Form und Aussage (sofern diese Unterscheidung in der Musik überhaupt sinnvoll ist) lebt im Schaffen von Johannes Brahms fort.

Das 20. Jahrhundert stellt sich bald als der Fortführer der Traditionen des 19. Jahrhunderts, bald als deren Verneiner dar. Impressionismus (Claude Debussy, Maurice Ravel), Expressionismus (Arnold Schönberg, Alban Berg), Neoklassizismus (Igor Strawinsky, Paul Hindemith) und das Schöpfen aus dem Geiste des Volksliedes (Béla Bartók, Leoš Janáček) bildeten die Hauptströmungen in der ersten Jahrhunderthälfte. Nach dem Zweiten Weltkrieg stießen die jungen Komponisten in die Bereiche der Elektronik (Karlheinz Stockhausen) und der seriellen Verfahrensweisen (Olivier Messiaen, Pierre Boulez) vor. Zu den stilistisch kaum festlegbaren, doch nicht minder einflußreichen Vertretern der Avantgarde der sechziger Jahre gehören John Cage, Mauricio Kagel und György Ligeti. Nach den stürmischen sechziger Jahren erfolgte in den siebzigern – nicht anders als im Bereich der Rockmusik – eine gewisse Zurücknahme, jedenfalls eine weniger an Geschichtsdogmen Adornoscher Prägung ausgerichtete als vielmehr an freien Klangkombinationen interessierte Tonkunst. Auch von jüngeren Komponisten der Gegenwart (von Schweinitz) wird tonale oder neutonale Kompositionsweise nicht mehr als anstößig, als «regressiv» empfunden. Die dogmatischen Zänkereien unter Journalisten und Musikwissenschaftlern darüber, welche geradlinigen Fortschritte das «musikalische Material» (Th. W. Adorno) jeweils zu tun habe, sind verstummt.

Die Wurzeln der Rockmusik liegen nur zu einem geringen Teil in der nach den Vereinigten Staaten verpflanzten europäischen Bildungsmusik. Weit stärkere Fäden verbinden sie mit der weißen Volksmusik zum einen, mit dem afro-amerikanischen Blues zum anderen. Sie ist auch soziologisch gesehen ein Misfit, Mitte der fünfziger Jahre von Menschen hervorgebracht und verbreitet, die nicht zur Bildungsschicht, auch nicht zum soliden Bürgertum gehört haben. Solche Herkunft konnte freilich nicht verhindern, daß ein Teil der Rockmusik sich seit den ausgehenden sechziger Jahren den Formungs- und Stileigentümlichkeiten der Bildungsmusik genähert hat (und hier und da auch umgekehrt). Die einzelnen Erscheinungsformen dieser Annäherung und teilweisen Angleichungen sollen kurz genannt werden.

1. Seit dem *Sgt. Pepper*-Album der Beatles (1967) zeigt sich, daß Rocktexte sich nicht in der Aneinanderreihung ausgehöhlter Wörter wie Baby, Love und Sweet zu erschöpfen brauchen, sondern von dichterischer Eigenart sein können. Dies trifft nicht nur auf die → Liederschreiber (Songwriter) zu, die sich der Musik vielfach nur als eines wirkungsvollen Transportmittels für sprachliche Botschaften bedienen (Leonard Cohen, The Fugs, in Deutschland etwa Julius Schittenhelm). Auch bei Gruppen, bei denen die Musik eine dem Text mindestens ebenbürtige Rolle spielt, wächst der literarische Anspruch seit 1967 (Genesis, frühe Pink Floyd, Van der Graaf Generator, Magazine, The Fall, Pere Ubu, Cocteau Twins), so daß die Ausgabe von Textsammlungen

allein, etwa von Frank Zappa, begründet erscheint. Das gewachsene Selbstbewußtsein von Musikern läßt sich auch daran ablesen, daß kaum noch eine Rock-Platte erscheint, der nicht die Texte beigegeben sind.

2. Es treten häufig → Zitate aus dem Bereich der Bildungsmusik auf, die entweder von absurd-witziger Wirkung sind oder der Absicht entstammen, den Bildungshintergrund des Musikers – sei es elegant, sei es auftrumpfend – zu bekunden; inwieweit Provokation die Ursache ist, läßt sich allenfalls ahnen. Zur Zitattechnik im letztgenannten Sinn, die durch den musikalischen Zusammenhang nicht ausgewiesen sind, haben Gruppen wie THE NICE, EMERSON, LAKE & PALMER, EKSEPTION und BEGGARS OPERA viele Beiträge geliefert, und zwar in Form von Werkzitaten ebenso wie von Stilzitaten; wenn auch Werkzitate seit den siebziger Jahren nur noch sehr selten auszumachen sind, gibt es Stilzitate in großer Zahl (Frank Zappa, Elvis Costello, Joe Jackson u. a.). Daß Humor wie Bildungsgeste des Zitats nur dann verstanden werden, wenn der Hörer sich die zitierte musikalische Ebene vergegenwärtigt, braucht nicht eigens betont zu werden.

Nicht weit entfernt vom Zitatverfahren liegt das durchgehende → Arrangement ganzer Stücke im zeitgemäßen Rockidiom. Wie der Pianist Jacques Loussier (*Play Bach*), hat auch mancher Rockmusiker Bach einfach umrhythmisiert und auch Mozart, Mussorgskij, Bartók und Janáček mit → Synkopen, mit Kanalwechsel und Filterung versehen, um sie dann als → Baroque-Rock (Klassik-Rock) vorzuführen. Mussorgskijs *Bilder einer Ausstellung*, Janáčeks *Sinfonietta,* Bartóks *Allegro Barbaro* bei EMERSON, LAKE & PALMER, ferner die *Gymnopédies* von Erik Satie bei BLOOD, SWEAT & TEARS, Zitate von Richard Strauss, Strawinsky und Rimskij-Korsakow bei ARS NOVA (1968), von Berlioz bei FORD THEATRE (1969), von Prokofjew bei Sting (1985) sind gängige Beispiele für die genannte stilistische Verpflanzung. Sofern der Hörer sie nicht als «Experimente» gelten lassen will, weiß er nicht immer, wozu solche Arrangements dienen sollen. Es ist dabei kaum üblich, die Komponisten des Originals zu nennen, wie das Album *Stand Up* (1969) der Gruppe JETHRO TULL beweist (das Stück «Bourée» geht auf J. S. Bach zurück); BEGGARS OPERA zieht auf ihrer ersten LP *Act One* eine ganze Reihe von Autoren aus dem 19. Jahrhundert ohne einen entsprechenden Vermerk heran (aber auch etwa Musik von THE NICE); die Unkenntnis der Rockhörer nutzen auch ARS NOVA und FORD THEATRE (→ Plagiat) aus.

3. Überzeugende Beweise für einen Ausgleich von Rock und Bildungsmusik geben jene Musiker, die im eigenen Werk Techniken, Gattungen und Formprinzipien der Bildungsmusik verwenden. Solche Nutzbarmachung (nicht Plünderung) der Musikgeschichte ist einer Kunstart gemäß, die sich als Synthese aller geographisch und geschichtlich bedingter Musizierweisen versteht (→ Eklektizismus). Das → Concept Album bei den MOTHERS OF INVENTION, den BEATLES, GENESIS, THE WHO, THE KINKS, THE PRETTY THINGS usw.

zeigt eine der Möglichkeiten, die ineinander verzahnten Formteile der Bildungsmusik schöpferisch zu verwerten. Für das nicht leicht erlernbare → polyphone Verfahren finden sich kunstvolle Beispiele bei EGG und GENTLE GIANT in England, bei der italienischen Gruppe NOVA, bei SUPERSISTER aus Holland und MISSUS BEASTLY in der Bundesrepublik Deutschland. Bei dieser Aufzählung wird zugleich klar, daß diese Gruppen ihre kontrapunktische Denkweise zu einem guten Teil vom Jazz beziehen, daß also der Anschluß an die Bildungsmusik auch über die Vermittlung von Jazz erfolgen kann. Ein bemerkenswertes Beispiel von Polyphonie bieten THE STRANGLERS mit «Goodbye Toulouse» (*Rattus Norvegicus*, 1977) und zeigen damit, daß → Punk auch handwerklich gekonnt sein kann. (Oder umgekehrt: daß selbst kontrapunktisch gearbeitete Musik im Jahr 1977 sich als Punk verkaufen ließ.)

L Tibor Kneif: *Rockmusik und Bildungsmusik,* in: *Rockmusik – Aspekte zur Geschichte, Ästhetik, Produktion*, hg. von Wolfgang Sandner (Mainz 1977); Bernward Halbscheffel: *Living In The Past – Rock-Opern, -Symphonien, -Suiten und Parodien*, in: *Rock in den 70ern,* hg. von Tibor Kneif (Reinbek 1980)

Billboard → Zeitschriften der Rockmusik

Bitonal → Polytonal

Bizarre Records, Los Angeles, wurde von Frank Zappa und seinem Manager Herb Cohen gegründet (Vertrieb zuerst MGM/Verve, dann Warner/Reprise). Außer Platten von Zappa und den MOTHERS OF INVENTION selbst brachte das Label von Zappa geförderte Musiker und Kuriositäten wie Wild Man Fischer heraus. Weitere Label, die Zappa ins Leben rief, waren Straight (die GTOs u. a.), DiscReet, Zappa und schließlich Barking Pumpkin.

Blasinstrumente (engl. wind instruments) erklingen durch Einblasen von Luft und durch Erzeugen von Luftschwingungen im Inneren des Instrumentes. Folgende, in der Rockmusik häufiger oder seltener verwendete Blasinstrumente werden in getrennten Artikeln des Lexikons erläutert: Blockflöte, Querflöte, Oboe, Klarinette, Saxophon, Horn bzw. Waldhorn, Trompete, Kornett, Posaune, Flügelhorn, Tuba, Mundharmonika sowie die Blasinstrumente mit Tastatur, Akkordeon und Orgel (→ Blechblasinstrumente, → Holzblasinstrumente).

Blechblasinstrumente (engl. brass) heißen die metallenen Horninstrumente, die einen Gegensatz zu den Holzblasinstrumenten (woodwind) bilden. Im Lexikon werden folgende Blechblasinstrumente in getrennten Artikeln erläutert: Horn bzw. Waldhorn, Trompete, Flügelhorn, Kornett, Posaune, Tuba (→ Saxophon, → Holzblasinstrumente).

Blindfold Test bildet eine Art Examens-Situation; die interviewte Person (zumeist Musiker, aber auch Kritiker usw.) soll eine nicht genannte Schallplatte möglichst identifizieren und die Musik beurteilen. In Anlehnung an die US-amerikanische Jazz-Zeitschrift *Down Beat* enthielt die mittlerweile nicht mehr existierende deutsche Musikzeitschrift *Sounds* – damals noch eine Zeitschrift für Rock und Jazz – häufig Blindfold Tests, denen bekannte Rockmusiker unterzogen wurden. Die deutschsprachige Musikzeitschrift *Musik Express/Sounds* führt in Fortsetzung dieser Einrichtung regelmäßig Blindfold Tests mit Rockmusikern durch, denen allerdings das mitunter todernste Gehabe mancher Jazz-Blindfolds fehlt.

Blockflöte (engl. recorder) ist die verbreitetste Längsflöte im europäischen Raum, die ihren Namen nach dem Verschlußblock im Kopfteil des Instrumentes erhielt. Das Instrument aus Birnen- oder Ahornholz besitzt gewöhnlich sieben vorderständige Grifflöcher und ein Daumenloch hinten; sein Ton ist zart und infolge des vermittelten Anblasens wenig modulationsfähig. Blockflöten gibt es als Baß-, Tenor-, Alt-, Sopran- und Sopraninoinstrumente. In der Rockmusik taucht die Blockflöte gelegentlich auf, vor allem bei Rockgruppen, deren Augenmerk der Volks- und der älteren Musik gilt (AMAZING BLONDEL, am Anfang auch FAIRPORT CONVENTION).

L H.-M. Linde: *Handbuch des Blockflötenspiels* (Mainz 1962); E. H. Hunt: *The Recorder and Its Music* (London 1962)

Bluegrass ist eine US-amerikanische Volksmusik, die in der Volksmusik irischer und schottischer Siedler der Apalachen wurzelt. So findet man in der Bluegrass-Musik schnelle Tanzmusik ebenso wie langsame Balladen. Der häufig mehrstimmige, eng in den Hauptharmonien gesetzte Gesang wird mit Gitarre oder → Dobro, Fiedel, Mandoline und Banjo begleitet.
Als «Vater» des Bluegrass gilt der Mandolinist Bill Monroe, der mit seiner Band THE BLUEGRASS BOYS diese Musik weltweit popularisierte und auch auf die Rockmusik, besonders aber auf → Country Music großen Einfluß hatte. Monroe selbst nannte seine Mischung von europäischer Liedtradition und Elementen schwarzer Musik «the old southern sound». Die Entstehung der Bezeichnung «Bluegrass» ist unklar, möglicherweise geht sie tatsächlich auf die Band Monroes zurück; Blue Grass ist der Spitzname für den US-Bundesstaat Kentucky.
Zu Monroes Band gehörten zeitweilig der Banjospieler Earl Scruggs – der auf Grund seiner «three-finger picking»-Technik berühmt wurde – und der Gitarrist Lester Flatt. 1948 gründeten diese beiden Musiker eine eigene Band. Zwischen 1945 und etwa 1954 hatten etwa ein Dutzend Bluegrass-Bands Verträge bei großen Plattenfirmen, doch geriet Bluegrass mit dem Aufkommen des Rock 'n' Roll aus dem Publikumsinteresse. Erst die Volksmusikbewegung der sechziger Jahre weckte aufs neue die Aufmerksamkeit des Publikums, das in Bluegrass eine authentische amerikanische Volksmusik sah; Scruggs und Flatt nahmen zu dieser Zeit ihr Album *Songs of Our Land* auf. Ebenfalls in den sechziger Jahren gab es auch Berührungspunkte mit Rock-

und Country-Musikern. Einerseits wandten sich beispielsweise Bob Dylan und Joan Baez der Country Music und damit auch dem Bluegrass zu, andererseits nahmen Scruggs und Flatt Kompositionen Dylans auf; der Dobro-Spieler Mike Auldridge – um ein weiteres Beispiel zu geben – nahm Anfang der siebziger Jahre Platten u. a. mit Emmylou Harris und Linda Ronstadt auf. Jerry Garcia, Gitarrist der GRATEFUL DEAD, veröffentlichte mit *Old and in the Way* (D: Line) eine der meistverkauften Bluegrass-Platten. Folgerichtig verwendeten Ende der sechziger Jahre auch Bluegrass-Musiker wie Scruggs elektrisch verstärkte Instrumente. In seiner Band THE EARL SCRUGGS REVUE spielten seine Söhne elektrische Gitarre bzw. Baßgitarre. Flatt hingegen blieb bei der traditionellen Auffassung von Bluegrass, die auf die Verwendung akustischer Instrumente baut.

Bluegrass ist als Musik nach wie vor lebendig. Nach dem New Grass Revival Anfang der siebziger Jahre haben immer wieder junge Musiker wie der Mandolinist und Fiedler Sam Bush, der Mandolinist David Grisman oder der Sänger und Instrumentalist Ricky Scaggs dem Bluegrass neue Impulse gegeben.

S *Muleskinner – A Potpourri of Bluegrass Jam*, 1974 (USA: Warner Bros.); vergl. auch Platten von KENTUCKY COLONELS, THE HILLMEN und THE DILLARDS.

L Bob Artis: *Bluegrass* (New York 1975); Steven D. Price: *Old As the Hills: The Story of Bluegrass Music* (New York 1975); Marilyn Kochman (Hg.): *The Big Book of Bluegrass* (New York 1984); Robert Cantwell: *Bluegrass Breakdown. The Making of the Old Southern Sound* (Chicago 1984)

Blue Note. In den Bluesgesängen wird die große Terz häufig nicht rein, sondern zu klein intoniert, ebenso die große Septime. Beide verkleinerten Intervalle heißen Blue Notes, die – im Sinne des → Blues, der Traurigkeit verursachenden «blue devils» – so etwas wie Gedrücktheit und Melancholie verkörpern. Diese Interpretation ist jedoch keineswegs gesichert. Seit dem → Bebop wird auch die «flatted fifth», die für diesen Jazz-Stil charakteristische verminderte Quinte als Blue Note angesehen, wie im späteren Jazz jedes Intervall durch eine Verkleinerung zu einer Blue Note werden kann.

Die Herkunft der Blue Notes ist nach wie vor ungeklärt. Licht in das Dunkel können auch diverse – bald ethnisch bestimmte, bald harmonisch konstruierte – Theorien nicht bringen. Die Erscheinung von verminderten Intervallen innerhalb einer Dur-Tonleiter ist nicht auf afro-amerikanische Musik beschränkt.

Ein gut zu hörendes Beispiel einer blue note singt Mick Jagger von den ROLLING STONES in dem Song «I'm a King Bee» auf der Silbe «King».

Blues ist eine unter den Schwarzen der USA etwa Mitte des vorigen Jahrhunderts aufgekommene Liedgattung. Die Entstehung dieser Musik liegt zwar weitgehend im dunkeln, doch läßt sich etwa soviel sagen: Blues konnte erst entstehen, als die Sklaverei nach dem Bürgerkrieg abgeschafft wurde. Wenn die Schwarzen die Sklaverei auch wenigstens als Unterdrückung erfahren hatten, so bot sie ihnen doch immer noch das Erlebnis der Gemeinschaft

– wenn auch mit negativen Vorzeichen. Das gemeinschaftliche Leben ist aber auch Kennzeichen afrikanischer Lebensformen; wesentlicher Bestandteil der Gemeinschaft ist Musik, sowohl in Afrika als auch in der Sklaverei in Nordamerika. Das Ende der Versklavung ließ die Schwarzen beinahe über Nacht in eine Konkurrenzsituation untereinander treten, vor allem in der Suche nach bezahlter Arbeit. Gleichzeitig waren die Schwarzen zu Konkurrenten der unteren weißen Schichten geworden und kämpften mit deren Angehörigen um die knappe Arbeit. Abrupt war die Gemeinschaft zerbrochen worden; auch die Musik der Schwarzen vereinzelte. Synonym für den Blues ist der einsam umherwandernde Musiker, der in seiner Musik die Elemente schwarzafrikanischer Musik und die Lieder und Märsche der Weißen vereinigt, so etwa das Call-and-Response-Prinzip, das sich im Aufbau der Bluesform widerspiegelt, aber auch in der Technik, in der sich der Bluessänger selbst mit einem Instrument begleitet. Auch die Blue Notes sind ein Ergebnis der kulturellen Mischung.
Eine erste Begegnung der weißen Bevölkerung mit dem Blues wurde durch «Memphis Blues» (veröffentlicht 1912) und «St. Louis Blues» (1914) des schwarzen Kornettisten William C. Handy ermöglicht. Unter den ersten Platteneinspielungen ist «Crazy Blues» von Mamie Smith Mitte 1920 auf dem spezialisierten Label Okeh erschienen. Eine frühe Ausprägung ist der Country-Blues, der erst zu Beginn der zwanziger Jahre vereinzelt auf Schallplatte aufgenommen wurde. Country-Blues ist sehr reich an Formen, die zudem von dem jeweiligen Sänger keineswegs als verbindlich angesehen wurden, sondern beinahe ständigen Veränderungen unterworfen waren. Auch gibt es regionale Unterschiede, so etwa den Delta-Blues, Memphis-Blues, San Francisco Bay-Blues usw. Herausragender Sänger/Gitarrist des Country-Blues war Robert Johnson, auf dessen Musik sich eine Vielzahl von Rockgitarristen berufen.
In den zwanziger Jahren entstanden in vielen US-Großstädten von Schwarzen bewohnte Slums, in denen eine härtere und vereinfachte Bluesform entwickelt wurde (Urban oder City-Blues). Es ergab sich mit dem zwölftaktigen Ablauf vieler Blues so etwas wie eine «Form», die die zahllosen – und keineswegs durchgängig zwölftaktigen – Formen des Country-Blues verdrängte und sich schließlich zu einem Schema verfestigte. Das zwölftaktige Gebilde besteht aus je drei Viertaktgruppen und legt in harmonischer Hinsicht eine große Regelmäßigkeit an den Tag: A. 4 Takte 1. Stufe, bspw. C-Dur (die Takte 3 und 4 stellen zumeist eine Wiederholung oder eine Variante der Takte 1 und 2 dar); B. 2 Takte 4. Stufe, bspw. F-Dur, 2 Takte 1. Stufe, also wieder C-Dur; C. 2 Takte 5. Stufe, also G-Dur, 2 Takte 1. Stufe, also wiederum C-C-Dur. In Teil C wird häufig die 1. Stufe nicht direkt von der 5. Stufe, sondern (Takt 10) über die 4. Stufe erreicht. Varianten der Form treten vor allem im Teil C auf, sehr oft

wird er z. B. um weitere 4 Takte erweitert, in der Rockmusik ist hier auch der Punkt, Mischformen zwischen Blues und Lied zu bilden. Von den «klassischen» Bluessängern seien Clara Smith, Ma Rainey, Ida Cox, Billie Holiday, Jimmy Rushing, Blind Lemon Jefferson, Leadbelly und Big Bill Broonzy genannt.

Bluesmusiker im Rock knüpfen vor allem an den elektrisch verstärkten City-Blues an und damit auch an das Blues-Schema. Hierdurch kam in Rockkreisen eine mitunter allzu glatte Blues-Musizierweise zwischen Pedanterie – oft genug als vermeintliche Authentizität angesehen – und Bequemlichkeit auf, obgleich nicht wenige schwarze Musiker zusammen mit weißen Bluesgruppen musiziert haben (John Lee Hooker, Muddy Waters, B. B. King, Howlin' Wolf mit THE YARDBIRDS bzw. FLEETWOOD MAC). Natürlich gibt es auch unter diesen Bluesgruppen erhebliche Unterschiede, wie Aufnahmen von THE BUTTERFIELD BLUES BAND, THE BLUES PROJECT, THE ELECTRIC FLAG, THE BLUES BAND u. a. beweisen. Die Gleichförmigkeit des Formablaufs führte in England zu manchen Blues-Destillaten (John Mayalls BLUESBREAKERS, auch BLUES INCORPORATED von Alexis Korner). Parodien dieser Stereotypen blieben dann auch nicht aus: eine bei LIVERPOOL SCENE auf dem Album *Bread on the Night* (1970) mit dem Titel «I've got those Fleetwood Mac-Chicken Shack-John Mayall can't fail Blues», eine andere auf GRIMMS: «Short Blues».

Für die Herausbildung von → Punk und → New Wave spielte der Blues praktisch keine Rolle, wohl aber in der schwarzen Musik der USA, in der sich immer wieder Blues-Kompositionen finden (Prince: «Kiss» u. a.). 1990 kam es, ausgehend von der Blues-Platte des Gitarristen Gary Moore zu einem halbherzigen Blues- und Blues-Rock-Revival. Als Form hat der Blues – und dessen zahllose Mischformen mit dem europäischen Lied – sicherlich nicht ausgedient, als eigenständige Musik steht er aber im Interesse eines eher nur kleinen Hörerkreises. (→ Blues-Rock)

S *Blues Originals*, Vol. 1–6 (USA: Atlantic); Fred McDowell: *Mississippi Delta Blues*, 1965 (D: Intercord); Jesse Fuller: *San Francisco Bay Blues*, 1969 (USA: Prestige/Folklore); *Big Bill Broonzy Sings Country Blues*, 1967 (USA: Folkways); Robert Johnson: *The Complete Recordings*, 1990 (USA: Columbia); Michael Bloomfield: *If you love these blues, play 'em as you please*, 1977 (D: Metronome); Snakefinger's History of the Blues: *Live in Europe*, 1984 (D: Rough Trade)

L Paul Oliver: *The Story of the Blues* (London 1969, auch Penguin Books 1972); Samuel Charters: *The Country Blues* (New York 2/1975, deutsch: *Die Story vom Blues*, München 1962); ders.: *The Poetry of the Blues* (New York/London 1963); Robert Dixon/ John Goodrich: *Blues and Gospel Records 1902–42. A Discography* (London 1969); Harold Courlander: *Negro Folk Music U. S. A.* (New York 1963); Giles Oakley: *The Devil's Music – A History of the Blues* (London 1976)

Blues-Rock verwendet zwar das zwölftaktige Gerüst und die herkömmliche Akkordfolge des → Blues und gleicht darin dem → Rock 'n' Roll der fünfziger Jahre. Doch unterscheidet er sich von letzterem in mehrerer Hinsicht: Tenorsaxophon und zumeist auch Klavier fehlen bei ihm, er beruht im ausgedehnten Mittelteil auf freier Improvisation (z. B. «Spoonful» von CREAM), ermöglicht längere solistische Zwischenspiele und ist insgesamt weniger zum Tanzen als vielmehr zum Hören und zum künstlerischen Urteilen bestimmt. Der Blues-Rock ging aus dem englischen Blues-Revival von Gruppen wie Alexis Korners BLUES INCORPORATED und John Mayalls BLUESBREAKERS in der ersten Hälfte der sechziger Jahre hervor, prägte die Spielweise von THE YARDBIRDS, CREAM, BLIND FAITH bzw. Eric Clapton, der JEFF BECK GROUP, TASTE bzw. Rory Gallagher, ferner FLEETWOOD MAC, CHICKEN SHACK, COLOSSEUM, TEN YEARS AFTER und natürlich auch der ROLLING STONES. Erst als farbige Bluesmusiker wie John Lee Hooker, Sonny Boy Williamson und Muddy Waters die Wertschätzung eines breiten Publikums in Europa fanden – nicht zuletzt auf den von Joachim E. Berendt angeregten American Folk Blues Festivals –, begannen sie auch in den USA «entdeckt» zu werden. Zu den frühesten US-amerikanischen Blues-Rock-Bands gehörten THE BLUES PROJECT in New York, THE BAND sowie THE PAUL BUTTERFIELD BLUES BAND. Als spätere Gruppen und Einzelmusiker derselben stilistischen Richtung machten sich BIG BROTHER AND THE HOLDING COMPANY mit Janis Joplin, die ALLMAN BROTHERS BAND, ZZ TOP, Johnny Winter, Michael Bloomfield und andere einen Namen; der schöpferischste Musiker im Blues-Rock-Bereich war aber zweifellos Jimi Hendrix. Blues-Rock verbindet sich häufig mit → Hardrock, wie das manche Stücke von CREAM, STACK WADDY, Jimi Hendrix und anderen beweisen.

Blues-Rock ist im Laufe der siebziger Jahre und stärker noch in den achtziger Jahren zu einem Stilmittel geworden. So ist Blues-Rock bald bei City-Blues-Bands, bald bei Rhythm and Blues-Gruppen zu hören. In diese Kategorie gehören etwa die JEFF HEALEY BAND sowie manche Aufnahmen Gary Moores und der Band ZZ TOP. Zu Beginn der neunziger Jahre wandten sich vereinzelt Musiker wieder einem stark Riff-betonten Blues-Rock zu, der nur ausnahmsweise vom überkommenen Schema Gebrauch macht, etwa die Gruppen STEVE SALAS COLOR CODE und BURNING TREE.

L CREAM: *Wheels of Fire*, 2 LP, 1968 (USA: Atlantic); BLIND FAITH: –, 1969 (GB: Polydor); JEFF BECK GROUP: –, 1972 (GB: Epic/CBS); FLEETWOOD MAC: *Then Play On*, 1969 (GB: WEA); ZZ TOP: *Rio Grande Mud*, 1972 (USA: London); Johnny Winter: –, 1969 (USA: Columbia); Jimi Hendrix: *The Cry of Love*, 1971 (D: Polydor); ALLMAN BROTHERS BAND: *Beginnings*, 2 LP, 1973 (USA:Atco/Warner); Eric Clapton: *461 Ocean Boulevard*, 1974 (D: RSO/Polydor); DR. FEELGOOD: *Let It Roll*, 1979 (D: UA/Electrola); BURNING TREE: –, 1990 (D: Epic); STEVE SALAS COLOR CODE: –, 1990 (D: Island); THE BLUES BAND: *Itchy Feet*, 1981 (GB: Arista); THE JEFF HEALEY BAND: *Hell To Pay*, 1990 (D: Arista/BMG); Gary Moore: *Still Got the Blues*, 1990 (D: Virgin)

Blue Thumb Records, Los Angeles, ist ein Plattenlabel des Filmkonzerns Gulf & Western und als solches ein Schwesterlabel von → ABC Records, unter den Acts finden sich

AIM, THE CRUSADERS, Nick de Caro, DAN HICKS AND HIS HOT LICKS.

BMG Ariola ist die Abkürzung von Bertelsmann Music Group; dabei handelt es sich um die Musikabteilung des Bertelsmann-Medienkonzerns. Die BMG entstand im Jahre 1987, als Bertelsmann den Schallplattenkonzern Ariola/RCA übernahm. Ariola-Eurodisc und RCA hatten ihrerseits bereits seit 1985 zusammengearbeitet. Als 1987 dann Bertelsmann die restlichen Anteile der Schallplattenfirma vom US-amerikanischen Konzern General Electric kaufte, entstand damit eine der größten Mediengesellschaften der Welt.

BMG unterhält Niederlassungen in München (ehemals Ariola-Eurodisc) und Hamburg (ehemals RCA Schallplatten GmbH), bei letzterer werden auch die ehemaligen Klassik-Label Ariola und Eurodisc betreut. Eigene Labels sind vor allem die RCA- und Ariola-Label (RCA, RCA Extra, RCA International, RCA Jazz, RCA Special, RCA Victor, Ariola, Ariola-Express, Ariola-Ufa, Eurodisc) und Arista; im Vertrieb führt BMG u. a. die Labels Hansa, Gordy, Grunt, Hitsville, Motown, Rare Earth, Rocking Horse, Soul, Tamla, Tamla-Motown, Bronze, Chrysalis, Ensign, Island, Private, Silvertone, ZE und ZTT. Seit 1991 gehört auch das Label MCA unter Lizenz zu BMG. Die Schallplattengesellschaft unterhält weiterhin Ariola International Services (ARIS), ein Importdienst, der vor allem Platten importiert, die die Muttergesellschaft nicht in das Programm aufnehmen will; auch die Labels Black Sun, Discovery, EG, Enigma, Enja, Kuckuck, Loft, Pläne, Rhino und Trojan werden von ARIS vertrieben.

BMI (Broadcast Music Incorporated) ist eine 1941 gegründete Urheberrechtsgesellschaft in den USA, die die seit 1914 bestehende Monopolstellung von → ASCAP und den darin organisierten Broadway- und Hollywood-Autoren brach. Musiker wie Textdichter, die Mitglieder der BMI sind, führen eigene Rechtsschutzmarken bei ihr, welche die Wahrung der Autorenrechte sowie die Abrechnung über die Tantiemen erleichtern sollen. (→ GEMA)

Bongo, meist in der Mehrzahl Bongos, ist ein Trommelpaar afrikanischer bzw. kubanischer Herkunft. Zwei verschieden große und gestimmte Trommeln werden auf einem Ständer befestigt. Der Schlag erfolgt mit den Fingern oder der Handfläche, ausnahmsweise auch mit Schlägeln. Der trockene, harte Klang kann durch vielfältige Schlagtechnik beeinflußt werden. Naturgemäß verwenden in der Rockmusik vor allem Latin Rock-Gruppen wie etwa SANTANA Bongos.

Boogie-Woogie ist eine unter den schwarzen Musikern der USA in den zehner und zwanziger Jahren entstandene Klavierspielweise, bei der die linke Hand Achtelwerte in Skalenfortschreitung oder in Akkordbrechung spielt, während die rechte Hand im hohen Oktavbereich Tonfiguren wiederholt, schnelle Passagen, Tremoli und Triller ausführt. Harmonisch liegt dem jeweiligen Stück das Bluesschema zugrunde (→ Blues, → Barrelhouse Piano-Stil). Zu den wichtigsten Vertretern gehören Albert Ammons, Big Maceo, Pete Johnson, Meade «Lux» Lewis und Jimmy Yancey. In der Rockmusik taucht Boogie-Woogie nur vereinzelt auf, etwa bei Keith Emerson. Das bekannteste Beispiel dürfte wohl der Song «You Never Give Me Your Money» von den BEATLES sein, in dessen Überleitung zwischen erstem und zweitem Teil ein kurzer Boogie zu hören ist.

S *29 Boogie Woogie Originaux*, 2 LP, o. J. (F: RCA)

Bootleg → Raubpressung

Bop → Bebop

Boston Sound. Der Ausdruck entstammt einer Werbekampagne von MGM um 1968. Wie Lilian Roxon in ihrer Enzyklopädie vermutet, hat dieses Schlagwort den in Boston ansässigen Gruppen eher geschadet als genutzt; sie hatten einen Markennamen um so weniger nötig, als ihre musikalischen Auffassungen sich kaum auf eine gemeinsame Formel bringen lassen. Die betreffenden Gruppen (EARTH OPERA, BEACON STREET UNION, EAGLE, FORD THEATRE, KANGAROO, SUGAR CREEK, ILL WIND, PHLUPH, BAGATELLE, QUILL, ULTIMATE SPINACH u. a.) haben sich dank ihrer Experimentierfreudigkeit in die Geschichte anspruchsvoller Rockmusik eingetragen. An originellen Zügen lassen es die Bostoner Rockmusiker auch in den siebziger Jahren nicht fehlen, darunter THE MODERN LOVERS, WILLI ALEXANDER'S BOOM BOOM BAND, THUNDERTRAIN, THE OUTER SPACE BAND, GEORGE THOROGOOD AND THE DESTROYERS und FOX PASS.

S *Live at the Rat*, 1977, 2 LP (USA: Rat)

L *Who Put the Bomp* (No. 14/15 Herbst 1975 und Winter 1976/77)

Bottleneck (engl., Flaschenhals) wurde ursprünglich von Blues-Musikern zum Glissando-Spiel auf der akustischen Gitarre verwendet. Der abgeschlagene Hals einer Glasflasche wird dazu auf den kleinen Finger der Griffhand gesteckt; in der Regel wird die Gitarre offen gestimmt (→ Stimmung). Wenn der Gitarrist mit dem Flaschenhals über das Griffbrett fährt, entstehen die bekannten, ebenso durchdringend heulenden wie ausdrucksstarken Einzeltöne und Akkorde. Seiner Herkunft entsprechend wird das Bottleneck-Spiel besonders oft im Blues und in Blues-betonten Richtungen der Rockmusik verwendet. Es gibt aber auch Gitarristen anderer Stilrichtungen, die häufig zum Bottleneck greifen, etwa Eric Stewart von 10 CC. Gebräuchlich sind heute zumeist extra angefertigte Bottlenecks aus Glas oder Metall, doch gibt es nicht wenige Gitarristen, die nach wie vor den leicht geschwungenen Hals einer Flasche bevorzugen. Auf der LP *Waiting for Columbus* der Gruppe LITTLE FEAT ist ein Foto des Gitarristen Lowell George zu sehen, das ihn mit einem Bottleneck am kleinen Finger zeigt.

Bounce (engl., Sprung) heißt eine Bezeichnung aus der Zeit des Swing, die Zeitmaß und zugleich Vortragsart eines Stückes angibt. Für den Bounce ist ein gemächliches Tempo – und im Gegensatz zum metrisch schwebenden Swing – die genaue Unterscheidung von schweren und leichten Taktteilen im Viervierteltakt charakteristisch. Einschlägige Stellen finden sich auf Big Band-Aufnahmen von Count Basie, Benny Goodman und Jimmy Lunceford.

Bouzouki (von albanisch «buzuk») ist ein zumeist viersaitiges, mit der → Mandoline verwandtes Instrument, das sich von ihr durch ein größeres und bauchiges Corpus unterscheidet. Verwendet wird das Instrument gelegentlich von Country- und Country-Rock-Musikern oder um eine exotische Klangwirkung zu erzielen (zum Beispiel in «Bend It» von DAVE DEE, DOZY, BEAKY, MICK & TICH aus dem Jahre 1966 oder von Kate Bush in dem Song «Sensual World» auf dem gleichnamigen Album aus dem Jahre 1989). Eine elektrisch verstärkte Bouzouki ist auf einem Album von THE FORUM QUORUM (um 1968) zu hören, deren fünf Mitglieder bezeichnenderweise aus dem griechisch-italienischen Kulturbereich stammen.

S THE FORUM QUORUM: –, o. J. (USA: Decca/MCA); Kate Bush: *The Sensual World*, 1989 (D: EMI)

Brain → Metronome Records

Brass-Rock ist eine der vielen Bezeichnungen für → Jazz-Rock, meint aber insbesondere die Rockbands, die ständig mit Bläser-Sektionen zusammenspielen wie CHICAGO, BLOOD, SWEAT & TEARS, CHASE, DREAMS (mit dem Schlagzeuger Billy Cobham), TEN WHEEL DRIVE (mit der Sängerin Genya Ravan), THE J J BAND, LIGHTHOUSE und THE MESSENGERS (aus Berlin). Zu diesen Bands könnte man auch Alexis Korners CCS, THE UNITED JAZZ AND ROCK ENSEMBLE, IF und THE LOOSE TUBES zählen. Gemeinsam ist allen diesen Bands, daß die Bläser mehr als ein Background-Kolorit zu bieten haben, denn immer wieder treten einzelne Bläser aus der Brass Section heraus, um solistisch zu agieren. Der Begriff Brass-Rock ist dennoch unglücklich, da er ein augenfälliges Kennzeichen in den Vordergrund stellt statt eines musikalischen. Da diese Bands allemal im Idiom des frühen Jazz-Rock spielen, sie also zur Geschichte des Jazz-Rock gehören, erübrigt sich der Begriff Brass-Rock.

S Platten siehe → Jazz-Rock

Break (engl., Unterbrechung, Pause) ist das längere Aussetzen der durchgeschlagenen Taktmarkierung in Jazz und Rock, so heißt aber auch der Wechsel zwischen zwei Riff-Abschnitten. Während dieser «Lücke» wird eine Kadenz – solo oder von mehreren Instrumenten, ggf. mit Tempoverlangsamung – vorgetragen. Entstehungsgeschichtlich geht der Break auf die Vortragsart der sich mit einer Gitarre begleitenden

Bluessänger zurück, die den Gesang nach jeder Textzeile mit einem kurzen, kadenzierenden Instrumentenspiel unterbrachen, um während dieser Pause Atem zu schöpfen und (bei improvisierten Stücken) sich die kommende Text- und Melodiezeile zu vergegenwärtigen. In der Rockmusik kommt ein Break am häufigsten als Gitarren- und Orgelbreak kurz vor dem Schluß des Stückes vor, das dann zumeist mit einer kurzen rhythmischen Formel des Schlagzeugers beendet wird.

Breakdance war eine Anfang der achtziger Jahre zunächst in den USA aufgekommene großstädtische Straßenkunst. Die verschiedenen Formen des Breakdance (Electric Boogie, Smurf) beruhen alle auf einem mal pantomimischen, mal akrobatischen Einzeltanz zur Musik aus → Ghettoblastern. Dabei steht nicht die körperliche Nachzeichnung der Musik – zumeist Soul, Rap oder Hip Hop – im Vordergrund des Breakdance, sondern möglichst originelle Bewegungsformen, die die Tänzer einem meist verwunderten Zufallspublikum in regelrechten Wettbewerben vorführen. Manche bewegten sich in imaginären, ausweglosen Räumen, deren Wände sie suchend abtasteten; andere unterbrachen ihre althergebrachten Tanzbewegungen plötzlich mit saltoartigen Sprüngen und anderen halsbrecherischen Kunststücken. Breakdance gehörte zeitweise auch zu den Bühnenauftritten von Rap-Musikern, verschwand aber Mitte der achtziger Jahre ebenso schnell wie er aufgekommen war.

Bridge (engl., Brücke) heißt in der Rockmusik eine brückenähnliche Überleitung (bridge passage), welche einer thematischen Gruppe A als Gruppe B folgt. Gewöhnlich entsteht dabei ein 32taktiger Gesamtverlauf AABA, wobei A wie B jeweils achttaktige Perioden bilden. Im Wortgebrauch der Rockmusiker ist Bridge aber auch der zweite Teil einer zweigliedrigen Strophe (hinter dem vorangestellten Refrain), also das Couplet, im Gegensatz zum mottoartig wiederkehrenden → Refrain. Daß Überleitungen beträchtlich länger sein können, zeigt das Stück «The Five Bridges Suite» von THE NICE.

Britische Rockmusik. Die Anfänge einer britischen Rockmusik liegen beim → Skiffle der Mittfünfziger, die mit Namen wie Chris Barber und Ken Colyer, Alexis Korner, Chris Farlowe und – in der breiteren Öffentlichkeit – Lonnie Donegan («Rock Island Line») verbunden sind. Da der Skiffle stilistisch sich nicht festlegen ließ, bot er eine Entfaltungsmöglichkeit in mehreren Richtungen (Blues, Jazz, Folk, Beat); daß die BEATLES Ende der fünfziger Jahre ebenfalls Skiffle gespielt haben, ist bekannt.
Alexis Korner entschied sich zunächst für den Blues mit seiner Gruppe BLUES INCORPORATED, die in Londons Soho-Viertel auftrat (London Blues and Barrelhouse Club). In dieser Gruppe spielten aufeinanderfolgend auch Cyril Davis, Graham Bond und Jack Bruce. Eine ähnlich wichtige, doch weniger vielseitige Erscheinung ist John Mayall (beide,

Korner und Mayall, nennt man auch, zusammen mit Bond als drittem, «Väter des britischen Blues»), der einer ganzen Generation junger Musiker den Geist und die Disziplin des Bluesvortrags vermittelte, zuweilen freilich in einer zum Dogmatismus neigenden Art (Eric Clapton, John McVie und Peter Green von FLEETWOOD MAC u. a.). Trotz der emsigen Aktivität in der Hauptstadt war London nicht die einzige, nicht einmal die wichtigste Geburtsstätte des britischen Rock. In Liverpool, das sich US-amerikanischen Einflüssen gegenüber offener verhielt, machte die Jugend die importierte und bald nachgeahmte → Rock 'n' Roll-Musik zu einer Geheimsprache der Verlassenheit und der Opposition gegen die Erwachsenenwelt. Der kometenhafte Aufstieg der BEATLES, nach deren Anfängen im örtlichen → Cavern Club und in Hamburg im zur Legende geworden → Star-Club, läßt leicht vergessen, daß Liverpool um 1962 Hunderte von Beatgruppen beherbergte, darunter THE SEARCHERS, THE BIG THREE, GERRY & THE PACEMAKERS, THE ESCORTS, BILLY J. KRAMER & THE DAKOTAS und THE MOJOS. Noch Ende der achtziger Jahre zählte man in Liverpool und Umgebung mehr als 1000 Rock-Gruppen.

Nach der Übersiedlung der BEATLES in die Haupstadt übernahm London die führende Rolle in der Rockmusik; doch leisteten anderswo entstandene Gruppen weiterhin einen wesentlichen Beitrag zum englischen Nationalkolorit. THE MOVE, THE SPENCER DAVIS GROUP und THE MOODY BLUES formierten sich in Birmingham, THE HOLLIES, WAYNE FONTANA AND THE MINDBENDERS, THE HOTLEGS (Vorform von 10 CC) und HERMAN'S HERMITS in Manchester, WILDE FLOWERS (später SOFT MACHINE und CARAVAN) in Canterbury, JETHRO TULL in Blackpool, THE ANIMALS in Newcastle, FAMILY in Leicester usw. Im «swinging London» galt um 1963–66 den BEATLES das meiste Interesse, und sie riefen jene → «Beatlemania» hervor, die Gesellschaftstheoretiker und Sozialpsychologen noch lange beschäftigen wird. In den Vereinigten Staaten, wo nach Abflauen der Folksong-Bewegung bis 1966 keine starken schöpferischen Impulse auftraten, erkannte man die Originalität der englischen Gruppen und wandte sich, ebenfalls bis zur Massenhysterie, dem BEATLES-Kult zu («British Invasion»). Daß die Musik der BEATLES auch als Aufforderung zu einer blutigen Weltrevolution mißdeutet werden konnte, zeigt die 1969 erfolgte Mordserie der Charles Mansonschen «Family» in der Umgebung von Los Angeles.

Als das flegelhafte Gegenstück zum Image der BEATLES konnten sich neben ihnen die ROLLING STONES behaupten. Während die BEATLES nur wie sehr mittelmäßige Show-Talente schienen, erklären sich die Massenerfolge der ROLLING STONES zum großen Teil aus dem sorgfältig gepflegten Star-Konzept der Gruppe, vor allem aus den ebenso ordinären wie wirkungsvollen Live-Auftritten des ROLLING STONES-Sängers Mick Jagger. Tatsächlich resultiert aus diesem unterschiedlichen Verhalten – nicht nur bei Live-Auftritten – der beiden Bands ihre Wirkung auf unterschiedliche Hörergruppen. Die Musik der ROLLING STONES ist dem vitalen Lebensgefühl, dem Blues insgesamt näher und treuer geblieben und befriedigte darin jene Millionen von Rockfans, die den Sinn von Rockmusik nicht in Überfeinerung, sondern eher in außermusikalischen Eigenschaften wie Protest, Aggression, Sex und Stimmung erblicken.

In der zweiten Hälfte der sechziger Jahre wirkten in London mehrere Gruppen, deren musikalisches Gepräge wie auch gesellschaftliches (häufig: gesellschaftskritisches) Image eigenständige Züge aufweist. Was THE WHO unter der geistigen Führung von Pete Townshend in dem Stück «My Generation» von 1965 als Generationsgefälle, Unverständnis und Entfremdung formuliert haben, kehrt thematisch auch in *Tommy* (1969), einer der frühesten → Rockopern, wieder. THE KINKS entwarfen satirische Bilder vom «Well Respected Man», vom «Dedicated Follower of Fashion» und von anderen Zeitgenossen, konzentrierten sich ab 1968 zunehmend auf die Gestaltung von → Concept Albums (*Village Green Preservation Society, Arthur, Soap Opera*) und setzten später die entspannte Unterhaltungskunst der einstigen Music Halls fort; seinerzeit haben sie sogar den BEATLES Vokaltechnik und exzentrischen Humor beigebracht. Eine scharf formulierte Kritik an Zeiten und Zuständen war auch Gruppen wie THE DEVIANTS und THE EDGAR BROUGHTON BAND zu eigen; sie war mehr liebenswürdig verpackt in den parodistischen Stücken der BONZO DOG (DOO DAH) BAND und DAVE DEE, DOZY, BEAKY, MICK AND TICH. Von den vielen hundert Gruppen wären aus der Beat-Richtung vor allem ART (ehemals V. I. P.), THE ARTWOODS, BLOSSOM TOES, THE CREATION, THE GODS, HERMAN'S HERMITS, WAYNE FONTANA AND THE MINDBENDERS, THE MOVE, die rein instrumental spielenden THE SHADOWS, weiter die US-amerikanischen, aber in England wirkenden WALKER BROTHERS sowie THE TROGGS, THE ZOMBIES und TOMORROW zu nennen.

Neben den bluesorientierten Gruppen (YARDBIRDS, DOWNLINERS SECT, CREAM, BLIND FAITH, SIMON DUPREE AND THE BIG SOUND, FLEETWOOD MAC, THE GROUNDHOGS) waren andere mit einer Verbindung von Jazz- und Rockelementen beschäftigt. Zu letzteren gehören SOFT MACHINE mit der Splittergruppe MATCHING MOLE (franz. machine molle = soft machine) sowie die einstigen Mitglieder mit ihren Soloalben (Kevin Ayers, Elton Dean, Hugh Hopper, Robert Wyatt, in Frankreich GONG als eine Schöpfung von Daevid Allen); auch Brian Auger mit TRINITY und später mit OBLIVION EXPRESS musizierten in diesem Stilbereich, ebenso MAN, COLOSSEUM, zeitweilig Manfred Mann, IF, MIGHTY BABY und EGG. Ausgehend von SOFT MACHINE und CARAVAN bildete sich um 1970 eine spezifisch britische Strömung des → Jazz-Rock, die sich im Laufe der siebziger Jahre als der US-amerikanischen Spielart der Nach-Miles-Davis-Ära überlegen erwies und in den achtziger Jahren auch in den USA an Einfluß gewann; zu den Gruppen dieser Richtung gehörten weiterhin HENRY COW (mit dem Gitarristen Fred Frith), NATIONAL HEALTH, SLAPP HAPPY, ART BEARS und HATFIELD AND THE NORTH.

Als interessante, kurzlebige Gruppen lassen sich um 1970 u. a. BAKERLOO, BLOODWYN PIG, FLAMING YOUTH, PATTO, HIGH TIDE und JAN DUKES DE GREY aufzählen. Doch setzte zu dieser Zeit bereits eine Aufsplitterung der britischen Rockmusik in verschiedene Stilbereiche ein, die im Laufe der siebziger Jahre stetig auseinanderstrebten. Gleichzeitig, ausgehend vom *Sergeant Pepper*-Album der BEATLES, verlor die Single-Schallplatte zugunsten der LP an Bedeutung, so daß Gruppen, die bis dahin vornehmlich Singles veröffentlicht hatten, sich entweder auflösten oder anders orientierten. In diese Kategorie fallen etwa THE SMALL FACES, ARTHUR BROWN, THE SPENCER DAVIS GROUP und THE HOLLIES.

In den siebziger Jahren sind es vor allem zwei stilistische Bereiche, die im Grunde den von den BEATLES einerseits, von den ROLLING STONES andererseits repräsentierten Antagonismus fortsetzten: Hier der Kulturrock mit einigen Nebenströmungen, dort der vom Blues beeinflußte Rock, der sich in Blues-Bands, Blues-Rock-Gruppen, Hardrock und letzten Endes auch Heavy Metal aufteilte. Gehörten zur ersten Gruppe beispielsweise BEGGARS OPERA, PROCOL HARUM, THE NICE, JETHRO TULL, anfangs auch DEEP PURPLE, EMERSON, LAKE AND PALMER, THE ELECTRIC LIGHT ORCHESTRA, dann GENESIS, PINK FLOYD, YES, GENTLE GIANT, VAN DER GRAAF GENERATOR, CAMEL, SAD CAFE, TRAFFIC, 10 CC, KING CRIMSON, SUPERTRAMP, GREENSLADE, 801 und ROXY MUSIC, um nur einige zu nennen, so gehören zu der anderen neben den Gruppen um John Mayall und Alexis Korner die Bands LED ZEPPELIN, DEEP PURPLE, TEN YEARS AFTER, URIAH HEEP, BLACK SABBATH, die gebürtige Amerikanerin SUZI QUATRO, TASTE, FREE und zahllose andere. Daneben gab es eine Reihe von kurzlebigen Bands, die vor allem die Hitparaden und damit häufig ein sehr junges Publikum im Auge hatten, Musik für Teenager also (SWEET, SLADE, zuweilen auch T. REX). Eher auf einem Nebengleis verlief die von englischer, schottischer und irischer Volksmusik beeinflußte Musik etwa von LINDISFARNE, STRAWBS und FAIRPORT CONVENTION sowie der Sängerin Sandy Denny.

Seit 1970 etwa läßt sich auch ein weiterer Trend in der britischen Rockmusik verfolgen. Zunehmend traten einzelne Sänger in Erscheinung, die sich nicht fest mit einer Gruppe verbanden, sondern von Fall zu Fall Musiker verpflichteten. David Bowie ist vielleicht der Prototyp eines solchen Rockmusikers, doch beschritten zahlreiche andere Sänger und Sängerinnen, aber auch einzelne Musiker im Laufe der siebziger Jahre diesen Weg, von Paul McCartney und John Lennon angefangen, über Eric Clapton, Peter Gabriel, Rick Wakeman bis hin zu Kate Bush, Al Stewart und anderen. Die Idee der Rockmusik als Gruppenmusik schien gegen Mitte der siebziger Jahre in Frage gestellt,

zeigte sich doch, daß die Rockhörer auf das Zurschaustellen von echter oder gespielter Gruppenidentität keinen Wert legten. Der Erfolg gab den Rockmusikern recht: Rockmusik war spätestens in den siebziger Jahren zu einem wichtigen Industriezweig geworden, den man nicht mehr den Zufälligkeiten von Teenagerlaunen aussetzen wollte. So nimmt es kaum Wunder, daß sich auch die nationalen Grenzen, zumindest zwischen Großbritannien und den USA, zu verwischen begannen.
In diese Zeit der Saturiertheit der Rockmusiker war in den endsiebziger Jahren → Punk ein geradezu revolutionäres Ereignis mit der hektischen, rohen Musik aus den Vorstädten, gespielt von sehr jungen Musikern, die keinerlei Wert auf künstlerische Verfeinerung legten, sondern die Musik als Transportmittel, als Ventil für ihre Frustrationen benutzten. Punk, der nur in Großbritannien mit seinen latenten Klassengegensätzen und wirtschaftlichem Niedergang entstehen konnte, erwies sich aber bereits um 1980 als lediglich eine von vielen Strömungen, die bald global und etwas hilflos → New Wave genannt wurde: hinter dem nichtssagenden Begriff verbinden sich mitunter völlig gegensätzliche, neuartige wie konservative und selbst restaurative Musikstile zu einem vermeintlichen Ganzen. Schon die Namen der Gruppen und ihre Zuordnung zu bestimmten Musikstilen zeigen die Vielfalt der New Wave: SEX PISTOLS, THE VIBRATORS, THE ADVERTS, THE DAMNED, THE CLASH (Punk), THE POLICE, SELECTER, THE SPECIALS, FISCHER Z (Reggae), ORCHESTRAL MANŒUVRES IN THE DARK, DEPECHE MODE, ULTRAVOX, HUMAN LEAGUE, John FOXX, TUBEWAY ARMY, HEAVEN 17 (Synthesizer-Gruppen; Elektro-Pop), daneben aber auch zahllose andere Gruppen und Musiker, die im Laufe der achtziger Jahre ein eigenes, mitunter höchst individuelles Profil gewannen, so etwa Elvis Costello, THE CURE, COCTEAU TWINS, JAPAN, TEARS FOR FEARS, THE PET SHOP BOYS, MAGAZINE und XTC. Zwei weitere Strömungen sind kennzeichnend für die britische Rockmusik der achtziger Jahre: Zum einen der zunehmende Anteil von Frauen in der Rockmusik, zum anderen eine Hinwendung zur traditionellen Volksmusik, wie sie etwa THE POGUES und THE WATERBOYS repräsentieren, um nur zwei Bands zu nennen. In diese Kategorie fallen, wenn auch mit Abstrichen, sog. Gitarrenbands wie THE SMITHS, THE THE und die in höchstem Maße erfolgreiche irische Band U 2. Neben diesen bewußt ein asketisches Image aufbauenden Gruppen verfolgten andere Bands das genaue Gegenteil: Mit New Romantics wurden einige Musiker und Bands bezeichnet, die das noch relativ neue Medium Videoclip nutzten, um sich ein vorrangig optisches Image zu geben, so etwa CLASSIC NOUVEAUX, VISAGE, Boy George, Adam Ant, HAYZEE FANTAYZEE, SPANDAU BALLET und zunächst auch DURAN DURAN. Zeitgleich widmeten sich viele britische Bands einem instrumental äußerst virtuosen Funk, genannt seien LEVEL 42, SHAKATAK und FUNKAPOLITAN, während andere in der Rockmusik die Möglichkeit

sahen, ihren ureigensten, mitunter völlig singulären musikalischen Interessen nachzugehen, so etwa THROBBING GRISTLE, THIS HEAT und THE FALL sowie – wenn auch in einem ganz anderen Sinn – THE PENGUIN CAFE ORCHESTRA und Brian Eno. Schließlich brachten die achtziger Jahre für viele Bands, die zu Beginn des Jahrzehnts in oft schwere Krisen bis hin zur Auflösung geraten waren, ein Comeback. Selbst durch den Tod von Bandmitgliedern geschwächte Gruppen wie THE WHO und LED ZEPPELIN konnten triumphale Konzerterfolge feiern.

S Eine Auswahl-Discographie (bis zum Jahre 1979) bietet: Tibor Kneif: Einführung in die Rockmusik – Entwürfe und Unterlagen für Studium und Unterricht (Wilhelmshaven 1979, S. 118f)

ABC: *The Lexicon of Love*, 1981 (D: Phonogram); ART OF NOISE: *In No Sense? Nonsense!*, 1987 (GB: Chrysalis); THE AVANT-GARDENERZ: –, 1980 (I: Irec); BANANARAMA: *Deep Sea Skiving*, o. J. (D: Metronome); BIG COUNTRY: *The Crossing*, 1983 (D: Phonogram); BLANCMANGE: *Happy Family*, 1982 (D: London); Peter Blegvad: *Knights Like This*, 1985 (D: Virgin); THE BLOW MONKEYS: *Animal Magic*, 1986 (D: RCA/Ariola); BRITISH ELECTRIC FOUNDATION: *Music of Quality and Distinction*, 1982 (GB: Virgin); BUGGLES: *The Age of Plastic*, 1979 (D: Island); Kate Bush: *The Dreaming*, 1982 (D: EMI); CAPTAIN SENSIBLE'S: *«Women and Captains First»*, 1982 (NL: A & M); THE CLASH: *Sandinista*, 1980 (NL: CBS); Phil Collins: *... but Seriously*, 1989 (D: WEA); Kevin Coyne/Dagmar Krause: *Babble*, 1979 (D: Virgin); Mary Coughlan: *Tired & Emotional*, 1987 (IR: WEA); Elvis Costello: *Armed Forces*, 1979 (D: WEA); ders.: *Spike*, 1989 (D: Warner); COCTEAU TWINS: *Treasure*, 1984 (D: Virgin); CULTURE CLUB: *Kissing to be clever*, 1982 (GB: Virgin); THE CURE: *Seventeen Seconds*, 1980 (D: Metronome); DEPECHE MODE: *Construction Time Again*, 1983 (D: Intercord); DURAN DURAN: –, 1982 (D: EMI Electrola); EURYTHMICS: *Sweet Dreams are made of this*, 1983 (D: RCA); EVERYTHING BUT THE GIRL: *Love Not Money*, 1985 (D: WEA); FINE YOUNG CANNIBALS: –, 1985 (D: Metronome); THE FLYING LIZARDS: –, 1980 (D: Virgin); John Foxx: *Metamatic*, 1980 (D: Virgin); FRANKIE GOES TO HOLLYWOOD: *Welcome to the Pleasure Dome*, 1984 (D: ZTT/Ariola); Peter Gabriel: *So*, 1986 (D: Virgin); THE GIST: *Embrace The Herd*, 1981 (D: Rough Trade); Kevin Godley/Lol Creme: *Freeze Frame*, 1979 (D: Polydor); HAIRCUT ONE HUNDRED: *Pelican West*, 1982 (D: Arista); THE HOUSEMARTINS: «Think for a minute», 1986 (D: Chrysalis); HUMAN LEAGUE: *Reproduction*, 1979 (D: Virgin); Joe Jackson: *I'm the Man*, 1979 (D: A & M); JAPAN: *Tin Drum*, 1981 (F: Virgin); Howard Jones: *Dream into action*, 1985 (D: WEA); JOY DIVISION: *Closer*, 1980 (D: Metronome); KAJAGOOGOO: *White Feathers*, 1983 (NL: EMI); Nick Kershaw: *The Riddle*, 1984 (D: MCA); KILLING JOKE: *Fire Dances*, 1983 (D: EG); THE KORGIS: *Sticky George*, 1981 (D: Ariola); Lora Logic: *Pedigree Charm*, 1982 (GB: Rough Trade); MAGAZINE: *Secondhand Daylight*, 1979 (D: Virgin); THE MISSION: *God's Own Medicine*, 1986 (D: Phonogram); NEW MODEL ARMY: –, 1984 (GB: Pinnacle); ORCHESTRAL MANŒUVRES IN THE DARK: *Dazzle Ships*, 1983 (US: Virgin/CBS); PET SHOP BOYS: *Behaviour*, 1990 (D: Parlophone); PUBLIC IMAGE LTD: *Album*, 1986 (D: Virgin); THE POLICE: *Outlandos d'Amour*, 1978 (NL: A & M); SHRIEKBAK: *Care*, 1983 (D: Sire/WEA); SIMPLE MINDS: *Once Upon A Time*, 1985 (D: Virgin); Sinead O'Connor: *I Do Not Want What I Haven't Got*, 1990 (D: Ensign); SIOUXSIE AND THE BANSHEES: *Tinderbox*, 1986 (D: Polydor); THE SMITHS: *Hatful of Hollow*, 1984 (D: Rough Trade); SOFT CELL: *The Art of Falling Apart*, 1983 (D: Phonogram); SPANDAU BALLET: *Through The Barricades*, 1986 (D: CBS); Sting: *The Soul Cages*, 1991 (D: A & M); David Sylvian: *Gone to Earth*, 1986 (D: Virgin); TEARS FOR FEARS: *The Seeds of Love*, 1989 (D: Fontana); TUBEWAY ARMY: *Replicas*, 1979 (D: Beggar's Banquet); THE TOURISTS: –, 1979 (D: Metronome); WORLD PARTY: *Goodbye Jumbo*, 1990 (D: Ensign)

Brummschleife. Ist in der → PA-Anlage ein Brummen zu hören, so liegt meistens eine sogenannte Brummschleife vor. Sie wird dadurch verursacht, daß die verschiedenen Geräte einer PA an verschiedenen Stellen über die Schutzkontakte ihrer Netzstecker geerdet sind. Wenn sich das Potential dieser Erdungspunkte unterscheidet, kommt es in den Masseleitungen der Geräte zu Ausgleichsströmen mit Netzfrequenz (50 Hz, also ein Brummton), die dann von den Verstärkern intensiviert und in den Lautsprechern hörbar werden. Es ist daher darauf zu achten, daß die PA nur an einer einzigen Stelle, etwa beim Mixer oder dem Endverstärker, zentral geerdet wird. Unzulässig ist es, die Anlage gar nicht zu erden; dies kann zu tödlichen Unfällen führen (z.B. Les Harvey von Stone The Crows).

Brunswick → Decca Records

Bubblegum (Music). 1. Abschätziger Begriff für eine Rockmusik primitivster Art, gedacht für Zehn- bis Vierzehnjährige, von einfachster Rhythmik und Harmonik; die melodischen Wendungen sowie die Texte sind auf das Auffassungsvermögen von Kindern zugeschnitten. – 2. Eine geschichtlich begrenzte Sonderrichtung US-amerikanischer Rockmusik um 1968/69, die sich eigens – nicht ohne humoristische Absicht – mit dem Begriff Bubblegum umgab. Die einschlägigen Gruppen hießen 1910 Fruitgum Company, The Lemon Pipers, Ohio Express, St. Louis Invisible Band, Prof. Morrison's Lollipop und Lt. Garcia's Magic Music Box. Daß man sich durch Bubblegum selbst in den ausgehenden sechziger Jahren, die eine allgemeine Niveauanhebung der Rockmusik mit sich brachten, bereichern konnte, zeigen zwei gut verkaufte Platten der Manager und Produzenten Jerry Kasenatz und Jeff Katz; *Kasenatz – Katz Singing Orchestral Circus* (1968) und *Kasenatz – Katz Super Circus* (1969). Beide Platten wurden aus dem zweifelhaften Grund zusammengetragen, den die beiden Geschäftsleute auf dem Cover der erstgenannten LP angaben: sie dachten, die Welt wäre bereit, etwas anderes zu hören («We felt we were ready for something different...»). Auch hieran wird deutlich, daß der Zeitbegriff der Rockmusik am bloßen Wechsel (something different) statt an musikalischer Differenzierung ausgerichtet ist.

S The Lemon Pipers: *Green Tambourine*, 1968 (USA: Buddah); Lt. Garcia's Magic Music Box: *'Cross the Border*, um 1968 (USA: Kama Sutra); 1910 Fruitgum Company: *Simon says*, um 1968 (USA: Buddah); The Tonics: *Bubble Gum Music*, um 1969 (D: Mercury)

Buddah Records, New York, wurde 1967 von Neil Bogart gegründet und verschrieb sich zunächst jener um 1968/69 als → Bubblegum Music bezeichneten Richtung, die von Gruppen wie The Lemon Pipers, 1910 Fruitgum Company und Ohio Express vertreten wurde; weitere Musiker waren der einstige Vorkämpfer der → Twist-Mode Chubby Checker (vormals bei Cameo-Parkway Records) und The Brooklyn Bridge.

Zu Kama Sutra Productions und mit dem Super-K-Label von Jerry Kasenatz bestanden enge Beziehungen. Zu Beginn der siebziger Jahre übernahm die Firma Kama Sutra Records ganz und brachte Musiker wie CAPTAIN BEEFHEART AND HIS MAGIC BAND, BREWER AND SHIPLEY, Melanie und SHA NA NA heraus. 1974 wurde ein weiteres Unterlabel, Casablanca, ins Leben gerufen (KISS).

Bühnenbeleuchtung (stage light) ist in der Rockmusik ein wichtiger Teil der Bühnenshow. Sie dient nur zu einem geringen Teil dazu, die Präsenz und die Handlungen der Musiker sichtbar zu machen, sondern vor allem der Steigerung der Bühneneffekte, die Atmosphäre der Songs unterstreichend. Die in den sechziger Jahren aufgekommene farbige Beleuchtung bestand zu dieser Zeit aus einigen auf Masten montierten Scheinwerfern mit farbigen Vorsatzfiltern. Mit dem Psychedelic Rock kamen Scheinwerfer auf, in deren Lichtkegel ein in einem Vorsatzgerät befestigter Elektromotor die auf einer großen Scheibe angeordneten Farbfilter drehte, ebenso gehörten Stroboskope – Geräte, die Lichtblitze in schneller Folge produzieren können – und mit farbigem Öl gefüllte Dias zu den Light Shows dieser Zeit. Das Ein- und Ausschalten der mittlerweile zahlreich gewordenen Scheinwerfer besorgte ein Roadie, der bald eine ebenso wichtige Rolle wie der Mann am Ton-Mischpult spielte. Analog zu der Bedeutung der Bühnenbeleuchtung zur atmosphärischen Gestaltung von Rockkonzerten wuchs das Equipment. Bühnenaufbauten für Rockgruppen bestehen zum größten Teil aus Traversen, die die Vielzahl von fernsteuerbaren Scheinwerfern, sogenannten Varilites, tragen, die nicht nur verschiedene Farben produzieren können, sondern auch über verschiedene Loch- und Schlitzblenden verfügen. Gesteuert werden diese Scheinwerfer von einem zentralen Lichtmischpult aus. Von hier aus werden auch mittels Sprechfunk die häufig im Baldachin über der Bühne sitzenden Beleuchter der Verfolger-Spots dirigiert. In der Regel ist die Lichtmischung ebenso genau festgelegt wie die Tonmischung, eine Aufgabe, die von speziellen Licht-Designern besorgt wird. Die Licht-Kreationen werden zumeist in Computer-Speichermedien abgelegt. Komplizierte Licht-Steuerungen sind auf diese Weise jederzeit und schnell reproduzierbar. In dem Bereich des Licht-Designs arbeiten erstaunlich viele Frauen.

In einem weiteren Sinne zur Bühnenbeleuchtung zählen auch Laser-Geräte, mit deren scharf gebündeltem Lichtstrahl allerlei Effekte zu erzielen sind. Einen besonderen Effekt verleiht der gesamten Light Show der Einsatz von Trockeneisnebel, der seit etwa 1987 wieder häufiger eingesetzt wird, nachdem er für bald ein Jahrzehnt nur selten in den Konzerthallen zu sehen war. Beliebt sind bei manchen Rockgruppen (SUPERTRAMP) auch Filme, die auf einer Leinwand im Rücken der Band gezeigt werden. Zur Beleuchtung der Bühne tragen sie allerdings nur selten bei.

Bulgarischer Rhythmus heißt ein zumeist in schnellem Zeitmaß verlaufendes Taktgebilde, das aus sieben Achteln besteht und entweder als 3+4 oder als 4+3 gruppiert wird. Der bulgarische Rhythmus – besonders häufig in den Volkstänzen Bulgariens und Griechenlands – wurde im Westen durch einige Kompositionen Béla Bartóks bekannt (*Mikrokosmos*, Fünftes Streichquartett). Durch solche Vermittlung über die → Bildungsmusik tritt der bulgarische Rhythmus gelegentlich auch in der Rockmusik (besonders im → Jazz-Rock) auf.

Buttons → Badges

C

C ist ein Tonname, der sowohl das C der → großen Oktave wie auch allgemein die Tonqualität C in allen Oktavbereichen bezeichnen kann. Es ist zugleich Abkürzung für C-Dur, im Gegensatz zu c (= c-Moll), in neueren Kompositionen der → Bildungsmusik auch für die → Tonart allein, ohne Kenntlichmachung des → Tongeschlechts. Aus geschichtlichen Gründen, die in der Musiktheorie des 16. Jahrhunderts liegen, wird das C zum Bezugspunkt des → Quintenzirkels und überhaupt unseres Tonsystems genommen. Cis ist ein chromatisch erhöhtes, Ces ein chromatisch erniedrigtes C (engl. C♯ oder C-sharp bzw. C♭ oder C-flat).

Cajun Music. Cajuns sind die Nachfahren französischer Einwanderer, die von den Engländern zu Beginn des Siebenjährigen Krieges (1756–63) aus der kanadischen Landschaft Acadia südöstlich der Mündung des Lorenz-Stromes vertrieben wurden (Cajuns = A-Cadiens). Sie zogen hauptsächlich nach Südwest-Louisiana, wo sie auch heute leben und ihre von Akkordeon, Fiedel, Gitarre und Triangel, in der jüngeren Zeit auch von Steel Guitar, Kontrabaß und Schlagzeug begleitete Musik bei Tanzveranstaltungen vorführen. Die Gesangssprache ist altertümliches Französisch, das häufig mit Englisch wechselt. Die Rockvariante dieser Cajun Music nennt man auch, auf die sumpfige Landschaft in Louisiana anspielend, Swamp Rock, dessen bekanntester Vertreter der Fiedler und Sänger Doug Kershaw ist. Die Tanzmusik der französisch sprechenden Schwarzen von Südwest-Louisiana heißt «La la Music» oder «Zydeco» und wird mit den Instrumenten der Cajun Music vorgetragen; der Triangel wird zumeist durch ein Waschbrett ersetzt, sporadisch wird auch die Hammond-Orgel von einigen Zydeco-Musikern verwendet.

S *Folksongs of the Louisiana Acadians*, o. J. (USA: Folk-Lyric); *J'tais au bal. Music from French Louisiana*, o. J. (USA: Swallow); *Joseph Falcon and His Silver Bell String Band*, o. J. (USA: Arhoolie); Doug Kershaw: *Devil's Elbow*, 1972 (USA: Warner); *Zydeco*, 1967 (USA: Arhoolie); Buckwheat Zydeco: *Where There's Smoke There's Fire*, 1990 (USA: Island)

L Irene Therese Whitfield: *Louisiana French Folk Songs. With a New Appendix of Addi-*

tional Songs, 2. Auflage (New York 1969); *The American Folk Music Occasional* (New York 1970)

Cakewalk heißt ein mit grotesken, betont eckigen Bewegungen ausgeführter Tanz in synkopisch verlaufenden 2/4-Takten.

Der Tanz entstand am Ende des 19. Jahrhunderts unter den Schwarzen der USA und hat seine Vorbilder vermutlich in Preistänzen aus der Zeit der Sklaverei, als weiße Plantagenbesitzer zum «Sonntagsvergnügen» ihrer Sklaven einen Kuchen zur Verfügung stellten, den das Tanzpaar mit den originellsten Tanzbewegungen – mitunter auch in Verkleidung – gewann. Um die Jahrhundertwende gelangte der Tanz, der auch Elemente aus Marsch, Polka und Ragtime verwendet, nach Europa. Bekannt wurde der Cakewalk in der Kunstmusik vor allem durch das sechste Stück in Claude Debussys Klaviersammlung *Children's Corner* von 1906 bis 1908.

Calypso ist eine auf den – der Orinoco-Mündung (Südamerika) nahen – Inseln Trinidad und Tobago aufgekommene Tanzmusik mit dem charakteristischen Rhythmus

oder dessen Varianten. Als gesungener Tanz wurde der einer mittellangsamen → Rumba nahekommende Calypso um die Mitte der fünfziger Jahre vor allem durch den Sänger Harry Belafonte weltweit bekannt («Banana Boat Song», «Matilda»). Eine 1977 erschienene LP der Münchner Gruppe Embryo trägt den scherzhaften Titel *Apo-Calypso* (APO = Außerparlamentarische Opposition).

L Daniel J. Crowley: *Toward a Definition of Calypso* (in: Ethnomusicology 3, 1959)

Cameo-Parkway Records, Philadelphia, wurde 1956 von Kal Mann und Bernie Low gegründet und ist vor allem mit der → Twist-Mode und mit Schallplatten von Chubby Checker verbunden. Question Mark & the Mysterians gehören zu den späteren Gruppen des Labels. Nach dem Abflauen der Twist-Welle wurde Cameo-Parkway Records im Jahre 1963 verkauft.

L *Who put the Bomp!* No. 13 (Frühling 1975), S. 33 ff

Camp ist ein Slangausdruck für den Umschlag von nachgeahmter Banalität in neuen ästhetischen Reiz. Camp in diesem Sinn ist untrennbar von der Rockmusik, die sich häufig zwischen unorigineller Stilwiederholung und launiger Persiflage bewegt. Sogar ganze → Revivals von vergangenen Stilen oder Musizierweisen können von parodistisch gemeinten Stücken eingeleitet werden. Erst an den humoristisch übertriebenen, parodierten Merkmalen einer vergangenen Rock-Mode wird eine Richtung als Stilganzes verstanden (und nostalgisch herbeigesehnt). Beispiele:

S The Incredible String Band: *Changing Horses*, 1969, «Big Ted» (GB: Elektra); Liverpool Scene: *Bread On the Night*, 1970,

«I've got those Fleetwood Mac-Chicken Shack-John Mayall can't fail Blues» (USA: RCA); THE BEATLES: *Abbey Road*, 1969, «Oh! Darling» (GB: Apple)

Capitol Records, Los Angeles, wurde 1942 von Glenn Wallichs, Johnny Mercer und Buddy DeSilva gegründet, nahm ein Jahr später den schwarzen Sänger-Pianisten Nat «King» Cole unter Vertrag, veröffentlichte Miles Davis' LP *Birth Of The Cool*, dehnte sich nach Kriegsende rasch aus und betätigte sich auch im C & W-Bereich. 1955 wurde der größte Anteil der Firma von der britischen Gesellschaft → EMI unter Beibehaltung des Namens aufgekauft. 1962 verließ Frank Sinatra, Hauptattraktion des Labels, die Firma, um eine eigene Schallplattenfirma zu gründen. Unter den Acts von Capitol waren Gene Vincent und Johnny Otis in den fünfziger, die BEACH BOYS, THE BAND, STEVE MILLER BAND und GRAND FUNK RAILROAD in den sechziger bzw. frühen siebziger Jahren kommerziell bedeutend. Capitol ist die US-amerikanische Tochterfirma von EMI, die der Mutterfirma allerdings in den achtziger Jahren auf Grund von Managementfehlern immer wieder hohe Verluste einbrachte. Zwar konnte EMI 1979 United Artists zu dem Label hinzukaufen, aber weder RCA noch CBS konnte EMI Capitol hinzuschlagen: RCA ging an den deutschen Bertelsmann-Konzern, CBS an Sony. Dennoch wurden unter dem Namen Capitol immer noch erfolgreiche Platten veröffentlicht, etwa Tina Turners Comeback-Album *Private Dancer*.

Cat Music war der in den USA-Südstaaten (vor allem in Texas) von Weißen gebrauchte Ausdruck für → Rockabilly, → Rhythm & Blues und → Rock 'n' Roll, bevor sich letztere Begriffe verbreitet haben. → Atlantic Records richtete um 1954 ein kurzlebiges Cat Records als Unterlabel ein, auf dem z. B. «Sh-Boom» von THE CHORDS herauskam. (Das Stück wird von mehreren Rockschriftstellern – fälschlicherweise – für die erste Rock 'n' Roll-Nummer gehalten.) «Cat» ist deshalb auch häufig Teil des Namens von Rockabilly-Gruppen wie THE STRAY CATS oder THE POLE CATS.

L Charlie Gillett: *Making Tracks. Atlantic Records And The Growth Of A Multi-Billion-Dollar Industry*, 1974 (E. P. Dutton & Co., New York); Carl Belz: *The Story Of Rock*, 1973 (Harper Colophon, New York usw., 2. Auflage, S. 25ff)

Cavern Club in Liverpool (Matthew Street 8) war, neben anderen Lokalen wie Blue Angel, The Iron Door und The Jacaranda sowie dem Hamburger → Star-Club, die Geburtsstätte der Musik der BEATLES. Das im Stadtzentrum gelegene Lokal war bis 1960 dem Jazz vorbehalten (u. a. Chris Barber, Acker Bilk). Der neue Disc Jockey, Bob Whooler, führte die BEATLES im Januar 1961 in den Club ein. Außer den BEATLES, die im Club insgesamt 282mal auftraten, gastierten hier viele lokale Gruppen, die zur Entstehung eines → Mersey-Beat genannten Musizierstils gleichfalls beigetragen haben. Der Club wurde 1973 wegen U-Bahn-Arbeiten abgerissen und an anderer Stelle wiedereröffnet.

S *Liverpool Today «Live at the Cavern»*, 1965 (GB: Ember); *Mersey-Beat at Liverpool*, 1974 (D: Decca). Die Cover beider Sammelplatten zeigen den früheren Cavern Club.

L Alistair Griffin: *On the Scene at the Cavern* (London 1964)

CBGB, New York, war ein im Jahre 1973 von Hilly Kristal eröffneter Live-Music-Club, der bald als das Zentrum der US-amerikanischen New Wave fungierte. Unter anderem traten dort The Talking Heads, Blondie, The Ramones und Patti Smith mit ihrer Gruppe auf.

CBS → Columbia Records, → Sony Music

Celesta (von ital. «himmlisch»), das Instrument mit dem himmlischen Klang, ist ein seit 1886 gebautes, auch in der Rockmusik vielfach verwendetes Tasteninstrument mit dem Tonumfang c^1–c^5 (die Notation erfolgt eine Oktave tiefer). Durch Tastendruck werden die liegenden Stahlplatten auf hölzernen Resonatoren mit oben liegenden Hämmern angeschlagen; die Nachhallzeit kann durch die Benutzung eines Dämpfungspedals verkürzt werden.

S Don Robertson: *Dawn*, 1969 (USA: Limelight); Elvis Costello: *Mighty Like A Rose*, 1991 (D: Warner)

Cello → Violoncello

Cembalo (engl. harpsichord) ist ein Tasteninstrument mit Zupfmechanik, das seine Blütezeit im 17. und 18. Jahrhundert erlebt hat (englische Virginalisten um 1600, Domenico Scarlatti, François Couperin, Händel, Bach). Das Instrument mit der Flügelform, bei dem Metallsaiten parallel zu den Tasten aufgezogen sind, heißt Cembalo, während die kleineren Formen mit quer zu den Tasten verlaufenden Saiten Spinett und Virginal genannt werden. Das mehrmanualige Cembalo ermöglicht einen raschen Registerwechsel durch Handzüge oder Pedaltritt: Der Tonumfang beträgt mehr als fünf Oktaven. Der Klang des Cembalos ist im Normalregister hell und festlich und ermöglicht die scharfe Nachzeichnung selbständig geführter Stimmen; allerdings ist die Lautstärke wegen der Zupfmechanik nicht durch den Tastendruck regulierbar (im Gegensatz zum → Clavichord). Heute werden Cembali nach mehreren Originalexemplaren nachgebaut, und auch in der Rockmusik erfreuen sie sich einer gewissen Beliebtheit. Beispiele vgl. bei The Beau Brummels: «Magic Hollow» (auf *Triangle*, 1967), bei Renaissance: «The Wanderer» (auf *Renaissance*, 1969) und bei The Beatles: «Piggies» (auf *The Beatles*, 1968). Ein elektrisch verstärktes Cembalo hört man auf Terry Rileys *A Rainbow in Curved Air* (1969). Auch in der jüngeren Rockmusik ist das Instrument manchmal zu hören, beispielsweise in dem Song «The King is half undressed» der Gruppe Jellyfish (*Bellybutton*, 1990, D: Charisma) oder bei The Stranglers («Golden Brown» auf *La Folie*, EMI 1981). Doch ist es zumeist unmöglich zu entscheiden, ob es sich um ein wirkliches Cembalo oder um einen Synthesizerklang handelt, denn der

Cembaloklang ist mit Synthesizern recht leicht nachzuahmen.

Cents als relatives Tonhöhenmaß wurde 1885 von dem englischen Akustiker Alexander John Ellis eingeführt, um die Tonmessung innerhalb der Musikethnologie zu erleichtern und zugleich exakt zu machen. Die Oktave wird in 1200 Cents eingeteilt. Da im gleichschwebend temperierten zwölfstufigen Tonsystem die kleinsten Intervalle gleich groß sind, beträgt ein Halbtonschritt 100 Cents, eine große Terz 400 Cents, eine Quinte 700 Cents.

Chanson. 1. Das Chanson ist ein begleitetes Sololied mit ursprünglich französischem Text in mehreren Strophen; außerhalb dieser spezifisch französischen Gattung spricht man besser von Lied, Song usw. Das Chanson kam im 17. Jahrhundert auf und wies schon früh verschiedene Typen je nach Textinhalt und sozialem Anlaß auf, etwa Trinklieder (chansons a boire), Liebeschansons, Revolutionschansons usw. Zu neuem Leben erwachten die Chansons gegen Ende des 19. Jahrhunderts, als sie in Cabarets und literarischen Cafés, im 20. Jahrhundert dann im Rundfunk und auf Schallplatte von originellen Vortragskünstlern wie Yvette Guilbert, Aristide Bruant, George Brassens, Charles Aznavour, Édith Piaf, Juliette Gréco, Maurice Chevalier, Yves Montand und Françoise Hardy interpretiert wurden. Die lange und angesehene Tradition des Chansons hat die Entstehung einer eigenständigen → französischen Rockmusik für lange Zeit erschwert. Selbst in den Rocksongs der Sängerin Guesch Patti klingt die Tradition der Chansons noch durch. Aber auch auf britische Rockmusik hat die Chanson-Tradition Einfluß gehabt, wenn auch das Ergebnis eine sehr stilisierte Form des Chansons ist, so etwa bei Marc Almond. – 2. Ein episches Gedicht des 12.–13. Jahrhunderts, das die Heldentaten historischer Gestalten erzählt (chanson de geste). Die Textzeilen wurden mit improvisierten oder sich wiederholenden Gesangsmelodien sowie mit sparsamer Instrumentenbegleitung im Kreise hochgestellter Personen vorgetragen. *Chanson de Roland* gehört zu den bekanntesten chanson de geste. – 3. Die Chanson als ein mehrstimmiger Liedsatz blühte während des 15.–16. Jahrhunderts in Frankreich. In der musikwissenschaftlichen Forschung versteht man unter Chanson speziell diese Gattung, die von bedeutenden Komponisten (Guillaume Dufay, Josquin des Prez, Loyset Compère, Clèment Janequin, Orlando di Lasso) gepflegt wurde.

S *Edition La Chanson*, 1979, 2 LP (D: Philips/Phonogram); Marc Almond: *Mother Fist...*, 1987 (D: Virgin); ders.: *Jacques*, 1989 (D: Rough Trade)

Chapman Stick ist ein von dem US-amerikanischen Gitarristen Emmett Chapman entwickeltes zehnsaitiges Musikinstrument, das im wesentlichen aus einem Griffbrett und einem Tonabnehmer besteht. Das Instrument wird mit beiden Händen in der → Hammering-Technik gespielt. Je fünf nur schwach gespannte Saiten dienen dabei dem Baß- und

Diskant-Bereich; die Baßsaiten sind, ausgehend vom Kontra-C, in Quinten gestimmt, die Diskant-Saiten, beginnend bei Fis, in Quarten. Es können einzelne Töne ebenso erzeugt werden wie Akkorde.

Chapman verkauft das Instrument seit 1974, doch gibt es nur wenige Musiker, meist Gitarristen und Bassisten, die es konzertreif beherrschen, so etwa Tony Levin (Bassist bei Peter Gabriel und KING CRIMSON); dennoch gilt die Spieltechnik des Stick als leicht erlernbar.

S Cos: –, 1983 (D: BOOTS); Cos: *Pasiones*, 1982 (D: GeeBeeDee)

L Dirk Bell: *The Stick*, in: Fachblatt Musik Magazin, 11/84

Charleston ist ein ehemaliger Modetanz im Vier-Viertel-Takt aus den USA, der möglicherweise unter der schwarzen Bevölkerung der US-Südstaaten entstand und in den zwanziger Jahren auch in New Yorker Revue-Darbietungen verwendet wurde. In wenigen Jahren eroberte er – in geglätteter, gesellschaftsfähiger Form – auch die europäischen Tanzparkette. Die Arme sind gespreizt oder geknickt, die Beine werden abwechselnd nach hinten in die Höhe geschleudert. Daß Charleston auch zur Bewegungskunst stilisiert werden kann, bewies die schwarze Tänzerin Josephine Baker bei ihren Pariser Auftritten; er wird in der neueren Rockmusik mitunter – parodistisch – als Stilzitat verwendet.

Der Rhythmus des Charleston weist durchgehende Synkopenbildung auf:

Charleston-Maschine → Hi-Hat

Charts → Hit, → Hitparade

Chase (engl. Jagd) ist die schnelle Folge von Soloeinwürfen zweier oder auch mehrerer Musiker im Jazz, wobei sich die improvisierten Soloepisoden zumeist auf je vier Takte beschränken («Fours» im → Bebop); auch im Jazz-Rock üblich. Die amerikanische Big-Band-Formation CHASE, die eine Synthese von Jazz und Rock anstrebte, bezog ihren Namen von der genannten Spielweise (und von ihrem Bandleader Bill Chase).

Checker → Chess Records

Chess Records, Chicago, wurde 1949 von Leonard und Phil Chess gegründet, nachdem das ebenfalls von ihnen gegründete Aristocrat-Label zuvor den Chicagoer Blues-Markt erschlossen und Muddy Waters berühmt gemacht hatte (der Plattenverkauf erfolgte zuerst auf den Straßen). Die auf dem Gebiet des Blues führende Firma brachte Aufnahmen von Chuck Berry, Bo Diddley, Willie Dixon, John Lee Hooker, Sonny Boy Williamson und Howlin' Wolf sowie von Blues-Rock-Gruppen wie FLEETWOOD MAC heraus. 1970 wurde das Label von der Firma GRT Corporation (Tonbänder und Tonbandgeräte) aufgekauft und der Hauptsitz nach New York verlegt. Unterlabel von Chess waren Cadet, Argo, Checker, Concept, GRT, Janus und Westbound.

S *Chess Rockabillies*, 1978 (GB: Chess/Phonogram)

Chorus (engl., Chor, Refrain) ist ein dem Jazz entstammender Ausdruck, der eine den folgenden Soloimprovisationen vorangestellte Grundmelodie samt deren Taktzahl und der begleitenden Harmoniefolge umschreibt. Nach einer zweiten Definition ist unter Chorus nur eine Improvisationseinheit, nicht jedoch das vorangestellte Grundmodell zu verstehen. Das einfachste Beispiel für einen Chorus bildet der zwölftaktige → Blues mit seiner Harmoniefolge I – IV – I – V – I. Während im Chicago-Stil der zwanziger Jahre die zugrunde gelegte Melodie ein bekannter Blues oder ein verbreiteter Schlager war, wurden später immer häufiger eigens dafür erfundene melodisch-harmonische Gebilde zum Ausgangspunkt der abwechselnden Soloimprovisationen gewählt. Im voll entwickelten Jazz seit den dreißiger Jahren sind die Chorusse durchschnittlich umfangreicher und in der Harmonik mehr abgestuft als im einfachen Bluesschema. Die beschriebene Spielweise wird von Blues-Rock-Gruppen wie CREAM, THE PAUL BUTTERFIELD BLUES BAND und der GARY MOORE BAND, erst recht von Bands, die dem Jazz nahestehen wie CHICAGO und BLOOD, SWEAT & TEARS, praktiziert.

Clavichord ist ein Tasteninstrument, dessen zumeist doppelchörige Saiten beim Drücken der Tasten mit einem Metallstäbchen angerührt und gleichzeitig abgeteilt werden (im Gegensatz zum → Cembalo, dessen Saiten angerissen werden). Dank dieser Mechanik läßt sich der Klang des Instruments durch Änderung des Fingerdrucks bedingt beeinflussen. Das Clavichord, das in der europäischen Musikgeschichte früher als das Cembalo aufgetreten ist, erhielt in der Form des elektrisch verstärkten, aber nach einem ähnlichen Prinzip funktionierenden → Clavinets der Firma Hohner eine gewisse Bedeutung für Rock- und Soulmusik.

Clavinet ist ein von Hohner, Trossingen, entwickeltes elektrisches Tasteninstrument mit Hebelmechanik, dessen Saiten – dem → Clavichord ähnlich – mit Tangenten berührt werden, wobei die Schwingungen elektrisch verstärkt werden. Durch die Stärke des Tastenanschlages kann der Klang minimal geregelt werden. Wegen seiner Handlichkeit und Klangvielfalt wurde das Clavinet D6 sehr häufig im Rockbereich, etwa bei EMERSON, LAKE & PALMER, von Stevie Wonder (z. B. «Superstition») und in der gesamten Funky-Spielweise verwendet. Digital arbeitende Synthesizer, die perkussive Klänge besonders gut erzeugen können, ließen im Laufe der achtziger Jahre die Bedeutung des Clavinets schnell sinken.

L Tony Bacon: *Rock Hardware*, Blandford Press, London 1981

Clipping (engl., Abschneiden, Begrenzen). Ein Verstärker erreicht bei Vollaussteuerung eine durch seine Bauart bedingte, maximale Ausgangsspannung. Erhöht man die Eingangsspannung weiter, so daß die maximale Ausgangsspannung überschritten wird, kann der Verstärker der Eingangsspannung nicht mehr korrekt folgen: der maximale Wert der Ausgangsspannung steigt nicht mehr, obwohl die Eingangsspannung weiter erhöht wird. Hierdurch werden am Ausgang des Verstärkers die Spitzen, die das Eingangssignal aufweist, «abgeschnitten», was sich als → Verzerrung bemerkbar macht. Clipping kann zur Zerstörung des Verstärkers und der Lautsprecher führen.

Clog Box ist ein etwa 20 cm langer, mit Einkerbungen versehener Holzblock, den der Spieler mit einem Trommelstock anschlägt oder über die Einkerbungen streicht. Der Klang ist hell und bei schnellem Streichen schwirrend.

Cluster (engl., Traube) entsteht, wenn nebeneinanderliegende große und/oder kleine Sekunden innerhalb eines größeren Intervalls gleichzeitig zum Erklingen gebracht werden. Der auf den US-amerikanischen Komponisten Henry Cowell zurückgehende Name bezeichnet eine Klangmasse, die keine harmonische Funktion erfüllt, vielmehr wie ein selbständiger klanglicher Farbwert in einer Komposition auftritt. In der Notation werden zumeist nur Grenztöne angegeben, zwischen denen der Cluster entstehen soll, ferner der Umstand, ob auf der Tastatur nur weiße, nur schwarze oder beide Arten von Tasten gedrückt werden sollen. In der fortgeschrittenen Rockmusik sind Clusters nicht selten, vor allem in der elektronischen Stilrichtung (z. B. TANGERINE DREAM) macht man von ihnen ausgiebig Gebrauch. Als Effekt kann man sie aber auch etwa in den Klaviersoli von Jerry Lee Lewis hören.

L Mauricio Kagel: *Ton-Cluster, Anschläge, Übergänge* (in: die reihe V, Wien 1959)

Coda (ital., Schwanz) ist der abschließende Teil einer Komposition oder eines Satzes innerhalb eines mehrsätzigen Werkes. Er kann neue Motive bringen und besitzt den Charakter einer Steigerung («Stretta») oder einer Zusammenfassung.

Collage heißt in den bildenden Künsten ein Bild, auf das Plakatfetzen, Straßenbahnfahrscheine, Textilien und ähnliche Gegenstände des Alltags in künstlerischer Absicht geklebt sind («Klebebild»). Im musikalischen Bereich bezeichnet man mit dem Ausdruck eine Technik, mit der stilistisch weit auseinanderliegende, fertige Klangelemente miteinander gleichzeitig oder sukzessiv verbunden werden. Es ist nicht immer möglich, Collage und → Zitat voneinander zu unterscheiden. Häufig beschränkt sich die musikalische Collage darauf, das seltsame Beisammensein fremder Musikstellen und Alltagsgeräusche aufzuzeigen (→ Musique concrete). Beispiele gibt es in der Rockmusik sehr viele, zumal die Produktion von Rockmusik in Gestalt der Mehrspurtechnik selbst schon ein Collageverfahren ist: «Revolution No. 9» der BEATLES (*The Beatles*, 1968), das Album *Future Games* der Gruppe SPIRIT (1977) und «Lady Cab Driver» von Prince

(*1999*, 1982). Auf Collage basieren auch verschiedene Strömungen der Tanzmusik Ende der achtziger Jahre wie Hip Hop und House. Eine erhebliche Rolle spielt dabei das Sampeln von Musik und Geräuschen aller Art, die dann als Material für neue Musik zur Verfügung stehen. Letztlich ist auch die Tonerzeugung einiger → Synthesizer ein collagierender Vorgang: Samples und elektronisch erzeugte Schwingungen können mit Hilfe dieser Instrumente zu neuen Klängen miteinander verbunden werden.

L Elmar Budde: *Zitat, Collage, Montage* (in: *Die Musik der sechziger Jahre*, hg. von Rudolf Stephan, Mainz 1972)

Columbia Records, New York, wurde 1887 als Columbia Phonograph Company gegründet und war bis zum Jahre 1987 die Schallplatten-Abteilung des US-amerikanischen Medienkonzerns CBS. In technischer Hinsicht hat die Firma einige für die Schallplattenindustrie wichtige Patente eingeführt, so die Musikwalze und, vor allem, im Jahre 1948 die Langspielplatte. In den fünfziger Jahren bewies die → A & R-Abteilung unter Mitch Miller keine glückliche Hand, da sie R & B ebenso wie Rock 'n' Roll aus geschmacklichen Gründen ablehnte («... it won't last»). Lediglich das schon 1926 von Columbia aufgekaufte Label Okeh widmete sich blues- und rocknahen Künstlern wie Johnny Ray, THE TRENIERS und Chuck Willis. Zu Beginn der sechziger Jahre waren Barbra Streisand und Andy Williams die Hauptattraktionen des Columbia-Labels; zu den bekanntesten Rockmusikern gehörten Bob Dylan, Johnny Cash, THE BYRDS, Paul Revere and THE RAIDERS sowie SIMON AND GARFUNKEL. Eine radikale Neuorientierung brachte der neue Präsident Clive Davis, der im Anschluß an das → Monterey Pop Festival von 1967 u. a. mit Janis Joplin, Sly Stone, Johnny Winter, SANTANA und BLOOD, SWEAT & TEARS Verträge abschloß und den Erfolg dieser Geschäftspolitik mit einem rapide wachsenden Umsatz belegen konnte. (Davis wurde 1973 gekündigt.) Zu weiteren und späteren Acts gehörten THE MAHAVISHNU ORCHESTRA, AEROSMITH, BLUE ÖYSTER CULT, JOURNEY und SAILOR; in den achtziger Jahren THE ALARM, BEASTY BOYS, PUBLIC ENEMY, THE BANGLES, THE CLASH, BROS, Cindy Lauper u. a.
Epic ist ein Schwesterlabel von Columbia und wurde teils zu dessen Entlastung, teils zu dem Zweck ins Leben gerufen, nicht zwei ähnlich profilierte Künstler als mögliche Konkurrenten unter einem Label zu führen (z. B. Dylan auf Columbia, Donovan auf Epic); andere Acts bei Epic waren etwa ARGENT, SLY AND THE FAMILY STONE, THE HOLLIES, POCO und THE STRANGLERS. Die erfolgreichste Schallplatte überhaupt, Michael Jacksons *Thriller*, wurde auf Epic veröffentlicht.
Außerhalb der USA wurden die Schallplatten Columbias unter dem Namen CBS veröffentlicht, da die britische Schallplattenfirma → EMI einen Teil ihrer Erzeugnisse ebenfalls unter dem warenrechtlich geschützten Namen Columbia ver-

treibt. Zwar hatte Columbia immer wieder versucht, diese Rechte zu kaufen, um weltweit als Columbia auftreten zu können, doch verhinderten das diverse EMI-Gesellschaften außerhalb Großbritanniens. Mitte der achtziger Jahre geriet die Muttergesellschaft der Columbia-Schallplattengesellschaft, die CBS-Fernseh- und Radiogesellschaft (gegründet 1927), in finanzielle Schwierigkeiten, hervorgerufen durch sinkende Zuschauer- und Hörerzahlen. EMI bot für die Schallplattenfirma 1,25 Milliarden Dollar, der japanische Elektronikkonzern Sony, unter dessen Namen die CBS-Produkte in Japan verkauft wurden, 2 Milliarden Dollar. 1987 ging die Firma an Sony und wurde in → Sony Music Entertainment umbenannt. Kaum ein Jahr später wurde der CBS-Chef Walter Yetnikoff entlassen.

L Clive Davis/James Willwerth: *Clive. Inside the Record Business* (New York, Balantine Books 1974); Robert Metz: *CBS. Reflections in a Bloodshot Eye* (Chicago, Playboy Press 1975)

Combo (Abkürzung von engl. combination) ist eine kleinere, im Rock bei weitem überwiegende Besetzung, die drei bis acht Musiker umfaßt (Trio, Quartett, Quintett, Sextett, Septett, Oktett). Während «Combo» heute eher Formationen der Tanzmusik anspruchsloser Art bezeichnet, verschwindet der Ausdruck im Jazz- und Rockbereich immer mehr. Lediglich während der kurzen Blüte der → Neuen Deutschen Welle wurde der Begriff hier und da wieder aufgenommen (Fred Banana Combo). An seine Stelle sind die Bezeichnungen «Band» oder «Gruppe» getreten.

Comedy-Rock → Rockkabarett

Commercial → Kommerziell

Compact Cassette ist die Bezeichnung für eine im Jahre 1963 vorgestellte Tonbandkassetten-Bauform. Bei einer Tonbandkassette befindet sich das Tonband in einem schützenden Plastikgehäuse; Wickelspulen wie bei herkömmlichen → Magnettongeräten gibt es nicht, vielmehr ist die gesamte Mechanik einschließlich der Bandführungen in der Kassette untergebracht. Das Band selbst ist 3,81 mm breit, die Bandgeschwindigkeit von Cassettenrecordern – den für das Abspielen von Compact Cassetten notwendigen Magnettongeräten –, beträgt 4,74 cm/sec. Im Handel sind unbespielte Compact Cassetten mit einer Spieldauer von 60, 90 und 120 Minuten (Stereo); sie tragen daher die Bezeichnungen C 60, C 90 und C 120. Es werden sehr viel mehr unbespielte Kassetten verkauft als bespielte → MusiCassetten, was für die Schallplattenindustrie ein Indiz dafür ist, daß Schallplatten mit Hilfe von Kassetten vervielfältigt werden – sei es für den privaten Gebrauch, sei es als Raubkopie.

Tonbandkassetten spielen allerdings nicht nur für den Konsum von Musik eine Rolle, sondern auch für Rockmusiker, die die eigene Musik aufnehmen wollen. Ende der siebziger Jahre kamen Mehrspur-Kassettengeräte auf den Markt, zunächst Vierkanalgeräte, später – unter Verwendung spezieller Tonbandkassetten – auch Geräte mit acht und mehr Spuren. Um einen besseren Frequenzgang zu erreichen, laufen diese Geräte mit einer Bandgeschwindigkeit von 9,5 cm/sec. Derartige Mini-Studios, die fast immer über ein eingebautes Mischpult verfügen, sind etwa von Fostex und Tascam erhältlich. (→ Homerecording)

Der Vorteil von Compact Cassetten liegt nicht nur in ihrer geringen Größe und Gewicht, sondern auch darin, daß das Abspielen jederzeit unterbrochen, die Kassette aus dem Gerät genommen und zu einem anderen Zeitpunkt wieder in das Gerät gesteckt werden kann; lästige Umspulvorgänge entfallen. Mit dem Siegeszug des → Walkman konnte der Markt für bespielte und unbespielte Compact Cassetten einen Aufschwung verzeichnen.

Die Compact Cassette hatte in den sechziger Jahren vor allem durch das etwas größere Kassettensystem DC-International von Grundig Konkurrenz erhalten; DC-International, obwohl technisch überlegen, konnte sich gegen die Compact Cassette nicht durchsetzen. Später entwickelte → RCA eine Tonbandkassette mit acht Spuren, doch spielte dieses System in Europa so gut wie keine Rolle und auch in den USA blieb es nicht lange auf dem Markt.

Der Gedanke des Tonbands in einer Kassette hat sich so sehr durchgesetzt, daß auch die DAT-Recorder mit Tonband-Kassetten arbeiten.

Es sei nicht verschwiegen, daß Compact Cassetten auch Nachteile haben. Auf Grund der geringen Bandgeschwindigkeit werden an das Bandmaterial hohe Anforderungen gestellt; erst mit hochwertigem Bandmaterial sind ein befriedigender Frequenzgang und eine brauchbare Dynamik erreichbar; für hochwertige Aufnahmen können nur Bandkassetten verwendet werden, deren Bandmaterial mit Chromdioxid oder Reineisen beschichtet ist. Da Aufnahmen mit Tonband-Kassetten stärker rauschen als die von Spulengeräten, ist die Verwendung eines Rauschunterdrückungssystems geradezu zwingend (→ Dolby). Auch die Mechanik von Tonband-Kassetten kann sich als fehlerhaft erweisen, da sie eine präzise Bandführung nur schwer ermöglicht.

Compact Disc, abgekürzt CD, ist die Bezeichnung eines scheibenförmigen, opto-elektronischen Datenträgers, der vorzugsweise der digitalen Speicherung von Musik dient, im Prinzip aber auch jede andere digitalisierte Information (beispielsweise über die Spieldauer der CD usw.) aufnehmen kann; auf einigen Audio-CDs finden sich neben den Daten für die Musik auch Daten für Bilder (FLEETWOOD MAC: *Behind the Mask*, 1990 Warner Bros). CDs können nur mit besonderen Geräten, den sog. → CD-Playern, abgespielt werden.

1. Technik. Im Audio-Bereich sind zwei CD-Formate gebräuchlich: Die der Langspielplatte entsprechende CD hat einen Durchmesser von 12 cm, die CD-Single einen von 8 cm. Die Spieldauer kann bei ersterer bis zu etwa 80 Minuten, bei letzterer bis zu 20 Minuten betragen. Es gibt auch Maxi-CDs, die das Format der größe-

ren CD haben, aber in der Regel nur die Spieldauer einer CD-Single. Bei allen Formaten beträgt die Stärke der Platte 1,2 mm. Die Platte selbst besteht aus Makrolon, einem glasklaren Kunststoff, der in einem kombinierten Spritzguß- und Preßverfahren mit einer bis zu 5 km langen Spirale von winzigen Vertiefungen, den sog. Pits, versehen wird. Die Preßwerkzeuge für dieses Verfahren werden zuvor in einem der herkömmlichen Schallplattenherstellung ähnlichen Vorgang hergestellt: Eine geschliffene und polierte Glasplatte erhält eine lichtempfindliche Schicht, in die in einem Laserstrahl-Recorder die digitalen Informationen des Master Tapes einbelichtet werden; das Ergebnis ist ein spiraliges Lochmuster. Auf einer CD sind vier bis fünf Milliarden Pits enthalten. Anders als bei der LP hat die Spirale ihren Anfang nicht außen, sondern innen. Die Pits-Spirale ergibt sich allerdings erst nach dem Entwickeln der Glasplatte. Anschließend wird die Glasplatte mit einer Silberschicht versehen; dieser CD-Disc-Master kann in einem besonderen Gerät zur Qualitätskontrolle bereits abgespielt werden. Der CD-Disc-Master wird nach dieser Prüfung vernickelt. Die Nikkelschicht, «Vater» genannt, wird anschließend vom Master getrennt; vom Vater wiederum werden weitere Exemplare, die «Mütter», abgenommen, von diesen dann jeweils etwa zehn «Söhne», die eigentlichen Preßwerkzeuge. Von jedem Sohn sind etwa 1000 Pressungen möglich. Für hohe Auflagen ist der beschriebene Vorgang also mehrmals zu wiederholen.

Der gepreßte Kunststoffrohling erhält in einem weiteren Arbeitsgang eine Schicht aus Aluminium, auf die wiederum ein Schutzlack aufgetragen wird. Diese Seite der CD wird mit dem Label bedruckt. Nach der Stanzung des Mittellochs ist die CD fertig.

Der gesamte Herstellungsprozeß geschieht unter absoluter Reinhaltung der Umgebungsluft. Auch müssen eine Vielzahl von sehr geringen Toleranzen und Normungen eingehalten werden; sie betreffen die Größe des Mittellochs ebenso wie den höchstzulässigen Höhenschlag (höchstens 0,4 mm) am Rand der CD. Auch bestimmte Informationen auf dem Label und der Verpackung sind normiert, so etwa das Zeichen mit dem Text «Compact Disc Digital Audio» und die Buchstaben AAD, ADD oder DDD (analoges Band bei der Aufnahme, analoges Band bei der Abmischung, digitales Band bei der Überspielung; analoges Band bei der Aufnahme, digitales Band bei der Abmischung, digitales Band bei der Überspielung; digitales Band bei der Aufnahme, digitales Band bei der Abmischung und bei der Überspielung).

Die CD ist ein opto-elektronisches Speichermedium, es kann also nur mit Hilfe eines Laserstrahls «gelesen» werden. Die gesamte Leseeinrichtung befindet sich im → Compact Disc Player. Beeindruckend sind die technischen Daten der CD: der Frequenzgang beträgt 5 bis 20000 Hertz, der Störspannungsabstand ist größer als 90 dB, einen Klirrfaktor gibt es praktisch nicht und Gleichlaufschwankungen des Laufwerks spielen keine Rolle. Mechanisch ist die CD sehr viel robuster als die herkömmliche LP.

2. Geschichte. Die niederländische Firma Philips begann bereits im Jahre 1969 mit Versuchen zur optischen Aufzeichnungstechnik. Als erstes Ergebnis dieser Forschungen wurde 1978 die mit einem Laserstrahl lesbare Bildplatte, «Laservision» genannt, auf den Markt gebracht. Auf dieser Bildplatte sind im Unterschied zur CD allerdings die Informationen in analoger Form enthalten. Ebenfalls im Jahre 1978 wurde die Compact Disc vorgestellt; Philips hatte mittlerweile eine Zusammenarbeit mit Sony begonnen. 1983 kam die Audio-CD auf den Markt.

3. Die CD erwies sich bald nach ihrer Einführung als ein äußerst erfolgreicher Tonträger, so erfolgreich, daß es Mitte der achtziger Jahre immer wieder zu Lieferschwierigkeiten kam. Obwohl eine CD etwa um ein Drittel teurer ist als eine Vinyl-Schallplatte, beginnt sie seit etwa 1985 die herkömmliche LP zu verdrängen; die Single-Schallplatte verlor gegen Ende der achtziger Jahre erheblich an Umsatz, ebenso die Maxi-Single, eine Entwicklung, die von der Plattenindustrie wenn nicht gewollt, so doch wenigstens in Kauf genommen wird. Während zu Beginn der Markteinführung der CD Neuveröffentlichungen zunächst auf der herkömmlichen Schallplatte erfolgten und die entsprechende CD häufig mit mehrwöchiger Verspätung veröffentlicht wurde, werden die unterschiedlichen Tonträger mittlerweile gleichzeitig veröffentlicht. Manche Veröffentlichungen gibt es nur als CD. Ein Marketing-Trick der Industrie besteht darin, auf CDs sogenannte Bonus-Tracks aufzunehmen; wer in den Genuß dieser Stücke kommen will, ist also gezwungen, die CD (und den CD-Player) statt der LP zu kaufen. Vereinzelt gibt es auch Bonus-Tracks auf der herkömmlichen LP, und es ist wohl nur eine Frage der Zeit, daß die Industrie unterschiedliche Tracks und Abmischungen auf beiden Tonträgern veröffentlichen wird. Vereinzelt wird das schon gemacht und verhilft eventuell der schwarzen LP zu einer Galgenfrist.

Der Erfolg der CD täuscht darüber hinweg, daß die kleine Platte in der Plastikbox einen gewichtigen Nachteil gegenüber der LP hat: Sie wirbt äußerlich kaum für sich selbst. Nach wie vor wird das für die LP verwendete Cover in stark verkleinerter Form auf die CD-Box übertragen; mitunter gerät die Schrift von abgedruckten Texten unleserlich klein. Es gibt halbherzige Verpackungsexperimente – etwa Blisterpackungen oder größere Pappschachteln –, die diesen Nachteil ausgleichen sollen, doch ist das Problem nicht wirklich gelöst.

Für den Rockhörer hat der neue Tonträger den erfreulichen Nebeneffekt, daß viele Schallplatten, die seit Jahren nicht mehr lieferbar waren, nun als CD wiederveröffentlicht werden, häufig zu einem geringeren Preis als Neuveröffentlichungen und manchmal um ursprünglich verworfenen Aufnahmen erweitert. Beispiele bieten in dieser Hinsicht die Wiederveröffentlichungen älterer Schallplatten der BEACH BOYS.

Zwar legt die CD jeden Aufnahmefehler bloß, doch zeigen auch manche Neuveröffentlichungen, daß die technischen Möglichkeiten der CD keineswegs immer genutzt werden und oft genug auch gewollt nicht genutzt werden. Ob es ein leicht brummender Gitarrenverstärker ist oder das Knistern der Schallplatte, von der etwa De La Soul Teile für ihre Musik entnahmen: Musiker sind mitunter nicht bereit, sich von der klinischen Klangreinheit der digitalen Schallplatte einengen zu lassen.

L Gernot Winkler: *Tonaufzeichnung digital* (Aachen 1990); Martin Elste: *Kleines Tonträgerlexikon* (Kassel 1989)

Compact Disc Player ist das für das Abspielen einer → Compact Disc erforderliche Gerät. Ein CD-Player besteht aus mehreren aufeinander abgestimmten Baugruppen: ein sehr präzises Laufwerk, das die CD in Rotation versetzt, eine Laser-Abtasteinrichtung, ein Digital-Analog-Wandler und ein Tiefpaßfilter; weitere Einrichtungen dienen der komfortablen Nutzung des Gerätes, haben aber mit der Schallwandlung nichts zu tun.
Hauptaufgabe des Laufwerks ist es einerseits, die CD mit der korrekten Geschwindigkeit zu drehen, andererseits den Laserstrahl optimal der Pits-Spur nachzuführen. CDs werden von innen nach außen gelesen; da der Leseweg pro Zeiteinheit konstant bleiben muß, wird die CD zum Zentrum hin mit etwa 500 Umdrehungen in der Minute, außen mit etwa 200 U/min. gedreht. Für das Lesen der Pit-Spur ist aus mehreren Gründen Laserlicht erforderlich: ein Laserstrahl läßt sich sehr eng begrenzen, Laserlicht ist kohärent (gleicher Takt, gleichphasig, nur eine Schwingungsebene), das es ermöglicht, reflektiertes Licht – die CD reflektiert das Laserlicht – von dem ursprünglichen Lichtstrahl zu trennen. Der Brennpunkt des gebündelten Laserstrahls muß genau auf der CD-Oberfläche liegen; geringste Abweichungen (mehr als 0,5 Mikro-m) führen zu Lesefehlern. Pro Sekunde müssen 4 Millionen Bit, dargestellt durch die Pits – winzige Erhebungen in der CD – gelesen werden; eine CD enthält bei einer Spieldauer von einer Stunde 15 Milliarden Bit. Der Laserstrahl muß der Pit-Spur, die nur 0,6 Mikro-m breit ist, mit größter Genauigkeit folgen. Die Informationen für die Einhaltung dieser Genauigkeit enthält die CD selbst.
Es gibt zwei unterschiedliche Prinzipien der Laseroptik: das Dreistrahlsystem und das Einstrahlsystem: Bei ersterem wird der von einer Diode ausgesandte Laserstrahl durch eine sinnreich konstruierte Optik in drei Strahlen aufgeteilt und nach der Reflexion durch die CD von sechs Sensoren aufgenommen. Beim Einstrahlsystem wird der reflektierte Lichtstrahl von vier Sensoren aufgenommen. Diese Sensoren sind Teil des Regelkreises, der den Laserstrahl der Pit-Spur folgen läßt.
Die vom Laserstrahl gelesenen Daten werden in einem Impulsformer in korrekte digitale Informationen gewandelt, die wiederum dem Digital-Analog-Wandler zugeführt werden. Die Umformung der digitalen Impulse kann nach verschiedenen Verfah-

ren erfolgen. Eng mit dem D/A-Wandler arbeitet ein Filter zusammen, das wirksam Frequenzen ab 24,1 kHz unterdrückt. Wie in der gesamten Digitaltechnik spielt auch in CD-Playern die Rate des → Sampling eine große Rolle; gemeint ist damit die Abtastfrequenz, die bei CD-Playern bei 44,1 kHz liegt (mehr als das doppelte des Hörbereichs). In der Regel sind diese Filter digital aufgebaut, es werden damit auch die Vielfachen der Abtastfrequenz weggefiltert (88,2 kHz, 132,3 kHz, 220,5 kHz usw.). Dieser Vorgang wird Oversampling genannt. Vierfach-Oversampling bedeutet, daß die Abtastfrequenz um den Faktor vier erhöht wird (4 × 44,1 kHz = 176,4 kHz); ein Filter, das in diesem Bereich arbeitet, läßt sich mit einfachen Mitteln herstellen. Geräte mit Oversampling arbeiten sehr viel genauer als Geräte ohne Oversampling; für das menschliche Ohr, für den Höreindruck hat dies allerdings keine eindeutigen Konsequenzen.
In einfachen CD-Playern ist nur ein D/A-Wandler eingebaut, bei ihnen erfolgt die Umwandlung der beiden stereophonen Kanäle nacheinander, wie sie auch auf der CD hintereinander angeordnet sind. Bei den meisten Geräten sind, um diese Verschiebung zu vermeiden, zwei Wandler eingebaut. In sehr teuren Geräten sind sogar zwei Wandler je Kanal enthalten. Ein weiteres Verfahren der Umwandlung eines digitalen Wertes in ein analoges Signal ist das ebenfalls in zwei verschiedenen Formen vorhandene 1-Bit-MASH-Verfahren (MASH: Multi Noise Shaping). Es scheint gegenüber der 16-Bit-Methode einige Vorteile zu haben, doch spielen diese sich in Bereichen ab, die bestenfalls meßbar sind. Noch steckt diese Technik in ihren Anfängen, hat aber möglicherweise Bedeutung für weitere Entwicklungen der Audio-Technik, etwa Mischpulte und Verstärker.

L Gernot Winkler: *Tonaufzeichnung digital* (Aachen 1990)

Composed & arranged ist der urheberrechtlich bedeutsame Ausdruck dafür, daß kein Dritter an der Hervorbringung einer künstlerischen Leistung beteiligt ist. Während für die frühere → Bildungsmusik ganz selbstverständlich der Arrangeur zugleich auch Komponist und umgekehrt war, entstand schon in der Tanzmusik der zwanziger Jahre die arbeitsteilige Verfahrensweise, daß musikalische Einfälle (die «Komposition»), die als Rohstoff notwendig, für sich genommen aber unbrauchbar waren, von einem handwerklich geübten Arrangeur in die endgültige Fassung gegossen wurden. Der Vermerk «composed & arranged» beruht daher nicht auf Wichtigtuerei, sondern bezieht sich auf den nicht selbstverständlichen Fall, daß derjenige, der brauchbare musikalische Gedanken entwickelt, diese auch «nach allen Regeln der Kunst» in einzelnen Stimmen schreiben und instrumentieren kann. In der Rockmusik wird die Formel ggf. dahingehend erweitert, daß sich auf manchen Platten der Hinweis «composed, arranged & produced» findet und damit auch die Produktion in den kreativen Prozeß einbezieht.

Concept Album ist eine → LP, die im Hinblick auf Text und/oder Musik ein geschlossenes Werk bildet, im Gegensatz zum Typus der Nummern-LP, der im Rock die Regel darstellt. Der Gegensatz ist jedoch nicht absolut, und es erscheint zweckmäßig, von verschiedenen Verwirklichungsgraden des Concept Album zu sprechen. Zunächst ist an die Formen der → Rockoper und des Rock-Oratoriums zu denken. Aber schon das *Sgt. Pepper*-Album der BEATLES (1967) kann als eine Einheit angesprochen werden, die sich sowohl aus dem Rahmencharakter wie aus dem Textzusammenhang und aus der beinahe symmetrischen Anordnung der → Tonarten der Einzelstücke ergibt (zumindest Paul McCartney bestritt, daß mit *Sgt. Pepper* ein Concept Album geplant und veröffentlicht wurde; er habe das Wort vor der Veröffentlichung der Platte nie gehört).

Absolutely Free der MOTHERS OF INVENTION zeigt das gleiche Streben nach Vereinheitlichung der Stücke, die Zappa «a series of underground oratorios» nennt (1967, einen Monat vor den BEATLES). Eine weniger strenge Vereinheitlichung läßt sich bei LOTHAR AND THE HAND PEOPLE (auf deren Erstlingsalbum) sowie bei THE GRIFFIN (beide 1968) beobachten: die aufeinanderfolgenden Musikstücke, die keine thematische Verwandtschaft zeigen, werden mit elektronischen, durch das Theremin-Gerät erzeugten Klängen bzw. mit einer Art Spieldosenmusik miteinander verbunden. Vielfach spricht man auch dann von einem Concept Album, wenn nicht die ganze LP, sondern nur ein längerer Abschnitt von ihr musikalisch vereinheitlicht ist (etwa «Supper's Ready», auf der LP *Foxtrot* von GENESIS, 1972).

Während in den siebziger Jahren eine Vielzahl von Concept Albums erschienen sind – etwa von GENESIS, GENTLE GIANT, YES, PINK FLOYD, Rick Wakeman, Alan Parsons und Frank Zappa –, war in den achtziger Jahren der Begriff weitgehend verpönt und wurde nicht verwendet. Punk kehrte zu den kurzen Songs zurück, für die eine LP nichts weiter als eine Sammlung von Singles war, und die Musiker der New Wave verfolgten zunächst andere Ziele. Dennoch wurden weiterhin Concept Albums veröffentlicht. Die Band MARILLION, Kate Bush, David Sylvian u. a. nahmen Concept Albums auf, ohne sie so zu nennen.

L Johnny Black: *A – May – Zing!* in: Q, 4/1991

Conga(-trommel) ist eine Standtrommel, die am unteren offenen Ende schmaler als oben ist. Der Spieler schlägt das Fell mit der ganzen Handfläche oder mit den einzelnen Fingern; die Klangfarbe ändert sich abhängig davon, ob die Fellmitte oder der Rand angeschlagen wird; die andere Hand wird zum Abdämpfen verwendet. Meist werden zwei Congas von verschiedenem Durchmesser zu einem Paar vereinigt, gelegentlich sieht man aber auch bis zu vier Instrumente (Tumbadora, Conga, Quinto, Super Quinto). Unter den unzähligen Beispielen seien die Alben von SANTANA genannt.

Corny heißt veraltet, verschroben, zickig. Der abwertende Ausdruck für eine nicht mehr zeitgemäße Spielweise wurde ursprünglich besonders im Jazz verwendet.

Cotillion Records ist ein Unterlabel von → Atlantic, das u. a. die Acts Ronnie Hawkins, Quill und Edison Electric Band geführt hat; auf Cotillion sind auch einige Platten von Sister Sledge und die CD-Version von *Pictures At An Exhibition* von Emerson, Lake & Palmer erschienen. Ebenfalls auf diesem Label wurden *Woodstock* (1970) und *Woodstock Two* (1971) veröffentlicht.

Country (Music) ist zutreffend der Blues des weißen Mannes genannt worden: sie ist ihrem Ursprung nach Volksmusik, und auch wenn heute sich ein ganzer Industriezweig an ihrer Pflege beteiligt, spricht sie große Zuhörerkreise in den USA, aber auch in Europa – vor allem in Großbritannien – und Japan an. Die Formenwelt der Musik zeigt eine große Vielfalt, wobei das Strophenlied mit einfacher Melodieführung und Harmonik vorherrscht (Balladen, Ich-Erzählungen, Arbeitslieder, auch Songs mit städtischen Problemen wie Trennung vom Partner, Alkoholismus und Drogensucht, Verhältnis zur Religion usw.). Der 1977 vorgestellte Film *New Country* beleuchtet auch die gesellschaftlichen Varianten, von denen C & W getragen wird: dort einfache Farmer, Lastwagenfahrer und Handwerker, die ihre Freizeit mit Gitarrenspiel und Gesang ausfüllen, hier vom Rundfunk gesteuerter Starkult in der → Grand Ole Opry und die hochbezahlten Studiomusiker, die eine vom Laien nicht mehr nachvollziehbare instrumentale und aufnahmetechnische Virtuosität erzielen.
Country hat als Kategorie die Begriffe Country & Western (C & W) und Country-Rock abgelöst. Country & Western Music hatte in den siebziger und auch noch zu Beginn der achtziger Jahre mit einer schweren Krise zu kämpfen, die von den Stars dieser Musik in unterschiedlicher Weise bewältigt wurde; während einige in restaurativer und mitunter auch reaktionärer Weise – die unter Rockhörern beispielsweise dazu führte, C & W ausschließlich für die Musik von rassistischen Rednecks zu halten – einer überholten Cowboy- und Go-West-Romantik frönten, verstanden es andere, behutsam Elemente der Rockmusik einzubeziehen. So konnte man Anfang der achtziger anläßlich der internationalen Festivals of Country Music den Trend beobachten, daß die amerikanischen Musiker auf traditionelle Instrumente ihrer Musik, Fiedel, Pedal Steel Guitar und selbst Mundharmonika verzichteten, dafür aber auf elektrisch verstärkte Gitarren und obligates Schlagzeug setzten. Don Williams kann mit seiner Band, The Scratch Band um den Gitarristen Danny Flowers, als der Ziehvater der jüngeren C & W-Musikergeneration angesehen werden, die nach ihrer Vorliebe für große Cowboy-Hüte «The Hat Men» bezeichnet werden; zu ihnen gehören etwa Dwight Yoakam, Clint Black, Garth Brooks und Randy Travis, dic durchweg eine entschlackte C & W-Musik machen,

weitab von Lagerfeuer- und Rindvieh-Romantik. Mitunter machen diese Musiker sogar einen Bogen um Nashville.

Als feste Größe der Country Music gilt Johnny Cash. Vermutlich verdankt er diese Stellung nicht nur seiner Musik, sondern auch seiner moralischen Integrität; für Rockhörer ist beispielsweise sein Konzert vor den Häftlingen von St. Quentin ein musikalischer Meilenstein. Legenden sind dagegen die Musiker der frühen Geschichte der Musik geworden: Jimmie Rodgers, The Carter Family, Bob Wills, Gene Autry und Tex Ritter; während die «Klassiker» Ernest Tubb, Hank Snow, Hank Williams, weiterhin die → Bluegrass-Musiker Bill Monroe, Earl Scruggs und Lester Flatt für manche Country-Musiker wie auch Rockmusiker von heute musikalische Vorbilder waren und sind. Erst recht gilt dies beispielsweise für Tom T. Hall, Buck Owens, Willie Nelson und Merle Haggard. Vergessen sollte man auch nicht, daß Bill Haley C & W-Musiker war, wie überhaupt zwischen den Musikern des frühen Rock 'n' Roll und Country Music mitunter enge Beziehungen bestanden; Roy Orbison und Jerry Lee Lewis beispielsweise traten des öfteren im Rahmen von Country & Western Music auf.

Eine besondere Rolle spielen in der Country Music Frauen. Schon immer war der Anteil der Sängerinnen in der C & W Music hoch, wenn sie auch – wie beispielsweise Dolly Parton – auf ein konservatives Frauenbild festgelegt waren. In den achtziger Jahren wandelte sich diese Konvention, nicht zuletzt unter dem Einfluß von Sängerinnen wie Emmylou Harris und Linda Ronstadt, die in ihrer Musik immer schon Einflüsse der Rockmusik genutzt hatten. Auch hier aber hat ein Generationenwechsel stattgefunden: zu der jüngeren Generation gehören Nanci Griffith, Mari Chapin Carpenter, Rosanna Cash, die Kanadierin k. d. lang u. a.

Die Öffnung der Country & Western Music zur Rockmusik, die bereits in den sechziger Jahren begann, wie auch die allmähliche Entwicklung eines anderen Images – das weniger mit Cowboys und mehr mit Lastwagen- und Motorradfahrern zu tun hat –, hatten ihrerseits Rückwirkungen auf die Rockmusik: einen eindeutig von C & W Music unterscheidbaren Country-Rock gibt es nicht mehr, zumal letzterer längst intensive Verbindungen mit dem Blues der schwarzen Amerikaner eingegangen ist. Letzten Endes hat die Rockmusik eine ihrer Wurzeln in der Country Music, denn bei → Sun nahm nicht nur Elvis Presley seine ersten Platten auf, sondern auch Johnny Cash. Die Trennung in Country & Western einerseits und Country-Rock andererseits ließ sich also nur vorübergehend aufrechterhalten. Die Beziehungen zwischen diesen beiden Stilbereichen waren aber immer – mehr oder weniger – vorhanden; die meistverkaufte Platte Bob Dylans beispielsweise, *Nashville Skyline* (1969), wurde in Nashville aufgenommen. Im Country-Rock wurden Instrumente und Musizierweisen der Country Music verwendet, also Banjo, Mandoline, Fiedel, Akkordeon und Pedal Steel Guitar. Weitere Einflüsse, die im Country-Rock zusammenkommen, stammen aus → Hillbilly und → Ragtime. Vertreter des Country-Rock sind in den USA BUFFALO SPRINGFIELD, THE BYRDS, COUNTRY GAZETTE, THE DILLARDS, EAGLES, THE FLYING BURRITO BROTHERS, THE INTERNATIONAL SUBMARINE BAND, NEW RIDERS OF THE PURPLE SAGE, THE NITTY GRITTY DIRT BAND, POCO, RIO GRANDE, STONE GROUND und RAGING SLAB; in Großbritannien sind oder waren es BRONCO, HARLAN STREET, mit den ersten Platten auch DIRE STRAITS, weiterhin BRINSLEY SCHWARZ und schließlich die Band LIVE WIRE mit einigen Songs.

Anfang der achtziger Jahre wurde die Musik einiger US-amerikanischer Bands mit dem kurzlebigen Begriff Cow Punk bezeichnet; zu dieser rauhen, von Gitarren geprägten Stilrichtung gehören etwa JASON & THE SCORCHERS, BLOOD ON THE SADDLE, BEAT RODEO und RAND & FILE.

S Peter La Farge Sings of the Cowboys: *Cowboy, Ranch and Rodeo Songs and Cattle Calls*, 1963 (USA: Folkways); Bob Wills and his Texas Cowboys: *Anthology*, 1973 (USA: Columbia); Earl Scruggs Performing with His Family and Friends, 1971 (USA: RCA); David Bromberg Band: *Midnight on the Water*, 1975 (USA: Columbia); Nanci Griffith: *The Last of the True Believers*, 1986 (GB: Rounder Records); Garth Brooks: *No Fences*, 1990 (GB: Capitol); Mari Chapin Carpenter: *State of the Heart*, 1990 (GB: CBS); k. d. lang and THE RECLINES: *Absolute*, 1989 (D: Sire); COUNTRY ROCKERS: *Cypress Room*, 1990 (USA: New Rose); Johnny Cash: *Boom Chicka Boom*, 1990 (GB: Mercury); Clint Black: *Put Yourself in my Shoes*, 1990 (D: BMG); Dwight Yoakam: *Hillbilly de Luxe*, 1987 (D: Reprise); Waylon Jennings: *Turn The Page*, 1985 (D: RCA); Dolly Parton: *Think About Love*, 1986 (D: RCA)

L Bill C. Malone: *Country Music, USA* (Wellingborough 1987); Paul Hemphill: *The Nashville Sound – Aus der Welt der Country & Western Music* (Tübingen/Stuttgart 1971); Steven D. Price: *Take Me Home. The Rise of Country and Western Music* (New York/Washington 1974); Melvin Shestack: *The Country Music Encyclopedia* (London 1977)

Cover. Der englische Ausdruck für (Schallplatten-)Hülle oder Tasche ist im Rockbereich weithin verbreitet, auch in Wortzusammenstellungen wie → Cover-Gestaltung und → Cover-Version. Für die Plastikschachteln, in denen → CDs verkauft werden, konnte sich noch keine andere Bezeichnung einbürgern.

Cover-Gestaltung. Besondere Aufmerksamkeit der Verkaufsstrategen bei Schallplattenfirmen gilt der gefälligen Verpackung der von ihnen angebotenen Ware. Sofern der Hörer nicht durch Rundfunksendungen oder Konzert mit einer Neuerscheinung konfrontiert wird, erreicht ihn eine neue Schallplatte zuerst optisch, nämlich im Schaufenster des Plattenladens. Der kalkulierte Anreiz zum Kauf wird am leichtesten durch erotische Motive erzielt, so auf JUICY LUCYS erstem Album, auf *Virgin Killer* von SCORPIONS, auf den Platten der OHIO PLAYERS, auf dem Doppelalbum *Electric Ladyland* von Jimi Hendrix, auf *One True Passion von* REVENGE und vielleicht auch auf *Lovesexy* von Prince, obwohl sonst vorzugsweise Frauen abgebildet werden.

Vor allem seit Mitte der sechziger Jahre bis Ende der siebziger Jahre waren sogenannte Klapp-Cover üblich, deren Größe und Art weiten

Raum zur Gestaltung ließen. So überraschten manche Cover durch einen Effekt, sobald man sie aufklappte oder die innere Hülle herausnahm. In diese Kategorie gehören beispielsweise JETHRO TULLS *Stand Up*, GRINS *All Out, Full Circle* von THE DOORS und die erste LP von SOFT MACHINE. Die innere Hülle wurde zunächst für Werbezwecke der jeweiligen Plattenfirma genutzt – etwa «The Inner Sleeve» bei CBS –, bald aber für den Abdruck von Texten und Band-Besetzungen entdeckt und dementsprechend in die gesamte Gestaltung einbezogen.

Zumeist aber wird mit der Gestaltung des Covers ein künstlerischer Anspruch verfolgt, der soweit gehen kann, daß tatsächlich bildende Künstler für die Gestaltung eines Covers herangezogen werden. Das gesamte Erscheinungsbild der LP *Speaking in Tongues* der Gruppe TALKING HEADS etwa entwarf Robert Rauschenberg, der in seinem Konzept auch die Platte selbst berücksichtigte: Sie wurde aus glasklarem Kunststoff gepreßt.

Wollte man einmal eine Ausstellung von Gebrauchsgrafik aus dem Rockbereich nach ästhetischen Gesichtspunkten machen, könnte man folgende Cover in die engere Wahl ziehen:

Das *Sgt. Pepper*-Album der BEATLES (1967) als Annäherung und mittlerweile Teil der Pop-Art; *The Eyes of Beacon Street Union* von der Bostoner Gruppe BEACON STREET UNION (1968) als Beispiel für Collage-Technik; *Strange Days* von THE DOORS (1968) wegen der traumhaft unwirklichen Straßenszene; *Cheap Thrills* von BIG BROTHER AND THE HOLDING COMPANY als Beispiel für die Verwendung von Comics auf Plattenhüllen (Zeichnungen von Robert Crumb); das Erstlingsalbum von FAUST (1971) wegen des eindrucksvollen Röntgenbildes auf weißem Hintergrund; BIRTH CONTROLS *Operation* (1971) mit dem englischen, von Hipgnosis – einem bekannten Unternehmen für die Gestaltung von Plattenhüllen – entworfenen und bald zurückgezogenen Originalcover wegen der ästhetischen Umformung eines als anstößig empfundenen Gegenstandes; John McLaughlins *Devotion* (1972) als Beispiel für psychedelische Fotokunst; *Nordland* von STREETMARK (1975) wegen der unaufdringlichen surrealistischen Zeichnung, ferner ein beliebiges Cover von dem englischen Zeichner Roger Dean (YES, OSIBISA, GENTLE GIANT, OCTOPUS u.a.); *Diamonds and Pearls* von Prince zeigt in der CD-Version eine Holografie des Musikers, auf der er sich langsam zu bewegen scheint. Einen geradezu genialen Werbegag enthält das Cover *Go 2* von XTC (1978), das den optischen Effekt in Begriffe auflöst. Geistesverwandt ist die Gestaltung der Platte *Album* von PIL, die die Bezeichnung als Namen nahm und folgerichtig die CD-Version dieser Platte *CD* nannte und beinahe nur diese Bezeichnung als graphisches Element enthält.

Diese CD ist allerdings auch eine der wenigen Beispiele für die Gestaltung einer CD-Hülle. Denn für die Gestaltung der CD-Hüllen wird in der Regel lediglich das Cover der jeweiligen LP verkleinert, mit entsprechenden

Verlusten der Wirkung des Bildes und der Lesbarkeit von Schrift. Auch für die Schaufensterwerbung werden nicht etwa CDs verwendet, sondern in erster Linie die Cover der LP. Bisher gibt es kein Konzept, das die Vorteile der CD – etwa ihre geringe Größe – und die optische Auffälligkeit der herkömmlichen LP in sich vereinigt – ein bisher ungelöstes Problem. Allenfalls Gags, die nicht durchgehalten werden können, wie beispielsweise die Metallplatten, mit der man die CD *Recycler* von ZZ Top umschloß, deuten darauf hin, daß die Industrie nach Wegen sucht, CD-Hüllen adäquat zu gestalten.

Gags in der Cover-Gestaltung sind häufig zu finden, seien es die mehrseitigen Beiheftungen bei *Fragile* von Yes und bei *Quadrophenia* von The Who, die Metalldosen, in die PIL, Status Quo und andere ihre Platten stecken ließen, seien es die runden Cover von *The Big Express* (XTC) und *Odgen's Nut Gone Flake* (Small Faces), das Aufbügel-Bild, das der achten LP der Gruppe Chicago beilag oder das Chamäleon-Cover der ersten LP von Frumpy – die Beispiele ließen sich endlos fortsetzen.

Inmitten dieser häufig grell um Aufmerksamkeit ringenden Umgebung fallen Cover durch ihre Einfachheit, gelegentlich sogar affektierte Schlichtheit auf. Beispiele sind das weiße Doppelalbum der Beatles (1968), Todd Rundgrens *Faithful* von 1976 und Fausts *So Far* (1972). Nicht selten wird die Covergestaltung von der betreffenden Rockgruppe selbst besorgt. Zusammenstöße mit der Plattenfirma sind dann nicht immer vermeidbar, wie die Beatles anläßlich der ursprünglich geplanten *Sgt. Pepper*-Albumhülle (auf der nach dem Willen Lennons auch eine Figur Adolf Hitlers in der Menge hinter der Band stehen sollte, was die Plattenfirma EMI ablehnte; einige Hinweise zur Entstehung des Covers gibt das der exakt zwanzig Jahre später veröffentlichten CD beiliegende Heft) erfahren mußten oder die Rolling Stones auf Grund der Cover-Gestaltung von *Beggar's Banquet* (nicht verwirklicht). Einige Musiker stellen ihre Cover selbst her, etwa Bob Dylan *(Planet Waves)*, Billy Cobham *(Crosswinds, A Funky Thide of Sings)*; Bob Dylan malte das Cover für das Erstlingsalbum der Band *(Music from Big Pink)*.

Die Cover-Gestaltung gilt seit etwa 1980 auch zunehmend als Erkennungszeichen für komplette Musik-Stile. Eindeutig erkennbar allein schon am Cover-Bild sind etwa Heavy Metal-Produktionen, auf denen den potentiellen Hörer zumeist gemalte Horrorgestalten oder Musiker in aggressiven Posen ansehen.

L Storm Thorgerson: *Classic Album Covers of the 60s* (Zürich 1990); Hipgnosis/Dean/Hamilton: *Album Cover Album* (Zürich 1985); Roger Dean/Storm Thorgerson: *Album Cover Album 5* (Zürich 1989)

Cover-Version heißt die Neuauflage eines erfolgreichen, manchmal auch unbeachtet gebliebenen Rockstükkes, das nicht vom ursprünglichen Interpreten vorgetragen wird. Arrangement und sogar Gesamthaltung des Stückes können in der späteren Fassung erheblich vom Original abweichen. Es ist verhältnismäßig leicht, Erfolge mit einer bereits erfolgreich gewesenen Rocknummer zu erzielen; andererseits verhalfen zahlreichen guten Songs erst Cover-Versionen zum verdienten Erfolg. Beispiele für letzteres bilden die Einspielungen aus den fünfziger Jahren, als weiße Blues- und Rock 'n' Roll-Sänger mit den Stücken schwarzer Musiker Erfolge hatten, da den weißen Interpreten gegenüber keine rassistischen Vorurteile der weißen Bevölkerung in den USA bestanden. Häufig stehen Cover-Versionen am Anfang der Karrieren von Bands, die später nur noch eigene Kompositionen veröffentlichen, so etwa bei Deep Purple und Yes, die Songs der Beatles coverten. In den achtziger Jahren gehörten Cover-Versionen mehr oder weniger bekannter Songs zum Repertoire vieler auch selbst schon erfolgreicher Bands und Musiker, beispielsweise bei Blondie, Phil Collins und Paul Young, um nur einige zu nennen. Nachträgliche Versionen müssen allerdings mitnichten immer die besseren sein, wie die unzähligen Zweit- und Drittfassungen aus dem Repertoire der Beatles zeigen. Dennoch scheint für Musiker ein besonderer Reiz von der Aufgabe auszugehen, ein erfolgreiches Stück einer anderen Band, eines anderen Musikers selbst zu interpretieren. Mitunter wird sogar ein ganzes Album oder zumindest ein großer Teil eines Albums Cover-Versionen gewidmet, wie *Faithful* von Todd Rundgren (1976; D: Bearsville), *Through The Looking Glass* von Siouxsie & The Banshees (1987) sowie das Doppelalbum *Rubaiyat* (1990), das die Firma Elektra zu ihrem vierzigjährigen Bestehen veröffentlichte; es enthält Songs von früher bei Elektra unter Vertrag stehenden Musikern in der Fassung einiger heute bei dem Label veröffentlichenden Musikern.

Crescendo heißt an Lautstärke zunehmend und wird mit dem graphischen Zeichen $<$ ausgedrückt. Das Gegenteil ist → Diminuendo bzw. → Decrescendo mit dem Zeichen $>$.

Crooner (engl. to croon, einen Schlager schmalzig, sentimental singen) ist ein Schlagerinterpret, der durchaus im Geiste seiner Objekte beim Hörer Scheingefühle erzeugt, indem er schluchzende, gekünstelt vibrierende Töne, Glissandi und andere billige Effekte ehemaliger Operetten- oder Schmierenbühnen hervorbringt. In solchen Kunststücken der anspruchslosen Schwelgerei waren Frank Sinatra, Perry Como und Andy Williams groß. Dennoch ist das Stilmittel selbst, nämlich wie ein Crooner singen zu können, auch Bestandteil der vokalen Möglichkeiten vieler Rocksänger, die es zuweilen als ironische Beigabe einsetzen. Und allemal sind Crooner eine Zielscheibe des Spotts von Rockmusikern.

Crossover → Jazz-Rock

Crotchet → Viertelnote

CTI Records, New York, ist das Schallplattenlabel der Creed Taylor Inc. Unter diesem Label erschienen u. a. Deodato, George Benson und Nina Simone, aber auch Musik von Chris & Cosey. Ein für unterhaltsamen Jazz-Rock eingerichtetes Unterlabel heißt Kudu.

Cut-out-Schallplatten sind solche, die von der herstellenden Firma nicht mehr geführt und im Handel zu Niedrigpreisen abgestoßen werden. Äußerlich erkennt man sie daran, daß das Cover an der einen Ecke abgeschnitten, gelocht oder in der Mitte samt der Schallplatte selbst perforiert ist. Bei Compact Discs wird die Plastik-Kassette an einer Stelle durchbohrt oder eingesägt.

C & W → Country

D

D ist ein Ton-Name, der sowohl das D der großen → Oktave wie auch allgemein die Tonqualität in allen Oktavbereichen bezeichnen kann. Es ist zugleich Abkürzung für D-Dur, im Gegensatz zu d (= d-Moll), in neueren Kompositionen der → Bildungsmusik auch für die → Tonart allein, ohne Kenntlichmachung des → Tongeschlechtes. Dis ist ein chromatisch erhöhtes, Des ein chromatisch erniedrigtes D (engl. D♯ oder D-sharp bzw. D♭ oder D-flat).

Da capo (ital., vom Kopf, von vorn) ist eine in der → Bildungsmusik des 18.–19. Jahrhunderts verbreitete Anweisung am Ende eines Musikstückes, den Anfangsteil zu wiederholen. Der Typus der italienischen Opernarie, eigentlich zweiteilig komponiert, war eine Da-capo-Arie mit dem Formverlauf ABA.

Dämpfer (engl. mute, ital. sordino) ist ein Spielzubehör, mit dessen Hilfe der Instrumentalist sowohl die Lautstärke von Saiten-, Blas- und Schlaginstrumenten dämpfen wie auch die Klangfarbe verändern kann. Bei Saiteninstrumenten wird der Dämpfer (aus Holz, Kunststoff, Metall) auf den Holzsteg geklemmt; bei den Blechblasinstrumenten schiebt man einen Holzkegel in die Stürze; bei Trommel und Pauke wird ein Tuchstreifen auf das Fell gelegt (Ringo Starr, Schlagzeuger der BEATLES, legte Handtücher über die Tom-Toms und die Snare-Drum seines Schlagzeug-Sets, zu sehen in dem Film *Let it be*). Im Klavier und beim Vibraphon ist eigens ein Dämpferpedal eingebaut. Trompete oder Posaune spielende Jazzmusiker verwenden mitunter auch Dämpfer aus Metall oder eine einseitig mit Papier bespannte kurze Röhre (velvet); Hornisten stecken die freie Hand in die Stürze, wodurch nicht nur die Lautstärke gedämpft, sondern auch der Tonbereich des Instrumentes verändert wird. Dämpfen ist auch für Gitarristen und Bassisten sehr wichtig, obwohl sie auf ein Hilfsmittel verzichten müssen: Ungedämpfte Saiten schwingen mit der gespielten Saite im Obertonbereich mit, was auf Grund der üblichen Lautstärke durchaus zu hören ist. Dieser Effekt kann aber auch gewollt sein.

Dänische Rockmusik → Skandinavische Rockmusik

Dancefloor ist eine Sammelbezeichnung für Tanzmusik, wie sie in → Discotheken zu hören ist. In der Regel handelt es sich zu Beginn der neunziger Jahre um Soul, Hip Hop, House und deren Mischformen, zum größten Teil also um schwarze Musik.

Dandelion Records, London, wurde vom Disc Jockey John Peel gegründet. Bei dem nicht mehr bestehenden Label erschienen Platten etwa von SIREN und PRINCIPAL EDWARDS MAGIC THEATRE.

Dark Horse Records heißt das Eigenlabel von George Harrison, auf dem bisher fast ausschließlich dessen Eigenprodukte erschienen sind. Blieb der Erfolg des Labels zunächst aus, so konnte 1987 mit Harrisons LP *Cloud Nine* ein recht großer Erfolg erreicht werden. Dark Horse Records wurden zuerst von → A & M, später von → WEA vertrieben.

DAT ist die Abkürzung für Digital Audio Tape. DAT ist ähnlich wie die → CD ein Speichermedium für in digitale Daten umgewandelte Schallwellen, benutzt aber keine optoelektronisch zu lesende Kunststoffscheibe, sondern ein in eine Kassette eingebautes Magnetband. Die für DAT eingesetzte Technik ist im wesentlichen identisch mit der üblichen digitalen Aufnahme- und Wiedergabetechnik: ein Klang wird in eine digitale Impulsfolge umgewandelt, auf Magnetband gespeichert und kann bei Bedarf wieder in ein analoges Signal umgeformt und hörbar gemacht werden. Technisch warf DAT keine nicht anderswo schon gelösten Probleme auf, wohl aber rechtliche: da die Digitaltechnik Umwandlungen verlustfrei ermöglicht – im Audio-Bereich heißt das: ohne Verzerrungen umgeformt werden kann –, befürchteten vor allem Schallplattenhersteller, daß etwa eine CD auf DAT in der digitalen Ebene kopiert werden kann – ohne jede Einbuße an Klang – und damit ihnen einen Umsatzverlust einbringen würde. Die Hersteller der Geräte und die Schallplattenindustrie einigten sich schließlich auf die Möglichkeit, unter Einsatz eines besonderen Kopiersystems Kopien von Originaltonträgern nur einmalig zu erlauben, während weitere analog gemacht werden müßten – mit den entsprechenden Verlusten.
Der lange Streit um die Kopien von CD auf DAT-Kassetten verzögerte die Markteinführung der DAT-Geräte um Jahre. Ohnehin wird von manchen Kritikern DAT für ein Übergangsstadium gehalten, bis die selbst beschreibbare CD marktreif ist. Von Musikern allerdings wird DAT schon seit Ende der achtziger Jahre vor allem für das Herstellen von Master-Bändern eingesetzt.

L Gernot Winkler: *Tonaufzeichnung ditigal* (Aachen 1990)

Decca Records, London, wurde 1929 gegründet; 1934 richtete Jack Kapp eine Tochtergesellschaft in New York ein (American Decca). Der US-amerikanische Zweig konnte in den dreißiger und vierziger Jahren beträchtliche Erfolge mit Bing Crosby, Ella Fitzgerald, Louis Jor-

dan und später mit Sammy Davis Jr. aufweisen. 1949 wurden die Unterlabel Brunswick und Coral eingerichtet, ursprünglich für R & B, seit Mitte der fünfziger Jahre hauptsächlich für Rockmusik (Buddy Holly). 1954 kam Bill Haley mit seinen Comets zur Plattenfirma und gab mit «Rock around the Clock» gleichsam das Startsignal für den Rock 'n' Roll, auch in Europa. 1957 schloß Decca Lizenzverträge mit den US-amerikanischen Firmen → Atlantic Records und → RCA. Die Atlantic-Schallplatten kamen unter dem Label Decca London, später London American heraus; dieses Label versorgte die junge englische Generation mit R & B und Rock 'n' Roll aus den Vereinigten Staaten (Chuck Berry, Duane Eddy, The Everly Brothers, Fats Domino, Jerry Lee Lewis, Little Richard u. a.). RCAs Hauptattraktion war Elvis Presley. In den sechziger Jahren wurde das amerikanische Decca-Label mit MCA (Music Corporation of America) verschmolzen (MCA ging später an WEA, mittlerweile ist das Label bei BMG Ariola). In die Rockgeschichte eingegangen ist der Irrtum, den der Londoner A & R-Mann Deccas 1962 beging, als er die Beatles abwies; im darauffolgenden Jahr nahm die Firma freilich die Rolling Stones unter Vertrag.
Deram wurde als ein Unterlabel für anspruchsvolle Musiker wie Pete Brown und Caravan eingerichtet; eine ähnliche Funktion erfüllte später das Hilfslabel Nova. Auf London erschienen etwa Greezy Wheels und ZZ Top (→ Teldec). Anfang 1980 wurde die Schallplatten- und Musikverlagsbranche von Decca an → Polygram verkauft. In Deutschland wurde Decca bis 1991 noch von der Teldec vertrieben; erst mit dem Verkauf der Teldec an WEA (→ East West Records) übernahm auch hier die Polygram-Gruppe den Vertrieb von Decca.

Decoder heißt diejenige Baueinheit eines Stereoempfängers, die aus dem ausgesendeten Multiplexsignal (Mehrfachsignal) erneut die stereoverteilten Signale im Zweikanalsystem sondert. Stereosendungen werden von den Rundfunkanstalten im sogenannten Multiplexverfahren ausgestrahlt, das folgende Signalschichten enthält: Hauptsignale, die auch mono empfangen werden können; Zusatzsignale für Stereo und schließlich sog. Pilot-Signale, die lediglich einen Stereo-Empfänger ansprechen und diesem den Schlüssel geben, nach dem der Empfänger die Haupt- und Zusatzsignale verwerten soll. Infolge der großen Frequenzbandbreite, die bei solchem Mehrfachsignal-Verfahren benötigt wird, können in Europa nur UKW-Geräte stereo empfangen.

Decrescendo heißt an Lautstärke abnehmend und wird mit dem graphischen Zeichen $>$ ausgedrückt. Das Gegenteil ist → Crescendo mit dem Zeichen $<$.

Deejay → Disc Jockey

Deep House → House

Def Jam, New York, wurde 1984 von Rick Rubin und Russell Simmons gegründet. Def Jam war das erste erfolgreiche Rap- und Hip Hop-

Label der zweiten Rapper-Generation. Bei dem Label veröffentlichten The Beastie Boys, Run-DMC, LL Cool J, Public Enemy und die Heavy Metal-Formation Slayer.

Delay → Echo

Demisemiquaver → Zweiunddreißigstel

Demo (von engl. demonstration tape). 1. Demo wird eine Tonbandaufnahme genannt, die von den Musikern zusammengestellt wird, um sich mit ihr einem Produzenten oder einer Plattenfirma zu empfehlen. Auf Grund dieser – wie man sagen könnte – musikalischen Visitenkarte kommt eventuell ein Vertrag zustande. Mitunter investieren Bands erhebliche Mittel in die Aufnahme eines Demos, indem sie etwa ein professionelles Studio mieten. – 2. Demo wird ebenso eine einfache, häufig mit einem Cassetten-Recorder zustandegekommene Aufnahme genannt, die dazu dient, einen Song oder eine Idee zu einem Song skizzenhaft festzuhalten. Im Studio kann die Idee den anderen Mitgliedern der Band mit einem solchen Demo nahegebracht und der Song arrangiert werden. Die endgültige Aufnahme weicht in der Regel in Tempo und Instrumentierung erheblich vom Demo ab. Verschiedene Fassungen von Songs der Beatles verdeutlichen dies.

S The Beatles: *Ultra Rare Trax Vol. 3*, «Ob-La-Di, Ob-La-Da», 1989 (L: Swingin' Pig); The Beatles: –, «Ob-La-Di, Ob-La-Da», 1968 (D: EMI)

Design → Cover-Gestaltung

Detroit Sound. 1. Die Gesamtheit stilistischer Merkmale auf Schallplatten der Firma Motown. – 2. Die angriffslustige, vielfach politisch ausgerichtete, musikalisch jedoch hemdsärmelige Musizierweise einiger Detroiter Gruppen um 1968 bis 1972. Die bekanntesten Vertreter dieser Variante von → Hardrock waren MC 5, The Frost, The Stooges und Frijid Pink.

Deutsche Rockmusik. 1. Bundesrepublik Deutschland bis 1990. Bis in die späten sechziger Jahre hinein stellt sich deutscher Rock als eine Nachahmung des angelsächsischen → Rock 'n' Roll und Beat (→ Beat 2.) dar, und er bestand hauptsächlich aus → Cover-Versionen bewährter Hits. Unter den Gruppen sind vor allem The Rattles zu nennen, die zu Beginn der Liverpool-Ära, ähnlich den Beatles, im Hamburger Star-Club auftraten. Nach Ausweis der Platten war die Band technisch versierter und schwungvoller als jede andere Gruppe aus der Mersey-Gegend. (Siehe auch *Who Put the Bomp*, Vol. 3 No. 1, 1973, S. 41). The Rattles lösten sich auf, als der Gitarrist, Sänger und Kopf der Gruppe, Achim Reichel, zur Bundeswehr eingezogen wurde. Nach zahlreichen Solo- und Gruppenprojekten Reichels fand die Band unter gleichem Namen Ende der achtziger Jahre wieder zusammen. Eine zweite, weniger originelle Gruppe hieß The Lords mit einer von vokalen Harmonien geprägten Musik, die keineswegs immer der Rockmusik zuzurechnen war («Gloryland»). Um 1965–68 besaß jede Stadt bessere, ja vorzügliche Gruppen, wie die Berliner (West) BOOTS, THE HOUNDDOGS, ferner THE MANIACS, THE GERMAN BONDS und THE RANGERS beweisen.

Das Entstehungsjahr einer spezifisch deutschen Rockmusik läßt sich mit den Essener Songtagen von 1968 bzw. mit dem Jahr 1969, genauer mit der ersten LP von AMON DÜÜL ansetzen. Deutscher Rock ist zuerst Urwaldmusik, auch wenn der Urwald, aus dem unartikulierte Töne, Congas, Trommeln, Schüttelrohr und Maracas ertönen, verschlüsselt der «Garten Sandos» heißt (nach der LSD herstellenden Sandoz AG in der Schweiz). Die LP stellt vermutlich das Eintönigste und aufnahmetechnisch Verwahrloseste von allem dar, was die Rockmusik insgesamt hervorgebracht hat. Hätte der deutsche Rock auf eine Vergangenheit differenzierter Klanggestaltung zurückblicken können, so wäre solche Barbarei sogar, als neoprimitive Auflehnung gegen allzuviel Feinheit, noch verständlich. Aber bis 1969 (immerhin das Erscheinungsjahr von *Abbey Road*) haben deutsche Rockmusiker nichts wirklich Selbständiges hervorgebracht. So war AMON DÜÜLS Album ein wahrer Beginn nationaler Rockmusik, der von Dilettantismus und von einem Streben nach «freier Musik» gekennzeichnet ist. Als absoluter Nullpunkt hat die LP, in einem dialektischen Umschlag, eine bald einsetzende Differenzierung und Verfeinerung geradezu herausgefordert: mit ihr verglichen, mußte jeder folgende Schritt wie eine Entwicklung, wie ein musikalischer und technischer Fortschritt erscheinen. Ein Beginn ist diese LP auch in dem Sinn, daß sie sich vom bloß importierten Blues abwendet und darin einen später noch deutlicher werdenden Zug der deutschen (und europäischen) Rockmusik vorwegnimmt. Typisch erscheint ferner die Einbeziehung der «freien Musik» als einer atonalen Improvisationspraxis in den Rock. Spätere Gruppen wie ANNEXUS QUAM, FAUST und anfänglich GURU GURU haben dieses Stilmerkmal der Free Music fortgeführt.

Neben AMON DÜÜL trugen auch andere Gruppen zur Entstehung einer nationalen Rockmusik bei, vor allem CAN, die mit *Monster Movie* (aufgenommen im Juli 1969) einen rhythmisch präzisen, beinahe unpersönlichen Musizierstil absteckten. Unter den weiteren Bands, die vor 1971 gegründet wurden, haben sich BIRTH CONTROL, TANGERINE DREAM und – als ein Ableger von AMON DÜÜL – AMON DÜÜL II zu namhaften Formationen entwickelt.

War 1969 das Gründungsjahr der deutschen Rockmusik, so ist 1971 dasjenige gewesen, in welchem die meisten Erstlingsalben deutscher Rockgruppen erschienen sind; vielfach blieben sie die einzigen. Aus der Überfülle seien genannt: ABACUS, ANIMA, ANNEXUS QUAM, ASH RA TEMPEL, CLUSTER, DEUTER, DROSSELBART, ELOY, EMERGENCY, GURU GURU, IMPROVED SOUND LIMITED, JOY UNLIMITED, KARTHAGO, KRAFTWERK, OUT OF FOCUS, TON STEINE SCHERBEN und WIND. Dies war die Zeit einer angeregten Diskussion über die Möglichkeiten der deutschen Rockmusik, vor allem der deutschsprachigen Rockmusik. Der Musikjournalist und Produzent Rolf Ulrich Kaiser spielte hierbei eine wesentliche Rolle, indem er zahlreiche Gruppen förderte (Ohr Schallplatten) und auch die Plattenfirmen überzeugen konnte, ihr Augenmerk dem deutschen Rock zu widmen; fragwürdig war allerdings seine Vorstellung einer → kosmischen Musik. Viel zu verdanken hat die deutsche Rockmusik den beiden Tonmeistern und Studiobesitzern Dieter Dierks und Konrad Plank.

Der Erfolg deutscher Rockmusik setzte allerdings nicht auf breiter Basis ein. Schon Mitte der siebziger Jahre sahen sich die Plattenfirmen veranlaßt, Verträge mit deutschen Rockgruppen auslaufen zu lassen. Vor allem Bands, die ihre Texte in deutscher Sprache sangen, hatten gegenüber den englisch singenden Gruppen das Nachsehen, und diese wiederum gegenüber US-amerikanischen und britischen Bands.

Der in Großbritannien aufkommende Punk versetzte die deutsche Rockmusik zunächst in eine Schrekkensstarre. Doch schon bald erkannten junge Musiker, daß sich die Prämissen des Punk – «nimm eine Gitarre, lerne drei Akkorde, gründe eine Band» – durchaus beherzigen ließen. Rockmusik konnte wieder mit einfachen Mitteln gemacht werden. Vor allem setzten die neuen Bands auf deutsche Texte. Aus der Vielzahl der seit etwa 1977 in Erscheinung tretenden Gruppen seien einige genannt: Abwärts, Bel Ami, Cafe Senkrecht, Cassiber, Chin Chin, Deutsch-Amerikanische Freundschaft, Deo, DIN A Testbild, Element of Crime, Einstürzende Neubauten, Fehlfarben, F.O.X., 1. Futurologischer Kongress, Geile Tiere, Geisterfahrer, Die Gesunden, Goldene Vampire, Haindling, Hans-A-Plast, Ideal, Jawoll, KFC, La Loora, Leningrad Sandwich, Lorry, Los Cassettis, Mau-Mau, Materialschlacht, Mittagspause, Nena, Neonbabies, Palais Schaumburg, Phase 101, Der Plan, Plan B, Prima Klima, PVC, Reflex, Scala 3, Sonderangebot, Spliff, Tempo, Twelve Drummers Drumming, Zatopek, daneben die Musiker Detlef Diederichsen, Piet Klocke, Claudia Robot, Markus, Rainer Bloss, Rosa Precht (Cosa Rosa), Ina Deter, Hans Hartz, Katia, Herwig Mitteregger, Nina Hagen u. a. Stilistisch lassen sich diese Bands nicht auf einen Nenner bringen. Die Schallplattenindustrie reagierte prompt und nahm viele Gruppen unter Vertrag; Kleinlabels wurden gegründet und um 1980 auch neue Vertriebe. Das ganze erhielt bald den Namen Neue Deutsche Welle, mit dem sich die deutsche Rockmusik von der anglo-amerikanischen Rockmusik zu emanzipieren schien. Hinzu kam, daß es auch einige Management-Firmen seit dieser Zeit gibt, die die Geschicke der jungen Bands in die Hände nahmen, so etwa der Berliner Fotograf Jim Rakete mit seiner Firma «Fabrik».

Doch bereits Anfang der achtziger Jahre zeigten sich erste Ermüdungserscheinungen, die Vielzahl der Gruppen und die noch größere Zahl der eilig produzierten Platten fanden beim Schallplattenkäufer längst nicht den erhofften Anklang, und der Marketingfehler, von einem «neuen deutschen Schlager» zu sprechen, erwies sich als verhängnisvoll. Zunehmend firmierte unter dem Begriff NDW auch blanke Einfallslosigkeit und krampfhafter Humor, der sich bei näherem Hinsehen als peinlich erwies. Zug um Zug verkleinerte die Industrie wieder das Angebot, so daß Mitte der achtziger Jahre von den Protagonisten der NDW kaum ein Musiker, kaum eine Band übrigblieb, wenn sie nicht ohnehin schon zu einem früheren Zeitpunkt aufgegeben hatten.

Überlebt haben diese hektische Phase der deutschen Rockmusik vor allem Bands, die sich stilistisch nicht hatten korrumpieren lassen, aber auch solche, die einer konservativen, handwerklichen Musik den Vorzug gaben.

Prototyp der letzten Variante deutscher Rockmusik ist Udo Lindenberg. Lindenberg war Schlagzeuger bei Klaus Doldingers Jazz-Rock-Gruppe PASSPORT, bevor er mit seiner eigenen Band PANIK ORCHESTER eigene Platten aufnahm. Lindenberg verstand es mit seinen deutschen Texten nicht nur, den Sprachstil der Jugendlichen zu treffen, sondern er prägte ihn über einige Jahre hinweg auch. Sein politisches Engagement brachte ihm allerdings nicht nur Freunde ein, und spätestens seit Mitte der achtziger Jahre zeigt auch seine Musik eine gewisse Inspirationslosigkeit. Dennoch hat Lindenberg weiterhin einen großen Kreis von Fans.

Mit dieser Art einer konventionellen, aber gut gespielten Rockmusik warten auch einige andere deutsche Rockmusiker auf, die es in der Bundesrepublik mit beinahe jedem anglo-amerikanischen Rockstar aufnehmen können: Herbert Grönemeyer, Marius Müller-Westernhagen, Heinz-Rudolf Kunze und die Gruppe BAP. Weniger massenwirksam sind beispielsweise Thommie Bayer, Rio Reiser, Wolf Maahn, Ulla Meinecke, Manfred Maurenbrecher, Klaus Lage u. a.

Der Zusammenbruch der NDW und der immense Erfolg von Grönemeyer, BAP und Lindenberg erwiesen sich als massive Hindernisse für neue Klänge. Erst gegen Ende der achtziger Jahre tauchen in der deutschen Rockmusik neue Namen auf: POEMS FOR LAILA, FURY IN THE SLAUGHTERHOUSE, THE RAINBIRDS, RAUSCH und M. WALKING ON THE WATER. Daneben haben auch einige Veteranen der Neuen Deutschen Welle wieder den Anschluß gefunden und Platten veröffentlicht, ganz abgesehen von Holger Czukay und KRAFTWERK, die unberührt von der Hektik des Schallplattenmarktes ihre musikalischen Pläne verfolgen.

2. DDR: Rockmusik galt der DDR-Führung bis in die sechziger Jahre hinein als der Versuch des Westens, den Sozialismus zu untergraben. Nicht anders als in anderen Ländern des Ostblocks wurden Rockmusiker, wenn sie sich an die Öffentlichkeit wagten, verfolgt und mit Strafen bis hin zu Gefängnishaft belegt. Die starre Haltung der Rockmusik gegenüber änderte sich erst im Laufe der sechziger Jahre. Die zuvor ver-

pönte Musik wurde in den Dienst der Sache gestellt und vom Staat angenommen, was nichts weiter bedeutete, als daß der DDR-Staat bestimmte, wer Rockmusik machen durfte und wer nicht. In einem komplizierten Qualifikations- und Auswahlverfahren mußten Rockmusiker einerseits ihre instrumentalen Fähigkeiten unter Beweis stellen – vor einer Kommission vorführen – sowie ihre Texte, die in der Regel in deutscher Sprache abgefaßt sein mußten, begutachten lassen. Der Weg vom Amateurmusiker, der nicht überall auftreten durfte, zum Profimusiker, der auch im befreundeten sozialistischen Ausland arbeiten oder gar im Westen Platten veröffentlichen konnte, war weit. Auftrittsverbote gab es weiterhin, wie etwa für die KLAUS-RENFT-COMBO.

Diese Restriktionen hatten zweierlei zur Folge: Zum einen hielt sich die Rockmusik der DDR auf einem zwar handwerklich hohen Stand, war aber nur ausnahmsweise von überraschenden Einfällen geprägt. Zum anderen erhielten die Texte neben der bloßen Bedeutung der Worte eine zweite, so daß die Texte der Bands bald wie Fetische hin- und hergewendet wurden, was an Geheimnis ihnen entlockt werden könnte. Die erfolgreichen Bands der DDR, die PUHDYS, CITY und SILLY, gaben mit ihrem Beispiel allerdings einer Reihe von Rockmusikern die Hoffnung, von ihrer Musik leben zu können. Andererseits kann in einer solchen Atmosphäre keine wirkliche Rockmusik entstehen, weil es zur Rockmusik gehört, sagen zu können, was man denkt (wenn das auch im Westen nicht immer gemacht wird).

Das Ende der DDR hat von der ostdeutschen Rockmusik einen Scherbenhaufen hinterlassen; allerdings traten schon bald einige Bands in Erscheinung, die entweder vorher überhaupt keine Möglichkeit hatten, an die Öffentlichkeit zu gehen, oder aber solche, die an den staatlichen Stellen vorbei Musik produzierten und an ihr Publikum verkauften. Zu ihnen gehören beispielsweise: HERBST IN PEKING, KEIMZEIT, DIE ZÖLLNER, DIE SKEPTIKER, SANDOW, FEELING B, ICHFUNKTION sowie die altgedienten und wiedererstandenen Bands ENGERLING und RENFT-COMBO.

S Siehe die umfangreiche Discographie in Tibor Kneif (Hg.): Rock in den 70ern (Reinbek 1980).

BRD: ABWÄRTS: *Beirut Holiday Inn,* 1982 (D: Phonogram); DIE ÄRZTE: *Im Schatten der Ärzte*, 1985 (D: CBS); Thommie Bayer: *Alles geregelt,* 1985 (D: RCA); BEL AMI: *So weit die Füße tragen*, 1984 (D: CBS); CAFE SENKRECHT: *Großstadtfieber*, o. J. (D: Cafe Senkrecht); CASSIBER: *The Beauty and the Beast*, 1984 (D: Riskant); Holger Czukay: *Der Osten ist rot*, 1984 (D: Virgin); DEUTSCH-AMERIKANISCHE FREUNDSCHAFT: *Produkt der...*, o. J. (D: TIS); DAF: *Alles ist gut*, 1981 (D: Virgin); Ina Deter Band: *Aller Anfang sind wir*, 1983 (D: Fontana); DIN A TESTBILD: *Programm 1,* 1980 (D: IC); dies.: *Programm 2*, 1981 (D: IC); ELEMENT OF CRIME: *Try to be Mensch*, 1987 (D: Polydor); ELOY: *Metromania*, 1984 (D: EMI); FEHLFARBEN: *Monarchie und Alltag*, 1980 (D: EMI); FOYER DES ARTS: *Die Unfähigkeit zu frühstücken*, 1986 (D: Fünfundvierzig); FRITZ BRAUSE: *Shilly Shally,* 1985 (D: Papagayo); FURY IN THE SLAUGHTERHOUSE: *Hooka Hey*, 1991 (D: SPV); 1. FUTUROLOGISCHER KONGRESS: *Wer spricht?*, 1983 (D: Teldec); GEISTERFAHRER: *Fest der vielen Sinne*, 1982 (D: Konkurrenz); DIE GESUNDEN, – , 1982 (D: IC);

HAINDLING: *Stilles Potpourri*, 1984 (D: DGG); IDEAL: –, 1980 (D: IC); JAWOLL: –, 1982 (D: Phonogram); THE JEREMY DAYS: –, 1988 (D: Polydor); LA LOORA: *This ist not the Use...*, o. J. (D: La Loora); LENINGRAD SANDWICH: –, 1983 (D: Good Noise), Udo Lindenberg und das PANIKORCHESTER: *Odyssee*, 1983 (D: Polydor); LÜÜL: –, o. J. (D: Gee Bee Dee); MAU-MAU: *Kraft*, 1982 (D: Polydor); Ulla Meinecke: *Der Stolz der italienischen Frauen*, 1985 (D: RCA); Herwig Mitteregger: *Kein Mut – kein Mädchen*, 1983 (D: CBS); M. WALKING ON THE WATER: *Pluto*, 1989 (D: Rough Trade); NENA: –, 1983 (D: CBS); NEONBABIES: –, 1981 (D: Good Noise); PALAIS SCHAUMBURG: *Lupa*, 1982 (D: Phonogram); PLAN B: –, 1985 (D: EfA); PHASE 101: Blue Window, 1984 (D: EfA); PRIMA KLIMA: *Nie wieder einsam*, 1983 (D: CBS); RAINBIRDS: –, 1987 (D: Phonogram); SCALA 3, –, 1982 (D: Telefunken); THE SPLIFF RADIO SHOW: –, 1980 (D: CBS); TWELVE DRUMMERS DRUMMING: –, 1983 (D: Vertigo); ZATOPEK: –, 1983 (D: Polydor)

DDR: Wenn nicht anders vermerkt, auf dem Amiga-Label: CITY: –, 1978 (D: Telefunken); Veronika Fischer & Band: –, 1975; Klaus Lenz Band: *Aufbruch*, 1976; LIFT: –, 1977; PANTA RHEI: –, 1973; DIE PUHDYS: –, 1975; dies.: *Die großen Erfolge*, 1977; KLAUS-RENFT-COMBO: o. J.; STERN-COMBO MEISSEN: –, 1977; WIR: *Und so spielen wir, woran wir glauben*, 1978 (D: Metronome): *Systemausfall – Ostsampler*, 1990 (D: DT 64/SPV)

L Günter Ehnert: *Rock in Deutschland. Lexikon deutscher Rock-Interpreten* (Hamburg 1975; 2. Auflage 1979); Rainer M. Schröder: *Rock Made in Germany – Die Entwicklung der deutschen Rockmusik* (München 1980); Ingeborg Schober: *Tanz der Lemminge. Amon Düül – eine Musikkommune in der Protestbewegung der 60er Jahre* (Reinbek 1979); M. O. C. Döpfner/Thomas Garms: *Neue deutsche Welle – Kunst oder Mode?* (Frankfurt/M., Wien, Berlin 1984); Hermann Haring: *Rock aus Deutschland West* (Reinbek 1984); Olaf Leitner: *Rockszene DDR – Aspekte einer Massenkultur im Sozialismus* (Reinbek 1983)

Deutsche Phono-Akademie e. V. mit dem Sitz in Hamburg wurde im September 1973 von zwanzig bundesdeutschen Schallplattenfirmen als gemeinnütziges Kulturinstitut gegründet; gegenwärtig gehören dem Verein zehn ordentliche und 13 außerordentliche Mitglieder an. Zu den Aktivitäten der DPhA zählen die Durchführung von Pop-Nachwuchs-Festivals (erstmals 1978) und die jährliche Verleihung des «Deutschen Schallplattenpreises» von einer unabhängigen Jury, die kompetente Mitglieder auch in den Bereichen «Black Music», «Rock International» und «Rock National» umfaßt. Ein periodisch erscheinender «Akademie-Bericht» unterrichtet über wichtige Ereignisse des Musiklebens sowie über die laufende Tätigkeit der DPhA.

S *Pop-Nachwuchs-Festival '78*, 2 LP, 1979 (D: Deutsche Phono-Akademie)

Deutscher Rockmusiker-Verband e. V. mit dem Sitz in Lüneburg wurde im Jahre 1983 als «AG Rockmusiker in Deutschland» gegründet; den jetzigen Namen führt der Verein seit 1984. Die mehr als 1000 Mitglieder sind einerseits als Einzelmitglieder in der AG Rockmusiker in Deutschland, zu einem geringen Teil im «Bundesverband Deutscher Musikerinitiativen» organisiert. Ziel des DRV ist die Verbesserung der Arbeits- und Vertragssituation bundesdeutscher Rockmusiker sowie die Wahrnehmung der Interessen von Rockmusikern gegenüber Rundfunk, Fernsehen, Schallplattenfirmen, → GEMA und Veranstaltern.

Der Verband vergibt den Deutschen Rockpreis, veranstaltet jährlich das Bundes-Rock-Festival sowie Kongresse für Rockmusiker.

L Ole Seelenmeyer: *Das Rockmusikerbuch* (Lüneburg, erscheint jährlich, 1986ff)

Dezibel (abgekürzt dB = 1/10 Bel) ist eine in der Elektroakustik verwendete Maßeinheit, die keinen absoluten Wert ausdrückt (im Gegensatz zu den Maßeinheiten für Entfernung, Gewicht usw.), vielmehr die Beziehung zweier Leistungs-, Strom- oder Spannungswerte zueinander angibt. Das bestehende Verhältnis zwischen zwei unterschiedlichen Werten wird dabei logarithmisch ausgedrückt. (Logarithmieren heißt das mathematische Verfahren, bei bekannter Basis und gegebener Endgröße nach dem Exponenten zu suchen, z. B. $10^x = 1000$, $X = 3$). In einem Diagramm wird der Nullpegel (0 dB) in einer beliebigen Höhe waagerecht gezogen, erst nach der Festlegung des Nullwertes erhalten die weiteren Dezibelzahlen einen Inhalt. Hinsichtlich der Lautstärke werden Dezibel in Wattzahlen pro Quadratmeter (W/m^2) ausgedrückt; hierbei ist 0 dB = 10^{-12} W/m^2 bei 1000 Hz. Soll die Relation eines 10-Watt-Signals zu einem 5-Watt-Signal in dB angegeben werden (Verhältnis 2:1), so wird ein Meßwert von 3 dB erhalten: 10log 10 2/1 = 3. Mit anderen Worten, die doppelte Wattzahl bringt einen Zuwachs von 3 dB, die Hälfte der Wattzahl einen Verlust von 3 dB (subjektiv machen 3 dB eine gerade hörbare Lautstärkeänderung aus). Wichtige Werte von Verstärkern, Receivern, Plattenspielern, CD-Playern usw. werden in dB ausgedrückt, etwa Übersprechdämpfung, Fremdspannungsabstand, Balance, Nebenwellenunterdrückung, Störimpulsunterdrückung und Rumpel-Geräuschspannungsabstand.

Dezime heißt die → Terz über der Oktave; dementsprechend gibt es kleine und große Dezime.

Digitale Audiotechnik. In den achtziger Jahren, in einem Zeitraum von kaum zehn Jahren, hat die digitale Audiotechnik die Tonerzeugung, Klangformung, Musikaufnahme und -wiedergabe beinahe vollständig revolutioniert. Bis auf die Klangwandler → Mikrophon und → Lautsprecher sind seitdem alle Audiogeräte in digitaler Technik verfügbar. Musik, die ausschließlich mit Hilfe von digitalen → Synthesizern erzeugt wird, kann bis zu den Lautsprechern auf digitalem Weg übertragen werden. Die Vorteile der Digitaltechnik sind: sehr großer möglicher Frequenzbereich, weiter Dynamikbereich, verlustfreie Übertragungen (Kopien), fast völliges Fehlen systembedingter Verzerrungen (Rauschen) und letzten Endes auch Störungsfreiheit (weitgehende Bedeutungslosigkeit von Kratzern und Staub auf einer → CD).

Die Digitaltechnik konnte sich erst auf Grund einiger theoretischer Überlegungen und langjähriger Versuche (etwa bei der britischen BBC) entwickeln. Die Umsetzung analoger Vorgänge – wie es ein Klang ist – in digitale Werte erfordert analytische Baugruppen, die den eingegebenen

Klang möglichst genau erfassen und in digitale Informationseinheiten umsetzen können. Die theoretischen Voraussetzungen des in der Audiotechnik gebräuchlichsten Abtastverfahrens stammen von dem US-amerikanischen Mathematiker de Shannon und A. H. Reeves. De Shannon stellte die Regel auf, daß ein Ton sich hinreichend genau beschreiben läßt, wenn er mit doppelt so hoher Häufigkeit abgetastet wird, wie seine eigene Tonhöhe beträgt. Da der Hörbereich des Menschen etwa bis 20000 Hertz (20 kHz) reicht, würde eine Abtastfrequenz von 40 kHz ausreichen; der Ton von 20 kHz wird dann 40000mal in der Sekunde abgetastet. Als Norm haben sich mehrere Abtastfrequenzen (Sampling-Frequenzen) durchsetzen können, am häufigsten wird die Frequenz von 44,1 kHz verwendet (CD; Sampler). Das analoge Signal, der Ton selbst, muß dabei hinreichend genau erfaßt und umgesetzt werden; auf digitaler Ebene muß es also die Möglichkeit geben, den Ton so genau «aufzulösen», daß sein digitales Pendant später wieder ebenso genau in einen Ton zurückgewandelt werden kann. Der ursprüngliche Ton (Klang) wird «quantisiert». Für die Quantisierung gibt es verschiedene Verfahren, weitgehend durchsetzen konnte sich für die Audiotechnik das Pulscode-Verfahren (Pulse Code Modulation = PCM). Je höher die Auflösung ist, desto genauer ist die Erfassung; nach Versuchen mit 4-Bit- und 8-Bit-Auflösung ist die 16-Bit-Auflösung so etwas wie die Norm geworden. Diese Auflösung hat vor allem Einfluß auf den Störabstand, der bei 16-Bit-Systemen etwa 96 dB beträgt. Die endgültige Umsetzung des auf diese Weise beschriebenen Klanges übernimmt ein Analog/Digital-Konverter. In der Praxis sind noch periphere Baugruppen notwendig, vor allem ein Tiefpaßfilter.

Ein in digitale Werte umgesetzter Klang kann auf verschiedenen Datenträgern gespeichert werden: Magnetband, Hard Disk und Compact Disc sind die gebräuchlichsten. Da digitalisierte Töne sich prinzipiell in nichts von anderen digitalen Daten unterscheiden, bestehen auch hier die Möglichkeiten vielfältiger Manipulation, von der vor allem bei Sampling-Geräten für direkte musikalische Anwendungen und beim → Hard-Disk-Recording Gebrauch gemacht wird. Je nach Anwendung gibt es ausgeklügelte Hilfsschaltungen, die es beispielsweise in Sampling-Geräten ermöglichen, einen Ton nur für kurze Zeit zu samplen, dann aber zu «loopen», also wieder beispielsweise an den Anfang des Samples zurückzuspringen und auf diese Weise einen beliebig andauernden Ton zu erzeugen. In modernen → Synthesizern werden kurze Samples mit auf anderem Wege erzeugten Tonfrequenzen verbunden und somit hybride Klänge erzeugt, die in der Natur nicht vorkommen, gleichwohl einen «natürlichen» Anteil haben.

Für die Rückführung eines in digitaler Form vorliegenden Klanges sorgt ein Digital/Analog-Wandler. Auch bei diesem Vorgang werden Filter eingesetzt, aber auch Fehlerschaltungen, die etwa fehlende Informationseinheiten nachträglich errechnen können.

Ob der Klang einer digitalen Aufnahme anders ist als der einer analogen, ist eine vor allem philosophische Frage. Tatsache ist, daß es in der Rockmusik vermutlich keine einzige Aufnahme mehr geben dürfte, an der nicht irgendein digital arbeitendes Gerät zur Anwendung kam, und sei es nur ein kleines Effektgerät. Ry Cooders im Jahre 1979 mit Spannung erwartete LP *Bop Till You Drop*, die erste digital aufgenommene Schallplatte der Rockmusik, enttäuschte in dieser Hinsicht die Rockhörer; sie klang nicht anders als analoge Aufnahmen. In späteren Jahren wurde von der Aufnahmetechnik unter Rockhörern kein Aufhebens mehr gemacht, wohl aber gibt es immer noch vehemente Verteidiger der Vinyl-Schallplatte, die ein Symbol der Vor-Digitalzeit ist.

Die Möglichkeiten der Digitaltechnik sind indes noch gar nicht voll erkannt und erst recht noch nicht ausgeschöpft. Es ist offensichtlich, daß sie dazu verleiten könnten, Musik beliebig zu manipulieren. Was House- und Hip Hop-Musiker in liebenswürdiger und relativ leicht durchschaubarer Manier mit ihren Drum-Computern und Sampling-Geräten vorführen – wie die Gruppe DNA mit ihrer Version von Suzanne Vegas Song «Tom's Diner» –, könnte unter wirklich professionellen Händen und mit der entsprechenden Absicht dazu führen, daß sich die Arbeit von Musikern kaum noch schützen läßt. Nachdem die Schallplattenindustrie diesem Phänomen zunächst tatenlos zuschaute, wird seit Beginn der neunziger Jahre gegen das unerlaubte Samplen gerichtlich vorgegangen.

S Ry Cooder: *Bop Till You Drop*, 1979 (USA: Warner)

L Gernot Winkler: *Tonaufzeichnung digital* (Aachen 1990); *Keys – Für Einsteiger* (München 1990); Claus Biaesch-Wiebke: *CD-Player und R-DAT-Recorder* (Würzburg 1988); *11. Tonmeistertagung Berlin '78* (Tagungsbericht)

Diminuendo heißt an Lautstärke abnehmend und wird mit dem graphischen Zeichen > ausgedrückt. Das Gegenteil ist → Crescendo mit dem Zeichen < (→ Descrescendo).

Dimmer sind Regeleinheiten, die dazu dienen, die Scheinwerfer der → Bühnenbeleuchtung entsprechend der Steuerung vom Licht-Mischpult mit Strom zu versorgen. Scheinwerfer, wie sie in Rockkonzerten verwendet werden, verbrauchen 1000 oder 2000 Watt pro Stück. Um derartig hohe Leistungen regeln zu können, sind die früher im Theater-Bereich üblichen regelbaren Drahtwiderstände ungeeignet, zumal auch das Tempo des Lichtwechsels in Rockkonzerten derartige Widerstände überfordern würde, ganz abgesehen von der schwerfälligen Bedienung. Daher werden heute ausschließlich Halbleiter-Steuerelemente verwendet, die schnell reagieren und leicht zu handhaben sind. Zudem versorgen sie die Lampen der Scheinwerfer mit einer geringen Vorspannung, die dafür sorgt, daß das Leuchtmittel im Bedarfsfalle schnell die volle Leistung abgeben kann. Die Dimmer-Einheiten werden, eingebaut in spezielle Racks, über möglichst kurze Leitungen mit den Scheinwerfern verbunden.

Dirty Notes (Tones) sind herausgepreßte, rauhe Vokaltöne und deren instrumentale Entsprechungen, besonders auf Trompete und Posaune, aber auch auf Saxophon und Klarinette. Während solche «schmutzigen Töne» der Intonationsnorm der europäischen und weißen US-amerikanischen Musik ursprünglich widersprechen, sind sie für Blues- und Jazzintonation geradezu charakteristisch. Den Sound einer verzerrten oder mit Wah-Wah arbeitenden Rockgitarre kann man ebenfalls in der Tradition der Dirty Tones sehen.

Disc Jockey (abgekürzt DJ oder Deejay) ist Programmgestalter, Sprecher, Moderator bei einer Rundfunkanstalt oder in der Discothek; ein DJ kann aber auch Musiker in einer Rap- oder Hip Hop-Formation sein. Er wählt die zu spielenden Platten aus und versieht sie mit Anmerkungen, deren Skala von unterhaltsamer Belehrung bis hin zu albernen Wortwitzen reichen kann. Der Disc Jockey bildet eine wichtige Figur im Rockbereich, da sein Kommentar wie die Auswahl und die Häufigkeit des Plattenspiels deren Absatz fördern oder hemmen kann. Folglich ist er vor allem das Ziel des Interesses von Plattenfirmen, die ihn «bemustern» – also mit Gratis-Schallplatten versehen –, ihm Informationen jeglicher Art zukommen lassen und ihn auch mit allerlei Nippes – vom T-Shirt bis zum Trommelstock – günstig zu stimmen suchen. Gelegentlich werden Disc Jockeys auch regelrecht bestochen (→ Payola).
Im günstigsten Fall machen Disc Jockeys auf neue Musik aufmerksam, die abseits der Hitparaden veröffentlicht wird, führen Interviews mit Musikern und verdeutlichen dem Publikum geschichtliche und stilistische Zusammenhänge, wie das etwa Alan Bangs und John Peel in ihren Sendungen tun.
In der Dancefloor Music haben Disc Jockeys die Position von Musikern erreicht (House, Rap, Hip Hop), die die Platten als Ausgangsmaterial ihrer eigenen kreativen Vorstellungen nutzen und bestimmte Techniken entwickelten, so etwa → Scratching. Bestimmte Formen von → Reggae gehen ebenfalls vom kreativen Umgang der Disc Jockeys – in Jamaika Sound System Men genannt – aus. (→ Rundfunk und Rockmusik)

Disco wurde kurz und bündig nach ihrem Nutzort die → Dancefloor Music der siebziger Jahre genannt. Es handelt sich dabei um eine funktionale Musik, die kaum dem kontemplativen Zuhören, sondern dem Tanzen dient. Sie betont daher die rhythmische Komponente in Baßgitarre und Drums. Anknüpfend an den Philly-Sound und dessen Soul-Intonation entstand Disco um die Mitte der siebziger Jahre; Kennzeichen dieser Musik sind neben der über alles dominierenden Bass-Drum – mit einem Schlag auf jedem Viertel – Streicher, Funk-Baßriffs und der Gesang von Frauen. Texte spielen in dieser Musik keine Rolle, kurze Sätze werden unablässig wiederholt. Disco-Musik ist keine Musik für den Konzertsaal, sondern – sieht man von Einzelfällen ab – ausschließlich Sache der Schallplatte. Dementsprechend ist der Produzent der Musik auch wichtiger als der Sänger oder gar die einzelnen Musiker. So konnten sich in diesem Genre beispielsweise die in Deutschland arbeitenden Produzenten Giorgio Moroder (Donna Summer) und Frank Farian (Boney M.) einen Namen machen, dessen Bekanntheitsgrad über den der von ihnen betreuten Musiker hinausreichte. (Frank Farian beispielsweise erfand in den achtziger Jahren das Duo Milli Vanilli, dessen Mitglieder ebenso lediglich optisches Aushängeschild wie die meisten Mitglieder der Gruppe Boney M. waren.) Die Produktionen Moroders erhielten nach ihrem Entstehungsort bald den Namen Munich Sound, für den besonders die präzisen Streicher der professionellen Münchener Orchester standen.

Neben musikalisch eher farblosen Interpreten wie Amanda Lear, John Travolta – der mit dem einschlägigen Film *Saturday Night Fever* bekannt wurde –, Village People, Grace Jones u. a. gab es allerdings auch Gruppen, zu denen durchaus fähige Musiker gehörten und die auch live zu überzeugen vermochten, so etwa Sister Sledge und Chic, letztere mit dem Bassisten Bernard Edwards und dem Gitarristen Nile Rodgers, beide ausgezeichnete Musiker. Gegen Ende der siebziger Jahre wurden die Stilelemente von Disco auch von Rockgruppen aufgenommen, etwa von den Beach Boys und dem Electric Light Orchestra.

Der Disco-Musik verdankt die Maxi-Single ihr Dasein. Mitte der siebziger Jahre kam diese Single im Format einer LP auf den Markt und enthielt zunächst vor allem Disco-Musik; daher wurde sie auch Disco-Single genannt. Da diese Schallplatten, anders als die LP und die Single, mit größerem Rillenvorschub geschnitten werden, ist ihre Klangqualität vor allem in den Bässen besser.

S *Phillybusters* Vol. 1, 2, 3 (D: Philadelphia International/CBS); Boney M.: *Take The Heart Off Me*, o.J. (D: Hansa/Ariola); Donna Summer: *Bad Girls,* 1979 (D: Casablanca/Bellaphon); The Beach Boys: *L. A. (Light Album)*, 1979 (NL: CBS); Electric Light Orchestra: *Discovery,* 1979 (NL: CBS) – Maxi-Singles: Sister Sledge: «He's The Greatest Dancer»/«We Are Family», 1978 (CDN: WEA)

Discographie der Rockmusik. Ein vollständiges Verzeichnis der bis heute erschienenen Rockplatten gibt es nicht. Plattenhändler benutzen nationale Jahreskataloge, in denen allerdings nur die lieferbaren Schallplatten verzeichnet sind. Für Sammler ist es aber wichtig, auch über ältere, nicht mehr lieferbare Schallplatten Informationen zu erhalten. Eine Discographie sollte daher neben dem Titel der Platte, der Firma und der Produktionsnummer auch das Produktionsjahr angeben. Da ein und dieselbe Schallplatte in verschiedenen Ländern unter verschiedenen Umständen erscheinen kann (anderes Label, anderes Datum der Veröffentlichung, mitunter auch andere Zusammenstellung der Stücke), wäre es daher vorteilhaft, wenn möglichst alle Versionen einer Schallplatte genannt werden würden. Es gibt Discographien, die dieser Forderung teilweise gerecht werden.

Neben einigen allgemeinen Discographien wie der *New Rock Record* von Terry Hounsome gibt es auch spezielle, nur einer Musikrichtung oder gar nur einer einzigen Gruppe gewidmete Discographien. Auch Versteigerungskataloge sind als discographische Quelle zu nutzen, wie auch die verschiedenen Sammler-Zeitschriften, in denen sich immer wieder sehr genaue Discographien finden. Schließlich gibt es Fans, die akribisch die Discographien ihrer Favoriten führen und anderen Rockhörern zugänglich machen. Im folgenden werden verschiedene Discographien genannt.

L Jos Stikvoort: *Popzamelwerk '63–72*; 4e uitgaaf 1974; 1975; 1976 (Delft, Holland); Fernando L. Gonzales: *Disco-File*; *The Discographical Catalog of American Rock 'n' Roll and Rhythm and Blues, Vocal Harmony Groups 1902–1976, Race, Rhythm & Blues, Rock 'n' Roll, Soul* (New York); Robert D. Ferlingere: *A Discography of Rhythm & Blues and Rock 'n' Roll Vocal Groups 1945–1965* (Pittsburg, Calif.); John Blair: *The Illustrated Discography of Surf Music 1959–1965* (Riverside, Calif.); Terry Hounsome: *New Rock Record 3rd Edition* (Southampton); George & Martha DeFoe: *International Discography of the New Wave, Volume 1982/83* (London/New York); Frank-Michael Goldmann: *Der große Rock & Pop LP-Preiskatalog* (Stuttgart; erscheint jährlich); Neville Stannard: *The Long & Winding Road. The Beatles Volume 1* (London); Vernon Joynson: *After the Acid Trip. The Flashback. The Ultimate Psychedelic Guide* (Telford; enthält discographische Angaben innerhalb von Gruppen-Porträts); John Humphries: *Music Master Records Catalogue,* 16th Edition (Hastings 1990); John Humphries: *Music Master Singles Catalogue,* 3rd Edition (Hastings 1990); John Humphries: *Labels List '89*, 9th Edition (Hastings 1989)

Discothek ist ebenso ein realer Raum wie eine soziale Einrichtung; ungebräuchlich ist es dagegen in der Bundesrepublik Deutschland, eine Schallplattensammlung als Discothek zu bezeichnen. Als Örtlichkeit ist eine Discothek ein Tanzsaal von unterschiedlicher Größe. Dabei kann es sich um alte Supermärkte, Kinos oder umfunktionierte Theater handeln. Kern einer Discothek ist immer die technische Ausrüstung, zu der der Arbeitsplatz des → Disc Jockeys mit Plattenspielern, Mischpult, Verstärkern und der Schallplattensammlung gehört; von größter Wichtigkeit ist aber auch die Lichtanlage mit farbigen Scheinwerfern, Spots, Schwarzlicht, Stroboskoplampen und Spiegelkugeln. Häufig gibt es auch Nebelmaschinen und Diaprojektoren. Auch die eigentliche Tanzfläche wird mitunter einer besonderen Gestaltung unterworfen. In einer Discothek, kurz Disco genannt, spielt laute Musik die wichtigste Rolle, entsprechend dimensioniert sind die Lautsprecherboxen. Es kommt auf den einzelnen Disc Jockey an, ob sich die Lautsprecherboxen als gesundheitsschädigende Folterinstrumente erweisen; übergroße Lautstärken, denen die Tänzer über lange Zeit ausgesetzt sind, schädigen ohne Zweifel das Gehör. Die Gestaltung von Discotheken ist gewissen Moden unterworfen: als die Discos in den sechziger Jahren aufkamen, waren es spärlich beleuchtete Räume, oft mit altem Mobiliar versehen. In den späten siebziger Jahren gab es Discotheken, die teilweise hellerleuchtet waren, doch gehört eine gewisse Dunkelheit zu einer Discothek.

Als sozialer Raum ist die Discothek der Treffpunkt von Jugendlichen; es gibt aber auch Discotheken, die ein bestimmtes Publikum anziehen (Homosexuelle, Motorradfahrer usw.), und auf dieses ist auch die Musik abgestimmt. Zwar gibt es Discothekengänger, die jeden Tag in die Disco gehen, doch ist naturgemäß besonders das Wochenende dem Discobesuch vorbehalten. Während der Disco-Welle in den siebziger Jahren, die zu einer regelrechten Disco-Kultur führte (siehe Literatur), sahen viele Discothekenbesucher hier auch die Möglichkeit, sich und ihre Kleidung zu zeigen, was in den sechziger Jahren nicht im Vordergrund stand.

Discotheken stehen keineswegs immer in einem guten Ruf: Sie gelten als Stätten des Drogenhandels, als Versammlungsorte von Menschen, die nicht miteinander reden wollen (und auf Grund der herrschenden Lautstärke der Musik auch nicht können), und natürlich als Orte des Nepp. Wenn dies alles auf Einzelfälle auch immer wieder zutrifft, so dürfte es außer bei Konzerten keinen zweiten Ort geben, wo das sinnliche Erlebnis der Musik so intensiv ist wie in der Discothek. Bekannte Discotheken sind bzw. waren das Studio 54 in New York, das Metropol in Berlin, La Maine Bleue in Paris und Jubilation in Las Vegas.

L Kitty Hanson: *Disco Fieber* (München 1979)

Dissonanz → Konsonanz und Dissonanz

Dixieland (Style) ist eine Nachahmung und teilweise Fortführung der Musizierweise von den schwarzen New Orleans-Jazzmusikern durch Weiße, sozusagen New Orleans aus zweiter (weißer) Hand. «Dixieland» war im 19. Jahrhundert die geläufige Bezeichnung für die Südstaaten der USA, in diesem Zusammenhang also dafür, daß der in Frage stehende Musikstil aus dem Süden stammt. (Der Ausdruck geht möglicherweise auf den Feldmesser Jeremiah Dixon – daher auch Mason-Dixon-Line – um 1770 zurück.)

Dixieland als eine Jazzrichtung entstand Ende des 19. Jahrhunderts und verband Züge aus Ragtime und Marching Band-Musik mit dem europäischen Marsch. Bekannt wurde diese Musik durch die ORIGINAL DIXIELAND JAZZ BAND um 1917 und die NEW ORLEANS RHYTHM KINGS um 1921. Einen gewissen Mangel an Einfühlung in die schwarze Musik verrät das metrische Gefüge des Dixieland; er kennt nur schwere und leichte Taktteile sowie Synkopierung, nicht aber die schon für den New Orleans-Stil so wesentliche Unterscheidung von → Beat und → Off-Beat. Der Dixieland wurde um 1920 vom Chicago Style (Bix Beiderbekke, King Oliver, Louis Armstrong, Jelly Roll Morton) abgelöst, erlebt aber seit den dreißiger Jahren immer wieder → Revivals. Ein Beispiel für seine Nachwirkung im Rock bietet «Lady Love» auf Cass Elliots Album *Make Your Own Kind of Music* (1970).

L C. G. Herzog zu Mecklenburg: *Stilformen des Jazz*, 1973 (Universal Edition, Wien)

DJ → Disc Jockey

Dolby-Stretcher ist ein nach R. M. Dolby benanntes Verfahren zur Verminderung von störendem Rauschen auf Tonbändern. Durch aufeinander abgestimmte Kompressions- und Expansionsfilter zu Beginn und am Ende einer Übertragungskette werden leise gespielte Stellen in der Lautstärke vergrößert, um den Störpegel zu übertönen; bei der Wiedergabe wird die Lautstärke dieser Stellen entsprechend reduziert mit dem Ergebnis, daß das Rauschen unhörbar bleibt. Das Dolby-Verfahren wurde ständig verbessert, so daß inzwischen nach Dolby-A, Dolby-B und Dolby-C unterschieden wird; in HiFi-Cassettenrecordern werden in der Regel die Verfahren B und C eingesetzt. Die jüngste Entwicklung im Studiobereich, das Dolby-SR-Verfahren, gilt als so wirkungsvoll, daß damit zustandegekommene Aufnahmen auf analogen Tonbandgeräten digitalen Aufnahmen als ebenbürtig angesehen werden. Ein etwas vereinfachtes SR-System wird unter dem Namen Dolby-S im semiprofessionellen Bereich, aber auch in manchen → Homerecording-Geräten eingesetzt. Neben den Dolby-Verfahren werden auch, sowohl im HiFi-Bereich als auch in Studios, das dbx-Verfahren und das Highcom/Telcom-Verfahren der deutschen Firma Telefunken eingesetzt.

Dominante (franz., die «beherrschende» Stufe, abgekürzt D) ist eine Funktionsbezeichnung und bedeutet einen Akkord, von welchem aus der Grundakkord oder → Tonika wieder erreicht wird. In der Musikpsychologie wird die Dominante vielfach als ein Spannungszustand, die Tonika als ein Ruhezustand aufgefaßt. In ihrer einfachsten Erscheinungsform ist Dominante der Durdreiklang auf der fünften Stufe einer → Tonart; durch Hinzufügung einer kleinen Septime entsteht ein Dominantseptakkord, dessen dominantische Funktion noch ausgeprägter ist. Der Schritt Dominante-Tonika in C-Dur bzw. a-Moll:

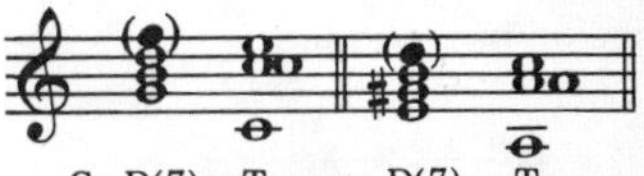

C: D(7) T a: D(7) T
→Harmonie, →Subdominante

Doo Wop bezeichnet die überwiegend schwarzen Vokalgruppen der fünfziger Jahre, deren Musik eine Mischung von Gospel, Tin Pan Alley und Rhythm & Blues bildet. Das Wort bezieht sich auf die üblichen Anfangssilben des Refrains (vgl. auch «Sh-Boom» der CHORDS, «Ling, ting, tong» der FIVE KEYS oder «Shimmy, Shimmy, Ko-Ko-Bop» von LITTLE ANTHONY AND THE IMPERIALS). Gelegentlich tauchen die Stilmittel von Doo Wop auch in jüngerer Rockmusik auf, so etwa in dem Song «Maybe He'll Know» auf Cindy Laupers LP *True Colors* (1986).

Doppeldominante oder Wechseldominante ist die dominantische Vorbereitung zur eigentlichen → Dominante. Sie wird verwendet, um die (Haupt-)Dominante zunächst als einen Zielakkord einzuführen, besonders häufig am Schluß von → Modulationen. Soll in C-Dur der Akkord auf der fünften Stufe G (Dominante, abgekürzt D) von ihrer eigenen fünften Stufe D (Doppeldominante, abgekürzt DD) erreicht werden, so ergibt sich die Akkordfortschreitung D-Dur, G-Dur und C-Dur, letzterer Dreiklang als Tonika-Schlußklang (abgekürzt T). Besonders gut wird die dominante Wirkung eingeprägt, wenn auch die Doppeldominante, wie die einfache Dominante, als ein Durseptakkord erscheint, in C-Dur also:

– C: DD⁷ D^7 T

Double Bass → Kontrabaß

Double Groove («Doppelrille») als ein schallplattentechnisches Verfahren wurde im Rockbereich Ende der siebziger Jahre eingeführt, um neben Coloured Vinyl, → Picture Disc und anderen entbehrlichen Neuerungen einer Überflußgesellschaft die Kauflust noch mehr anzukurbeln. Auf einer Plattenseite laufen zwei getrennte Stereo-Spuren parallel nebeneinander, so daß es lediglich einer winzigen Verschiebung der Nadel in der einen Rille bedarf, um in die andere mit einem zweiten Musikstück zu gelangen. Im Falle einer Single handelt es sich praktisch um eine EP, wobei die zwei Musiknummern nicht hintereinanderfolgen, sondern in der genannten Weise miteinander verhakt sind.

S Johnny Moped: *Cycledelic*, 1978 (GB: Chiswick WIK 8); M: *Pop Music/M Factor*, 1979 (D: MCA/Metronome 0900.138 Maxi-Single)

Drehleier (engl. hurdy-gurdy) ist ein Streichinstrument, dessen Saiten – statt mit einem Bogen – mit einer von der Mitte gekurbelten Holzscheibe zum Erklingen gebracht werden. Die Tonhöhen werden mit Hilfe von Tasten unter dem Griffbrett verändert; neben den Spielsaiten ertönen auch tiefere Bordunsaiten, d. h. leere Saiten, mit gleichbleibender Tonhöhe. Als Volksinstrument war die Drehleier im Mittelalter – neben dem → Dudelsack – in ganz Europa verbreitet und galt später als ein typisches Bettlerinstrument. In der Rockmusik nahm beispielsweise Donovan mit «I'm The Hurdy-Gurdy Man» Bezug auf das Instrument; Lisa Coleman, Keyboard-Spielerin von WENDY & LISA, setzt es auch im Konzert ein.

S Marc Almond: *Mother Fist...*; 1987 (D: Virgin)

Drehorgel (Leierkasten, engl. barrel-organ) ist eine tragbare oder fahrbare kleine Orgel. Das Drehen einer Kurbel verursacht nicht nur Luftzufuhr, sondern zugleich das Abspielen eines Musikstückes, das auf einer Stiftwalze aufgezeichnet ist. Die barrel-organs wurden im 19. Jahrhundert auch in den kleinen Kirchen Englands verwendet.

Dreiklang (engl. triad) ist das gleichzeitige Erklingen dreier verschiedener Töne, im engeren Sinn ein Grundton-Terz-Quintklang samt seinen → Umkehrungen in Sext- und Quartsextakkord. Nach der Qualität der Terz unterscheidet man Dur- (z. B. c e g) und Moll-Dreiklang (z. B. a c e). Nach der Qualität der Quint werden übermäßige (c e gis) und verminderte Dreiklänge (a e es) voneinander unterschieden.

Drive (engl., Treiben, Energie, Schwung) als ein dem Jazzbereich entlehnter Ausdruck bezeichnet das Durchhalten oder gar Steigern der Spannung eines Rockstückes, die vor allem auf der Beziehung von → Beat, → Synkope und → Off-Beat beruht und daher hauptsächlich von der Rhythmusgruppe besorgt wird. Federnder Rhythmus, Dichte oder Verdichtung der musikalischen Ereignisse bei strenger Wahrung von Zeitmaß und ursprünglicher Lautstärke sind für den Drive verantwortlich.

Drogen und Rockmusik → Psychedelische Rockmusik

Drum Computer → Rhythmus-Box

Drum, Drummer → Schlaginstrumente

Drum-Set → Schlagzeug

Dub in der → Reggae-Musik heißt das Verfahren, mit dessen Hilfe die in Multiplay-Technik aufgenommenen Stimmen eines Stückes (das zumeist bereits veröffentlicht wurde) untereinander neu gemischt und mit allerlei Soundeffekten wie etwa Hall und Echo versehen werden, wodurch man zu einem zweiten Klangergebnis kommt, das mit der ursprünglichen Fassung mitunter nur noch eine entfernte, lediglich von Kennern wahrnehmbare Ähnlichkeit besitzt. Solche Varianten lassen sich in beliebiger Anzahl herstellen, ein Umstand, der zum allmählichen Niedergang des Reggae im Laufe der achtziger Jahre beitrug. Das Verfahren erklärt sich aus der Tatsache, daß Reggae von Anfang an stark von den studiotechnischen Spielereien der sogenannten Sound System Men beeinflußt wurde. In dieser Bereitschaft, gegebenes Material mit Hilfe der Studiotechnik zu manipulieren, treffen sich Reggae und jüngere Entwicklungen wie Hip Hop und House.

S The Mikey Dread Show: *African Anthem Dubwise*, 1970 (GB: Dread) und unzählige andere Schallplatten.

Dudelsack (Sackpfeife, engl. bagpipe) ist ein unter den Hirtenvölkern verbreitetes Blasinstrument, dessen Windsack durch ein Anblasrohr oder durch einen Blasebalg mit Luft gefüllt wird. Drückt der Spieler auf den Windsack, den er zwischen Oberarm und Körper klemmt, so preßt er damit Luft in die an den Windsack angeschlossenen Pfeifen, unter denen sich außer einer (kürzeren) Spielpfeife mit Grifflöchern auch mehrere Bordunpfeifen, d. h. stets einen einzigen Ton hervorbringende Pfeifen, finden.

Wie die → Drehleier war der Dudelsack früher ein Volksinstrument, das auch heute noch auf den britischen Inseln, in Schottland, auf dem Balkan, in Frankreich, Spanien und Italien, in Nordafrika und im Vorderen Orient verbreitet ist. Die Bauformen unterscheiden sich je nach Region, selbst auf den britischen Inseln gibt es verschiedene Typen.

S Kate Bush: *The Sensual World,* 1989 (GB: EMI)

Duett (Verkleinerungsform von ital. due = zwei) ist der gleichzeitige Vortrag zweier Stimmen durch zwei Sänger, ferner das zweistimmige Vokalstück selbst. Der Begriff des Duetts schließt die Mitwirkung weiterer Gesangs- und Instrumentalstimmen in der Begleitfunktion nicht aus. Unter den unzähligen Duetten in der Rockmusik seien die EVERLY BROTHERS, PETER AND GORDON sowie FLO & EDDIE genannt. Daneben finden sich immer wieder Sänger und Sängerinnen zu Duetten zusammen, beispielsweise Rod Stewart und Tina Turner oder Lou Reed und Sam Moore (von dem früheren Soul-Duett SAM AND DAVE). Für das zweistimmige instrumentale Spiel hat sich der Ausdruck → Duo eingebürgert.

Dulcimer → Hackbrett

Duo (von ital. due = zwei) ist ein zweistimmiges instrumentales (seltener auch vokales) Stück, das von zwei Musikern gespielt wird, auch die selbständige Mitwirkung zweier Musiker; im Sprachgebrauch häufig gleichbedeutend mit → Duett. Beispiele für (instrumentale) Duos sind ATTILA, HARDIN & YORK, SILVER APPLES und THE GIST.

Duodezime heißt die → Quinte über der Oktave, dementsprechend gibt es reine, übermäßige und verminderte Duodezime.

Dur (engl. major) ist innerhalb der Dur-Moll-Tonalität ein Dreiklang mit einer großen Terz bzw. eine melodische Figur mit großer Terz, großer Sexte und großer Septime, im Gegenteil zu → Moll, wo all die genannten Intervalle klein sind. Beispiel für C-Dur:

Dynamik (Lautstärke oder die Lehre davon) ist die Abstufung eines Tones, einer Tonfolge oder einer ganzen Komposition nach Lautstärkegraden. Diese Grade werden in der Notation mit verschiedenen Zeichen von relativer Bedeutung ausgedrückt (fff, ff, f, mf, p, pp, ppp usw.) Die subjektiv empfundene → Lautstärke wird in Phon-Einheiten angegeben. Als eines der Merkmale von Rockmusik gilt in der seriösen Erwachsenenwelt nichtabgestufte und übersteigerte Lautstärke. In der Tat wird der dynamische Verlauf sehr vieler Stücke nicht variiert; je nach Stilrichtung steht aber die dynamische Gestaltung der Musik mehr oder weniger im Vordergrund des Interesses der Musiker: Hardrock und Heavy Metal variieren die Lautstärke allenfalls in großen Abstufungen, während Rockmusik, die dem Jazz oder der → Bildungsmusik näher steht, sehr wohl auch feinere dynamische Abstufungen kennt. Grundsätzlich allerdings ist Rockmusik auf Grund

der notwendigen elektrischen Verstärkung und des obligatorischen Einsatzes eines Schlagzeugs lauter als andere Musik. Mögen einerseits historische Gründe dafür die Ursache sein, so ist auch das zwanglose Verhalten des Publikums eine weitere Ursache: In Rockkonzerten wird geredet, gepfiffen, gejohlt, im Raum umhergegangen.
Problematisch erscheint größere Lautstärke, wenn sie das Musikhören erschwert. Außer mühsam zurückgehaltener Aggression oder beginnender Taubheit bei Musikern und Ton-Mixern kann es für derartige Attacken keinen Grund geben. Tatsächlich schadet überhöhte Lautstärke in Discotheken, bei Konzerten und selbst in manchen Schallplattenläden – die zuweilen leicht die Schmerzgrenze überschreitet –, vor allem den für diese Lautstärke Verantwortlichen, den Musikern selbst. Pete Townshend von der britischen Gruppe The Who beispielsweise kann in Konzerten nicht mehr Solo-Gitarre spielen, weil sein Gehör mittlerweile so weit zerstört ist.
Der Verzicht auf eine fein abgestufte Dynamik, die auch mit elektrisch verstärkten Instrumenten möglich ist, bedeutet dabei auch einen Verzicht auf Gestaltungsmöglichkeiten der Musik. Die Musik Kate Bushs, Lisa Dalbellos oder Peter Gabriels ist ohne akribische Komposition der Lautstärkegrade undenkbar.

S Kate Bush: *The Dreaming,* 1982 (D: EMI); Lisa Dalbello: *Whoman Four Says*, 1984 (NL: Capitol/EMI); Henry Cow: *Legend*, o. J. (F: LTM)

E

E ist ein Ton-Name, der sowohl das E der großen → Oktave wie auch allgemein die Tonqualität in allen Oktavbereichen bezeichnen kann. Es ist zugleich Abkürzung für E-Dur, im Gegensatz zu e (= e-Moll), in neueren Kompositionen der → Bildungsmusik auch für die → Tonart allein, ohne Kenntlichmachung des → Tongeschlechts. Eis ist ein chromatisch erhöhtes, Es ein chromatisch erniedrigtes E (engl. E♯ oder E-sharp bzw. E♭ oder E-flat).

East West Records ist seit Januar 1991 der Name der ehemaligen → Teldec; die Firma gehört zum Medienkonzern Warner Music International. Der Name East West Records geht auf ein Schallplatten-Label zurück, das Nesuhi Ertegun – einer der Gründer der Warner-Elektra-Atlantic-Gruppe – für Jazz-Produktionen gründete. Ertegun verstarb vor der endgültigen Umsetzung dieses Planes. East West Records ist neben den WEA-Companies die zweite Gruppe von Schallplatten-Labels des Warner-Medienkonzerns.

Easy Listening (engl., unterhaltendes, nichts vorgebendes Musikhören). Als Massenmusik oder Musik für die Massen enthält der Rock ein weitgefächertes Angebot von Stükken ohne ästhetischen Anspruch bis hin zu Kompositionen mit sorgfältig durchgearbeitetem Werkgefüge.

Diese Vielfalt liegt in der Eigenart der Rockmusik begründet, die ihrer Ausrichtung nach eklektizistisch ist, d. h. aus weit auseinanderliegenden Stilbereichen schöpft (→ Eklektizismus). Ihrer toleranten Haltung entspricht es, daß jeder nach seiner Vorstellung in ihr glücklich sein kann, und Musik sollte den Menschen nicht zur Schau getragene «Bildung» aufzwingen, sondern so etwas wie Glück spenden.

E-Bow, d. h. Energy Bow (Energie-Bogen), ist ein kleines, bogenförmiges Gerät, das auf eine Gitarrensaite aufgesetzt wird. Im Zusammenwirken mit dem Magnetfeld des Tonabnehmers einer elektrischen Gitarre regt es dabei deren Saite zum Schwingen an, so daß sich ein Zupfen erübrigt. Je nach Tonhöhe und Einstellung kann hierbei der Klang verschiedener Streichinstrumente wie Violine oder Cello nachgeahmt werden. Das Gerät wird mit einer kleinen 9-Volt-Batterie betrieben.

Echo entsteht, wenn ein und derselbe Schall das Ohr sowohl direkt als auch mit einer geringfügigen Zeitverzögerung erreicht. Ursache für die Zeitverzögerung ist die Laufzeit des Schalls sowie die Reflexion an einer harten Fläche. Der auf die Fläche auftreffende Schall wird zu seinem Ausgangspunkt zurückgeworfen. Echo wird als Effekt sehr häufig in der Rockmusik genutzt; zumeist wird er künstlich erzeugt. Früher diente dazu ein besonderes Echogerät, dessen darin befindliche Endlos-Tonbandschleife mit dem zu behandelnden Signal bespielt wurde. Das aufgenommene Signal wurde dann von mehreren Wiedergabe-Tonköpfen erneut abgenommen und dem ursprünglichen Signal zugemischt. Echogeräte dieser Art werden allerdings nicht mehr für die Musikaufnahmen verwendet, vielmehr kommen analog oder digital arbeitende Delay-Geräte zum Einsatz. Mit ihnen lassen sich die Effekte von → Flanger und Chorus erzeugen. Häufigen Gebrauch von Echoeffekten machte John Lennon für den Klang seiner Stimme («Instant Karma»).

EfA ist eine Abkürzung (Energie für Alle), unter der ein Schallplattenvertrieb für unabhängig von den großen Schallplattenkonzernen produzierte Schallplatten firmiert. Der 1980 gegründete Vertrieb besitzt selbst kein eigenes Label, vertreibt aber weit über fünfzig Label, so etwa Atatak, Atonal, Cashbeat, Enemy, Marat, Messidor, Piranha, Schneeball, Trikont, Twang Tone, Vielklang, Zensor und Zickzack. EfA hat seinen Sitz in Hamburg und unterhält Büros in Berlin und in Frankfurt.

Effektgeräte (electronic devices) heißen die Apparate, mit deren Hilfe der ursprüngliche Instrumenten- und Vokalklang in künstlerischer Absicht unterschiedlichen Verformungsprozessen unterworfen wird. Gab es um 1970 nur eine bescheidene Auswahl von Effektgeräten – etwa Bandechogerät, Feder- und Plattenhallgeräte, Verzerrer (Fuzz), Phaser und Wah-Wah-Pedal – so wurde das Angebot in den folgenden zehn Jah-

ren durch die Entwicklung elektronischer Bauteile schier unübersichtlich, was Verfahren und Typenvielfalt betrifft. Vor allem auf dem Gebiet der Zeitverzögerung und der Mischung von ursprünglichem und verzögertem Tonsignal wurden erhebliche Fortschritte erzielt, nicht zuletzt durch die Entwicklung digital arbeitender Geräte und der Einführung von → MIDI. Ursprünglich das Privileg einiger weniger Tonstudios, wandelte sich der Besitz von Effektgeräten für unzählige Musiker zu einer Selbstverständlichkeit.
Die meisten Effektgeräte werden als Zwischenschaltgeräte eingesetzt, d. h. sie werden zwischen Instrument und Verstärker geschaltet. Sie können aber auch zum Einschleifen in den Signalweg von Mischpulten oder entsprechend eingerichteten Verstärkern verwendet werden. Um dem jeweiligen Instrument einen möglichst individuellen Klang abzugewinnen, ist es heute fast unumgänglich, den Klang mit Hilfe mehrerer Effektgeräte in einer nicht leicht nachzuahmenden Weise zu manipulieren. Aus diesem Grund ist beispielsweise die Zahl der von Gitarristen verwendeten Effektgeräte stetig gestiegen, so daß sie auf der Bühne zuweilen mehr Platz einnehmen als der Verstärker und dementsprechend in einem eigenen Rack untergebracht sind. Mittlerweile gibt es allerdings auch sogenannte Effekt-Prozessoren, die mehrere verschiedene Effektgeräte beinhalten, so daß ein unscheinbares Kästchen eine ganze Batterie von älteren Effektgeräten ersetzen kann. (→ Exciter, → Hallgerät, → Flanger, → Phasing, → Verzerrer, → Vocoder, → Wah-Wah-Pedal)

Einklang → Unisono

Einleitung (engl. introduction) ist eine meist kürzere instrumentale Passage, die das Musikstück eröffnet und auf den eigentlichen Beginn vorbereitet. Sie kann eine Refrainzeile vorwegnehmen oder sonst mit der folgenden Musik motivisch verwandt sein. Die Einleitung kann aber auch musikalisch neutral gehalten werden und lediglich die Stimmung, die Tonart oder einen Akkord vorbereiten. Ein Beispiel für letzteres bilden die vorangestellten Gitarrenklänge in «Pigs on the Wing» auf Pink Floyds Album *Animals* (1977). Mitunter hat eine Einleitung aber auch eine ganz andere Aufgabe: Auf dem Live-Doppelalbum *Waiting for Columbus* (1978) von Little Feat stimmt die Band sich und den Schallplattenhörer mit dem kurzen, einer Beschwörung ähnelnden Song «Join the Band» ein, der offensichtlich in der Garderobe aufgenommen wurde. «Intro» wird auch das erste Stück der LP *Hello Afrika* (1991) von Dr. Alban genannt, ist aber vor allem ein gesprochener Text, in dem Dr. Alban angekündigt und die Außerordentlichkeit dieses Albums gepriesen wird.

Eklektizismus (von griech. eklegein = auswählen, ein Grundsatz, der auf der Auswahl aus Verschiedenem beruht) ist der vorherrschende, alle Sondermerkmale überragende Zug der Rockmusik: Stilmischung ist gleichsam ihr übergreifender Hauptstil (wenn Stil und Eklektizismus sich nicht gegenseitig ausschließen). Da die Rockmusik auf Grund ihrer Weltoffenheit und auch ihres wirtschaftlichen Potentials keine abgeschlossenen Stilbereiche, keine musikalischen Privilegien und geheiligten Traditionen anerkennt und auch nicht den «geläuterten Geschmack» des Bildungsbürgers zu befriedigen trachtet, bewegt sie sich unbefangen in geographisch und geschichtlich getrennten Ausdrucksbereichen und Techniken, die infolge des weltweiten Kommunikationsnetzes verfügbar geworden sind. Der Titel eines Doppelalbums des US-amerikanischen Gitarristen Stefan Grossman gibt die herrschende Stilmischung amüsant und treffend wieder: *The Ragtime Cowboy Jew*, 1970 (Elemente von R & B, Country und städtischer Sophistication). Während die frühere Rockmusik nur Stilbereiche miteinander verschmolz, die zumindest in soziologischer Hinsicht untereinander verträglich waren (Country und Blues, Beat und Musical, weißer Schlager und Rock 'n' Roll), bringt sie seit den späten sechziger Jahren die entferntesten Gebiete wie Raga und Beat, Volkslied und elektronische Gags, Schlagerballade und symphonische Form in abenteuerlichen Neugebilden zusammen. Zweierlei sollte der Hörer dabei im Auge behalten: Zum einen ist der Eurozentrismus des Eklektizismus der Rockmusik unübersehbar. Schon die Bezeichnungen «Weltmusik» und «Ethno-Pop» weisen darauf hin, von welcher Warte die Rockmusik vor allem der Musiker aus Ländern der Dritten Welt gesehen wird. Zum anderen dient der Eklektizismus keiner übergeordneten Aufgabe: Allein das interessant klingende oder wenigstens neue Resultat rechtfertigt die Einvernahme von fremden Musikstilen in die Rockmusik. So reizvoll diese Oberflächlichkeit im Ergebnis sein kann, so ist es für Rockmusiker von höchst geringem Interesse, Gegensätze miteinander zu versöhnen, etwa Bildungsmusik und Rockmusik miteinander zu verschmelzen. Primär kann ein solcher Versuch durchaus eine handfeste Provokation sein.

Electric Jazz ist der im Jazzbereich verbreitete Ausdruck für die Heranziehung der in der Rockmusik schon früher verwendeten elektrisch verstärkten oder auch elektronischen Instrumente durch Jazzmusiker um 1970. Miles Davis' Doppelalbum *Bitches Brew* aus diesem Jahr wird gern als die entscheidende Anregung für den Electric Jazz angesehen (Davis spielt auf einer elektrisch verstärkten Trompete). Elektrische Gitarre und Baßgitarre, elektrisches Klavier, Synthesizer, Mellotron usw. gehören zum Instrumentarium der in diese Richtung vorstoßenden Musiker (WEATHER REPORT, George Duke, McCoy Tyner u. a.). Der betreffende Ausdruck bezeichnet indes nur eine – nicht einmal die wichtigste – Seite in der Vermischung von Jazz- und Rockmerkmalen. Zumindest ebenso wesentlich erscheint der Hinweis auf die stilistische Vermischung beider Richtungen; dieser Hinweis ist im Begriff → Jazz-Rock viel genauer enthalten.

Electrola → EMI Records

Electronic Devices → Effektgeräte

Elektra Records, New York, wurde 1950 von dem musikalisch gebildeten Toningenieur Jac Holzman gegründet. Bedingt durch das bescheidene Anfangskapital galt das Interesse Holzmans zunächst dem Folk-Blues (Theodore Bikel, Josh White). Die Firma fand rasch Anschluß an die Folk-Rock- und Protestbewegung der frühen sechziger Jahre, nahm u. a. Phil Ochs, Tom Paxton und Judy Collins unter Vertrag und brachte gleichzeitig verschiedene Sammelplatten als «Projekte» heraus: *The Blues Project* (nicht zu verwechseln mit der späteren Gruppe Al Koopers), *What's Shaking* (ursprünglich als Electric Guitar Project geplant), *Old Time Banjo Project*, *String Band Project* und *Singer/Songwriter Project*. Ihren wirtschaftlichen Aufschwung verdankte die Firma Rockmusikern wie THE PAUL BUTTERFIELD BLUES BAND, THE DOORS, LOVE, CLEAR LIGHT, EARTH OPERA, RHINOCEROS, Carly Simon und David Ackles; einige andere wie MC 5 waren zumindest zeitgemäß und provozierend, ebenso THE STOOGES. Die Schwesterfirma Nonesuch produzierte, den Anfängen von Elektra getreu, Country und Folklore ethnischer Minderheiten (THE DILLARDS, MYSTÈRE DES VOIX BULGARES). 1970 wurde Elektra für zehn Millionen Dollar von dem Konzern Kinney National Services Corporation übernommen und 1973 mit Asylum Records zusammengelegt, damals unter der Aufsicht von David Geffen (Holzman verließ die Firma für einige Jahre, kehrte aber Ende der siebziger Jahre zurück, um die Leitung einer Technologie-Abteilung zu übernehmen). Geffen wurde 1975 Vize-Vorstandsvorsitzender von Warner Bros. Pictures. Nachfolger Geffens bei Elektra-Asylum wurde Joe Smith, unter dessen Leitung die Rockgruppen THE CARS und TELEVISION zu Elektra kamen. Auch Country & Western-Schallplatten wurden zu dieser Zeit auf Elektra veröffentlicht (Hank Williams Jr., Jerry Lee Lewis, Eddie Rabbit). Elektra wird seit 1983 von Bob Krasnow geleitet, der schon früher als A & R-Manager bei dem Label arbeitete. Zum vierzigjährigen Jubiläum der Firma wurde eine Schallplattenkassette veröffentlicht, für die gegenwärtig bei Elektra unter Vertrag stehende Musiker und Bands Cover-Versionen von Stücken früher unter dem Label-Namen veröffentlichender Musiker aufnahmen: THE CURE, GYPSY KINGS, PIXIES, THE BLACK VELVET BAND, METALLICA, AMBITIOUS LOVERS, THE SUGARCUBES, THEY MIGHT BE GIANTS, Tracy Chapman, Billy Bragg, Phoebe Snow, Howard Jones, Sara Hickman, Linda Ronstadt, Jackson Browne u. a.

S *Rubaiyat. Elektra's 40th Anniversary*, 1990 (D: Elektra)

Elektronische Musik ist ein 1950 im Zusammenhang mit dem Studio für Elektronische Musik (Herbert Eimert, Karlheinz Stockhausen u. a.) aufgekommener Begriff, der eine Musik bezeichnet, die ausschließlich aus durch elektrische Generatoren erzeugten Schwingungen besteht, wobei die Schwingungen in mehreren Verfahren (Tonbandschnitt, → Filter, → Nachhall, → Ringmodulator, → Tremolo, → Vibrato usw.) verformt werden können.

In einem allgemeineren Sinn wird elektronisch auch eine Musik genannt, die zwar auf mechanischem Wege entsteht (elektrische Gitarre, Hammond-Orgel, Clavinet u. a.), jedoch elektroakustisch verstärkt und umgewandelt wird (in diesem Sinne versteht etwa auch der Saxophonist Andy Mackay von ROXY MUSIC in seinem Buch *Electronic Music* den Begriff). Im Interesse der Klarheit empfiehlt es sich, im letzteren Fall von elektrisch verstärkter Musik zu sprechen. In der Rockmusik sind Kombinationen von elektrisch verstärkter und elektronischer Musik die Regel, selbst Gruppen, die im Rufe stehen, elektronische Musik zu machen (TANGERINE DREAM), verwenden oder verwendeten mechanische, aber elektrisch verstärkte Instrumente. Probleme in bezug auf die Bildung eines Begriffs werfen Instrumente auf, deren Klangerzeugung auf → Sampling beruht: zwar ist das Instrument selbst ein elektronisches Instrument, der eigentliche Klangerzeuger – das Instrument, das gesamplet wurde – aber kann durchaus ein herkömmliches Instrument wie Violine, Oboe, Trompete usw. sein.

Zwischen Komponisten Elektronischer Musik und Rockmusikern, die mit elektronischen Instrumenten arbeiteten, hat es kaum Dialoge gegeben. Zwar war und ist Karlheinz Stockhausen ein von vielen Rockmusikern bewunderter Komponist – dessen Platten häufig auch in Schallplattenläden stehen, die sich ausschließlich der Rockmusik widmen –, doch verstehen Rockmusiker unter elektronischer Musik vor allem die Ebene der Klangerzeuger, während diese für die Komponisten der Elektronischen Musik eher zweitrangig sind; während Rockmusiker längst die → Synthesizer der Firmen → Moog und → ARP verwendeten, blieben die Verfechter der Elektronischen Musik bei Tongeneratoren, Ringmodulatoren und Bandmaschinen. Auch hat Musik, die ausschließlich mit Synthesizern erzeugt wird, unter Rockhörern das Image von «Meditationsmusik». Es ist deshalb kein Zufall, daß Rockmusiker, die sich der elektronischen Musik gewidmet haben, oft zu Vertretern der New Age-Musik werden (→ New Age). Beispiele für elektronische Musik im engeren Sinn sind:

S Robert Margouleff/Malcolm Cecil: *Tonto's Expanding Head Band*, 1975 (USA: Atlantic); SYNERGY: *Sequencer*, 1976 (USA: Passport); Joseph Byrd: *Yankee Transcendoodle*, 1976 (USA: Takoma)

L Herbert Eimert/Hans Ulrich Humpert: Das Lexikon der elektronischen Musik (Regensburg 1973); Wolfgang Martin Stroh: *Zur Soziologie der elektronischen Musik* (Berg a. I./Zürich 1975); Tibor Kneif: Elektronik in der Rockmusik (in: Musik und Bildung 12/1979 mit umfangreicher Discographie); Andy Mackay: *Electronic Music* (Oxford 1981)

EMI (London) ist seit 1971 der Name der Electric & Musical Industries Ltd., die im Jahre 1931 aus den Schallplattenfirmen The Gramophone Company Ltd. und Columbia Graphophone Ltd. hervorging. Die

Vorgeschichte der Firma reicht allerdings bis an das Ende des vorigen Jahrhunderts zurück: die Gramophone Ltd. wurde bereits im Jahre 1889 in London gegründet; in Deutschland wurden deren Platten von der Deutschen Grammophon Gesellschaft (gegründet von Emile und Joseph Berliner) in Hannover hergestellt. Die DGG wurde im Jahr 1917 als britisches Feindvermögen konfisziert und an die Polyphon Musikwerke in Leipzig verkauft. 1925 wurde die Gramophone Ltd. für den Verlust der DGG entschädigt und gründete in Berlin die deutsche Tochtergesellschaft Electrola.

Durch die Fusion der Gramophone Company Ltd. und der Columbia Graphophone Ltd. kamen auch die Schallplattenwerke der Carl Lindström Gesellschaft und die Odeon-Werke in den Besitz der neuen gemeinsamen Firma. In Deutschland nahmen die beiden Schwestergesellschaften bald eine marktbeherrschende Stellung ein. Erst im Jahre 1972 fusionierten die Electrola GmbH und die Carl Lindström GmbH zu EMI Electrola. Bereits 1952 war der Sitz beider Firmen von Berlin nach Nürnberg, ein Jahr später nach Köln verlegt worden. 1980 verband sich die EMI Ltd. mit der Thorn Electrical Industries Ltd. (London) zu dem Konzern Thorn EMI Ltd.; der Musikbereich erhielt den Namen EMI Music. Thorn EMI erwarb für diesen Bereich 1989 jeweils die Hälfte der Schallplattenfirmen Chrysalis und Enigma, außerdem die Musikverlage SBK Songs und IRS Records. Insgesamt gehören zu Thorn EMI 35 Firmen, darunter auch die US-amerikanische Plattenfirma Capitol. Die vorerst letzte Umstrukturierung der EMI Electrola datiert aus dem Jahre 1990, als die Firma in drei Bereiche aufgeteilt wurde: EMI, Electrola und EMI Classics; dabei befaßt sich EMI mit angloamerikanischem Repertoire – also vornehmlich Rockmusik –, Electrola mit dem lokalen Repertoire und EMI Classics ausschließlich mit der Vermarktung von E-Musik.

Der Thorn EMI-Konzern gehört zu den drei größten Musikkonzernen der Welt; zu den Tochterunternehmen gehören aber auch Hotels und Restaurants, Film- und Fernsehproduktionsstätten, Fernsehstationen und Fabrikationsanlagen für elektronische Geräte. Die Musik-Unternehmen haben in den USA und Europa jeweils nationale Eigenständigkeit: EMI Records Ltd. in Großbritannien, Capitol Industries-EMI Inc. in den USA, Pathe Marconi EMI SA in Frankreich – der Name verrät, daß die Gramophone Company Anfang des Jahrhunderts die Marconiphone Company kaufte –, EMI Italiana SpA in Italien, EMI Music Australia in Australien, Toshiba-EMI in Japan und EMI Electrola GmbH in der Bundesrepublik Deutschland. 1989 wurde mit Cui Jian der erste chinesische Rockstar für EMI Music verpflichtet.

EMI war auch die Plattenfirma, die die erfolgreichste Rock-Gruppe überhaupt, THE BEATLES, für ihr Label Parlophone (A & R-Manager George Martin) unter Vertrag nahm. Weitere wichtige Bands, die bei EMI oder einem der mit EMI verbundenen Labels unter Vertrag sind oder

waren, sind etwa QUEEN, PINK FLOYD, THE BEACH BOYS und JETHRO TULL sowie die Musiker Paul McCartney, Kate Bush, Sinead O'Connor, Billy Idol, Pat Benatar, Bonnie Raitt, Tina Turner, Lisa Dalbello, MC Hammer und Peter Blakeley.
EMI Electrola, die deutsche Tochter von Thorn EMI, vertreibt eine Vielzahl von eigenen und fremden Labels, darunter etwa Abbey Road, Apple, Blue Note, Capitol, Columbia, Crystal, EMI Noise, Folkways, Harvest, HörZu/Electrola, Liberty, Odeon, Parlophone, Private Stock, Rhino, Rockport, Rolling Stones, Sunset, United Artists, Welt-Rekord, Wings und Zapple. Auch die «His Master's Voice»-Labels – in jedem Land gibt es eines in der jeweiligen Landessprache – werden von EMI vertrieben. Auf dieses Label geht das Markenzeichen des Musikkonzerns zurück: der vor dem Messingtrichter eines Grammophons sitzende, aufmerksam lauschende Hund. Das Tier hieß «Nipper» und gehörte dem Maler Marc Barraud, der das Bild 1899 der Gramophone Ltd. für hundert Pfund verkaufte.

E-Musik → Ernste Musik

Englische Rockmusik → Britische Rockmusik

Englisch Horn (engl. English Horn) ist eine → Oboe in der Altlage mit gerader Form, Klappenmechanik und abgeknicktem Mundstück, sein Tonumfang ist es – b^2. Das in F gestimmte Instrument klingt eine Quinte tiefer als notiert. Sein Ton ist eindringlich und zur Weckung gefühlvoller Assoziationen geeignet. Unter den seltenen Beispielen in der Rockmusik vgl. etwa «Love March» auf der LP *Keep on Moving* von THE BUTTERFIELD BLUES BAND (1970).

Enharmonik ist im zwölftönigen, gleichschwebend temperierten Tonsystem die Erscheinung, daß ein und derselbe Ton als zu verschiedenen → Tonarten gehörig wirken kann; die jeweils geltende Tonart wird mit der Notierungsweise kenntlich gemacht. Zum Beispiel sind die Töne cis und des auf dem Klavier identisch, doch verweist die unterschiedliche Schreibweise auf zwei voneinander entfernte Tonarten. Eine enharmonische Verwechslung liegt vor, wenn ein Ton aus dem praktischen Grund der besseren Leserlichkeit umgedeutet wird, z. B. wird die Tonfolge cis^1 his ais gisis viel einfacher mit des^1 c^1 b a notiert und gelesen (ais-Moll schlägt in b-Moll um). Eine enharmonische Umdeutung kommt auch bei Modulationen vor; durch die Umdeutung erhält der harmonische Gang eine neue Richtung, die zur Gründung einer neuen Tonart (oder Nebentonart) führt.

Ensemble (franz., Miteinander, Gruppe) ist eine Gemeinschaft von Künstlern, die sich dauernd oder zum Zwecke einer Inszenierung, einer Tournee, einer Aufführung zusammengefunden haben. Der Ausdruck läßt die Größe der Vereinigung unbestimmt. Ebenso wie es ein Ballettensemble, ein Theaterensemble usw. gibt, kann man auch von einem Rockensemble sprechen

(z. B. die Formation New York Rock and Roll Ensemble). Gebräuchlicher sind indes die Bezeichnungen Gruppe und Band.

Envelope Shaper → Hüllkurvenformer

EP (Extended Player) ist eine 17-cm-Schallplatte, die trotz der Formatgleichheit mit einer → Single deshalb keine Single ist, weil mindestens auf der einen Seite zwei oder mehr Nummern enthalten sind. Die Drehgeschwindigkeit beträgt ebenfalls 45 U/min, seit etwa 1970 gibt es allerdings auch EPs mit 33 ⅓ U/min.

Epic → Columbia Records

Epilog ist ein abschließender Teil, der einem längeren Musikstück angehängt wird. Er dient dem Rückblick, der Moral, der Besänftigung, der Hoffnung usw. Zumeist wird im Epilog kein neues Thema mehr aufgestellt, sondern es erscheinen frühere Motive einzeln oder untereinander kombiniert: sie werden dann gleichsam mit einem Abschiedsblick noch einmal zusammengefaßt. Ein Epilog dieser Art findet sich am Ende des → Concept Albums *Trilogy for the Masses* von Ford Theatre (1968); das Stück («How much does it mean to you...») nennt sich dabei «Postlude», ein Nachspiel. Auf der LP *Band on the Run* (1973) von Paul McCartney werden zuvor aufgestellte Themen am Schluß der Platte noch einmal aufgegriffen und zu einem Epilog zusammengefaßt.

Episode ist ein Zwischengeschehen in einem umfassenden musikalischen Ereignis, eine Art Umweg, Abschweifung oder Nebenereignis ohne zentrale Bedeutung. Sie dient der Abwechslung oder Ausschmückung der Gesamtkomposition, aber auch als spannungssteigerndes Moment.

Equalizer gibt es in zwei grundsätzlich verschiedenen Bauformen. 1. Graphischer Equalizer ist ein Klangregelgerät, mit dessen Hilfe einzelne, eng begrenzte Abschnitte des hörbaren Frequenzbereiches in der Lautstärke abgesenkt oder angehoben werden können. Aus der Stellung der Regler – meist Schieberegler – kann in etwa der resultierende Frequenzgang abgelesen werden. Daher rührt der Name. Je nach Bauart wird das Frequenzband in mehr oder weniger Bereiche eingeteilt. Die Geräte werden deshalb auch Oktavfilter oder Terzfilter genannt: im ersten Fall ist ein Regler für eine ganze Oktave zuständig, im zweiten Fall lediglich für den Bereich einer Terz. 2. Parametrische Equalizer ermöglichen nicht nur eine Anhebung oder Absenkung eines Frequenzbereiches, sondern mit Hilfe eines weiteren Reglers auch die Wahl dieses Bereiches. Mit parametrischen Equalizern kann gezielt ein bestimmter Frequenzbereich ausgewählt werden, in dem die Verstärkung oder Abschwächung wirksam werden soll. Erhebliche Anforderungen werden an die Güte der Filter von parametrischen Equalizern gestellt. Je enger begrenzt ihr für Tonfrequenzen durchlässiger Bereich ist, desto wirkungsvoller ist ihre Arbeit.

Beide Arten von Equalizern werden in der Rockmusik eingesetzt, sowohl in Verstärkern als auch in PA-Anlagen. Graphische Equalizer finden sich auch in manchen Heimstereoanlagen. Für den Einsatz im Zusammenhang mit Instrumenten gibt es auch Einzelgeräte, die in den Signalweg geschaltet werden.

Equipment (engl. Ausrüstung) heißt die Ausstattung einer Rockgruppe mit den bei Live-Auftritten notwendigen Geräten und Apparaten. Zu ihm zählen neben den Musikinstrumenten → Verstärker, → Lautsprecher (→ Monitore und PA), → Mikrophone und → Mischpult, → Effektgeräte, eventuell auch Beleuchtungsanlage (→ Bühnenbeleuchtung). Lagerung, Transport und Aufbau des Equipments gehören in die Zuständigkeit des → Road Managers.
Im Laufe der siebziger Jahre geriet das Equipment zunehmend in das Zentrum des Interesses vieler Musiker. Spöttisch als «Giganto»-Rock-Gruppen bezeichnete Bands wie YES, EMERSON, LAKE & PALMER legten größten Wert auf ihr Equipment, das schließlich nach der Zahl der mit ihm gefüllten Sattelschlepper beurteilt wurde. Sinn dieser ausufernden Technik war es vor allem, die Musik einer Schallplatte möglichst originalgetreu auch im Konzertsaal vorführen zu können. Dies führte zu einem Erstarren der Live-Musik, da sich jegliche spontane Regung den technischen Gegebenheiten unterwerfen mußte. Punk war unter anderem auch eine Kritik an dieser Starre; doch nur vorübergehend wurde deutlich, daß für Rockmusik nicht mehr als die Instrumente und ein paar Verstärker wirklich notwendig waren. Im Laufe der achtziger Jahre wurde tatsächlich immer mehr Equipment als je zuvor verwendet, mit schlußendlich ähnlichen Ergebnissen wie Mitte der siebziger Jahre. Konzerte wie die Aufführung von Roger Waters' *The Wall* in Berlin (1990) sind Demonstrationen des technischen Aufwands, der getrieben werden kann.
Natürlich kommt Rockmusik nicht ohne technisches Equipment aus, und für ein Konzert vor einem großen Publikum ist auch ein entsprechendes Equipment notwendig. Bedenklich ist aber, wenn die Ausrüstung den ersten Stellenwert im Denken eines Musikers erhält; vor allem ambitionierte Amateurmusiker legen mitunter allzu großen Wert auf den Besitz der «richtigen» Gitarre, des «richtigen» Verstärkers usw. Musikerzeitschriften wie *Fachblatt Musik Magazin, Soundcheck* u. ä. erfüllen dabei eine zweifelhafte Funktion. Einerseits ist ihre aufklärerische Wirkung unverkennbar; die Qualität des heute verfügbaren Equipments ist unter anderem ein Ergebnis dieser Aufklärung und der kritischen Beobachtung des Marktes. Andererseits sind diese Zeitschriften nolens volens auch Werbeschriften – nicht nur wegen der zahlreichen Anzeigen – von einem hohen Glaubwürdigkeitsgrad, sind doch die Tester der Instrumente und des Equipments in der Regel Profi-Musiker. Unerfahrene Musiker interpretieren kritische Tests mitunter dann dahingehend, daß nur das teuerste

Equipment das beste ist und den Erfolg garantiert. Aber auch die beste Ausrüstung kann fehlende Ideen und die Beherrschung des Instrumentes nicht ersetzen.

L Tony Bacon (Hg.): *Rock Hardware* (Dorset 1981)

Ernste Musik (E-Musik) ist ein dilettantischer, heute fast nur noch von der → GEMA und den Rundfunkanstalten verwendeter Ausdruck für die → Bildungsmusik. In der gesamten Musikgeschichte vom Mittelalter bis zur Moderne gibt es unzählige «unernste» Musikstücke, etwa Madrigale aus dem 16./17. Jahrhundert, komische Opern in Italien, Frankreich und Deutschland, Bachs Bauern- und Kaffeekantate, Trinklieder und Capricci – launige Werke auch großer Meister, denen eine kulturbeflissene, ernste Miene nicht gerecht wird (→ Unterhaltungsmusik). Andererseits hat Rock nicht durchweg Spaß oder Zerstreuung im Sinn, sondern kann auch Schmerz, Konflikt, Einsamkeit und Zeitkritik ausdrükken.

L Tibor Kneif: *U-Musik: ein falsches Streitobjekt,* in: *Neue Zeitschrift für Musik* 1/1980 (Schott, Mainz)

ESP-Disk, New York, wurde Mitte der sechziger Jahre für Jazz und Avantgarde gegründet und setzte sich in liebenswürdiger Verbohrtheit zum Ziel, die Verbreitung der Esperanto-Sprache zu fördern. Das Label brachte die ersten drei Alben von THE FUGS und THE GODZ, beide die enfants terribles von → Greenwich Village um 1966, heraus. Von den Sprechplatten, die ebenfalls der Subkultur-Gesinnung des Labels entsprangen, seien *Turn On, Tune In, Drop Out* von Timothy Leary und *Call Me Burroughs* von William S. Burroughs erwähnt.

Evergreens sind Schlager- und Tanzstücke von jahrzehntelanger Popularität («Standards»). → Oldies

Exciter, auch Aural Exciter, ist weniger ein → Effektgerät als ein Gerät zur Verbesserung eines Klanges. Das in den siebziger Jahren zuerst von der Firma Aphex vorgestellte Gerät besteht im wesentlichen aus einem Hochpaßfilter und einer Zeitverzögerungseinheit, häufig kommt noch ein Verstärker hinzu. Aus dem zu behandelnden Signal wird ein Teil der hohen Frequenzen – die bei Tonaufnahmen in der Regel am stärksten gefährdet sind – herausgefiltert und, geringfügig verzögert und verstärkt, dem ursprünglichen Signal wieder beigemischt. Die bei diesem Vorgang auftretende Phasenverschiebung läßt den Klang deutlicher, «präsenter» erscheinen. Exciter werden vor allem für Vokalaufnahmen eingesetzt und haben besonders bei der Aufzeichnung von weiblichen Stimmen große Wirkung; es ist aber auch möglich, beliebige andere Aufnahmen von Instrumenten mit einem Exciter zu manipulieren. Beliebt ist es etwa, Aufnahmen von Snare-Drums mit einem Exciter zu behandeln.

L John Peel: *Making 4-Track Music,* 3. Auflage, London 1989

Expander werden heute tonerzeugende Einheiten genannt, die zumeist die tastaturlosen Ausgaben von üblichen Synthesizern oder Sample-Keyboards sind. Der Begriff stammt aus der Frühzeit der → Synthesizer, als die Firma → Oberheim einen sogenannten Expander anbot, der die damaligen Synthesizer mit weiteren Oszillatoren, Filtern, Hüllkurvengeneratoren usw. erweiterte. In diesem Sinn genutzt, benötigte der Expander keine eigene Tastatur.

F

F ist ein Tonname, der sowohl als F der → großen Oktave wie auch allgemein die Tonqualität F in allen Oktavbereichen bezeichnen kann. Es ist zugleich Abkürzung für F-Dur, im Gegensatz zu f (= f-Moll), in neueren Kompositionen der → Bildungsmusik auch für die → Tonart allein, ohne Kenntlichmachung des → Tongeschlechts. Fis ist ein chromatisch erhöhtes, Fes ein chromatisch erniedrigtes F (engl. F♯ oder F-sharp bzw. F♭ oder F-flat).

Fader ist ein Schieberegler, wie er in Mischpulten für die Regelung der Lautstärke eines Kanals dient. Der Name verdeutlicht, daß Schieberegler in der Frühzeit der Aufnahmetechnik vor allem für das Ausblenden notwendig waren.

Fading (Fade out) → Ausblenden

Fairlight CMI ist die Bezeichnung eines Computer-Musiksystems, das die in Sydney ansässige Firma Computer Musical Instrument (gegründet von Peter Vogel) im Jahre 1979 erstmals vorstellte. Kernstück ist eine → Sampling-Einheit, die es ermöglicht, beliebige natürliche und künstliche Klänge digital umzuformen und weiterzuverarbeiten. Auf einem Bildschirm können Wellenformen angezeigt und mit Hilfe eines Lichtgriffels verändert oder gänzlich neu gestaltet werden (in späteren Modellen wurde der Lichtgriffel durch ein Grafiktablett ersetzt). Spannungsgesteuerte Filter und Verstärker dienen der Bearbeitung von analog vorliegenden Klangquellen. Der Fairlight Musik-Computer ist gleichzeitig ein Aufnahmesystem; so beträgt die längste Sample-Zeit bei vollem Speicherausbau etwa zwei Minuten, während auf einer Festplatte bis zu zwölf Minuten lange Aufnahmen festgehalten werden können.

S Kate Bush: *The Dreaming*, 1982 (D: EMI)

Falsett. Die menschliche Stimme teilt sich in das tiefe/mittelhohe Brustregister sowie in das hohe Kopfregister ein. Der Unterschied zwischen den beiden liegt in der jeweils anderen Resonanz von Brustwand und Schädelknochen. Wird die männliche Kopfstimme (Fistelstimme) infolge von Brustresonanz verstärkt, so entsteht Falsett mit den übernormal hohen Tönen. Falsett wird in der Rockmusik manchmal als ein possenhafter Zug (so bei Tiny Tim), manchmal als ein besonderer Klangreiz (z. B. bei den BEACH

Boys) verwendet, aber auch als Camouflage (z. B. bei Prince). Der Ursprung des Falsettgebrauchs in der Rock- und vor allem Soulmusik liegt in dem Blues-Gesang der schwarzen US-Bürger, bei denen der Falsettgesang als besonders männlich galt. Schwarze Sänger liefern auch heute noch sehr beeindruckende Beispiele des Falsettgesangs, etwa Philip Bailey, einer der Sänger der Band Earth, Wind and Fire.
Filme über frühe Beatles-Konzerte sowie z. B. die Live-Platte vom Konzert im New Yorker Shea-Stadion am 23. August 1965 zeigen die sinnliche Klangwirkung des Falsettchores auf das Publikum an Stellen wie «you know you should be glad, ooo» im Stück «She Loves You».

S Tiny Tim: *God Bless Tiny Tim*, 1968 (USA: Reprise); Beatles: *Live At Shea-Stadium*, ca. 1973, Raubpressung (Benbecula Records); Prince: *Sign 'O' The Times*, 1987 (D: Paisley Park); Earth, Wind and Fire: All 'n All, 1977 (NL: CBS)

Fan (Abkürzung von engl. fanatic) ist ein Begeisterter, hier ein Rockbegeisterter. Ein starkes Interesse am ganzen Rockgeschehen oder an Teilerscheinungen – an einem Star, einer landschaftlich bedingten Richtung (z. B. West Coast) – führt zum Sammeln von Schallplatten, Literatur und sonstigen Dokumenten. Fans sind kenntnisreiche, manchmal versponnene, manchmal fanatische und in der Tat unentbehrliche Teilhaber der Rockgeschichte. In einer breiteren Öffentlichkeit machen sie sich durch Leserzuschriften und Abstimmungen bemerkbar; die um 1980 sich häufenden Mitteilungsblätter (Fanzines) über Spezialthemen richten sich an Fans, die auch ihre Clubs besitzen.

Fanfare. 1. Trompetenstoß. – 2. Trompete. – 3. Ein musikalisches Signal, zumeist in gebrochenen Dreiklängen. Vanilla Fudge nannte den Beginn des Stückes «Lord in the Country» auf dem *Rock & Roll*-Album von 1969, nach den genannten Maßgaben mit zweifelhafter Berechtigung, eine «Fanfare».

Fantasie (engl. fancy) ist ein Musikstück ohne eine festgeprägte Form, häufig eine lose, wie improvisiert wirkende Verbindung mehrerer Themengruppen untereinander (→ Medley, → Potpourri).

Fantasy Records, Berkeley, Calif., ist ein hauptsächlich dem Jazz, Jazz-Rock, Rock und Country gewidmetes Label, auf dem Ende der sechziger Jahre Gruppen wie Clover, Creedence Clearwater Revival (früher The Golliwogs), Frijid Pink, später David Bromberg und Merle Saunders erschienen sind; der Filmzweig brachte u. a. *One flew over the cuckoo's nest* mit dem Soundtrack von Jack Nitzsche heraus. Seit 1971 gehört Fantasy mit den Labels Milestones und Prestige zu den führenden Jazzfirmen. Diese Stellung konnte die Firma in den letzten Jahren noch ausbauen: die Label Pablo Live, Pablo Today, Galaxy und Stax werden neben einigen weiteren von Fantasy betreut.

Fanzine ist eine Zeitschrift für die Fans einer Rockgruppe (z. B. *Dead Relix* für die Fans von GRATEFUL DEAD, *Controversy* für die von Prince oder *Madonnale* für die von Madonna) oder einer speziellen Musikrichtung (etwa *Sniffin' Glue* für Punks). Fanzines sind eine Fundgrube für Kuriositäten aller Art, zugleich die authentische Stimme innerhalb der Rockmusik, werden sie doch von Fans für Fans gemacht. Fanzines werden nicht wie andere Zeitschriften vertrieben, sondern sind in Schallplattenläden, bei Konzerten und auf manchen Flohmärkten erhältlich, vor allem aber bei Fan-Clubs, die sie zumeist herausgeben. Auch in Zeitschriften für Schallplattensammler werden Fanzines angeboten, in *Record Collector* werden Fanzines regelmäßig vorgestellt und charakterisiert.
Fanzines erscheinen selten regelmäßig, erst recht nicht über einen längeren Zeitraum, manche sogar nur einmal. Die Aufmachung reicht von Fotokopien bis zu aufwendigen Farbdrucken.

Featuring (to feature, engl., jemandem den Vorrang einräumen, in der Hauptrolle zeigen) ist ein bei Rockkonzerten ebenso wie bei Filmen und Bühnenwerken verbreiteter Ausdruck, der die Beteiligung einer bekannten, publikumswirksamen Person hervorhebt. Beispiele:

S BIG BROTHER & THE HOLDING COMPANY featuring Janis Joplin: *Cheap Thrills*, 1968 (USA: Columbia); EMBRYO featuring Charlie Mariano: *We Keep On*, 1973 (D: BASF); ROB 'N' RAZ featuring LEILA K: «Got to get», 1989 (D: BMG)

Feedback → Rückkopplung

Feeling (engl., Gefühl, Einfühlung). 1. Der Ausdruck bedeutet, daß ein Musikstück oder eine Musikgattung von einer bestimmten, Außenseitern kaum zugänglichen Lebenseinstellung getragen wird. Schwarze Bluessänger betonen immer wieder, daß der Blues von einem solchen, mit dem Schicksal der Afroamerikaner eng verflochtenen Lebensgefühl geprägt ist. Schwarze Reggae-Musiker aus Jamaika beanspruchen für sich ebenfalls ein besonderes F., das in ihrem Fall auch noch eng mit Jamaika verbunden ist. – 2. Der Begriff beinhaltet, daß ein Interpret dieses besondere, gattungsspezifische Feeling nachzuvollziehen und zu vermitteln weiß. Ein Sänger mit einem guten «Rock 'n' Roll-Feeling» war z. B. Elvis Presley. Feeling heißt dann soviel wie Einfühlungsvermögen in die besondere Stimmungs- und Gedankenwelt eines Stückes bzw. eines Stilbereiches. In dieser Bedeutung kann auch ein Fan über F. verfügen.

Fender Musical Instruments, zunächst Fullerton, Calif., später in Corona, ist eine elektrische Gitarren, Banjos, Verstärker, Lautsprecherboxen und Effektgeräte herstellende Firma, benannt nach dem Gründer Leo Fender (geboren 1907). Bekannt wurde das Unternehmen (gegründet 1951) durch elektrische Gitarren, deren Korpus aus einem massiven Stück Holz besteht (Broadcaster-Gitarre, später Telecaster-Gitarre), später durch die Entwicklung der elektrischen Baßgitarre (Telecaster Bass, Precision

Bass, Jazz Bass). Das Stratocaster genannte Gitarrenmodell erlangte durch die Gitarristen Hank Marvin (THE SHADOWS) und Buddy Holly, mehr noch aber durch Jimi Hendrix und Eric Clapton, die dieses Instrument ausschließlich oder sehr häufig spielten, eine einzigartige Stellung unter den Rockgitarren. Ähnliche Berühmtheit wurde den Verstärkern Dual Showman Amplifier, Twin Reverb und Bassman zuteil.

Die Firma Fender wurde im Jahre 1965 in den CBS-Konzern eingegliedert. Unter Gitarristen gilt dieser Inhaberwechsel als Qualitätsmerkmal für die Instrumente; sehr gesucht sind die, die vor 1965 gebaut wurden. Mehr noch wurde Fender das Auftreten japanischer Hersteller auf dem Musikinstrumentenmarkt zum Verhängnis: die japanischen Kopien der Fender-Gitarren waren billiger und handwerklich oft solider gebaut. Erst Mitte der siebziger Jahre zog die Firma die Konsequenz und versuchte an die Firmentradition anzuknüpfen; einerseits wurden in den USA Instrumente nach den alten Maßstäben gebaut, andererseits wurde die Marke Squier by Fender ins Leben gerufen. Die Squier-Instrumente – Kopien der älteren Fender-Instrumente – wurden zunächst in Japan gebaut und liegen im Preisniveau deutlich unter den US-amerikanischen Fender-Instrumenten; auch in Taiwan und Korea ließ Fender später Instrumente bauen.

Bis in die siebziger Jahre hinein stellte Fender immer wieder neue Instrumente vor, die im technischen Prinzip aber auf die Solid Body-Bauform beschränkt blieben. In den achtziger Jahren verlegte sich die seit 1984 wieder eigenständig operierende Firma auf eine konsequente Modellpflege. Zeitweilig arbeitete Fender auch mit der Instrumentenfirma → Rhodes zusammen; Resultat war das Fender-Rhodes-Piano, ein elektrisches Klavier, dessen Töne mit Hilfe von Metallzungen erzeugt wurden. Das Fender-Rhodes-Piano gehörte in den ersten Jahren des Jazz-Rock zur Grundausstattung jeder Jazz-Rock-Gruppe. Der Namen Rhodes ist mittlerweile an die japanische Firma → Roland übergegangen.

Leo Fender arbeitete, nachdem er die Firma Fender verlassen hatte, zunächst für den Instrumentenhersteller Music Man; später war Fender am Aufbau der Firma G & L beteiligt. Die Instrumente dieser Hersteller tragen die unverkennbare Handschrift des im April 1991 verstorbenen Leo Fender: Massives Holzkorpus, aufgeschraubter Hals.

L A. R. Duchoser: *The Fender Stratocaster* (Milwaukee 1988); Ralph Denyer: *The Guitar Handbook* (London/Sydney 1982)

Fermate (von ital. fermata, Haltezeichen, engl. pause). In der notierten Musik bedeutet die Fermate mit dem Zeichen 𝄐 über oder unter einer Note, daß dieser – meist der Schlußton eines Stückes oder eines Abschnittes – mit einer längeren Dauer ausgehalten werden soll, als der Notenwert sie angibt. Steht das Zeichen über einem Pausenwert, so wird die Pause verlängert. Die Fermate unterbricht den Taktfluß und setzt die Zeiteinheit, auf die sie sich bezieht, außerhalb des metrischen Gefüges.

Fernsehen und Rockmusik. Für die Verbreitung und Popularisierung von Rockmusik spielt das Fernsehen – öffentlich-rechtlich organisierte Sendeanstalten wie private – in mehrfacher Hinsicht eine kaum zu überschätzende Rolle. Einerseits wird für Rock-Schallplatten im Fernsehen geworben (→ TV-Merchandising), wobei es sich zumeist um → Sampler gerade noch aktueller Hits handelt, andererseits gab und gibt es eine Vielzahl von Musiksendungen, in denen Rockmusiker auftreten oder Filme (→ Video Clips) von Rockmusikern gezeigt werden. Seit Beginn der achtziger Jahre gibt es Sender, die ausschließlich Video-Filme über Rockmusik oder der Rockmusik verwandte Musik senden.

1. Geschichte. Populäre Musik gehörte von Beginn an zur Entwicklung des Fernsehens. US-amerikanische Fernseh-Shows basierten in der Frühzeit auf Vaudeville-Shows und Formen des Rundfunks. In sogenannten Popular Music Shows wie *Paul Whiteman's TV Teen Club, Face the Music, Your Hit Parade, Upbeat* oder *The Big Record* spielte Rockmusik allerdings keine Rolle. *The Big Record* öffnete sich als erste zaghaft dem Rock 'n' Roll, aber erst in der NBC-Reihe *The Music Shop*, erstmals im Jahre 1959 ausgestrahlt, traten Rockmusiker wie Ritchie Valens, THE TEDDY BEARS oder THE CHAMPS auf.

Während in diesen frühen Music Shows die Musiker tatsächlich im Fernsehstudio sangen und musizierten, waren Music Shows später reine Play Back Shows. Sendungen, in denen nicht nur die Lippen synchron zu der vom Band laufenden Platte bewegt wurden, nannte man Concert Shows (etwa *Don Kirshner's Rock Concert*, *Soundstage* und *Rock & Roll Tonight*). Prototyp und bis heute Vorbild – wenn auch in modifizierter Form – für Rockmusik im Fernsehen war die Music Show *American Bandstand*, die im Jahre 1952 erstmals in Philadelphia als *Bandstand* ausgestrahlt wurde. 1956 übernahm der Sender ABC die Sendung, die eine der am längsten bestehenden Sendungen der Fernsehgeschichte ist. *American Bandstand* fand zahllose Nachahmer, so auch *The Ed Sullivan Show*, in der ein Auftritt der BEATLES die «British Invasion» einleitete.

In Großbritannien wurde im Jahr 1963 *Ready Steady Go!* erstmals ausgestrahlt, ein Widerpart zu *Top of the Pops* – in *RSG!* kam die neue Musik zu Worte. Der Urheber dieser Sendung, Jack Good, machte später noch einmal eine Musik-Sendereihe in den USA mit dem Titel *Shindig!* (ABC). Der Sender NBC setzte als Antwort *Hullabaloo* auf das Programm.

Mitte der sechziger Jahre kam – als Folge der BEATLES-Filme – eine weitere Form der Musiksendung auf: Filme mit Rockgruppen. Don Kirshner stellte 1966 mit den MONKEES eine Retorten-Band vor die Kamera – erstmals wurde eine Rockband für die Erfordernisse einer Fernsehproduktion zusammengestellt.

Psychedelic Rock und Underground-Rock wie auch neue elektronische Möglichkeiten der Bildbeeinflussung veränderten Ende der sechziger Jahre auch die Erscheinungsform von Fernseh-Musiksendungen. Zumal in

Europa, wo auch in der Bundesrepublik eine derartige Sendung in das Programm genommen wurde: Der *Beat Club* von Radio Bremen (Redaktion: Mike Leckebusch). Auch in den Niederlanden gab es einen *Beat Club*. In den USA war es die Music Show *The Music Scene*, in der von den BEATLES bis zu Sly Stone viele Rockmusiker auftraten. Dennoch wurde diese Sendereihe mit der Begründung mangelnden Zuschauerinteresses bald eingestellt.

In den siebziger Jahren gab es sowohl in den USA als auch in Europa eine Vielzahl von Musiksendereihen, die sich trotz gewisser Nuancen immer noch in Play-Back-Shows oder abgefilmte Konzerte teilen ließen.

Der *Beat Club* von Radio Bremen etwa hatte mehr oder weniger als Kopie von *Ready Steady Go!* begonnen, mit tanzenden Teenagern und Uschi Nerke als Ansagerin. Später wandelte er sich zu einer Sendung, in der Gruppen live im Studio spielten, allerdings ohne Ansage und ohne Publikum. Später kehrte man zu einer Form der Play-Back-Show zurück, es wurden dann auch die ersten → Video Clips gezeigt. Demgegenüber wurden in der Sendereihe *Rock-Palast* Konzerte abgefilmt: jeweils drei Gruppen bestritten einen Konzertabend und spielten jeweils etwa eine Stunde lang vor einem Publikum; zahlreiche Musiker mit bekannten Namen traten im *Rock-Palast* (Westdeutscher Rundfunk, Redakteure: Christian Wagner und Peter Rüchel; Moderatoren: Alan Bangs und Albrecht Metzger) auf, darunter THE WHO, THE POLICE, ZZ TOP, SQUEEZE, Johnny Winter, TEN YEARS LATER und andere. Entsprechend der Live-Situation verliefen die Konzerte unterschiedlich und keineswegs durchweg auf hohem Niveau. Obwohl das Konzept der Reihe in sich stimmig war und die Sendung zahlreiche Zuschauer erreichte, gab es auch Kritik: vor allem die Auswahl der Gruppen schien Kritikern der Sendung einseitig und berücksichtigte neue Gruppen zu spät. Rockgruppen aus der Bundesrepublik hatten lange Zeit keine Chance, einmal im Rock-Palast auftreten zu können. Immerhin aber war diese Form einer Sendung mit Rockmusik eine Alternative zu Video-Filmen und zu von der Schallplattenindustrie abgesegneten Konzertfilmen.

Filme von und mit Rockmusikern gab es schon längst, wenn auch nicht unbedingt als Video-Produktion. Aber erst, als die Schallplattenindustrie dieses Medium als Mittel der Promotion stärker nutzte, kam die Idee eines Fernsehsenders auf, der ausschließlich, rund um die Uhr, Videos ausstrahlte: MTV, Music Television, eröffnete am 1. August 1981 in New York sein Programm mit «Video Killed the Radio Star» von den BUGGLES. Gesellschafter von MTV war ein Konglomerat von Großkonzernen, darunter Warner Communications und American Express, mit dem Namen Warner-Amex Satellite Entertainment Corporation (WASEC). Der Sender setzte sich sehr schnell in der Gunst des Publikums durch, nicht zuletzt dank rigoroser Werbemaßnahmen.

MTV, mittlerweile in vielen Ländern der westlichen Welt präsent, hat auf die herkömmlichen Programme der

Länder nachhaltigen Eindruck hinterlassen (→ MTV). Obwohl auch Musiksendungen wie *Formel Eins* Video Clips sendeten, waren sie keine Konkurrenz zu MTV. Nach wie vor gelten Sendungen mit Rockmusik als Minderheitenprogramm – Grund genug, bei öffentlich-rechtlich wie privat organisierten Sendern, Rockmusik aus dem Programm zu nehmen.

L Michael Shore: *The Rolling Stone Book of Rock Video* (London 1985); *Jugend und Medien*. Studie der ARD/ZDF-Medienkommission und der Bertelsmann Stiftung, erschienen in: Schriftenreihe Media Perspektiven (Frankfurt/Main 1986); Wolfgang Hoffmann-Riem/Will Teichert (Hg.): *Musik in den Medien*. Symposion Hans-Bredow-Institut '85 (Baden-Baden 1986); Volker Schnurrbusch: *Alles oder nichts, oder? Das Jahr in den Medien,* in: Musik Express/Sounds Jahrbuch 1990, Seite 67ff; Tibor Kneif: *Flimmern, Glamour, Ignoranz. Warum ich keine Rocksendungen anschaue*, in: Nz – Neue Zeitschrift für Musik, Januar/Februar 1981, Schott, Mainz; Manfred Becker/Peter Rüchel/Christian Wagner: *Das Rockpalast Buch* (Hamburg 1982)

Festivals waren Ausdruck einer in den Jahren um 1968–71 unter den Jüngeren herrschenden Hochstimmung, die von so unterschiedlichen Motiven wie Menschheitsverbrüderung, Protest und Revolutionserwartung getragen war. Zwar wurde das Newport Folk Festival bereits 1959 eingerichtet, doch ließ es, dem Newport Jazz Festival nachgebildet, künstlerisch-sachliche Gesichtspunkte mehr im Vordergrund stehen als die späteren Rockfestivals, deren Teilnehmerzahlen sich überdies mit keinem früheren Festival vergleichen lassen. Die Kette der friedfertigen oder gewalttätigen Veranstaltungen dieser Art begann mit dem → Monterey Pop Festival im Juni 1967. Zu seinen Vorläufern gehört allerdings das dreitägige Free Fair im Frühsommer 1966 in San Francisco sowie (ebenda) ein Gathering of the Tribes im Januar 1967. Monterey folgten das erste Festival auf der britischen Isle of Wight 1968 mit Wiederholungen in den folgenen Jahren, → Woodstock im Sommer 1969, → Altamont im Dezember desselben Jahres, Atlanta 1970, das Glastonbury Fayre Festival 1971, Big Sur und Mar Y Sol 1972. In der BRD sind die Essener Songtage seit 1968 und das Rockfestival auf der Insel Fehmarn 1970 erwähnenswert, doch gab es in vielen Orten mehrtägige Festivals, oft nur mit der Beteiligung lokaler Bands, aber auch vor allem mit britischen Gruppen.

Gegen Ende der siebziger Jahre verloren Festivals mit vielen, stilistisch verschiedenen Bands ihre Anziehungskraft auf ein größeres Publikum. Einerseits standen sich manche Rock-Stile diametral gegenüber, andererseits ließen viele Rockhörer auch die nötige Toleranz vermissen, andere Musik als die von ihnen selbst bevorzugte zu respektieren oder wenigstens gelassen zu ertragen. Einen weiteren Grund für das nachlassende Interesse boten aber die Festivals selbst: oft waren sie schlecht organisiert, angekündigte Bands traten nicht auf und die Veranstalter machten sich mit den kassierten Eintrittsgeldern aus dem Staub; hinzu kamen die Unwägbarkeit des Wetters und manchmal fehlten schlicht Toiletten und Würstchenbuden.

Anfang der achtziger Jahre traten an die Stelle der großen Festivals mit vielen Gruppen Freiluft-Konzerte mit nur wenigen Headlinern, vor deren Auftritt weniger bekannte Bands Kostproben ihres Könnens geben durften. Im Grunde handelte es sich dabei also um Konzerte mit mehreren Vorgruppen; geschickte Veranstalter legten mehrere Termine gleichzeitig unmittelbar hintereinander und sparten erhebliche Kosten. Eine solche Zusammenballung von Konzerten fand beispielsweise Pfingsten 1987 vor dem Reichstag in Berlin (West) statt, in dessen Folge es in Ost-Berlin zu Ausschreitungen der Polizei gegen Rockhörer kam, die die Konzerte über die Mauer hinweg verfolgen wollten.

Einige Festivals allerdings finden immer noch regelmäßig statt, so etwa das «Sunsplash»-Reggae-Festival auf Jamaika, die «Monsters of Rock»-Serie (Heavy Metal) und in der Bundesrepublik Deutschland die jährlichen Konzerte am Loreley-Felsen.

Um des bloßen Geldverdienens willen finden allerdings immer weniger Festivals mit vielen Gruppen und Musikern statt, wie es etwa das Festival in Knebworth 1990 war, wo TEARS FOR FEARS, GENESIS, PINK FLOYD, STATUS QUO, DIRE STRAITS, Elton John, Paul McCartney, Eric Clapton, Phil Collins, Jimmy Page, Sam Brown, Robert Plant u. a. vor mehr als 120000 Menschen auftraten. Derartige Festivals werden mit Schallplatten, Büchern und Videos vermarktet. Weit häufiger aber treffen sich viele Rock-Stars im Rahmen von Benefiz-Veranstaltungen, wie es das von George Harrison veranstaltete → Concert for Bangla Desh war. «Band Aid» war ein solches Festival, das der Musiker Bob Geldof organisierte, als er einen Fernsehfilm über die hungernde Bevölkerung Äthiopiens gesehen hatte. Nachdem er mit Midge Ure (ULTRAVOX) eine Single produziert hatte, bat er viele ihm bekannte Rockmusiker um Unterstützung bei der Ausrichtung eines Festivals. Das Resultat war eines der größten Rock-Festivals überhaupt, das zeitgleich in London und in Philadelphia stattfand; zugunsten der Hilfe für die Menschen in Äthiopien verzichteten alle Beteiligten (nur die britischen Finanzbehörden nicht) auf eine Honorierung. Das Simultan-Doppelkonzert fand am 13. Juli 1985 statt; bis Mitte 87 hatte Band Aid etwa 60 Millionen englische Pfund eingebracht. In der Folge riß die Kette der «Band Aid»-Festivals nicht mehr ab, einige Rockmusiker, etwa Peter Gabriel und Sting, sahen geradezu eine Hauptaufgabe darin, für wohltätige Zwecke aufzutreten. Auf diese Weise ist die Idee des Rock-Festivals, in den sechziger Jahren entstanden, wieder aktuell geworden. Trotzdem bleibt es fraglich, ob Festivals auch ohne karitativen Zweck noch ein solch großes Publikumsinteresse wecken könnten.

S *Woodstock 1969*, 3 LP (D: Atlantic); *Woodstock Two*, 1971 (USA: Cotillion); *Isle of Wight/Atlanta 1970*, 1971, 3 LP (D: CBS); *Mar Y Sol. First International Puerto Rico Festival 1972*, 1972, 2 LP (D: Atlantic); *Glastonbury Fayre Festival 1971*, 1972, 3 LP (D: Ariola); *Umsonst & Draußen, Vlotho 1976*, 1976 (D: April/Schneeball); *Knebworth*, 1990, 2 LP (D: Polydor); BAND AID: «Do They Know It's Christmas?», 1988 (D: Polygram)

ffrr (engl. Abkürzung für «full frequency range reproductions») ist eine 1944 von Decca Records, London, eingeführte Bezeichnung für eine Wiedergabequalität, die praktisch der → HiFi gleichkommt und die noch auf manchen Beatplatten der sechziger Jahre zu finden ist. Es ist interessant, daß Decca die Erweiterung des Frequenzumfanges ursprünglich ihrem kriegsindustriellen Bereich verdankt. Sie wurde technisch verwirklicht, um die feinen Unterschiede in der Signalgebung deutscher und britischer U-Boote auszumachen.

Fiedel. 1. Oberbegriff für die Sopran- und Altstreichinstrumente im europäischen Mittelalter. Sie wiesen unterschiedliche Formen auf (Birnen-, Spaten-, Rhombusform) und hatten in der Regel fünf Saiten. Im Zusammenhang mit der musikalischen Jugendbewegung in Deutschland wurden Fiedeln seit den zwanziger Jahren wieder hergestellt (gespielt in Kniehaltung). – 2. Verbreiteter Ausdruck für → Violine.

Fill in bezeichnet eine rhythmische Figur, die der Schlagzeuger zur Verdeutlichung einer Form in den Ablauf der von ihm getrommelten → Patterns einfügt. Da die → Form in der Rockmusik zumeist in symmetrischen viertaktigen Abschnitten verläuft, sind Fill ins in der Regel in der zweiten Hälfte des jeweils vierten Takts zu hören: der Schlagzeuger wechselt dann von Bass-Drum, Snare-Drum und High-Hat auf die Tom-Toms und Becken, oder aber er verändert das → Pattern durch zusätzliche Akzente auf der Snare-Drum. Unauffälligere Fill ins kann man zumeist schon gegen Ende des jeweils zweiten Taktes hören. Am Spiel von Ringo Starr kann der Einsatz von verschiedenen Fill ins sehr genau beobachtet werden; an der Konstruktion von Fill ins, an der Klanggestaltung und der rhythmischen Phantasie kann man das musikalische Können eines Schlagzeugers einschätzen.

S THE BEATLES: *Abbey Road*, 1969 (D: EMI); EMERSON, LAKE & PALMER: «Lucky Man», 1971 (D: Island)

L Dieter Petereit/Herb Quick: *Solid Grooves* (Bonn 1986)

Fillmore war ein alter Kinosaal (nach anderen Quellen eine gedeckte Rollschuhbahn) in San Francisco (The Fillmore Auditorium), der seit Ende 1965 eine steigende Bedeutung für den kulturellen Untergrund der Stadt erhielt. Der deutsch-amerikanische Manager Bill Graham (Wolfgang Grajonca) mietete ihn Anfang 1966 auf Dauer, um dort Theatervorstellungen, Dichterlesungen, vor allem aber Rockkonzerte durchzuführen. Der Saal entwickelte sich rasch zum Rockzentrum der Stadt und in gewissem Sinne der USA überhaupt. Die rege Aktivität wurde Anfang 1967 in den Carousel Ballroom verlegt, der als Fillmore West in die Rockgeschichte eingegangen ist (vgl. Abbildung in *Sounds*, März 1973, S. 14). Namhafte, die psychedelische Welle prägende Gruppen wie die CHARLATANS, THE WARLOCKS (die späteren GRATEFUL DEAD), THE GREAT SOCIETY, JEFFERSON AIRPLANE, QUICKSILVER MESSENGER

SERVICE, THE DOORS, THE BYRDS u. a., später auch East Coast-Musiker wie Mike Bloomfield und Al Kooper (*The Live Adventures,* September 1968) sind hier aufgetreten. Die Plakate, auf denen die Konzerte angekündigt wurden, gehören zu den bemerkenswerten Zeugnissen einer psychedelischen Gebrauchsgraphik und werden mitunter noch heute immer wieder aufgelegt. Auf Grund der wirtschaftlich ungünstigen Verhältnisse zu Beginn der siebziger Jahre schloß Fillmore West am 4. Juli 1971 seine Tore. Kurz davor hatte Graham schon das in New York betriebene Fillmore East im Village Theatre wegen Konkurrenzschwierigkeiten aufgegeben (27. Juni 1971). Manche Live-Platten wurden in einem der beiden Fillmore-Konzertsäle aufgenommen, darunter THE MOTHERS OF INVENTIONS *Fillmore East – June 71* (1971). Die letzten, von einer gewissen Wehmut überzogenen Tage des Fillmore wurden in einem Film und auf einem Dreifachalbum festgehalten. Auf einem kurzlebigen Fillmore-Label erschienen u. a. AUM, LAMB und Elvin Bishop.

S *The Last Days of Fillmore*, 1972, 3 LP (D: Warner) mit Poster und einem 32seitigen Vierfarbheft

Filmmusik → Soundtrack

Filter oder Siebe sind klangselektive Vorrichtungen, die je nach Bauart bzw. Einstellung bestimmte Klangbereiche aussondern (beseitigen). Nach der Bauweise unterscheidet man: 1. Tiefpaß, bei dem die tiefen Töne und Teiltöne durchgelassen werden, die höheren aber von einer einstellbaren Grenzfrequenz an beseitigt werden; 2. Hochpaß mit der umgekehrten Richtung; hohe Töne passieren, tiefe werden beseitigt; 3. Bandpaß entsteht, wenn Tiefpaß und Hochpaß kombiniert werden: oben wie unten wird ein Frequenzbereich abgeschnitten. Ist das Bandpaßfilter von vornherein auf ein bestimmtes allein durchzulassendes Intervall eingestellt, so spricht man von einem Terzfilter, einem Oktavfilter usw. Die Güte eines Filters – seine Wirksamkeit – mißt man an seiner Flankensteilheit, d. h. je enger Durchlaß- und Sperrbereich aneinander grenzen, desto effektiver ist das Sieb. Filter haben zwei wichtige Aufgaben: sie beeinflussen die Klangfarbe, und sie beseitigen unliebsame «parasitäre» Frequenzen, die etwa durch Verstärker, Röhren und Mikrophone erzeugt werden. Sie werden verwendet bei Effektgeräten, Frequenzweichen und Verstärkern. In → Synthesizern kommen spannungsgesteuerte Filter zum Einsatz.

Finnische Rockmusik → Skandinavische Rockmusik

Flageolett-Töne (engl. harmonics) entstehen auf Saiteninstrumenten, wenn ein Finger auf der Hälfte, dem Drittel, dem Viertel usw. einer Saite leicht aufgesetzt wird: an diesem Berührungspunkt bilden sich dann Schwingungsknoten, und die gezupfte oder gestrichene Saite schwingt in zwei, drei, vier usw. Teilen. Neben solchen «natürlichen» Flageoletts können auch künstliche Flageolett-Töne erzeugt werden, indem der Zeigefinger fest die Saite drückt und der kleine Finger eine höhere Stelle der Saite leicht berührt. Der Flageolett-Ton wirkt unsinnlich und erinnert an den obertonarmen Klang eines Glöckchens. Auch Doppelflageoletts sind möglich. Notiert wird mit einer rhombischen Note oder mit 0 über dem zu berührenden Ton.

Flanger ist die Bezeichnung für ein elektronisches → Effektgerät, das wie → Hallgerät, → Chorus und → Echo mit Zeitverzögerung arbeitet. Am Eingang des Geräts wird das Signal aufgespalten und ein Anteil um weniges verzögert. Ein niederfrequenter Oszillator (LFO) verändert periodisch die Länge der Zeitverzögerung. Der Grad der Mischung wie auch die Größe der Zeitverzögerung sind regelbar. Das phasenverschobene Signal wird am Ausgang dem nicht manipulierten Anteil beigemischt. Der Ausdruck «to flange» soll auf eine Wortschöpfung John Lennons zurückgehen, der das Wort bei den Aufnahmen zu *Revolver* erfand und für mit Hilfe von Tonbandgeräten zustandegekommenes → Phasing benutzte.

Flat (engl., flach). Mit dem Wort wird im Englischen die chromatische Erniedrigung eines Tones ausgedrückt, z. B. A-flat (As, A♭), E-flat (Es, E♭), B-flat (B, B♭) usw. Das Gegenteil von Flat ist → Sharp. Die «flatted Fifth» (verminderte Quinte) bildet ein wichtiges Intervall im → Bebop.

Flightcase wird eine Equipment-Transportkiste genannt, die den besonderen Anforderungen des Tourneebetriebs von Rockgruppen gewachsen ist. Es handelt sich dabei um stabile Holzkisten, deren sämtlichen Ecken und Kanten mit Aluminiumprofilen verstärkt sind. Schnell zu öffnende Verschlüsse, Griffe und – für große und schwere Flightcases – Räder ermöglichen es den Roadies, das → Equipment einerseits schnell auf- und abzubauen, andererseits aber auch, das Platzangebot des Transportmittels optimal zu nutzen. Flightcases werden speziell nach den Maßen des jeweiligen Transportgutes – Verstärker, Effektgeräte, Instrumente usw. – angefertigt. Häufig werden Flightcases auch als ständiges Gehäuse angesehen, → Racks etwa fest in derartige Kisten eingebaut. Flightcases sind so sehr Ausdruck der Rockmusik geworden, daß ihr typisches Aussehen mitunter auch für die Gestaltung von Plattencovern herangezogen wird – am gründlichsten für eine Schallplatten-Gesamtausgabe der Gruppe QUEEN, die 1991 in einem Flightcase verpackt dem Fan angeboten wurde.

Flip Side heißt die B-Seite einer Hit-Single; die eigentliche Hit-Zugkraft geht dabei gewöhnlich von der A-Seite aus. Um 1960 war es verbreitet, die A-Seite für Jugendliche attraktiv zu machen, während die B-(Flip)-Seite ein (auch) von Älteren geschätztes Stück enthielt.

Flöte → Blockflöte, → Querflöte

Flop nennt man einen finanziellen Mißerfolg, etwa eine Schallplatte, die keine Aufmerksamkeit erregt.

Flower Power (engl., Blumenmacht, Macht der bzw. durch Blumen) ist die Bezeichnung der Hippie- und Studentenbewegung um 1965–68, deren Ideologie auf Gewaltlosigkeit, Frieden und allgemeine Harmonie unter Menschen und Völkern beruhte. Flower Power war eine im wesentlichen kalifornische Bewegung (Universitätsgelände von Berkeley, Golden Gate Park und Haight Ashbury in San Francisco usw.), die nur auf den ersten Blick politisch war. Tatsächlich wirken die Vorstellungen von Menschheitsverbesserung und Weltfrieden im nachhinein naiv und hilflos. Dennoch war die Botschaft so eindeutig und beeindruckend – Hippies steckten beispielsweise Blumen in die Gewehrläufe der Nationalgardisten –, daß sie in der gesamten westlichen Welt verstanden wurde und Flower Power Nachahmer in jedem Stadtpark fand. Ob die dazugehörige Musik, die San Francisco als Fixpunkt nahm, mehr war als geschäftstüchtiges Kalkül, mag dahingestellt bleiben. Scott McKenzies Song mit der Textstelle «If you're going to San Francisco, be sure to wear some flowers in your hair» drückt die Haltung der Flower Children aus. Immerhin wurde eine regelrechte Pseudophilosophie etwa von Timothy Leary, Allen Ginsberg und Abbie Hoffman zusammengebraut, zu der neben allerlei östlicher Mystik auch der Gebrauch von Drogen gehörte. Die Wirklichkeit holte die Blumenkinder allerdings bald ein: Ende der sechziger Jahre wurde deutlich, daß sich zum Beispiel der Vietnamkrieg nicht allein mit Blumen beenden ließ.

S *With Love. A Pot of Flowers*, o. J. (USA: Mainstream)

Flügelhorn oder Bügelhorn (engl. fluegel horn, flugelhorn) ist das Sopraninstrument der Bügelhornfamilie mit Trompetenform und Kesselmundstück. Das um 1830 aufgekommene Instrument steht in B und ist (darin dem → Kornett ähnlich) mit Pumpventilen statt mit Klappen versehen. Das Flügelhorn ist leichter zu intonieren als → Trompete und → Waldhorn; in der Rockmusik stößt es wegen seines weichen, modulationsfähigen Klanges auf eine gewisse Vorliebe vor allem bei Musikern und Gruppen, die dem Jazz-Rock zuzurechnen sind (etwa Chuck Mangione und BLOOD, SWEAT & TEARS).

S BLOOD, SWEAT & TEARS: *4*, 1971 (NL: CBS)

Flying Fish Records, Chicago, ist ein von jungen Schwarzen gegründetes Label, das vor allem Blues-, Bluegrass-, Country- und Western-Swing-Platten herausbringt. Flying Fish veröffentlichte unter anderem Platten von Norman Blake, Mike Auldridge, Buddy Emmons, Tom Paxton, Vassar Clements u. a.

FM Radio (Frequency Modulated Radio) ist die Bezeichnung für UKW-Sendungen in den USA. Ihr Angebot umfaßte zunächst → Bildungsmusik, Jazz, wissenschaftliche Kurse usw. Daß auch anspruchsvolle Rockmusik, die zumeist auf Alben erscheint (→ AOR), Eingang in das FM-Programm fand, ist das Verdienst des San Francisco-Disc

Jockeys Tom Donahue (1928–1975), der auf ein entsprechendes Bedürfnis bei Rockhörern hinwies. Im Gegensatz zu den FM-Stationen sendeten die → AM-Rundfunkstationen vor allem die Stücke der Hitparaden und auch davon nur die ersten 40 (Top Forty), doch glichen sich die Programminhalte in den siebziger und achtziger Jahren so stark an, daß geradezu von einer Umwertung gesprochen werden muß: FM-Stationen senden nunmehr überwiegend die Top 40- oder Top 100-Hitparaden. Umgekehrt hat sich das Programm der AM-Radio-Stationen stark gewandelt und entspricht eher dem früheren der FM-Stationen. Eine große Rolle spielen auch die religiös motivierten Radiosender. Seit etwa Mitte der fünfziger Jahre begann das Fernsehen die erfolgreichen FM-Sender in der Publikumsgunst zurückzudrängen. Während es Mitte der vierziger Jahre nur etwa 430 FM-Sender in den USA gab, waren es Mitte der siebziger Jahre über 3500 Stationen.

L Michael Fink: *Inside The Music Business* (New York 1989)

Folk Music führt in den USA, Großbritannien und Irland das traditionelle Volkslied fort, doch unterscheiden sich amerikanische und britische Volksmusik in ihrer unterschiedlichen Zielsetzung, die in den USA politisch, sogar dezidiert links ausgerichtet ist (Pete Seeger, Woody Guthrie), erheblich. Die Tradition des Volkslieds bedingt, daß dessen Vortrag auf akustischen Instrumenten wie naturnotwendig, die Heranziehung elektrischer Gitarren dagegen wie ein gegen die Überlieferung und den «guten» Geschmack begangener Frevel erscheint. Doch sträubten sich selbst die Anhänger Bob Dylans, als dieser 1965 seine Gitarre beim Newport Festival elektrisch verstärkte, gegen eine relativ nebensächliche Neuerung, nämlich gegen den Schritt von akustischer zu elektrisch verstärkter Klangverbreitung. Dylans Vorstoß erwies sich allerdings als Katalysator für den sogenannten Folk-Rock; als erste Folk-Rock-Band können die BYRDS angesehen werden. Die feine Unterscheidung zwischen Folk und Folk-Rock wurde allerdings im Laufe der Jahrzehnte zunehmend überflüssig, zumal Folk Music ohnehin eher eine Sache für einen begrenzten Hörerkreis ist.

Wesentlicher als die elektrische Verstärkung der Instrumente ist der Unterschied zwischen musikalischem Volksgut oder dessen gelungener Nachempfindung und Rock hinsichtlich der Stileigentümlichkeiten. Diese lassen sich am Metrum, also an den Gewichtsverhältnissen von Schwer und Leicht im Taktgefüge, veranschaulichen. Das Volkslied gehorcht der seit etwa 1600 erstarkten Hörgewohnheit der europäischen Kunstmusik, den Takt mit einer betonten Einheit zu beginnen und (handelt es sich um einen Vier-Viertel-Takt) dem dritten Viertel einen Nebenakzent zu verleihen; zweites und viertes Viertel bleiben unbetont. Der Rock hingegen erhält seinen Schwung gerade von einer Verschiebung dieser Akzentverhältnisse. Zwar nicht ausnahmslos, aber mit

berechenbarer Wahrscheinlichkeit verläuft der Takt so, daß der Hauptakzent auf dem dritten und ein Nebenakzent auf dem ersten Viertel beruht, sofern die Hauptbetonung nicht durch Synkopenbildung (→ Synkope) noch weiter zum Taktschluß hin verlegt wird.
Stark vereinfachend läßt sich eine Gegenüberstellung von Folk und Rock wie folgt durchführen:

Folk	Rock
1. metrische Akzente auf sog. guten Taktteilen	1. Synkopen; Betonung sonst leichter Taktteile
2. gebundener Gesang (Legato)	2. kürzere Motive durch Pausen getrennt (Staccato)
3. erzählend-objektiv, balladenhaft	3. mehr lyrisch, ich- bzw. du-bezogen, appellativ
4. akustische Instrumente	4. elektrische Instrumente
5. von meist längerer Dauer	5. meist kürzere Stücke

Eine bewußte Folksong-Bewegung in den USA und in England geht auf die Sammlungen von Gelehrten wie Francis Child (*The English and Scottish Popular Ballads,* 5 Bände, 1882–98) und Cecil Sharp zurück (*English Folk Song – Some Conclusions*, 1907, und *Folk Songs of English Origin Collected in the Appalachian Mountains*, 2 Bände, 1919–21). Viele Blues und bluesgesättigte Lieder, etwa von Leadbelly, haben John und Alan Lomax unter einem musikethnologischen Gesichtspunkt auf Schallplatten festgehalten. Zum Teil auf dieses Material stützt sich die nordamerikanische Folksong-Bewegung um 1958, welche auch an den Erfahrungsschatz herumziehender Sänger (Woody Guthrie, Pete Seeger u. a.) anknüpfen konnte. In dieser Bewegung sind PETER, PAUL AND MARY, der frühe Dylan und Joan Baez zu führenden Gestalten geworden. Das theoretische Selbstverständnis der jungen Gemeinde schlug sich in den Blättern von *Sing Out* nieder. Nach Kennedys Ermordung im November 1963 erlahmte diese Volksliedbewegung, die von der Zuversicht in Amerikas Moral und Zukunft gezehrt hatte. Die «britische Invasion» besetzte zudem jahrelang das Interesse der jungen Generation. Erst um 1966/67 entstand wieder, getragen von einigen Musikgruppen in und um San Francisco, eine Fortsetzung der einstigen Folksong-Richtung, welche diesmal auch manche Stilmittel sowie die breitere Ausstrahlungskraft durch elektrisch verstärkte Instrumente von der Rockmusik übernahm.
Folksong- wie Blues- bzw. Rockbewegung stellen sich in England als Verzweigungen des → Skiffle dar. In den Folk-Clubs von London spielten sachverständige, gelegentlich sogar philologisch geschulte Musiker vor einem streng urteilenden, puristischen Publikum. FAIRPORT CONVENTION war die führende Gruppe solcher Neuorientierung. Durch persönliche Fäden verbunden mit FAIRPORT waren die STRAWBS, STEELEYE SPAN, FOTHERINGAY, ECLECTION, GILES GILES & FRIPP (Vor-KING

CRIMSON), MATTHEWS SOUTHERN COMFORT, PLAINSONG, ALBION COUNTRY BAND und viele andere Gruppen. STEALERS WHEEL und DECAMERON befinden sich unter den späteren Formationen. Eher zur «unverfälschten» Folklore neigen die irischen Gruppen CHIEFTAINS, PLANXTY, CLANNAD (zumindest in ihren Anfängen) und HORSLIPS. Mit diesen vergleichbar in der Bundesrepublik Deutschland waren OUGENWEIDE, FALCKENSTEIN, TANZBÄR, HÖLDERLIN (in ihren Anfängen) und ELSTER SILBERFLUG, in Frankreich – mehr national gefärbt – der Wiederbeleber alter bretonischer Melodien Alan Stivell. In den USA waren es Bands wie BUFFALO SPRINGFIELD, LOVIN' SPOONFUL, THE MAMAS & THE PAPAS und das Duo Simon & Garfunkel.

Folk und Folk-Rock war schon in den siebziger Jahren eher eine Minderheitenmusik. Zwar ist die Musik von Gruppen wie YES, GENESIS und JETHRO TULL ohne den Einfluß britischer Volksmusik nicht denkbar – was etwa Rick Wakeman, Organist der Gruppe YES und vorher der an Folk orientierten Band THE STRAWBS, zu der Ansicht gelangen ließ, «Rock sei die Volksmusik von heute» –, doch gab es keine neuen Entwicklungen. Punk und New Wave bewirkten, daß selbst die bestehenden Folk-Rock-Gruppen für einige Jahre kaum mehr wahrgenommen wurden. Noch vor Mitte der achtziger Jahre allerdings änderte sich das, als sich einige Gruppen und Musiker wieder stärker von der traditionellen Volksmusik beeinflußt zeigten, so etwa DEXY'S MIDNIGHT RUNNERS, THE WATERBOYS, später THE POGUES, FAIRGROUND ATTRACTION, THE PROCLAIMERS, THE HOTHOUSE FLOWERS und selbst U 2 in Großbritannien (Irland), REM, CAMPER VAN BEETHOVEN und VIOLENT FEMMES in den USA und in der Bundesrepublik Deutschland M. WALKING ON THE WATER. Auch die Musik Elvis Costellos bedient sich der Volksmusik, und sei es nur in mancher exotischer Instrumentierung. Vor allem aber Frauen eroberten die Folkmusik: Suzanne Vega, Tracy Chapman, Victoria Williams, Tanita Tikaram, Michelle Shocked, Edie Brickell, Sally Barker, und selbst die Musik von Kate Bush oder Sinead O'Connor zeigt viele Elemente britischer Volksmusik.

Möglicherweise weist das Interesse, das diese Gruppen und Musikerinnen auf sich ziehen, auf eine Gegenbewegung zu House und Hip Hop einerseits, zu den elaborierten Werken manch einer Rockband, die ohne Sampler und ausgeklügelte Studiotechnik nicht auskommen zu können meinen, hin.

S *Electric Muse. The Story of Folk into Rock*, 1975, Kassette mit 4 LP (GB: Folk); *Circle Dance... The Hokey Pokey Charity Collection*, 1990 (D: ARIS)

L Dave Laing/Karl Dallas/Robin Denselow/ Robert Shelton: *The Electric Muse. The Story of Folk into Rock* (London 1975), dt: Folksong. Von den Volksliedern zum Folkrock (Reinbek 1985); Bob Atkinson (Hg.): *Songs of the Open Road. The Poetry of Folk Rock and The Journey of the Hero* (New York 1974); Ulrich Olshausen: *Die Dorflinde im Aufnahmestudio. Folklore und Folk-Song als Teil der Rockmusik-Szene*, in: Wolfgang Sandner (Hg.): *Rockmusik. Aspekte zur Geschichte, Ästhetik, Produktion* (Mainz 1977;

mit einem Verzeichnis von Schallplatten und weiterführenden Schriften); Joachim Deicke: *Folkrock heute – zurück zu den Anfängen* (in: Musik und Bildung 2/1978, Mainz); ders.: «Auf der Suche nach den verlorenen Akkorden». *Folk, Folkrock und Rock auf den britischen Inseln*, in: Tibor Kneif (Hg.): *Rock in den 70ern* (Rowohlt, Reinbek 1980); Jürgen Frey/Kaarel Siniveer: *Eine Geschichte der Folkmusik* (Reinbek 1987)

Fontana war ein Hilfslabel der holländischen Firma Philips und gehört heute zu dem Plattenkonzern → Phonogram. Auf Fontana erschienen in den sechziger Jahren u.a. SPENCER DAVIS, THE PRETTY THINGS, THE MINDBENDERS, DAVE DEE, DOZY, BEAKY, MICK & TICH und TONGUE AND GROOVE (früher STONEGROUND). Eine der später auf dem Label veröffentlichenden Bands ist TEARS FOR FEARS.

L Record Collector 4/91

Form in der Rockmusik. Da der allergrößte Teil des Rock aus Vokalmusik besteht, Gesang wiederum an den Formen des Strophentextes ausgerichtet ist, bildet der strophische Song die Regel in der Rockmusik (etwa «Let It Be» von THE BEATLES). Lehnt er sich nicht an den zwölftaktigen → Blues an, so bedient er sich zumeist der zweigliedrigen Strophenform AB mit einem Couplet (C) und einem Refrain (R), der gewöhnlich chorisch vorgetragen wird und daher auch Chor genannt wird; möglich ist hierbei, daß der Refrain dem Chor vorangestellt wird (R CR CR usw.). Es gibt unzählige Sonderausprägungen und Abweichungen von diesem einfachen Modell. So stellt z.B. «Eleanor Rigby» der BEATLES insofern eine Besonderheit dar, als der Refrain aus der einen, wiederholten Zeile «Ah, look at all the lonely people» besteht (auch er wird dem Song mottoartig vorangestellt). Die Couplet-Teile kehren in den Musikstücken bald notengetreu wieder, bald werden sie motivisch und/oder rhythmisch variiert. Länger ausholende Formen etwa von Frank Zappa, GENESIS und YES verlaufen in der Regel ebenfalls strophisch, doch mit Vor-, Zwischen- und Nachspielen und mancherlei → Episoden, die dem Verlauf einen erheblichen Komplexitätsgrad geben können; vielfach bilden sie zusammengesetzt einfache Formen (z.B. *Ark 2* von FLAMING YOUTH, 1969). Die → Rockoper, etwa *Tommy* von THE WHO oder *Arthur* von THE KINKS, besteht ebenfalls aus einer Folge von Strophenliedern variierter Bauweise, gelockert durch Ouvertüre und sonstige instrumentale Sätze. Die Variation läßt sich am ehesten in der rein instrumentalen Rockmusik finden. Ein Thema (ein «Chorus») wird aufgestellt, anschließend von mehreren Solisten rhythmisch-thematisch abgewandelt, bevor es im Zusammenspiel aller Instrumente am Schluß noch einmal aufgegriffen wird; im → Jazz-Rock ist dieser Formablauf zur Stereotype geworden. Komplizierte Abläufe entstehen auf → Concept Albums, wenn diese ein musikalisch vereinheitlichtes Werk mit Rückgriffen, Leitmotiven und variierten Strophen enthalten, wie man dies auf beiden Alben von HATFIELD AND THE NORTH studieren kann.

In den achtziger Jahren wurden strophische Formen mitunter aus einer Vielzahl einzelner → Riffs gebildet; lediglich der Gesang bestand nicht aus einem Riff. Beispiele dieser Art finden sich bei JAPAN, THE CURE und ORCHESTRAL MANŒUVRES IN THE DARK. Beinahe völlige Anarchie herrscht dagegen bei manchen Hip Hop-Aufnahmen. Sofern es überhaupt Gesang bei diesen Stücken gibt, wird er nur äußerst selten in den bekannten vokalen Formen organisiert. Es spricht einiges dafür, daß neuere Produktionsformen der Musik, vor allem der Einsatz von Computern und → Sequencern, einen erheblichen Einfluß auf die Formbildung haben.

L Gerd-Dieter Damen: *Überlegungen zur Form früher Rockmusik* (in: *Musik und Bildung 5/1979*); Volkmar Kramarz: *Harmonieanalyse der Rockmusik* (Mainz 1983)

Französische Rockmusik. Seit den sechziger Jahren läßt sich eine Zweiteilung im französischen Rockleben beobachten. Zum einen sind Sänger wie Eddy Mitchell, Dick Rivers und vor allem Johnny Halliday hervorgetreten, die wenig Eigenes zum internationalen Rockidiom beizusteuern wußten, vielmehr – wie auch bundesdeutsche Rockmusiker der gleichen Art – im Banne des angelsächsischen → Rock 'n' Roll und → Beat standen. Folglich wurde – und wird – in Frankreich wie in der Bundesrepublik Deutschland vor allem angloamerikanische Rockmusik verkauft. Zum anderen aber besteht in Frankreich seit etwa 1970 eine originelle Rockmusik, die nicht nur als eine europäische Leistung gewertet werden kann. Während sonstige kontinentale Gruppen sich vom Einfluß der schwarzamerikanischen Musik nie ganz befreien konnten oder auch nur wollten (sieht man einmal von der → New Wave ab), finden sich in dieser zweiten Richtung so gut wie keine Spuren des Blues. Vor allem die drei Gruppen MAGMA, GONG und ANGE haben die nationale Rockmusik geschaffen. An der Verbreitung wirkten freilich auch andere Bands mit, so MARTIN CIRCUS, AME SON, MOVING GELATINES PLATES und RECREATION. MAGMA war eine der vielversprechenden Erscheinungen der beginnenden siebziger Jahre. Auf den seit 1970 erschienenen LPs, die durchkonstruierte Kunstwerke sind, wird eine großangelegte Science-fiction-Geschichte erzählt und musikalisch ausgesponnen. Während die ersten zwei Alben stilistisch noch nicht festgelegt sind, vielmehr manche Jazzelemente von Teddy Lasry und François Cahen übernehmen, entfalten sich seit 1973 – um den Preis stets veränderter Besetzung – die musikalischen Vorstellungen des Gruppenleiters Christian Vander immer folgerichtiger. Die Musik besitzt ekstatische Züge und richtet sich teilweise am europäischen Neuprimitivismus aus der Zeit vor dem Zweiten Weltkrieg aus (*Sacre du Printemps* und *Les Noces* von Strawinsky, *Allegro barbaro* von Bartók); zugleich nimmt Vanders Musik Merkmale von Carl Orff an, etwa stampfenden Rhythmus, unverändert wiederholte zwei- und viertaktige Abschnitte, aufgreifende und bestätigende Chorpartien, auch eine gewisse urheidnische Erdgebundenheit, die bald in

fein ausgesponnener Lyrik, bald in drohender Klangenergie erscheint. Die visionären Bilder werden in einer unbekannten, an Deutsch, Zigeunerisch und Ungarisch-Türkisch erinnernden Sprache entworfen.
Die Gruppe GONG geht auf die Initiative des Australiers Daevid Allen zurück, der (ursprünglich Mitglied der britischen Jazz-Rock-Avantgarde SOFT MACHINE) wegen Paßschwierigkeiten nicht nach England zurückkehren durfte. Auch GONG hängt vorgestellten interplanetarischen Ereignissen nach, geheimnisvollen Radiobotschaften aus dem Weltall und sonstiger üppiger Phantastik, die sich schon in der → Cover-Gestaltung niederschlägt. GONGS Schallplatten machen von den Möglichkeiten entwickelter Elektronik ausgiebigen Gebrauch. Echoeffekte, unwirkliche Glissandi, akustische Raumverflüchtigung erzeugen ein «psychedelisches» Klima. Allen setzte, auch solo, seit 1975 seine Gehirnausflüge fort, während GONG musikalisch verbindlicher und spieltechnisch disziplinierter, nur eben weniger originell wurde (*Shamal*, 1975; *Gazeuse*, 1976).
Näher an der gesellschaftlichen Wirklichkeit stand ANGE, wie das die kritischen, zuweilen zynischen Texte bezeugen. Der Einfluß des französischen → Chansons ist nicht zu verkennen, dessen Pathos, auch gespielte Ergriffenheit trotz der dicken, vielfach verformten Klangmassen zum Tragen kommt. Seit dem frühen Album *Le cimetière des arlequins* (1973) vermißte man allerdings eine stilistische Entwicklung der Gruppe. Weitere Bands der siebziger Jahre waren etwa HELDON, TRIANGLE, SPEED LIMIT, ZAO und CATHARSIS. Eine differenzierte Rocksprache kennzeichnete die Gruppe FRANCK DERVIEUX-DIMENSION M, die auch mit Erinnerungsmotiven aus der Barockzeit arbeitete.
Die Ausläufer der britischen → New Wave führten wie in der Bundesrepublik Deutschland auch in Frankreich zu einer neuen Generation von Rockmusikern, die teils den britischen Vorbildern nacheiferten, teils aber bewußt einen eigenen, französischen Weg suchten; zu ihnen gehörten Anfang der achtziger Jahre die Bands TELEX, ASPHALT JUNGLE, BIJOU, DANGER, TELEPHONE, ZNR und ART ZOYD. 1986 veröffentlichte das aus Cathérine Ringer und Fred Chichin bestehende Duo LES RITA MITSOUKO seine erste LP, die Zeugnis von einer gelungenen Mischung von Rock 'n' Roll- und Chansonelementen gab und das Duo mit einem Schlag bekannt machte. Weniger bekannt war zu dieser Zeit die Musik etwa von ETRON FOU LELOUBLAN, eine Band um den Baßgitarristen Ferdinand Richard, der eine höher als üblich gestimmte, sechssaitige Baßgitarre bevorzugt. Die Gruppe bestand bereits seit 1973 – gegründet in Avignon –, ehe sie auch in anderen europäischen Ländern mit ihrer eigenwilligen Mischung von Punk, Jazz und französischer Volksmusik zu witzig-geheimnisvollen Texten das Interesse des Publikums auf sich zog. Die Mitglieder von ETRON FOU LELOUBLAN nahmen auch einzelne Solo-Platten auf, so der Schlagzeuger Guigou Chenevier zusammen mit der Sängerin Sophie Jausserand.

Das Jahr 1988 schien für französische Rockmusik den Durchbruch zu bringen, tatsächlich waren aber die erfolgreichen Produktionen etwa von France Galle («Ella Elle L'a») und der 14jährigen Vanessa Paradis («Joe le taxi»), aber auch die Platten von Caroline Loeb eher dem Schlager zuzurechnen. Hart an der Grenze zum Schlager war auch der Hit von Claudie Fritsch-Mentrop, die sich Desireless nannte: «Voyage Voyage» konnte sich monatelang in den Hitparaden halten.
Es ist keine Frage, daß die französische Rockmusik, die über Frankreich hinaus bekannt wird, maßgeblich vor allem von Frauen gemacht wird. Die Sängerin Guesch Patti beispielsweise macht aus der Musik erst etwas, was über die eher konventionelle Rockmusik ihrer Band hinausgeht; ihre Exaltiertheit und ihr Exhibitionismus, aber auch ihre stimmlichen Qualitäten lassen Platten wie *Labyrinthe* (1988) und, weniger, *Nomades* (1990) als völlig singulär erscheinen. Von ähnlicher Art ist die Musik der bretonischen Band NIAGARA, deren Sängerin in französischer Sprache singt. NIAGARA, obwohl in Frankreich sehr erfolgreich, ist im übrigen Europa nahezu unbekannt. Zu nennen wäre weiterhin die Sängerin Liane Foly. Eine völlig andere Musik macht die vielköpfige Gruppe LES NEGRESSES VERTES, die sich vielerlei Einflüsse bedient, um daraus kurze, witzige und überraschend instrumentierte Stücke zu machen.
Frankreichs Rockszene wäre aber nur unzureichend beschrieben ohne den Hinweis auf die Musik anderer Nationalitäten, die in diesem Land leben können. Raï-Musik, die algerische Spielart der Rockmusik, hätte in Europa kaum bekannt werden können, wenn es nicht Verbindungen der Algerier nach Frankreich gäbe, ähnlich ist es mit manchen afrikanischen Musikstilen bestellt, wie etwa der Griot-Musik. Mory Kante beispielsweise tourte Sommer für Sommer an der französischen Atlantikküste – wie auch im übrigen Land –, ohne daß deshalb gleich von einem Durchbruch der → Weltmusik gesprochen wurde. Auf das Ganze gesehen verfügt Frankreich offenbar über ein liberaleres Klima für verschiedene Musik als etwa Deutschland.

S ALICE: –, 1971 (D: Byg/Metronome); AME SON: *Catalyse*, 1970 (Byg/Metronome); ANGE: *Emile Jacoutey*, 1975 (F: Philips); ATOLL: *Tertio*, 1977 (F: Eurodisc); AU BONHEUR DES DAMESK: *Twist*, 1974 (F: Philips); AXIS: –, 1973 (F: Riviera); BIJOU: *Danse avec moi*, 1977 (F: Philips); J. J. Burnel: *Euroman Cometh*, 1979 (GB: UA); CATHARSIS: *Le bolero du veau des dames*, o. J. (F: Festival/Musidisc); CHUTE LIBRE: *Ali Baba*, 1978 (F: Pathé Marconi); COUER MAGIQUE: *Wakan Tanka*, 1971 (F: Byg); DANGER: –, 1977 (F: RCA); DROIDS: *Star Peace*, 1978 (D: Barclay/Metronome); EDITION SPECIALE: *Aliquante*, 1977 (F: RCA); ELECTRIC CALLAS (Maxi-Single, F: Pathé Marconi 1979); FACTORY: *Black Stamp*, 1977 (F: Cobra/Carrere); GANAFOUL: *Saturday Night*, o. J. (F: Crypto/RCA); GONG: (alle Platten empfehlenswert); Johnny Halliday: *Le Disque d'Or*, o. J. (F: Philips); HELDON: *Stand By*, 1979 (D: Egg/Metronome); HUMAN EGG: –, 1978 (F: Crypto/RCA); Jean Michel Jarre: *Equimaxe*, 1978 (F: Dreyfus/CBS); KOMINTERN: *Le bal du rat mort*, 1971 (F: Harvest/Pathé Marconi); LARD FREE: –, 1977 (F: Cobra); LITTLE BOB STORY: *Off the Rails*, 1977 (GB: Chiswick); MAHJUN: *Happy French Band*, 1977 (F: Gratte-Ciel/

RCA); MARTIN CIRCUS: *Acte II*, 2 LP, o. J. (F: Vogue); MONA LISA: *L'escapade*, o. J. (F: Crypto/RCA); MAGMA: (alle Platten empfehlenswert); MOVING GELATINES PLATES: –, 1971 (NL: CBS); OCARINAH: *Première vision de l'étrange*, 1978 (Calypsia); PLAT DU JOUR: –, 1977 (F: Speedball); POTEMKINE: *Triton*, 1977 (F: Voixgrave); PULSAR: *Pollen*, 1978 (F: CBS); RECREATION: *Music Or Not Music*, o. J. (F: Barclay); ROCKETS: –, 1978 (D: Ariola); SANDROSE: –, 1973 (GB: Polydor); *Skydog-Commando*, o. J. (F: Skydog, Sampler mit französischem Punk); SHAKIN' STREET: *Vampire Rock*, 1978 (F: CBS); SPEED LIMIT: –, 1974 (F: Le chant du monde); SPHEROE: *Primadonna*, o. J. (F: Cobra/Carrere); STARSHOOTER: –, 1978 (F: Pathé Marconi); STINKY TOYS: –, 1977 (F: Polydor); Alan Stivell: *3rd Live: International Tour – Tro ar Bed*, 1979 (D: Metronome); TELEPHONE: –, 1977 (F: Pathé Marconi); TRANS EUROPE EXPRESS: *Same Players Shoot Again*, o. J. (F: Cobra/Carrere); TRIANGLE: –, 1972 (F: Pathé Marconi); TRANSIT EXPRESS: *Opus Progressif*, 1976 (F: RCA); ZAO: *Shekina*, 1975 (F: RCA), ZNR: *Barricade 3*, 1976 (F: Isadora/RCA); ZOO: *Hard Times, Good Times*; o. J. (F: Riviera); *Rock d'ici* Vol. 1–2, o. J. (F: Crypto/RCA); ETRON FOU LELOUBLAN: *Les Poumons Gonfles*, 1982 (Schweiz: Turbo Music); Guigou Chenevier/Sophie Jausserand: *A L'abri des micro-climats*, o. J. (Schweiz: Recommended Records); Caroline Loeb: *Loeb C. D.*, 1987 (D: Barclay/Phonogram); Desireless: *Voyage Voyage*; 1986 (NL: CBS); Guesch Patti & ENCORE: *Labyrinthe*, 1988 (F: EMI France); dies.: *Nomades*, 1990 (F: EMI France); LES NEGRESSES VERTES: –, 1989 (D: Polydor); NIAGARA: *Religion*, 1990 (F: Polydor); MANO NEGRA: *Amerika Perdida*, 1991 (D: Virgin)

L *Rock & Folk* (Paris), Frühling 1977, mit einem Verzeichnis französischer Gruppen; *Rock en Stock* (Versailles) befaßt sich in früheren Heften eingehend mit französischem Rock; *Sounds* 2–4/1979; *Musik Express/Sounds*: *Extra*, 1988

Freak ist «sonderbarer Mensch», «Randexistenz» oder gar, wie Ingeborg Schober vorschlägt, «irrer Typ». In letzterer Bedeutung wird das Wort bereits im Titel eines amerikanischen Films von Tod Browning gebraucht (*Freaks*, 1932), dessen Thema das Zur-Schau-Stellen von Liliputanern, siamesischen Zwillingen, Mongoloiden, Menschen ohne Arme und Beine usw. auf Jahrmärkten ist. Ein «irrer Typ» war auch jener auf Hollywoods Straßen singende «Wild Man Fischer», dessen Musikgebaren in einem 1968 von Frank Zappa produzierten Doppelalbum festgehalten wurde. In der Sprache der Rockmusik bezeichnete Freak in den siebziger Jahren vor allem einen Menschen, der durch auffällige Kleidung, Haare, Sprechweise und Anschauungen betonte, daß er mit der Normalgesellschaft nichts zu tun hatte und haben wollte. Das Zeitwort heißt «to freak out», das Adjektiv «freaky». Auf dem Doppelalbum *Freak Out!* von THE MOTHERS OF INVENTION (1966) gab Frank Zappa eine Definition, die Ansprüche stellt. «Freaking Out» sei demnach ein persönlich vollzogener Vorgang, durch den jemand die überlieferten, einengenden Muster in Denkweise, Kleidung und sozialem Verhalten abstreift, um sich schöpferisch zu bekunden. («On a personal level, Freaking Out is a process, whereby an individual casts off outmoded and restricting standards of thinking, dress, and social etiquette in order to express CREATIVELY his relationship to his immediate environment and the social structure as a whole.»)

Der Begriff Freak kam im Laufe der

achtziger Jahre aus der Mode. Nur sporadisch taucht er, umgewertet, auf: ein Computer-Freak etwa ist jemand, der sich mit Computern sehr gut auskennt und nichts anderes im Sinn hat, als möglichst viel Zeit mit diesen Geräten zu verbringen.

S *An Evening with Wild Man Fischer*, 1968, 2 LP (USA: Bizarre/Reprise); *Lord Buckley – A most immaculate hip aristocrat*, o. J., produziert 1956 (USA: Straight)

L Albert Goldman: *Freak Show* (New York 1971); Hans Scheugl: *Show Freaks & Monster, Sammlung Felix Adanos* (Köln 1974)

Free Concert → Freikonzert

Free Funk ist ein Jazz-Stil, der aus → Funk, → Punk und → Free Jazz schöpft; ursprünglich gab es auch die Bezeichnung Punk-Jazz, auch Fake-Jazz, doch wurde der Begriff Free Funk den Elementen der Musik am ehesten gerecht. Aufgekommen gegen Ende der siebziger Jahre in New York, erwies sich Free Funk als die stärkste Strömung innerhalb des Jazz der achtziger Jahre. Free Funk ist weit mehr als der → Jazz-Rock der sechziger und beginnenden siebziger Jahre eine Musikrichtung, an der sowohl Rock- wie Jazzmusiker beteiligt waren (und in ihren besten Momenten ohne den jeweiligen Dünkel, den manche Jazz-Kritiker gegenüber der Rockmusik hegen).
Mehrere Gruppen sind es, die am Beginn von Free Funk standen: das Quartett des Gitarristen James Blood Ulmer, MATERIAL, DEFUNKT, später dann Luther Thomas' Band DIZZAZZ und Ronald Shannon Jacksons DECODING SOCIETY. Ausgangspunkt ihrer Musik ist in jedem Fall eine Funk-Rhythmusgruppe, die einerseits für einen ständig durchlaufenden Beat sorgt, andererseits den Gegenpol zu dem jeweiligen Solisten darstellt. Die → Riffs sind an die Baßfiguren des → Funk angelehnt, doch ist das Tempo in der Regel schneller und die Ausformung des Riffs komplizierter, vor allem aber sind viele Riffs – ein- oder zweitaktig – zweiteilig angelegt, wobei der erste Teil nicht verändert wird, während der zweite Teil Spielmaterial des Bassisten ist und ständig variiert wird. Häufig tritt noch ein Gitarrist zu der Rhythmusgruppe und fügt typische Funk-Rhythmusmuster hinzu. Die Solisten dagegen sind tonal nicht, wie die Rhythmusgruppe, gebunden, sondern improvisieren zumeist frei, finden sich aber auch oft in modale Skalen. Zu vielen Free Funk-Bands gehört obligat ein Sänger oder eine Sängerin.
Free Funk hat in den achtziger Jahren den größten Einfluß auf den Jazz gehabt; Kompositionen nach den Maßgaben des Free Funk sind dann auch bei vielen Jazzmusikern zu finden, selbst die Musik von Miles Davis *(Tutu, Decoy)* schöpft aus diesem Jazz-Stil. Aber auch auf den Funk wiederum hatte Free Funk Rückwirkungen, vor allem in der Konstruktion von Riffs. Letztlich ist Free Funk nicht losgelöst von anderer Rock- und Jazz-Musik zu sehen, sondern befand sich in einer Tradition und ist Teil eines geschichtlichen Ganges. (→ Funk; → Funky; → Jazz-Rock; → No Wave; → Baßgitarre)

S DEFUNKT: *Thermonuclear Sweat* (D: Teldec); dies.: –, 1980 (GB: Hannibal); DONKEY KONG: *Multi Scream*, 1984 (CH: Poplight); James Blood Ulmer: *Tales of Captain Black*, 1978 (USA: ARM); Toshinoro Kondo: –, 1984 (D: Jaro); ders.: *Metal Position*, 1986 (D: Jaro); Luther Thomas & DIZZAZZ: *Yo' Momma*, 1981 (D: Moers); MATERIAL: *American Song*, 1981 (USA: Celluloid); dies.: *Ciquri/Detached*, 1981 (I: Base); dies.: *Temporary Music*, o. J. (F: Celluloid); dies.: *Memory Serves*, 1981 (D: Celluloid/ Ariola); dies.: *One Down*, 1982 (D: Elektra), MATERIAL with Nona Hendryx: *Busting Out*, o. J. (F: Celluloid); PIG BAG: –, 1983 (D: Y Records/Intercord); dies.: *Lend An Ear*, 1983 (D: Y Records/Intercord); dies.: *Dr Heckle and Mr Jive*, 1982 (D: Y Records/ Intercord); MUSIC REVELATION ENSEMBLE: *No Wave*, o. J. (D: Moers); NOODBAND: *Shiver*, 1983 (D: Moers); RIP RIG AND PANIC: *Attitude*, 1983 (GB: Virgin); dies.: *I Am Cold*, 1982 (GB: Virgin); Ronald Shannon Jackson and THE DECODING SOCIETY: *Mandance*, 1982 (GB: Antilles); dies.: *Decode Yourself*, 1985 (USA: Island)

L Chip Stern: *What's in a name anyway?*, in: Magazin JazzFest Berlin '81

Free Jazz ist die aus einem Plattentitel Ornette Colemans abgeleitete Bezeichung für die bislang radikalste Ausprägung des Jazz in den sechziger Jahren, die auf tonal nicht mehr ableitbaren Tonfolgen und Klangkombinationen beruht, gelegentlich modale Tonleitern verwendet und von der Kollektivimprovisation lebt. Statt eines durchgehenden Schlages löst sich das Metrum in frei wechselnde, nicht mehr taktgebundene rhythmische Werte auf. Zu den Schöpfern des Free Jazz gehören John Coltrane, Cecil Taylor, Ornette Coleman, Albert Ayler, Archie Shepp, Charles Mingus, Miles Davis und Sun Ra. (→ Freie Musik)

L Ekkehard Jost: *Free Jazz. Stilkritische Untersuchungen zum Jazz der 60er Jahre* (Mainz 1975) mit umfangreicher Discographie

Freie Musik ist eine in der Bundesrepublik Deutschland aufgekommene Bezeichnung für eine dem → Free Jazz wie avantgardistischer Neuer Musik nahestehende Musik. Anders als der Free Jazz fühlt sich die Freie Musik nicht allein dem Jazz verpflichtet und kann auch kein schwarzes Erbe für sich in Anspruch nehmen. Ihrem Wesen nach ist Freie Musik eine eklektizistische Musik (→ Eklektizismus), die vielerlei Material aufnimmt, dennoch nicht frei von einem gewissen Sektierertum ist. Erst zu Beginn der achtziger Jahre begannen sich Musiker wie Peter Brötzmann, Peter Kowald und der Japaner Toshinoro Kondo jüngeren Entwicklungen des Jazz und des Jazz-Rock zu öffnen und etwa mit Bill Laswell zuammenzuarbeiten. Die weitaus meisten Plattenaufnahmen der Freien Musik wurden bei der Berliner Plattenfirma Free Music Production, die auch alljährlich den Workshop Freie Musik veranstaltet, veröffentlicht. (→ No Wave, → Jazz-Rock)

Freikonzert (engl. Free Concert) ist ein von Rockmusikern ohne Honorarforderung gegebenes Konzert, bei dem jeder freien Zutritt hat, sofern die dafür vorgesehenen Plätze reichen. In Europa wurden Freikonzerte erst um 1970 (bei den Fans) beliebt; in den USA haben Gruppen wie THE GRATEFUL DEAD sie viel früher eingeführt, z. B. traten im → Fillmore West viele Gruppen unent-

geltlich auf, ebenso im Golden Gate Park um 1965–67.
Freikonzerte waren teils durch die Bestrebungen gekennzeichnet, die Rockmusik von Kommerzialisierung freizuhalten, teils entsprachen sie den energisch vorgetragenen Forderungen vieler Fans, so etwa in Berlin anläßlich eines Konzertes der MOTHERS OF INVENTION im Jahre 1968 (denen Zappa allerdings nicht entsprechen wollte). Freilich konnte sich die Veranstaltung eines Freikonzertes auch von der unterschwelligen Absicht der beteiligten Musiker nicht ganz lösen, sich durch solche zur Schau getragene Freigebigkeit noch beliebter bei den Musikkonsumenten zu machen. Insofern lassen sich Freikonzerte auch als eine wirksame Werbung für die Musiker auffassen. Nach etwa 1973 sind Freikonzerte verhältnismäßig selten geworden. Sie hatten den Verdacht, kalkulierte Anbiederung beim Publikum zu sein, nie ganz beseitigen können. Hinzu kommt, daß einige Freikonzerte mit denkbar tragischen Begleitumständen in die Rockgeschichte eingingen, so das Konzert der ROLLING STONES in → Altamont am 6. Dezember 1969.

Fremdspannungsabstand heißt das Verhältnis zwischen der Nutzspannung eines Musikgerätes (Verstärker, Tonbandgerät, Tuner usw.) und der Fremd- oder Störspannung, die sich im Netzbrummen, Tonträgerrauschen, Verstärkerrauschen niederschlägt. Dieses Verhältnis wird in dB ausgedrückt (→ Dezibel).

French Horn → Waldhorn

Frequenz («Häufigkeit», engl. frequency, abgekürzt *f* bzw. cps = cycles per second) ist der volle Zyklus (cycle) einer Schwingung je Sekunde. Je höher der Ton, um so größer die Frequenz (Schwingungszahl) und umgekehrt. Die Frequenz wird in der Meßeinheit Hertz (Hz) angegeben, benannt nach dem Physiker Heinrich Hertz (1857–94); zum Beispiel bezeichnet man den Stimmton oder Kammerton a^1 (eingestrichenes a) mit 440 Hz; 1000 Hz heißt ein Kilohertz (kHz), 1000 kHz sind ein Megahertz (MHz, nur in der Sendetechnik). Frequenzweiche nennt man ein elektronisches Netzwerk, das zur Aufteilung eines Frequenzspektrums in verschiedene Bereiche dient, etwa in Baß/Mitte/Höhe bei sogenannten Dreiwegsystemen.

Fuge (von lat. und ital. fuga, Rennen, Flucht, engl. fugue) ist ein zwei- bis vierstimmiges Musikwerk, dessen Thema von allen Stimmen abwechselnd und unter sich gleichberechtigt (kontrapunktisch) verarbeitet wird; Fugen von mehr als vier Stimmen sind verhältnismäßig selten. Nach dem Auftreten des Themas in der Grundtonart (dux = Führer) wird das gleiche Thema auf der fünften Stufe von einer anderen Stimme wiederholt (comes = Gefährte), wobei gewisse Intervalle zur Wahrung der eingeschlagenen Tonart geringfügig abgewandelt werden können. Zum Gefährten bildet die zuerst eingeführte Stimme einen – auch im weiteren Verlauf in dieser Funktion wiederkehrenden – Kontrapunkt. Anschließend werden nacheinander die dritte und vierte Stimme, ähnlich den

voraufgehenden, eingeführt; man spricht dabei von ebenso vielen Durchführungen des Themas. Das Thema selbst muß gewisse Eigenschaften aufweisen, um ein brauchbares Fugenthema zu sein (Prägnanz der Tonschritte, Deutlichkeit des Tongeschlechts usw.). Die Fuge, die eher eine Kompositionstechnik als eine geschlossene Gattung darstellt, erlebte im 17.–18. Jahrhundert, vor allem im Schaffen Johann Sebastian Bachs (1685–1750), ihre Blütezeit. Zu den späteren die Fugenkomposition pflegenden Musikern gehören Mozart, Beethoven, Brahms, Max Reger und Paul Hindemith.
In der vorwiegend homophon, d. h. nicht kontrapunktisch ausgerichteten Rockmusik kommt die strenge Fugenform so gut wie nicht vor, es sei denn als Zitat (etwa bei THE NICE). Ansätze zur Fugentechnik bzw. zum kanonischen Satz sind z. B. in GENTLE GIANTS Album *Interview* (1976) enthalten.

L Joseph Müller-Blattau: *Grundzüge einer Geschichte der Fuge* (3. Auflage, Kassel 1963)

Funk ist weniger ein eigener Stil, als ein beinahe ständiges Stilmerkmal in der Musik schwarzer US-Amerikaner, das allerdings auch immer wieder das Interesse weißer Musiker hervorruft. Bands, die ausschließlich dieses Stilmerkmal in ihrer Musik halten, kann man dann auch mit Fug und Recht Funk-Band nennen. In erster Linie ist Funk eine rhythmisch pointierte, perkussive Musik, die beinahe ohne Melodien auskommt und bestimmte Instrumental-Spielweisen verwendet; allemal ist Funk vor allem Tanzmusik und lebt daher von gewissen ekstatischen Wiederholungen, wie man sie beispielsweise in den Stücken von James Brown findet. Wenn man Brown auch als den Vater des Funk bezeichnen kann, so ist der Prototyp der Funk-Band – so wie Funk seit den siebziger Jahren verstanden wird – die Gruppe SLY AND THE FAMILY STONE. Stücke wie «I Want to Take You Higher» und «Thank You (Felattinme Be Mice Elf Agin)» zeigen alle Stilmittel des Funk: kurze Riffs, Betonung des Rhythmus, perkussiver Klang von Gitarre, Baßgitarre und Keyboards sowie ein dem Rhythmus sich unterordnender Gesang. Auf Sly Stones Band baute die Musik weiterer Bands wie PARLIAMENT, FUNKADELIC, OHIO PLAYERS, EARTH, WIND AND FIRE, Bootsy Collins und zahlreicher anderer Musiker auf. Der Stilmittel des Funk bedienten sich auch später die meisten schwarzen Musiker, von Prince bis HOT CHOCOLATE, von LIVING COLOUR bis THE TIME, ohne jedoch jemals reine Funk-Bands zu sein.
Funk-Elemente sind vor allem in den achtziger Jahren auch in der Musik vieler «weißer» Gruppen zu finden, die «schwarzer» Musik eher fernstehen wie z. B. JAPAN oder KAJAGOOGOO. Aber auch früher schon gab es vereinzelt Funk-Elemente in konventioneller Rockmusik, beispielsweise das Baß-Riff in «Come Together» auf *Abbey Road* der BEATLES. Anfang der achtziger Jahre formierten sich besonders in Großbritannien und dann auch auf dem europäischen Festland Bands, die sich ausschließ-

lich dieser Musik widmeten, so etwa Funkapolitan, Haircut 100, Level 42, Shakatak und andere; in Großbritannien wurde die Musik mitunter Jazz-Funk genannt. Die Stilmittel des Funk, vor allem bestimmte Spielweisen der Baßgitarre, Poppin' und Slappin' (→ Baßgitarre), gehören seitdem zu dem Repertoire vieler Bassisten und sind in beinahe jedem Stilbereich zu finden. (→ Funky; → Free Funk)

Funky ist ein nicht erschöpfend angebbares Merkmal in der Lebensanschauung, der Spielweise und in den Kompositionen schwarzer US-Amerikaner. Vielfach meint das Wort: den afrikanischen Wurzeln entsprechend (ursprünglich eigentlich: schmutzig, auch sexy). Funky Music wurde schon während der Bebop-Ära gespielt (Cannonball Adderley). Auf der Rückseite der Hülle von Etta James' *Funk*-Album von 1969 wird versichert, daß es sich nicht lohnt, die Bedeutung von «Funk» jemandem zu erklären, der es nicht schon weiß; «if you want to understand Funk without taking lessons, listen to Etta James». Doch weisen die Stücke keine charakteristischen Merkmale auf, und so dürfte es sich um eine Mystifikation schwarzer Soulmusiker handeln. (→ Funk; → Free Funk)

S *Etta James sings Funk*, 1969 (USA: Cadet)

Fun-Pop, auch Fun-Punk, wird eine keineswegs immer spaßige Musik genannt, die ihre Wurzeln einerseits im → Pub-Rock und Punk, andererseits in der Neuen Deutschen Welle hat. Die Musik besteht in der Regel aus gängigen Rock- und Rock 'n' Roll-Schablonen, meistens mit einem publikumswirksamen Refrain versehen. In Großbritannien sind es vor allem die Bands King Kurt und The Toy Dolls. Ihre Konzerte sind von in Unmengen fließendem Bier und Zuhörern, die sich während des Konzertes unentwegt mit Rasierschaum bespritzen, gekennzeichnet. In der Bundesrepublik Deutschland gibt es noch extremere Gruppen dieser Spielart der Rockmusik, etwa die Toten Hosen, Die Goldenen Zitronen, Die Abstürzenden Brieftauben und früher auch Die Ärzte. Gemeinsam ist ihnen allen die Verwendung von häufig unter die Gürtellinie zielenden Texten, die verbissene Suche nach Provokationen und bestenfalls mäßig gut gespielter Rockmusik.

Fusion Music → Jazz-Rock

Fuß. Auf einem Klavier ist jeder Taste ein Ton von bestimmter Tonhöhe (=Frequenz) zugeordnet, etwa die weiße Taste a^1 der Tonhöhe von 440 Hertz. Bei Orgeln und einigen anderen Tasteninstrumenten besteht die Möglichkeit, den angeschlagenen Ton durch Registerkopplung mit dem gleichen Ton verschiedener Oktavlage zu verbinden. Infolge dieser Verknüpfung erhält der Ton mehr Klangbreite, mehr Volumen. Nach einem geschichtlich bedingten Längenmaß werden die Längen der Orgelpfeifen und von daher auch die jeweils erklingenden Oktavlagen in Fuß angegeben (bezeichnet mit einem Strich oben rechts nach der Ziffer). Es gilt jeweils die Pfeifenlänge des tiefsten Tones. Die offene Labialpfeife des Tones C (= Großes C) hat die Länge von etwa 8 Fuß, was einer Länge von ungefähr 2,40 m entspricht. Erklingt infolge von Registerkopplung der Ton $_1C$ (= Kontra-C), so spricht man vom 16'-Register; erklingt der Ton $_2C$, so handelt es sich um das 32'-Register usw. Ähnlich ergeben sich, wenn höhere Oktaven angeschlossen werden, 4′ (c), 2′ (c^1), 1′ (c^2) usw. Im erweiterten Sinn wird die Fußtonzahl auch dann angegeben, wenn notierter und real erklingender Ton nicht zusammenfallen, sondern Oktavabstände ergeben. Zum Beispiel kann man die Baßgitarre 16′-Fuß-Instrument nennen, weil dem notierten tiefsten Ton E tatsächlich der reale Ton $_1E$ entspricht (→ Frequenz, → Oktave).

Fußmaschine wird ein Pedal genannt, mit dessen Hilfe der Schlagzeuger die Bass-Drum spielen kann. Sie besteht aus einem am Spannreifen der Bass-Drum befestigten Pedal, das über eine Kette oder ein flexibles Kunststoff- oder Metallband mit einem Schlegel verbunden ist. Wenn der Schlagzeuger das Pedal tritt, schnellt der Kopf des Schlegels gegen das Schlagfell der Trommel. Der Kopf des Schlegels besteht aus Kork, Filz oder aus mit Filz bezogenem Holz; das Material hat erheblichen Einfluß auf den Klang des Instruments. Schlagzeuger, die zwei Bass-Drums spielen, benutzen nicht nur Trommeln von unterschiedlicher Größe, sondern verwenden häufig auch zwei verschiedene Schlegel.

Fuzz → Verzerrer

G

G ist ein Tonname, der sowohl das G der → großen Oktave wie auch allgemein die Tonqualität G in allen Oktavbereichen bezeichnen kann. Es ist zugleich Abkürzung für G-Dur, im Gegensatz zu g (= g-Moll), in neueren Kompositionen der → Bildungsmusik auch für die → Tonart allein, ohne Kenntlichmachung des → Tongeschlechts. Gis ist ein chromatisch erhöhtes, Ges ein chromatisch erniedrigtes G (engl. G$\sharp$ oder G-sharp bzw. G$\flat$ oder G-flat).

Gabba Gabba Hey! ist so etwas wie der Schlachtruf der Anhänger der US-amerikanischen Rockgruppe THE RAMONES.

Gag (engl., Einfall, Laune) war – und ist manchmal noch – eine unerwartete, verblüffende Einzelheit bei einer Bühnenshow. Gags waren das Zerstören von Gitarren und Verstärkern bei THE WHO, Jimi Hendrix' Gitarrenspiel mit der Zunge, Peter Gabriels Kostüme bei GENESIS-Konzerten usw. Beruhten derartige Show-Beigaben in den sechziger und noch zu Beginn der siebziger Jahre zumeist tatsächlich auf den Einfällen der Musiker, so werden Gags mittlerweile ebensowenig dem Zufall oder eben den Launen des Musikers überlassen wie Klang- und Lichtregie, sondern sind Teil einer wohlüberlegten, bis in kleinste Details geplanten Bühnenshow. Beispiele hierfür boten etwa David Bowie mit seiner «Glass Spider»-Tour wie auch Roger Waters mit der Aufführung von «The Wall» in Berlin (1990).

Ganze Note (engl. semibreve, amer. whole note) ist der Wert von zwei Halben oder von vier Vierteln und wird mit dem Zeichen 𝅝 ausgedrückt. Das Zeichen für die entsprechende Pause ist: 𝄻.

Ganzton ist, nach dem → Halbton, der kleinste Tonschritt im zwölfstufigen gleichschwebend temperierten Tonsystem. Er wird von einem Anfangston aus entweder diatonisch erreicht, indem zu einem Nachbarton mit einem anderen Tonnamen geschritten wird (z. B. c–d), oder aber durch doppelte Chromatik, indem ein gegebener Ton durch zweifach alterierende → Vorzeichen (Doppelkreuz 𝄪 oder zwei Be 𝄫) in seiner Höhe verändert wird (etwa c–cisis).

Ganztonleiter entsteht, wenn von einem Ton ausgehend ausschließlich Ganztonschritte benutzt werden (→ Ganzton). Im zwölfstufigen gleichschwebend temperierten Tonsystem wird eine Oktave auf die genannte Art in sechs gleiche Teile eingeteilt, z. B. c d e fis as b oder (die gleiche Leiter um einen → Halbton verschoben) des es f g a h. Da die Ganztonleiter weder der Dur- noch der Mollskala entspricht, hebt sie die harmonische Tonalität teilweise auf und erzeugt einen tonal gleichgültigen Schwebezustand. Sie wurde mit dieser Tendenz von Claude Debussy in die europäische Kunstmusik eingeführt. In der Rockmusik finden sich kürzere Episoden mit lückenloser Ganztonleiter oder einem Fragment davon. Auf der LP *Breathe Awhile* (1969) verwendet Arcadium den Tonleiter-Ausschnitt a g f dis (e A) im Stück «Woman of a Thousand Years»; eine nach unten gerichtete vollständige Ganztonleiter ergibt die Vibraphon-Schlußphase von «Morning Sun» von Missus Beastly (*Dr. Aftershave and The Mixed Pickles*, 1976). Das gesamte thematische Material wird im Stück «Gnat Prong» auf Hugh Hoppers Album *Hopper Tunity Box* (1977) aus einer Ganztonleiter bezogen.

Gastmusiker (engl. guest, guest musician) sind solche, die nicht ausschließlich zu einer musikalischen Formation gehören, sondern sich als unabhängige Mitwirkende an einem Konzert – mitunter auch einer ganzen Tournee – oder an einer Studioaufnahme beteiligen, um einem Musikerfreund «auszuhelfen». Der gelegentliche Zusatz «special guest» hebt die Bedeutung einer solchen Mitwirkung hervor, etwa wenn der Gast ein Starmusiker ist. Vor allem während der achtziger Jahre wurde es besonders im → AOR üblich, möglichst viele Starmusiker für Plattenaufnahmen zu versammeln. Auf den Aufnahmen zu Cindy Laupers LP *A Night To Remember* (1989) nahmen neben anderen etwa Eric Clapton, Rick Derringer, Bootsy Collins, Bakithi Kumalo und Larry Blackmon teil; Peter Gabriel konnte für die Mitarbeit an seiner LP *So* (1986) Nile Rodgers, Daniel Lanois, Jim Kerr, Manu Katche, Kate Bush, Stewart Copeland, Laurie Anderson

und Youssou N'dour gewinnen – selbst im Background-Chor ein Star: P. P. Arnold. Robert Palmer nahm einige seiner Platten mit der Hilfe der Musiker von LITTLE FEAT auf, und Peter Frampton war der Leadgitarrist der Tourneeband von David Bowies «Glass Spider»-Tournee (1987).
Wegen der möglichen vertraglichen Bindung des Gastmusikers an eine andere Plattenfirma wird gewöhnlich eine Dankformel an die Adresse des «ausleihenden» Labels gerichtet («by courtesy of...»).

Gegenbewegung (engl. contrary motion) heißt die von der Kontrapunktlehre geregelte Schreib- bzw. Musizierweise, bei der die eine Stimme steigt, während die andere fällt. Ein einfaches Beispiel für Gegenbewegung findet sich im Stück «Why Are We Sleeping?» auf dem ersten Album von SOFT MACHINE (1968):

Geige → Violine

GEMA (Gesellschaft für Musikalische Aufführungs- und Mechanische Vervielfältigungsrechte) ist ein gemeinnütziger Wirtschaftsverein mit Sitz in Berlin und München, der 1947 zum Schutz des Urhebers und zur Wahrnehmung seiner Rechte eingerichtet wurde. Komponisten, Textdichter und Verleger können Mitglieder der GEMA werden, wobei zwischen ordentlichen, außerordentlichen und angeschlossenen Mitgliedern unterschieden wird. Das Mitglied schließt mit der GEMA einen Berechtigungsvertrag für sechs Jahre ab. Die Ausschüttung der Lizenzbeträge erfolgt jährlich auf Grund des geltenden Verteilungsplanes, der die Anteile von Komponist, Textdichter, Arrangeur, Übersetzer und Verleger bruchteilig festlegt. Die GEMA ist (wie auch beispielsweise → ASCAP und → BMI in den Vereinigten Staaten) Mitglied des BIEM, der Dachorganisation der mit dem mechanischen Vervielfältigungsrecht beschäftigten Urheberrechtsgesellschaften in der ganzen Welt mit Sitz in Paris (BIEM ist die Abkürzung für Bureau International De Societes Gerant Les Droits D'Enregistrement Et De Reproduction Mechanique).
Auf Schallplatten findet der Hörer neben GEMA, ASCAP und BMI zuweilen auch die Abkürzungen MCPS (Mechanical Copyright Protection Society; Großbritannien) und STEMRA (Stichging Tot Uitoesening En Handhaving Van Mechanische Reproduktierechten Der Auteurs; Niederlande), AWA (Anstalt zur Wahrung der Aufführungsrechte auf dem Gebiete der Musik) war die Verwertungsgesellschaft der DDR.
Die GEMA ist immer wieder von Rockmusikern kritisiert worden; da die Honorierung etwa von im Rundfunk gespielten Schallplatten nach einem komplizierten Punktevergabesystem erfolgt – das selten in Rundfunkprogrammen zu findende Musik höher bewertet als einen gängigen, oft zu hörenden Rocksong –, sahen und sehen sich Rockmusiker benachteiligt. Hierin ist auch ein Grund zu suchen, daß manche deutsche Rockmusiker sich der elektroni-

schen Musik zuwandten, wird diese doch höher bewertet als gewöhnlicher Rock. Daher lassen Rockmusiker mitunter nicht alle Rechte an ihren Kompositionen von der GEMA wahrnehmen, sondern verwerten ihre Musik selbst.
Die Leistungsschutzrechte und Ansprüche von ausübenden Künstlern, Bild- und Tonträgerherstellern sowie Veranstaltern werden von der GVL (Gesellschaft zur Verwertung von Leistungsschutzrechten) mit Sitz in Hamburg wahrgenommen.

L Über die Nachteile der GEMA-Verteilung für die Rockmusik vgl. Artikel und Interviews mit Jürgen Dollase, Eroc, Hellmut Hattler, Julius Schittenhelm und Wolfgang Dauner in *Neue Zeitschrift für Musik* (Mainz, Schott, 1/1980)

Generalpause (allgemeine Pause, abgekürzt G. P.) heißt das Aussetzen aller Stimmen für die Dauer mehrerer Schlagzeiten, ggf. sogar mehrerer Takte, hauptsächlich im Orchesterspiel. Für das Mannheimer Orchesterspiel um 1760, später für den Personalstil von Anton Bruckner (1824–1896) etwa sind häufige Generalpausen kennzeichnend, in denen sich ein neuer Anlauf zum «symphonischen Atem» vorzubereiten scheint. Solche alle Stimmen erfassenden Pausen treten zwar auch in der Rockmusik auf, doch erhält die Generalpause erst aus dem Gegensatz von Großorchesterklang und Stille ihre Eigenart.

German Rock → Deutsche Rockmusik

Geschichte der Rockmusik. Die um die Mitte der fünfziger Jahre in den USA entstandene Rockmusik hat, an Jahreszahlen gemessen, eine verhältnismäßig kurze Geschichte. Sie ist dafür um so schneller zu einem weltweiten musikalischen Idiom geworden, das außer in den angelsächsischen Ländern in fast allen europäischen – auch sich früher sozialistisch nennenden Staaten –, ebenso in Südamerika, Afrika, Australien und Japan lokale Ausprägungen gefunden und infolge der steigenden Massenproduktion an Schallplatten Ausmaße erreicht hat, die alle bis dahin gekannte Musikproduktion in den Schatten stellt. Die Behauptung erscheint gerechtfertigt, daß die etwa vierzig Jahre bisheriger Rockmusik weit mehr Kompositionen und musikalische Ereignisse hervorgebracht haben als das gesamte 19. Jahrhundert. Von einem einzelnen kann das gesamte Gebiet der Rockmusik nicht mehr überschaut werden.
Unter dem Vorbehalt einer Vereinfachung kann man mit Sicherheit vier Zeitabschnitte im Rockbereich unterscheiden und einen fünften wenigstens in groben Umrissen erkennen.
1. Der erste Abschnitt ist Rock 'n' Roll, eine vorwiegend durch die Kultur- und Rassenmischung der USA geprägte Musik, die unterschiedlich akzentuierte Züge des → Blues (besonders in Form von → Boogie-Woogie und → Rhythm & Blues), von C & W (→ Country) und von weißer Schnulze in sich enthält. Die großen Interpreten Chuck Berry, Elvis Presley, Bill Haley, Little Richard u. a. gelten als Klassiker des Rock. Die Ausläufer des 1954–56

beginnenden Rock 'n' Roll reichen in die beginnenden sechziger Jahre hinein und umfassen noch die früheste Produktion Phil Spectors, dessen Klangideal diesem Stilbereich entstammt.

2. Die folgenden vier bis fünf Jahre zeigen in den USA ein aufgefächertes Bild: sie sind teils durch die Folk-Bewegung (Pete Seeger, Bob Dylan, Joan Baez), teils durch schon geglättete Rock 'n' Roll-Klänge mit High School-Themen (Chubby Checker) und Surf (THE SURFARIS, BEACH BOYS) gekennzeichnet und klingen in den zwei bis drei Jahren erst allmählich aus, die in Europa bereits im Zeichen der BEATLES stehen. Diese US-amerikanische Periode läßt sich mit den Zeitgrenzen 1960 und 1964/65 angeben.

3. Die alles beherrschende Stilrichtung der folgenden Jahre ist Beat, den man in musikalischer Hinsicht den für weiße Oberschüler, Studenten und Intellektuelle annehmbar gewordenen Rock 'n' Roll nennen könnte. Der Inbegriff von Beat in diesem Sinn verkörpert sich in der Musik der BEATLES, während die ROLLING STONES ihre Orientierung am Blues und Rock 'n' Roll stets hervorgehoben haben. Mit europäischen Augen gesehen, dauert die Beat-Phase von 1963 bis 1969, umfaßte anfänglich die → Beatlemania und die «britische Invasion» in den USA und hatte auf US-amerikanische Gruppen eine erhebliche Wirkung. Die drei letzten Jahre 1967–69 erleben eine nie dagewesene Experimentierfreudigkeit, deren hauptsächliche Anreger die BEATLES und Frank Zappa waren. Es entstehen in den USA wie in England kurzlebige Gruppen, die mit Klangverfremdungen, Elektronik, → Concept Albums und einem radikal erweiterten Tonmaterial arbeiten.

4. Die radikalen, dafür richtungslosen Experimente der vorausgegangenen Jahre werden gleichsam auf einige wenige konzentriert. Vor allem lenkt der Jazz-Rock in verschiedenen Ausprägungen das Augenmerk auf sich, dessen Anfänge zwar ebenfalls in der Mitte der sechziger Jahre liegen, der jedoch erst um 1970 Jazzmusiker wie Miles Davis und Ian Carr zu seinen Anhängern und Wegbereitern zählen kann. Inmitten von Jazz-Rock, Hardrock und elektronischem Rock konnten auch nicht-angelsächsische Länder nationale Idiome entwickeln (Deutschland, Frankreich, Italien, skandinavische Länder). Dieser Abschnitt reicht von 1969 bis 1975.

5. Um die Mitte der siebziger Jahre übernehmen Großbritannien und in geringerem Maße auch die USA die trendsetzende Initiative, indem in ihnen ein zunächst betont hölzerner, doch immer selbstbewußter und auch musikalisch eigenständiger → Punk auftritt, der – wirklich Beginn eines neuen, vom Blues unabhängigen Stils –, die Bezeichnung New Wave verdient. Diese Phase dauerte etwa von 1975 bis 1980. Relativ schnell war die Kraft des Punk erloschen, hatte aber als Initialzündung für New Wave ausgereicht.

6. In den achtziger Jahren zeigt sich eine Konsolidierung der Rockmusik einerseits, ein Auseinanderstreben der Stile andererseits. Auf der einen Seite handelt es sich um Riff-betonte

Musik – Funk, Disco, neue Soul-Richtungen, Free Funk, No Wave, Hip Hop –, auf der anderen Seite, zum Ende der achtziger Jahre hin, eine Rückbesinnung auf den Song. Parallel zu diesen beiden divergierenden Richtungen gab es eine große Zahl von echten und von Schallplattenfirmen absichtlich eingeleiteten Revivals früherer Rock-Stile. Allübergreifend aber war die noch nicht abgeschlossene Entwicklung der → digitalen Audiotechnik. Anfang der neunziger Jahre ist noch nicht zu erkennen, welche Folgen die Umwälzungen auf dem Gebiet der Tonerzeugung, Tonaufnahme und Tonwiedergabe haben werden. Abzusehen ist bereits das Ende der Vinyl-Schallplatte.

In den achtziger Jahren konnte die Rockmusik sämtliche Medien erobern, neben dem Rundfunk auch das Fernsehen. Die Folge ist eine schier überbordende Produktion von Rockmusik, die bereits zu verschiedenen Formen des «Streckens» des Materials führte: Aufnahmen werden in verschiedenen Versionen auf den Markt gebracht, um so den Anschein von Neuartigkeit zu erwecken (→ Remix). Es ist keine Frage, daß, weit mehr als schon zu früheren Zeiten, die Produktion von Rockmusik nicht allein künstlerischen Gesichtspunkten unterliegt.

Ghettoblaster ist die Bezeichnung für einen tragbaren, von Batterien mit Strom versorgten Stereo-Kassettenrecorder, der über ein Radioteil und einen eingebauten CD-Player verfügen kann, auf jeden Fall aber über einen leistungsfähigen Verstärker. Ghettoblaster sind für Straßenmusik wie → Rap, → Hip Hop und Tanzformen wie → Breakdance unentbehrlich. Der Name weist auf die von der verarmten schwarzen Bevölkerung bewohnten Stadtteile US-amerikanischer Großstädte hin.

Gig heißt die einmalige, bezahlte Mitwirkung von Musikern bei einer Studioaufnahme, in Konzerten oder in Lokalen, also ein Auftritt.

Gimmick ist ein Effekt um des Effektes willen. In der Rockmusik werden zuweilen studiotechnische Gimmicks angewendet, um einem nichtssagenden Song wenigstens den Anstrich des Interessanten zu geben. Das kann ein elektronischer Effekt sein, das kann aber auch ein Effekt im Arrangement sein. Ein Gimmick kann aber auch in Konzerten eingesetzt werden; in diesem Sinne ist etwa das barfüßige Auftreten von Sandie Shaw bei jedem Konzert zu verstehen.

Gitarre (von griech. Kithara, jedoch nicht mit dem altgriechischen Instrument dieses Namens verwandt; engl. guitar) ist ein ursprünglich rein akustisches Zupfinstrument. Die Vorgeschichte der Gitarre ist nicht näher bekannt; im Abendland trat die Gitarre erst im 13. Jahrhundert auf, verfügte aber über weniger als sechs Saiten, die allerdings doppelchörig (zwei Saiten für einen Ton) aufgezogen waren. Ihre heutige Form hatte die Gitarre etwa im 16. Jahrhundert erhalten.

1. Akustische Gitarre. Die akustische Gitarre – im Gegensatz zur elek-

trischen Gitarre – verfügt über ein 8förmiges Korpus mit flachem Boden, Zargen und flacher Decke, in die ein Schalloch eingeschnitten ist. Die sechs aus Nylon, Metall oder mit Metall umsponnener Seide (früher auch aus Darm) bestehenden Saiten sind in der heute vorherrschenden Stimmung E A d g h e^1 gestimmt (eine Oktave höher notiert); bei zwölfsaitigen Gitarren werden je zwei Saiten für einen Ton aufgezogen, wobei die jeweils zweite der beiden tiefsten Saiten eine Oktave höher klingt. Die Saiten werden von einem auf der Korpusdecke verleimten Steg über das Schalloch, den Hals (Griffbrett) und den Sattel zum meist leicht nach hinten abgeknickten Wirbelkopf gespannt. Der Hals mit dem Griffbrett ist durch Bundstäbchen (Bünde; engl. frets) unterteilt, die ehemals aus Darmsaiten bestanden und verschiebbar waren; heute werden sie aus Metall angefertigt und fest in das Griffbrett eingelassen. Das Griffbrett weist Markierungen auf. Der Abstand vom Sattel zum Steg, d. h. die Länge der schwingenden Saite, heißt Mensur und beträgt gewöhnlich 62–64 cm. Die Saiten können mit den Fingern oder mit einem elastischen Kunststoff- oder Schildpatt-Blättchen, dem Plektrum (Plektron), zum Schwingen gebracht werden; letztere Spielweise mit Auf- und Abschlag ist besonders in der Volksmusik gebräuchlich, wie das Instrument selbst sowohl in der Kunst- wie in der Volksmusik verwendet wird.

In der Rockmusik wird die akustische Gitarre (zumeist mit Stahlsaiten) in beinahe jedem Stil verwendet, naturgemäß besonders in der C & W Music und in der Folk Music. Häufig werden in diesen Musikstilen Instrumente bevorzugt, deren Hals dem der elektrischen Gitarre ähnelt und somit leicht zu bespielen ist.

Akustische Gitarren werden meistens in handwerklicher Einzelfertigung von Gitarrenbauern gebaut, doch werden hervorragende Instrumente auch industriell hergestellt, etwa von Martin, Guild, Yamaha und Ibanez; auch Fender und Gibson bauten und bauen akustische Gitarren. Die Firma Ovation stellt oft benutzte Instrumente her, deren bauchiges Korpus bis auf die Decke aus Kunststoff besteht, während die Dobro eine zum großen Teil aus Metall gefertigte Gitarre ist (zu sehen auf dem Cover der LP *Brothers In Arms* der Gruppe DIRE STRAITS). Diese Gitarre wurde von den Gebrüdern Dopera in den zwanziger Jahren entwickelt; sie gründeten zunächst die National Guitar Company, später die Dobro Company. Die National-Gitarre besteht völlig aus Metall, während die Dobro lediglich einen eingebauten und mit dem Steg verbundenen Metallkonus besitzt. Die Metallresonatoren verstärken den Ton erheblich.

Eine spezielle Form der akustischen Gitarre ist die sog. Schlaggitarre, deren wesentliche Merkmale die Verwendung von Metallsaiten, ein Schlagbrett und ein an der Zarge gegenüber dem Kopf befestigter Saitenhalter sind. Diese robusten Gitarren wurden beispielsweise von Gitarristen in Big Bands verwendet und ausschließlich mit dem Plektrum gespielt. Die ersten serienmäßigen elektrischen Gitarren waren mit einem Tonabnehmer versehene Gitarren dieses Typs.

2. Elektrische Gitarre. Elektrische Gitarren gibt es in zwei grundsätzlich verschiedenen Bauformen: Hollow Body und Solid Body. Repräsentiert werden diese beiden Bauformen von den großen Firmen des Gitarrenbaus, Gibson und Fender. Die erste elektrische Gitarre war 1931 mit der von Musikern so genannten «Frying Pan» ein Instrument des Gitarrenbauers Adolph Rickenbacher (später Rickenbacker), der ursprünglich Metallteile für die Dobros der Firma National baute. Die Frying Pan – der Name rührt von der völlig runden Form des Metallkorpus her – wurde besonders in der Hawaii-Musik benutzt.

Das Prinzip der elektrischen Tonabnahme hatte Lloyd Loar bereits in den Jahren 1920–1924 erprobt, doch führten diese Versuche nicht dazu, eine elektrische Gitarre auf den Markt zu bringen. Loar verließ Gibson, und seine Arbeit geriet zunächst in Vergessenheit. Den ersten serienmäßigen elektromagnetischen Tonabnehmer stellte die Rowe-DeArmond Company her, ein Pick-Up, der einfach in das Schalloch der Gitarre geklemmt wurde. Im Jahre 1935 brachte dann die Firma Gibson ihre erste mit einem Tonabnehmer versehene Gitarre auf den Markt, die ES-150 (ES bedeutet «Electric Spanish»). Im Prinzip handelte es sich bei diesem Instrument um eine akustische Gitarre, in die ein Tonabnehmer mit zwei Magneten eingebaut worden war. Jazzgitarristen griffen das neue Instrument sofort auf; der Gitarrist Charlie Christian, einer der Begründer des → Bebop, entwickelte eine neuartige, dem Instrument gerecht werdende Spielweise, die die Gitarre aus der Rhythmusgruppe löste und gleichberechtigt neben die Blasinstrumente stellte. Christians Name war so sehr synonym mit der elektrischen Gitarre, daß der Tonabnehmer der Gibson-Gitarre nach ihm benannt wurde.

Gibson baute weiterhin elektrische Gitarren mit einem Resonanzkörper, wie auch die Firma Gretsch, doch ergaben sich immer wieder Rückkopplungs-Probleme bei diesen Instrumenten. 1958 brachte Gibson daher mit der ES-335 eine Semi-Solid-Gitarre auf den Markt: das Korpus war nur noch etwa halb so tief wie das der anderen Gitarren der Firma, wichtiger aber noch war der massive Holzblock im Inneren der ES-335 und ihrer Nachfolgetypen, der das Feedback weitgehend verhinderte. Gitarren dieses Typs werden von vielen Rockmusikern gespielt (Chuck Berry, Alvin Lee von Ten Years After), bevorzugt werden sie von Jazz- und Blues-Musikern, so auch von B. B. King.

Die eigentliche Rockgitarre aber ist die Solid Body, ein Instrument mit einem in Form geschnittenen Brett als Korpus. (Ein massives Korpus schwingt sehr viel weniger als eine dünne Holzschicht wie bei den Electro-Acoustics; die Schwingungen können sich daher auch weniger auf den Tonabnehmer auswirken.) 1944 hatte Leo Fender zusammen mit «Doc» Kauffman einen kleinen Tonabnehmer entwickelt, den er örtlichen Country-Musikern überließ. Deren Begeisterung über den Pick-

Up führten dazu, daß Fender eine Solid Body-Gitarre entwarf und im Jahre 1948 als Broadcaster auf den Markt brachte. Diese Gitarre bestand aus einem Brettkorpus (Esche) und einem an diesen angeschraubten Hals (maple; Ahorn), der in seinem Inneren einen leicht gebogenen Stahlstab (Truss Rod) zur Einrichtung des Halses besaß. Sie verfügte über zwei mit je einem Potentiometer versehene Tonabnehmer und gilt in dieser Form als die Rockgitarre – die später den Namen Telecaster erhielt – schlechthin. 1954 kam die Stratocaster hinzu, ebenfalls eine Solid Body, allerdings mit drei Tonabnehmern ausgestattet.

Fender war nicht der einzige Gitarrenbauer, der das Solid Body-Prinzip entwickelte. Bereits 1941 hatte der Gitarrist Les Paul eine Solid Body in den Werkstätten der Epiphone-Gitarrenfabrik gebaut, ein Instrument, das er «log» nannte. Er versuchte Gibson von seinen Ideen zu überzeugen, was zunächst mißlang. Im Jahre 1950 holte Gibson Les Paul, um seine Gitarrenpläne in die Tat umzusetzen. 1952 kam die Gibson Les Paul auf den Markt, eine Solid Body-Gitarre mit zwei Tonabnehmern (zunächst noch Single Coil wie bei Fenders Broadcaster). Später erhielt das Instrument Humbucker, seit 1960 die bekannten PAFs (→ Pick-Up).

In der Folgezeit hat Gibson zahlreiche Solid Body-Instrumente gebaut: diverse Sonderformen der Les Paul (Junior, Custom, Standard, Special, TV, Deluxe, Recording usw.), die SG-Gitarren (Korpus mit zwei Cutaways), die Flying V, die Explorer und die Firebird.

Seiner Zeit um Jahre voraus war Paul Bigsby. Während der Hals der Fender-Gitarren aufgeschraubt und der der Gibson-Gitarre eingeleimt wurde, baute er zusammen mit dem Gitarristen Merle Travis eine Gitarre mit durchgehendem Hals, wie es erst viele Jahre später üblich wurde. Bigsby ersann auch den Bigsby Tremolo Arm, eine Vorrichtung an vielen elektrischen Gitarren, mit der die Stimmung aller Gitarrensaiten kurzzeitig verändert werden kann.

Es gibt viele Sonderformen von elektrischen Gitarren. Mitunter werden ein zwölfsaitiger und ein sechssaitiger Hals zu einer Doppelhalsgitarre kombiniert, auch Kombinationen von Baßgitarre und Gitarre dieser Bauweise gibt es. Manche Gitarristen benötigen nur eine Gitarre mit einem einzigen Tonabnehmer, andere bevorzugen Instrumente mit vier Pick-Ups. Seit Anfang der neunziger Jahre sind auch Gitarren mit sieben statt sechs Saiten erhältlich, wie überhaupt Gitarrenhersteller und Musiker, die sich häufig Gitarren «maßschneidern» lassen, von unerschöpflichem Erfindungsreichtum sind. Im Prinzip jedoch lassen sich die zahllosen Gitarrenmodelle auf die Les Paul, die Telecaster und die Stratocaster zurückführen.

In den siebziger Jahren eroberten japanische Hersteller von Gitarren den Instrumentenmarkt, zunächst mit akustischen Gitarren (→ Yamaha), später auch mit elektrischen Instrumenten. Bauten die Japaner in den siebziger Jahren vor allem die Gitarren der US-Amerikaner nach, so brachten sie bald auch eigene Entwürfe von Gitarren auf den Markt.

Die Instrumente sind in der Regel sehr gut gebaut und häufig preiswerter als die amerikanischen; doch ist es bisher keiner japanischen Firma gelungen, eine Gitarre von dem Ruf einer Les Paul oder Stratocaster auf den Markt zu bringen. Die Zahl der verfügbaren Gitarrenmodelle ist im Laufe der achtziger Jahre ins Unermeßliche gestiegen: Neben den amerikanischen Firmen Fender, Gibson, Rickenbacker, Epiphone (gehört mittlerweile zu Gibson), Schecter, den deutschen Höfner, Hoyer und Framus sind bzw. waren ebenso die Firmen Ibanez, Yamaha, Hamer, Peavey, Gretsch, Tokai, Vox, Guild, Kramer, Washburn, Ovation, B. C. Rich, Hagstrom, Aria, G. L., Music Man auf dem Markt vertreten.

Als Bauweise konnte sich bei fast allen Firmen die Solid Body-Bauweise durchsetzen. Häufig besitzen die Instrumente durchgehende Hälse, an die die Teile des Korpus angeleimt sind. Doch zeigen sich die Unterschiede vor allem im Detail, im verwendeten Material und schließlich besonders im Äußeren.

Die elektrische Gitarre gilt als das Hauptinstrument der Rockmusik, die ja eine Gitarrenmusik ist; folglich beginnen und begannen die meisten Rockmusiker mit diesem Instrument ihre musikalische Laufbahn. Die meisten von ihnen sind Autodidakten, die sich mühsam ihren eigenen Weg, Gitarre zu spielen, suchten und vielleicht eben deshalb ihren Instrumenten unverwechselbare Klänge abtrotzten. Stellvertretend mögen die Namen von Jimi Hendrix, Chet Atkins, John Abercrombie, Eric Clapton, Gary Moore, Al DiMeola, Jeff Beck, Frank Zappa, Johnny Winter, Steve Gibbons, Steve Vai, Brian May, Keith Richards, Jeff Healey, Yngwie Malmsteen, Rory Gallagher, Jimmy Page, Pete Townshend, George Harrison, Steve Hillage, Volker Kriegel, John McLaughlin, Steve Stevens, Eddie van Halen, Chris Spedding, Prince, Steve Salas und Vernon Reid genannt sein.

L *Guitar*, seit 1971 (London), Monatsmagazin; *Guitar Player*, seit 1967 (Saratoga, Calif.); Tom Wheeler: *The Guitar Book. A Handbook for Electric and Acoustic Guitarists* (New York 1974); Tom and Mary Anne Evans: *Guitars. Music, History, Construction and Players From The Renaissance To Rock* (New York/London 1977); Happy & Artie Traum: *Rockgitarre* (Hagen 1979); Ralph Denyer (Hg.): *The Guitar Handbook* (London/Sydney 1982); Tony Bacon (Hg.): Rock Hardware (Dorset 1981); Volkmar Kramarz: *Die E-Gitarre* (Bonn-Bad Godesberg 1983/84); A. R. Duchossoir: *The Fender Stratocaster* (Milwaukee 1989); Tony Bacon: *The Ultimate Guitar Book* (New York 1991)

Gitarrensynthesizer ist ein Synthesizer, der statt mit einer Tastatur mit einer Gitarre gesteuert wird. Kern eines Gitarrensynthesizers ist ein Pitch-To-Voltage-Konverter, ein Gerät, das die Tonhöhe in eine entsprechende Spannung umsetzt, mit der wiederum die durch Spannungen kontrollierbaren Einheiten eines Synthesizers (Oszillator, Filter, Verstärker) gesteuert werden. Es ist also nicht der Ton der Gitarre, den der Synthesizer erzeugt, sondern die Gitarre fungiert als Eingabe- und Steuerinstrument. Technisch gesehen gab es verschiedene Lösungen des Problems; zum System der Firma → Roland etwa gehörte zwingend eine Gitarre der Firma, deren Tonabnehmer sechs einzelne Kanäle steuern konnte. Die Kanäle konnten auch gemischt werden, so daß nicht jede Saite der Steuerung des Synthesizers diente, sondern einzelne Saiten auch als normale Gitarrensaiten benutzt werden konnten. Gitarrensynthesizer – neben Roland bauten auch → ARP und Korg derartige Geräte – konnten sich nicht recht durchsetzen. In den achtziger Jahren wurden Gitarren mit → MIDI versehen, um Synthesizer zu steuern.

L Ralph Denyer (Hg.): *The Guitar Handbook* (London/Sydney 1982)

Gizmo, Gizmotron ist ein von den Ex-10 cc-Mitgliedern Kevin Godley und Lol Creme erfundenes und vom Institute of Science and Technology in Manchester konstruiertes, elektromechanisch arbeitendes Zusatzgerät für die Gitarre. Entfernt erinnert das Prinzip an das Tonerzeugungsprinzip einer → Drehleier: wie bei dieser werden die Saiten durch Räder in Schwingungen versetzt. Beim Gizmotron ist für jede Saite der Gitarre ein eigenes Tonrad vorgesehen. Die sechs sich drehenden Tonräder sind in einem am Steg der Gitarre befestigten Kästchen untergebracht und werden mittels Tastendruck mit den Saiten in Kontakt gebracht. Je nach Klangeinstellung entstehen dadurch Klänge, die bald wie von einem Streichorchester, bald wie von einem Vokalchor, von Bläsern und von Schlaginstrumenten erzeugt wirken. Ein Spektrum dieser Möglichkeiten erprobten beide Musiker auf dem Dreifachalbum *Consequences* (1977).

Glissando (ital., gleitend) ist das schnelle, gleitende Ausfüllen eines größeren Tonraumes durch dazwischenliegende Töne in Aufwärts- oder Abwärtsbewegung. Glissandi sind auf den Saiteninstrumenten (so auch auf der gewöhnlichen Gitarre) ohne distinkte Tonhöhen möglich. Auf dem Klavier, dessen Tastatur auf diskrete Tonhöhen gestimmt ist, erzeugt das rasche Gleiten der oberen Handflächen auf den weißen oder schwarzen Tasten einen Glissando-Effekt (ein Spielmerkmal bei Jerry Lee Lewis). Glissandi von ganzen Akkorden können erreicht werden, wenn die Tonbanddrehung beschleunigt oder verlangsamt wird, auch mit Spielhilfen von → Synthesizern sowie durch → Transposer. Das Glissando kann sowohl im Dienste des Ausdrucks stehen wie auch überraschende, humoristisch wirkende Klangresultate auslösen. Wird von ihm extrem viel Gebrauch gemacht (etwa beim Singen), kann es jedoch eintönig und gekünstelt wirken. (→ Slide, → Bottleneck)

Glockenspiel (engl. glockenspiel) besteht aus einer Reihe aufeinander abgestimmter Stahlplatten auf einem Holzgestell, die mit einem kleinen Hammer oder Klöppel angeschlagen werden. Je nach Größe und Tonumfang unterscheidet man Kleine und Große Glockenspiele; letztere werden zudem in Sopran (c^3–cis^5) und Tenor-Alt (c^2–cis^4) eingeteilt.

S Elvis Costello: «Veronica», auf: *Spike*, 1989 (D: Warner)

Goldene Schallplatte (engl. Gold Record) ist eine dem Musiker von der ihn betreuenden Schallplattenfirma überreichte Auszeichnung auf Grund einer Platte, die auf dem inländischen Markt ein bestimmtes Auflage- bzw. Umsatzvolumen erreicht hat. (Erste Verleihung 1941 an Glenn Miller.) In den einzelnen Ländern ist die Bedingung für die Verleihung unterschiedlich festgelegt. In den USA wird die Goldene Schallplatte für eine → Single-Auflage von einer Million Stück bzw. für einen LP-Umsatz von einer Million Dollar vergeben (eine Million LP = Platin). In der BRD wird nicht die Auflagenhöhe, sondern die tatsächlich verkaufte Plattenanzahl als Richtschnur genommen: eine Goldene Schallplatte ist nach jeder Viertelmillion verkaufter LPs bzw. → MusiCassetten oder nach einer halben Million verkaufter Singles fällig, Platin nach einer halben Million verkaufter LP/MC. Die meisten Auszeichnungen dieser Art heimsen in der BRD im übrigen nicht Produktionen von Rock- oder Pop-Musik, sondern Hörspiele für Kinder sowie Produktionen sogenannter Volkstümlicher Musik ein.

Gong (das klangnachahmende Wort stammt aus Indonesien) ist eine runde, metallene, meist bronzene Platte mit leicht umgebogenem Rand; sie hat in der Mitte häufig einen Schlagbuckel, der Schlag wird mit einem weichen Schlegel ausgeführt. Der senkrecht aufgehängte Gong besitzt keine bestimmte Tonhöhe, im Unterschied zur kleineren, meist waagerecht aufgehängten Form. Da das englische Wort «gong» nicht nur den hier beschriebenen Gong, sondern jedes kompakte Schlaginstrument ohne eine eingestellte Tonhöhe bezeichnet, können sich Verwechslungen ergeben. Beispiele in der Rockmusik: programmatisch zu Beginn von *Magic Brother* der französischen Gruppe GONG (1970) und EMERSON, LAKE & PALMER: *Tarkus* (1971). Ein Tamtam ist ebenfalls eine Form des Gongs, es fehlen allerdings der umgebogene Rand und auch die Wölbung der Schlagfläche.

Gospelgesang (von engl. gospel = Evangelium) ist eine unter den nordamerikanischen schwarzen Sklaven aufgekommene, später zur Konzertform entwickelte Gesangsgattung. Sie hing am Anfang mit der Auslegung des Evangeliums im Gottesdienst zusammen. Die Worte des Predigers waren von spontanen Zurufen und gesungenen Floskeln begleitet, die sich im Laufe der Zeit zu dem charakteristischen Wechsel von Vorsänger und Chor, von Aussage und bestätigender Wiederholung herauskristallisiert haben. Um 1930 fanden Jazzelemente Eingang in den Gospelgesang, auch wurde aus einem unbegleiteten Chorgesang zunehmend ein instrumentenbegleitetes Gesangsensemble, besonders in Quartettbesetzung. Die Gattung erhielt die Pflege professioneller Komponisten, Gesangssolisten (Mahalia Jackson, Sallie Martin, Roberta Martin, Sister Rosetta Tharpe) und von Chören.

Die meisten Elemente von Gospel lassen sich auch in manchen Formen des → Soul finden. So ist beispielsweise die Verwendung der → Hammond-Orgel, der den Sänger begleitende, zumeist aus Sängerinnen bestehende Chor und die allmähliche ekstatische Steigerung des Gesangs mehr oder weniger direkt aus dem Gospel übernommen. Mit der Säkularisierung dieser ursprünglich liturgischen Musik wurden allerdings auch die Stilelemente angepaßt. Dennoch sind sie auch in den neunziger Jahren noch anzutreffen, selbst bei weißen Sängern wie Rick Astley.

S Rick Astley: «Free», 1991 (D: RCA)

Gothic Rock ist eine, aber nicht die einzige Bezeichnung für eine Rockmusik, die als Teil der → New Wave Anfang der achtziger Jahre aufkam. Andere Bezeichnungen sind etwa Mystic Rock, Gruft-Rock oder einfach Düster-Rock. Kenntlich ist Gothic Rock an getragenen Melodien, klagendem Gesang und einem mitunter an → psychedelische Rockmusik erinnernden Klang, vor allem aber an der Kleidung und dem Gebaren seiner Fans, die freundlich-verächtlich «Gruftis» genannt werden und an vom Kopf wegstehenden, kunstvoll verwirrten Haaren, bleich geschminkten Gesichtern, schwarz oder wenigstens dunkelrot bemalten Lippen und schwarzer Kleidung zu erkennen sind; weibliche Fans hüllen sich oft in lange Kleider und drapieren sich in weite Umhänge. Gruftis führten in den achtziger Jahren noch am augenfälligsten vor, was auch etwa Hippies oder Punks auszeichnete: die Übereinstimmung von Musik, Aussehen und Lebensgefühl.
Die britische Band THE CURE um den Sänger und Gitarristen Robert Smith, die ursprünglich ein Hauptvertreter dieser Spielart der Rockmusik war, wandte sich dem Mainstream-Rock zu; die Gruppe BAUHAUS um den charismatischen Sänger Peter Murphy löste sich ebenso auf wie die Band JOY DIVISION. An ihre Stelle traten die Gruppen SISTERS OF MERCY, THE NEPHILIM (ursprünglich FIELDS OF THE NEPHILIM), THE CULT, ALL ABOUT EVE, THE MISSION und ROSE OF AVALANCHE; in der Bundesrepublik Deutschland beispielsweise LOVE LIKE BLOOD und GIRLS UNDER GLASS.

L Mick Mercer: *Gothic Rock Black Book*, Omnibus Press, London 1988

Grammy ist der geschützte Name einer Auszeichnung, die durch die US-amerikanische National Academy of Recording Arts and Sciences (N.A.R.A.S.) alljährlich Musikern, Sängern, Komponisten, Produzenten usw. in mehr als siebzig Kategorien verliehen wird. Grundlage ist ein Auswertungsbogen, den die Mitglieder der N.A.R.A.S. zur Preisträgerfindung ausfüllen können. Betrachtet man die Liste der in den achtziger Jahren ausgezeichneten «Albums of the Year», wird das Auswahlkriterium nur allzu deutlich: kommerzieller Erfolg; den Grammy in dieser Kategorie erhielten Christopher Cross (*Christopher Cross*, 1980), John Lennon & Yoko Ono (*Double Fantasy*, 1981), TOTO (*Toto IV*, 1982), Michael Jackson (*Thriller*, 1983), Lionel Ritchie (*Can't Slow Down*, 1984), Phil Collins (*No Jacket*

Required, 1985), Paul Simon (*Graceland*, 1986) und U2 (*The Joshua Tree*, 1987). Grammys – in Form eines kleinen Grammophons – erhalten aber auch die Gestalter von Plattenhüllen und die Texter von → liner notes. Eine dem Grammy vergleichbare Einrichtung in der Bundesrepublik Deutschland ist der Deutsche Schallplattenpreis, der alljährlich von der → Deutschen Phonoakademie vergeben wird.

L Michael Fink: *Inside the Music Business* (New York 1989)

Grand Ole Opry House hieß seit 1927 die zwei Jahre zuvor begonnene Live-Radiosendung in Nashville, die ab 1941 im Ryman Auditorium stattfand; es war mit seinen 3700 Plätzen jahrzehntelang die volkstümlichste und publikumswirksamste Pflegestätte der C & W-Musik. Später wurde diese stark von kommerziellen Interessen durchsetzte Aktivität in ein neues Opry House verlegt, das sich in dem einige Kilometer entfernt liegenden Opryland befindet, wesentlich moderner gebaut und auch für Fernsehübertragungen geeignet ist.

L Charles K. Wolfe: *The Grand Ole Opry. The Early Years, 1925–35* (London 1975, mit Discographie); Jack Hurst: *Nashville's Grand Ole Opry.* Introduction by Roy Acuff (New York 1974)

Grateful Dead Records hieß das 1973 gegründete Eigenlabel der San Francisco-Gruppe THE GRATEFUL DEAD; die erste Platte auf dem Label war *Wake of the Flood* (1973). Das Label wurde zunächst von Warner Bros., dann von United Artists vertrieben. Ein Schwester-Label hieß Round Records, San Rafael, Calif., auf dem Jerry Garcia und andere Mitglieder der Gruppe Soloalben herausbrachten; ebenfalls OLD & IN THE WAY und SEASTONE. Grateful Dead Records wird in der Bundesrepublik Deutschland von → Line Records vertrieben.

Greenwich Village in New York ist der südliche Teil von Manhattan, der von dem noch südlicher gelegenen China Town und – südöstlich – von den trostlosen Straßen der Bowery eingegrenzt wird. Das Viertel war besonders in den sechziger Jahren der Wohn- und Wirkungsort vieler Liederschreiber und Rockgruppen, die dem Establishment abschworen und freie, unkonventionelle Entfaltungsmöglichkeiten suchten. Schon Woody Guthrie diente der Stadtteil als Lebenskreis. Das künstlerische Treiben (Jazz, Folk, Rock) konzentrierte sich um die Mitte der sechziger Jahre auf Lokale wie Folk City, Gaslight, Bitter End, Cafe Wha? und Thirdside. Die damals in Greenwich herrschende befruchtende Stimmung schlägt sich in dem Lied «Bleeker Street» von SIMON AND GARFUNKEL (1965) nieder. Neben diesen Songwriters verkehrten hier Bob Dylan, Phil Ochs, PETER, PAUL AND MARY u.a.; eine im engeren Sinn verstandene, aggressive Gegenkultur verkörperten THE FUGS (deren Mitglied Ed Sanders eine Underground-Zeitschrift herausgab), ferner THE HOLY MODAL ROUNDERS und THE GODZ, denen wegen ihrer draufgängerischen Texte und der di-

lettantischen Musik fast in allen Lokalen des Village die Tür gewiesen worden ist. Auch musikalisch ansprechende Gruppen wie Lothar & The Hand People und The Left Banke waren in Greenwich Village tätig; im Village Theatre wurde das kurzlebige Fillmore East Bill Grahams untergebracht. Manches von den interessanten bis absurden musikalischen Schöpfungen dieser Zeit hat die Schallplattenfirma → ESP-Disk festgehalten.
Schon Ende der sechziger Jahre zogen immer mehr Angehörige der Mittelklasse in das Stadtgebiet; Grundstücksspekulationen vertrieben Künstler wie Gammler.

Groove ist das gleichzeitig entspannte wie intensive Zusammenwirken rhythmisch-melodischer Qualitäten, wie es Schlagzeuger und Bassisten zu erreichen versuchen. Zu einem guten Groove gehört beispielsweise nicht nur ein gutes Baßriff, sondern es muß auch so gespielt werden, daß es den Hörer animiert. Es ist auch möglich, von einem Musiker zu sagen, daß er «einen guten Groove» hat, daß er «groovt». Vor allem scheint ein solcher Musiker mit der Zeit zu spielen: Ein an sich mehr oder weniger gleichförmiges Riff (oder eine Schlagzeugfigur) wird stets winzigen Verschiebungen im Rhythmus unterzogen, so daß der Hörer den rhythmischen Schwebezustand nicht bewußt, wohl aber unterschwellig erfaßt. (→ Off-Beat)

L Dieter Petereit/Herb Quick: *Solid Grooves* (Bonn 1986; Übungsheft für Bassisten und Schlagzeuger)

Groovy war eines der meistbenutzten Wörter in Rockkreisen während der zweiten Hälfte der sechziger Jahre. Es bedeutet «gut aufgelegt», «doll», «fröhlich», so etwas wie bei «good vibrations». «The 59th Street Bridge Song» von Simon and Garfunkel (1966), noch mehr dessen schwingende, unbeschwerte Fassung auf dem Erstlingsalbum *Feelin' Groovy* von Harpers Bizarre (1967) machten das Wort in den USA allgemein bekannt. Weitere Beispiele für den Wortgebrauch sind «Groovy Kind of Love» von The Mindbenders (Single, erschien bereits 1965), «solid with the flowering and coloring of today's groovy sounds» auf der Plattenhülle von The Candymen (um 1967); «groovy piano playing» (Plattentext auf Kevin Ayers: *Joy of a Toy*, 1969). Um 1990 tauchte der Begriff wieder auf, zunächst beispielsweise bei The Pixies («Girlie so Groovie», auf: *Doolittle*, 1989), dann vor allem in Zusammenhang mit → Rave, so etwa auf der ersten LP der Gruppe The Farm, *Spartacus*. Auf dem Cover ist u. a. zu lesen: 100 % groovy. Der Begriff groovy ist von dem Begriff → Groove zu unterscheiden.

Groupie ist die Bezeichnung für eine Frau, die sich im Umkreis von Musikern aufhält, sei es während einer Tournee oder während Studioaufnahmen. Groupies geht es darum, die Bekanntschaft und vielleicht sogar die Liebe eines Rockmusikers zu gewinnen. Manchen gelingt dies.

Growl ist ein instrumentaler Klangeffekt zur Erreichung von → Dirty

Notes auf der Trompete oder der Posaune, im Rock besonders auf Gitarre und Baß (kurzes Glissando in die Höhe, Dehnung der Saite zur Griffbrettkante hin, aber auch allerlei Effekte wie Verzerrung, Wah-Wah, Rückkopplung u. a.).

Grufti → Gothic Rock

Grundakkord heißt die Lage eines → Akkordes, bei der der → Grundton zugleich der tiefste Ton ist. Bei dem Akkord c e g b z. B. bildet c sowohl den tiefsten Ton wie auch den Grundton, auf welchem der terzenweise Bau der anderen Töne im Septakkord beruht. Dies ändert sich bei der → Umkehrung von Akkorden.

Grundton. 1. → Tonika. – 2. In der Akustik der tiefste der → Teiltöne. – 3. Derjenige Ton eines → Akkordes, auf dem der terzenweise Bau der anderen Akkordtöne beruht, z. B. jeweils der Ton c in dem Dur-Dreiklang c e g, in dem Septakkord c e g b, auch in dem Nonenakkord c e g b des^1 usw. Manchmal muß man einen Grundton annehmen, der akustisch nicht wirklich erklingt, z. B. in dem sog. verminderten Septakkord e g b des^1 den (fehlenden) Grundton, der das Fundament der Terzschichtung bildet, den Ton c. Es handelt sich daher um einen unvollständigen → Nonenakkord.

In all den Beispielen ist der Grundton identisch mit dem tiefsten Ton (dem Baßton). Dies ändert sich bei der → Umkehrung von Akkorden, bei welcher der Grundton höher liegt als der Baßton.

H

H ist ein Tonname, der sowohl das H der → großen Oktave wie auch allgemein die Tonqualität H in allen Oktavbereichen bezeichnen kann. Es ist zugleich Abkürzung für H-Dur, im Gegensatz zu h (= h-Moll), in neueren Kompositionen der → Bildungsmusik auch für die → Tonart allein, ohne Kenntlichmachung des → Tongeschlechts. His ist ein chromatisch erhöhtes, B ein chromatisch erniedrigtes H (engl. B♯ oder B-sharp bzw. B♭ oder B-flat; → B).

Hackbrett (engl. dulcimer) ist ein zumeist in Trapezform gebautes Zitherinstrument mit Resonanzkasten, dessen Metallsaiten mit Holzklöppeln (am Ende mit Watte oder sonstigem weichen Stoff umhüllt) angeschlagen werden. Die Saiten laufen über zwei Stege. Das in Deutschland seit dem 15. Jahrhundert auftretende Instrument stammt möglicherweise aus dem Orient; verbreitet war und teilweise ist es in Bayern, Österreich und auf dem Balkan (ungarisch: cimbalom).

Eine primitive Form des Hackbretts ist der – im engeren Sinne verstandene – Dulcimer, der im Appalachengebirge der USA sowie in England, Frankreich und in Skandinavien als Volksinstrument auch heute noch gespielt wird. Drei bis vier Messingsaiten werden über einen schmalen, viereckigen Holzkasten gespannt. Neben einer Melodiesaite gibt es, dem Banjo und der Drehleier ähnlich, Bordunsaiten, die erklingen, wenn der Spieler, die Melodiesaite mit der linken Hand verkürzend, alle Saiten mit dem rechten Daumen anschlägt. Dieses Instrument ist auch bei britischen Folk- und Folk-Rockgruppen zu hören.

Halbe Note (engl. minim, amerik. half note) ist die Hälfte der Ganzen Note 𝅝. Das Zeichen für die Halbe Note ist 𝅗𝅥, für die entsprechende Pause 𝄼.

Halbton ist der kleinste Tonschritt im zwölfstufigen gleichschwebend temperierten Tonsystem. Er wird von einem Ton entweder diatonisch erreicht, indem zu einem Nachbarton mit einem anderen Ton-Namen geschritten wird (z. B. e f, h c), oder aber chromatisch, indem ein Ton durch → Vorzeichen tief- bzw. hochalteriert wird (z. B. e es, c cis).

Hallgerät (engl. reverberation unit). Nachhall wie → Echo beruhen auf der gleichen akustischen Erscheinung der Schallfortpflanzung. Theoretisch gilt der Satz, daß sich der Schall bei 18° Celsius in Luft mit einer Geschwindigkeit von 342,5 m/sec bewegt. In der Regel stößt der Schall jedoch auf Widerstände, wodurch er reflektiert oder verschluckt (absorbiert) wird. Ist der Raum groß und in mehrere ausgebuchtete Winkel abgeteilt, so wird der Schall von den Wänden mehrere Male nacheinander reflektiert. Man hört dann deutlich eine oder mehrere Wiederholungen des Schalles (Echo); es kann aber auch sein, daß die Schallwellen ineinander übergehen, weil die Brechungen sehr zahlreich sind und sehr schnell erfolgen (Nachhall). Nachhall entsteht dann als ein physikalisches Gesamtbild vieler Echos. Echo und Nachhall unterscheiden sich nur durch die Eigenschaften des Raumes, und zwar durch Größe und Form des Raumes selbst sowie durch die Beschaffenheit der Wandoberflächen. In letzterem Betracht spricht man vom Absorptionswert des Stoffes.

Den Nachhall pflegt man als die Zeitspanne anzusehen, die notwendig ist, damit die Schallenergie auf den millionsten Teil ihres Ausgangswertes abfällt; die Nachhallzeit hängt hierbei auch vom jeweiligen Frequenzbereich ab. Räume ohne Nachhalleffekt (trockene Räume) sind für das Musikhören nicht günstig. Optimale Nachhallzeiten liegen zwischen 1,5 und 1,7 Sekunden, und diese Nachhallwerte werden gegebenenfalls künstlich erzeugt, um die Wiedergabequalität zu verbessern.

Es gibt verschiedene Methoden, Nachhall künstlich zu erzeugen. Zuweilen wurde in großen Studios sogar ein spezieller Hallraum benutzt: Es handelte sich dabei um einen sehr langen, aber recht schmalen Raum, oft im Keller eines Hauses. An der einen Seite des Raumes wurde ein Lautsprecher aufgestellt, der das zu verhallende Tonsignal abstrahlte. Dieses wiederum nahm ein Mikrophon am entgegengesetzten Ende des Raumes auf. Das verhallte Signal wurde dann mit dem ursprünglichen vermischt. Üblich wurden aber schon in der Frühzeit der Aufnahmetechnik Hallplatten und Hallfedern.

Hallplatten sind dünne Stahlplatten von beträchtlicher Größe oder aber kleinere Goldplatten; Hallfedern sind kürzere oder längere Spiralfedern. Das Verhallungsprinzip ist in etwa das gleiche: Platte oder Feder werden statt eines Lautsprechers an einen Verstärker angeschlossen, der das Tonsignal auf diese gibt. Das durch das Metall weitergegebene, nunmehr verhallte Signal wird wieder abgenommen und mit dem ursprünglichen gemischt. Federhallsysteme sind auch heute noch gebräuchlich und in manche Gitarrenverstärker eingebaut. Im Gegensatz zu Hallplatten, die einen sehr guten Nachhall erzeugen, ist der Frequenzbereich von Federhallsystemen sehr klein und das Tonsignal erhält von ihnen einen erheblichen Klirrgrad beigegeben. Für die Anwendung im Studio sind sie untauglich.

In den achtziger Jahren haben sich im Studio- wie im Live-Bereich elektronische Hallgeräte durchgesetzt, zunächst in analoger Arbeitsweise, dann aber recht schnell digital arbeitende Systeme. Bei analogen Hallgeräten wird das Tonsignal in einer Kette von Halbleiterspeichern von Speicher zu Speicher weitergegeben und auf diese Weise eine Zeitverzögerung erreicht. In Digitalhallgeräten dagegen wird das Tonsignal zunächst in einem Analog/Digital-Wandler in digitale Impulse umgeformt und steht dann allerlei Manipulationen zur Verfügung, unter anderem eben auch der der Zeitverzögerung. In den letzten Jahren sind auch digitale Hallgeräte üblich geworden, die mit Hilfe von Samples arbeiten, also bereits «vorgefertigte» Nachhallräume anbieten. Aufwendigere Hallgeräte lassen sich durchweg mit → MIDI steuern.

In der Rockmusik ist Nachhall in jeder Form ein Stilmittel, wie schon der sogenannte «Wall of Sound», das Markenzeichen der Produktionen von Phil Spector, zeigte. Tatsächlich wird aber der weitaus meiste Anteil von Nachhall gar nicht als solcher wahrgenommen, sondern erzeugt für den Hörer von Rockschallplatten erst den räumlichen Eindruck. Viele Effekte werden mit ausgeklügelten Verfahren des Einsatzes von Hallgeräten verwirklicht; beispielsweise kommt der spezifische Klang der Snare-Drum von Phil Collins mit Hilfe eines Hallgerätes zustande. Ohnehin sind die Produktionen Collins' Musterbeispiele für die Verwendung von Hallgeräten.

S *Phil Spector Wall of Sound* Vol. 1–6, o. J. (GB: Phil Spector International); Phil Collins: ... *But Seriously*, 1989 (D: WEA)

L L. Cremer: *Statistische Raumakustik* (Stuttgart 1961, Die wissenschaftlichen Grundlagen der Raumakustik Bd. 2)

Hallmark Records, London, ist ein Plattenlabel der britischen Pickwick International Inc., das sich vor allem durch die preiswerte Wiederveröffentlichung älteren Materials aus der Rock 'n' Roll- und Beat-Zeit (vielfach in nachträglicher Stereophonie) bekannt gemacht hat.

Hammering ist eine gitarristische Spieltechnik, bei der ein gegriffener Ton mit der Spielhand angeschlagen oder gezupft wird, während der nächste Ton – mitunter auch mehrere Töne – dadurch zustande kommt, daß die Finger der Griffhand mit Nachdruck auf das Griffbrett gesetzt werden. Ausreichende Verstärkung des Tonsignals vorausgesetzt, ist ein durch Hammering erzeugter Ton nicht leiser als ein tatsächlich angeschlagener oder gezupfter Ton; Hammering wird sowohl von Gitarristen wie Bassisten eingesetzt und ermöglicht ein sehr schnelles Spiel.

Hammond-Orgel (engl. Hammond organ) ist ein 1934 von dem Amerikaner Laurens Hammond gebautes Tasteninstrument mit elektromagnetischer Tonerzeugung; das Prinzip geht auf das Telharmonium zurück. Der Tongenerator besteht aus 95 Tonrädern auf einer Welle, die von einem Synchronmotor angetrieben wird. Die Räder haben Einkerbungen an ihrer Peripherie; die Zahl der Einkerbungen steht in direktem Zusammenhang mit der Tonhöhe des jeweiligen Tones. Jedes Tonrad dreht sich vor dem Eisenkern eines Elektromagneten. Die induzierte Spannung wird als Tonspannung an Filter und Verstärker weitergeleitet. Das Obertonspektrum wird mit Registern und/oder sogenannten Zugriegeln (drawbar) zusammengestellt; die Firma sprach seinerzeit in ihrer Werbung für das Instrument von 353 Millionen verschiedenen Klängen, die man mit dieser Orgel erzeugen könne. Für den typischen Klang der Hammond-Orgel sind weiterhin die mit Percussion bezeichneten Zugriegel und das in der Regel verwendete Leslie-Tonkabinett verantwortlich. Zwar gab es, etwa von Jon Lord, den Versuch, die Orgel an einen Marshall-Verstärker anzuschließen, doch führte dies nicht zu klanglich befriedigenden Ergebnissen.

Obwohl Hammond eine Vielzahl verschiedener Typen baute, werden in der Rockmusik vor allem die Typen B-3 und C-3 verwendet, andere nur ausnahmsweise (obwohl sie genauso klingen). Dabei handelt es sich um Orgeln mit zwei fünfoktavigen Manualen; Organisten in der Rockmusik verzichten in der Regel auf ein Pedal.

Die Hammond-Orgel war in den sechziger Jahren und auch noch zu Beginn der siebziger das beliebteste Tasteninstrument der Rockmusik. Erst das Aufkommen polyphoner → Synthesizer und die gleichzeitige Abwendung der Firma Hammond vom elektromagnetischen Tonerzeugungsprinzip bewirkten, daß die Orgel selten eingesetzt wurde. Zwar gab es elektronische Orgeln, die den Klang der Tonrad-Generatoren verblüffend echt nachahmten (Korg CX-3, BX-3), doch der Orgelklang führte insgesamt ein Schattendasein. Erst gegen Ende der achtziger Jahre wurde die Orgel wieder häufiger verwendet. Der spezifische Klang der Hammond-Orgel ist in der Regel auch immer unter den Presets von modernen Synthesizern zu finden, doch kann dieser Synthesizerklang eine Orgel nicht wirklich ersetzen. Das Comeback der alten Hammond-Orgel veranlaßte die mittlerweile zum Suzuki-Konzern gehörende Firma Hammond im Jahre 1991, eine elektronische, einmanualige Orgel – ausgerüstet mit → MIDI – als Nachfolgerin der B-3 vorzustellen. Dennoch sind die alten Orgeln gesuchte Instrumente.

Hammond-Orgeln prägten vor allem Psychedelic Rock und Klassik-Rock, gehören aber untrennbar auch zu Soul und Reggae. Vincent Crane, Gregg Rollie, Jon Lord, Booker T. Jones, vor allem aber Keith Emerson, der der Orgel zu einer der Gitarre gleichberechtigten Stellung verhalf, gehören zu den herausragenden Organisten der Rockmusik.

Hard Disk Recording. Musik wird üblicherweise immer noch in der übergroßen Mehrzahl auf den bekannten Tonbändern aufgenommen. Die Einführung von → MIDI Anfang der achtziger Jahre, vor allem aber die Einführung der Digitaltechnik machen es möglich, digitale Daten – nichts anderes ist digitalisierte Musik – auf den in der Datentechnik üblichen Massenspeichern wie Hard Disks (Magnetplattenspeicher) und mittlerweile auch optischen Discs, den bekannten CDs, zu speichern (→ Compact Disc). Da die Digitalisierung von Musik zu immensen Datenmengen führt, müssen Hard Disks, auf die komplette Songs gespeichert werden sollen, über eine entsprechende Kapazität verfügen. Derartige Aufnahmen lassen sich mit speziellen Programmen in Computern auf vielfältige Weise manipulieren, ohne daß ein technischer Qualitätsverlust eintreten kann. Wenn die Technik des Hard Disk Recording auch noch in ihren Anfängen steckt und noch sehr teuer ist, so ist abzusehen, daß diese Aufnahmetechnik sich ihren Platz in den Studios erobern wird.

L *Keys*: *Für Einsteiger*, Sonderheft der Zeitschrift *Keys*, München 1991

Hardrock (Hard rock) ist eine Stilrichtung, in welcher der Beat im Vier-Vierteltakt stark hervorgehoben und häufig das Bluesschema in Harmonik und formalem Verlauf herangezogen wird (→ Blues). Ausgiebiger Gebrauch von Verzerrer (oder übersteuertem Verstärker), die dominierende Rolle eines Sängers und eine große Lautstärke kommen als weitere Merkmale hinzu; doch sind das nur die musikalischen Merkmale. Ebenso wichtig sind das Auftreten der Musiker in Konzerten, ihre Kleidung und bestimmten Posen, zu denen manchmal auch das Zertrümmern von Gitarren gehört (Ritchie Blackmore; in der Regel handelt es sich um extra für diesen Zweck hergestellte Instrumente).
Als Hardrock wurden in der Geschichte der Rockmusik schon verschiedene Arten von Musik bezeichnet; zumeist wurde der Begriff auf eine kompromißlose Rockmusik bezogen, die Anbiederungen an ein nicht ausschließlich aus Fans bestehendes Publikum vermied. Auch stilüberschreitende Kompositionen wird man bei Hardrock-Bands eher als Ausnahme finden. In diesem Sinne kann man THE WHO als eine der ersten Hardrock-Gruppen sehen; weitere Bands, die diesen Rock-Stil Mitte der sechziger Jahre begründeten, waren LED ZEPPELIN, STUD, THE JIMI HENDRIX EXPERIENCE, DEEP PURPLE und mit einzelnen Songs auch THE CREAM. Gerade die britische Band DEEP PURPLE zeigt mit ihrer Musik, wie eng die Bezie-

hungen der Rock-Stile gegen Ende der sechziger Jahre noch waren. Die Band begann als Kulturrockband unter der Führung des Organisten Jon Lord. Erst mit der LP *Deep Purple in Rock* (1970) erwies sich die Gruppe als der Prototyp der Hardrock-Bands: Die Polarisierung der Musik zwischen Sänger und Gitarrist, die LED ZEPPELIN noch in zumeist kooperativer Weise lösten, wurde bei DEEP PURPLE zu einer Ursache ständiger – und keineswegs immer fruchtbarer – Reibereien zwischen Gitarrist und dem Rest der Band.

Tatsächlich aber gab es zu Beginn der siebziger Jahre kaum eine Hardrock-Band, die ausschließlich Hardrock spielte. Umgekehrt waren die Stilmittel des Hardrock bei vielen anderen Bands zu finden (HIGH TIDE, JEFF BECK GROUP, ATOMIC ROOSTER, CLARK-HUTCHINSON, JETHRO TULL, BACK DOOR, CATAPILLA, HARD STUFF, COMUS in England, TROYKA, APRIL WINE in Kanada, ATTILA, BOHEMIAN VENDETTA, COLD BLOOD, THE FRATERNITY OF MAN in den USA). Spezielle Hardrockgruppen, darunter – wie BLUE CHEER – einige direkte Vorläufer des Punk-Rock, gab es selbst um 1970 relativ wenig, etwa STACK WADDY in England und die meisten bekannteren Gruppen aus Detroit (THE FROST, MC5, THE STOOGES u. a.).

Mit der Gruppe BLACK SABBATH und Alice Cooper entwickelte sich → mit Heavy Metal zunächst eine spezielle Spielart des Hardrock, die bald eine völlig eigenständige Richtung wurde und zu Beginn der neunziger Jahre einen großen Publikumszuspruch fand. Hardrock allerdings findet man nach wie vor bei Bands, die weniger Wert auf Äußeres legen, statt dessen auf die virtuose Beherrschung der Stilmittel des Hardrock. Zu ihnen gehören beispielsweise die Gitarristen Ted Nugent und Eddie van Halen, David Lee Roth, die australische Band AC/DC, die bundesdeutsche Band SCORPIONS, JUDAS PRIEST, URIAH HEEP und andere mehr. Von Fall zu Fall werden diese Musiker aber auch als Heavy Metal-Musiker bezeichnet.

Hardrock wird von seinen Kritikern häufig als stumpfsinnig und niveaulos angesehen, doch ist dies eine oberflächliche und nicht zutreffende Sichtweise. Wohl ist die formale und harmonische Struktur der meisten Hardrock-Stücke leicht zu durchschauen, doch steht kompositorische Kunst nicht im Interesse der Hardrock-Musiker. Sie sind vielmehr die Handwerker unter den Rockmusikern, denen es vor allem darauf ankommt, ihre Instrumente meisterhaft zu beherrschen und dies einem staunenden Publikum vorzuführen. Konzerte von Hardrockgruppen zeigen außerdem, daß das Publikum von diesen Bands auch ganz bestimmte Dinge erwartet: eben die Dinge, die sie bei anderen Rockhörern in Verruf bringen.

Harfe (engl. harp) ist ein etwa 180 cm hohes Zupfinstrument, dessen Saitenfläche senkrecht zum Resonanzkörper verläuft. Die gleichschwebend temperierte Stimmung ist Ces-Dur mit einem Umfang von $_1$Ces bis ges^4. Mit Hilfe der 1810 von Sebastian Erard verbesserten Pedale kann die Stimmung der Harfe um eine kleine oder große Sekunde erhöht werden. Die insgesamt sieben Pedale sind jeweils einem Ton der siebenstufigen Skala zugeordnet. Das im Symphonieorchester auch heute verwendete Instrument wird mit den Fingern gezupft. Außer einzelnen Tönen und Akkorden sind Glissandi und Flageolettöne spielbar und für die Spielweise charakteristisch. Das bekannteste Beispiel für den Einsatz einer Harfe in der Rockmusik ist «She's Leaving Home» auf dem Album *Sergeant Pepper's Lonely Hearts Club Band* von den BEATLES, weitere etwa «Trust in Me» auf der LP *Through the Looking Glass von* SIOUXSIE & THE BANSHEES und «Any Kings's Shilling» auf der LP *Spike* von Elvis Costello.

S Tim Finn: «Hyacinth» auf: *Big Canoe*, 1986 (D: Virgin)

Harlem Jump zeichnet sich durch federnde, von Zählzeit zu Zählzeit «springende» Rhythmen innerhalb des Bluesverlaufs aus. Von ihm führen direkte Fäden zum → Rhythm & Blues.

Harmonica → Mundharmonika

Harmonie ist das Zusammenklingen mehrerer Töne zu einem → Akkord in unserem Dur-Moll-tonalen System. Die Harmonielehre als eine theoretische Ergänzung der Kompositionspraxis befaßt sich mit der Darstellung einzelner Akkorde innerhalb einer → Tonart auf Grund von deren Stufenfolge oder von deren Funktion (Stufen-Harmonielehre, funktionale Harmonielehre), besonders mit Kadenzverläufen, Ausweichungen und Modulationen von einer Tonart in die andere.

Da die Rockmusik zum überwiegenden Teil tonal angelegt ist, gelten die harmonischen Funktionen der Akkorde auch für sie. Unter Funktion versteht man den Stellenwert eines Akkordes in der Tonart. Drei Haupt- und drei Nebenakkorde werden unterschieden. Hauptakkorde sind 1. die Tonika (T), die den Ausgangs- und Ruheakkord auf der ersten Stufe bildet; 2. die Dur- bzw. Moll-Subdominante (S) auf der vierten Stufe und 3. die Dur-Dominante (D) auf der fünften Stufe, die eine Auflösung in die Tonika verlangt, sofern kein → Trugschluß erfolgt. Die Nebenakkorde vertreten nach ihrer Funktion die Hauptakkorde und dienen dazu, einen harmonischen Gang abwechslungsreich zu gestalten bzw. eine Modulation vorzubereiten. Die Benennung der Nebenakkorde ist je nach Dur oder Moll verschieden: 1. die Tonika-Parallele (Tp) steht in Dur auf der sechsten, in Moll auf der dritten Stufe; 2. die Subdominant-Parallele (Sp) ist in Dur die zweite, in Moll die sechste Stufe, während 3. die Dominant-Parallele (Dp) in Dur auf der dritten, in Moll auf der siebenten Stufe steht. Zusammengefaßt und auf C-Dur bzw. a-Moll bezogen (Abkürzungen wie oben):

	Dur	*Moll*
T:	c e g	a c e
Tp:	a c e	c e g
S:	f a c	d f a
Sp:	d f a	f a c
D:	g h d	e gis h
Dp:	e g h	g h d

Einige Grundsätze der Zusammensetzung und Verbindung von Harmonien sind: 1. Trotz zusätzlich auftretender Töne bleibt die harmonische Funktion eines Akkordes erhalten. Solche → Zusatztöne sind etwa die Sexte bei Tonika und Subdominante, die Septime bei der Dominante. In C-Dur bleibt der Akkord c e g a weiterhin Tonika, f a c d weiterhin Subdominante; 2. Akkorde in der ersten → Umkehrung behalten ihre ursprüngliche Funktion. In C-Dur sind also c e g und e g c funktional gleichwertig; 3. bei Akkordverbindungen sind Einklang-, Oktav- und Quintparallelen zu vermeiden. Das gängige Mittel hierfür ist die → Gegenbewegung.

L Hans Mersmann: *Musiklehre* (Berlin 1929); Hugo Distler: *Funktionelle Harmonielehre*, mit Beiheft: Lösung sämtlicher Aufgaben (Kassel, Bärenreiter-Ausgabe 1940); Walter Piston: *Harmony* (New York 1944)

Harmonium ist ein Tasteninstrument mit freischwebenden Metallzungen. Durch das Treten zweier Pedale wird ein Luftstrom erzeugt, der die durchschlagenden Zungen in Schwingung versetzt. Das zu Beginn des 19. Jahrhunderts entwickelte, in der späteren Salonmusik mit Vorliebe verwendete Instrument besitzt einen Tonumfang von fünf Oktaven (C–c^4). Die Töne sind auf einem oder auf zwei Manualen angeordnet und können in verschiedene Register geschaltet werden; hierdurch verändert sich die Klangfarbe. Die sogenannte Amerikanische Orgel (cottage organ) unterscheidet sich vom Harmonium dadurch, daß nicht ausströmende, sondern eingesogene Luft die Zungen betätigt; dementsprechend sanfter ist der Klang. Das Harmonium wird heute nur noch selten verwendet, ein Beispiel in der Rockmusik findet sich mit dem Song «Strawberry Fields Forever» auf dem Album *Magical Mystery Tour* der BEATLES.

Harpsichord → Cembalo

Harvest Records → EMI Records

Headbanger wird der eingeschworene Heavy Metal-Fan genannt, den man in jedem Konzert der einschlägigen Bands beobachten kann: er tanzt wild gestikulierend direkt vor den PA-Boxen und schüttelt seinen Kopf im Takt der Musik. Häufig spielt er auch imaginäre Gitarren oder Drum Sets. Die Bezeichnung Headbanger kann aus dem Mund eines Nicht-Fans dieser Musik durchaus verächtlich gemeint sein.

Heavy Metal (Rock; auch Heavy Rock) bildete sich in den siebziger Jahren als eine Unterströmung des → Hardrock heraus; nach wie vor sind die Grenzen zum Hardrock fließend, Gruppen dieser beiden Stilrichtungen werden bald mit dem Begriff Hardrock, bald mit dem Begriff Heavy Metal belegt. Das äußere Erscheinungsbild von Heavy Metal nahm seinen Anfang etwa mit den Schallplatten und Songtexten von BLACK SABBATH und Alice Cooper. Musikalisch unterscheidet sich Heavy Metal nicht von Hardrock, allenfalls läßt sich beobachten, daß Keyboards eine eher untergeordnete

Rolle spielen: dominierend ist immer der Gitarrist, zumeist ein erstklassiger Virtuose.
Wichtiger aber ist für Heavy Metal-Gruppen und ihre Fans das Image der Musik, das allemal von Aggressivität und Gewalt geprägt ist; ein Mißverständnis wäre es allerdings zu behaupten, Heavy Metal-Bands würden Gewalt unterstützen. Ein Blick auf die Cover von Heavy Metal-Platten zeigt wohl eher das, was die Fans dieser Musik gern sehen möchten: opulent und vielfarbig gemalte Monster, Zombies, Folterknechte, Drachen, Phantasiemaschinen und -motorräder, gequälte Frauen, zu Gewehren umfunktionierte Gitarren, Totenköpfe usw. In einem gewissen Gegensatz zu dieser brutalen, bedrohlichen und unheimlichen Welt steht das Äußere der Musiker: Lang wallende, dauergewellte Haare, durchtrainierte schlanke Männerkörper, häufig in Lederkleidung, versehen mit Nieten und anderen «Schmuckstücken». Auf Fotos stellen die Musiker von Heavy Metal-Bands immer eine verschworene Gemeinschaft dar, oft sind es Konzert-Fotos, denn die Bühne ist der eigentliche Lebensraum von Heavy Metal-Bands, wie überhaupt Heavy Metal weniger ein eigener Musikstil als eine Kunst der Darstellung ist, die sich auf Bühne, Plattencover, Kleidung und Auftrittsposen erstreckt. Aus der Vielzahl der Bands seien einige genannt: AGGRESSOR, ANVIL, ANTHRAX, AUTOPSY, BAD RELIGION, BLOODSTAR, BONFIRE, BLUE ÖYSTER CULT, BON JOVI, CINDERELLA, DEF LEPPARD, DIMPLE MINDS, DIO, DOKKEN, EXCEL, EXCITER, GUNS N' ROSES, HELLOWEEN, IRON MAIDEN, JUDAS PRIEST, METALLICA, MÖTLEY CRÜE, QUIET RIOT, SAXON, SCORPIONS, SLAYER, TRANCE, WARLOCK u. a.
Ein Extrem in dieser Richtung ist eine weitere Strömung von Heavy Metal, die die Beinamen Speed Metal oder Trash Metal erhalten hat; Prototyp dieser Musik ist die Band MOTÖRHEAD. Die Musiker dieser Stilrichtung geben sich betont uninteressiert an ihrem Äußeren, verbringen, wenn überhaupt, nur wenig Zeit beim Friseur, spielen aber letzten Endes auch nur einen sehr schnellen und lauten Hardrock.
Heavy Metal ist einer der erfolgreichsten Rock-Stile überhaupt und seine Anhängerschaft im Laufe der siebziger und achtziger Jahre stetig gewachsen; Fans dieser Musikrichtung halten Heavy Metal vielfach für den einzig wirklichen Rock und sind ihren Favoriten über Jahre hinweg treu.
Heavy Metal ist eine «weiße» Rockmusik, die in diesem Sinne das Pendant zum Funk darstellt, der eine «schwarze» Rockmusik ist. Trotzdem sind Überschreitungen dieser imaginären Grenzen möglich – so wie weiße Musiker Funk spielen können, können auch schwarze Musiker Heavy Metal spielen. Beispiele bieten etwa Prince (*Purple Rain*, 1984), vor allem aber die Band des ehemaligen Jazz-Gitarristen Vernon Reid, LIVING COLOUR, und 24-7 SPYZZ. LIVING COLOUR etwa fügen dem Genre neue, ungewohnte harmonische Möglichkeiten hinzu, die aus der musikalischen Vergangenheit Reids

herrühren. Gemessen an diesen harmonischen und melodischen Extravaganzen wirken übliche Heavy Metal-Bands hoffnungslos veraltet.

S Accept: *Metal Heart*, 1985 (D: RCA); Autograph: *That's The Stuff*, 1985 (D: RCA); Black Sabbath: *Live Evil*, 1983 (D: Phonogram); Def Leppard: *Pyromania*, 1983 (D: Phonogram); David Lee Roth: *Skyscraper*, 1988 (D: WEA), Living Colour: *Time's Up*, 1990 (USA: Epic); Yngwie Malmsteen: *Trilogy*, 1986 (D: Polygram); Motörhead: *No Sleep 'til Hammersmith*, 1981 (D: Ariola); Oz: *...Dezibel Storm...*, 1986 (D: RCA); Ozzy Osborne: *No Rest for the Wicked*, 1988 (D: CBS); Steve Stevens: *Atomic Playboys*, 1989 (D: WEA); Tygers of Pan Tang: *Crazy Nights*, 1981 (D: Ariola); Van Halen: *Women and Children First*, 1980 (D: WEA); 24-7 Spyz: *Gumbo Millenium*, 1990 (USA: In-Effect)

Hell's Angels waren eine weit verbreitete Rocker-Organisation in Kalifornien, die einerseits auch in anderen Staaten der USA, aber auch in einigen Ländern Westeuropas Anhänger hatte. Schwere Motorräder (Harley Davidson), Lederbekleidung sowie verschiedene Kriegs- und NS-Anhängsel gehörten zu den Statussymbolen der Mitglieder. Die Höllenengel bleiben wegen der Vorfälle beim → Altamont-Freikonzert der Rolling Stones im Dezember 1969 in schlechter Erinnerung. Einige Rock-Schallplatten tragen, vermutlich zum Spaß, das seltsame Gütezeichen: Approved by the Hell's Angels (vgl. etwa Big Brother & The Holding Company: *Cheap Thrills*, 1968).

L Hunter S. Thompson: *Hell's Angels. A Strange and Terrible Saga* (New York 1967 und Nachdrucke)

Heterophon (griech., andersklingend, in verschiedenen Stimmen). Der Ausdruck bezeichnet eine in der → Notation nicht festgelegte Musizierweise, bei der sich verschiedene Stimmen (Gesang, Instrumente) in der gleichen Richtung bewegen und etwa die gleiche melodische Wendung nachzeichnen, ohne miteinander ganz identisch zu sein oder parallel zu verlaufen. Solche Musizierpraxis ist in den nichtabendländischen Musikkulturen, für die der Ausdruck ursprünglich geprägt wurde, sehr häufig. Sie kommt auch in der afro-amerikanischen Musik und durch deren Vermittlung auch im Rock – so im → Punk um 1977/78 – vor.

HiFi (von engl. High Fidelity) ist keine spezielle Bezeichnung einer Klangqualität oder für bestimmte Apparate, sondern der Sammelname für im nichtprofessionellen Bereich verwendete hochwertige Aufnahme-, Übertragungs- und Wiedergabegeräte, die Klangstrukturen getreu aufzeichnen, vermitteln und wiedergeben. Wichtige Gesichtspunkte bei der Beurteilung von HiFi-Geräten sind ausgedehnter Frequenzbereich, gleichmäßige Aufnahme- und Wiedergabe-Qualität sowie Geringfügigkeit von Störungen wie Geräusch- und Fremdspannung. Die Mindestanforderungen, die an HiFi-Anlagen, deren Bestandteile und auch Zubehör gestellt werden, sind in dem Normenkatalog DIN 45500 festgehalten; die HiFi-Technik hat sie längst hinter sich gelassen.

Hi-Hat (von engl. high hat, hoher Hut), früher als Charleston-Maschine bekannt, ist der lautnachahmende Name eines Doppelbeckens auf einem Ständer, das als Ganzes zu einem Schlagzeug-Set gehört. Im Inneren eines senkrecht stehenden Rohres ist eine Stange gelagert, die das obere Becken trägt, das mittels eines Pedals gegen das auf dem Rohr sitzende untere Becken bewegt wird. Der kurze, helle Klang der Becken läßt sich dabei durch die Stärke des Fußtritts in Grenzen beeinflussen. Diese im Jazz übliche Spielweise des Instruments wird in der Rockmusik je nach Stil in unterschiedlicher Weise genutzt; gebräuchlich ist dagegen die Spielweise, bei der die Hi-Hat mit dem Fuß geschlossen gehalten und mit den Stöcken angeschlagen wird, üblicherweise in Achtel-Notenwerten. Kombinationen der beiden Techniken ergeben weitere Klangmöglichkeiten: das Anschlagen und zeitlich darauf abgestimmte Schließen der Hi-Hat etwa war eines der Stilmerkmale des Philly-Sounds. (→ Schlagzeug; → Becken)

Hillbilly-Jazz. Der in den Südstaaten der USA meist verächtlich gebrauchte Ausdruck Hillbilly (Music) für Hinterwäldler (Musik) spiegelt die frühere Einstellung der Bevölkerung, noch mehr der Schallplattenindustrie zur unverfälschten Volksmusik wider. Diese wurde in dem Maße aufgewertet, als ihre kommerziellen Möglichkeiten entdeckt wurden. Fortan, etwa seit Mitte der vierziger Jahre, hieß Hillbilly Music → Country & Western Music.

Hillbilly-Jazz ist eine in den Staaten Texas, Louisiana und Oklahoma durch Stilmischung enstandene Richtung, in welcher Instrumente und Spieltechniken von Bluegrass (Banjo, Fiedel, Mandoline, Steelguitar, Dobro; schnelle Sechzehntel des Soloinstruments) mit Elementen von Jazz und Blues (→ Blue Notes) zu einer spritzigen, leicht durchhörbaren Musizierweise vereinigt werden. Andere Bezeichnungen für diesen Stil sind Oakie-Jazz, Western Swing, Southwestern Swing und Jazzgrass. In einer glücklichen Vereinigung von Hillbilly-Jazz und Rock spielen DAN HICKS AND HIS HOT LICKS in Kalifornien sowie die australische Gruppe THE CAPTAIN MATCHBOX WHOOPEE BAND.

S Hillbilly Jazz, 1974, 2 LP (USA: Flying Fish); DAN HICKS AND HIS HOT LICKS: *Last Train to Hicksville*, 1973 (USA: Blue Thumb); THE CAPTAIN MATCHBOX WHOOPEE BAND: *Smoke Dreams* (USA: ESP)

L Norman Cohen: *Scopes and Evolution in Hillbilly Songs* (in: *John Edwards Memorial Foundation Quarterly 6*, 1970, mit Discographie); Rick Ulman: *Hillbilly Jazz. A Background* (Chicago 1974, Beiheft zu dem oben angegebenen Doppelalbum)

Hip Hop ist ein vor allem als Tanzmusik verwendeter Musikstil, der in New York, aufbauend auf → Rap, entstand und weiße wie schwarze Jugendliche gleichermaßen ansprach. Im Grunde stellt Hip Hop nichts anderes als einen Generationswechsel dar, mit dem ältere Rap-Stars abgelöst wurden. Die neuen Rapper benutzen die gleichen Stilmittel, wenn auch ihre Aussagen in den Texten häufig weiter gehen; sie spiegeln das Leben der unteren sozialen Schichten in den US-amerikanischen Großstädten wider. Um 1990 nahm Hip Hop zunehmend Stilmittel von → House auf, so daß vereinzelt auch von Hip House gesprochen wird; möglich ist diese Vermischung auf Grund der ähnlichen Entstehung eines Hip Hop-Stückes: An technischen Geräten sind dazu ein → Drum Computer und ein → Sampling-Gerät notwendig, das die früher – etwa bei → Rap – verwendeten Plattenspieler ersetzt. Mit Hilfe des Samplers werden ein oder mehrere → Riffs, oft auch nur Teile eines Riffs aus älteren Rock- oder Soul-Aufnahmen entnommen und oft mit einer neuen Schlagzeug-Begleitung versehen. Vokale Anteile fügen auf jeden Fall ein oder mehrere Rapper und sehr oft auch eine Sängerin, die gängige Soul-Formeln beisteuert, hinzu. Form ergibt sich dabei häufig nur aus dem Wunsch nach einem Wechsel des Klanges und wirkt eher zufällig; der funktionale Charakter von Hip Hop als Tanzmusik ist unverkennbar. Dennoch wird Hip Hop von manchen seiner Anhänger nicht als Tanzmusik, sondern als ästhetisches Phänomen gewürdigt, als Musik um ihrer selbst willen.

Die einfache Produktionsweise von Hip Hop hat zu einer breiten Auffächerung des Stiles geführt: neben schnell auf den Markt geworfenen Produktionen von mehr oder weniger gesichtslos bleibenden Formationen, deren Produkte ausschließlich für den verschleißenden Gebrauch in der Discothek gedacht sind, wurden einige Hip Hop-Protagonisten zu tatsächlichen Stars, so etwa MC Hammer, LL Cool J (Ladies Love Cool James), die in der Bundesrepublik Deutschland produzierende Gruppe SNAP, Ice T, Vanilla Ice, die Gruppe DE LA SOUL und einige andere. Während an populären – und zu Kompromissen neigenden – Formationen häufig weiße Musiker beteiligt sind, sind aus schwarzen Musikern bestehende Gruppen weniger unverbindlich, häufig – zumindest in ihren Texten – politisch engagiert und in einigen Fällen musikalisch differenzierter, beispielsweise PUBLIC ENEMY und TWO LIVE CREW. So ziehen Hip Hop-Musiker seit etwa 1990 verstärkt wieder wirkliche Musiker hinzu und setzen weniger auf die vermeintliche Omnipotenz von Samplern (beispielsweise die Formation DIGITAL UNDERGROUND). Auch zeigen einige Beispiele den Willen, größere Abschnitte der Musik zu gestalten. So könnte die LP *De La Soul is dead* (1991) des Trios DE LA SOUL durchaus mit dem Begriff → Concept Album bezeichnet werden: es handelt sich dabei um eine in sich verschachtelte Song-Sammlung, die zu Beginn sogar mit einer Art Hör-Anleitung versehen wird. Zentraler Ausgangspunkt der jungen Musikrichtung waren die Plattenlabels Def Jam und Rush im New Yorker East Village; bei ihnen standen RUN-DMC, die BEASTIE BOYS, LL Cool J, PUBLIC ENEMY und Davy D. unter Vertrag. Das Def Jam-Label wird von CBS vertrieben.

S BEASTIE BOYS: *Licensed to ill*, 1986 (GB: Def Jam/CBS); Betty Boo: *Boomania*, 1990 (D: Rhythm King/Rough Trade); DEEE-LITE: *World Clique*, 1990 (D: WEA); DE LA SOUL: *De La Soul is dead*, 1991 (D: Tommy Boy/East West); DIGITAL UNDER-

GROUND: –, 1990 (USA: Tommie Boy); DREAM WARRIORS: *And now the legacy begins*, 1990 (D: Island); FAT BOYS: *Coming Back Hard Again*, 1988 (GB: Polydor); LL COOL J: *Radio*, 1985 (USA: Def Jam/CBS); PRINCE CHARLES AND THE CITY BEAT BAND: *Combat Zone*, 1984 (D: Virgin); PUBLIC ENEMY: *Yo! Bum Rush The Show*, 1987 (USA: Def Jam/Columbia); ROB'N'RAZ featuring Leila K: *Got to get*, 1989 (D: BMG); RUN-DMC: *Raising Hell*, 1986 (D: Metronome); SALT'N PEPA: *Hot Cool & Vicious*, 1986 (D: Metronome); SNAP: *World Power*, 1990 (D: BMG); SOUL II SOUL: *1990 A New Decade*, 1990 (GB: 10 Records); TECHNOTRONIC: *Body to Body*, 1991 (GB: ARS/Sony)

L Gerald Hündgen (Hg.): *Chasin A Dream* (Köln 1989); Simon Reynolds: *Blissed Out. The Raptures of Rock* (London 1990)

Hippie ist der urbane, psychedelisch erfahrene Nachkömmling des US-amerikanischen Hobos der beginnenden sechziger Jahre. Er ist ein «Ausgeflippter», der sich in die gewohnten, von der Umgebung gutgeheißenen Lebensläufe, Verhaltensweisen und Wertmaßstäbe nicht einfügen will oder kann. In der zweiten Hälfte der sechziger Jahre reisten viele Hippies per Autostopp dorthin, wo «etwas los war», etwa zu Festivals oder zu modischen Begegnungsorten wie Hyde Park in London, Golden Gate Park und Haight Ashbury in San Francisco, die Innenstadt von Amsterdam usw. Hippies waren nicht einfach «Schmarotzer», sondern Produkte einer unpersönlich gewordenen Leistungsgesellschaft, in deren Idealen des wirtschaftlichen und gesellschaftlichen Aufstiegs viele Jugendliche nicht den höchsten Lebenssinn erblicken konnten. Daß die Hippie-Lebenshaltung für die Entstehung spontaner Rockkonzerte förderlich sein konnte, bewiesen die Jahre 1965–68 in San Francisco und Umgebung (→ Flower Power); daß sie für den Rock auch eine schöpferische Seite übrig hat, bewiesen Musiker wie Daevid Allen und seine Gruppe GONG sowie geistig verwandte Personen wie der Gitarrist Steve Hillage. Mit dem Aufkommen des Punk geriet das Hippie-Sein in Verruf: Hippies waren plötzlich die Ewig-Gestrigen.

Hitparade ist eine Einrichtung im Programm der Rundfunkanstalten, die dazu dient, die durch Umfrage ermittelten beliebtesten Stücke regelmäßig auszustrahlen. Dies geschieht in einer dramatisierenden Art, indem der → Disc Jockey von hinten, bei den weniger beliebten Stücken beginnt und den Hit Nr. 1 am Schluß wie einen durch K. o. siegenden Boxer vorstellt. Diesen vorgestellten Kampf Musikstück gegen Musikstück kommentiert er in einem an Sportreportagen erinnernden Tonfall – ein amüsanter Zeitvertreib für ihn und die Hörer, die er verdient. Eine wöchentliche bzw. zweiwöchentliche Verkaufs-Hitparade ist in mehreren Branchenblättern enthalten, von denen für den deutschsprachigen Raum *Der Musikmarkt* (Starnberg) am wichtigsten ist.

Hitparaden sind naturgemäß anfällig für Manipulationen vielfältiger Art: 1. Der Disc Jockey bzw. Musikredakteur trifft eine Vorauswahl unter den jeweils aktuellen Single-Schallplatten. Es fehlt zwar nicht der Hinweis, daß jeder Titel – also auch etwa der nicht vorgestellte Titel – seine Chance hat, eine Musik, die nicht ge-

sendet wird, kann aber nicht die Mehrzahl der Hörer für sich einnehmen. 2. Interessierte Fans, Schulklassen und Fußballvereine können sich absprechen und ihren Favoriten zu einem zweifelhaften Sieg verhelfen. 3. Schallplattenfirmen beobachten sehr genau das sogenannte «Airplay», wie oft also dieser oder jener Sender diese oder jene Single spielt. Wo der regionale Einsatz zu wünschen übrig läßt, wird den betreffenden Musikredakteuren in den Sendern der betreffende Song besonders ans Herz gelegt. Mitunter ist verstärktes Airplay tatsächlich die Folge. 4. Die Aufsplitterung der Musik führt dazu, daß für jede Ausprägung «populärer» Musik getrennte Hitparaden geführt werden. Da nur Kenner diese Hitparaden «lesen» können, werden auch nur diese sich daran beteiligen.
Die ehrlichste – und aussagekräftigste – Form der Hitparade ist die Liste der meistverkauften Schallplatten, wie sie eben *Der Musikmarkt* veröffentlicht (→ Payola; → Rundfunk und Rockmusik).

Hörschwelle. Man kann die Hörschwelle nach Lautstärkegrad und nach Frequenzlage unterscheiden, wobei beide Gesichtspunkte nicht unabhängig voneinander sind (→ Frequenz, → Lautstärke). Die untere Grenze der Hörbarkeit nach Lautstärke heißt Reizschwelle, die obere Schmerzschwelle; letztere liegt über 120 Phon. Was die Hörbarkeit von Frequenzbereichen betrifft, so bildet das vom menschlichen Ohr wahrnehmbare Frequenzgebiet ein verhältnismäßig schmales unteres Band in der Welt der Luftschwingungen. Die tiefsten hörbaren Töne fangen mit 16 Hz an und enden um 18000–20000 Hz. Doch schrumpft dieser Hörbereich bei den meisten Menschen (im Alter ausnahmslos) weiter zusammen; Dauerhörer von überlauter Musik stumpfen gegen die höheren Frequenzbereiche frühzeitig ab. Durch Experimente ist erwiesen, daß gewisse Tiergattungen (Hunde, Fledermäuse) sehr hohe, für den Menschen nicht mehr wahrnehmbare Töne hören können. Man kann die Leistungsfähigkeit des eigenen Ohres überprüfen, wenn mit Hilfe eines Tongenerators ein breites Spektrum aus dem Frequenzbereich stufenlos abgetastet wird (von 10 bis 20000 Hz). Solche Hörproben sind auf Testplatten enthalten, die beispielsweise das Deutsche High Fidelity Institut in Frankfurt a. M. herausbrachte.

Holzblasinstrumente (engl. woodwind instruments) heißen die zumeist, doch nicht immer aus Holz gefertigten Blasinstrumente, die spieltechnisch einen Gegensatz zu den → Blechblasinstrumenten (brass) bilden. Vor allem aber bezieht sich die Klassifizierung dieser Instrumente auf die Art der Tonerzeugung: das tonerzeugende Element ist ein Holzblatt (das etwa bei den Saxophonen allerdings auch durch ein Plastikblatt ersetzt werden kann). In diesem Lexikon werden folgende Holzblas- bzw. Rohrblattinstrumente in getrennten Artikeln erläutert: Blockflöte, Querflöte (diese zählt aus geschichtlichen Gründen zu dieser Gruppe, obgleich ihr Material heute durchweg Metall ist), Oboe, Klarinette, Englisch Horn und (ebenfalls aus Metall) Saxophon.

Holzblock (engl. wood block) sind zwei miteinander verbundene Holzzylinder, die – unterschiedlich tief ausgehöhlt – voneinander abweichende Tonhöhen von einem hohlen und kurzen Klang ergeben, wenn sie mit Holzschlegeln angeschlagen werden. Eine zweite «amerikanische» Art des Holzblocks besteht aus einer Schlitztrommel, die besonders im frühen Jazz (→ Dixieland) Verwendung fand (→ Clog Box).

Home Recording (engl., Tonaufnahmen zu Hause). Etwa seit Mitte der siebziger Jahre wurde es zunächst unter Musikern populär, mit Hilfe von Vierspur-Tonbandgeräten, später kleinen Vierspur-Kassettentonbandgeräten → Demos von Songs aufzunehmen. Diese Tonbandgeräte verfügten über ein eingebautes Mischpult oder ließen sich leicht mit einem üblichen → Mischpult verbinden. Der Musiker konnte mit diesen Geräten eine Song-Idee vorläufig ausformulieren und schon ein erstes Arrangement festlegen: Immerhin entsprachen bereits diese Anfänge des Home Recording dem professionellen Standard von beispielsweise *Sergeant Pepper* von den Beatles. Das große Interesse, das Anfang der achtziger Jahre vor allem die relativ preiswerten Vierspurgeräte von Teac/Tascam fanden, veranlaßte wiederum andere Firmen, mit technisch verbesserten Geräten auf den Markt zu kommen, so daß Ende der achtziger Jahre von einfachen Vierspurgeräten bis zu 16spurigen Spulenbandgeräten beinahe jede Form von Aufnahmegeräten für den ambitionierten Amateur zu erhalten war. Die Einführung von → MIDI ermöglichte es, fast jedes Musikinstrument mit den Aufnahmegeräten zu verkabeln und auf diese Weise unabhängig von einem besonderen Aufnahmeraum zu werden (→ Studio). Home Recording verlangt keinen akustisch vorbereiteten Raum, sondern ist buchstäblich im Wohnzimmer möglich. Besonders bei Keyboard-Instrumentalisten fand die Möglichkeit, mit einfachen Mitteln nahezu professionelle Aufnahmen machen zu können, großen Anklang, wenn auch nicht die Qualität von professionellen Aufnahmen erreicht werden kann (die geringere Breite der Aufnahmespuren ermöglicht keinen so großen Dynamikumfang, die niedrige Bandgeschwindigkeit schränkt den Frequenzbereich ein). Home Recording erweckte aber nicht nur das Interesse von Musikern, sondern auch von Menschen, die eher an der technischen Seite von Tonaufnahmen interessiert sind. Zu einem Home Recording-Gerätepark, mit dem sich konventionelle Rock-Kompositionen produzieren lassen, gehören wenigstens ein Vierspur-Kassettenbandgerät, ein → Synthesizer, eine → Rhythmusmaschine und ein → Hallgerät; ein → Mikrophon sollte ebenfalls nicht fehlen.

L John Peel: *Making 4-Track Music* (Track Records Publishing, 3. Auflage, London 1989); Rudolf Maurer/Günther Taucher/Gernot Brantner: *Das Vierspur-Aufnahmestudio* (München 1989)

Homophon (griech. gleichklingend). Mit dem Ausdruck wird eine musikalische Setzweise bezeichnet, bei der mehrere gleichklingende Stimmen melodisch nicht gleich behandelt werden, vielmehr auf eine führende Stimme bezogen und an ihr ausgerichtet werden. Solche Musik heißt auch akkordisch, da sie aus funktional beschreibbaren Akkordfortschreitungen besteht. Die Einzelstimmen ergeben sich nur aus der Verbindung aufeinanderfolgender Töne einer Stimmlage (Sopran, Alt, Tenor usw.). Die Setzart der Baßschritte in Chuck Berrys «Maybelline» ist homophon, da sie jedweder eigenmelodischen Gestalt entbehrt und bloß Töne eines stehenden Akkordes (mit * bezeichnet) auf guten Taktteilen (1 und 3) bezeichnet.
Die Rockmusik ist fast ausnahmslos homophon (Gegensatz: → polyphon), ähnlich der musikalischen Gestaltungsweise mancher Komponisten, ja ganzer Geschichtsepochen der → Bildungsmusik.

Honky Tonk (amerik. Slang, Spelunke) als Einrichtung früherer Jahrzehnte im Mittelwesten, Südwesten und Norden der USA ist heute von einem gewissen Nimbus der Ruchlosigkeit umgeben. In den armseligen Lokalen fanden sich Wegelagerer, Goldsucher und Prostituierte, später Lastwagenfahrer, Bergarbeiter und Arbeiter der Ölfirmen zu einer Interessengemeinschaft zusammen. Vor dieser Gesellschaft der harten Trinker, Angeber, Schläger und Colt-Helden warteten Fiedler, Harmonikaspieler und Pianisten mit ihrer anspruchslosen Kunst auf; der Pianist pflegte die Gäste pauschal zu bitten, nicht auf ihn zu schießen. Unvergeßlich bleibt das Honky Tonk-Klavier, das infolge von Alter, Transportschäden und hineingeflossenem Alkohol viel von der Anrüchigkeit des Ortes in seinem Klang aufnahm; der Klang läßt sich heute durch einen metallenen Dämpfer nachahmen. Nachgeahmte Honky Tonk-Atmosphäre findet sich häufig in der C & W-Musik, doch auch im Rock, etwa in «Country Honk» von 1969 und in dessen Erstfassung «Honky Tonk Women», 1969, der ROLLING STONES. Ein «Honky Tonk-Klavier» spielt Rick Derringer in «30 Weight Blues» von TIN HOUSE (*Tin House*, 1971, NL: Epic).

Horn ist die allgemeine Bezeichnung für eine Reihe von Blasinstrumenten. Infolge der Lippenschwingungen des Bläsers wird ein Eigenton des Instrumentes erzeugt, der wiederum auf die Lippenschwingung verstärkend zurückwirkt (akustische Rückkopplung). Das Naturhorn vermag nur die Teiltöne, häufig ohne Grundton, hervorzubringen, während mit Hilfe von Klappen, Zügen oder Ventilen alle Töne der chromatischen Leiter gespielt werden können. Durch Stopfen mit der Hand oder mit einem kegelförmigen Dämpfer erhöht sich der Ton, und auch seine Klangfarbe ändert sich. Das Material der Horninstrumente ist meist Metall (Messing), doch gibt es auch Holzhörner (Alphorn) sowie Tierhörner. Eine weit ausladende Stürze verstärkt den Ton und strahlt die hohen Frequenzen gebündelt aus; beim Horn wird ein trichterförmiges Mundstück verwendet. Das gelegentlich auch in der Rockmusik herangezogene Horninstrument ist das → Waldhorn, etwa in dem Song «For No One» auf dem Album *Revolver* von den BEATLES. Auf mehreren Platten der WHO ist der Bassist der Gruppe, John Entwistle, als Hornist zu hören. «Horn» wird auf Grund ihrer sich exponentiell erweiternden Schallöffnung auch eine Lautsprechergehäusebauform genannt.

House (engl., Haus) oder House Sound verdankt seine Bezeichnung der Discothek «The Warehouse» in Chicago, die auch Ausgangspunkt dieser Spielart von Dancefloor-Musik war. Der Disc Jockey Frankie Knuckles verband Soul, ältere Disco-Aufnahmen, europäischen Rock und elektronische Musik, etwa von KRAFTWERK, zu ebenso phantasievollen wie ausufernden Collagen. Gehörte zunächst noch Gesang auf jeden Fall zu House, so splitterte sich der Stil bald auf, so daß neben Deep House, wie die ursprüngliche Form nunmehr genannt wird, Techno House trat, ein Stil, in dem Gesang keine nennenswerte Rolle spielt, wohl aber die menschliche Stimme. Techno House und dessen extremere Ausrichtung Tekkno ist geprägt von elektronischen Musikinstrumenten, allen voran dem Sampler (→ Sampling), der es den Produzenten dieser Musik, zumeist Disc Jockeys, ermöglicht, sich beliebige Partikel aus vorhandener Musik zu verschaffen und in die eigene Produktion einzubauen. House ist formal von denkbar einfacher Struktur: Oft ist ein nur eintaktiges → Riff die Grundlage, dem Schlagzeug oder Drum Computer (→ Rhythmusmaschine) kommt kaum eine formgestaltende Rolle zu. Ziel des Produzenten ist es vielmehr, beim Hörer, der in diesem Fall auch immer Tänzer ist, ein Gefühl der Trance zu erzeugen. Aus diesem Grund bleibt es bei einer harmonisch und rhythmisch sich sozusagen im Kreise drehenden Gestaltung. Dafür werden Gags und Gimmicks aller Art eingeflochten.

House wurde bald in anderen Großstädten der USA populär (etwa in Detroit mit den Produzenten Juan Atkins, Derrick May und Kevin Saunderson, die Projekte mit Namen wie KGB, PSYCHE, INFINITY und REAL BY REEL ins Leben riefen) und war Mitte bis Ende der achtziger Jahre neben Hip Hop die bevorzugte Tanzmusik. Mit dem Aufkommen von House wurden auch die Discotheken umgestaltet: der Raum wurde nahezu völlig abgedunkelt, Stroboskope und Trockeneisnebel gehören zu den Requisiten wie auch Batterien von Halogenscheinwerfern, die von Zeit zu Zeit eingeschaltet werden. Buntes Licht spielt dagegen eine eher untergeordnete Rolle. Ende der achtziger Jahre kamen vor allem in Europa, zunächst in Großbritannien, dann auf dem Kontinent, sogenannte Acid Parties auf (→ Acid). Die Musik, die auf diesen an wechselnden Orten stattfindenden Parties gespielt wurde, war House, erhielt aber bald den Namen Acid House.

S *The History of the House Sound of Chicago*, o. J. (D: BCM)

Hüllkurvenformer (engl. envelope shaper) ist eine Betriebseinheit (im → Synthesizer), welche eine Steuerspannung liefert, mit deren Hilfe der Klang- und/oder Lautstärkeverlauf eines Schallereignisses geregelt werden kann. Bei einer Schwingung werden verschiedene Phasen unterschieden: die Anstiegszeit (attack), die Tondauer (ontime oder sustain) und die Ausschwingzeit (release). Mitunter ist nach der Anstiegszeit ein mehr oder weniger geringer Abfall (decay) zu verzeichnen, so daß Hüllkurvenformer auch ADSR-Generatoren genannt werden. Die graphische Darstellung verdeutlicht den Verlauf zunächst (1) mit kurzer Anstiegs- und langer Auszeit (z. B. akustische Gitarre), sodann (2) mit langer Anstiegs- und kurzer Auszeit (z. B. Klavierakkord in verkehrter Laufrichtung auf dem Tonband) bei gleichbleibender Tondauer. Dabei folgt etwa die Öffnung eines Filters oder der Verstärkungsgrad eines Verstärkers exakt analog der Steuerspannung des Hüllkurvenformers.

(1) (2)

Hurdy Gurdy → Drehleier

Hyde Park ist ein ca. 125 Hektar großer Park im Londoner Westend (mit Hyde Park Corner im südöstlichen Bereich, eingerichtet für mehr oder weniger witzige Sonntagsredner). Im Hyde Park fanden mehrere unentgeltliche Rockkonzerte statt, unter denen das Freikonzert der ROLLING STONES am 5. Juli 1969 zu den eindrucksvollsten gehört: im Andenken an den kurz zuvor verstorbenen Brian Jones wurden Tausende von weißen Schmetterlingen freigelassen.

Hype heißt die branchenübliche Abkürzung für «hyperbole», d. h. Übertreibung; das Zeitwort «to hype» vertritt «to hyperbolize». Mit diesem der klassischen Rhetorik entnommenen Ausdruck wird der Umstand bezeichnet, daß eine Schallplattenfirma ihre Werbekampagne mit allen Mitteln skrupelloser Täuschung durch Übertreibung durchführt; vielfach ist «Hype» das höflichere Wort für «Betrug». Beim Hype wird mit der Leichtgläubigkeit der jugendlichen Plattenkäufer gerechnet, in zynischer Weise auch damit, daß der Profit bereits erzielt worden ist, wenn sich die Übertreibung als solche entpuppt.
Auch wenn die Behauptung nicht mehr stichhaltig ist, wonach 90 % der Rockproduktion wertloser Tand sei und der Rest auf Hype beruhe, begleitet geschäftstüchtige Übertrei-

bung die gesamte Rockgeschichte; Schallplattenfirmen machen keinen Hehl daraus, daß Musik für sie eine Ware ist und folgerichtig als solche vermarktet wird. Um 1968 etwa hat → MGM Records viel Werbung mit dem Schlagwort → Boston Sound betrieben, obgleich einen spezifischen Bostoner Stil niemand ausfindig machen konnte. Es gab nur einige, darunter ausgezeichnete Gruppen aus der Stadt wie Beacon Street Union, The Ultimate Spinach und Earth Opera, deren Stilvorstellungen sich auf keinen gemeinsamen Nenner bringen ließen.
Die kalifornische Gruppe The Boston Tea Party wird auf ihrem Album, das um 1969 erschien, mit folgenden hochtrabenden Worten empfohlen: «It is the music – a pure, unique, accomplished sound – of the Boston Tea Party that's going to make history.» Aus jüngerer Zeit ist etwa der Hype-Feldzug um die Populärmachung von Bruce Springsteen erinnerlich, der – nach dem vorübergehenden Label-Wechsel Bob Dylans – von der Schallplattenfirma als ein zweiter Dylan aufgebaut werden sollte. (Jon Landau von der Zeitschrift *Rolling Stone:* «Ich habe die Zukunft des Rock 'n' Roll gesehen, und ihr Name ist Bruce Springsteen.») Es liegt in der Natur der Sache, daß Journalisten besonders anfällig für Hype und mitunter Urheber von Hype sind: Besser einen nicht vorhandenen Trend zu früh ausgerufen als eine tatsächlich vorhandene Strömung in der Rockmusik verschlafen zu haben.
Anzeichen von Hype sind auch fast immer bei → Revivals zu finden. Das Soul-Revival zu Beginn der achtziger Jahre mit Bands wie The Q-Tips und Dexy's Midnight Runners verlief trotz der Bemühungen der Plattenfirmen im Sande; tatsächliche Trends in der schwarzen Musik wie Rap wurden dagegen erst spät erkannt. Hype spielte auch bei den Karrieren von Bands wie Frankie Goes to Hollywood, Bros, New Kids on the Block und vielen anderen eine Rolle.
Angesichts der Geschäftspraktiken des Rockbetriebes, dessen Alle-gegen-alle-Gesinnung immer noch an den Dreißigjährigen Krieg erinnert, läßt sich Hype nicht leicht durchschauen, zumal dieselbe Firma (CBS, MGM usw.) auch Musiker eifrig empfiehlt, die solche Förderung wirklich verdienen. Letzten Endes ist dies ein Indiz dafür, daß musikalische Maßstäbe Plattenfirmen wenn nicht unbekannt sind, dann wenigstens nicht weiter bedeutend erscheinen.

L Simon Garfield: *Expensive Habits. The Dark Side of the Music Industry* (Faber and Faber, London/Boston 1986)

Hz → Frequenz

I

IC Records (Innovative Communication), Hamburg, früher Hambühren, wurde 1979 von Klaus Schulze und Michael Haentjes zur Förderung interessanter, vor allem elektronisch geprägter Produkte gegründet. Den Vertrieb besorgte WEA. Das Besondere der ersten Schallplatten von IC war die Umdrehungsgeschwindigkeit der LPs: Wie bei Singles betrug sie 45 Umdrehungen pro Minute. Auf dem Label erschienen neben Platten von MICKIE D's UNICORN, RICHARD WAHNFRIED, BAFFO BANFI und einer Platte von Arthur Brown und Vincent Crane auch einige erfolgreiche Platten der Neuen Deutschen Welle, so die erste LP von IDEAL und DIN A TESTBILD. IC hat seinen Sitz heute in Hamburg (zusammen mit dem Label Digit) und wird von Mark Skasutzky geleitet. Seit dem Aufkommen von New Age widmet sich das Label zunehmend der dazugehörigen Musik.

Image (von lat. imago, das Bild) heißt die Summe von Eigenschaften, die von der Öffentlichkeit einem Musiker, einer Gruppe, einer Einrichtung usw. zugeschrieben werden. Image ist ein wesentlicher Teil der Verkaufsstrategie, bei Gegenständen ebenso wie bei Menschen, sofern beide, Gegenstände wie menschliche Leistungen, als Ware verkauft werden sollen. Mitunter werden Menschen so sehr der Imagebildung unterworfen, daß sie den Rang von Gegenständen einnehmen; Madonna ist da ein besonders krasses, aber nicht das einzige Beispiel. Zum Begriff von Image gehört, daß es einprägsam, widerspruchsfrei und dauerhaft ist; das Image eines Stars ist eine vermeintlich feste Größe in einer sonst sich ständig verändernden Welt.

Ein Image ergibt sich in der Regel nicht von allein, sondern wird sorgfältig nach Kenntnis der Marktlage aufgebaut, um damit eine Marktlükke zu füllen, sei sie tatsächlich gegeben oder nur angenommen. In ihren Anfängen besaßen z. B. die ROLLING STONES kein wesentlich anderes Image als die BEATLES. Doch hat das gepflegte College-Boy-Aussehen der BEATLES (das ein wohlkalkuliertes Image war) die Konkurrenzgruppe veranlaßt, die «Bad Boys» hervorzukehren und mit solchem Negativbild diejenigen Konsumenten für sich zu gewinnen, denen die BEATLES allzu fein und unglaubwürdig erschienen.

Zwischen Image und Wirklichkeit kann eine so große Kluft entstehen, daß sie zu persönlichen Tragödien führt. Manche Fälle von psychischer Deformation, Größenwahn, Vereinsamung, Rauschmittelsucht und frühem Tod lassen sich im Rockbereich auch darauf zurückführen, daß der betroffene Musiker mit dem ihm aufgezwungenen Image nicht länger leben konnte (Jim Morrison, Jimi Hendrix, Janis Joplin, Elvis Presley und viele andere). Dabei ist für den Rockhörer nicht feststellbar, was an einer Persönlichkeit Image ist und was tatsächlich zu ihr gehört; obwohl manchen Rockstars die interessierten Medien ständig auf den Fersen sind und ihr Leben minutiös verfolgen, weiß die Öffentlichkeit buchstäblich nichts von ihnen. Madonnas Image der kühl ihren Körper zur Schau stellenden und ihre Karriere planenden Frau wird von ihren abgeknabberten Fingernägeln, ihrem permanenten Kampf für einen schlanken Körper und dem ungeheuren Drang zur Selbstdarstellung demaskiert.

Nur wenige vermögen sich dem einmal festgelegten Image zu entziehen und sich entweder zeitweilig zurückzuziehen (was freilich das Ende einer Karriere bedeuten kann) oder die Umwelt ein eigenes, geschmeidigeres Image akzeptieren zu lassen. Bob Dylan, John McLaughlin und einige wenige andere haben es verstanden, von den Erwartungen ihrer Anhänger und Schallplattenfirmen abzuweichen, ohne daß ihre künstlerische Entwicklung (und ihre Anziehungskraft) dadurch geschwächt worden wäre.

L Geoffrey Stokes: *Star-Making Machinery. The Odyssey of an Album* (Indianapolis/New York 1976); Simon Frith/Andrew Goodwin: *On Record* (New York 1990); Simon Reynolds: *Blissed Out* (London 1990); Simon Garfield: *Expensive Habits* (London/Boston 1986)

Imitation (lat. Nachahmung) heißt eine Satztechnik, bei der zwei oder mehr Stimmen nacheinander die gleichen oder annähernd gleichen Tonschritte ausführen. Gleicht die eine Stimme der anderen durchweg im ganzen Stück, so spricht man von → Kanon, wobei die Stimmen – wie schon bei der Imitation – auf derselben Stufe oder auch auf unterschiedlichen Tonstufen geführt werden können. Die Imitation als ein kontrapunktisches Verfahren kommt gelegentlich auch in der Rockmusik vor. Ein Beispiel findet sich kurz nach dem Beginn des Stückes «Neverland» auf der LP *Neverland Revisited* (1968) der US-amerikanischen Gruppe CIRCUS MAXIMUS:

Eine Imitation im Einklang wird vielfach mit Hilfe von Nachhall erzielt.

S CIRCUS MAXIMUS: *Neverland Revisited*, 1968 (USA: Vanguard)

Immediate Records, London, wurde 1965 von Andrew Loog Oldham, dem einstigen Manager der ROLLING STONES, gegründet. Auf dem Label erschienen u. a. Platten von THE McCOYS («Hang On Sloopy»), von den SMALL FACES, THE NICE, SAVOY BROWN, Chris Farlowe und der ehemaligen Sängerin bei Ike and Tina Turner, P. P. Arnold. Das Immediate-Label fand 1970 ein Ende, seit 1973 betätigt sich Oldham als Produzent. Gegen Ende der achtziger Jahre wurden einige der Immediate-Aufnahmen auf → CD wiederveröffentlicht.

S *Bastards of British Rock*, 1975, 2 LP (D: Bellaphon); *The Immediate Story – The Nice*, 1975, 2 LP (USA: Immediate/Sire)

Impedanz (Wechselstromscheinwiderstand, komplexer Widerstand) heißt der Scheinwiderstand eines Bauelementes, z. B. eines Lautsprechers. Sie wird mit der Maßeinheit

Ohm (Ω) angegeben. Übliche Impedanzen etwa beim Lautsprecher sind 4, 8 und 16 Ω. Der Wechselstromscheinwiderstand ist von der Frequenz abhängig, ein Umstand, dem bei der Konstruktion von Lautsprechern und passiven Frequenzweichen Rechnung getragen werden muß.

Importe sind Schallplatten, die von nationalen Tochtergesellschaften der großen Schallplattenkonzerne nicht in den eigenen Katalog übernommen werden, trotzdem aber zu kaufen sind, da sie von interessierten Besitzern von Schallplattenläden oder aber von Importdiensten eingeführt werden. Auch die Platten kleiner Label werden auf diese Weise den Hörern in anderen Ländern zugänglich gemacht. So unterhalten alle großen Schallplattengesellschaften Importdienste: ARIS (Ariola International Services), BISS (Bellaphon International Sound Service), IMS (International Music Service; der gemeinsame Service von Polydor, Metronome und Phonogram), IRS (Intercord Record Service; Importgesellschaft der Intercord, nicht zu verwechseln mit dem von CBS vertriebenen Schallplattenlabel I. R. S.) und TIS (Teldec Import Service). Ein Importservice kann also durchaus eine Platte im Katalog haben, die die Plattengesellschaft selbst nicht übernehmen wollte. Neben diesen Importdiensten sind es vor allem findige Plattenhändler und kleine → Independent Labels, die in anderen Ländern immer wieder interessante Platten finden, die sie importieren.

Improvisation (Stegreif-Vortrag) ist nicht einfach die Fähigkeit, eine Melodie ohne Vorbereitung zu spielen oder zu singen, denn dieser Fall heißt, für sich genommen, Vomblattspielen und -singen. Vielmehr versteht man unter dem Ausdruck das Erfinden von melodischen Linien, Akkordfortschreitungen, formaler Gestaltung und selbst von Klangfarben und Geräuschen während des Vortrags selbst, also eine spontane Musizierweise, die den Spieler/Sänger nicht auf die strikte Ausführung einer einstudierten Aufgabe beschränkt, sondern ihm ein gewisses Maß an freier Phantasietätigkeit gestattet.

Diese freie Entfaltung ist dabei relativ, und eine absolut ungebundene Improvisation gibt es nicht. Gewöhnlich einigen sich die Musiker zuvor auf ein Thema (Jazzmusiker beispielsweise auf einen allseits bekannten «Standard», Rockmusiker auf einen Zwölf-Takt-Blues), auf die Reihenfolge und Dauer der Einzelbeiträge usw., und zwar in der seit dem Chicagoer Jazz bekannten Weise, daß nach dem gemeinsam aufgestellten Thema die einzelnen Variationen in Chorussen erfolgen, bevor das Thema erneut von allen Musikern zugleich vorgetragen wird. Auch wenn eine solche Vereinbarung nicht ausdrücklich stattfindet, wie sie dem Free Jazz der sechziger Jahre oder den meditationsähnlichen bzw. unter Drogeneinfluß erfolgten Klangphantasien um 1970 wohl fremd gewesen wäre (AMON DÜÜL, THE GODZ, HAPSHASH AND THE COLORED COAT usw.), bleiben die Musiker in dem ihnen als möglich er-

scheinenden Stil- und Spielbereich haften, so daß eine scheinbar gänzlich ungebundene Musik nach einigen Jahren sich als ein nach syntaktischen Verknüpfungsregeln funktionierendes Musikverständnis zu erkennen gibt.
Im allgemeinen gelten Rockmusiker, die auch improvisieren können, als den anderen Musikern überlegen. Dieses Vorurteil dürfte der romantischen Vorstellung von künstlerischer Ungebundenheit und schöpferischer Phantasie entstammen. Dabei wird im Jazz wie im Rock nach festen, in manchen Fällen nach geradezu unumstößlichen Regeln improvisiert. Selbst die Harmoniefolgen, die als Grundlage der Improvisation verwendet werden – etwa der Blues oder die II-V-I-Kadenz im Jazz –, sind zu Klischees geronnen, die von vielen Musikern nicht angetastet werden; gute Musiker erweisen sich aber gerade darin, daß sie zu eng gesteckte Grenzen übertreten.
Hinzu kommt, daß jeder Improvisator von Inspiration abhängig ist. Routinierte Musiker wie John McLaughlin oder Eric Clapton können sich mit der mehr oder weniger losen Aneinanderreihung spieltechnisch eingeübter Floskeln und Sequenzen, die ohnehin Bestandteil jeder Improvisation sind und wohl auch sein müssen, behelfen; aber auch bei ihnen sind inspirierte Momente nicht die Regel. Es gibt Musiker wie etwa die Trompeter Louis Armstrong und Dizzy Gillespie, die als begnadete Improvisatoren gelten, weil sie Inspirationspausen offenbar nicht kennen und kannten.
In der Rockmusik gibt es Stilbereiche, in denen es weniger darauf ankommt, welche Töne ein Gitarrist spielt, als vielmehr darauf, wie er sie spielt. Heavy Metal-Gitarristen beispielsweise spielen in der Regel langwierig eingeübte Teile von Gitarrenläufen, die sie immer neu kombinieren. Die Gestaltung des Klanges, die Geschwindigkeit des Spiels, die Posen, die sie während des Spieles einnehmen, die Herbeiführung eines dramatischen Höhepunktes müssen aber ebenfalls als Improvisation gesehen werden, denn dies alles ist genauso eine Kunst des Augenblicks wie das Erfinden einer neuen Melodie (die auch bloß aus Versatzstükken bestehen kann).
In Konzerten ist ohnehin weniger die tatsächliche musikalische Leistung als die Atmosphäre entscheidend. Ein Spieler, der glaubhaft machen kann, daß er nur für dieses Publikum spielt (Frank Zappa ist ein Meister solcher Suggestion), schafft eine dichte, kommunikationsreiche Atmosphäre, die dann ihrerseits unwiederbringlich sein kann. Es leuchtet ein, daß Improvisation in diesem realistischen Sinn eine makellose Beherrschung des Instrumentes voraussetzt. Doch wird selbst instrumentelle Hilflosigkeit zuweilen als Improvisation verkauft.

L Ernest T. Ferand: *Die Improvisation in der Musik* (Zürich 1939); Cesar Bresgen: *Die Improvisation* (Wilhelmshaven 1973)

Independent Label wird ein Schallplattenlabel genannt, das unabhängig von einer der großen Schallplattengesellschaften Platten produziert und veröffentlicht. Allenfalls der

Vertrieb wird der etablierten Industrie überlassen, doch gibt es auch Vertriebe wie etwa EfA in der Bundesrepublik, die den Vertrieb von Independent Labels besorgen; häufig sind diese an der Gründung des jeweiligen Vertriebs beteiligt gewesen. Der Vertrieb ist auch das Hauptproblem unabhängig produzierter Platten, denn die Kosten, eine Schallplatte aufzunehmen und pressen zu lassen, lassen sich überschauen. Dagegen ist der Aufbau eines Vertriebs von einem kleinen Label allein nicht zu leisten. Independent Labels sind oft die Unternehmen von Enthusiasten wie etwa dem Berliner Burkhard Seiler (→ Zensor); ebenso häufig gründen Rockgruppen ein eigenes Label, um die eigene Musik ungestört produzieren zu können. Denn die Bezeichnung Independent bezieht sich nicht nur auf finanzielle Unabhängigkeit, sondern vor allem auf dic Unabhängigkeit von bloßen kommerziellen Erwägungen, die den großen Schallplattenkonzernen – ob zu Recht oder Unrecht – unterstellt werden.

Die Idee der Independent Labels ist in Europa verhältnismäßig jung; in den USA dagegen sind kleine unabhängige Schallplattenlabel, die sich häufig auf eine Region des Landes beschränken, durchaus zahlreich; es gibt sie schon seit den dreißiger Jahren, so etwa Imperial, Jubilee, King, Apollo und Dunhill. Erst in den sechziger und siebziger Jahren begannen in Europa vereinzelte Independent Labels mit ihrer Arbeit, in der Bundesrepublik etwa April, das sich später in Schneeball umbenannte. Mit Punk und New Wave wurden auch in der Bundesrepublik Deutschland einige Independent Labels gegründet, etwa Atatak, Welt-Rekord, Zickzack, Rip Off und andere. Es gibt Bemühungen der Independent Labels, in gewissen Bereichen zusammenzuarbeiten und Erfahrungen auszutauschen. Möglichkeiten dazu bieten Tagungen wie die Berlin Independent Days (BID) und eine ähnliche Veranstaltung in Hamburg.

Insider (engl., Eingeweihter) ist eine Fiktion der Rockjournalistik. Vom Insider müßte angenommen werden (sonst wäre der Begriff inhaltsleer), daß er sich an den wesentlichen Entscheidungen der Rockwelt beteiligt, die wirklichen Schlüsselfiguren des Rock – das sind die wirtschaftlich Bestimmenden, nicht etwa die «Künstler» – persönlich kennt und die riesige Produktion an Schallplatten, Informationen und Konzertveranstaltungen zu überblicken vermag. Einen solchen Insider gibt es nicht, und daher ist sein Begriff kaum ernst zu nehmen. Manche Sammler und Kritiker verbreiten zwar gern die Aura des Eingeweihtseins um sich, vielleicht aus der unschuldigen Bestrebung, anderen zu imponieren, dies ist bestenfalls bloße Wichtigtuerei. Die eigentlichen Insider, die Schlüsselpositionen in der Plattenwirtschaft innehaben, halten ihre Informationen vor Journalisten und Konsumenten zurück. Schweigen ist ein wesentliches Kriterium des Insiders, und der Beruf von Journalisten besteht nicht im Schweigen.

Instrumente der Rockmusik. Die hauptsächlichsten und traditionsreichsten Instrumente des Rock sind Zupf- und Schlaginstrumente (→ Gitarre, → Baßgitarre, → Schlaginstrumente). Auch das Klavier gehört seit den fünfziger Jahren zu den in der Rockmusik verwendeten Instrumenten. Anfang der sechziger Jahre kam die elektrische Orgel hinzu, deren Klang sich von den «psychedelischen» Jahren, aber auch etwa vom → Baroque-Rock kaum trennen läßt (→ Hammond-Orgel). Elektrisches → Klavier, → Blech- und → Holzblasinstrumente ergänzten im Zuge der → Jazz-Rock-Strömung um 1970 das Rockinstrumentarium (→ Trompete, → Posaune, → Kornett, → Flügelhorn, → Waldhorn). Von den Holzblasinstrumenten wurde am frühesten das → Saxophon in die Rockmusik eingeführt, später kam die → Querflöte (die in der Regel gar nicht aus Holz besteht) hinzu, während → Oboe, → Englisch Horn und → Klarinette im Rock nur selten Verwendung finden. Von der energischen Erweiterung der ehemals vorwiegend aus Staccato-Klängen bestehenden Klangwelt der Rockmusik zeugt die Heranziehung von Streichinstrumenten (→ Violine, → Viola, → Violoncello, → Kontrabaß) und deren Legato-Spiel etwa seit Mitte der sechziger Jahre. Von den Instrumenten, die im Zusammenhang mit dem Indien-Kult der zweiten Hälfte der sechziger Jahre Aufnahme in die Rockmusik fanden, ragt das → Sitar hervor; weitere, ursprünglich exotische Instrumente gelangten mit zunehmender Kenntnis der → Weltmusik in die Rockmusik; lange eingebürgert sind die Schlaginstrumente der Latin Percussion (→ Conga, → Maracas, → Marimba).

Die meisten dieser Instrumente kommen sowohl in ausschließlich akustischer Schallübertragung wie mit elektrischer Verstärkung vor. Beim Gitarrentypus ist dabei die elektrische Klangübertragung die Regel; der → Verstärker und der Lautsprecher sind dabei als Teil des Instrumentes anzusehen. Ihr Klang wird gewöhnlich durch Effektgeräte wie → Wah-Wah-Pedal, → Phasing, → Echo und → Hallgerät umgewandelt. Besteht die Musik ausschließlich aus elektrisch erzeugten Klängen – etwa mit einem → Synthesizer zustande gebracht –, so handelt es sich um elektronische Musik. Instrumente, deren Schwingungen mechanisch entstehen, jedoch elektrisch übertragen werden, nennt man zweckmäßigerweise elektrische oder elektroakustische Instrumente. Diese und elektronische Musik zusammen ergeben eine halbelektronische Musik.

In einem Zwischenbereich befinden sich ihrem Wesen nach Sampling-Geräte (→ Sampling). Zwar geben sie letzten Endes Klänge von authentischen Musikinstrumenten wieder, der ursprüngliche Instrumentalton dient aber nur als Vorlage für stets neue Berechnungen weiterer Klänge. Der letztlich zu hörende Ton ist also ein elektronisch erzeugter Ton.

L Tony Bacon (Hg.): *Rock Hardware. The Instruments, Equipment and Technology of Rock*, London 1981

Intermezzo (ital., Zwischenspiel) → Episode

International Artists Records, Houston, Texas, war ein für den USA-Punk der sechziger Jahre sowie für die Avantgarde der Rockmusik wichtiges Label, das von Lelan Rogers gegründet wurde. Die nur 42 Singles und insgesamt nur zwölf Alben sind gesuchte Raritäten, u. a. mit 13th Floor Elevators, Red Crayola, Lost & Found, Dave Allen und Endle St. Cloud. Die zwölf LPs wurden Ende der siebziger Jahre noch einmal wiederveröffentlicht.

L *Who Put the Bomp!* Nr. 14, Herbst 1975; Peter Holluch: *Texas Rock* (in: *Living In A Rock 'n' Roll Fantasy*, Berlin 1979, Verlag Ästhetik und Kommunikation)

Interpretation heißt der vokale oder instrumentale Vortrag eines Stückes oder einer Einzelstimme. Derjenige, der vorträgt, heißt Interpret (Interpretin), wiewohl Musiker manchmal und recht ungenau schlicht Interpreten genannt werden. Der Begriff setzt dabei ein bestimmtes Maß von künstlerischer Leistung voraus, dank welcher z. B. ein bereits bekanntes Stück sich von einer neuen Seite her zeigt (→ Cover-Version) oder ein noch nicht bekanntes Stück, dessen Verfasser vielleicht der Interpret selbst ist, infolge des Vortrags ein zusätzliches Interesse erhält. Bloßes Sich-zur-Schau-Stellen oder Protzen mit dem eigenen Sex – was beides zur Rockmusik gehört und nicht wenigen Rockhörern wichtig ist – verdient allerdings ebensowenig eine Interpretation genannt zu werden wie das ekstatische Sich-Austoben unter Alkohol- oder Drogeneinfluß. Einen heiklen Grenzfall zwischen Kunst und Exhibitionismus bildet die tragisch verstorbene Sängerin Janis Joplin, ferner Alice Cooper, The Stranglers zu Beginn ihrer Laufbahn und Madonna.

Intervalle sind Tonschritte oder Tonabstände. Innerhalb unseres zwölfstufigen, gleichschwebend temperierten Tonsystems ist es üblich, die Entfernungen zwischen zwei Tönen mit Namen zu bezeichnen, die der lateinisch geschriebenen Musiktheorie des Mittelalters und der Renaissance entstammen. Einen gleichbleibenden Grundton, etwa d, angenommen, bezeichnen die nachfolgend angeführten Tonbuchstaben zugleich ein bestimmtes Intervall im Verhältnis zu dem tiefer liegenden Grundton (gr. = groß, kl. = klein).

d	Gleichklang, Unisono, Prime
dis	übermäßige Prime
es	kl. Sekunde
e	gr. Sekunde
eis	übermäßige Sekunde
f	kl. Terz
fis	gr. Terz
g	reine Quarte
gis	übermäßige Quarte
as	verminderte Quinte
a	reine Quinte
ais	übermäßige Quinte
b	kl. Sexte
h	gr. Sexte
c^1	kl. Septime
cis^1	gr. Septime
d^1	reine Oktave
dis^1	übermäßige Oktave
es^1	kl. None
e^1	gr. None

f[1]	kl. Dezime
fis[1]	gr. Dezime
g[1]	reine Undezime

Da die angeführten Töne höher liegen als der angenommene Grundton d, auf den sie bezogen sind, heißen die Intervalle entsprechend «obere Terz», «Oberterz», «höhere Terz» und ähnlich entsprechend. Im umgekehrten Fall spricht man von «untere Terz», «Unterterz» usw. Die Intervallbezeichnungen einschließlich Duodezime sind im Lexikon einzeln verzeichnet und erläutert.

Intro, Introduction → Einleitung

Island Records, London, wurde im Jahre 1962 von Chris Blackwell, Sohn eines jamaikanischen Plantagenbesitzers, gegründet und widmete sich anfänglich der Aufgabe, jamaikanische (und eigene) Produkte auf dem englischen Markt zu vertreiben (→ Reggae). Das Repertoire an Eigenproduktionen wuchs ständig. Den ersten Erfolg auf dem Gebiet der Rockmusik brachte das Erstlingsalbum von TRAFFIC (*Mr. Fantasy*, 1967). Ihm folgte die Verpflichtung von Gruppen und Musikern wie SPOOKY TOOTH, KING CRIMSON, FAIRPORT CONVENTION, FREE, ROXY MUSIC, EMERSON, LAKE & PALMER, BAD COMPANY u. a. Später gab Island die Reggae-Produktion, die vorher unter dem teils eigenen Trojan-Label betreut wurde, an B&C Records ab, mit Ausnahme der führenden Reggae-Formationen wie BOB MARLEY & THE WAILERS und TOOTS AND THE MAYTALS. Gegenwärtig stehen beispielsweise Marianne Faithfull, Tom Waits, Julian Cope, ANTHRAX, DREAM WARRIORS und Mica Paris bei Island unter Vertrag. Unterlabels von Island sind Antilles, Fourth and Broadway Records und Mango; auf letzterem wurden bisher vor allem jüngere Reggae-Stile veröffentlicht (Tippa Irie).
Island war auch am erfolgreichen Reggae-Film *The Harder They Come* (Jimmy Cliff in der Hauptrolle) beteiligt. Island Records unterhält eine nordamerikanische Tochtergesellschaft.

Isle of Wight → Festivals

Italienische Rockmusik wird in Deutschland außerhalb von Pizzerias so gut wie nicht gehört, sieht man einmal von der in Italien produzierten Dancefloor Music ab. Namen, die in der Bundesrepublik Deutschland einen größeren Bekanntheitsgrad erreichten, waren Adriano Celentano, Angelo Branduardi, Umberto Tozzi, Eros Ramazotti, Gianna Nannini und in jüngerer Zeit Zucchero Fornaciari, nicht zuletzt auf Grund seiner Zusammenarbeit mit dem britischen Sänger Paul Young («Senza Una Donna»). Die Merkmale italienischer Rockmusik wie poetische, ausdrucksstarke Texte, weit ausholende Melodik, lange klangliche Entwicklungsprozesse, eine differenzierte Harmonik, makellose Beherrschung der Instrumente und ausgetüftelte Studiotechnik sind nämlich teilweise auch Kennzeichen der italienischen Schlagermusik, wie sie auf dem jährlich stattfindenden Musikfestival in San Remo vorgestellt wird. So werden in

der Bundesrepublik Deutschland etwa Al Bano und Romina Power in einem Atemzug mit Zucchero genannt.
In den siebziger Jahren dagegen konnten Gruppen wie PREMIATA FORNERIA MARCONI, NOVA, DRUPI, THE NEW TROLLS, ACQUA FRAGILE und ESPERANTO (zu der Italiener gehörten) eine Existenz originärer italienischer Rockmusik bezeugen; auch Angelo Branduardi mit seiner spezifisch italienischen Musik erreichte in der Bundesrepublik Deutschland ein zwar nicht sehr großes, aber treues Publikum. In den achtziger Jahren war es vor allem Gianna Nannini, die mit ihrem etwas konventionellen Hardrock ein größeres Publikum für sich begeistern konnte, während etwa eine Sängerin wie Ornella Vanoni fast keine Resonanz findet. Letztere machte z. B. mit George Benson, Gil Evans, Herbie Hancock, Ron Carter, Lee Konitz und Randy und Michael Brecker eine Platte mit wechselnden Besetzungen; diese Aufnahmen haben keineswegs nur nationale Bedeutung (wenn es sich bei ihnen auch nicht unbedingt um Rockmusik handelt).

S Zucchero Fornaciari: *Blues*, 1988 (I: Polydor); ders.: «Sensa Una Donna», 1991 (D: London); Eros Ramazotti: *In Ogni Senso*, 1990 (D: BMG); Ornella Vanoni: *&...*, 1986 (D: Ariola); Umberto Tozzi: *His Greatest Hits*, 1988 (I: Silva Screen); POOH: *...Stop*, 1980 (D: Ariola); PREMIATA FORNERIA MARCONI: *Per un amico*, 1972 (I: Numero Uno); NOVA: *Vimana*, 1976 (GB: Arista); DRUPI: *Sereno è*, 1975 (D: Metronome); BANCO: *As in a Last Supper*, 1976 (D: Manticore/Ariola); NEW TROLLS: *Night On The Bare Mountain*, ca. 1973 (D: Pan/Ariola); LE ORME: *Uomo di pezza*, 1972 (I: Philips).

J

Jam Session heißt das mehr oder minder zufallsbedingte Zusammentreffen und -musizieren von Rockmusikern (der Begriff stammt allerdings aus dem Jazz). Der Wunsch, sich gegenseitig kennenzulernen, findet in einer Jam Session seine musikalisch-objektive Verwirklichung, denn in ihr lernt man die Techniken und Fähigkeiten des anderen kennen und schätzen. Das gemeinsame Musizieren als eine nichtsprachliche Kommunikation kann nicht nur für die Beteiligten, sondern auch für den nichtanwesenden Rockkenner zum Vergnügen werden – ein Grund dafür, daß Jam Sessions vielfach auf Schallplatte veröffentlicht werden. Sie bilden zugleich das geschichtliche Dokument für die Begegnung von bedeutenden Musikern, die sonst getrennten Interessen nachgehen (vgl. die unveröffentlichten Jam Sessions von Jimi Hendrix/John McLaughlin/Tony Williams kurz vor Hendrix' Tod).

S *Flying Bear Medicine Show*, o. J. (USA: Smash, mit jammenden Mitgliedern von LINN COUNTY, BUDDY MILES EXPRESS, SIR DOUGLAS QUINTET, McCOYS, SHADES OF JOY und GROUP THERAPY); *Blues Jam at Chess*, 2 LP, 1969 (GB: Blue Horizon/CBS)

Janus → Chess Records

Jazz-Rock ist die Verbindung von Stilmitteln aus Jazz und Rockmusik. Gelegentlich wird die Reihenfolge der beiden Wörter vertauscht, wobei der Ausdruck «Rock-Jazz» dann beinhalten soll, daß es sich mehr um Jazz handelt, der um Rockelemente erweitert wird. Doch erscheint die Unterscheidung zwischen Jazz-Rock und Rock-Jazz entbehrlich, da der weitaus stärker eingebürgerte Begriff «Jazz-Rock» nicht ausschließt, daß bald jazz-, bald rockstilistische Züge im Übergewicht sind; ein Gleichgewicht zwischen beiden Bereichen gibt es innerhalb eines einzigen Stückes ohnehin nicht. Weitere häufig benutzte Bezeichnungen für diese Musik sind Electric Jazz, Fusion (Jazz) und Crossover (mit «Crossover» wird allerdings in der Rockmusik auch jede andere Stilkreuzung bezeichnet). Um Jazz und Rock als zwei unterschiedliche, in manchem sogar gegensätzliche Bereiche zu überblicken, sei eine vereinfachende Tabelle verwendet (natürlich läßt sich jede Entgegensetzung in ihr durch Gegenbeispiele entkräften; tendentiell läßt sie sich aber rechtfertigen).

Jazz – Rock

Beide:
1. Teilursprung: Blues
2. Synkopenreich, rhythmusbetont, vital
3. Gegensatz von Beat und Off-Beat
4. Mangel an thematischer Arbeit (keine Abspaltung und Weiterentwicklung von Themen und Motiven, keine vorwegnehmenden Überleitungen von Abschnitten)

Jazz:
5. vorwiegend instrumental; auch Scat ist vokal ausgeführte Instrumentenstimme
6. relativ freie Improvisation
7. akustisch
8. technologischer Stand konservativ
9. musikalischer Stand progressiv, Ausrichtung auch an Avantgarde, entwickelte Chromatik, Terzen- und Quartenschichtung, modale Skalen, rhythmische Vielfalt, unregelmäßige Taktgebilde
10. Verfahren vorwiegend variativ
11. Thema mit Verarbeitung als vorherrschender Ablauf (Chorus/Soli/Chorus), ausgedehnte Stücke
12. Klang von Bläsern und Klavier geprägt

Rock:
5. vorwiegend vokal (mit manchmal wichtiger) sprachlicher Mitteilung
6. in der Hauptsache festgelegt (arrangiert)
7. elektrisch
8. technologischer Stand dem jeweiligen elektroakustischen Fortschritt angepaßt
9. musikalischer Standard konservativ, Ausrichtung an Blues und herkömmlichem Strophenlied, 12- bzw. 16-Takt-Schema, einfachste Grundakkorde, vorwiegend diatonisch, Dur-Moll-Tonalität mit Anklängen an Pentatonik
10. Verfahren vorwiegend repetitiv (notengetreu wiederholend)
11. additiver Aufbau, Strophen, Kurzglieder, kurze bis bescheidene Ausdehnung
12. Klang von Zupfinstrumenten und Schlagzeug geprägt

Eine große Rolle spielt außerdem die unterschiedliche Auffassung der rhythmischen Spielweise: während Jazzmusiker beispielsweise eine notierte Kette von Achtel-Noten eher triolisch (ternär) spielen, würden Rockmusiker Achtel in einem geraden Takt auch exakt spielen (binär).

Notiert Gespielt

Trotzdem haftet den Grenzen zwischen Jazz und Rock etwas Künstliches an, die Musiker häufig allerdings außer acht lassen. So finden sich zahlreiche Jazzmusiker, die mit Rockmusikern musizierten, ohne den Dünkel manch eines Kritikers an den Tag zu legen; die Unterschiede sind ihnen bewußt. Es zeugt von wenig Verständnis sowohl in bezug auf Jazz wie auf Rock, wollte man diese beiden Bereiche gegeneinander ausspielen. Jazz hat, bei aller Gemeinsamkeit, andere Zielsetzungen als Rock.

Die Geschichte des Jazz-Rock läßt sich grob in drei Phasen einteilen: Die erste Phase (1) begann etwa Mitte der sechziger Jahre, als Rock- wie Jazzmusiker in tastenden Versuchen Möglichkeiten gemeinsamen Spiels fanden. Die zweite Phase (2) läßt sich genau mit dem Erscheinen der LP *Bitches Brew* von Miles Davis datieren; diese Phase ist gemeint, wenn allgemein von Jazz-Rock gesprochen wird. Jazz-Rock dieser Spielart erstarrte bereits Mitte der siebziger Jahre in Stereotypen. Parallel zu diesem amerikanischen Jazz-Rock entwickelte sich in Europa, vor allem in Großbritannien, eine spezifisch europäische Synthese von Rock- und Jazzelementen, die sich im Laufe der achtziger Jahre als die künstlerisch bedeutsamere erwies. Die dritte Phase (3) schließlich wird kaum mit dem Namen Jazz-Rock bedacht; die Musik dieser Phase ist aber nichts anderes. Sie nahm zwar ihren Ausgang in den USA, von Anfang an aber wirkten europäische Jazz- und Rockmusiker an dieser Musik maßgeblich mit.

1. Die ersten Versuche, Jazz und Rock miteinander zu verbinden, unternahmen britische Musiker Mitte der sechziger Jahre, ohne daß es ihre erklärte Absicht war, so etwas wie Jazz-Rock zu kreieren. Vielmehr kamen sie zumeist aus der britischen Blues-Bewegung und brachten von daher das Element der Improvisation in die Rockmusik. Bands wie Cream und Colosseum machten Rockhörer mit langen Improvisationen bekannt. Gegen Ende der sechziger Jahre wurden mit dem Begriff Jazz-Rock Bands wie Chicago Transit Authority und Blood, Sweat and Tears in Verbindung gebracht. Tatsächlich waren diese beiden Bands die ersten, die Bläsern weiten solistischen Raum gaben; bei B, S&T haben auch immer wieder Jazzmusiker gespielt. Doch sei nicht vergessen, daß beide Bands nicht durchgängig im Jazz-Rock-Idiom spielten, sondern auch übliche Rocksongs und sogar Schnulzen in ihrem Repertoire hatten. Dennoch lassen sich in vielen Kompositionen dieser beiden Bands die stilistischen Eigenarten des Jazz-Rock finden: ausgedehnte Improvisationen über einem Baßriff, das ebenfalls einer variierenden Improvisation unterworfen wird. Besonders in Live-Auftritten

ließen diese beiden Gruppen keine Zweifel an ihren Jazz-Qualitäten aufkommen. Der Erfolg dieser → Brass-Rock-Gruppen – wie diese Musik später bezeichnet wurde –, zog es nach sich, daß allerorten weitere Bands dieser Stilrichtung gegründet wurden; aus ihnen gingen Musiker hervor, die sich dann verstärkt dem Jazz-Rock Davisscher Prägung zuwandten (etwa Billy Cobham, der Schlagzeuger der Brass-Rock-Band DREAMS war; bei dieser Band spielten auch die Brecker-Brothers).

Auch Jazzmusiker näherten sich dem Rock, so etwa der Gitarrist Larry Coryell und der Vibraphonist Gary Burton, der mit «Norwegian Wood» eine Komposition der BEATLES verwendete; auch der Saxophonist Charles Lloyd spielte einige Songs des Liverpooler Quartetts.

Nach Auflösung der Gruppe CREAM wandte sich der Bassist Jack Bruce dem Jazz-Rock zu, nahm 1968 mit *Things We Like* ein stark vom Jazz beeinflußtes Album auf, spielte später mit dem Schlagzeuger Tony Williams in dessen Gruppe LIFETIME und im Jahre 1974 auch mit der Komponistin und Pianistin Carla Bley.

Um 1970 war Jazz-Rock nicht nur ein eigener Stil, sondern auch Stilmittel, das von vielen Musikern verwendet wurde, etwa von BLOODWYN PIG, ASSOCIATION P.C., BRIAN AUGER & THE TRINITY, LIGHTHOUSE, IF, CHASE, THE FLOCK, BURNIN' RED IVANHOE, SPIRIT, THE IDES OF MARCH u.a.

2. Mit der Veröffentlichung des Albums *Bitches Brew* begann eine Konsolidierungsphase des Jazz-Rock; gleichzeitig war mit dieser Platte des Trompeters Miles Davis der Weg des Jazz für die siebziger Jahre festgelegt. Wenn auch *Bitches Brew* als der Ausgangspunkt dieser Entwicklung angesehen werden muß, so hatte sich Davis schon auf früheren Platten vorsichtig dem Rock angenähert. Zu dem Kreis von Musikern, mit denen Miles Davis Ende der sechziger Jahre musizierte, gehörten fast alle wichtigen Musiker des Jazz-Rock: der Gitarrist John McLaughlin, der Pianist Herbie Hancock, der Schlagzeuger Tony Williams, der Saxophonist Wayne Shorter, der Pianist Chick Corea, der Pianist Joe Zawinul, der Schlagzeuger Lenny White und der Schlagzeuger Billy Cobham. Aus diesem Kreis bildeten sich die wichtigen Gruppen des US-amerikanischen Jazz-Rock: WEATHER REPORT mit Zawinul, Shorter und dem Bassisten Mirouslav Vitous; TONY WILLIAMS LIFETIME mit Williams, McLaughlin und Bruce; THE MAHAVISHNU ORCHESTRA mit McLaughlin, Cobham und dem Geiger Jerry Goodman (früher bei THE FLOCK) und Chick Coreas Gruppe RETURN TO FOREVER mit Corea, White und dem Bassisten Stanley Clarke. Die stilbildende Kraft dieser Gruppen war so groß, daß bald Jazzmusiker in aller Welt eben diese Art von Jazz-Rock spielten. Immer war es eine äußerst virtuos gespielte Musik, die aber schon bald nach eingeschliffenen Schemata funktionierte: Über einem Riff wurde unisono ein Thema aufgestellt, das nach mehrmaligem Durchspielen zugunsten langer modaler Improvisationen verlassen wurde; am Schluß

eines solchen Stückes wurde – wiederum unisono – das Thema wiederholt. Als einziges Kriterium galt bald die Geschwindigkeit, mit der die Musiker ihre Instrumente spielten; die Maßstäbe, die sowohl im Rock wie im Jazz für die Beherrschung eines Instrumentes gelten, wurden in dieser Zeit festgelegt. Der Nebeneffekt war der einer Emanzipation der Rhythmusinstrumente Gitarre, Baß und Schlagzeug, die wiederum Auswirkungen auf den überkommenen Jazz wie den Rock hatte. Die Elemente des Jazz-Rock ließen sich isolieren und für jede andere Musik dienstbar machen; selbst Kulturrock-Gruppen wie YES und EMERSON, LAKE & PALMER improvisierten nicht anders. Der Jazz-Rock dieser Spielart, obwohl eine zeitlich begrenzte Bewegung von drei bis vier Jahren, hat somit positive Nachwirkungen auf die Rockmusik bis in die achtziger Jahre, teilweise bis in die neunziger Jahre hinein aufzuweisen.

Abseits vom US-amerikanischen Jazz-Rock bildete sich in Europa ein anderer Jazz-Rock von schillernder Vielfalt heraus. Die britischen Bands SOFT MACHINE und CARAVAN waren gegen Ende der sechziger Jahre Rockbands, die sich aber bald dem Jazz einerseits, der Avantgarde der Kunstmusik andererseits zuwandten und einen eigenständigen europäischen Jazz-Rock schufen. Neben den in Canterbury beheimateten Bands SOFT MACHINE und CARAVAN waren es die Gruppen HENRY COW, SLAPP HAPPY, EGG, HATFIELD AND THE NORTH, NATIONAL HEALTH, MATCHING MOLE und Musiker wie der Schlagzeuger Robert Wyatt und der Gitarrist Fred Frith, deren Musik zwar weitgehend unbekannt blieb, in den achtziger Jahren aber erheblichen Einfluß auf den Jazz-Rock nahm.

Der amerikanische Jazz-Rock indes überdeckte diese Entwicklung. Viele europäische Musiker hielten sich an die Musik der US-Amerikaner, wenn es auch Nuancen gab: BRAND X, eine Band um den GENESIS-Schlagzeuger Phil Collins, beispielsweise erfüllte die starren Schemata mit neuem Leben; in der Bundesrepublik Deutschland widmeten sich etwa EMBRYO und MISSUS BEASTLY, aber auch die Jazz-Musiker Klaus Doldinger, Volker Kriegel und Wolfgang Dauner in verschiedenen Bands ebenso einem eigenständigen Jazz-Rock wie die Berliner Band BAKMAK.

3. Jazz-Rock war Mitte der siebziger Jahre bei Rockhörern weitgehend in Verruf geraten; einige Schallplatten etwa von Chick Corea, Al DiMeola und Herbie Hancock waren wenig mehr als die routiniert heruntergespielten Produktionen von unterforderten Musikern, Miles Davis veröffentlichte seit Mitte der siebziger Jahre für einen Zeitraum von sechs Jahren keine Schallplatten mehr, John McLaughlin schien weitgehend orientierungslos.

Impulse erhielt die Verbindung von Jazz und Rock aus dem → Free Funk: Elemente von Free Jazz und Funk wurden von Musikern wie Ornette Coleman, James Blood Ulmer, Luther Thomas, der Gruppe MATERIAL und anderen zu einer Musik verschmolzen, die wieder das Interesse von Rockhörern auf sich zog. Als zentrale Figur gilt der Bassist der

Band MATERIAL, Bill Laswell, der seit Anfang der achtziger Jahre auch als Produzent arbeitet und die Fähigkeit besitzt, Musiker unterschiedlicher stilistischer Herkunft zusammenzubringen. Mit ihm arbeiteten Reggae-Musiker wie Sly Dunbar und Robbie Shakespeare, Fred Frith von HENRY COW, die Sängerin Nona Hendryx, der deutsche Free Jazz-Saxophonist Peter Brötzmann und der Schlagzeuger Ronald Shannon Jackson zusammen. Laswell ist auch zu Beginn der neunziger Jahre die stärkste integrative Kraft im Bereich zwischen Rock und Jazz. Wie sehr Rock- und Jazzelemente in der improvisierten Musik ausgangs der achtziger Jahre miteinander verwoben sind, kann man an der Musik etwa Jack DeJohnettes einerseits, an der des Saxophonisten John Zorn andererseits ablesen.

S USA: BLOOD, SWEAT & TEARS: *Child Is Father To The Man*, 1968 (D: CBS); dies.: *4*, 1971 (NL: CBS); Joanne Brackeen: *Keyed Up*, 1979 (NL: CBS); Gary Burton: *Norwegian Wood*, 1973 (D: RCA); CHASE: –/*Ennea*, 2 LP, 1972 (USA: Epic/Columbia); CHICAGO TRANSIT AUTHORITY: –, 2 LP, 1969 (NL: CBS); Stanley Clarke: *School Days*, 1976 (D: WEA); Billy Cobham: *Crosswinds*, 1974 (D: Atlantic/WEA); Chick Corea (RETURN TO FOREVER): *Hymn Of The Seventh Galaxy*, 1973 (USA: Polydor); Larry Coryell: *Free Spirits*, 1968 (D: Philips); THE CRUSADERS: *Scratch*, 1974 (USA: Blue Thumb); Miles Davis: *In A Silent Way*, 1969 (NL: CBS); ders.: *Bitches Brew*, 2 LP, 1970 (NL: CBS); Al DiMeola: *Land Of The Midnight Sun*, 1976 (NL: CBS); DREAMS: *Imagine My Surprise*, 1971 (NL: CBS); George Duke: *Feel*, 1975 (D: MPS/BASF); THE FLOCK: –/*Dinosaur Swamps*, 2 LP, 1972 (NL: CBS); JAN HAMMER GROUP: *Melodies*, 1977 (USA: Columbia); Herbie Hancock: *Sextant*, 1973 (NL: CBS); Don Sugarcane Harris: *Got The Blues*, 1972 (D: MPS/BASF); Freddie Hubbard: *Super Blue*, 1978 (NL: CBS); THE IDES OF MARCH: *Vehicle*, 1970 (USA: Warner); Jaco Pastorius: –, 1976 (NL: Epic/CBS); WEATHER REPORT: –, 1971 (NL: CBS); dies.: *I Sing The Body Electric*, 1972 (NL: CBS); THE TONY WILLIAMS LIFETIME: *Turn It Over*, 1970 (USA: Polydor); Frank Zappa: *Chungas Revenge*, 1970 (USA: Bizarre/WEA); Frank Zappa/Jean-Luc Ponty: *King Kong*, 1970 (GB: Liberty/UA); Keith Jarrett, Gary Peacock, Jack DeJohnette: *Standards, Vol. 1*, 1983 (D: ECM); Miles Davis: *You're Under Arrest*, 1985 (NL: CBS); Lester Bowie: *Avant Pop*, 1986 (D: ECM); EVERY MAN BAND: –, 1982 (D: ECM); dies.: *Without Warning*, 1985 (D: ECM); SPYRO GYRA: *Morning Dance*, 1979 (D: Metronome); Herbie Hancock: *Head Hunters*, 1974 (NL: CBS); ders.: *Future Shock*, 1983 (NL: CBS); PAT METHENY GROUP: *Offramp*, 1982 (D: ECM); David Sanborn: *Straight To The Heart*, 1984 (D: WEA). Weitere Platten siehe Artikel Free Funk.

GB: BACK DOOR: –, 1973 (GB: WEA); BLOODWYN PIG: *Getting To This*, 1970 (GB: Island); BRAND X: *Masques*, 1978 (GB: Charisma/Phonogram); dies.: *Do They Hurt?*, 1980 (USA: Passport); Jack Bruce: *Things We Like*, 1970 (GB: Polydor); Bill Bruford: *One Of A Kind*, 1979 (D: Polydor); CARAVAN: *In The Land Of Grey And Pink*, 1971 (GB: Deram/Decca); COLOSSEUM: *Valentine Suite*, 1969 (D: Vertigo/Phonogram); EGG: –, 1970 (GB: Deram/Decca); dies.: *The Polite Force*, 1970 (D: Deram/Decca); dies.: *The Civil Surface*, 1974 (GB: Caroline); 801: *Live*, 1976 (GB: Island), HATFIELD AND THE NORTH: –, 1973 (D: Virgin/Ariola); dies.: *Of Queues And Cures*, 1978 (GB: Caroline); dies.: *D. S.Al Coda*, 1982 (USA: Europa); HEAVEN: *Brass Rock 1*, 2 LP, 1971 (GB: CBS); Hugh Hopper: *Hopper Tunity Box*, 1977 (GB: Compendium); IF: *3*, 1972 (GB: UA); ISOTOPE: *Illusion*, 1974 (GB: Gull); KHAN: *Space Shanty*, 1972 (GB: Deram/Decca); KING CRIMSON: *Islands*, 1971 (D: Island); MAHAVISHNU ORCHESTRA: *The Inner Mounting Flame*, 1972 (NL: CBS); dies.: *Birds of Fire*, 1973 (NL: CBS); NATIONAL

HEALTH: –, 1978 (GB: Affinity/Charly); NUCLEUS: *Elastic Rock*, 1970 (D: Vertigo); Elton Dean's NINESENSE: *Oh! For the Edge*, 1976 (GB: Ogun); SOFT MACHINE: alle LPs von *Third* (1970) bis einschl. *Seven* (1974, alle CBS); Barbara Thompson's PARAPHERNALIA: –, 1978 (D: MCA/Metronome); U. K.: *Danger Money*, 1979 (USA: E. G./Polydor); VAN DER GRAAF GENERATOR: *H To He Who Am The Only One*, 1970 (GB: Charisma/Philips); Robert Wyatt: *The End Of An Ear*, 1970 (GB: CBS); ZZEBRA: –, 1974 (GB: Polydor)

D und übrige Länder: AERA: *Türkis*, 1979 (D: Erlkönig/Intercord); ASSOCIATION P. C.: *Sun Rotation*, 1970 (D: MPS/BASF); BAKMAK: *Out Of The Blue*, 1976 (D: Teldec); BERGENDY: *Fagypont fölött mienk a vilag*, 1976 (H: Pepita); *Berlin-Fusion*, 1979 (D: Berlin Eigenvertrieb); BERTHA & FRIENDS: –, 1978 (D: Bellaphon); BLOW OUT: –, (N: Compendium); Carsten Bohn's BANDSTAND: *Mother Goose Shoes*, 1979 (D: Erlkönig/Intercord); BRAINSTORM: *Smile A While*, 1972 (D: Spiegelei/Intercord); BURNIN' RED IVANHOE: *W. W. W.*, 1971 (F: EMI); François Cahen/Didier Lockwood: *Thank You Friends*, 1978 (F: WEA); Philip Catherine/Charlie Mariano/Jasper van't Hof: *Sleep My Love*, 1979 (D: CMP); CIRCUS: *Movin' On*, 1977 (CH: Zyt), COS: *Postaeolian Train Robbery*, 1974 (B: Plus); THE WOLFGANG DAUNER GROUP: *Rischka's Soul*, 1972 (D: Brain/Metronome); DZYAN: *Time Machine*, 1973 (D: Bacillus/Bellaphon); EMBRYO: *We Keep On*, 1973 (D: BASF); dies.: *Apo-Calypso*, 1977 (D: Schneeball); EMERGENCY: *Entrance*, 1972 (D: CBS); KOMINTERN: *Le bal du rat mort*, ca. 1971 (F: Harvest); Volker Kriegel: *House Boat*, 1978 (D: MPS/Metronome); LABORATORIUM: *Modern Pentathlon*, ca. 1976 (PL: Muza); Didier Lockwood: *Jazz-Rock*, 1976 (F: Music-Zag/WEA); MADE IN SWEDEN: *Mad River*, 1971 (GB: Sonet); MALLET CONNECTION: *Baltzwaltz*, 1979 (D: Sandra); MIDNIGHT SUN: *Visza a varosba*, 1978 (H: Pepita); MISSUS BEASTLY: *Dr. Aftershave and the Mixed Pickles*, 1976 (D: Schneeball); MUNJU: *High-Speed Kindergarten*, 1977 (D: April); MY SHIP: *Morning Song*, ca. 1971 (D: BASF); NOVA: *Vimana*, 1976 (GB: Arista); OREXIS: –, 1977 (D: Intercord); OUT OF FOCUS: *Wake Up*, 1971 (D: Kuckuck); Alto Pappert: *Alto*, 1978 (D: Spiegelei/Intercord); THE DAVE PIKE SET: *Infra Red*, 1972 (D: MPS/BASF); PLAT DU JOUR: –, 1977 (F: Speedball); POTEMKINE: *Triton*, 1977 (F: Voxisgrave); KARL RATZER GROUP: *Fingerprints*, 1979 (D: CMP); RUPHUS: *Inner Voice*, 1977 (D: Metronome); Terje Rypdal: *What Comes After*, 1974 (D: ECM); SALUKI: –, 1976 (GB: Compendium); SBB: *Nowy horyzont*, o. J. (P: Polskie Nagrania); SNOWBALL: *Defroster*, 1978 (D: Atlantic); SPEED LIMIT: –, ca. 1974 (F: Le chant du monde); SUPERSISTER: *To The Highest Bidder*, 1971 (NL: Polydor); TASAVALLAN PRESIDENTTI: *Milky Way Moses*, 1974 (GB: Sonet); Jukka Tolonen: *Tolonen!*, 1973 (D: Sonet/Brain); TRIANGLE: –, 1970 (F: EMI); TRITONUS: –, 1975 (D: Acanta); Peter Trunk: *Sincerely P. T.*, 1973 (D: Kraut); UNITED JAZZ + ROCK ENSEMBLE: *Live im Schützenhaus*, ca. 1977 (D: Mood); VIRGO: –, 1975 (D: Vertigo); YS: *Il Balletto di bronzo*, ca. 1972 (I: Polydor); ZAO: *Shekina*, 1975 (F: RCA); ZNR: *Barricade 3*, ca. 1976 (F: Isadora)

L Karl Lippegaus: Rock Jazz, in: *Die Story des Jazz. Vom New Orleans zum Rock Jazz*, hg. von Joachim-Ernst Berendt (Stuttgart 1975, Rowohlt Taschenbuch Verlag, Reinbek 1978); Steve Lake: Fusion: A Way Of Life, in: *That's Jazz. Der Sound des 20. Jahrhunderts*, Katalog zur gleichnamigen Ausstellung, Darmstadt 1988

Jew's Harp → Maultrommel

Jitterbug bezeichnete früher den «Fan» des Swing (als Tanz und Musik). To jitterbug = nach Swing bzw. Rock 'n' Roll tanzen.

Jodeln ist das häufige Umschlagen von Brust- in das Kopfregister der Stimme (→ Falsett). Die Singtechnik, die größere Intervalle und gebrochene Akkorde bevorzugt, ist im

Alpengebiet, aber auch in Afrika und etwa Melanesien gebräuchlich. Es gehörte zu den Gesangsmerkmalen von Jimmie Rodgers («Mississippi Blue Jodeler») und kommt gelegentlich auch im Rock vor. Ein humoristisches Beispiel für letzteres bildet «Yodeling Yippie» auf *The Belle of Avenue A* von THE FUGS (1969, USA: Reprise).

Juke Box (Music Box, Musikautomat) heißt ein Schallplattenautomat zumeist in Lokalen, der 50–200 gerade aktuelle → Singles enthält; diese werden durch Geldeinwurf und Wahltastendruck abgerufen. Mittlerweile gibt es auch Modelle, die mit → CDs bestückt sind. Ein Zählwerk hält die Häufigkeit des Spiels, mithin den Beliebtheitsgrad der aufgestellten Stücke fest. Der Lokalinhaber ist am Gewinn des Automatenaufstellers beteiligt. Während in den frühen fünfziger Jahren Juke Boxes direkt aus den USA importiert wurden – vorzugsweise die Modelle der Firma Wurlitzer –, entwickelte sich die bundesdeutsche Herstellung von solchen Automaten schnell und steht hinter den USA an zweiter Stelle im weltweiten Export. Umsatzsteuer, Vergnügungssteuer und Pauschalgebühren, die dem Staat und der → GEMA auf Grund von Juke Boxes zufließen, lassen auch diejenigen diese Maschinen tolerieren, die sonst nur verächtlich von dem aufdringlichen Lärm sprechen können.
Wiewohl die Juke Boxes äußerlich ständig dem sich wandelnden Zeitgeschmack angepaßt wurden, gelten die «Rock-Ola»-Modelle von Wurlitzer als die Musikboxen schlechthin. Teile ihres Designs werden immer wieder auch bei neuen Entwürfen für Musikboxen aufgegriffen, wenn es nicht gleich kopiert wird.

S Vincent Lynch: *American Jukebox* (San Francisco 1990)

Jump → Harlem Jump

K

Kadenz (engl. cadence). 1. In der Bedeutung von «Solokadenz» ist Kadenz jene Stelle in einem ausgedehnteren Musikstück, an der ein Instrument solistisch auftritt, während die anderen Instrumente schweigen. Mit Solokadenzen kurz vor Schluß treten z. B. Bläser, Gitarre oder Klavier auf, indem sie eine musikalische Phrase improvisierend ausschmücken. Nach seiner Funktion bildet auch das Schlagzeugsolo gegen Ende eines längeren Rockstückes eine Kadenz. Solokadenzen dienen dazu, das technische Geschick des Solisten unter Beweis zu stellen und besonders dem Schlagzeuger, der sonst eine dienende Rolle spielt, die Möglichkeit einer größeren spieltechnischen Entfaltung zu geben. – 2. Kadenz ist eine Folge funktional bestimmbarer Akkorde oder Harmonien, welche in den Schluß oder doch wenigstens in einen Ruhezustand inmitten des Musikstückes mündet. Den Ausgangspunkt einer harmonischen Ka-

C-Dur

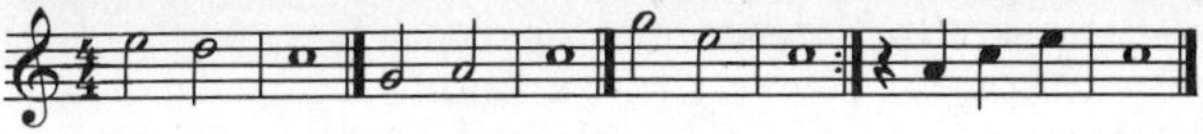

a-Moll

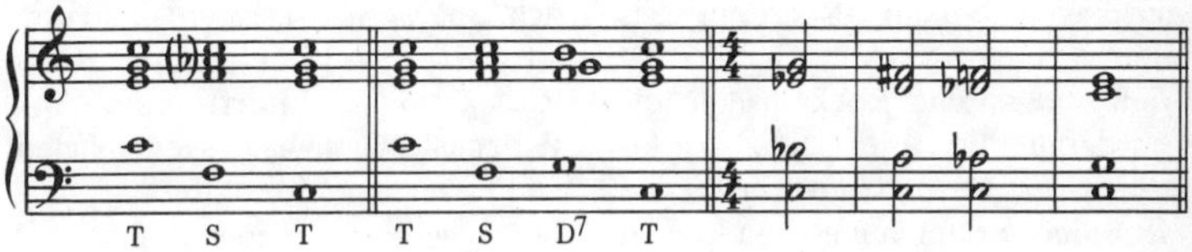

denz bildet der Grundakkord der Tonart auf der ersten Stufe (Tonika: T), hierauf folgt in der Regel der Dur- oder Mollakkord der vierten Stufe (Subdominante: S), sodann der Durakkord auf der fünften Stufe (Dominante: D), der erneut auf die Grundstufe «herunterfällt» (daher der Name: ital. cadere, fallen). Die akkordische Stufenfolge T S D T, etwa in C-Dur: C-Dur, F-Dur, G-Dur und C-Dur, ist das einfachste Gerüst einer harmonischen Kadenz. Zwischen den genannten Hauptakkorden treten gewöhnlich Neben- oder Parallelakkorde auf. Haupt- und Nebenakkorde können durch → Zusatztöne bereichert, auch durch Vorzeichen abgeändert werden (→ Alteration); sie verleihen der Gesamtkadenz dann mehr Reichtum und eine größere harmonische Spannweite (→ Harmonie). Außer der harmonischen Kadenz kann man von einer melodischen Kadenz sprechen und darunter die Schlußwendung einer Melodie verstehen. Harmonische wie melodische Schlußkadenzen weisen in der Rockmusik einige von der → Bildungsmusik abweichende Züge auf, die entweder spezifisch für die Rockmusik sind oder auf den Blues bzw. auf den entwickelten Jazz zurückgehen. Vom Blues stammt etwa die Vertauschung der Subdominante und der Dominante, die dann zu dem Verlauf T D S T führt. Einige häufige melodische wie akkordische Schlußformeln der Rockmusik sind in obigen Notenbeispielen zusammengestellt. (→ Authentische Kadenz, → Plagale Kadenz, → Harmonie, → Leitton)

Kama Sutra Records, New York, wurde 1965 als Plattenlabel der Verlegerfirma Kama Sutra Productions gegründet und erzielte gleich gute Erfolge mit THE LOVIN' SPOONFUL («Do You Believe in Magic?») und SOPWITH CAMEL («Hello, Hello»); den Vertrieb besorgte zunächst MGM. 1970 wandelte sich Kama Sutra in ein Unterlabel von → Buddah Records um. Zu den weiteren Acts des Labels gehörten THE FLAMIN' GROOVIES und BREWER AND SHIPLEY.

Kanadische Rockmusik wird als solche nur in Ausnahmefällen wahrgenommen, denn selbst in seinem Heimatland gilt ein einheimischer Rockmusiker erst dann als erfolgreich, wenn er in den USA erfolgreich ist. Viele kanadische Rockmusiker zogen daraus die Konsequenz und leben in den USA; damit sind sie im eigentlichen Sinn keine kanadischen Rockmusiker mehr.
Die Reihe kanadischer oder ursprünglich kanadischer Solisten ist beträchtlich. Sie beginnt mit dem noch jungen Paul Anka, der in der Hauptstadt Ottawa geboren wurde und freilich schon seinen frühesten Hit «Diana» im Nachbarland einspielte. Im Unterschied zu ihm kommen die meisten kanadischen Einzelkünstler der sechziger Jahre von der Folklore oder von der vertonten Dichtkunst, so IAN AND SILVIA, Gordon Lightfoot, vor allem aber Joni Mitchell, Neil Young und Leonard Cohen. Mitchell und Young sind im Gegensatz zu Cohen in den USA ansässig.
Die bekannteste kanadische Band war THE BAND, eine Gruppe von fünf Musikern (darunter ein US-Amerikaner), die Bob Dylan bei seinem Übergang zur elektrischen Gitarre Mitte der sechziger Jahre unterstützte und dafür, nach Zeugnis von Lilian Roxon, soviel Buhrufe und Pfiffe wie nie zuvor erhielt. Die Gruppe trat 1968 mit ihrem ersten eigenen Album *Music From Big Pink* hervor. Auf diesem Album zeigte die BAND ihr hauptsächliches musikalisches Idiom, den Blues.
Weitere kanadische Bands, die außerhalb ihres Heimatlandes ein mitunter großes Publikum fanden, waren beispielsweise THE GUESS WHO aus Winnipeg, STEPPENWOLF, INFLUENCE und THE COLLECTORS, die sich später CHILLIWACK nannten, KLAATU, MANDALA, die Brass-Rock-Gruppe LIGHTHOUSE, THE PAUPERS, CROWBAR, Ted Nugent und LAVENDER HILL MOB.
In den achtziger Jahren konnten sich eine Vielzahl von kanadischen Bands und Musikern einen Namen machen, wobei ihre Nationalität dem Publikum weitgehend verborgen bleibt, beginnen sie ihre Karrieren doch häufig in den USA. Eine Ausnahme bildet die Band COWBOY JUNKIES mit einer melancholischen, von der Stimme der Sängerin Margo Timmins getragenen Musik. Von gänzlich anderer Art ist der Gesang von Lisa Dalbello, die unter den Rock-Sängerinnen eine einzigartige Stellung einnimmt. Keine zweite Sängerin singt gleichzeitig derart exaltiert und kontrolliert wie sie.
Weiter seien genannt: BRUCE COCKBURN, MARTHA & THE MUFFINS, RUSH, LOVERBOY, HEART, und THE DREAM WARRIORS sind sogar eine der witzigsten Hip Hop-Formationen überhaupt.

S APRIL WINE: *Live!*, o. J. (CDN: Aquarius); BACHMAN-TURNER OVERDRIVE: –, 1973 (D: Mercury); THE BAND: –, 1969 (USA: Capitol); BATTERED WIVES: –, 1978 (CDN: Bomp); CHILLIWACK: *Rockerbox*, 1975 (USA: Sire); Leonard Cohen: *Songs Of–*, 1966 (NL: CBS); Bruce Cockburn: *Stealing Fire*, 1984 (D: Pläne); COWBOY JUNKIES: *The Trinity*

Session, 1988 (D: RCA/BMG); Crowbar: *Heavy Dutey*, 1972 (GB: Paramount); Lisa Dalbello: *Whoman Four Says*, 1984 (NL: Capitol/EMI); Dream Warriors: *and now the legacy begins*, 1990 (GB: Island); The Guess Who: *Wheatfield Soul*, 1969 (GB: RCA); Klaatu: –, 1976 (USA: Daffodil); Lighthouse: *Peacing It All Together*, 1970 (USA: RCA); Mahagonny Rush: *Maxoom*, 1973 (USA: 20th Century); Mandala: *Soul Crusade*, 1968 (USA: Atlantic); Martha & the Muffins: *Metro Music*, 1980 (D: Virgin), The Paupers: *Magic People*, 1967 (USA: Verve/MGM); Troyka: –, 1970 (USA: Cotillion); Wireless: *Positively Human – Relatively Sane*, 1979 (USA: Anthem/Mercury)

L Ritchie Yorke: *Axes, Chops & Hot Licks – The Canadian Rock Music Scene* (Edmonton/Alberta 1971)

Kanon ist eine strenge Form musikalischer → Imitation, bei der ein und dieselbe Melodie von mehreren Stimmen und in geregelten zeitlichen Abständen nachgeahmt wird. Beim Komponieren dieser Melodie ist auf Sangbarkeit wie auf die Verhältnisse von → Konsonanz und Dissonanz zu achten. Die einfachsten Arten sind Kanons im Einklang und in der Oktave, bei denen es genügt, außer der Melodie nur noch die Stimmenzahl und die Einsatzzeiten anzugeben. Bei anderen Arten wie Kanon in der Quinte, in der Quarte, in der Terz usw. wird zwar die Bewegungsrichtung der vorangestellten Melodie, nicht immer aber das gleiche Intervall nachgeahmt. Zum Beispiel kann die Tonfolge d e f in einer anderen Stimme die terzveränderte Gestalt c d e annehmen. Im England des 17. und 18. Jahrhunderts war der Gesellschaftskanon als Rundgesang (Round, auch Catch) beliebt. Kanons sind in der Rockmusik, entsprechend ihrer nicht polyphonen Denkweise, äußerst selten (→ Polyphon). Ein Kanon im Einklang bzw. in der Oktave findet sich bei Spanky & Our Gang auf der LP *Without Rhyme Or Reason* (um 1973) im Stück «1·2·5·8», das den Untertitel «Pedagogical Round» trägt. Auch bei Gentle Giant kommen gelegentlich, so auf *Interview* (1976), kanonartige Gebilde vor.

Kapodaster (von ital. capotasto) ist eine Vorrichtung für Gitarren, die es ermöglicht, alle Saiten gleichzeitig zu verkürzen und damit eine Transposition zu erreichen. Technisch besteht ein Kapodaster aus einem Band, das quer über das Griffbrett und die Saiten gespannt wird, oder aus einem mit einer Klemme verbundenen Metallstab. Kapodaster werden zumeist an akustischen Gitarren verwendet, doch sieht man sie mitunter auch an elektrischen Gitarren (Bo Diddley). In der Folk Music werden sie häufig verwendet, um authentische Stimmungen zu erhalten.

Kassette → Album, → Compact Cassette, → MusiCassette

Keyboard heißt jedes Tasteninstrument mit Klaviatur, wie → Klavier, → Orgel, → Mellotron usw., für sich oder in Verbindung mit einem → Synthesizer bzw. mit Effektgeräten (→ Wah-Wah-Pedal, → Phasing usw.). Gemeint ist also in erster Linie die mechanische Vorrichtung «Tasten». Deshalb werden auch die Tastaturen von Computern mitunter Keyboards genannt. Schließlich bürgerte sich der Begriff für kleinere Synthesizer ein, die zunächst als tragbare Instrumente gedacht waren. Im Laufe der Zeit nahmen diese Instrumente, in denen immer Stereoendstufe, Lautsprecher und ausgeklügelte Rhythmusgeräte integriert sind, derartige Ausmaße an Größe und Gewicht an, daß sie nicht ohne weiteres bei jeder Gelegenheit transportiert werden können. Von der anfänglichen Bezeichnung «Portable Keyboard» blieb nur Keyboard übrig.

King Records, Cincinnati, Ohio, wurde 1946 von Sidney Nathan gegründet und zählte zu den → Independent Labels, die sich in den verschiedensten Musikrichtungen betätigten: Country & Western (Lloyd Cowboy Copas), Gospel (James Brown), Blues (Albert King, Freddy King, Johnny Guitar Watson), schwarze Gesangsgruppen (THE PLATTERS, THE DOMINOES), Rhythm & Blues (Earl Bostic) und Rock 'n' Roll (Hank Ballard & THE MIDNIGHTERS, Mac Curtis, Charlie Feathers). Die Firma war eines der Opfer von «Coverin'», d. h. des Umstandes, daß die Platteneinspielungen ihrer schwarzen Musiker auf anderen Labels von Weißen nachgeahmt und zu wirtschaftlichen Mißerfolgen für das Originallabel gemacht wurden. 1951 entstand das Unterlabel Federal, das auch mit dem Songschreiber-Duo Jerry Leiber und Mike Stoller zusammenarbeitete.

Kirchentonarten → Modale Tonleitern

Kit, das Drumkit = Schlagzeug-Set, → Schlagzeug

Klangfarbe. Wir hören in der Musik nicht nur Unterschiede der Tonhöhe, des Zeitwertes und der Lautstärke, sondern auch spezifische Klangqualitäten oder Klangfarben, die je nach Stimmorgan bzw. nach Instrumentengattung eine ihnen allein zukommende Eigenart besitzen. Die Klangfarbe ist durch die Struktur, den Bau, die Größe, das Material und die Bedienung des klangerzeugenden bzw. klangfortpflanzenden Körpers bedingt. Die Unterschiede zeigen sich im jeweiligen Teiltonspektrum (→ Teiltöne). Für jeden Klangerzeuger ist eine bestimmte Intensitätsverteilung der Teiltöne charakteristisch. Gewisse Teiltöne werden infolge der Eigenresonanz des Stimmorgans (des Instrumentes) verstärkt, andere treten hingegen in der Intensität zurück. Die jeweilige Anzahl und die Art der Gruppierungen solcher hervorgehobenen Teiltonbereiche (der sogenannten Formanten) ergibt die Klangfarbe, die bei der Analyse des Teiltonspektrums sichtbar gemacht werden kann. Ändert sich die Lautstärke der erzeugten Schwingung, so bleibt das Teiltonspektrum nicht gleich, vielmehr verschiebt sich der Formant in Richtung der Teiltöne höherer Ordnungszahl. Auf der Kenntnis solcher Formanten und deren Bewegung beruht die synthetische Erzeugung von Klangfarben in der Elektronik. Im Gegensatz zur älteren → Bildungsmusik spielt die Klangfarbe in der Rockmusik eine zentrale Rolle, und man kann sogar sagen, daß das Augenmerk von Musikern und → Produzenten zum großen Teil der Differenzierung von Klangfarben gewidmet ist. Das große Gewicht der Klangfarbe in der Rockmusik hat andererseits zur Folge, daß hier einschlägige Begriffe der Beschreibung und der Analyse fehlen. Im Gegensatz zur normierten Tonhöhe unseres Tonsystems, auch zur Dauer usw., sind die Qualitäten der Klangfarbe nicht scharf umgrenzt, sie fließen vielmehr ineinander, wodurch Mischungen entstehen, die man deutlich wahrnimmt und wiedererkennt, aber nicht in präzise Begriffe zu fassen vermag. Diese Schwierigkeit der Deskription mochte die herkömmliche Musikwissenschaft veranlaßt haben, die Klangfarbe als ein «sekundäres Tonmerkmal» einzustufen.

Die Schwierigkeit, Klangfarben begrifflich zu bestimmen, kann man auf zwei Wegen umgehen, wobei beide Wege dem Gegenstand nicht ganz angemessen sind. Entweder greift man zu Metaphern und Vergleichen, beispielsweise indem gesagt wird, daß etwa die typische Bass-Drum in den Disco-Produktionen «fett» klänge, und damit durchaus die Assoziation von «schwer» und «weich» verbindet. Oder man bedient sich der Spektrumanalyse, die Apparate verschiedener Art möglich machen, und bringt sie in abstrakte Zahlenverhältnisse bzw. in anschauliche Diagramme. Mit ihren differenzierten Klangfarben bietet die Rockmusik eine der ungelösten Schwierigkeiten musikalischer → Notation. Ein Bild von der in der Rockmusik herrschenden Hilflosigkeit wie auch Anarchie gegenüber der Klangfarbe kann man sich machen, wenn man die Preset-Klänge eines beliebigen → Synthesizers durchgeht: Während Begriffe wie Violin, Grand Piano, Double Bass usw. sofort den entsprechenden Klang vor dem geistigen Ohr entstehen lassen, sagen Begriffe wie Space oder gar Solo überhaupt nichts über den zu erwartenden Klang aus, sondern hoffen auf ein diffuses Einverständnis, daß der interessierte Musiker schon wisse, was damit gemeint sein könnte.

Rockmusiker legen andererseits in punkto Klangfarbengestaltung eine unbekümmerte Anarchie an den Tag, deren Maxime ist, daß alles erlaubt ist, wenn es nur «gut» klingt – das aber schließt ein, daß auch manches erlaubt ist, was nur auffällig klingt.

Klangregelung (Klangfarbenregelung) heißt die Einstellung der gewünschten Klangeigenschaft bei der Wiedergabe, etwa beim Verstärker, Radioempfänger und Tonbandgerät mit Endlautsprechern. Mit dem eigens hierfür vorgesehenen Klangregeler kann man gewisse Frequenzbereiche in der anteiligen Lautstärke anheben oder absenken. Die früher übliche «Klangblende» beschnitt lediglich die hohen Frequenzen und führte den bekannten dumpfen Klang herbei. Heute gebräuchliche Schaltungen ermöglichen die getrennte Einstellung von Höhen und Tiefen, d. h. deren Anheben bzw. Absenken mit Hilfe des Klangregelnetzwerkes bis zu 20 dB bei einer Tonfrequenz von 100 Hz bzw. 10 kHz, bezogen auf 100 Hz, und zwar entweder gleichzeitig oder aber getrennt für beide Kanäle. In manche HiFi-Verstärker sind sogar kleine → Equalizer eingebaut, mit denen der Klang noch feiner geregelt werden kann. Andererseits gibt es bei vielen guten Verstärkern eine «Direct»-Taste, die das Tonsignal von CD-Playern an der Klangregelung vorbei direkt zu den Endverstärkern führt. Die Klangregelung sollte weniger dazu dienen, Musik zu entstellen, als dazu, Schwächen der Lautsprecher und Besonderheiten des Raumes auszugleichen. Letztlich ist aber die Wahl des Klangspektrums Sache des persönlichen Geschmacks.

Klarinette (engl. clarinet) ist ein Holzblasinstrument mit zylindrischer Bohrung und einfachem Rohrblatt. Durch Überblasen können lediglich die ungeradzahligen Teiltöne (Grundton, Quinte um eine Oktave, Terz um zwei Oktaven höher usw.) zum Erklingen gebracht werden; um die dabei entstehenden Lücken im Tonumfang zu überbrücken, sind zahlreiche, mit Klappen schließbare Grifflöcher vorhanden. Die Stimmung der modernen Klarinette ist zumeist B, häufig auch A, seltener C oder andere Grundtöne. Die Baßklarinette in B steht eine Oktave tiefer als die Normalklarinette. Der Klang des Instrumentes ist leicht näselnd im höheren Register, der menschlichen Stimme nah im tiefen Bereich. Die Literatur für die Klarinette als Orchester-, Ensemble- und Soloinstrument ist reichhaltig (von der zweiten Hälfte des 18. Jahrhunderts an). Außer in der → Bildungsmusik wird die Klarinette im älteren Jazz, vornehmlich im Swing, verwendet; zu ihren Virtuosen gehören Benny Goodman, Woody Herman und Artie Shaw. Beispiele in der Rockmusik finden sich etwa bei den BEATLES mit «When I'm sixty-four» (*Sergeant Pepper's Lonely Hearts Club Band*, 1967, D: EMI) und bei THE BAND (*Rock of Ages*, 1972); eine Baßklarinette ist auf dem Album *Trout Mask Replica* von CAPTAIN BEEFHEART AND HIS MAGIC BAND (1969) zu hören. Als eine zwar begeisterte, aber letztlich wenig überzeugende Klarinettistin zeigte sich in Konzerten immer wieder die Sängerin Patti Smith, während der Bassist Mick Karn (JAPAN, RAIN TREE CROW) vielleicht der originellste Klarinettist der Rockmusik ist.

Klassische Musik. 1. Die Kunstmusik des Abendlandes vom Spätmittelalter bis zur Gegenwart, unter dem Einfluß dieser Musik auch die entsprechende außereuropäische, besonders nordamerikanische Musik (der Weißen). Für diese traditionsreiche Kunstart wird im Lexikon der Begriff → Bildungsmusik gewählt. – 2. Im engeren Sinn ist «klassisch» die Musik der Wiener Klassiker, die in der Hauptsache von den drei Komponisten Joseph Haydn, Wolfgang Amadeus Mozart und Ludwig van Beethoven getragen wurde (ca. 1770–1830). Klassik bildet in dieser Bedeutung den Gegensatz sowohl zur Vorklassik (Spätbarock und Empfindsamkeit) wie zur Romantik, die noch zu Lebzeiten Beethovens jene schwer definierbare stilistische Errungenschaft der Wiener Klassik, die man die Einheit von Inhalt und Form zu nennen pflegt, wieder verlassen und in vertraute Kleinformen des Biedermeiers, auch in literarisch bedingte symphonische Dichtungen aufgelöst hat. – 3. In der

Umgangssprache des Laien ist jede Musik klassisch, die ihm ernst, allzu schwierig oder langweilig erscheint (→ Ernste Musik).

Mit wirklicher Klassik (in welchem Sinn auch immer) hat die US-Gruppe CLASSICS IV selbstverständlich nichts gemein. Eher besitzt der Ausdruck «Klassiker der Rockmusik» einen greifbaren Sinn. Damit sind Interpreten und/oder Textschreiber-Komponisten gemeint, die in die Rockgeschichte als richtungsweisend eingegangen sind. Unter solcher Voraussetzung kann man sagen, daß Elvis Presley, Chuck Berry und Little Richard, nicht minder die Autoren Leiber und Stoller wie auch etwa THE CREAM oder THE WHO «Klassiker der Rockmusik» sind. Doch im Hinblick darauf, daß die Rockmusik auf eine kurze Vergangenheit von wenigen Jahrzehnten zurückblickt, sollte man auch das in letzterer Bedeutung benutzte Wort «Klassik» lieber meiden. Denn nach Art des Bildungsbürgers heißt Klassik auch eine Kunst, auf die man sich bloß beruft, ohne deren lebendige Kraft weiter zu erleben.

Klavier. 1. Tasteninstrument (engl. keyboard) wie Orgel, Cembalo, Clavichord und Pianoforte. – 2. Pianoforte (engl. piano), auf dem sich, im Gegensatz zu Orgel und Cembalo, ohne Registerwechsel allein durch Unterschiede des Fingerdruckes, Grade der Lautstärke von leise (piano) bis laut (forte) intonieren lassen. Drückt man eine Taste nieder, so wird infolge der Hebelmechanik ein mit Filz bezogener «Hammer» gegen die betreffende Saite gestoßen (daher auch: Hammerklavier). Nach vorübergehenden Sonderformen besonders zu Beginn des 19. Jahrhunderts wurde das Klavier auf zwei Grundformen reduziert: auf Flügel und Pianino; bei letzteren verlaufen die Saiten senkrecht zu den Tasten, um Raum in der waagerechten Richtung zu sparen. Die Klavierliteratur weist in der → Bildungsmusik einen beträchtlichen Umfang auf, und wie in fast allen Sonderbereichen (Jazz, Unterhaltungsmusik usw.) kommt dem Klavier auch in der Rockmusik eine wichtige Rolle zu, nicht nur in der vorgetragenen Musik selbst, sondern auch bei der Einstudierung und bei der Ausarbeitung von → Arrangements.

So gebräuchlich das Klavier bei Schallplatteneinspielungen schon in den fünfziger Jahren war (Jerry Lee Lewis, Little Richard), so selten wurde es auf der Bühne eingesetzt; die Verstärkung eines Klaviers mit Hilfe von Mikrophonen ist auf Grund von sich leicht einstellender → Rückkopplung sehr schwierig; auch verhindern das erhebliche Gewicht sowie die Empfindlichkeit der Stimmung einen häufigen Live-Einsatz des Instrumentes. Abhilfe bei der Mikrophonabnahme verschafften die Kontakt-Mikrophone der Firma Helpinstill, doch stellten erst die Klaviermodelle CP 70B und CP 80 der Firma Yamaha wirkliche Alternativen dar; bei diesen Instrumenten handelt es sich um weitgehend normale Klaviere, denen jedoch ein Resonanzboden fehlt. Sie sind mit Pick-Ups versehen, und für den Transport läßt sich die Tastatur abklappen. Der Klang der CP-Instrumente kommt dem des akustischen Klaviers sehr nahe, ist jedoch immer noch als der eines elektromechanischen Instrumentes zu identifizieren.

Schon früher gab es Versuche, elektrische und elektronische Klaviere zu bauen, die bekanntesten stammten von den Firmen → Rhodes, Wurlitzer und Hohner. Diese Instrumente erzeugen die Töne zumeist mit Hilfe von Metallzungen, Metallstäben oder kurzen Metallsaiten. Gemeinsam ist ihnen allen, daß der authentische Klavierklang von ihnen zwar kaum nachgeahmt wird, sie aber einen individuellen Klang haben, der die Musiker zufriedenstellte. Im Laufe der achtziger Jahre wurden elektrische Pianos überflüssig, weil FM-Synthesizer (→ Synthesizer) gleichartige Klänge erzeugen konnten. Auch die CP-Flügel Yamahas sind durch Synthesizer und Sampler (→ Sampling) obsolet geworden und werden nicht mehr gebaut.

Die Zahl der Rock-Stücke, bei denen die verschiedenen Klaviere zum Einsatz kommen, ist unübersehbar; ebenso stattlich ist die Zahl der Pianisten, die aus der Rockmusik nicht wegzudenken sind: David Ackles, Fats Domino, Dr. John, Elton John, Keith Emerson, Al Kooper, Jan Hammer, Chick Corea, Billy Joel, Kate Bush und Wendy Maharry, um nur einige zu nennen.

L Dominic Gill (Hg.): *Das große Buch vom Klavier*, Freiburg 1981; Tony Bacon (Hg.): *Rock Hardware*, London 1981

Klick Track → Overdubbing

Klirrfaktor. In einer elektroakustischen Übertragungsanlage entstehen immer Verzerrungen verschiedener Art. Ein in einen Verstärker eingegebener Ton – etwa ein Sinuston – verändert sich durch die Verstärkung mehr oder weniger, je nach Qualität des Verstärkers; Bestrebung einer Verstärkerkonstruktion ist es, daß der Verstärker sich neutral verhält, also keinen Einfluß auf das Signal nimmt. Diesen idealen Fall gibt es nicht. Toleranzen der Bauteile und Schaltungstechnik bewirken, daß ein Tonsignal immer Störungen ausgesetzt ist, die sich unter anderem in einem mehr oder weniger hohen Klirrfaktor (Klirrgrad) äußern; der Klirrgrad wird in Prozent angegeben (Prozent vom Nutzsignal). Normalerweise ist der Klirrgrad so niedrig, daß er nicht hörbar ist (Plattenspieler, Verstärker, Tuner und Kassettengeräte unter 1 %). Den höchsten Klirrgrad produzieren Lautsprecher; trotzdem ist ein niedriger Klirrgrad des einen oder anderen Gerätes angesichts des hohen von Lautsprechern nicht zu vernachlässigen, denn Klirrgrade der Einzelkomponenten einer Übertragungsanlage addieren sich.

Mit der → digitalen Audiotechnik hat der Klirrfaktor allerdings seinen Schrecken verloren, denn bei dieser Übertragungsart spielt er keine Rolle (sieht man einmal von dem Klirrgrad der Mikrophone und Lautsprecher ab). Der Klirrfaktor steigt sprunghaft bei Übersteuerung eines Verstärkers; eben das ist der «Verzerrer»-Effekt, den Gitarristen suchen und Toningenieure hassen (→ Clipping, → Verzerrungen).

Kollektive Improvisation → Improvisation

Kommerziell (engl. commercial). 1. Wirtschaftlich, z. B. in dem Urteil einer Schallplattenfirma über die früheren MOTHERS OF INVENTION: «no commercial potential». – 2. Künstlerisch minderwertig, dem breitesten Hörergeschmack entgegenkommend. Der Begriff wird besonders in diesem zweiten Sinn – getreu seiner Herkunft aus dem Jazz – häufig angewendet. Doch ist der Umstand, daß sich eine Platte gut verkauft, kein Beweis für deren ästhetische Minderwertigkeit (und umgekehrt), zumal in einer Warengesellschaft alles kommerzialisiert wird, etwa auch die Schallplatten mit Beethovens Musik. Auch dürfte es nicht zu beweisen sein, daß ein beliebiger erfolgreicher Musiker sich ausschließlich vom erhofften Erfolg seiner Produktionen leiten ließ. In der Rockmusik spielen Produkte, die nicht auch unter einem verkaufsstrategischen Gesichtspunkt hergestellt wurden, so gut wie keine Rolle. Insofern sagt der Begriff nicht das, was mit ihm ausgedrückt werden soll – im Laufe der achtziger Jahre verlor er dann auch stetig an Bedeutung. Der künstlerisch abwertenden Absicht tragen Wörter wie «seicht», «Allerweltsgeschmack», «allzu glatt» und dergleichen ohnehin mehr Rechnung.

Kompander → Kompressor

Komplementärer Rhythmus, sich ergänzender Rhythmus, ist die wiederholte Verknüpfung zweier rhythmischer Motive zur gleichen Zeit, wobei die eine Stimme das Motiv A immer dann bringt, wenn die andere Stimme das Motiv B vorträgt (und umgekehrt).
Beispiel:

Komposition (von lat. componere, compositio, zusammensetzen) nennt man ein in den wesentlichen Zügen festgelegtes Musikwerk, dessen Eigenschaften ganz oder teilweise aufgezeichnet sind. Insofern bildet Komposition einen Gegensatz zu → Improvisation. Wird ein Musikstück von Rockmusikern ohne Hilfe der Notenschrift eingeübt und spielen improvisierende Techniken keine oder nur eine untergeordnete Rolle, so könnte man auch im Rockbereich von Kompositionen sprechen. Doch schwingt im Begriff die zusätzliche Bedeutung mit, daß die Komposition allgemein akzeptierten handwerklichen Regeln genügt und zudem mit einem ästhetischen Anspruch auftritt, als ein abgeschlossener künstlerischer Kosmos um ihrer selbst willen gehört zu werden. Letzterer Anspruch wird jedoch der Rockmusik in der Regel nicht zugebilligt. Selbst diejenigen, die primär mit Rockmusik zu tun haben, lehnen den Begriff der Komposition ab, da sie einen wesentlichen Zug der Rockmusik in deren Gegenhaltung zur Bildung und zur ästhetischen Selbstgenügsamkeit erblicken. Wellen wie → Punk richten sich programmatisch gegen einen vergegenständlichten Kunstcharakter dieser Musik. Doch in dem Maße, wie auch im Bereich der Rockmusik bewußte künstlerische Gestaltung eine Daseinsberechtigung erlangt hat, entstehen wirkliche Kompositionen, als die viele Stücke des Kulturrock anzusehen sind (GENESIS, GENTLE GIANT, YES usw.). Sie besitzen sogar mehr geschlossenen, schlüssigen «Werk»-Charakter als manche sog. Klangkompositionen der Avantgarde in den sechziger Jahren. Bezeichnend, daß Frank Zappa seine Stücke «Werke» im Sinne von Kunstwerken, also Kompositionen, nennt (→ composed and arranged), und EMERSON, LAKE & PALMER haben der Rockwelt zwei ambitionierte Alben mit dem Titel *Works–Volume 1/Volume 2* (1977) hinterlassen.

Kompressor ist ein Gerät, das zur Einengung der Dynamik bei Tonaufnahmen oder in Instrumentalverstärkern (besonders Baßverstärker) dient: sehr leise Eingangssignale werden verstärkt, sehr laute abgeschwächt; der Bereich der Wirksamkeit kann eingestellt werden. Auf diese Einstellung kommt es an, denn eine falsche Einstellung führt zum gefürchteten «Pumpen»: die Lautstärke vergrößert und verkleinert sich periodisch. Komprimierte Signale können mit einem Expander wieder dekomprimiert werden, ein Gerät dieser Art wird folglich Kompander genannt. Kompressoren haben auf Grund ihrer Arbeitsweise einen Einfluß auf den Klang des zugeführten Signals, es wirkt präsenter. Im professionellen Aufnahmebereich werden Kompressoren sehr häufig eingesetzt, für Rundfunkaufnahmen ist die Verwendung sogar unerläßlich. (→ Limiter)

L Bernd Enders: *Lexikon Musikelektronik* (München/Mainz 1985); Hubert Henle: Rauschunterdrückung, in: *Keys. Für Einsteiger* (München 1990)

Konsonanz und Dissonanz. Über die zentralen Begriffe der europäischen Musiktheorie und -ästhetik können zwei entgegengesetzte Urteile gebildet werden. 1. Sie sind im Aufbau der Teiltöne, in den Schwingungszahlen, in der Struktur des Ohres usw. gegeben und erscheinen daher naturbedingt. – 2. Ihre Unterscheidung beruht auf Tradition, sie sind daher geschichtliche Kategorien, die nichts Naturnotwendiges in sich enthalten; sie werden von den Musiklehren zu verschiedenen Zeiten anders eingeteilt.

1. Das Wesen der Konsonanz und der Dissonanz ist heute nicht restlos geklärt, es stehen vielmehr einige Erklärungsweisen einander gegenüber, etwa (a) Konsonanz entsteht, wenn zwischen zwei Tönen ein einfaches Schwingungsverhältnis herrscht wie 1:2 Oktave, 2:3 Quinte, 3:4 Quarte, 4:5 große Terz und 5:6 kleine Terz; für die Dissonanzen sind dagegen verwickeltere Zahlenproportionen wie 6:7, 7:8 usw. charakteristisch. Diese Auffassung erklärt nicht, warum zwischen 5:6 und 6:7 ein qualitativer Unterschied (Konsonanz und Dissonanz) bestehen soll, auch läßt sie die Tatsache unerklärt, daß in der Musiktheorie die Quarte als eine Dissonanz, die große Terz jedoch als eine Konsonanz gilt, obwohl dies auf Grund der Zahlenverhältnisse eher umgekehrt sein müßte.

(b) Konsonanz entsteht, wenn zwischen Grund- oder auch Teiltönen keine Schwebungen auftreten, für die Dissonanz sind dagegen solche Schwebungen charakteristisch. (c) Bei der Konsonanz fallen die Oberschwingungen beider Grundtöne zusammen, bei der Dissonanz nicht. All diese Theorien sind nur bedingt richtig, und es können mehrere Gegenargumente angeführt werden. Zum Beispiel nimmt das Ohr ein so kompliziertes Zahlenverhältnis wie 301 : 600 als reine Oktave, mithin als eine vollkommen befriedigende Konsonanz wahr. Es gibt ganze Tonsysteme mehrstimmiger Musik (Slendro, Pelog in Asien), die auf «unreinen» temperierten Intervallen beruhen, in denen also weder die Schwingungsverhältnisse der Grundtöne untereinander einfach sind noch die oberen Teiltöne zusammenfallen. Es ist möglich, daß Konsonanz wie Dissonanz ihre Erklärung in Vorgängen des zentralen Nervenbereichs finden.

2. In der herkömmlichen Musiktheorie der Neuzeit unterscheidet man

– vollkommene Konsonanzen: Einklang, Oktave, Quinte,

– unvollkommene Konsonanzen: große und kleine Terz, große und kleine Sexte,

– unvollkommene Dissonanzen: große Sekunde, Quarte, kleine Septime und

– vollkommene Dissonanzen: kleine Sekunde, übermäßige Quarte (Tritonus) und große Septime.

Die Vorbereitung und Auflösung von Dissonanzen im Taktgefüge regelt die Harmonie- und Kontrapunktlehre.

L Heinrich Husmann: *Vom Wesen der Konsonanz* (Heidelberg 1953); Jacques Handschin: *Der Toncharakter* (Zürich 1948)

Kontrabaß (engl. double bass, string bass), auch stehender Baß (engl. upright bass) genannt, ist das größte Instrument in der Violinenfamilie. Die vier Saiten haben die Stimmung E_1 A_1 D G, doch waren im 18. und 19. Jahrhundert auch andere Stimmungen üblich, verwendet wurden sogar drei- und fünfsaitige Kontrabässe. Fünfsaitige Kontrabässe werden auch heute wieder in größeren Orchestern bevorzugt; der tiefste Ton ist H_2. Notiert wird die Kontrabaß-Stimme eine Oktave höher, als das Instrument klingt. Zum Spiel benutzt man einen eigens für das Instrument bestimmten konkaven Bogen, der von oben, oder, in der Bundesrepublik Deutschland, von unten geführt wird. Auch das gezupfte Spiel (Pizzicato) ist üblich, im Jazz sogar die vorherrschende Spielweise. Im Rock 'n' Roll ist der Kontrabaß als gezupfter Baß und als Schlagbaß das klangliche Fundament (BILL HALEY & THE COMETS). Beim Schlagbaß-Spiel läßt der Bassist die Saiten gegen das Griffbrett zurückschnellen, so daß der Ton einen perkussiven Beiklang erhält.

Im späteren Rock wurde der Kontrabaß ungebräuchlich, weil die elektrische → Baßgitarre einfacher zu handhaben war, vor allem aber, weil auch jeder Gitarrist die Baßgitarre ohne weiteres spielen konnte. Dennoch konnte sich der Kontrabaß im jazzorientierten Rock der nordamerikanischen Westküste, im → Hillbilly-Jazz und im → Folk-Rock (DAN

Hicks & His Hot Licks, Amazing Blondel) behaupten. Im Rock der achtziger Jahre und zu Beginn der neunziger Jahre kam der Kontrabaß bei einigen Rockmusikern wieder zum Einsatz, so bei Elvis Costello und bei Jellyfish, um nur zwei Beispiele zu nennen. Ein elektrisch verstärkter Kontrabaß mit einem sehr kleinen Korpus wurde immer wieder von Sting, ehemals Bassist und Sänger der Gruppe The Police, eingesetzt. Virtuose dieses Instrumentes ist der deutsche Bassist Eberhard Weber, der es nicht nur bei The United Jazz and Rock Ensemble, sondern auch für einige Stücke Kate Bushs einsetzte.

S Stray Cats: –, 1980 (D: Arista), auf dem Cover dieser LP ist ein Kontrabaß zu sehen; Elvis Costello: *Spike*, 1989 (D: WEA); Jellyfish: *Bellybutton*, 1990 (D: Charisma); Kate Bush: *The Dreaming*, 1982 (GB: EMI)

Kontrapunkt (engl. counterpoint). Mit dem Ausdruck bezeichnet man das Verhältnis mehrerer gleichzeitiger, melodisch wie rhythmisch gleichberechtigter Stimmen zueinander. In einem anderen, verkürzenden Sinn heißt Kontrapunkt die Lehre von der kontrapunktischen, → polyphonen Setzweise, die in den Lehrbüchern des Kontrapunktes zusammengefaßt und vermittelt wird.

Konzertagentur (Konzertdirektion) ist ein Unternehmen, das Konzerte oder ganze Tourneen eines Musikers oder einer Gruppe organisiert und veranstaltet. Den Umstand ausnutzend, daß viele Musiker mangels eines → Managers ihre Verträge amateurhaft selbst aushandeln und Fallen in den Bestimmungen ihrer Verträge übersehen, haben sich manche Konzertveranstalter in der Bundesrepublik Deutschland unrühmlich in die Rockgeschichte eingetragen. Von den seriösen Konzertagenturen seien einige genannt: Rieger (Köln), Jahnke (Hamburg), Lieberberg (Frankfurt), Mama & Lippmann und Rau (München), Sunrise (Güster), MCT (Düsseldorf), Concert Concept (Berlin), Blindfish (Hamburg), Hit & Run (Berlin).

Kopfhörer (engl. headphone) sind Lautsprechersysteme, die an einem Bügel befestigt den Kopf von oben umschließen und an beide Ohren angedrückt werden. Es gibt auch sehr kleine, leichte Kopfhörer, deren Lautsprecherkapseln direkt in der Ohrmuschel getragen werden; sie sind besonders in Zusammenhang mit tragbaren Kassettengeräten (→ Walkman) und → CD-Playern gebräuchlich. Kopfhörer wurden besonders in den Anfängen der Rundfunktechnik verwendet, bald aber von Lautsprechersystemen für Jahrzehnte abgelöst. Erst seit Ende der sechziger Jahre, im Zuge der Vervollkommnung von Aufnahme- und Wiedergabeverfahren, ist ihre Bedeutung neu entdeckt worden.
Unter den Kopfhörern lassen sich, was ihre Konstruktion betrifft, mehrere Typen unterscheiden. Der Hörer des Telefonapparates arbeitet nach dem elektromagnetischen Prinzip mit Dauermagneten, Wicklungen auf Polschuhen und Membran. Der Übertragungsbereich ist bescheiden und liegt ca. zwischen 250 Hz und 5 kHz. Der piezoelektrische Kopfhö-

rer verwendet zwei zusammengeschlossene Seignettesalzkristall-Platten (benannt nach P. Seignette, 1660–1719), die sich unter dem Einfluß der Wechselspannung zusammenziehen und ausdehnen und damit die an sie geschlossene Membran des Kopfhörers bewegen.

Am häufigsten werden heute dynamische Kopfhörer mit einem Frequenzbereich von 20 bis 20000 Hz, mitunter sogar von 10 bis 22000 Hz im Handel angeboten. Der Bereich zwischen Ohr und Membran wird für Frequenzen über 6 kHz weitgehend reflektionsfrei gehalten, um einen möglichst gleichmäßigen Frequenzgang zu erreichen. Hierdurch ist schon das Aussehen dieser Kopfhörer bedingt: die Hörmuscheln sind verhältnismäßig groß, der Hörer wird infolge des engen Anschlusses an beide Ohren von der akustischen Umwelt abgeschnitten. Seit den 70er Jahren wurden diese beinahe luftdichten Kopfhörer von solchen einer offenen Bauweise weitgehend verdrängt; Schaumstoffpolster sorgen bei dieser Bauform dafür, daß einerseits der Abstand zwischen Ohr und Membran eingehalten wird, andererseits kann der musikhörende Träger auch akustische Ereignisse der Umwelt wahrnehmen. Zudem sind diese Kopfhörer sehr leicht und ohne Ermüdung zu tragen.

Eine weitere Bauart stellt der elektrostatische Kopfhörer dar, der mit einem unter hoher Gleichspannung stehenden Plattenkondensator arbeitet. Der Gleichstrom wird von einem Netzteil geliefert, in dem ihm auch die niederfrequente Wechselspannung vom Lautsprecherausgang des Verstärkers überlagert wird.

Gegenüber den Lautsprechern sind Kopfhörer mit dem Nachteil behaftet, daß die rhythmischen Klangwellen, besonders jene der Baßregion, nicht die sonst erfahrbare leiblich-sinnliche Wirkung auf den Körper entfalten, vielmehr lediglich auf die Membranen der Ohren wirken und daher schwebend-abstrakt bleiben. Außerdem muß sich der Hörer vergegenwärtigen, daß die Musik sozusagen «in seinem Kopf» stattfindet und nicht, wie bei Lautsprechern, den Versuch einer räumlichen Abbildung des musikalischen Geschehens darstellt. Doch sind die Vorteile des Kopfhörers beachtlich: 1. Man kann normal laute Musik unabhängig von der Umgebung und der Tageszeit hören; 2. Kopfhörer sind leicht transportabel; 3. die Stereowirkung prägt sich schärfer ein, weil die Schwingungen aus dem einen Kanal beinahe ausschließlich ein einziges Ohr erreichen; 4. die manchmal klangverzerrende Eigenschaft des Raumes, in dem die Musikwiedergabe erfolgt, spielt keine Rolle; 5. der Klang wirkt lebendiger, genauer, «präsenter»; dies kann allerdings, bei Mängeln der Aufnahme, zugleich in einen Störfaktor umschlagen; 6. beim → Overdubbing-Verfahren in den Tonstudios, ferner in Discotheken, bei Museumsführungen, bei internationalen Tagungen mit gleichzeitiger Übersetzung, nicht zuletzt im Gebrauch von Schwerhörigen ist der Kopfhörer praktisch unentbehrlich geworden. Schließlich offenbart im Kunstkopf-Verfahren aufgenommene Musik ihren Reiz nur unter Verwendung eines Kopfhörers.

Kornett oder Cornet a piston (engl. cornet) ist eine Trompete, die statt mit Klappen mit Pumpventilen versehen ist, um chromatische Töne zu erzeugen (piston, franz.: Kolben). Im Gegensatz zu seinen Anfängen im 19. Jahrhundert ist das Kornett heute weitgehend der Trompete und dem Flügelhorn angeglichen; von diesen unterscheidet es sich vor allem durch die Mensur und das Mundstück. Kornette gibt es in verschiedenen Stimmlagen und Stimmungen: Pikkolo-Kornett oder Cornettino in Es, Sopran-Kornett in B, Alt-Kornett in Es, wobei alle Stimmgattungen transponierend zu spielen sind, d. h. beim Kornett in B erklingt der Ton um eine große Sekunde tiefer, beim Cornettino in Es um eine kleine Terz höher als notiert usw. Beispiele für die Verwendung des Kornetts im Jazz-Rock bietet z. B. THE CANNONBALL ADDERLEY QUINTET, so auf dem Album *Country Preacher*, 1970 (D: Capitol/Electrola; auf der Rückseite des Covers ist ein Kornett, während es gespielt wird, abgebildet).

Kosmische Musik. Der Ausdruck «kosmischer Rock» war der schlechte Einfall von Promotern um 1970–74 in der Bundesrepublik Deutschland, obwohl dem Begriff benachbarte Vorstellungen auch in den USA lebendig waren (*Bluesvibes* der West Coast-Gruppe AUM, 1969, wurde auf der Plattenhülle «vibratory sound of the universe» genannt); «space rock» war ebenfalls ein gängiger Ausdruck. In der BRD war damit elektronische oder halbelektronische Musik gemeint, bei deren Hören einigen Journalisten kosmische Flüge und Sphärenmusik in den Sinn kamen, statt das technisch relativ Einfache der Klangerzeugung auf → Synthesizer, → Mellotron, Tonbandgerät usw. wahrzunehmen und für ein breites Publikum zu beschreiben. Von der betreffenden Plattenfirma, selten von den Musikern selbst, wurden Einspielungen von POPOL VUH, ASH RA TEMPEL, TANGERINE DREAM, Klaus Schulze, Harald Großkopf, Jürgen Dollase und anderen als kosmischer Rock angeboten. Vom geistigen Niveau des dahinterstehenden Geschäftskalküls gibt der Plattenkommentar «Mein Zeitschiff» auf der LP *Gilles Zeitschiff* von 1974 hinreichenden Aufschluß. Kritische Rockhörer hatten ohnehin aus den Kosmischen Kurieren bald Komische Kuriere gemacht.

S *Gilles Zeitschiff*, 1974 (D: Cosmic Courier); THE COSMIC JOKERS: *Galactic Joke*, 1974 (D: Cosmic Courier); THE COSMIC JOKERS & STERNENMÄDCHEN: *Planeten Sit-In*, 1974 (D: Cosmic Courier); KINDER DES ALLS: *Galactic Supermarket*, 1974 (D: Cosmic Couriers); *Sci Fi Party – Unser Flug durch die Kosmische Musik*, 1974 (D: Cosmic Courier); *Kosmische Musik*, ca. 1972, 2 LP (D: Ohr)

Kraut Rock (Krautrock) ist der häufige Ausdruck, mit dem die bundesdeutsche Rockmusik der frühen siebziger Jahre und vereinzelt auch später in England und den USA bezeichnet wird. In der englischen Umgangssprache versteht man unter dem ursprünglich chauvinistisch geprägten Wort «Krauts» die Deutschen, die manch ein Engländer oder US-Amerikaner sich offensichtlich nur unentwegt Kohl essend vorstellen kann. Entsprechend nennt man die Franzosen «Frogs» (Frösche), die Holländer «Clogs» (Holzschuhe) und die Belgier «(Brussels) Sprouts» (Rosenkohl). Daß die britische Rockindustrie eine kontinentaleuropäische Konkurrenz befürchtet und sie daher lächerlich zu machen sucht, ist verständlich. Eigenartig nur, daß in der ersten Hälfte der Siebziger auch in der Bundesrepublik Deutschland ansässige Schallplattenfirmen den Ausdruck aufgriffen (siehe die unten angegebenen Deutschrock-Sampler). Im engeren Sinn versteht man unter Krautrock die negativen Eigenschaften, die der bundesdeutschen Rockmusik der genannten Zeit eigen waren, unter anderem Schwerfälligkeit, Mangel an swingenden Rhythmen, Zurschaustellung der eigenen Person statt lokkerer Unterhaltung des Hörers, auch unverständlich oder falsch gesprochenes Englisch (→ Deutsche Rockmusik).

S *Kraut Rock*, 2 LP, 1975 (D: Brain/Metronome); *Krautrock*, 2 LP, 1975 (D: Philips/Phonogram). Vergl. auch den Plattentitel von THE RUMOUR: *Frogs, Sprouts, Clogs and Krauts*, 1978 (D: Stiff/Teldec)

Krebsgang oder kurz Krebs (engl. retrograde motion) heißt eine Stimmbewegung, deren Verlauf sich aus einem bereits aufgestellten Motiv oder Thema ergibt: wenn man mit dem letzten Ton dieses Themas beginnt und alle Töne rückwärts bis zum ersten Ton spielt, hat die neue Stimme einen Krebsgang zurückgelegt. Ein Beispiel für den Krebsgang, der zu den kontrapunktischen Techniken gehört, findet sich im Artikel → Zwölftonmusik und Rockmusik.

Kreuz (♯) → Vorzeichen

Kritik → Musikkritik und Rockmusik

Krummhorn (engl. cromorne) ist ein Doppelrohrblattinstrument, dessen innere Luftsäule durch Dazwischenschaltung einer Windkapsel angeblasen wird. Das gleichmäßig breit gebohrte Corpus ist unten wie ein Spazierstock gebogen. Das Instrument besitzt 6–8 vordere Grifflöcher und ein Daumenloch. Das Instrument wird hier und da auch von einschlägig interessierten Folk-Rockgruppen verwendet, früher etwa von AMAZING BLONDEL: *Fantasia Lindum*, 1971, mit der Schreibweise «crumhorn».

Kuckuck. Neben Ohr und Metronome gehört Kuckuck unter Leitung von Eckart Rahn (sowie Fritz Goller und Erik Mosel) zu den Labels, die den bundesdeutschen Rock am frühesten gefördert haben. Unter den ersten vom Münchener Label betreuten Musikern waren IHRE KINDER, MURPHY BLEND, ARMAGGEDON und OUT OF FOCUS; doch begegnet man im Verlagsprogramm auch solchen verdienstvollen Kuriositäten wie einer LP von Tony Kelly, zwei Alben von REPAIRS und ein Soloalbum von Keith West, einst Mitglied der britischen Gruppe TOMORROW. Etwa seit Mitte der achtziger Jahre widmet sich das Label vor allem der Veröffentlichung von New Age-Musik; Platten erschienen etwa von Christian Deuter, Stomu Yamash'ta, Kitaro, Michael Hoenig und Terry Riley. Kuckuck wird in der Bundesrepublik vom Ariola Importdienst vertrieben.

Kuhglocken (cow bells) gehören zur Ausrüstung des Perkussionisten oder Schlagzeugers. Nur ausnahmsweise handelt es sich dabei um eine wirkliche Kuhglocke mit einem Klöppel; vielmehr ist es zumeist eine Glocke ohne eigenen Klöppel, die als Handglocke oder auf einem Stativ befestigt mit einem Schlagzeugstock gespielt wird. Der Klang ist von unbestimmter Höhe, aber sehr laut und durchdringend. Ein ausgiebiges Beispiel für die Verwendung des Instrumentes findet sich zu Beginn von «Hidden Shadows» auf dem *Sextant*-Album von Herbie Hancock (1973); das bekannteste Beispiel für den Einsatz einer Kuhglocke dürfte aber die Einleitung von «Honky Tonk Women» von THE ROLLING STONES sein.

L

Label heißt die Marke oder das Etikett, unter welchem eine Schallplatte geführt und verkauft wird, ganz offensichtlich zunächst also das Etikett in der Mitte der Schallplatte. Im gebräuchlichen Sinne ist Label aber auch die Firma selbst, die das Plattenprodukt herausbringt, einerlei, ob sie selbständig ist, ein Unterlabel (subsidiary) darstellt oder eine sonstwie organisierte, regional oder inhaltlich spezialisierte Tochtergesellschaft der Firma bildet. Zum Beispiel: EMI heißt eine große britische Gesellschaft (Electric and Music Industries) mit Schallplattenproduktion. Die Labels im Vertrieb nicht beachtend, konnte man Anfang der neunziger Jahre über 100 eigene Labels von EMI (in der Bundesrepublik Deutschland) verzeichnen, die entweder regional bedingt waren (z. B. Electrola für die BRD), durch Vertrieb entstanden (Apple für die BEATLES-Produkte), im Hinblick auf eine Rockgruppe gegründet wurden (z. B. Purple Records für DEEP PURPLE), auf Folk spezialisiert waren (Folkways) usw. Alle diese Marken (EMI selbst, Electrola, Apple, Purple und Folkways) heißen Labels.

Die Aufspaltung eines Labels in mehrere Unterlabels hat vor allem steuerliche Gründe, sie erleichtert aber auch die Übersicht über die Produkte. Labels werden häufig auch gegründet, um einer bestimmten Stilrichtung eine Heimat zu geben. Diesen Anlaß für die Gründung findet man vor allem bei den → Independent Labels. Unter optisch verschiedenen Marken kommen die Produkte auch in den Rundfunksendungen besser zum Zuge: so wird formal vermieden, daß der → Disc Jockey ein einziges Label allzuoft berücksichtigt. Einige Musiker bzw. Gruppen haben eigene Labels gegründet, um sich wirtschaftlich wie künstlerisch größere Eigenverantwortung zu verschaffen, etwa Grunt

(JEFFERSON AIRPLANE), Manticore (EMERSON, LAKE AND PALMER), Dark Horse (George Harrison) usw. Gemeinsam ist diesen Labels in der Regel, daß sie nur ein kurzes Leben haben. Da sie ohnehin vom Vertrieb einer großen Firma auf den Markt gebracht werden müssen, ist es diesen Firmen oft ein leichtes, ein erfolgreiches Label zu kaufen; die Rechte an der Musik der auf diesem Label beheimateten Musiker liegen dann häufig – nicht immer – bei der großen Gesellschaft. Vor allem aber das Namensrecht liegt bei der kaufenden Gesellschaft, die den Namen weiter nutzen kann oder nicht. Auf vielen Labels, die die großen Gesellschaften einst kauften, erscheinen keine Platten mehr; gleichwohl ist der Name blockiert. Ein Label, also eine Schallplattenfirma zu gründen, ist sehr leicht; einen Vertrieb zu organisieren dagegen sehr schwierig.

L John Humphries: *Labels List '89* (Hastings 1989)

Laute (engl. lute) ist ein aus Asien stammendes Saiteninstrument, das durch arabisch-spanische Vermittlung auch in der europäischen Musikgeschichte während des 16. und 17. Jahrhunderts eine große Rolle gespielt hat. Der Klangkörper ist gebaucht, also ohne Saitenzargen (im Gegensatz zur Gitarre), wobei in der Mitte der oberen Holzfläche ursprünglich eine Rosette, später ein rundes Loch eingelassen wurde. Der Hals (mit Bünden) ist entweder durch das Corpus gespießt oder von diesem abgesetzt. Die 4–6 Saiten, die an einem vom Hals abgesetzten Wirbelbrett befestigt sind, zeigen im Laufe der Jahrhunderte verschiedene Stimmungen. Die Normalstimmung im 16. Jahrhundert war A d g h e^1 a^1 oder um einen Ganzton tiefer. Ursprünglich war nur die höchste Saite, die Gesangsaite, nicht verdoppelt; die anderen besaßen mehrere Chöre und standen im Einklang, die tieferen sogar in der Oktave zueinander. Vgl. Beispiele bei AMAZING BLONDEL: *Evensong* (1970) und auf Platten von Jan Akkerman.

Lautsprecher (engl. Loudspeaker) sind elektroakustische Wandler, die tonfrequente elektrische Spannungsschwankungen in Luftschwingungen umsetzen können. In der Rockmusik wie in der HiFi-Technik werden heute fast ausschließlich dynamische Lautsprecher verwendet. Bei diesem Konstruktionsprinzip befindet sich eine Schwingspule zwischen den Polen eines Permanentmagneten (Alnico, Kobaltlegierungen). Der Spulenträger ist Teil des Lautsprecherkonus. Wenn die Schwingspule von einer vom Verstärker kommenden Tonfrequenzspannung durchflossen wird, bewegt sie sich analog zu den Schwingungen der Spannung. Da der Konus diese Schwingung gezwungenermaßen mitvollziehen muß, wird die Luft vor dem Konus verdichtet und verdünnt, was als Schall wahrgenommen wird.
Es gibt zahllose Bauformen von Lautsprechern, die nach diesem Prinzip arbeiten. So werden für die Abstrahlung tiefer Frequenzen andere Lautsprecher gebaut als für hohe Frequenzen; während die Membranen der ersteren über eine große

Fläche verfügen müssen, um tiefe Frequenzen abstrahlen zu können, müssen Hochtöner über kleine, leichte und dennoch sehr steife Membranen verfügen, die den sehr schnellen Auslenkungen der Schwingspule folgen können. Da sich diese Forderungen zum Teil widersprechen, stellen Lautsprecher fast immer einen Kompromiß dar, der je nach Verwendungszweck in Kauf genommen werden kann. Lautsprecher für HiFi-Zwecke müssen dabei noch anderen Forderungen gerecht werden als Instrumentallautsprecher. So ist die Membran von HiFi-Lautsprechern in der Regel sehr weich – etwa mit Gummi – am Lautsprecherkorb eingespannt; Instrumentallautsprecher dagegen, wie sie in der Rockmusik verwendet werden, haben sehr feste, auch am Rand sehr harte Membranen. Um diese Kräfte abzufangen, werden die Körbe von guten Instrumentallautsprechern aus Leichtmetall gegossen. Auch die Hochtöner unterscheiden sich im HiFi- vom Instrumentalbereich; in Wohnräumen sollten hohe Töne möglichst breit abgestrahlt werden, müssen dafür aber nicht weit reichen. Bei Rockmusik verhält es sich anders: Hohe Töne sollten so weit wie möglich abgestrahlt werden; dafür ist ein breiter Abstrahlwinkel zwar wünschenswert, wird aber entweder durch einen besonderen Vorsatz (Linse oder die bekannte «Negerlippe», ein halbrunder, sehr breiter und flacher Trichter) erreicht oder einfach durch eine Vielzahl von Hochtönern. Kalottenhochtöner wie im HiFi-Bereich sind für Rockmusik unbrauchbar; deren Erfordernissen können nur Druckkammerlautsprecher gerecht werden (die nicht direkt in die Umgebungsluft abstrahlen, sondern zunächst in einen fast geschlossenen Raum um den Lautsprecher, in dem dadurch ein hoher Druck aufgebaut wird). Hochtöner in der Instrumentalverstärkung werden oft «Treiber» genannt, weil sie nur zusammen mit einem Trichter oder einer Linse einen wirksamen Lautsprecher ergeben.

Imposant sind die Größen mancher Baßlautsprecher: In → PAs werden mitunter solche mit einem Durchmesser von 18 Zoll verwendet; auch manche Bassisten benutzen diese großen Speaker, doch ist der 15 Zoll große Baßlautsprecher immer noch der typische Lautsprecher für Baßgitarren-Anlagen. Für eine gute Tieftonwiedergabe ist aber nicht so sehr der Durchmesser eines einzelnen Lautsprechers entscheidend, sondern die Gesamtmembranfläche. In den Baß-Boxen der Firma Ampeg sind beispielsweise acht nur zehn Zoll große Lautsprecher eingebaut, eine Lautsprechergröße, die normalerweise auf einen guten Mitteltöner hinweist.

Um einen großen Frequenzbereich – z. B. den Hörbereich – mit Lautsprechern hörbar zu machen, werden in der Regel Tieftöner, Mitteltöner und Hochtöner zu Lautsprecherkombinationen zusammengestellt (Breitbandlautsprecher, bei denen Tief- und Hochtonmembran von einer gemeinsamen Schwingspule angetrieben werden, bieten keine befriedigende Lösung); der gesamte Frequenzbereich wird dabei durch

eine Frequenzweiche aufgeteilt, so daß jeder Lautsprecher nur die Frequenzen erhält, die er optimal verarbeiten kann. Passive Frequenzweichen werden zwischen Endverstärker und Lautsprecher geschaltet, aktive Weichen (Crossover) dagegen zwischen Vor- und Endverstärker. Der Vorteil aktiver Weichen, die vor allem in PAs zum Einsatz kommen, liegt darin, daß die Verstärkung besser auf die vorhandenen Lautsprecher abgestimmt werden kann; meist sind die Trennfrequenzen in gewissen Grenzen einstellbar. Vor allem aber kann der unterschiedliche Leistungsbedarf von Lautsprechern berücksichtigt werden: Tieftöner benötigen eine um ein Vielfaches höhere Verstärkerleistung als Hochtöner, um dieselbe Lautstärke zu erreichen. Ohnehin ist es bei Lautsprechern in der Musikverstärkung kennzeichnend, daß die Lautsprecher sehr viel empfindlicher sind als Lautsprecher im HiFi-Bereich; bei gleicher Verstärkerleistung sind sie lauter. Anders als im HiFi-Bereich, wo es auf die Watt-Zahl der Verstärkerleistung nicht ankommt, muß die Verstärkerleistung von PAs sehr ökonomisch eingesetzt werden: Um die Baßfrequenzen in einem ausgewogenen Verhältnis zum restlichen Frequenzbereich hörbar zu machen, sind bei den in Rockkonzerten üblichen Lautstärken Verstärkerleistungen von mehreren 1000 Watt notwendig; in großen Hallen können es dann schon 10000 bis 20000 Watt sein. Für Open-Air-Konzerte ist das noch nicht einmal viel. Um derartig gigantische Wattzahlen nicht ins Uferlose wachsen zu lassen, legen Rockmusiker Wert auf empfindliche Lautsprecher, die einen hohen Wirkungsgrad haben.
Ein weiteres Hilfsmittel, um einen hohen Wirkungsgrad zu erreichen, sind Lautsprechergehäuse. Grundsätzlich benötigen Tiefton-Lautsprecher ein akustisches Hilfsmittel, um tiefe Töne abstrahlen zu können, dies kann eine einfache Schallwand sein, auf der der Lautsprecher befestigt wird, das kann ein Gehäuse in Form einer geschlossenen Box, eines Baßreflex-Gehäuses oder eines Horns sein. Im HiFi-Bereich dominieren geschlossene Boxen, die tiefe Töne sehr gut hörbar machen. In Musiker-Anlagen will man aber auch den Schalldruck nutzen, den die Rückseite eines Lautsprechers abstrahlt. Baßreflex-Gehäuse können das. Die Schallenergie von der Rückseite der Membran tritt dabei aus einem genau berechneten Tunnel an der Frontseite des Gehäuses. Bekannte Baßreflex-Konstruktionen sind die Gehäuse nach Thiele-Small, die beispielsweise von Baßgitarristen immer wieder für ihre Instrumentalboxen verwendet werden.
Hörner dagegen, von denen es eine Vielzahl von verschiedenen Bauformen gibt, erweitern die Austrittsöffnung des Lautsprechers exponentiell und haben daher oft einen sehr hohen Wirkungsgrad; Bass Bins und die sogenannten «Rutschen» sind Hörner. Da Hörner in der Regel sehr lang sind, werden sie gefaltet, d. h. das Horn steckt in einer verschlungenen Gehäusekonstruktion.

Lautsprecher bilden nach wie vor das schwächste Glied in einer Audio-Übertragungskette, obwohl auch auf diesem Gebiet erhebliche Fortschritte gemacht wurden. Bekannte Namen der Lautsprechertechnik sind etwa Electrovoice, JBL, Goodmans, Fane, Celestion, Isophon, KEF und andere. Tatsache ist aber auch, daß kaum ein Gebiet in der Audiotechnik so sehr von Mythen, falschen Vorstellungen und «Philosophien» geprägt ist wie das der Lautsprechertechnik.

L Berndt Stark: *Lautsprecherbuch* (München 1988)

Lead heißt in Zusammensetzungen Führer, Leiter, z. B. Leadsänger, Leadgitarrist. Ein Leadgitarrist ist nicht unbedingt auch ein Sologitarrist, denn während letzterer eine spieltechnisch anspruchsvolle, die Aufmerksamkeit hauptsächlich beanspruchende Solopartie vorträgt, können dem Leadgitarristen (etwa George Harrison bei den Beatles) recht einfache Aufgaben anvertraut werden. Leadgitarre meint dann einfach Melodiegitarre, im Gegensatz zu Rhythmusgitarre.

Legato (ital., gebunden) ist der herkömmliche Ausdruck für den gebundenen instrumentalen oder vokalen Vortrag. Die Nachbartöne gehen nahtlos und ohne Zwischenpause ineinander über, im Gegensatz zum Staccato, bei dem die Töne durch kurze Pausen voneinander getrennt und schärfer akzentuiert werden.

Leitton (engl. leading note) ist ein Ton, von dem man infolge von Stiltradition und Stilkenntnis erwartet, daß er direkt oder auf Umwegen zu einem Zielton führt; dieser liegt eine kleine Sekunde über – selten unter – dem Leitton. Bildlich spricht man auch von einer «Anziehungskraft», die der Zielton auf den Leitton ausübt. Im folgenden C-Dur-Ausschnitt ist h^1 ein solcher Leitton, der in den Zielton c^2 mündet:

Im Gegensatz zur → Bildungsmusik spielt der Leitton im Rock und schon vor ihm im → Blues und C & W eine untergeordnete Rolle. Es gibt viele Melodiegebilde, in denen kein Leitton mit der Richtung auf einen Zielton auftritt (z. B. «Yellow Submarine» von den Beatles). Statt vom Leitton wird der Zielton (die → Tonika, hier c^2) bald von der kleinen Unterterz (1) und der großen Untersekunde (2), bald von der großen Sekunde (3), der oberen kleinen Terz (4) oder von einem anderen Intervall her erreicht (→ Kadenz).

Leslie ist ein von Don Leslie entwickeltes Lautsprechersystem für → Hammond-Orgeln. Leslie stülpte über den Lautsprecher eine Trommel, die ein Loch in der Zarge hat. Wenn die Trommel in Rotation versetzt wird, ändert sich die Abstrahlrichtung periodisch; die Rotationsgeschwindigkeit ist dabei in zwei Stufen regelbar: einmal in 1,2 Sekunden ergibt sie einen schwebenden Klangeffekt, siebenmal in der Sekunde dagegen einen eindeutigen Tremolo- und Vibratoeffekt. Akustisch betrachtet findet dabei ein kompliziertes Zusammenspiel von Frequenz-, Amplituden- und Phasenmodulation statt. Auch für Hochtöner gibt es einen ähnlichen Vorsatz: vor der Abstrahlöffnung des Lautsprechers ist ein Doppelhorn in Trichterform angebracht, das als ganzes in Rotation gebracht werden kann, auch dies in verschiedenen Geschwindigkeiten. Der Klangeffekt eines Leslie-Kabinetts kann auch mit elektronischen Mitteln nachgeahmt werden, doch bevorzugen die Besitzer von Hammond-Orgeln den Einsatz eines Leslie-Kabinetts, da auch der eingebaute Verstärker am Gesamtklang beteiligt ist. Die wirkungsvolle Handhabung des Leslie-Effekts erfordert eine hohe Konzentration des Organisten, denn er muß während seines Spiels immer wieder die Geschwindigkeit der Rotation ändern, um den Effekt lebendig zu erhalten. Kein Organist läßt ständig das Leslie laufen.

Lexika und Enzyklopädien der Rockmusik. Ein Musiklexikon enthält die Namen von Komponisten, Interpreten, Theoretikern, Musikschriftstellern und wichtigen Vertretern der Industrie, ferner die Begriffe und Ausdrücke der Satztechnik, der Formen und Gattungen der Musikgeschichte, der Instrumente, der ästhetischen Wertung und überhaupt der historisch gewachsenen und bedingten Verständigung über Musik und Musikleben. Wie aus dieser Umschreibung hervorgeht, strebt ein Lexikon Vollständigkeit in seinem Stichwörterverzeichnis an, wobei es eine redaktionelle Nebensache ist, ob die Namen sowie die Begriffe in einem Personen- und Sachteil gesondert erscheinen oder ob sie alphabetisch durchgehend angeordnet sind. Üblicherweise wird zwischen Lexikon und Enzyklopädie unterschieden. Letztere läßt sich nicht vom Grundsatz der Vollständigkeit von Stichwörtern leiten, sondern verarbeitet den Wissensstoff in ausführlichen Abhandlungen unter ausgewählten Stichwörtern.

Im Laufe ihrer fast vierzigjährigen Vergangenheit hat die Rockmusik mehr Musikstücke hervorgebracht als früher ein ganzes Jahrhundert in der → Bildungsmusik. Mit der Rockmusik verbinden sich unzählige Namen, Verlage, Plattenlabels und Musikstätten, so daß Geschichte und Gegenwart dieser Musikgattung zu einem spezialisierten Wissenszweig gewachsen ist. Dieses verzweigte, mit Musikernamen, Platten- und Werktiteln, Jahreszahlen und Stilkriterien ausgefüllte Fachwissen hat sich bereits in zahlreichen Lexika niedergeschlagen. (In der folgenden Übersicht wird auf eine Unterscheidung von Lexikon und Enzyklopädie verzichtet.)

Über die «Goldenen Jahre» der Rockmusik, über Rock 'n' Roll, gibt ein illustriertes Personenlexikon *Rock On* von Norman N. Nite (1974) Aufschluß. Neben den Biographien werden auch Schallplatten verzeichnet, allerdings nur die A-Seiten von → Singles, was angesichts der ausgesprochenen Singles-Ausrichtung des Rock 'n' Roll ein bemerkenswerter Mangel ist. Ebenfalls den fünfziger und beginnenden sechziger Jahren sind die Lexika von Len Brown/Gary Friedrich (*Encyclopedia of Rock and Roll*, New York 1970) und Graham Wood (*An A–Z of Rock and Roll*, London 1971) gewidmet. Wer sich für die sechziger Jahre, für die Zeit des britischen Beat und der frühen West Coast-Gruppen in den USA interessiert, wird in der 1969 erschienenen Enzyklopädie der inzwischen verstorbenen New Yorker Journalistin Lilian Roxon einen verläßlichen Leitfaden finden. Der Band, mehrfach nachgedruckt, überrascht auch heute noch mit seinen treffsicheren Stilbeschreibungen und der jeweils beigefügten Discographie, die auch Singles berücksichtigt. Roxons Augenmerk galt allerdings vor allem dem US-amerikanischen Beat, unter anderem den frühen → Punk-Rock-Gruppen. Die zahlreichen britischen Gruppen aus London, Liverpool und Manchester dagegen werden von ihr nur sparsam verzeichnet. Auch in der Überarbeitung (1978) durch Ed Naha wurde nicht anders gewichtet. Diese Lücke schließen Chris May und Tim Phillips mit ihrer Gemeinschaftsarbeit *British Beat* (1974), die sich bei jedem Studium der englischen Rockgeschichte als unentbehrlich erweist.

Einige deutschsprachige Nachschlagewerke sollten in der Bibliothek eines an Rock Interessierten nicht fehlen. Ingeborg Schobers *Rocklexikon* aus dem Jahre 1973, das mit Guy Peelaerts *Rock Dreams* zusammengebunden erschien, enthält mehr Stichwörter und verzeichnet in der Regel auch die Einzelstücke eines Albums. Dagegen hat das *Rock-Lexikon* von Siegfried Schmidt-Joos und Barry Graves (1973, erweiterte Auflagen 1975 und, dann zweibändig, 1990) den Vorzug, daß es eine fade Teenagersprache meidet und auch bei der Stilbeschreibung stets sachbezogen verfährt.

Obgleich Rockmusik eine angelsächsisch beherrschte Musikgattung ist, waren lexikalische Arbeiten in den USA und in Großbritannien zunächst nach Umfang recht bescheiden. Das enzyklopädische Handbuch des US-Amerikaners Irwin Stambler von 1974 ist eine akademische Fleißarbeit, die aber das Wesentliche häufig aus dem Auge verliert. Der Verfasser besitzt wenig Augenmaß für wichtig und unwichtig, behandelt infolgedessen uninteressante Bands mit großer Ausführlichkeit und spart bei manchen wichtigen Gruppen.

Der Rest der in den ausgehenden siebziger Jahren verfügbaren Lexika stammt aus England, so das handliche *New Musical Express Book of Rock* (1975, 2. Auflage 1977), das sich in seinen Werturteilen zumeist als fundiert oder doch wenigstens beherzigenswert erweist; zwar strebt es keine Vollständigkeit in der Discographie an, doch kann der interessierte Leser hier auch etwas über Rockgruppen finden, die er in anderen Lexika zumeist vergeblich sucht, beispielsweise über Bands der Canterbury-Scene. Eine Erweiterung dieses Lexikons stellt die *Illustrated New Musical Express Encyclopedia of Rock* von 1976 dar, die zahlreiche Fotos enthält und insbesondere zeichnerisch hervorragende Plattenhüllen bzw. Covers von musikalisch bedeutenden Platten farbig wiedergibt. Der Großband, optisch ausgezeichnet, überzeugt in seinen Texten dafür weniger. Sie sind allzu summarisch und vage. Selbst die dreibändige, von Phil Hardy und Dave Laing herausgegebene *Encyclopedia of Rock* (1976) ist weit entfernt davon, alle wesentlichen Gruppen samt deren Schallplatten zu verzeichnen. Sie enthält jedoch viele Angaben, die andernorts fehlen, und hat überdies den Vorteil, die Materie in drei geschichtlichen Perioden zu verarbeiten (Rock 'n' Roll, Liverpool bis San Francisco, die siebziger Jahre). Jim Miller hat 1976 eine *Rolling Stone Illustrated History of Rock & Roll* herausgebracht, die den Stoff unter enzyklopädischen Stichworten ordnet (die zweibändige deutsche Übersetzung erschien 1979 im Rowohlt Taschenbuch Verlag). 1983 erschien *The Rolling Stone Encyclopedia of Rock & Roll*, herausgegeben von Jon Pareles und Patricia Romanowski. Das Buch enthält nicht nur viele personenbezogene Artikel, sondern auch Sachartikel zu Stil- und Wirtschaftsgeschichte der Rockmusik. Zwar sind die Beiträge oft sehr knapp, scheuen aber nie eine klare Stellungnahme.

Das bisher umfangreichste Lexikon ist *The Penguin Encyclopedia of Popular Music*, herausgegeben von Donald Clarke, erschienen im Jahre 1989. Wie der Titel schon sagt, ist es der gesamten populären Musik, also auch Jazz, Country & Western, Blues usw. gewidmet. Auch in diesem Lexikon finden sich zahlreiche sachbezogene Artikel.

Die sprichwörtliche deutsche Gründlichkeit hat schon zu mehreren Lexika zur Rockmusik geführt, das obengenannte Lexikon von Schmidt-Joos / Graves blieb nicht das einzige. Speziell über bundesdeutsche Gruppen informiert ein Buch von Günter Ehnert (*Rock in Deutschland*, 1975, 2. Auflage 1979), der – selber Musiker – die Entwicklung der 1969 einsetzenden Rockmusik in stoffreichen Artikeln darlegt. Auch das insgesamt vierbändige *Rockmusik Lexikon* (1989) von Christian Graf ist ein Personen-Lexikon, das allerdings keine Sachartikel enthält.

Daneben existieren diverse Speziallexika, etwa über Country & Western (z. B. von Melvin Shestack), deren Besitz jedoch entbehrlich ist für den, der sich mit Informationen über Rock begnügen will. Alle bisher genannten Rocklexika sind, obwohl sie sich nicht so bezeichnen, Personenlexika, indem sie in der Hauptsache die Namen von Gruppen und Solomusikern enthalten, den künstlerischen Werdegang der Gruppen beschreiben und in der Regel auch eine Aufstellung der erschienenen Platten (Discographie) geben. Doch sowohl Produzenten, die nicht als Musiker hervorgetreten sind, und erst recht wichtige Personen der Schallplattenindustrie sucht man meist vergebens. Sachbegriffe werden, wenn überhaupt, nur beiläufig und kurz erläutert, sei es zwischen den Namen im Haupttext, sei es in einem beigegebenen Anhang. Ausnahmen bilden das 1977 in Wiesbaden erschienene Bändchen *Lexikon Pop*, das jedoch in seinem Untertitel (vgl. unten) allzuviel verspricht und in den Artikeln wenig einlöst; für den Rockkenner ist es wenig brauchbar.

L Barry Graves/Siegfried Schmidt-Joos: *Das neue Rock Lexikon*, 2 Bände (Reinbek 1990); Christian Graf: *Rockmusik Lexikon*, 2 Bände Europa (Hamburg 1986), 2 Bände Amerika (Hamburg 1989); John Pareles/Patricia Romanowski: *The Rolling Stone Encyclopedia of Rock & Roll* (London 1983); Lilian Roxon: *Lilian Roxon's Rock Encyclopedia* (New York 1969/1971); Lilian Roxon/Ed Naha: *Lilian Roxon's Rock Encyclopedia* (New York 1978); Nick Logan/Bob Woffinden: *The New Musical Express Book of Rock 2* (London 1973); Phil Hardy/Dave Laing: *The Encyclopedia of Rock Volume 1–3* (St. Albans 1976); Donald Clarke (Hg.): *The Penguin Encyclopedia of Popular Music* (London 1989); Matthias Herr: *Matthias Herr's Heavy Metal Lexikon Vol. 2* (Berlin 1990), *Vol. 3* (Berlin 1991)

Liederschreiber (engl. songwriter) ist ein Dichter und Komponist in einer Person (der verbreitetere Ausdruck «Liedermacher» zeugt von wenig Sprachgefühl). Trägt der Liederschreiber seine Gesänge selber vor, so spricht man von einem Sänger und Liederschreiber (singer/songwriter). Der Begriff verbindet sich häufig, doch nicht notwendigerweise, mit der Bedeutung von Protestlied oder Topical Song. Zu den bedeutenden Liederschreibern zählen Bob Dylan, Joan Baez, Phil Ochs, Leonard Cohen, Judy Collins, Carole King, Carly Simon, Cat Stevens, David Ackles, Kris Kristofferson, Suzanne Vega, Tracy Chapman und Michelle Shocked; im deutschsprachigen Raum beispielsweise Julius Schittenhelm, Hannes Wader, Wolf Biermann, Konstantin Wecker, Wolfgang Ambros und Manfred Maurenbrecher.

Diese Zusammenstellung zeigt schon, daß es mitunter willkürlich ist, wer als Liederschreiber bezeichnet werden kann und wer nicht. Niemand käme auf die Idee, etwa Peter Gabriel als singer/songwriter zu bezeichnen, obwohl ihn zumindest in dieser Eigenschaft nichts von beispielsweise Randy Newman unterscheidet. Der Ausdruck stammt denn auch aus einer Zeit, als die Rockmusik von Gruppen geprägt wurde. Trat ein Musiker dennoch mit einer Rockband auf, so wurde er zum singer/songwriter dadurch, daß er nicht ständig mit einer Band zusammenarbeitete.

Der Beiklang der Bezeichnungen Liederschreiber und singer/songwriter ist der eines Einzelgängers, der die Musik zur Thematisierung der unterschiedlichsten Sachverhalte benutzt und in der Wahl seiner musikalischen Mittel eher konservativ und handwerklich orientiert ist.

S *Singer Songwriter Project*, 1965 (USA: Elektra)

L Bob Sarlin: *Turn It Up! (I Can't hear the Words)* (London 1975)

Limiter begrenzt eine Tonspannung auf einen einstellbaren Wert. In Verstärkern, etwa in Mischpulten oder Endstufen, werden Limiter eingesetzt, um die Eingangsspannung nicht über einen Wert hinausgehen zu lassen, der zu Verzerrungen führen würde. (→ Kompressor)

Lineare Verzerrungen. Unter ihnen versteht man Amplituden- und Dämpfungsverzerrung sowie Phasen- und Laufzeitverzerrung (→ Verzerrungen).

Line Records (Line Music) wurde im Jahre 1979 von Uwe Tessnow in Hamburg gegründet. Die ersten beiden Veröffentlichungen des Labels waren Schallplatten von Link Wray und Mitch Ryder. In den Folgejahren konnte sich Line vor allem mit der Wiederveröffentlichung von Schallplatten einen Namen machen, die von den ursprünglichen Plattenfirmen aus dem Katalog gestrichen worden waren. Eine Wiederveröffentlichung ist möglich, wenn die Rechte an den Aufnahmen – in Form der Bänder – von der Plattenfirma an den Musiker zurückgegeben werden. So konnte Line z. B. die Platten von Lene Lovich, die zuerst bei Stiff erschienen waren, erneut veröffentlichen. Tatsächlich macht die Zahl der Reissues nur etwa die Hälfte aller von Line veröffentlichten Schallplatten aus; die anderen 50 % sind Neuveröffentlichungen. Line betreibt eine Vielzahl von eigenen Sublabels und vertreibt weitere Labels. Eigene Labels sind u. a. Beatline, Coline, Date, Gate, Linea, Monsun und Wired, vertrieben werden Blackberry Way, Grateful Dead, Jet, Pathfinder, Timeless, Transatlantic und Volt.

L *Mindrocker oder Sherlock Holmes auf Vinyl-Suche*, in: *Rock Session* 7 (Reinbek 1983)

Liner Notes. Mit dem Ausdruck, der dem Jazzbereich entstammt, wird eine einführende Würdigung auf der Plattenhülle bezeichnet. Der Text bezieht sich auf den Werdegang des Musikers, auf den Stellenwert der Platte in seiner künstlerischen Entwicklung und auf die Merkmale der Musik selbst. Liner Notes sind im Bereich der → Bildungsmusik und auch bei Jazz und Blues zu einer anspruchsvollen literarischen Gattung gewachsen, die Sachkenntnis und Fähigkeit zu knapper und genauer schriftlicher Mitteilung voraussetzt. Solche einführenden Texte stammen zumeist von ernstzunehmenden Musikkritikern und von Musikwissenschaftlern; in den USA werden die besten Liner Notes jährlich ausgezeichnet.

In der Rockmusik spielen Liner Notes nur eine untergeordnete Rolle – auf den meisten Platten wird darauf verzichtet. Zwar konnte sich in den siebziger und achtziger Jahren immerhin durchsetzen, die Texte der Songs abzudrucken, und auch die an der Plattenaufnahme beteiligten Musiker und Tontechniker werden meistens genannt; kuriose Ausmaße nehmen bisweilen die Danksagungen an beinahe jedermann an. Zur Musik selbst finden sich jedoch nur selten Texte, und noch seltener setzen sie sich ernsthaft mit der Musik auseinander. Häufig werden sie von einem der Musiker selbst geschrieben, seltener vom Produzenten der Platte und in einigen wenigen Fällen von einem Angestellten der Plattenfirma oder einem Musikjournalisten. Informative Liner Notes kann man auf Wiederveröffentlichungen oder

→ Samplern finden; beispielsweise erschien im Jahre 1975 eine Schallplattenserie mit dem Titel *The Immediate Story*, deren erstes Doppelalbum der Band The Nice gewidmet war. Die Liner Notes zeichnen nicht nur den Weg der Band nach, sondern stellen auch den Zusammenhang zwischen Label und Band her. Lediglich zum Schluß des Textes tauchen die Allgemeinplätze von Rock-Liner Notes wieder auf: da ist von einem «musikalischen Trip», von «kreativer Magie» und von einem «zeitlosen Album» die Rede. Ohne unnötige Übertreibungen kam Brian Hogg aus, als er für die LP *Overnight Sensation – The Very Best Of The Raspberries* der Raspberries die Geschichte der Band schrieb. Auf die Musik der Band geht Hogg nur am Rande ein.

Mitunter verfassen Rockmusiker selbst die Liner Notes, so etwa Gary Brooker von Procol Harum, der einen kurzen Text für die LP der Gruppe *Live – In Concert With The Edmonton Symphony Orchestra* schrieb: Der Text entstand kurz vor dem Konzert und ist geprägt von einem gewissen Lampenfieber; Brooker schreibt vor allem über einige technische Aspekte und über seine Hoffnung auf ein gelingendes Konzert. Nicht wirkliche Liner Notes sind beispielsweise die Texte, die Bandmitglieder, Roadies und Manager der US-amerikanischen Band Little Feat für die Platte *Hoy-Hoy!* schrieben (oder schreiben ließen). Zu jedem der auf dieser Platte vertretenen Songs gibt es eine Anekdote oder einen Gedanken zu dem verstorbenen Leader der Band, dem Gitarristen und Sänger Lowell George. Dabei geht es mehr als einmal um die Musik, und so bilden diese Texte tatsächlich eine Einheit mit der Platte, die zum Gedenken an den Musiker Lowell George entstand.

Auch Stings Texte zu seiner LP *...Nothing Like The Sun* sind keine Liner Notes im beschriebenen Sinn, zumeist lassen sie die Musik völlig außer acht. Vielmehr scheinen sie so etwas wie die Erinnerung an die Inspiration zu diesem oder jenem Song zu sein.

Literarisch anspruchsvolle Texte wie bei Liner Notes von Ralph J. Gleason, Nat Hentoff oder Uwe Nettelbeck sind ausgesprochen selten. Einige Liner Notes auf Rockplatten parodieren geradezu die überkommenen Formen der Liner Notes, so etwa die der Residents auf der LP *Meet The Residents*, die folgerichtig mit «Original Liner Notes» unterschrieben sind. Im Schlußsatz spricht der Text dann auch die Gewißheit aus, daß der Hörer bald die Melodien der Residents pfeifen wird.

Diese wahllos herausgegriffenen Beispiele lassen im Grunde nur zwei Schlüsse zu: entweder sind Liner Notes mehr oder weniger Werbetexte, die für eine Sache werben, die besser selbst für sich wirbt, oder aber sie zeigen die Aversion der Musiker dagegen, ihr Tun auch noch erklären zu lassen oder gar selbst zu erklären.

S *(Almost) Everybody Slides*, 1990 (F: Sky Ranch); *The Immediate Story: The Nice*, 1975 (USA: Sire/ABC); Raspberries: *Overnight Sensation*, o. J. (GB: ZAP!); Procol Harum: *Live – In Concert With The Edmonton Symphony Orchestra*, o. J. (D: Chrysalis); Little Feat: *Hoy-Hoy!*, 1981 (D:

WEA); The Residents: *Meet The Residents*, 1979 (USA: Ralph Records)

Live heißt eine Veranstaltung, bei der – im Gegensatz zur Schallplattenmusik einer Discothek – die Rockmusiker persönlich auftreten. Für das Live-Konzert ist es charakteristisch, daß alle Tonereignisse in der Gegenwart des Publikums hervorgebracht werden. Live ist allerdings ein schillernder Begriff, wenn es um Rockmusik geht. Die Authentizität, die ein Rockkonzert und dann auch eine eventuell aufgenommene Schallplatte suggerieren, ist im Zeitalter der Sampler (→ Sampling) fragwürdig geworden. Diverse Rockgruppen haben zu früheren Zeiten schon auf vorproduzierte Tonbänder zurückgegriffen, wenn bestimmte Abschnitte von Songs oder ganze Kompositionen von ihnen auf der Bühne nicht gespielt werden konnten; instrumentales Unvermögen muß dabei gar nicht die Ursache sein. Vielmehr hatte die Rockmusik bereits zu Zeiten der Beatles einen produktionstechnischen Stand erreicht, der es den vier oder fünf Musikern unmöglich machte, ihre Songs auch im Konzertsaal spielen zu können. Die Erwartungshaltung des Publikums wiederum stand der naheliegenden Idee, die Songs den Verhältnissen anzupassen, entgegen. So fügten Gruppen wie Queen, The Electric Light Orchestra und viele andere Tonbandaufnahmen in ihre Konzerte ein; wieder andere versteckten weitere Musiker am Bühnenrand. Die Entwicklung von digitalen → Synthesizern, vor allem aber von Musikcomputern wie dem → Fairlight und dem → Synclavier ermöglichten es interessierten Bands, schwierige Songs oder Teile davon wie auch bestimmte Klänge – etwa Streicher und Bläser – schallplattengetreu im Konzertsaal zu reproduzieren. Mitunter wurde dieses Prinzip für komplette Auftritte angewandt – doch nimmt sich der Streit etwa um Milli Vanilli wie ein Sturm im Wasserglas aus: Was die Protagonisten dieser Gruppe, Rob und Fab genannt, taten, war nichts anderes, als es viele veritable Bands auch taten und tun. Das Dilemma, das sich vielen Musikern auftut, ist nämlich nicht nur Musik machen zu müssen, die dem Vergleich mit der Schallplatte standhält, sondern dazu auch noch zu tanzen und insgesamt so auszusehen, als sei all das die leichteste Sache der Welt – ein Publikum, das dies erwartet, darf sich nicht wundern, wenn es mit Hilfe der Technik getäuscht wird. So sind auch Live-Schallplatten, Platten also, die ein Konzert dokumentieren, unter Vorbehalt zu betrachten. Die nachträgliche Manipulation ist üblich und wird mitunter auch unverhohlen – etwa von Frank Zappa – zugegeben und bewußt praktiziert. Aber auch wenn es nicht auf dem Cover vermerkt ist, werden Live-Aufnahmen einer Nachbehandlung im Studio unterzogen und neu gemischt. Was wirklich in einem Konzert geschah, läßt sich auch für den Augen- und Ohrenzeugen nicht überprüfen: Denn es ist üblich, nicht etwa einen einzigen Auftritt zu dokumentieren, sondern eine Live-Platte aus vielen Konzertsaal-Aufnahmen zusammenzustellen. Angesichts der vom Hörer verlangten Perfektion waren Live-Aufnahmen zur Zeit der Einführung der → Compact Disc seltene Ausnahmen.

Lizenz heißt eine Rechtsbefugnis, die einem anderen übertragen wird, speziell die Erlaubnis, ein bestehendes Nutzungsrecht gegen eine Lizenzgebühr auszuüben. Von praktischer Bedeutung sind im Rockbereich die Lizenzverträge unter Plattenfirmen und -labels, die festlegen, daß eine Firma das Recht erhält, → Singles, → LPs, → CDs oder → Musi-Cassetten mit Einspielungen zu veröffentlichen und zu vertreiben, deren Copyright bei der lizenzgebenden Firma liegt. Die zu entrichtenden Gebühren, welche der Urheber, die Plattenfirma und der Musikverlag erhalten, werden in der Regel von der jeweiligen Verwertungsgesellschaft (in der BRD von der → GEMA) verwaltet.

London ist ein Unterlabel von → Decca Records.

Love-In. In den Jahren der -Ins (Sit-In, Teach-In usw.) bezeichnete «Love-In» Zusammenkünfte, Begegnungen und Festivals, deren ausgesprochene Zielsetzung in Friedfertigkeit, gegenseitiger Toleranz und kollektivem Vergnügen – auch an Rockmusik – bestand. Solche spontanen Zusammenkünfte, die einer umständlichen Vorbereitung und Organisierung nicht bedurften, ereigneten sich um 1966/67 in San Francisco und Umgebung häufig und wurden in vielen Städten der USA und Europa nachgeahmt. Hochgesteckte ästhetische Erwartungen wurden nicht erfüllt, Love-Ins sollten vielmehr Geselligkeit und Entspannung fördern. Ein schicker Name also für ein altes Bedürfnis von Studenten, Schülern, Musikern, Kritikern und vielen Lebenskünstlern (→ Flower Power). Über ein Love-In im Elysian Park von Los Angeles berichtet die Cover-Rückseite der Platte:

S *West Coast Love-In*, o. J. (USA: Vault)

LP (Long Play, Long Player) ist die übliche Abkürzung für die seit 1951 industriell verbreitete Kunststoff-Langspielplatte von 30 cm Durchmesser, die sich mit einer Geschwindigkeit von 33⅓ Umdrehungen in der Minute dreht (frühe Langspielplatten des IC-Labels drehen sich mit 45 Umdrehungen in der Minute). Beide Merkmale, Größe und Drehgeschwindigkeit, gehören zum Begriff der LP. (Edison hatte die Langspielplatte bereits 1926 eingeführt, RCA 1931, letztere schon mit der 33er Geschwindigkeit; beide Verfahren scheiterten an technischen Schwierigkeiten.) Die 12″-Single (Twelve-inch-single) hat die Größe einer LP (Durchmesser ebenfalls 30 cm), dreht sich aber mit 45 U/min und heißt Maxi-Single (→ Single) oder Disco-Single, erfüllt aber die Kriterien einer Single. Andererseits gibt es auch Singles von normalem Durchmesser (17 cm), die mit 33⅓ U/min laufen, etwa von Rare Bird (GB: Polydor 1972). Schließlich gibt es sogenannte Medium Play-Langspielplatten von 25 cm Durchmesser (33⅓ U/min), die vereinzelt Anfang der achtziger Jahre auch mit Rockmusik bespielt auftauchten, etwa von Klark Kent (Stewart Copeland) (GB: A&M 1980), Rickie Lee Jones, *Girl at her Volcano*, 1983 (D: WEA) oder der bundesdeutschen Band Aroma Plus (*Liechtenstein*, 1980). (→ Battle of Speeds)

L Martin Elste: *Kleines Tonträger Lexikon* (Kassel 1989)

Lyricon ist eine Kombination von Synthesizer und Rohrblattinstrument. Das einer Klarinette bzw. einem Saxophon vergleichbare Instrument besitzt ein System von Klappen, mit deren Hilfe elektrische Kontakte hergestellt und unterbrochen werden. Unter dem Blatt ist ein sogenannter «Reed Transducer» mit der Funktion eines Sensors angebracht, der den Lippendruck in ein elektrisches Signal umsetzt und Tonhöhenänderungen bis zu einer Oktave bewirkt. Ein zusätzlicher Wandler («Wind Transducer») verwertet die verschiedenen Stärkegrade der Luftzufuhr und regelt, diesen entsprechend, sowohl die Lautstärke wie die dynamische Kurve (attack, sustain, delay), außerdem aktiviert er verschiedene Klangfilter. Mit Hilfe des in einer Konsole untergebrachten Synthesizers, an den das Instrument angeschlossen ist, kann man den Tonvorrat wesentlich erweitern und alle wichtigen Klangeffekte allein durch den Lippendruck, durch die Regelung der Luftzufuhr sowie durch das Fingerspiel erzeugen; eine direkte Bedienung von Synthesizer-Knöpfen und von Fußschaltern erübrigt sich also.
Die Möglichkeiten des früheren Modells Lyricon I werden durch Lyricon II und durch einen «Wind Synthesizer Driver» wesentlich erweitert, wobei der Driver nur in Verbindung mit einem bereits vorhandenen Synthesizer verwendet werden kann. Ein Lyricon ist auf dem Umschlag des Buches *Electronic Music* des Roxy Music-Saxophonisten Andy Mackay zu sehen; Mackay setzte das Instrument auch einige Male ein.
Die Idee der Verbindung eines Holzblasinstrumentes mit einem Synthesizer wurde nach der Einführung von → MIDI wieder aufgegriffen und führte zu einem in der Spieltechnik dem Saxophon gleichenden MIDI-Blasinstrument, das sich bisher allerdings nicht recht durchsetzen konnte.

S Weather Report: *Black Market*, 1976 (NL: CBS); Aera: *Türkis*, 1979 (D: Erlkönig)

Lyrics ist die englische Bezeichnung für Liedtext. Lyrics ist eine Gebrauchsliteratur, deren Funktion in der Vertonung besteht. Die gestellten Ansprüche sind in der Regel dementsprechend bescheidener als bei der Dichtung, der Poetry. Dennoch haben Rockmusiker immer wieder mit ihren Texten die Grenzen zur Dichtung durchbrochen, Chuck Berry wie John Lennon, Lowell George wie Howard Devoto. Einige Textdichter haben so eng mit Rockmusikern zusammengearbeitet, daß man sie als reguläre Gruppenmitglieder rechnen muß, so etwa Pete Sinfield (King Crimson, Emerson, Lake and Palmer), Robert Hunter und John Barlow (Grateful Dead) und Keith Reid (Procol Harum). Die Musik von Elton John schließlich ist undenkbar ohne die Texte von Bernie Taupin.

M

Magnettongerät (engl. tape recorder) ist eine Einrichtung, mit deren Hilfe elektrische Spannungen auf einem magnetisierbaren Polyesterband gespeichert werden können; bei herkömmlichen Magnettongeräten handelt es sich bei den Spannungen um Tonfrequenzspannungen, bei digital arbeitenden Geräten sind es Impulsfolgen von Spannung ein/aus, die mit Digital/Analog-Konvertern wieder zu akustischen Ereignissen umgeformt werden müssen.

Das technische Prinzip der Aufzeichnung ist allerdings gleich: Eine Spannung wird verstärkt an einen Tonkopf, den Aufnahmekopf, weitergeleitet. Bei diesem Aufnahmekopf handelt es sich um einen in etwa hufeisenförmigen Elektromagneten, dessen Polschuhe allerdings sehr eng beieinanderstehen; an diesem Spalt wird das Tonband, das mit einer magnetisierbaren Schicht versehen ist, mit konstanter Geschwindigkeit vorbeigezogen. Im Heimton-Bereich (Spulen-Bandgeräte) sind die Geschwindigkeiten 9,53 cm oder 19,05 cm pro Sekunde üblich, vereinzelt gibt und gab es auch die Geschwindigkeiten 2,4 cm und 4,76 cm pro Sekunde. Da von der Bandgeschwindigkeit aber Frequenzbereich und Dynamik abhängig sind, sind langsamere Bandgeschwindigkeiten nur für Sprachaufnahmen einsetzbar, HiFi-Qualität ist vor allem mit 19,05 cm/sec zu erreichen. Cassetten-Tonbandgeräte arbeiten mit der Geschwindigkeit von 4,75 cm/sec, für einige Anwendungsbereiche (→ Home Recording) auch mit 9,5 cm/sec. Studiobandgeräte arbeiten dagegen mit den Geschwindigkeiten von 38,1 oder 76,2 cm/sec. Bei digitalen Tonbandgeräten befindet sich der Aufnahmekopf auf der Peripherie einer rotierenden, schräg zum Band versetzten Trommel; das Band wird mit schräg zu seinen Längskanten verlaufenden «Streifen» magnetisiert. Auf diese Weise können sehr viele Informationen auf dem Band aufgezeichnet werden. Das Tonband selbst lagert aufgerollt in einer → Compact Cassette, einer DAT-Cassette, auf Spulen von 8 bis 26,5 cm Durchmesser oder als freitragender Wickel auf einem «Bobby» genannten Kern. Seine Breite beträgt beispielsweise für Spulentonbandgeräte 6,25 mm, doch werden für Cassettengeräte schmalere und für Mehrspurgeräte breitere Bänder verwendet.

Bei Mehrspurgeräten ist nicht nur ein Magnet im Aufnahmekopf angeordnet, sondern mehrere (z. B. 8, 12, 24). Entsprechend bestehen auch die Wiedergabeköpfe aus ebenso vielen Elektromagneten, deren Aufgabe es ist, die auf dem Band aufgezeichneten Spannungsschwankungen abzutasten. Vor einer Aufnahme ist es allerdings notwendig, das Band vorzumagnetisieren. Dazu wird es von einem Löschkopf mit Spannung, deren Frequenz deutlich über dem Hörbereich liegt, magnetisiert; dabei richten sich die magnetisierbaren Teilchen auf dem Band bereits aus. Erst danach erfolgt die eigentliche

Aufnahme. Die Reihenfolge der Köpfe auf der Trägerplatte ist also: Löschkopf, Aufnahmekopf (auch: Sprechkopf) und Wiedergabekopf (auch: Hörkopf).
Im Heimgeräte-Bereich sind vor allem Zwei- und Vierspurgeräte üblich, wobei jeweils dem rechten und linken Kanal bei stereophoner Aufnahme und Wiedergabe eine Spur zugewiesen wird. Cassettengeräte sind immer Vierspurgeräte; Vollspurgeräte sind nicht mehr üblich, weil Aufnahmen durchweg stereophon durchgeführt werden. In den achtziger Jahren konnte bei gleichbleibender Breite des Tonbandes die Zahl der verwendbaren Spuren stetig erhöht werden. So können auf einem üblichen Band von 6,25 mm Breite durchaus acht Spuren Platz finden. Die dadurch auftretenden technischen Nachteile werden von Studios allerdings nicht in Kauf genommen, denn die Qualitätsanforderungen an hochwertige Aufnahmen – die ja die Grundlage von Schallplattenveröffentlichungen sind – können von derartigen Bandgeräten nicht erfüllt werden. Für den Bereich des Home Recording allerdings ist die Qualität ausreichend (von diesen Bändern werden in der Regel auch keine Schallplatten veröffentlicht).
Qualitativ hochwertige Bandgeräte besitzen drei Motoren: je einen für schnellen Vorlauf und Rücklauf und den eigentlichen Tonmotor, gegen dessen mit hoher Konstanz laufender Welle das Band von einer Andruckrolle gepreßt wird. Die Welle des Tonmotors befindet sich zumeist in unmittelbarer Nähe zu den Tonköpfen. Studiobandgeräte lassen sich sehr leicht steuern und weisen jeden Komfort auf, zu dem nicht nur eine Fernbedienung gehört, sondern auch ein sogenannter Autolocator, der es ermöglicht, das Gerät nach einer zuvor festgesetzten Stelle des Bandes suchen zu lassen. Auch die Bandgeschwindigkeit dieser Geräte ist in gewissen Grenzen regelbar; dies dient vor allem dazu, geringe Tonhöhenunterschiede auszugleichen.
Das Tonbandgerät in seiner heutigen Form wurde von der deutschen Firma Telefunken entwickelt. Weitere Hersteller von Tonbandgeräten sind: (Heimton-Bereich) Yamaha, Technics, Sony, Grundig u. a., für den Home Recording-Bereich Teac/Tascam, Fostex, Akai, Yamaha u. a. und für den professionellen Bereich Studer (Revox), Otari, Mitsubishi und Telefunken. Digitale Bandgeräte werden beispielsweise von Sony hergestellt.

Mandoline ist ein Lauteninstrument, das die einst ausgedehnte Familie der Lauten heute allein überlebt hat. Geschichtlich unterscheidet man eine inzwischen veraltete Mailänder Mandoline von der auch heute noch (besonders im südlichen Italien) gebräuchlichen neapolitanischen Mandoline. Letztere hat vier oder fünf Doppelsaiten, wobei die jeweiligen Saitenpaare im Einklang stehen. Die Stimmung ist wie bei der → Violine g d^1 a^1 e^1 (neapolitanischer Typus) bzw. g h e^1 a^1 d^2 e^2 (Mailänder Typus). Das Instrument wird mit einem Plektrum gespielt, die rasche Handbewegung ergibt den für die Mandoline charakteristischen Tremoloeffekt; diese Spieltechnik gehört auch zum Repertoire manches Rockgitarristen. Als Volksinstrument ist die Mandoline nach wie vor in Italien lebendig, wo sie als ein Melodieinstrument meistens von einer Gitarre begleitet wird. Durch die europäischen Eroberer bzw. Einwanderer ist sie auch in Nord- und Südamerika bekannt und wird sogar in der Rockmusik und keineswegs nur in der von der Volksmusik inspirierten herangezogen. Beispiele finden sich bei Ry Cooder (–, 1971: USA: Reprise), bei REM (*Out of Time*, 1991, GB: Warner), bei Elvis Costello und Kate Bush. Verwandt mit der Mandoline ist das Bouzouki (von albanisch «buzuk») genannte Saiteninstrument, das ebenfalls vier Saiten aufweist, jedoch größer und schlanker als die Mandoline ist und durch das bauchige Corpus direkt an die Laute erinnert. (Beispiel: «Bend It» von DAVE DEE, DOZY, BEAKY, MICK & TICH, 1966)

Manual (von lat. manualis, Hand-) ist die bei den Tasteninstrumenten angebrachte Klaviatur für die Hände, im Gegensatz zum → Pedal. Neben einmanualigen Klaviaturen gibt es zwei- und dreimanualige Anordnungen bei Orgel und Cembalo. Der Tonumfang (die Anzahl der Oktaven) ist unterschiedlich. Die sieben weißen Tasten gelten für die Töne der C-Dur-Tonleiter (c d e f g h), die fünf schwarzen für die übrigen Töne des zwölfstufigen Systems (cis/des, dis/es, fis/ges, gis/as und ais/b).

Maracas (in der Mehrzahl) ist ein lateinamerikanisches Rasselinstrument, das auch als Rumbakugeln bekannt ist. Zwei kleinere Kalebassen werden ausgehöhlt, mit Steinchen oder Samenkörnern gefüllt und je an einem Stiel befestigt. Der Spieler hält eine Maracas in jeder Hand und schüttelt sie, die Schlagzeiten des Takts verstärkend. Der Klang der Maracas ist hell, scheppernd und von unbestimmter Höhe. Das Instrument wird mit Vorliebe im Latin Rock, im → Jazz-Rock und im → Western Swing verwendet.

Marimba ist ein afrikanisches und aus Afrika nach Lateinamerika gebrachtes Holzklavier-Schlaginstrument, das sich vom europäischen → Xylophon vor allem darin unterscheidet, daß unter jeder Holzplatte eine ausgehöhlte Kalebasse als Resonator angebracht ist. Die auf einem Rahmengestell befestigte Klaviatur wird mit Stäben oder Klöppeln geschlagen. Eine verbesserte Form dieses Instrumentes stellt das Marimbaphon dar, das (dem → Vibraphon ähnlich) Resonanzröhren aus Leichtmetall besitzt. Das Marimbaphon wird z. B. auf Terry Rileys LP *In C* von 1964 verwendet (USA: Columbia).
Marimba und Marimbaphon werden von einigen Rockgruppen bevorzugt mit Hilfe von → Synthesizer oder Sampler (→ Sampling) nachgeahmt; Beispiele bietet etwa die LP *Tin Drum* von JAPAN (1981, F: Virgin).

Marquee Club, London, ursprünglich in der Oxford Street, später in Soho in der Wardour Street 90, dann Charing Cross Road 105, ist ein auch heute noch bestehendes Lokal, in dem zunächst nur Jazzmusiker, dann zunehmend auch Blues- und Rockgruppen auftraten (YARDBIRDS, ROLLING STONES, CREAM, TRAFFIC usw.). Das verhältnismäßig kleine Lokal engagierte Ende der siebziger Jahre vor allem Londoner Punk-Gruppen und bot vielen jungen Bands eine Auftrittsmöglichkeit. Diese Linie vertritt der Marquee Club auch heute noch.

Marshall-Verstärker gehören zur Rockmusik wie Fender-Gitarren und Ludwig-Drums. Die Firma, die neben den Verstärkern auch Lautsprecherboxen herstellt, wurde im Jahre 1962 von Jim Marshall in London gegründet; das Unternehmen hat seinen Sitz heute in Bletchley. Die Gitarren- und Baß-Verstärkeranlagen Marshalls bestehen in der Regel aus einem Verstärker-Top-Teil von 50 oder 100 Watt Leistung (Baß bis 300 Watt) und ein oder zwei Lautsprecherboxen. Typisch sind die Gitarren-Lautsprecherboxen, deren leicht identifizierbarer Klang von vier 12-Zoll-Lautsprechern der Firma Celestion herrührt. Je zwei dieser Boxen – eine davon mit in der oberen Hälfte abgeschrägter Schallwand – sowie der Verstärker ergeben den bekannten «Marshall-Turm», der Ende der sechziger Jahre bei jedem Rockkonzert zu sehen war. Marshall-Verstärker sind Röhrenverstärker von einfacher, aber robuster Schaltung; die Firma stellt allerdings auch Transistorverstärker her. Marshall-Verstärker wurden von beinahe jedem Rockgitarristen schon einmal verwendet, so etwa von Jimi Hendrix, Pete Townshend, Jimmy Page, Roy Orbison, John Watts, MOTÖRHEAD u. a. Das typische, kaum veränderte Design der Verstärker und der Boxen wurde von Firmen wie Hiwatt, Sound City, Stramp und anderen kopiert. (→ Verstärker)

L Harold Mac Wonderlea: *25 Jahre Röhrenpower*, in: Fachblatt Musik Magazin 11/87

Masterkeyboard wird ein mit einer Tastatur versehenes Steuergerät bezeichnet, von dem aus verschiedene Instrumente – Synthesizer, Sampler, Drumcomputer usw. – gesteuert werden. Der Verbindung der Instrumente untereinander dient üblicherweise die MIDI-Einrichtung. Masterkeyboards verfügen zwar über keine eigene Tonerzeugung, haben in der Regel aber einen größeren Tastaturumfang als übliche Keyboards und häufig mechanisch hochwertige, einer Klaviermechanik nahekommende Tastaturen.

Master Tape → Abmischung

Maultrommel (Brummeisen, engl. jew's harp) ist ein im Alpengebiet, aber auch außerhalb von Europa verbreitetes Metallinstrument, das aus einem Stahlbügel von unterschiedlicher Größe und einer Stahlzunge besteht; letztere endet in einem hochgebogenen Haken. Der Rahmen wird an den Mund geführt und mit den Zähnen festgehalten, die freistehende, hervorstechende Metallzunge zupft man mit einem Finger. Durch Veränderung der Mundhöhle, die als Resonator dient, werden unterschiedliche → Teiltöne aus dem Obertonspektrum herausgefiltert (→ Filter). So können einfache diatonische Melodien gespielt werden. In Asien und in Ozeanien werden die Maultrommeln aus Holz gefertigt. Die Maultrommel ist in der Rockmusik als ein Kuriosum anzusehen. Beispiele bei THE LOVIN' SPOONFUL («Henry Thomas» auf der LP *Hums*, 1966) und WITTHÜSER & WESTRUPP (zu Beginn der LP *Der Jesuspilz*, 1971).

Maxi-Single → Single

MC ist die Abkürzung von Master of Ceremony und wird häufig von Hip Hop-Musikern wie ein Titel vor den eigentlichen Namen gestellt, der wiederum zumeist der Phantasie entsprungen ist – etwa MC Hammer. Die Bezeichnung Master of Ceremony geht auf die Anfänge des → Rap zurück, als in New Yorker Discotheken eine Art Conferencier zu der schon laufenden Musik dem Publikum bekanntgab, in welcher Discothek man sich aufhielt, wer der Disc Jockey war und was man zu erwarten hatte.

MCPS → GEMA

Mediante heißt in der älteren Musiktheorie die → Terz, die zwischen dem Grundton und der Quinte liegt (Mediante = das dazwischen Liegende). Heute verwendet man den Begriff, um Akkorde zu bezeichnen, die auf der Ober- und Unterterz einer Tonart entstehen; die Terz kann dabei erhöht oder erniedrigt werden. In der Tonart C-Dur z. B. bilden die Dreiklänge E-Dur, e-Moll, Es-Dur, es-Moll, A-Dur, a-Moll, As-Dur und as-Moll mediantische Akkorde. Mit Hilfe mediantischer Durchgangsakkorde, die bei einigen Komponisten (Franz Liszt, Richard Strauss) stilprägend waren, kann eine verkürzte, rückungsartige Modulation erfolgen (→ Rückung), etwa von C-Dur in g-Moll:

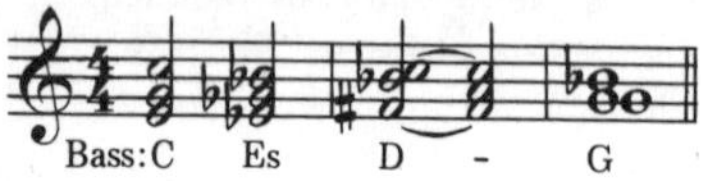

Meditativer Rock kam am Ende der sechziger Jahre auf, als indische Lebensweisheit vom Hörensagen auch in Europa und den Vereinigten Staaten einige Verbreitung fand, → Sitar als ein modisches Instrument allenthalben verwendet wurde und der in seinem Lebenswandel wie in seinem Geschäftsgebaren gleichermaßen rätselhafte Yogi Maharishi führende Rockmusiker zu beeinflussen wußte. Abgesehen von den hypnotisch wirkenden Resonanzsaiten der Tambura verstand man unter meditativem Rock ausgedehnte Kollektivimprovisationen mit akustischen, elektrisch verstärkten und elektronischen Instrumenten; Strukturzusammenhänge und formale Gliederung galten dabei als unwesentlich. Verdunkelte Räume, indische Räucherstäbchen und Haschischrauchen bildeten die Begleiterscheinungen solcher Meditation. Ungewiß bleibt freilich, ob die Hörer tatsächlich Meditation vollzogen haben über Gegenstände, über die nachzudenken sich lohnt. Vielfach dürfte Meditation der schönfärberische Ausdruck für Dösen gewesen sein. HAWKWIND, QUINTESSENCE, AUM, in der Bundesrepublik Deutschland etwa

XHOL CARAVAN zählten zu den Gruppen, deren Musik als meditativ galt. Die Plattenindustrie griff das Etikett auf und lieferte in kürzester Zeit den Nachweis, daß der Ausdruck aufgeblasen und inhaltsleer ist. Tony Scotts Meditationsplatten sind ein geeigneter Gegenstand, an dem Sinn und Unsinn von meditativer Musik diskutiert werden kann.
Wenn die Bezeichnung meditativer Rock schon Anfang der siebziger Jahre kaum mehr verwendet wurde – bestenfalls für einzelne Stücke –, so gab und gibt es die Sache selbst in Form einer Musik, deren Funktion das Schaffen einer Stimmung ist. In diesem Sinne wurde die elektronische Musik etwa von TANGERINE DREAM, Klaus Schulze und einigen anderen bundesdeutschen Musikern von vielen Hörern als eine Klangtapete zum Feierabend verwendet. In jüngster Zeit wird der Musik, die im Zusammenhang mit → New Age entsteht, eine ähnliche Aufgabe zugewiesen. Wenn auch der Zusammenhang mit Rockmusik nicht zu übersehen ist – häufig waren diese Musiker Rockmusiker gewesen –, so ist es durchaus fraglich, ob diese Musik überhaupt Rockmusik ist.

S Tony Scott: *Music for Zen Meditation and Other Joys*, 1965 (D: Verve); ders.: *Music for Yoga Meditation and Other Joys*, 1968 (GB: Verve)

Medley ist eine Art → Potpourri, das Zusammenfügen von musikalischen Teilen zu einer Komposition, die nach Absicht und Entstehungsumständen nicht zusammenhängen. In diesem Sinne verwendete der frühere Beatle Paul McCartney das Wort, als er über das Stück «She Came In Through The Bathroom Window» sagte: «This forms part of a medley of songs which is about 15 minutes long on *Abbey Road*. We did it this way because both John and I had a number of songs which were great as they were but which we'd never finished» (zitiert nach *The Beatles Illustrated Lyrics*, vol. 2, hg. von Alan Aldridge, London 1971, S. 76). Ein «Little Richard Medley» ist auf dem Album *Delaney & Bonnie & Friends on Tour with Eric Clapton* (1970) enthalten.

Mehrstimmig → Polyphon

Mellotron ist ein Tasteninstrument, das im Gegensatz zu anderen Tasteninstrumenten nicht auf dem Prinzip angeschlagener oder angerissener Saiten, geblasener Pfeifen und Zungen oder elektrisch betriebener Generatoren beruht, sondern mit Tonbandwiedergabe arbeitet (→ Magnettongerät). Es ist also kein Synthesizer, noch nicht einmal ein Vorläufer. Jede Taste ist mit einem auf Tonband gespeicherten Ton verbunden, der seinerseits in mehrere Klangfarben aufgeteilt ist (Streicher, Blechbläser, Holzbläser). Bei diesen Klängen handelt es sich um Tonbandaufnahmen von authentischen Instrumenten. Durch Drücken der Tasten werden die betreffenden Tonbänder einzeln abgerufen. Hierbei erklingen die Töne maximal 8 Sekunden lang; nach dieser Dauer muß der Spieler die gedrückte Taste loslassen und erneut niederdrücken.
Dem Spieler stehen bei einem Mellotron zwei Manuale zu je 35 Tasten

zur Verfügung; auf jedem Band sind drei Spuren aufgenommen, die wiederum sechs verschiedene Klänge enthalten können. Die Klänge können Einzelstimmen sein oder aber komplette Ensembles, so daß sich mit Hilfe eines Mellotrons ein quasi authentisches Orchester zusammenstellen ließe.

Das Instrument wurde im Jahre 1962 von den Brüdern Norman, Frank und Leslie Bradley in Birmingham entwickelt und trug zunächst den Namen The Chamberlain (dieses Instrument wird in dem Song «Miss Macbeth» auf dem Album *Spike* [1989 von Elvis Costello] eingesetzt). US-amerikanische Finanziers, darunter der Bandleader Eric Robinson (von dessen Orchester die grundlegenden Bänder für das Mellotron eingespielt wurden), unterstützten die Bradley-Brüder. 1964 wurde das erste Instrument dieser Bauart unter dem Namen Mellotron Mark I vorgestellt, auf Grund verschiedener technischer Mängel bald umgebaut und als Mellotron Mark II verkauft. Dies ist auch das in der Rockmusik gebräuchliche zweimanualige Instrument. Ein einmanualiges Instrument wurde 1970 als Mellotron 400 auf den Markt gebracht.

Mit dem Siegeszug der Synthesizer – in diesem Falle besonders der String Synthesizer – wurde das Mellotron rasch aus der Rockmusik verdrängt; es war zu schwerfällig, zu eingeschränkt in den Klangmöglichkeiten auf die eingebauten Tonbänder und letztlich auch mechanisch zu kompliziert und anfällig. Zwar gab es in den siebziger Jahren mehrmals Wiederbelebungsversuche – so wurde ein Nachfolgetyp des technischen Prinzips als Novatron verkauft, und in die Entwicklung eines weiteren, mit wechselbaren Tonbandkassetten arbeitenden Nachfolgers, Birotron genannt, investierte der Keyboard-Spieler von Yes, Rick Wakeman, viel Geld und Zeit –, doch holte die Entwicklung der Sampler (→ Sampling) zu Beginn der achtziger Jahre das Instrument abermals, und diesmal endgültig, ein.

Das Mellotron fand vor allem bei den Gruppen Sympathie, die sich stilistisch im Kulturrock oder, negativer: Kunstgewerbe-Rock bewegen, ermöglichte es ihnen doch, massive orchestrale Klänge nachzuahmen. So ist das Instrument auf Platten von The Moody Blues, Genesis, Gentle Giant, Yes und King Crimson zu hören, mit «Nights in White Satin» setzten The Moody Blues dem Mellotron ein Denkmal. Auf der Innenseite des Covers von Rick Wakemans Album *The Six Wives of Henry VIII* (1972) ist ein Mellotron 400-D für Vokalstimme, Vibraphon und Klangeffekte sowie ein weiteres 400-D für Blechbläser, Flöte und Streicher abgebildet.

Melody Maker heißt eine seit 1935 bestehende englische Wochenzeitschrift für Rock, Jazz und Folk (→ Zeitschriften für Rockmusik).

Merchandising ist im Laufe der achtziger Jahre zu einem bedeutenden Zweig der Musikindustrie geworden. Gemeint ist damit der Verkauf von Produkten, die zwar selbst nichts mit Rockmusik zu tun haben, ohne sie aber wiederum nicht denk-

bar sind, wie etwa T-Shirts, Schals, Badges, Programmhefte und allerlei anderer Nippes. Abnehmer dieser Gegenstände sind vor allem Konzertbesucher, zumeist also Fans der jeweiligen Gruppe oder des Musikers. Regelmäßig weisen Programmhefte darauf hin, daß diese Gegenstände auch bei einem Versandhändler bestellt werden können. Merchandising ist somit nicht mehr an den Augenblick des Konzertes gebunden. Das Recht, diese Artikel am Konzertort verkaufen zu dürfen, lassen sich Rockgruppen zumeist teuer bezahlen; möglicherweise ist Merchandising noch vor dem Konzertkartenerlös und dem nach dem Konzert zu erwartenden höheren Plattenumsatz die bedeutendste Einnahmequelle einer Konzerttournee. So konnte der Kanadier Michael Cohl den ROLLING STONES eine Summe von 70 Millionen Dollar für ihre Tourneen 1989/90 garantieren, da diese Summe mit dem Verkauf von T-Shirts, Programmheften usw. finanziert wurde.
Von derart lukrativen Einnahmequellen wollen auch bundesdeutsche Bands nicht Abstand nehmen: Die Band FURY IN THE SLAUGHTERHOUSE fügte dem ihrer CD *Hooka Hey* beigelegten Heft ein Katalogblatt mit diversen Fan-Artikeln bei – der Fan möge bestellen.

Mercury Records, Chicago, wurde 1947 von Berle Adams, Irving B. Green und Art Talmadge gegründet. Schon im ersten Jahr konnte die Firma eine eigene Plattenpressung sowie ein eigenes Vertriebsnetz aufbauen. Die ersten kommerziellen Erfolge wurden mit Frankie Laine, Patti Page und Vic Damone erzielt. Der künstlerische Leiter dieser Frühzeit war Mitch Miller, der später zu → Columbia Records ging. Die umfangreiche R&B-Produktion unter der Aufsicht des Schwarzen Clyde Otis umfaßte Dinah Washington, Roy Bird, Eddie Winson und andere. Der Rock 'n' Roll-Ära paßte sich die Firma zunächst mit → Cover-Versionen im Vortrag weißer Sänger an, später auch mit eigenen Produktionen von THE PLATTERS, THE BIG BOPPER, FREDDY BELLAND AND THE BELL-BOYS, ferner – infolge der vom neuen A&R-Mann Shelby Singleton vorangetriebenen Verträge – von Johnny Preston, Jerry Kennedy, Bruce Channel, Charlie Rich und Jerry Lee Lewis. 1959 wurde Smash als eine Abzweigung für «Unterhaltungsmusik» ins Leben gerufen. 1962 kaufte North American Philips das Mercury-Label und brachte es in den Labels → Philips und → Fontana unter. Philips nahm Musiker wie PAUL AND PAULA, THE FOUR SEASONS und THE SINGING NUN unter Vertrag, während Fontana, der englische Zweig, speziell auf die Rockmusik großes Gewicht legte (Chuck Berry, BLUES COMPANY, BLUES MAGOOS, THE HAMILTON FACE BAND u.a.). Philips brachte das Mercury-Label in das Unternehmen → PolyGram ein, wo auf ihm u.a. 10CC, BACHMAN-TURNER OVERDRIVE, SPIRIT und die australische Gruppe SKYHOOKS erscheinen. In den achtziger Jahren wurde Mercury wichtigstes Rock-Label von PolyGram, mit Veröffentlichungen von DEXY'S MIDNIGHT RUNNERS, DEF

Leppard, John Cougar Mellencamp und Robert Cray.

Mersey-Beat, die Rockmusik von Liverpool und Umgebung um 1960–64, benannt nach dem 109 km langen Fluß Mersey zwischen Liverpool und Birkenhead (Mersey-Side), der in die irische See mündet. Leichter als sonst in England waren US-amerikanische R&B-Platten in der Hafenstadt Liverpool erhältlich, deren Musik um 1960 etwa 300 Beatgruppen in Liverpool nacheiferten (nach Angabe der unten genannten Literatur). Außer in unzähligen Kellern und Beatschuppen wurde diese Musik in Tanzlokalen wie → Cavern Club, The Iron Door, The Jacaranda und Blue Angel Club gespielt; im Cavern Club hat Brian Epstein die Beatles «entdeckt». Die von Bill Harry herausgegebene Zeitung Mersey Beat (um 1962–64 «Britain's Leading Beat Paper», wie ihr Untertitel hieß) hat lokale Informationen und kritischen Gedankenaustausch verbreitet. Die wichtigsten Gruppen waren The Searchers, The Escorts, Rory Storm and the Hurricanes, Cass and the Cassanovas (später The Big Three), The Mojos, Gerry and the Pacemakers, Billy J. Kramer & The Dakotas, The Formost und The Swinging Blue Jeans. Während des Mersey-Beat-Booms um 1963/64 haben Londoner Manager viele andere Gruppen ans Licht der britischen Öffentlichkeit gezogen, von denen die meisten jedoch nach einigen Singles in Vergessenheit gerieten. Ihre die Schlagzeiten des Taktes hart betonende, mit Vokalharmonien durchsetzte Musik, die vielfach jeden Vergleich mit den frühen Beatles besteht, halten einige Sammelplatten fest.
Da die Beatles ihre weitere Karriere in London fortsetzten, geriet die Liverpooler Musik bald in Vergessenheit. Liverpool selbst zählt heute zu den Krisenregionen des Landes und hat auch als Hafenstadt nicht mehr die Bedeutung wie in den sechziger Jahren. Musikalische Impulse gingen von ihr kaum mehr aus, lediglich die Gruppe Frankie Goes To Hollywood konnte Mitte der achtziger Jahre Erfolge verzeichnen, unter anderem mit einer Cover-Version des Songs «Ferry cross the Mersey», der von Gerry and the Pacemakers stammt.

S *Mersey-Beat at Liverpool*, 1974, 2 LP (D: Decca); *Mersey Beat '62–'64. The Sound of Liverpool*, Mono, o. J. 2 LP (GB: United Artists)

L Chris May/Tim Philipps: *British Beat* (London 1974, S. 4–19); Bill Harry: *Mersey Beat – The Beginnings of the Beatles*, 1977 (London, Book Sales Ltd.)

Metronom ist ein von Johann Nepomuk Mälzel 1816 patentierter Zeitmesser (ein zeitgenössischer Prozeß hat den zeitlichen Vorrang eines Mechanikers aus Amsterdam in der Erfindung zutage gefördert). Das mechanische Uhrwerk (M.M. = Mälzels Metronom) hält ein waagerecht nach links und nach rechts ausschwenkendes Pendel in Bewegung. Das Tempo wird mit Hilfe eines am Pendel angebrachten verschiebbaren Gewichtes geregelt, indem dieses auf einer Skala (von 40 bis 208 Schläge in der Minute) senkrecht verschoben wird. Es ist üblich, das Zeitmaß einer Komposition durch das Metronom festzulegen, wobei auch der Notenwert hinzugefügt wird, auf den sich die Angabe bezieht (z. B. ♩ = M.M. 180 heißt, daß in einer Minute 180 Viertel gespielt werden sollen; in anderer Rechnung: In einer Sekunde werden drei Viertel verlangt). Da das ursprüngliche Mälzelsche Uhrwerk ein erhebliches tickendes Geräusch verursacht – und sich damit für den Gebrauch im Studio disqualifiziert –, werden heute andere Ausführungen wie Taschenuhr-Metronom, Blinkmetronom und elektrisches Metronom bevorzugt. Die Festlegung des Tempos nach Schlägen pro Minute (engl. beats per minute, BPM) ist in der → Dancefloor Music zu einer wichtigen Größe geworden, nach der Musik als brauchbar für Discotheken beurteilt wird.

Metronome Records, Hamburg, ist Teil der → PolyGram-Gruppe. Um die Mitte der fünfziger Jahre ursprünglich als ein skandinavisches Unternehmen gegründet, betätigte sich Metronome zunächst hauptsächlich als Lizenznehmer deutscher, amerikanischer, französischer und skandinavischer Firmen. Das 1972 ins Leben gerufene Brain-Label widmete sich fast ausschließlich deutschen Rockmusikern, so etwa Jane, Novalis, Grobschnitt und Klaus Schulze; unter den weiteren Gruppen befanden sich Birth Control, Message und Release Music Orchestra. Auf einem weiteren Unterlabel wurden deutsche Country- und Folkmusiker wie Truck Stop, Falckenstein, Tanzbär, Mario Hene und Peter Horton betreut. Mehrere Brain-Festivals haben die Förderungsarbeit der Firma auf dem Gebiet der deutschen Rockmusik eindrucksvoll demonstriert. 1980 wurde Reflektor als ein Label für die neue deutsche Rockmusik gegründet (mit den Gruppen Accept, Dr. Koch Ventilator, Stop, Extrabreit u. a.).

S *German Rock Scene*, 1973; *German Rock Scene*, 1975; *Brain-Festival Essen*, 2 LP, 1977; *Brain-Festival Essen II*, 2 LP, 1978; *Rock On Brain*, 1978 (alle D: Metronome)

Metrum → Rhythmus und Metrum

Mezzosopran ist eine weibliche Stimmlage zwischen Sopran und Alt mit dem ungefähren Tonumfang g–b^2; die Klangfarbe ist dunkler als beim Sopran.

MGM Records, Hollywood, wurde zur Herstellung von Filmmusik für die Filmgesellschaft Metro-Goldwyn-Mayer gegründet. Die rasche Ausdehnung begann mit C&W-Einspielungen von Hank Williams; weitere Künstler waren u. a. Marvin Rainwater, Conway Twitty und Connie Francis. Zu den von MGM betreuten Rockgruppen gehörten Beacon Street Union, Chrysalis, Eric Burdon & The Animals, Herman's Hermits. Auf dem Unterlabel Verve erschienen – neben Jazzmusikern wie Oscar Peterson, Count Basie, Jimmy Smith und Gerry Mulligan – The Mothers of Invention, The Paupers, Phluph, The Gordian Knot und Tim Hardin. MGM ist seit 1972 Teil der Firma → PolyGram.

Middle Earth Records war ein kurzlebiges britisches Label, dessen wenige, von Sammlern sehr begehrte Platten Ausdruck des kulturellen Untergrundes der endsechziger Jahre sind (WOODEN O, ARCADIUM, WRITING ON THE WALL, Tam White).

Middle of the Road (MOR) oder mittlerer Weg (der nicht immer der goldene ist) bildet die Mitte des Mainstream-Rock, ist also die mittelste Mitte und dem Pop näher als dem Rock (→ Popmusik). Die Musik besteht aus dem spannungslosen Schlagertypus, versehen mit Rhythmen und Studiotechniken, die dem Rock abgelauscht worden sind. Die Texte sind das, was man mit dem vernichtenden Urteil «ganz nett» abzutun pflegt. Beispiele sind die frühen MONKEES, THE OSMONDS, David Cassidy und – wie der Name schon sagt – die Gruppe MIDDLE OF THE ROAD; in der BRD etwa MÜNCHENER FREIHEIT. Doch sind auch einzelne, gestandene Rockmusiker nicht davor sicher, gelegentlich MOR-Rock zu fabrizieren – Beispiele liefern etwa Paul McCartney, Bob Dylan, Brian Ferry und David Bowie.

Midem, die Internationale Messe der Schallplattenfirmen und Musikverlage, findet seit 1967 jährlich in Cannes (Frankreich) statt.

MIDI ist die Abkürzung für «Musical Instruments Digital Interface». MIDI ermöglicht das Zusammenschalten von Keyboards, Synthesizern, Orgeln und anderen Instrumenten wie elektrische Gitarre, elektrische Baßgitarre, besondere Blasinstrumente, Drumcomputer und elektronische Schlagzeuge sowie Effektgeräte und Computer. Ermöglicht wird dies durch eine genormte Weitergabe von in digitale Impulse umgeformten Informationen (Tonhöhe, Klang, Dynamik, Dauer usw.). MIDI ermöglicht es, alle unter dieser Norm miteinander verbundenen Instrumente von einem einzigen aus zu steuern.
Die Idee eines einheitlichen Standards des Datenaustauschs zwischen – zunächst – Synthesizern entwickelte im Jahre 1981 die Firma Sequential Circuits, deren Gründer Dave Smith das Konzept als USI, als «Universal Interface», vorstellte. Zwar unterlag auch die Steuerung von Synthesizern schon zu dieser Zeit in der Gestalt einer Korrelation zwischen Spannungshöhe und Tonhöhe (eine Spannungsänderung von einem Volt zog eine Änderung der Tonhöhe um eine Oktave nach sich) einem gewissen Standard, aber es gab auch wenigstens einen anderen Standard, indem etwa die Tonhöhe linear der Spannung folgte. Das Konzept von USI wurde von Sequential Circuits sowie den japanischen Firmen Roland, Yamaha, Korg und Kawai weiterentwickelt und 1982 als MIDI eingeführt. Die ersten mit MIDI-Buchsen versehenen Synthesizer waren der Prophet 600 und der Roland Jupiter 6. MIDI stellt ein serielles Interface dar, das 31 500 Bits pro Sekunde senden bzw. empfangen kann; dabei gibt es verschiedene Arten von Daten, welche vor allem Tasteninformationen und der Zeitorganisation dienen. Insgesamt stehen zum Da-

tenaustausch 16 Kanäle zur Verfügung, die in unterschiedlicher Weise genutzt werden können; der sogenannte Omnimode erlaubt das Senden von Daten auf dem ersten der 16, aber den Empfang auf allen Kanälen, Polymode ermöglicht es, Kanäle Sendern und Empfängern eindeutig zuzuweisen, und im Monomode ist es möglich, jeder Synthesizerstimme einen eigenen Kanal zu geben.
MIDI hat sich im Bereich der Musikinstrumente als die wichtigste Neuerung der achtziger Jahre herausgestellt. Zwar stößt der MIDI-Standard etwa seit Anfang der neunziger Jahre an seine Grenzen, schon aus Gründen der Kompatibilität wird er sich aber – möglicherweise in veränderter Form – halten können. Die Produktion von Musik wurde durch MIDI revolutioniert; der gesamte Bereich des → Home Recording wurde durch diesen Standard erst wirklich erschlossen.

Mike ist die engl. Abkürzung für → Mikrophon

Mikrophon (engl. microphone, abgekürzt mike) ist ein elektroakustischer Wandler, der Schallschwingungen in elektrische Ströme umsetzt und daher eine Aufgabe erfüllt, die derjenigen des Lautsprechers entgegengesetzt ist. Nach der Funktions- und Bauart lassen sich mehrere Typen unterscheiden. Das Kohlemikrophon wird vor allem in der Fernsprechtechnik verwendet. Das Material aus feinen Kohlekörnchen wird vom Schalldruck zusammengepreßt, wodurch Stromschwankungen in dem mit Batterie betriebenen Mikrophonstromkreis auftreten. Bei hohem Wirkungsgrad sind Kohlemikrophone von nur begrenztem Frequenzgang. Beim dynamischen Mikrophon wird ein Leiter (zwischen den beiden Polen eines Permanentmagneten eingeschoben) infolge der Luftwellen in Schwingungen versetzt; hierbei entstehen im Leiter Wechselspannungen entsprechender Frequenz. Piezoelektrische Mikrophone (Kristallmikrophone) verwenden, wie auch der Kristallautsprecher, Seignettesalzkristall-Plättchen. Eine aus diesen zusammengefaltete Doppelplatte reagiert auf den Schalldruck, indem sie Elektrizität erzeugt. Bei den Kondensator-Mikrophonen – und bei den ihnen verwandten Elektret-Mikrophonen – ergibt die den Schall weiterleitende Membran mit einer naheliegenden Metallplatte einen Kondensator, dessen Kapazität sich entsprechend der Membranbewegung ändert; Kondensator-Mikrophone verfügen über einen sehr ausgeglichenen, weiten Frequenzgang. Magnetische Mikrophone arbeiten mit Dauermagnet und Wicklungen auf Polschuhen; die Membran liegt über den Polen. Verwendet werden diese Art von Mikrophonen auch als Pick-Ups zur Übertragung der Schallschwingungen von Musikinstrumenten (elektrische → Gitarre und elektrische → Violine) in elektrische Ströme.
Neben dicser grundlegenden Einteilung sind Bezeichnungen üblich, die entweder die Form («Rohrmikrophon»), die Handhabung («Schaltmikrophon»), die Aufstellung («Kehlkopfmikrophon») u. a. m. betreffen. Eine große Rolle spielt beim

Mikrophon die Richtcharakteristik, d. h. die unterschiedliche Empfindlichkeit auf Stärke und Richtung der auftretenden Wellen. Die Richtcharakteristika einzelner Mikrophone weisen erhebliche Unterschiede auf (Kugel-, Nieren-, Supernieren-, Cardioideform). Daher muß der Musiker wissen, welcher Aufgabe ein Mikrophon gerecht werden soll: Mikrophone für den Bühnengebrauch werden «close up» aufgestellt, d. h. möglichst dicht am Tonerzeuger. Sie müssen also hohe Schalldrücke aushalten können und, um Rückkopplungen zu vermeiden, über eine ausgeprägte Richtcharakteristik verfügen. Derlei Erwägungen müssen im Studio nicht unbedingt eine Rolle spielen, wo es mitunter erwünscht ist, die Raumakustik als zusätzliche Information mit einzubeziehen. So kennen Rockmusiker und die für sie arbeitenden Tontechniker die Vor- und Nachteile dieses oder jenes Mikrophones sehr genau; sie wissen, welches Mikrophon sich für Gesang, welches für die Abnahme der Bass-Drum, welches für die Becken geeignet ist. Bekannte Hersteller von auch im Rock gebräuchlichen Mikrophonen sind beispielsweise die Firmen Electrovoice, Shure, AKG und Neumann.

L Michael Dickreiter: *Mikrofon-Aufnahmetechnik*, 1984 (Stuttgart); Tony Bacon (Hg.): *Rock Hardware*, London (1981)

Minim → Halbe Note

Minimal Music. In Analogie zur Minimal Art der sechziger Jahre, die mit einfachen geometrischen Gestalten und deren vielfältiger Kombination arbeitet (in der Malerei etwa Victor Vasarely), kann man von einer Minimal Music sprechen und darunter eine Musik verstehen, die aus der Wiederholung, Überlagerung und allmählicher rhythmischer Verschiebung einfacher Klangfiguren besteht. Terry Riley in den USA kann als der erste und zugleich hauptsächlichste Vertreter dieser Tonbandgeräte und → Synthesizer verwendenden Klangkunst gelten. Aus welch einfachen Motiven und deren Abwandlungen ein ausgedehntes Werk aufgebaut werden kann, ersieht man aus den mitgeteilten Noten auf der Innenseite von Terry Rileys Komposition *In C* aus dem Jahre 1964 (USA: Columbia). Im Anschluß an Riley haben auch einige Rockmusiker Stücke im Sinne einer Minimal Music komponiert, so etwa GONG, SOFT MACHINE und Franco Battasto, in gewissem Sinn – obwohl im Dienst ekstatischen Ausdrucks – auch MAGMA, sodann in sehr vereinfachender Weise die bundesdeutschen Gruppen KRAFTWERK und HARMONIA/CLUSTER.

Britische Minimal Music unterscheidet sich von der US-amerikanischen durch einen gewissen Witz, der die US-amerikanischen Komponisten als Puristen erscheinen läßt; die Platten beispielsweise von Gavin Bryars und manch ein Stück von Brian Eno, vor allem aber die Musik des PENGUIN CAFE ORCHESTRA verdeutlichen dies. Einige US-amerikanische Komponisten – vor allem der lockeren New Yorker Künstlerverbindung The Kitchen – wiederum nahmen Anfang der achtziger Jahre Erfahrungen der Rockmusik in ihre Werke auf, so etwa der New Yorker Komponist Glenn Branca. Seine ohrenbetäubenden Symphonien sind Stücke für zahlreiche Elektrogitarristen und Schlagzeuger; minimal sich verändernde Strukturen ergeben sich zufällig in den Obertönen des permanent auf den Gitarren geschlagenen Akkordes, aus dem seine Symphonien über lange Strecken lediglich bestehen.

S Gavin Bryars: *The Sinking of the Titanic*, 1975 (GB: EG); Brian Eno: *Discreet Music*, 1975 (GB: Obscure); The Penguin Cafe Orchestra: *Broadcasting from Home*, 1984 (D: EG); dass.: *Music from the Penguin Cafe*, 1976 (D: EG)

Mischpult ist ein System von Verstärkern und Filtern, das dem Zusammenfassen, Mischen und Verteilen von Tonspannungen verschiedener Herkunft dient; die Filter sind für die Entzerrung von Frequenzgängen angeschlossener Tonerzeuger bestimmt, können aber auch für die absichtliche Manipulation von Klängen verwendet werden.

Zwar gibt es für verschiedene Anwendungszwecke verschiedene Mischpult-Bauformen – so erfordert der Konzertbetrieb andere Mischpulte als das Studio –, doch sind sie im Prinzip einander gleich. Auch wenn die Geräte in ein → Flightcase oder in einen Tisch eingebaut sind, werden nur wenige einzelne Baugruppen zu einem kompletten Mischpult zusammengestellt. Für große Aufnahmestudios ist es üblich, Mischpulte eigens anfertigen zu lassen.

Ein Mischpult stellt jeder Tonspannungsquelle – das können Mikrophone, Pick-Ups von Gitarren, Baßgitarren und Orgeln sowie Synthesizer sein – einen eigenen Verstärkerkanal zur Verfügung. Der Eingangsverstärker, der an die jeweils eingehende Spannung angepaßt werden kann, ermöglicht zunächst die Einstellung der notwendigen Verstärkung – um alle Eingangssignale auf ein möglichst gleiches Spannungsniveau zu heben –, weiterhin eine Entzerrung durch mehrere Klangregler und einen Regler für Effekte. Mischpulte sind fest mit Effektgeräten verbunden; möchte man beispielsweise einen Klang mit Hall versehen, so genügt es, am Eingangsverstärker den Regler zu öffnen, bis der Klang den gewünschten Hallanteil aufweist. Der endgültige Lautstärkeregler des Eingangsverstärkers ist in der Regel ein Schiebepotentiometer, mit dem eine sehr genaue Regelung der Lautstärke möglich ist. Bei Tonaufnahmen wird ein → Panorama-Potentiometer, das zu jedem Eingangskanal gehört, zunächst nicht benötigt.

Das vorverstärkte Signal gelangt zu einem weiteren Verstärker, der die Rolle eines Unterverteilers übernimmt: Mehrere Eingangskanäle werden zu einer sogenannten Subgruppe zusammengefaßt. So kann es z. B. sinnvoll sein, sämtliche Mikrophone des Schlagzeugs mit Hilfe der Eingangsverstärker zu mischen und zu einer Subgruppe zusammenzufassen. Große Mischpulte haben ausgeklügelte Möglichkeiten, verschiedene Subgruppen zu bilden. Für eine → Abmischung sind derartige Möglichkeiten unabdingbar.

Die zwischenverstärkten Signale

werden schließlich in einem Summenverstärker zusammengefaßt und können nun als Ganzes mit verschiedenen Effekten versehen werden. Das gemischte Signal kann dann auf Band aufgezeichnet oder an Endverstärker übergeben werden. Neben dieser grundsätzlichen Ausstattung können Mischpulte diverse Hilfseinrichtungen enthalten, zum Beispiel ein Mikrophon, das der Kommunikation des Tontechnikers oder Produzenten mit den Musikern im Aufnahmeraum dient. Seit den siebziger Jahren sind umfangreiche Speichermöglichkeiten üblich geworden, um beliebige Mischungen auf Abruf wiederherstellen zu können; für die Abmischung sind derartige Pulte (Solid State Logic – SSL) eine kaum zu überschätzende Hilfe.

Da die Zahl der Aufnahmespuren bei modernen Magnettongeräten seit den sechziger Jahren kontinuierlich gestiegen ist, wuchs auch die Zahl der Kanäle des Mischpultes; ein SSL-Pult beispielsweise kann 64 Kanäle beinhalten. Häufig sind derartige Pulte in der Lage, nicht nur analoge, sondern auch digitale Signale zu verarbeiten. Werden dabei digitale Klangerzeuger verwendet, ist es möglich, bis zur Bandaufnahme einschließlich auf der digitalen Ebene der Signalverarbeitung zu bleiben.

Bei digitalen Aufnahmen können besondere, mit auffallend wenig Reglern versehene Mischpulte verwendet werden. Tatsächlich handelt es sich bei diesen Mischpulten um besondere Bauformen hochentwickelter Computer, die sämtliche Einstellungen mit Hilfe der Software ermöglichen.

Mischpulte sind nicht nur für die Aufnahme und das Abmischen unentbehrliche Werkzeuge, sie sind auch quasi das «Musikinstrument» des Produzenten. Die unübersehbare Zahl der Möglichkeiten, ein Mehrspurband abzumischen, erfordert vom Produzenten vor allem die Phantasie, sich vorstellen zu können, wie die «fertige» Musik klingen soll. Die Schwierigkeit des Abmischens besteht darin, diese Vorstellung mit Hilfe des Mischpultes (und weiterer Geräte) zu verwirklichen; es ist daher keine Frage, daß ein Produzent die Möglichkeiten eines Mischpultes kennen muß.

L Tony Bacon (Hg.): *Rock Hardware* (Dorset 1981); *Musikmarkt Branchenhandbuch* (Starnberg 1991); Bernd Enders: Lexikon Musikelektronik (Mainz/München 1985); *Das digitale Studio*, Artikelserie in: *Keys* (Heft 1, Januar/Februar 1991, München)

Mixing → Abmischung

Modale Tonleitern (engl. modal scales), auch Kirchentonarten oder Kirchentöne genannt, stellen die systematisierende Erfassung der mittelalterlichen (gregorianischen) Kirchengesänge durch Tonskalenbildung dar. Einflüsse der altgriechischen und byzantinischen Musiktheorie auf die Entstehung und Herausbildung dieses Systems sind wahrscheinlich. Die ursprünglich vier plagalen Tonleitern unterschied man auf Grund ihres jeweiligen Schlußtones sowie ihrer Stimmlage voneinander. Schlußtöne waren d, e, f und g. War der tiefste Ton der Melodie der Schlußton selbst, so lag eine authentische Tonleiter vor, im Gegensatz zu einer plagalen, deren Tonumfang um eine Quarte unter der authentischen Tonleiter lag, der Schlußton jedoch unverändert blieb. Durch Hinzufügung einer aeolischen (heute Moll), einer ionischen (heute Dur) und einer lediglich theoretisch geltenden lokrischen Tonleiter im 16. Jahrhundert ergaben sich insgesamt sieben authentische Tonleitern samt ihren plagalen Entsprechungen (der *kursiv* hervorgehobene Ton bildet jeweils den Schlußton):

1. Dorisch		*d* e f g a h c d
hypodorisch	a h c	*d* e f g a
2. Phrygisch		*e* f g a h c d e
hypophrygisch	h c d	*e* f g a h
3. Lydisch		*f* g a h c d e f
hypolydisch	c d e	*f* g a h c
4. Mixolydisch		*g* a h c d e f g
hypomixolydisch	d e f	*g* a h c d
5. Aeolisch		*a* h c d e f g a
hypoaeolisch	e f g	*a* h c d e
6. Lokrisch		*h* c d e f g a h
hypolokrisch	f g a	*h* c d e f
7. Ionisch		*c* d e f g a h c
hypoionisch	g a h	*c* d e f g

Die Bedeutung der modalen Tonleitern für die Rockmusik ergibt sich aus dem Umstand, daß auf ihnen nicht nur die gregorianischen Melodien, sondern auch viele alte Gesänge aus dem weltlichen Bereich beruhen, so besonders Gospels und Spirituals innerhalb der afro-amerikanischen Überlieferung sowie englische und irische Volkslieder. Es ist sogar wahrscheinlich, daß die modale Struktur der alten Volkslieder ihrerseits auf die Kirchentöne abgefärbt hat. Gruppen, die bewußt an nationale Volksliedtraditionen anknüpfen (Alan Stivell in Frankreich, ELSTER SILBERFLUG und OUGENWEIDE in der BRD, Folk-Rock-Gruppen in England und Irland usw.), gehen mit modalen Tonleitern sozusagen täglich um. Durch die Einflüsse des Volksliedes enthalten viele Rockstücke auch sonst modale Merkmale, vgl. etwa «I Saw Her Standing There» und «Sgt. Pepper» der BEATLES. Exotischen Einfluß zeigt «Tahitian Melody» von THE SAVAGE RESURRECTION um 1968 mit der Skala h c d e f g a. Eine weitere Auswirkung der modalen Tonleitern zeigt sich seit etwa 1970 dadurch, daß die modale Spielweise von John Coltrane, einem der Pioniere des Free Jazz, im Jazz-Rock der Gegenwart zum Teil weiterlebt (→ Tonalität): es wird nicht über Akkordfolgen oder Themen, sondern über modalen Tonleitern improvisiert. Die in Rock und Jazz gebräuchlichen modalen Skalen können allerdings nicht mit den Kirchentonleitern des Mittelalters gleichgesetzt werden.

L Ekkehard Jost: *Free Jazz. Stilkritische Untersuchung zum Jazz der 60er Jahre* (Mainz 1975); Axel Jungbluth: *Jazz Harmonielehre. Funktionsharmonik und Modalität* (Mainz 1981); Wolf Burbat: *Die Harmonik des Jazz* (München/Kassel 1988); Volkmar Kramarz: *Harmonieanalyse der Rockmusik* (Mainz 1983)

Modulation heißt der Übergang von einer → Tonart zu einer anderen. Vorausgesetzt wird eine bereits eingeführte und gefestigte Haupttonart. Das Anstreben einer weiteren Tonart, welche die Haupttonart für eine kürzere oder längere Strecke ablöst, ist durch Abwechslungsbedürfnis bedingt: Die neue Tonart wirkt gleichsam wie eine neue Farbe in der Tonzeichnung. Solche Abwechslung kann sich allerdings auch zu einer Konvention verfestigen und als solche ganze Formabläufe prägen. Zum Beispiel gehört es zum klassischen Sonatenhauptsatz, daß das erste Thema in der Haupttonart, das zweite dagegen in der dominantischen Nebentonart aufgestellt (exponiert) wird. Nicht als Modulation, sondern als eine bloße Abweichung gilt die kurze, episodische Berührung einer fremden Tonart. An eine gute Modulation wird die Erwartung geknüpft, daß sie zwar ohne Gewaltsamkeit geschieht, sich dabei trotzdem als ein deutlich wahrnehmbares Ereignis vollzieht. Eine Modulation wird vollzogen, indem ein Akkord oder mehrere aufeinanderfolgende Akkorde umgedeutet werden: Sie erfüllen noch Funktionen in der alten Tonart, sind aber auch schon im Hinblick auf die neue Tonart funktional bestimmbar. Im allgemeinen wird entweder ein in der alten Tonart verwendeter Nebenakkord als eine dominantische Stufe verschärft, von der der Schritt zur neuen Tonart gemacht wird; oder ein Akkord wird durch → Alteration der einzelnen Töne umgedeutet als ein Akkord in der Zieltonart. Die neue Dominante kann ihrerseits dominantisch vorbereitet werden mit Hilfe einer zweiten (Wechsel- oder Doppel-)Dominante, wie das die eingeklammerte fünfte Stufe im Beispiel zeigt. Die Umdeutung erfolgt im zweiten Takt, wo der Akkord auf der zweiten Stufe in der Anfangstonart C-Dur infolge der Erhöhung der Terz (fis statt f) als die fünfte Stufe in der Zieltonart G-Dur aufzufassen ist; der nachfolgend berührte Akkord A-Dur bildet eine Dominante dieses dominantischen Akkordes:

Zur Umdeutung eignet sich der sogenannte verminderte Septakkord (der in Wirklichkeit ein → Nonenakkord ohne Grundton ist) besonders gut. Auch im folgenden Beispiel dient er als Knotenpunkt einer harmonischen Entwicklung. Die Umdeutung erfolgt enharmonisch (→ Enharmonik), indem gis im dritten Takt als as uminterpretiert wird:

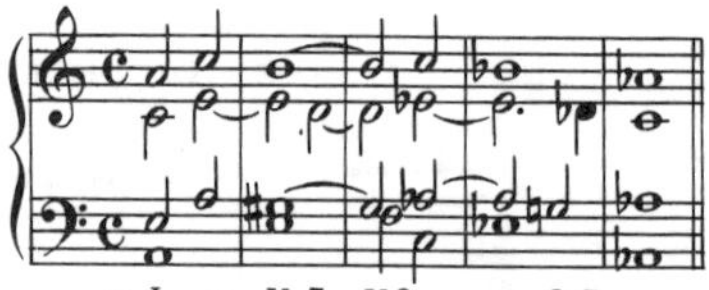

Die Modulation ist eine Kunstfertigkeit, die durch theoretische Klärung sowie durch Übung erworben werden kann. Im Unterschied zur → Bildungsmusik sind ihre Möglichkeiten im Rock bei weitem nicht erschöpft. Die herrschende Art, eine neue Tonart zu erreichen, besteht vielmehr in der harmonischen → Rückung, die im Gegensatz zur Modulation keiner anspruchsvollen Akkordstrategie bedarf. Üblich ist es allerdings auch, selbst in längeren Stücken auf eine kontrastierende neue Tonart ganz zu verzichten, ja, das gesamte Stück um einen einzigen stehenden Akkord zu bauen.

Moll (engl. minor) ist innerhalb der Dur-Moll-Tonalität ein Dreiklang mit einer kleinen Terz bzw. eine melodische Figur mit kleiner Terz, kleiner Sexte und kleiner Septime, im Gegensatz zum Dur, wo alle genannten Intervalle groß sind. Man unterscheidet drei Arten der Moll-Tonleiter, nachfolgend mit dem Anfangston a:

Die natürliche Moll-Tonleiter, die mit der älteren aeolischen identisch ist (→ Modale Tonleitern), kommt selten vor. Das melodische Moll wird «natürlich» intoniert, sobald die melodische Wendung nach unten führt (g und f statt gis und fis). Im harmonischen Moll ergeben sich folgende Akkorde, die eine Vielfalt harmonischer Funktionen und Umdeutungsmöglichkeiten enthalten (1. und 4. Stufe Moll, 5. und 6. Stufe Dur, 2. und 7. Stufe vermindert, 3. Stufe übermäßig):

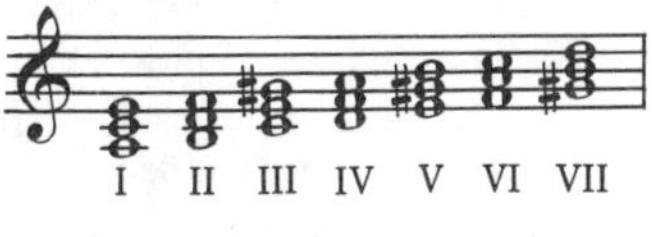

(→ Akkord, → Dur, → Tonalität, → Tongeschlecht)

Monitor heißt ein Lautsprechersystem, das der Kontrolle dient.
1. Studiomonitore sind Bestandteil der Abhöranlage im Kontrollraum eines → Studios. Zumeist gibt es in einem solchen Raum mehrere verschiedene Monitore. Sie dienen der Überprüfung der aufgenommenen Musik und spielen beim Abmischen eine entscheidende Rolle, ist doch ihr Klang maßgeblich für das endgültige Klangbild der Schallplatte verantwortlich. Daher müssen abgemischte Aufnahmen auf verschiedenen Monitoren abgehört werden. Mitunter nehmen Produzenten ihre eigenen Monitore sogar in die jeweiligen Studios mit. Als Monitore werden dabei keinesfalls nur sehr hochwertige Lautsprecherboxen eingesetzt, sondern häufig auch sehr kleine Zweiwege-Boxen, etwa von JBL, Rogers oder Yamaha.
2. Bühnenmonitore sind Lautsprecherboxen, die den einzelnen Musikern auf der Bühne dazu dienen, die komplette Musik und nicht nur sich selbst zu hören. Jeder Musiker erhält dabei von einem Bühnenmischpult aus gesteuert eine besondere Mischung, je nachdem, wie er sich selbst in dem Klanggefüge hören will. Technisch gesehen sind Bühnenmonitore recht einfache Zweiwege-Systeme oder enthalten einen Koaxiallautsprecher; es gibt aber auch aufwendigere Bauformen. Um dem Publikum die Sicht auf die Musiker nicht zu nehmen, sind Monitor-

Lautsprecher oft in besonderen Gehäusen, die direkt auf den Boden der Bühne gestellt werden, untergebracht; die Schallwand dieser Monitorboxen ist schräg nach oben gerichtet.

Mono(-phon) ist eine technische Lösung der Wiedergabe von Konzerten, Schallplatten, Tonbändern und Rundfunksendungen, für die die Beschränkung der ausgesendeten Signale auf einen einzigen Kanal kennzeichnend ist, im Gegensatz zur stereophonen (und quadrophonen) Wiedergabe, bei der die Sendung auf zwei (bzw. vier) Kanäle verteilt ist. Eine Mono-Sendung kann von mehreren Lautsprechern abgestrahlt werden, wodurch der Mono-Charakter selbstverständlich nicht verändert wird. Viele Mono-Aufnahmen aus den frühen bis mittleren sechziger Jahren werden heute nochmals gemischt und auf zwei Kanäle verteilt («electrically rechannelled for Stereo»). Was in dieser Weise entsteht, ist weder Mono noch wirklich Stereo, sondern Schein-Stereo, was künstlerisch wie technisch kaum zu überzeugen vermag. Während die Monowiedergabe im allgemeinen als eine technisch kaum entwickelte Stufe gilt, war sie im Punk-Rock in gewissen Grenzen wieder populär geworden, was als gewollte Abkehr vom Gebrauch der Technik als Selbstzweck – wie er einigen Bands, etwa YES und EMERSON, LAKE AND PALMER, vorgeworfen wurde – und eine Besinnung auf das Wesen der Rockmusik verstanden werden muß. Natürlich ist der Snobismus dieser Favorisierung einer veralteten Technik nicht zu übersehen. Bedenkenswert ist allerdings die Forderung des Produzenten Phil Spector, der mit «Back to Mono» das Multitrack-Verfahren der Tonaufnahme zugunsten eines «natürlichen Stereo» ablehnte.

Monterey Pop Festival wurde vom Produzenten Lou Adler und dem Mitglied der Gruppe THE MAMAS AND THE PAPAS John Phillips organisiert. Es fand vom 16. bis 18. Juni 1967 auf den staatlichen Monterey Fairgrounds südlich von San Francisco vor etwa 45000 Besuchern statt. Dort traten u. a. Janis Joplin, Jimi Hendrix, THE BUTTERFIELD BLUES BAND, THE BYRDS, JEFFERSON AIRPLANE, THE WHO und Ravi Shankar auf. Das Festival, das die Aufmerksamkeit auf eine eigenständige kalifornische Rockmusik lenkte, hat die Reihe der großen → Festivals der folgenden Jahre eröffnet. Ein anderthalbstündiger Film hält einige Auftritte des Konzertes fest. Im Gegensatz zu mehreren anderen Festivals ist von Monterey kein zusammenhängendes Album herausgebracht worden; eigene Beteiligungen haben THE MAMAS AND THE PAPAS, Jimi Hendrix u. a. veröffentlicht. Erwähnenswert ist, daß der anwesende Chef von Columbia Records, Clive Davis, angesichts des breiten Interesses junger Menschen am Rock das Firmenrepertoire der folgenden Jahre im Rockbereich wesentlich ausgedehnt hat. Andere Schallplattenfirmen taten es Columbia in der Folge nach.

L Robert Christgau: *Any Old Way You Choose It* (Penguin Books 1973, S. 12–34: «Anatomy of a Love Festival»); Clive Davis/ James Willwerth: *Clive. Inside the Record Business* (New York 1974, S. 85ff)

Moog-Synthesizer, benannt nach seinem Entwickler, dem US-Amerikaner Robert A. Moog, ist der erste, 1964 vorgestellte, voll funktionsfähige Synthesizer. Moog hatte bereits in den fünfziger Jahren sein Studium der Physik mit dem Bau von → Theremin-Geräten finanziert. 1966 erwarb der Toningenieur und Komponist Walter Carlos (später Wendy Carlos) ein modular aufgebautes Synthesizer-System Moogs und veröffentlichte im Jahre 1968 die LP *Switched-On Bach* (CBS), die das Musikinstrument Synthesizer vor allem bei Rockmusikern mit einem Schlag bekannt machte; das Interesse von Rockmusikern dürfte wesentlich dadurch gefördert worden sein, daß zu dieser Zeit – etwa 1970 – der → Baroque-Rock größte Erfolge feiern konnte. So gehörte zu den ersten Musikern, die ein modular aufgebautes System kauften, der Organist von THE NICE, Keith Emerson. Emerson war der erste Rockmusiker, der diesen Synthesizer, der eher für den Einsatz in Studios gedacht war, auf die Bühne brachte. Wenn auch Emerson den Show-Wert des Instrumentes in sein musikalisches Kalkül einbezog, so war sein Spiel doch von maßgeblichem Einfluß auf die Spielweise des Synthesizers einerseits und auf die Entwicklung des Synthesizers überhaupt.
Der Erfolg seines Instrumentes bei den Rockmusikern veranlaßte Moog, 1970 einen bühnentauglichen, nicht modular aufgebauten Synthesizer zu entwickeln: der Minimoog – ausgestattet mit drei Oszillatoren, einem spannungsgesteuerten Filter und einem spannungsgesteuerten Verstärker – wurde der wichtigste Synthesizer der siebziger Jahre und gehört auch in den folgenden Jahrzehnten zur Grundausstattung vieler Studios.
Wie die Modul-Synthesizer war auch der Minimoog ein monophones, ein einstimmiges Instrument, Akkorde beispielsweise konnten mit ihm nicht gespielt werden. 1976 erschien mit dem Polymoog der erste mehrstimmig spielbare Synthesizer (71 Stimmen). Weitere Synthesizer der Firma waren der Micromoog, der Multimoog, der Source und der Memory Moog, der 1982 vorgestellt wurde. Doch konnte sich Moog auch mit diesem Instrument gegen die erstarkte japanische Konkurrenz nicht mehr behaupten. Die letzten Synthesizer-Typen der Firma waren der Rogue und der Prodigy. (→ Synthesizer)

L Matthias Becker: *Synthesizer von gestern* (Augsburg 1990); Tony Bacon (Hg.): *Rock Hardware* (Dorset 1981)

Motiv ist die kleinste Sinneinheit in einem Musikstück, die bald ein Intervall oder eine Intervallfolge, bald ein rhythmisches Gebilde oder eine Klangfarbe bildet, in der Regel jedoch aus einer Kombination dieser Aspekte besteht (freilich prägt sich eine Intervallfolge am ehesten als Motiv ein). Motive werden in einer Komposition wiederholt, abgewandelt und zusammengefügt (→ Motivisch-thematische Arbeit). Die Grenzen eines Motivs lassen sich nicht immer scharf bestimmen, vielmehr ist es Sache der umsichtigen Interpretation von Themen und längeren Abläufen, das Sinnglied Motiv in seinen Konturen zu bestimmen.

Motivisch-thematische Arbeit, auch thematisch-motivische Arbeit, heißt das Verfahren, ein → Motiv bzw. ein → Thema im Verlauf einer Komposition abzuwandeln, in kleinere Teile zu zerlegen und mit anderen zu kombinieren, insgesamt die Technik, aus einem bescheidenen Vorrat an melodisch-rhythmischen Einfällen eine ganze Komposition zu bestreiten und durch die Gemeinsamkeit der motivisch-thematischen Substanz die Geschlossenheit des Musikstückes zu sichern.

MTV ist die Abkürzung für Music Television, eine weltweit operierende Kette von Fernsehstationen, die rund um die Uhr Videoclips, Filme von Konzerten, Film-Vorschauen und anderes mehr, sofern es mit Musik zu tun hat, senden. Die verbindenden Texte werden von VeeJays, → Video Jockeys – MTV-intern «Presenter» genannt – gesprochen.
MTV nahm am 1. August 1981 in New York seinen Sendebetrieb mit einem Video «Video Killed the Radio Star» von den Buggles auf. Angeschlossen waren nur etwa vier Millionen Haushalte. Gesellschafter des Senders waren die Konzerne Warner und American Express, zusammengeschlossen in der Warner-Amex Satellite Entertainment Corporation (WASEC). MTV erfreute sich von Anfang an einer stetig steigenden Beliebtheit. 1987 wurde im Londoner Stadtteil Camden die europäische Filiale des Senders eröffnet. Mittlerweile kann MTV in allen fünf Erdteilen, in 37 Ländern mit insgesamt 188 Millionen Anschlüssen gesehen werden. Auch in der Sowjetunion ist MTV einmal in der Woche zu sehen. In der Bundesrepublik ist es etwa 6 Millionen Haushalten möglich, über Kabelanschluß oder Satellit MTV zu empfangen.
Ein Programm im traditionellen Sinn hat MTV nicht. Sinn des Senders ist es in erster Linie, Schallplatten mit Hilfe der von der Schallplattenindustrie gestellten → Video Clips einem größeren Publikum bekannt zu machen. Teile der Sendezeit können von Unternehmen außerhalb der Schallplattenbranche gekauft werden, eine Möglichkeit, von der etwa Braun oder Coca-Cola Gebrauch machen. Produktwerbung ist Bestandteil der MTV-Sendungen. Abwechslung in die stetige Folge von Video Clips bringen spezielle Programmteile wie etwa «Headbangers Ball», eine Sendung für Heavy Metal-Fans, oder «Partyzone» mit Dancemusic. Interessant auch für den Video Clip-Verächter ist die Reihe «MTV Unplugged», in der Rockmusiker ihr Können ohne elektrische Instrumente und Verstärker beweisen müssen, eine Möglichkeit, die beispielsweise Paul McCartney dazu benutzte, danach eine Schallplatte des Auftritts zu veröffentlichen. Auch rockgeschichtlich bedeutende Konzertfilme zählen zu den interessanteren Programmteilen.

S Paul McCartney: *Unplugged. The Official Bootleg*, 1991 (GB: Parlophone)

Mundharmonika (engl. [mouth] harp, harmonica oder mouth organ) ist ein Musikinstrument mit durchschlagenden Zungen, die in der Regel sowohl durch Einatmen wie durch Ausatmen zum Schwingen gebracht werden. Die meisten Mundharmonikas sind wechseltönig: Jeder der 10–12 Tonkanäle besitzt also zwei Zungen, von denen die eine auf Ausatmen (Blasen), die andere auf Einatmen (Ziehen) reagiert. Durch Auflegen der Zunge auf die Nachbaröffnungen werden die benötigten Töne ausgewählt. Es gibt diatonische Instrumente sowie chromatische Mundharmonikas. Eine Zwischenform bildet die Chromonica, die zwei im Abstand von einem Halbton stehende diatonische Skalen miteinander kombiniert, etwa C-Dur und Cis-Dur. Unter den Spezialinstrumenten sind die Baß- und Akkordbegleitinstrumente zu nennen, ebenso die Instrumente mit der Kombination mehrerer verwandter oder umgekehrt entgegengesetzter Tonarten, z. B. C-Dur und G-Dur oder C-Dur und Fis-Dur. Die Mundharmonika spielt im Blues (Rice Miller alias Sonny Boy Williamson), C&W, Rock 'n' Roll und Protestsong (Bob Dylan) eine wesentliche Rolle; auf den Platten der BEATLES sind immer wieder Mundharmonikas zu hören («For The Benefit of Mr. Kite»), und Kevin Godley und Lol Creme gaben dem Klang der verschiedenen Mundharmonikas auf ihrem Album *Goodbye Blue Sky* breiten Raum, selbst auf dem Cover ist eine große Begleit-Mundharmonika zu sehen. Zu den Virtuosen des Solo-Instrumentes gehören Paul Butterfield (verstorben 1987) und Don van Vliet (Captain Beefheart). Besondere Spieltechniken sind die «bending notes» (heruntergezogene Töne), Glissando, Wah-Wah durch Schließen und Öffnen der Hände, Hin- und Herschütteln (Tremolando) usw.

S THE BEATLES: *Sergeant Pepper's Lonely Hearts Club Band*, 1967/87 (D: EMI); Kevin Godley & Lol Creme: *Goodbye Blue Sky*, 1988 (D: Polydor); JELLYFISH: *Bellybutton*, 1990 (D: Charisma)

MusiCassette (Abkürzung MC) ist die Handelsbezeichnung für eine bespielte Tonbandkassette, in der Regel eine → Compact Cassette; MusiCassetten erscheinen parallel zu den LP-Veröffentlichungen. Zumeist enthalten sie dieselbe Anzahl von Musikstücken, doch gibt es auch MusiCassetten, die weitere Titel aufweisen. Seit ihrem erstmaligen Auftreten im Jahre 1965 konnten sich MusiCassetten einen gewissen Marktanteil erobern, jedoch nicht die Schallplatte verdrängen; sie hatten von Anfang an auch nicht den Erfolg, den seit Mitte der achtziger Jahre die → Compact Disc verzeichnen kann.

Musik Express/Sounds erscheint monatlich in der ZAG Zeitschriften-Verlag AG der Verlagsgruppe Jürg Marquard (Zug/Schweiz; die Gruppe gibt auch die Zeitschriften *Cosmopolitan, Harper's Bazaar, Mädchen, Metal Hammer, Popcorn, Pop/Rocky, Music-Shop, Formel Eins, Music Live* sowie Zeitschriften in

Spanien, Ungarn, Polen und der Tschechoslowakei heraus). Nachdem die Zeitschrift → *Sounds* ihr Erscheinen einstellte, gingen die Rechte an dem Titel *Sounds* an den *Musik Express* über. Die in München arbeitende Redaktion der Musikzeitschrift versucht, jeder Richtung innerhalb der Rock- und Pop-Musik gerecht zu werden; inhaltlich und thematisch überwiegt allerdings der Mainstream-Rock der Hitparaden. Der *Musik Express* ist für die Schallplattenindustrie ein erstklassiger Werbeträger; dazu trägt auch der umfangreiche Schallplatten-Rezensionsteil bei. Jeweils zum Jahresende gibt die Redaktion in einem Sonderheft einen Überblick über das Musikgeschehen des vergangenen Jahres.
Für *Musik Express/Sounds* arbeitet eine Vielzahl von Musikjournalisten, neben anderen Winfried Dulisch, Jörg Feyer, Klaus Frederking, Hans Jürgen Günther, Teddy Hoersch, Harald InHülsen, Gunther Matejka, Michael Ruff, Franz Schöler und Werner Theurich; die Redaktion wird von Bernd Gockel geleitet.

Musikkritik und Rockmusik. Musikkritik im Rockbereich befindet sich in einer nicht beneidenswerten Lage. Ihrem Begriff nach muß sie, außer Informationen über Künstler und Ereignisse, auch eine Beschreibung der Musik enthalten, die sogar ihren primären Gegenstand bilden müßte. Doch lehrt die Erfahrung, daß viele, wenn nicht die meisten Rockhörer solche Beschreibungen und Analysen als unnötig empfinden. Daß dahinter die mangelnde Fertigkeit des Hörers steckt, Begriffe mit musikalischen Sachverhalten zu verknüpfen, ist wahrscheinlich; es scheint bequemer, etwas zu fühlen, als etwas zu erkennen; schließlich ist es ein gängiger Vorwurf an den Kritiker, den Kopf über den Bauch regieren zu lassen. Da solche Begriffslosigkeit schon aus dem Gefühl der Unsicherheit stur auf sich beharrt und ihr Recht auf Emotion betont, zieht sich der Musikkritiker resigniert zurück und erlaubt den Rockzeitschriften, weiter das zu bleiben, was sie in der Regel sind, nämlich teils Werbeblätter der Plattenfirmen und teils Unterhaltungsmagazine, die ihre Leser mit Schilderungen der Kleider, Getränke und Liebschaften von Rockgrößen ergötzen. Dabei hätte der Rock, der für Manipulationen aller Art anfällig ist, sowie die Industrie, die die Rockmusik verteilt, wachsame Kritiker nötig.
In den Plattenbesprechungen, die der hauptsächliche Ort für sachliche Analyse und Kritik sein könnten, zeichnet sich ein gewisser Ich-Nimbus des Kritikers als Folge davon ab, daß er sich unverstanden fühlt. Er paßt sich dem im Rockgebiet vorherrschenden Starkult an und behandelt sich selbst so, als wäre er inmitten jenes von Geheimnistuerei und Leichtgläubigkeit umwobenen Mythos, den Werbetexte und Journalisten ohne analytischen Blick um Rockmusiker zu verbreiten pflegen, selber der gefeierte Mittelpunkt. Die Behauptung, ästhetische Werturteile seien nun mal persönlich bedingt – wobei die Frage von Objektivität und Subjektivität stets zugunsten letzterer entschieden und damit alles erlaubt wird –, dient dann zum Vor-

wand, eigene Vorlieben und Abneigungen leidenschaftlich und ohne stichhaltige Begründung zur Schau zu stellen. Die Ursache dafür liegt darin, daß sogleich zum Urteil übergegangen wird, ohne Dazwischenschaltung einer Ebene, auf der ein musikalischer Tatbestand zunächst einmal beschrieben wird und die dem Leser die Möglichkeit gibt, sich ein eigenes Urteil zu bilden.

Mitunter gipfelt derartige Kritik in einer kaum nachvollziehbaren Enttäuschung des Rezensenten: Diese oder jene Gruppe hat seine Erwartungen nicht erfüllt, sie hätte eine ganz andere Schallplatte machen müssen. Besonders in den achtziger Jahren wurde diese Form der Kritik geradezu zu einem Modell erhoben. Wichtig ist dann nicht mehr die Musik oder wenigstens eine Gruppe von Musikern, die eine Schallplatte veröffentlichen, sondern einzig und allein die Befindlichkeit des Kritikers. Es ist deshalb nicht verwunderlich, daß Rockmusiker ihre Kritiker in aller Regel nicht ernst nehmen.

Eine verbreitete Erscheinung unter Rockkritikern in Europa (besonders in der BRD) dürfte in den Jahren 1968–73 der Linksopportunismus gewesen sein; gelegentlich trat er auch später noch auf. Man erkennt ihn an der wiederkehrenden Denkformel: Eine musikalische Bewegung ist einmal spontan entstanden und war anfänglich fortschrittlich, aber die Industrie hat die Bewegung nachher kommerziell ausgeschlachtet und verdorben. Diese Formel, hundertfach in den Zeitschriften variiert, wirkt unehrlich, weil sie bloß die unterstellten Gedankengänge des Lesers wiedergibt, statt diesem zu sagen, daß eine andere Ablaufform als die beanstandete in einer kapitalistischen Gesellschaft nicht möglich ist, mit allen Nachteilen dieses wirtschaftlichen und gesellschaftlichen Systems. Marxistische Rockkritik aus erster Hand gibt es vorerst nicht, und Kritiker, die marxistische Formeln verwendeten, wie H. P. Hofmann in der ehemaligen DDR und Tamas Ungvari in Ungarn, ließen Sachverstand und Plattenkenntnis nur allzuoft vermissen.

Neben Selbstbespiegelung und Linksopportunismus macht sich in den Rockblättern oft ein gestörtes Verhältnis zur Muttersprache bemerkbar. Daß der Kritiker schriftlich festhalten kann, was und wie er denkt, wird vorausgesetzt. Wenn er dennoch den Anschein erweckt, er sei den vielfältigen Ausdrucksmöglichkeiten der Sprache gegenüber hilflos, so dürfte es sich um eine bedenkliche Anbiederung ausgerechnet an jene Teenager handeln, deren Artikulationsmöglichkeiten aus inhaltsleeren, blubbernden Vokabeln wie «unheimlich», «cool», «echt» und dergleichen besteht. Entgegen dem möglichen Glauben des Rockkritikers braucht er nicht verkrampft witzige Ausdrücke und eine «irre schicke» Sprache zu verwenden, um sich verständlich und genießbar zu machen; der umgekehrte Weg – gegen Ende der siebziger Jahre von der deutschen Zeitschrift → *Sounds* eingeführt –, über Rockmusik in einem verquasten, scheinbar geistreichen Deutsch zu schreiben, ist ebenfalls überflüssig. Daß der Rockkritiker gewöhnlich älter ist als seine Leser, ist kein unverzeihlicher Umstand, den man durch sprachliche Infantilismen überspielen müßte. Seine Angst vor den Jüngeren ist unbegründet, denn soweit diese meinen, Menschen über dreißig seien für den Rock nicht mehr zuständig, sind sie rationaler Einsicht vorerst ohnehin nicht fähig und bilden daher keine wirkliche Leserschicht.

L Klaus Humann: «Familiengeschichten», in: *Rock Session 5*, Rowohlt Taschenbuch Verlag, Reinbek 1981; Thomas Rothschild: «Unveränderter Befund – Zettelkasten-Journalismus und Backstage-Szene», in: *Rock Session 5*, Rowohlt Taschenbuch Verlag, Reinbek 1981

Musique concrète als Ausdruck für eine bestimmte musikalische Gestaltung ist mit dem Namen des Franzosen Pierre Schaeffer und seiner Groupe de Musique concrète verbunden (erste Versuche ab 1948). Die traditionelle abendländische Musik verwendet Klänge von Musikinstrumenten, während die elektronische Musik ausschließlich elektrisch hervorgebrachte Klangereignisse verwertet. Zwischen den beiden steht die Musique concrete, die mit auf Tonband aufgenommenen Schallereignissen wie Straßenlärm, Maschinengeräusch, Gesprächsfetzen, Wasserrauschen, Tierlauten usw. arbeitet, diese zeitlich ordnet und klanglich verformt, stets unter dem Gesichtspunkt künstlerischer Wirkung. Musique concrète ist, überspitzt gesagt, Tonbandkunst, also die Kunst, bespielte Tonbänder untereinander zu ordnen. Sie wird in Ergänzung auch in der Rockmusik verwendet, allerdings zumeist mit einem programmbedingten, Texte erläuternden Charakter. Eine der radikalsten Musique concrète-Platten, die von einem Rockmusiker stammt, enthält die Musik zum englischen Film *The Body* (1970) von Ron Geesin und dem damaligen PINK FLOYD-Bassisten Roger Waters; ob die Platte noch zur Rockmusik gezählt werden muß, steht freilich nicht fest. Das Stück «Walking Green Algae Blues» auf dem Album *In a Wild Sanctuary* von BEAVER & KRAUSE (1970) ist überwiegend Musique concrète, weil in ihm Tierlaute, Wellengeräusch und Maschinenlärm verwertet sind. Das Hundegebell auf PINK FLOYDS *Animals* von 1977, ferner Meeresrauschen, Regen, Donner usw. gehören zu weiteren Fällen der hier besprochenen Technik.

Mute Records, London, wurde 1978 von Danny Miller gegründet und wird noch immer von ihm geleitet. Das → Independent-Label widmet sich vor allem elektronischer und maßvoll experimenteller Rockmusik. Zu den bei Mute unter Vertrag stehenden Gruppen und Musikern gehören bzw. gehörten DEPECHE MODE, YAZOO, ERASURE, DEUTSCH AMERIKANISCHE FREUNDSCHAFT, LIAISONS DANGEREUSES, ferner die australischen Bands CRIME AND THE CITY SOLUTION, THESE IMMORTAL SOULS, Nick Cave & THE BAD SEEDS und die schwedische Gruppe EASY.

Muzak heißt eine seit 1934 bestehende US-amerikanische Firma zur Herstellung bzw. Verwertung von funktioneller Musik mit dem Sitz in

Seattle. Darunter wird eine Musik verstanden, die nicht – etwa als Kunst – auffallen, sondern einen angenehmen, nicht bewußt wahrgenommenen Klangteppich bilden soll. Sie dient etwa dazu, die Kauflust in Warenhäusern zu heben, die körperlich-seelische Frische am Arbeitsplatz zu erhalten, eine dezente Stimmung in Speiselokalen zu fördern usw. Solche Muzak-Ware wird auf eingespielten Tonbändern geliefert und erfreut sich auch in Europa großer Beliebtheit (bei den Unternehmern). Je nach Tageszeit werden, auf Grund sorgfältiger Beobachtungen von Ärzten, Psychologen und Musikwissenschaftlern, verschiedene Stücke gespielt. Es handelt sich hier, sozialpsychologisch gesehen, um eine verfeinerte Art von Massenbeeinflussung – die möglicherweise gar nicht funktioniert –, in künstlerischer Hinsicht um eine austauschbare, gesichtslose Musik ohne Kunstanspruch. Auch Rockmusik, die zur Unterhaltungsmusik seichter Prägung tendiert, wird von Muzak und ähnlichen Unternehmen eingesetzt, in der Regel aber in neuer, noch einmal nivellierter Produktion. Unter Musikern ist «Muzak» gleichbedeutend mit einem Schimpfwort. So sind die Zeilen in John Lennons «How Do You Sleep» (auf *Imagine*, 1971) zu verstehen, die sich gegen den anderen Ex-Beatle Paul McCartney richten: «The sound you make's like muzak to my ears/You must have learnt something in all those years...»

N

Nachhall → Hallgerät

Nashville, Tennessee, ist eines der Musikzentren in den Vereinigten Staaten und so etwas wie die Hauptstadt der C&W-Musik, genannt auch Music City USA. Ein Lokalsender führte 1925 jene Country-Show ein, die später als → Grand Ole Opry bekannt und zur festen Einrichtung wurde. Die ersten Studioaufnahmen stammen aus dem Jahre 1945. Castle Recording Studio übernahm in der Frühzeit auch die Koordination verschiedener Firmen, die bald anfingen, eigene Niederlassungen in der Stadt zu eröffnen (→ Decca, → Capitol, → Columbia usw.). In den späten fünfziger Jahren entstand der sogenannte Nashville-Sound, eine leicht zugängliche Musik, die von spezialisierten Studiomusikern («Nashville Cats») eingespielt bzw. begleitet wird und alle Finessen der Klangpräsentation aufweist. Studiomusiker wie Chet Atkins (Gitarre), Bob Moore und Norbert Putnam (Baß), Floyd Cramer und David Briggs (Klavier), Boots Randolph (Saxophon), Charlie McCoy (Mundharmonika) und Jerry Carrigan (Schlagzeug) beherrschen ihre Instrumente wie nur wenige andere. Die modern eingerichteten Studios werden seit den sechziger Jahren auch von Rockmusikern in Anspruch genommen (Joan Baez, Leonard Cohen, The Byrds, The Nitty Gritty

DIRT BAND, Bob Dylan u. a.); vor ihnen hat schon Elvis Presley Aufnahmen in Nashville gemacht. Die Gruppe AREA CODE 615, von der zwei vorzügliche Platten stammen, besteht aus Studiomusikern Nashvilles, ebenfalls die Band BAREFOOT JERRY, die ihrerseits aus AREA CODE hervorging. Der einschlägige Film zum Thema heißt *Nashville* (1976 von Robert Altman gedreht).

S AREA CODE: –, 1969 (USA: Polydor); dies.: *Trip in the Country*, 1970 (USA: Polydor)

L Paul Hemphill: *The Nashville Sound, Bright Lights and Country Music* (Tübingen/Stuttgart 1971); Teddy Bart: *Inside Music City, USA* (New York 1970)

Negro Spiritual → Spiritual

New Age (engl., Neues Zeitalter) bezeichnet eine astrologisch-esoterische Weltanschauung, die davon ausgeht, daß die Entwicklung der Menschheit sich in Epochen vollzieht, die eng an das sogenannte Weltenjahr oder Platonische Jahr gebunden sind. Dieses wiederum ergibt sich aus dem Durchlauf der verlängerten Erdachse durch den gesamten Tierkreis, demzufolge ein Weltenjahr nach dem Gregorianischen Kalender 25868 Jahre dauert. Gegenwärtig befindet sich die Menschheit dieser Annahme nach in einem Übergang vom Tierkreiszeichen Fische in das des Wassermannes, das die Chance zu einer neuen Humanität und zu einer höheren Bewußtseinsstufe eröffnen soll.

Den Soundtrack zu diesem paradiesischen Zustand gibt es schon, teilweise sogar schon länger als der Begriff New Age in Mode ist: Musiker wie Deuter, Chris Hinze, Kitaro, David Thorn, Mark Isham und andere waren in Jazz und Rock schon erfolgreich, als sich mit dem Etikett New Age Music noch keine Platten verkaufen ließen. Die Musik, die diese Musiker machen, ist meist eine sehr ruhige, dahinfließende Musik, die die ideale Klangtapete für «Meditationen» bietet. Bevorzugte Instrumente sind → Sequencer und → Synthesizer, aber auch sehr einfache akustische Instrumente werden verwendet. Labels, die sich fast ausschließlich der New Age Music widmen, sind Windham Hill Records und Narada.

Mit Rockmusik hat New Age nur insofern etwas zu tun, als die Platten dieser Weltanschauung auch in den Regalen der Rock-Plattenläden stehen.

New Wave war eher ein Programm als eine objektiv-kühle Bezeichnung, denn entgegen mancher Erwartung eroberte sie ab 1977 nicht die Rockwelt, sondern blieb in großen Teilen eine Minderheitenmusik. Mit dem Wort ist weniger ein geschlossener, definierbarer Stilbereich gemeint als vielmehr einige Gruppen, die unter sich wiederum eigenen Vorstellungen folgten. Einige dieser Gruppen in den USA und vor allem in England wurden bereits während der frühen Punkwelle gegründet (→ Punk-Rock) und tragen deren Merkmale deutlich in sich. Die harten, gleichmäßigen Schläge und die durchlaufende Achtelbewegung in «Goodbye Toulouse» der STRANGLERS zum Beispiel wurzeln noch im Punk. Aber der ¾-Takt hebt sich schon entschieden vom Punk-Hintergrund ab, und das motivische Verfahren, dem das sechstönige Grundmotiv unterworfen wird, findet im gesamten Punk-Repertoire nicht seinesgleichen. Hier befreit sich die Musik bereits vom Zwang zum provozierenden Lärm und macht sich Elemente der Mehrstimmigkeit, der Polyphonie, zunutze.

1978 war das Jahr, in dem die Debütalben einiger bemerkenswerter New Wave-Gruppen in England erschienen (MAGAZINE, SIOUXSIE AND THE BANSHEES, WIRE, X-RAY-SPEX, XTC); an ihnen zeichnen sich die Züge ab, die New Wave sowohl vom älteren Rock wie vom Punk unterscheiden. Ein Beispiel: «Neon Shuffle» von dem Album *White Music* von XTC bringt virtuose Fingerfertigkeit erneut zu Ehren und schockt inmitten eines gehetzten Boogie-Woogie durch Rhythmuswechsel (⅞ bildet die Bezugsbasis) und durch plötzliche Pausen. Die drei kurzen Gesangstöne ohne Text, einmal in der fallenden und einmal in der steigenden Richtung, entspringen parodistischer Absicht; dieses Stück ist ein Kronzeuge der englischen Musik, nicht allein der New Wave.

New York war das amerikanische Zentrum der Bewegung, mit der Gruppe TELEVISION um Tom Verlaine und mit Richard Hell und seiner Formation THE VOIDOIDS, deren 1977 eingespieltes Album mit dem Stück «Blank Generation» (dieses erschien bereits 1976 bei Stiff in London) ein besonderes Gewicht besitzt. Sprachen THE WHO 1965 in «My Generation» etwas epochal Gültiges aus, indem sie die halbartikulierten Lebensgefühle der Altersgenossen in Worte kleideten; gaben die ROLLING STONES in «Satisfaction» dem Lebensgefühl einer ganzen Generation den halb fordernden, halb frustrierten Ausdruck, so leistet der Song «Blank Generation» von Richard Hell etwas Ähnliches für die endsiebziger Jahre. Er droht nicht mehr mit Revolution, nicht einmal mit Krawall – er droht mit einem radikalen «Abhauen», etwa mit einer Überdosis Heroin oder einer Rasierklinge. Was zunächst wie Nonsense anfängt, wird im Refrain zur unterschwelligen Todessehnsucht («I belong to the blank generation but I can take it or leave it each time...»). Die New Wave New Yorks zeigte um 1979/80 eine Fülle von Richtungen, darunter bei einigen Musikern auch elektronische Experimente. Diese verkörpern Avantgarde zumeist im Sinne des Ungewöhnlichen, auch darin, daß Zufallsprodukte nachträglich als künstlerischer Ausdruck umgedeutet wurden. Andererseits regte sich mit der → No Wave-Bewegung gerade in New York frühzeitig der Widerstand gegen die Vermarktung der neuen Musik.

Eine frühe Stätte für Punk und New Wave war der CBGB-Club, und hier liegen auch die Anfänge der Band TALKING HEADS, auf deren Alben sich die Quintessenz der Neuen Welle niederschlägt: ausgeprägter Sinn für das Absurde, eine unterkühlte und sich intellektuell gebärdende Musik, schließlich eine sensible Klangvorstellung. Auch später zeigte sich der Kopf der Gruppe, David Byrne, als einer der Innovatoren der

Rockmusik, als er lange vor dem Auftreten der → Weltmusik die Zusammenarbeit mit Musikern der sogenannten Dritten Welt suchte. Die Vorstellungen der TALKING HEADS wurzelten weniger in psychedelischer Musik, wie ihnen nachgesagt wurde, sondern eher in der dadaistischen Lyrik, wie New Wave insgesamt dem Dada stark verpflichtet ist. Wie bei TALKING HEADS meiden die Gesangslinien auch bei THE B-52's (einer Gruppe aus Athens, Georgia) jeden Anschein der Vertraulichkeit, und die wiederholungsreichen, mitunter schwer faßlichen Texte erscheinen mit Vorliebe als Sprechgesang oder auch in chromatisch fallenden, orgelbegleiteten Gängen. Das Unwirkliche, Spieldosenartige der Musik wird auf der Bühne optisch bestätigt. Solche dadaistischen, an Hugo Ball erinnernden Züge haben bei Formationen wie PERE UBU, THE RESIDENTS, DEVO, CHROME, DEBRIS und TIN HUEY in den USA eine lange Tradition (die Musik einiger in Akron, Ohio, ansässiger Gruppen wurde als «industrial music» etikettiert). New Wave bot diesen Musikern eine Chance, ein größeres Publikum zu erreichen.

New Wave war, im Rückblick betrachtet, eine sehr viel kürzere Periode in bezug auf das gesamte Bestehen der Rockmusik, als es noch Anfang der achtziger Jahre erschien; es gehören auch weit weniger Musiker dazu, als es um 1980 den Anschein hatte. Zwar sind die Wirkungen der New Wave noch Anfang der neunziger Jahre spürbar – etwa die Rückkehr der Rockmusik zum Song, die Abkehr von einer Anbiederung an «höhere» Kultur –, doch wurde die zeitweilig hohe Bewertung des Musikers durch die technischen Umwälzungen in Musikaufnahme und -wiedergabe wieder zurückgedrängt. Insgesamt gesehen ist die Rockmusik schneller als erwartet zur Tagesordnung zurückgekehrt.

S USA: THE B-52's: –, 1979 (GB: Island); CHROME: –, 1979 (USA: Mercury); DEBRIS: –, 1976 (USA: Static Disposal); DEVO: *Are We Not Men? We Are Devo!*, 1978 (GB: Virgin; in acht verschiedenen Vinylfarben); Richard Hell & THE VOIDOIDS: *Blank Generation*, 1977 (USA: Sire/Warner); PERE UBU: *The Modern Dance*, 1978 (USA: Blank); THE RESIDENTS: *Meet The Residents*, 1974 (USA: Ralph); THE RED CRAYOLA: *Soldier-Talk*, 1979 (GB: Radar); TALKING HEADS: *77*, 1977 (USA: Sire/Warner); TELEVISION: *Marquee Moon*, 1977 (D: WEA); *Live From The CBGB's Club*, New York, 2 LP 1976 (D: WEA)

GB: ALTERNATIVE TV: *Cast Of Thousands*, 1979 (GB: RCA); CABARET VOLTAIRE: *Mix-Up*, 1979 (GB: Rough Trade); ESSENTIAL LOGIC: *Beat Rhythm News*, 1979 (GB: Rough Trade); GENERATION X: –, 1978 (GB: Chrysalis); THE HUMAN LEAGUE: *Reproduction*, 1979 (GB: Virgin); Joe Jackson: *Look Sharp!*, 1979 (NL: A&M); JOY DIVISION: *Unknown Pleasures*, 1979 (GB: Factory); MAGAZINE: *Real Life*, 1978 (NL: Virgin/Ariola); THE POP GROUP: –, 1979 (GB: Radar/WEA); PUBLIC IMAGE LTD: *Public Image*, 1978 (GB: Virgin); SIMPLE MINDS: *Life In A Day*, 1979 (GB: Zoom/Arista); THROBBING GRISTLE: *D.o.A.*, 1978 (GB: Industrial); TUBEWAY ARMY: *Replicas*, 1979 (GB: Beggar's Banquet); ULTRAVOX: *Ha!-ha!-ha!*, 1977 (GB: Island); SIOUXSIE AND THE BANSHEES: *The Scream*, 1978 (GB: Polydor); SQUEEZE: –, 1978 (GB: A&M); THE STRANGLERS: *No More Heroes*, 1977 (GB: UA); WIRE: *Pink Flag*; 1977 (GB: Harvest); XTC: *White Music*, 1978 (GB: Virgin); X-RAY-SPEX: *Germfree Adolescents*, 1978 (GB: EMI)

L Caroline Coon: *The New Wave Punk Rock Explosion* (London 1977); Wolfgang Döbeling: *Time Waits for No One*, in: *Living in a Rock 'n' Roll Fantasy*, S. 124 ff (Berlin 1979)

Noise Gate (engl., Rauschfilter) ist ein Gerät zur Unterdrückung von Störgeräuschen bei der Aufnahme oder Verstärkung von Musikinstrumenten. Es wird in den Signalweg geschaltet. Solange ein an das Noise Gate angeschlossenes Instrument (z. B. eine Gitarre) ein Signal erzeugt, wirkt das Gerät nicht auf dieses Signal ein. Man geht hierbei von der Annahme aus, daß die Klänge des Instrumentes die leisen Nebengeräusche z. B. vom Instrument selbst und von Effektgeräten erzeugtes Rauschen überdecken. Sinkt die Lautstärke – d. h. die Tonspannung – des Instrumentes unter einen zuvor eingestellten Wert ab, sperrt das Noise Gate den Signalweg ab und somit auch das möglicherweise in Erscheinung tretende Rauschen. Noise Gates sind beispielsweise bei der Aufnahme von Drums fast unerläßlich, wenn man nicht gerade den besonderen Effekt eines «nicht entstörten» Schlagzeugs erreichen will. Sie dienen einerseits dazu, das unausweichliche Mitrascheln der Snare-Drum unhörbar zu machen, andererseits bieten die verschiedenen Regelmöglichkeiten der Ansprache und der Ausklingzeit sowie die bei manchen Noise Gates anwendbare Steuerung von → Effektgeräten viele Möglichkeiten, den Klang des Instrumentes zu manipulieren. Vor allem in Verbindung mit einem → Hallgerät sind der Phantasie von Musikern und Produzenten kaum Grenzen gesetzt, wie etwa Aufnahmen und Produktionen von Phil Collins zeigen.

L John Peel: *Making 4-Track Music*, 3. Auflage, London 1989; Gregor Zikinsky: *Weniger ist mehr! – Einsatz und Funktionsweise moderner Effektprozessoren*, in: *Keys* – Für Einsteiger, Sonderheft der Zeitschrift *Keys*, 1991

None heißt die Sekunde, die über der Oktave liegt; dementsprechend gibt es kleine und große Nonen (→ Sekunde).

Nonenakkord ist ein terzenweise geschichtetes Tongebilde, bei dem über die Septime eine weitere Terz, eben die None, liegt (z. B. g h d f a). Auf Grund der Intervallgrößen – kleine und große Terz, kleine und große Sept usw. – pflegte man die Nonenakkorde in der älteren Harmonielehre zu systematisieren. Dies erscheint indes erläßlich, da es nicht auf die Struktur, sondern auf die Funktion der Akkorde ankommt. Der sogenannte verminderte Septakkord ist funktional ein unvollständiger Nonenakkord, unvollständig deshalb, weil in ihm der Grundton fehlt. Im Beispiel ist der vierte Akkord ein Nonenakkord, dessen Grundton fehlt: (d) fis a c es.

Normalton → Stimmton

Notation der Rockmusik. Rockmusik ist in der Hauptsache nichtnotierte Musik; sie wird nicht durch Partiturlesen erschlossen, sondern allein durch das Gehör aufgenommen, und selbst unter den Musikern, die Noten lesen können, ist es üblich, Stücke zu Zwecken einer Einspielung oder eines Konzertes nach dem Gehör einzustudieren. Während die → Bildungsmusik eine jahrhundertealte Augenmusik kennt, deren «Finessen» lediglich mit den Augen wahrgenommen werden können (kontrapunktische Formen wie Umkehrung und Krebs, symbolische Zeichen wie Kreuz, Kolorierung der Noten in den früheren Jahrhunderten, → Zwölftonmusik und Serialismus), machen in der Rockmusik nachträglich hergestellte Schriftbilder, etwa Klavierauszüge, häufig den Eindruck von Hilflosigkeit. Wie manche notierten Stücke der BEATLES beweisen, geben solche nachträglichen Hilfen das musikalisch Gemeinte unvollständig oder sogar falsch wieder. Eine entliehene «Notation» stellt auch das Partiturbild dar, das auf der Innenseite des Covers zu TANGERINE DREAMS *Alpha Centauri* (1971) abgebildet ist – eher für dekorative Zwecke als für den praktikablen Nachvollzug. (Die schöne graphische Zeichnung ist in einer englischen Studie über Rock abgedruckt und als eine wirkliche Notation elektronischer Musik gewürdigt worden.) Daß die meisten Rockmusiker nur mangelhaft oder gar nicht Noten lesen können, ist zweifelsohne ein Mangel. Andererseits ist Rockmusik so sehr auf nicht notierbare Klangfarben und Klangprozesse abgestellt (Filterung, Echo- und Nachhallwirkung, synthetische Klangerzeugung usw.), daß dieser Mangel nicht wesentlich auffällt. Solche mit den Mitteln herkömmlicher Notation nicht mehr erfaßbaren musikalischen Vorgänge werden zudem auch in den Klangkompositionen und in der elektronischen Musik der Avantgarde nur in groben Verkürzungen notiert. Wie Kompositionen von John Cage, dem nach-elektronischen Karlheinz Stockhausen und anderer Avantgardisten beweisen, verliert heute die Notation ihr traditionelles Gewicht immer mehr, sehr im Widerspruch zu der modischen These eines «optischen Zeitalters».

L Bernward Halbscheffel: *Zur Ontologie der Rockmusik*, in: *International Review of the Aesthetics and Sociology of Music* (Zagreb 1983)

Novelty Songs waren zwischen den beiden Weltkriegen die kurzlebigen Schlager in den USA, die zumeist einen Nonsense-Titel (und einen witzelnden Text) besaßen. Ihre Spuren lassen sich bis in die frühen Rock 'n' Roll-Stücke hinein verfolgen («See You Later, Alligator», «Razzle Dazzle» bei Bill Haley, «Good Golly, Miss Molly», «Bama Lama Bama Loo» bei Little Richard).

No Wave nannte sich eine Musikrichtung, die, entstanden Ende der siebziger Jahre, eingebettet war in die Kunst- und Filmszene New Yorks. Stilistisch läßt sich No Wave-Musik, wie die Sammelplatte *No New York* zeigt, nicht auf einen Nenner bringen, gehörten doch so unterschiedliche Gruppen wie DNA, MARS, die Sängerin und Gitarristin

Lydia Lunch mit ihrer Band TEENAGE JESUS AND THE JERKS und THE CONTORTIONS, die Gruppe des Sängers und Saxophonisten James White/Chance, zu ihr. Die Musik James Whites, eine Mischung von Punk, Funk und Free Jazz, stand dem gleichzeitig sich etablierenden → Free Funk sehr nahe: Über einem durchgängigen Beat und Funk-Baßriff improvisierten ein Gitarrist und White selbst. Lydia Lunch dagegen betrieb eine exzessive Musik, die keinerlei Verbindlichkeiten mit dem Zuhörer eingehen wollte; die Auftritte der Sängerin gerieten in späteren Jahren immer wieder zu exzentrischen Selbstdarstellungen.

In gewisser Weise kann zu No Wave auch die Fake-Jazz-Gruppe LOUNGE LIZARDS um den Saxophonisten John Lurie gerechnet werden, vor allem aber der Gitarrist der Band, Arto Lindsay, der später eigene Gruppen leitete. Ebenso zählen manche Stücke des Schlagzeugers David Moss und der Band LOVED BY MILLIONS zu No Wave. An diesen Platten wird aber auch deutlich, wie eng die entsprechenden Musikerkreise in New York miteinander verzahnt waren. No Wave, quasi ein Gegenentwurf zu der gleichzeitigen → New Wave der Rockmusik und der beginnenden Vermarktung von Punk, hat, abgesehen vom Begriff selbst, zu Beginn der achtziger Jahre einige Wirkung auf die Rockmusik gehabt, vor allem auf Free Funk-Bands wie DEFUNKT, RIP, RIG AND PANIK und ungezählte namenlos gebliebene Bands. (→ Free Funk; → Jazz-Rock)

S CONTORTIONS: *Buy*, 1979 (USA: ZE); LOVED BY MILLIONS, *Lovely*, 1985 (NL: ITM); LOUNGE LIZARDS: *Big Heart*, 1986 (D: Island/Ariola); David Moss: *Full House*, 1984 (D: Moers Music)

L Karl Lippegaus: *No Wave*, in: *Rock Session 7* (Reinbek 1983)

O

Oberheim nannte der Physiker Tom Oberheim seine Anfang der siebziger Jahre gegründete Firma. 1972 entwickelte Oberheim zunächst einen digitalen Sequencer, kam dann aber auf die Idee, zur Erweiterung von bestehenden Synthesizern tastaturlose Module, sog. Expander, zu bauen (die sich auch durch einen Sequencer steuern lassen). 1975 stellte Oberheim den ersten polyphonen Synthesizer vor, den Four Voice Polyphonic; er bestand aus einer gerade von E-mu-Systems entwickelten polyphonen Steuertastatur und vier Oberheim-Synthesizermodulen (E-mu baute und vertrieb später unter eigenem Namen Synthesizer und Sampling-Keyboards, so den Emulator). Weitere Synthesizer der Firma Oberheim waren der OB X, der später durch den OB Xa abgelöst wurde; dieser Synthesizer war mit einem Sequencer und dem Drum-Computer DMX, der gesamplete Schlagzeugklänge enthielt, synchronisierbar. Zusammen bildeten diese drei Geräte das Oberheim-System. In jüngerer Zeit waren es die mit dem Beinamen «Matrix» versehenen Synthesizer der Firma, die sich unter Musikern großer Beliebtheit erfreuen.

L Mathias Becker: *Synthesizer von gestern* (Augsburg 1990), Seite 33 ff

Obertöne → Teiltöne

Oboe ist ein Doppelrohrblattinstrument aus Holz, mit enger, beinahe zylindrischer Bohrung. Das Rohrblatt wird von den Lippen umschlossen, die Blastechnik beruht auf dem Überblasen in die Oktave(n). Von den etwa 20 Löchern werden einige wenige direkt mit den Fingern, die anderen mit Klappen gedeckt. Der Tonumfang erstreckt sich von h bis g^3. Der Klang der Oboe ist leicht näselnd, warm und durchdringend; wegen des geringen Luftverbrauchs kann der Spieler lange gebundene Phrasen gestalten. Eine tiefere Oboe in der Altlage heißt → Englisch Horn. Die Oboe wird recht häufig in der Rockmusik eingesetzt, Beispiele finden sich bei The New York Rock Ensemble, Roxy Music – der Saxophonist der Gruppe, Andy Mackay, verwendete das Instrument auch auf seinen Solo-Platten –, David Bowie, Guesch Patti und Tanita Tikaram.

S The New York Rock Ensemble: *Roll Over*, o. J. (USA: Columbia); Roxy Music: –, 1972 (NL: Ariola); Guesch Patti et Encore: *Labyrinthe*, 1988 (F: EMI); Tanita Tikaram: *Ancient Heart*, 1988 (D: WEA)

Ode Records, Los Angeles, ist das zweite vom kalifornischen Talentförderer Lou Adler gegründete Plattenlabel (das erste, → Dunhill Records, entstand 1965 und wurde ein Jahr später an → ABC verkauft). Gleich nach Einrichtung von Ode brachte Adler Scott McKenzies «San Francisco» heraus (→ Flower Power) und gab damit einer vornehmlich kalifornischen pazifistischen Bewegung den merkantilen Ausdruck. Ode gehörte später zu → CBS (→ Sony Music). Zu den Rockmusikern, die bei Ode veröffentlichten, zählen Carole King und Cheech and Chong; Mitte der achtziger Jahre erschienen auf dem Label die verschiedenen Ausgaben der Musik zu «Rocky Horror Picture Show».

Odeon ist ein Unterlabel von → EMI Records.

Österreichische Rockmusik ist, von Ausnahmen abgesehen, am Gesang eines Solisten und stilistisch am Chanson ausgerichtet. Auffallend ist dabei, wie stark sich Einzelmusiker und Gruppen politischer und sozialkritischer Themen annehmen. Österreichischer Rock besteht – wenn auch nicht gänzlich – zum großen Teil aus Protestlied und sozialkritisch engagierten Stellungnahmen. André Heller kann und konnte sich kraft seiner wirtschaftlichen Position (er ist der Sohn eines bekannten Schokoladenfabrikanten) manche Extravaganzen leisten und verkörpert heute den einheimischen Chansonsänger in exemplarischer Weise. Auch Wolfgang Ambros, Reinhard Fendrich und Georg Danzer sind als Songschreiber, die sich in Konzerten und bei Studioaufnahmen von versierten Musikern begleiten lassen, beachtlich. Neben solchen Einzelmusikern betätigten sich auch

Gruppen, die sich – wie SCHMETTERLINGE – einer politischen Aufklärung verschrieben oder – wie EELA CRAIG – den barocken Pomp eines Kulturrock pflegten.

Österreichs Rockmusik hat aber auch wirkliche Stars hervorgebracht: Falco, Bassist der Gruppe DRAHDIWABERL, der als Sänger des Hits «Der Kommissar» bereits großen Erfolg für sich verbuchen konnte, konnte mit seinem Disco-Hit «Amadeus Amadeus» selbst die Hitparaden in den USA erreichen. Der Keyboardspieler Joe Zawinul ist ebenso Österreicher wie der Keyboardspieler Peter Wolf – zeitweilig bei Frank Zappa –, und der Produzent und Toningenieur Conny Plank war ebenfalls Österreicher.

Da das Publikum in dem Alpenland recht klein ist, sind Österreichs Rockbands gezwungen, sich ihr Publikum auch in Deutschland zu suchen: Besonders erfolgreich gelang das dem Rock-Kabarett ERSTE ALLGEMEINE VERUNSICHERUNG, das mit seinen mitunter bösartigen Texten manch einem Rock-Hörer aus der Seele zu sprechen scheint. Eher albern war dagegen der Hit einer deutsch-österreichischen Produktion: Die Schwestern Inga und Anete Humpe sangen mit dem österreichischen Duo Prokopetz/Tauchen gemeinsam den Nonsens-Song «Codo».

S Wolfgang Ambros: *Hoffnungslos*, 1977 (D: Bacillus/Bellaphon); ATLAS: –, 1977 (D: Bacillus/Bellaphon); AUFLAUF: *Nix verändert si von söba*, 1978 (D: Extra1/Eigelstein); Arik Brauer: –, ca. 1973 (D: Polydor); EELA CRAIG: *One Niter*, 1976 (D: Vertigo/Phonogram); dies.: *Hats Of Glass*, 1978 (D: Vertigo/Phonogram); CLOCKWORK: *Wake Me*, 1979 (A: Polydor); Christian Kolonovits: *Life Is Just A Carnival*, 1976 (D: CBS); NOVAKS KAPELLE: *Naked*, 1978 (A: Ariola); ORANGE POWER: –, 1977 (A: Philips); SCHMETTERLINGE: *Lieder fürs Leben*, 1975 (D: Antagon); dies.: *Proletenpassion*, Kassette mit 3 LP, 1977 (A: Ariola); TURNING POINT: *Life Is Going On*, 1972 (A: Atom); SUPERMAX: *Fly With Me*, 1979 (D: WEA); Falco: *Emotional*, 1986 (D: Teldec); ERSTE ALLGEMEINE VERUNSICHERUNG: *Neppomuks Rache*, 1990 (D: EMI); dies.: *Watumba*, 1991 (D: EMI); DRAHDIWABERL: *The Worst Of Drahdiwaberl*, 1991 (A: Gig).

Off-Beat heißt eine solistische Vortragseigentümlichkeit, die dem Blues, dem Jazz und dem Rock gemeinsam ist und diese Stilbereiche etwa von der → Bildungsmusik unterscheidet. Vorausgesetzt wird ein durchgehender → Beat, auf den sich der Off-Beat als Abweichung bezieht, d. h. es gibt keinen Off-Beat ohne einen (zumindest ideell dazugedachten) Beat, beide ergänzen einander vielmehr gegenseitig. Aufgabe des Beat ist es, die Schlagzeiten des Taktes zu betonen (1 und 3, 1-2-3-4 usw.) und damit den zugrundeliegenden metrischen Hintergrund zu bilden. Der vokale oder instrumentale Solovortrag wiederholt nicht diese → Akzente, sondern setzt kurz vor oder nach ihnen ein und schafft dadurch von der einfachen Taktgliederung abweichende Akzente. Durch solchen Off-Beat entsteht eine eigentümliche Spannung zwischen dem Taktmetrum und den Einzelakzenten des Solovortrags.

Off-Beat ist nicht einfach → Synkope, obwohl der Unterschied zwischen beiden eher graduell als grundsätzlich ist. Eine Synkope ergibt sich

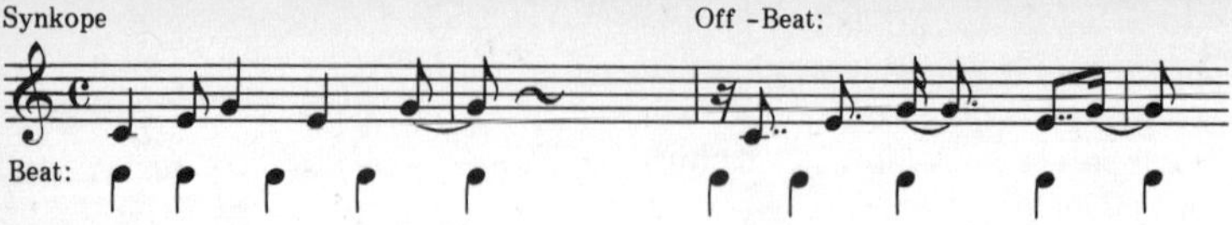

aus der Verschiebung der Binnentakt-Akzente um einfache, rational teilbare Werte, während der Off-Beat mit metrischen Verschiebungen arbeitet, die der Hörer nicht mehr als die Hälfte oder als das Viertel der Schlagzeit aufzufassen imstande ist. Daraus folgt, daß der Off-Beat nicht angemessen notiert werden kann. Die Zergliederung der Zeitwerte überläßt man dem spontanen Vortrag, statt damit das Notenbild zu belasten. Hingegen ist die Synkopierung sehr wohl schriftlich fixierbar, z. B. läßt sich die Spielweise von Eric Clapton relativ leicht notieren, da sie auf Synkopierung, nicht auf Off-Beat beruht. Den Unterschied zwischen Synkope und Off-Beat mag das Beispiel verdeutlichen.

Offene Stimmung (engl. open tuning) oder «Harmoniestimmung» heißt die Stimmung von Gitarren und anderen Zupfinstrumenten (Dobro, Steel Guitar u. a.), bei der die leeren Saiten zusammen einen Dreiklang ergeben, im Gegensatz zur üblichen Stimmung der → Gitarre in E A d g h e^1. Die offene Stimmung ermöglicht ein vollakkordisches Spiel, unter anderem mit Hilfe der → Slide-Technik. Sie wird erreicht, indem bestimmte Saiten der normal gestimmten Gitarre gewöhnlich um einen Halb- bzw. Ganzton tiefer oder höher gestimmt werden. Natürlich ist dann nicht nur der Zusammenklang der leer angeschlagenen Saiten ein Dreiklang, sondern – bei Barré-Griffweise – auch der Zusammenklang auf jedem Bund ein Dur- bzw. ein Moll-Dreiklang. Auf diese Weise läßt sich ein Musikstück, beispielsweise ein Blues, mit nur einem Fingersatz begleiten. Es gibt eine große Anzahl von offenen Stimmungen, wobei die jeweils gespielte unter ihnen mit Rücksicht auf die Tonart des betreffenden Musikstückes, auf den Umfang bzw. die Lage der Vokalstimme oder auf die mitwirkenden Instrumente gewählt wird.
Einige der gebräuchlichsten offenen Stimmungen sind E H e g h e^1 (e-Moll, «cross-note tuning»); E H e gis h e^1 (E-Dur, «cross Spanish tuning»), D G d g h d^1 (G-Dur), D A d fis a d^1 (D-Dur, «Sevastepol»); G H d g h d^1 (G-Dur, «Slide/Dobro»).

L Mike Eulner/Jacky Dreksler: *Gitarrenhammer*, Voggenreiter, Bad Godesberg 1983

S Peter Finger: *Bottleneck Guitar Solos*, 1974 (GB: Kicking Mule/Sonet); Stefan Grossman: *Bottleneck Serenade*, 1975 (GB: Transatlantic); die historischen Blues-Veröffentlichungen werden häufig auch hinsichtlich der jeweiligen Stimmung erläutert, so etwa auf den Plattenhüllen von Yazoo Records (245 Waverly Place, New York N. Y. 11114)

Oktave ist die achte Stufe einer skalenmäßigen (diatonischen) Tonfolge in steigender oder fallender Richtung (obere bzw. untere Oktave). Als Intervall ist sie reine Oktave und besitzt die gleiche Tonqualität wie die Bezugsstufe, wenn der Abstand zwischen den beiden zwölf Halbtöne (= sechs Ganztöne) beträgt; anders ausgedrückt: wenn die Schwingungsverhältnisse von Grundton und Oktave 1 : 2 sind (z. B. c c^1). Es gibt auch übermäßige Oktaven (z. B. c cis^1) sowie verminderte Oktaven (c ces^1), wobei der musikalische Zusammenhang darüber entscheidet, ob eine übermäßige Oktave oder eine große Septime gemeint ist. Oktaven werden stets mit dem gleichen Tonbuchstaben bezeichnet (→ A, → B, → C, → D, → E, → F, → G, → H). Zu achten ist dabei auf die Kenntlichmachung des jeweiligen Oktavbereiches. Die Oktavbereiche beginnen mit einem c-Buchstaben und zwar: C_2 Subkontra-C, C_1 Kontra-C, C großes C, c kleines c, c^1 eingestrichenes c, c^2 zweigestrichenes c usw. Die jeweiligen Zwischentöne c-h übernehmen die Bezeichnung des Anfangstones C. In den absoluten Tonhöhen der Notation ausgedrückt, wenn 8va... das Zeichen für die Oktavenversetzung nach oben bzw. nach unten heißt:

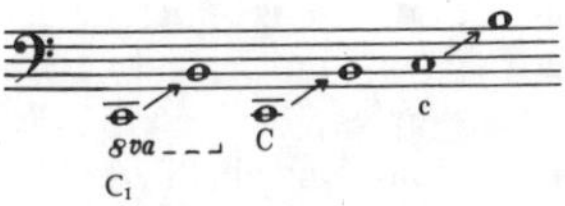

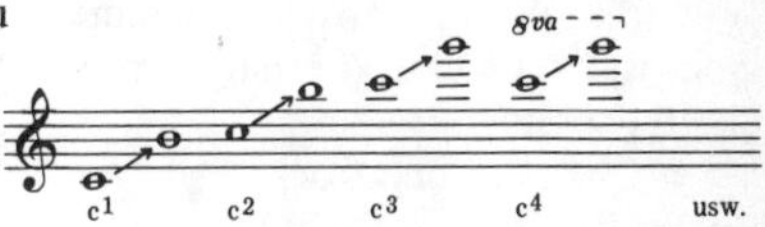

Oktavierer (engl. octavider, octave divider) ist ein Effektgerät, das zu einem eingegebenen Ton den darüber- oder darunterliegenden Oktavton erzeugen kann. Aufwendiger und vielseitiger in der Anwendung ist ein Transposer, ein digital arbeitendes Effektgerät, mit dem es möglich ist, ein Tonsignal um ein beliebiges Intervall zu verschieben; Klänge können also in der Tonhöhe variiert werden, ohne daß auf die Dauer der Klänge Einfluß genommen wird. Ein Oktavierer wurde zeitweise von Miles Davis verwendet, während für «Do the Bartman» von der Hip Hop-Formation THE SIMPSONS ein Transposer für die Stimme eingesetzt wurde.

S THE SIMPSONS: *Sing the Blues*, 1990 (D: Geffen)

Oldies heißen ältere Rockstücke, zumeist ehemalige Hits, die auf Samelplatten (Samplern) immer wieder auf den Markt kommen, etwa mit der Formel «Oldies but goldies». Obwohl der Ausdruck das Alter eines Stückes, «Evergreen» dagegen dessen nimmerwelke Frische hervorhebt, sind beide Ausdrücke inhaltlich gleich.

Oper (von ital. Opera, Werk, engl. opera) ist eine Form des Musiktheaters, die aus den stilistischen Experimenten der Florentiner Camerata Ende des 16. Jahrhunderts hervorging, in Rom und Venedig zu einer ersten Glanzzeit gelangte (Claudio Monteverdi, Francesco Cavalli, Marcantonio Cesti, in Neapel Alessandro Scarlatti) und von Italien aus auch die Fürstenhöfe Deutschlands sowie die Königshäuser und Hauptstädte in Frankreich und England eroberte (Jean-Baptiste Lully, Jean-Philippe Rameau und Christoph Willibald Gluck in Frankreich, Henry

Purcell und Georg Friedrich Händel in England). Die wesentlichen Neuerungen der Oper im 19. Jahrhundert vollzogen sich in Deutschland, so das Singspiel und die romantische Oper (Carl Maria von Weber) sowie das leitmotivisch aufgebaute Musikdrama (Richard Wagner). Einst ein Privileg von hochgestellten Personen, verbreitete sich die Bühnengattung nun auch im Bildungsbürgertum (Richard Strauss). Heute zehrt der Opernbetrieb vor allem von dem älteren Repertoire, neue, wirklich bedeutende Werke entstehen kaum; Oper ist zum Kulturkonsumgut heruntergekommen.
Über Opern in der Rockmusik: → Rockoper

Oratorium (engl. oratorio) ist eine zu Beginn des 17. Jahrhunderts aufgekommene Gattung von vertonten geistlichen Stoffen ohne szenische Darstellung, die zuerst in den Gebetshäusern der Bruderschaften in Rom gepflegt wurde (ital. oratorio, Betsaal). Eine erbauliche Erzählung, mit Vorliebe aus dem Alten oder Neuen Testament, wird in einer Folge von Instrumentalstücken, Arien, Rezitativen, Chören und Ensemblesätzen vorgeführt (Beispiel: Händels in England entstandene große Oratorien). Vom ausgehenden 18. Jahrhundert an hat sich das Oratorium zunehmend auch weltlichen Themen zugewandt (Joseph Haydns *Die Jahreszeiten* von 1801).

Orchester (engl. orchestra) heißt ein umfangreicher Klangkörper, der Holz- und Blechblasinstrumente, Schlaginstrumente, Streicher und ggf. Harfe bzw. Klavier umfaßt. Während die Orchester früher aus privaten Dienern eines Fürsten (z. B. Esterhazy) bestanden, werden die Orchester in der Bundesrepublik Deutschland heute staatlich subventioniert, weil sie nationale Kultur pflegen und diese dem Bürger und dem Ausland zugänglich machen. Die Bezeichnung «Orchester» kommt auch im Namen von Rockgruppen vor, ohne den eigentlichen Sinn damit zu meinen (ELECTRIC LIGHT ORCHESTRA, THE PASADENA ROOF ORCHESTRA usw.).

Orgel (engl. organ) ist ein Tasteninstrument, dessen Klänge durch angeblasene Zungen- und Labialpfeifen erzeugt werden. Sie besitzt ein oder mehrere Manuale und eine Pedalklaviatur für die tiefsten Töne. Zahlreiche Register dienen dazu, die Klangfarben zu regeln. In erster Linie ist die Orgel als ein Kircheninstrument bekannt, dessen liturgische Funktion seit dem 8. Jahrhundert belegt ist. Im Laufe der Jahrhunderte ist eine reichhaltige Literatur für Orgel entstanden (Andrea und Giovanni Gabrieli, Dietrich Buxtehude, J. S. Bach, César Franck, Max Reger usw.), in der besonders kontrapunktische Techniken angewendet werden (Fuge, Ricercar). Kirchenorgeln werden gelegentlich auch in der Rockmusik herangezogen, so auf *Gandharva* von BEAVER & KRAUSE (1971) und auf *Tarkus* von EMERSON, LAKE & PALMER (1973).

Orgelpunkt (engl. pedal point) ist ein ausgehaltener Ton, gewöhnlich in der tiefsten Lage, über dem sich die anderen Stimmen bewegen und sich zwischendurch von der einge-

schlagenen → Tonart erheblich entfernen können. Meist tritt der Orgelpunkt – am häufigsten in Orgelwerken auf dem Pedal intoniert, daher der Name – vor dem Schluß eines kontrapunktisch gearbeiteten Stückes (etwa einer Fuge) auf, um die erste oder, häufiger, fünfte Stufe der Tonart bei allen harmonischen Verwicklungen festzuhalten.
In der Rockmusik – in der es Kontrapunktik nur ausnahmsweise gibt – tritt vor allem in Konzerten eine dem Orgelpunkt sehr ähnliche Erscheinung auf: Der Schlußakkord wird von Keyboards ausgehalten, während der Sologitarrist kadenzierend sein Können vorführt. Für den Drummer ist das die Gelegenheit, sämtliche vorhandene Becken und Toms einzusetzen. Üblicherweise wird dieser Typus eines Schlusses gewählt, wenn das betreffende Stück auf der LP keinen wirklichen Schluß hat, sondern ausgeblendet wird. Doch gibt es diesen Schluß auch auf Schallplatten.

Osteuropäische Rockmusik. Die Begriffe Sozialismus und Rock scheinen einander auszuschließen. Rockmusik, ihren turbulenten Anfängen in den endfünfziger Jahren, ihrer schillernden Haltung zwischen Kunst und Geldspekulation, auch ihrem Eigenverständnis nach, wurzelt eher in einer Art anarchischer Lebensanschauung und ist daher unempfänglich für jede staatlich verschriebene Gesellschaftsphilosophie. Ein Musiker, der kleinbürgerliche Moralansichten sozialistischer Herkunft zu verkünden und das Recht einer banausischen Ästhetik, wie sie in dogmatischer Verhärtung der sozialistische Realismus darstellt, zu bestätigen hat, kann Techniken und Formen der bürgerlichen Rockmusik nachahmen: Ein Vertreter der Rockmusik ist er dennoch nicht.
Wirkliche Rockmusiker wurden in den Ländern des Ostblocks verfolgt und mit Strafen belegt bis hin zu Gefängnis und Psychiatrie. Dennoch konnten sich die sozialistischen Staaten den Wünschen der eigenen Jugend nicht auf Dauer verschließen, und so besannen sich die Führungen dieser Länder auf eine andere Taktik: Rockmusiker wurden staatlich umarmt. Wer allerdings in der Sowjetunion, in Ungarn oder Polen Rockmusik spielen durfte, bestimmte letzten Endes der Staat. Wer die staatlichen Prüfungen – die regelmäßig wiederholt wurden – bestand, dem standen Auftrittsmöglichkeiten und Plattenaufnahmen offen. Musiker, die dies nicht wollten, konnten nur noch im kulturellen Untergrund arbeiten – was viele taten. So gab es allen staatlichen Sanktionen zum Trotz in jedem sozialistischen Land Rockmusiker.
Schon vor Gorbatschows Perestroika war die starre Haltung der Regierungen aufgeweicht worden, denn Rockmusiker wie etwa die PUHDYS aus der ehemaligen DDR brachten Devisen ins Land. Musik nach eigenen Vorstellungen können die Musiker Osteuropas jedoch erst seit Ende der achtziger Jahre machen.
In Ungarn entfaltete sich eine nationale Rockmusik am frühesten und relativ frei; OMEGA, LOKOMOTIV GT, FONOGRAF, BERGENDY, SKORPIO und CORVINA sind die Namen einiger ungarischer Bands.

In der Sowjetunion hat die kulturelle Liberalisierung zur Veröffentlichung zahlreicher Rock-Schallplatten geführt, u. a. der Bands APELSIN, AQUARIUM – sicherlich eine der wichtigsten Bands der UdSSR – ARAX, ARGO, ARSENAL, AUTOGRAPH, CREDO, MOSCOW, STAS NAMIN GROUP, RADAR sowie die Musiker Alla Pugachowa – mit ihr zusammen trat Udo Lindenberg auf –, Wladimir Tschekassin und Alexander Gradsky. Zum Teil sind diese Musiker auch im Westen bekannt, doch bleibt abzuwarten, welche Platten von ihnen auch im Westen veröffentlicht werden. Das sowjetische Melodia-Label – das staatliche Monopol-Label – beabsichtigt, zu Beginn der neunziger Jahre auch im Westen Aufnahmen zu veröffentlichen; immerhin sind einige Schallplatten als Import zu erhalten.

Polen verfügt mit Czeslaw Niemen schon seit Jahrzehnten über einen auch international erfolgreichen Star. Niemens Ruf – erworben mit einer oft düsteren, von Keyboard-Klängen geprägten Musik – als Sänger war sogar bis in die USA gedrungen, als BLOOD, SWEAT & TEARS in den siebziger Jahren wieder einmal einen Sänger suchten; Niemen lehnte ab. Auch andere polnische Rockmusiker waren schon im Westen insoweit erfolgreich, als sie Plattenverträge bei westlichen Firmen erhielten, so etwa die Band MAANAM und die Sängerin Basia.

L Timothy W. Ryback: *Rock around the Bloc* (Oxford 1990); Artemy Troitsky: *Rock in Rußland* (Wien 1989)

Ostinater Baß → Riff

Oszilloskop oder Oszillograph ist ein Gerät zur Darstellung von Spannungen, also auch Tonspannungen. Zu diesem Zweck verfügt es über eine Bildröhre mit einer Meßeinteilung. Eine Wechselspannung, beispielsweise die Netzspannung von 50 Hz, zeichnet auf dem Bildschirm eine sinusförmige Kurve. In der Musikelektronik wird gerade diese Fähigkeit des Oszilloskopes genutzt: Der Vergleich einer Tonspannung etwa am Eingang und am Ausgang eines Verstärkers gibt Aufschluß über die korrekte Arbeitsweise des Gerätes; ein eingegebener Sinuston sollte möglichst ohne Verformung – also ohne auch hörbare Verzerrung – wieder am Ausgang auftreten. Eine Verformung der Kurve, die das Oszilloskop zeigt, bedeutet auch eine Verzerrung des Tones, mithin eine nicht korrekte Arbeitsweise des zu überprüfenden Verstärkers.

Auch für Musiker, die sich mit elektronischer Musik beschäftigen, bietet ein Oszilloskop eine wertvolle Hilfe: Die Wirkungsweise von Filtern und Verstärkern eines Synthesizers auf die Sinus-, Rechteck- und Sägezahnspannungen des Instrumentes lassen sich mit ihm leicht überblicken. Letztlich stammen gerade die eben genannten Bezeichnungen der Tonspannungsformen – Sinus, Rechteck, Sägezahn – direkt aus der Arbeit mit dem Oszilloskop, wo sie diese Formen auf dem Bildschirm zeigen.

Out-of-Phase-Sound. Bei Gitarren mit zwei → Pick-Ups besteht die Möglichkeit, mittels eines Schalters bzw. einer Schalterstellung die beiden Pick-Ups gegenphasig zu schalten und gleichzeitig zu benutzen. Auf diese Weise entsteht ein näselnder Klang, der sogenannte Out-of-Phase-Sound.

Ouvertüre (franz., Einleitung, Eröffnung) heißt das einleitende Instrumentalstück zu Beginn einer → Oper, einer → Suite oder einer anderen musikalischen Einheit (z. B. → Concept Album). Ouvertüren kommen in der Rockmusik ebenfalls vor, etwa am Anfang der → Rockoper *Tommy* von Peter Townshend und THE WHO, auf dem Erstlingsalbum von ELECTRIC LIGHT ORCHESTRA («10538 Overture») von 1972 u. a. Zuweilen heißt das vorangestellte Stück Prelude, Vorspiel, oder Introduction, Einleitung. Umgekehrt beendet die US-amerikanische Band THE FAMILY TREE ironisierend ihr Concept Album *Miss Butters* mit einer Underture.

S THE WHO: *Tommy*, 1969 (D: Polydor); THE ELECTRIC LIGHT ORCHESTRA: –, 1972 (USA: United Artists); THE FAMILY TREE: *Miss Butters*, o. J. (USA: RCA)

Overdubbing ist ein in den Aufnahmestudios praktiziertes Verfahren, das zum Ziel hat, zu einer bereits vorhandenen Aufnahme eine weitere auf dasselbe Band zu spielen. Vor der Entwicklung der Mehrspurtechnik war es dazu üblich, einfach den Löschkopf des Aufnahmegeräts abzuschalten. Da die Aufnahmen durchweg → monophon waren, war dieses Verfahren leicht möglich. Man konnte in Kauf nehmen, daß mit jedem Overdub die ursprüngliche Aufnahme an Qualität einbüßte. Mit dem Einsatz von Mehrspurgeräten seit etwa Mitte der sechziger Jahre ist es möglich, die einzelnen Stimmen – Instrumente wie Gesang – in zeitlichem Nacheinander auf getrennten Spuren (→ Tracks) eines Tonbandes aufzuzeichnen. Der Studioaufnahme wird häufig eine Taktmarkierung (Klick Track) durch den Schlagzeuger oder eine → Rhythmusmaschine zugrunde gelegt, die später gelöscht wird; sie dient dazu, keine zufallsbedingten Temposchwankungen entstehen zu lassen. Hierauf werden die Stimmen der Rhythmusgruppe – auch Backing Track genannt – (Schlagzeug, Percussion, Baß- und Rhythmusgitarre, Klavier) auf jeweils getrennten Spuren aufgenommen. Dann kommen, wiederum auf getrennten Spuren, Soloinstrument, Vokalchor und Sologesang hinzu. Während der → Abmischung können sich Zusatzaufnahmen als notwendig erweisen. Der Spieler bzw. Sänger einer später aufzunehmenden Stimme hört mit einem → Kopfhörer (bis auf seinen eigenen Part) das bis dahin fertiggestellte Produkt, das sich somit bei jeder neuen Spuraufzeichnung reicher und komplexer gestaltet.
Das getrennte Aufnehmen von Stimmen ermöglicht es, eventuelle Fehler durch wiederholte Aufnahme auszumerzen: Das Band bleibt bis zur Fehlerstelle unangetastet, nichts wird neu aufgenommen. Der Musiker, beispielsweise der Sänger, singt im Aufnahmeraum des Studios parallel mit, um sich an Tempo und Tonart an die vorhandene Aufnahme gewöhnen zu können. Kurz vor der Fehlerstelle wird der Aufnahmekopf

des Bandgerätes eingeschaltet (Punch In), der Gesang wird für die Dauer des Fehlers neu aufgenommen, wobei die fehlerhafte Stelle gelöscht wird. Hinter dem Fehler wird der Aufnahmekopf wieder abgeschaltet (Punch Out). Aufnahmen auf vielen getrennten Spuren – üblich sind 24 bis 48 Spuren – ermöglichen auch, für jede Spur eine unterschiedliche Klanggewichtung vorzunehmen, die Lautstärke auszubalancieren und Effekte wie Hall, Verzerrer, Delay usw. nachträglich einzufügen; einerseits ist also eine → Abmischung wegen des mehrspurigen Aufnahmeverfahrens unumgänglich, andererseits ist dieser «Produktion» genannte Vorgang, dessen eines Stilmittel Overdubbing ist, so überhaupt erst möglich. Ein sich psychisch auswirkender und vom Hörer mehr atmosphärisch erfühlbarer als konkret nachweisbarer Nachteil getrennten Aufnahmeverfahrens besteht im Fehlen von Spontaneität gemeinsam musizierender Menschen. Um dieses Bedürfnis zu befriedigen, erscheinen Live-Mitschnitte. Liegt kein Overdubbing vor, so wird dieser Umstand manchmal auf dem Plattencover vermerkt, etwa auf dem Album *A Funky Thide of Sings* des Schlagzeugers Billy Cobham, 1975; «...was recorded in one take – no overdubbing was used.» Signalisiert wird damit gleich mehreres: Die Musiker, allen voran also Billy Cobham, sind so gut, daß sie keine studiotechnischen Tricks – als das man Overdubbing ansehen kann – nötig haben; alle anderen haben Overdubbing nötig; und schließlich: Overdubbing ist so gebräuchlich, daß man extra darauf hinweisen muß, wenn es nicht eingesetzt wurde. Im Sprachgebrauch werden Overdubbing und → Playback einander häufig gleichgesetzt, obwohl sie es nicht sind (→ Abmischung; → Produzent; → Studio; → Take).

P

PA (S) Public Address (System), mitunter aber auch Power Amplification: die Mischpult- und Lautsprecheranlage, die für das Konzertpublikum bestimmt ist (im Gegensatz zu den bühneninternen Lautsprechern, den → Monitoren). Zu einem PA-System gehören Mikrophone, ein Mischpult, Effektgeräte – vor allem ein Hallgerät –, Endverstärker und Lautsprecherboxen. Bei kleinen PA-Systemen werden ein Hallgerät sowie die Endstufen zusammen mit dem Mischpult in ein gemeinsames Gehäuse eingebaut; derartige Einheiten werden auch Power Mixer genannt. Größere Systeme dagegen verfügen über Einzelkomponenten.
Die Übertragungskette einer PA (-Anlage) beginnt bei den Mikrophonen bzw. Tonabnehmern auf der Bühne. Diese werden in einer sog. Stage Box zusammengeschlossen und über ein vieladriges Kabel, dem Multicore, mit dem Saalmischpult verbunden. Dieses Mischpult kann eine speziell für Live-Konzerte gebaute Ausführung sein, bei bekannteren Rockgruppen, die erheblichen

Aufwand für ihre Tourneen treiben, ist es in der Regel ein tourneetauglich gemachtes Studiomischpult mit entsprechenden Ausmaßen. Hier wird der Klang gemischt, das heißt, daß die Musik im Saal so klingen soll, als sei der Rockhörer zu Hause bei seiner Stereoanlage. Zu diesem Zweck gehören zu den Peripheriegeräten des Saalmischpultes immer auch Equalizer und Zeitverzögerungsgeräte wie Delay und Hall. Die auf zwei Kanäle verteilten Tonspannungen werden mit Hilfe von Kabeln an die Frequenzweichen und die Endverstärker, die sich üblicherweise nahe bei den Lautsprecherboxen befinden, übergeben. Bei den Frequenzweichen kann es sich um aktive und passive Systeme handeln, zumeist sind es aktive – das Frequenzband wird also noch vor der Endverstärkung auf drei oder vier Bänder aufgeteilt (jedes Band erhält dann einen eigenen Endverstärker). Bei passiven Weichen geschieht die Aufteilung erst hinter den Endverstärkern. Endverstärker sind fast immer leistungsstarke Stereo-Transistorendstufen, die über umfangreiche Schutzschaltungen verfügen und zur Leistungserhöhung sogar noch «gebrückt» werden können, d. h. die beiden Endstufen können im Mono-Betrieb arbeiten. Die Lautsprecherboxen sind je nach Auftrittsort und grundsätzlicher Entscheidung entweder Hornsysteme – meistens Drei- oder Vierwege-Systeme – oder sogenannte Full-Range-Boxen, Dreiwegeboxen, die im Stacking-Verfahren aufgebaut werden. Sie werden also schlichtweg gestapelt; Stacking konnte sich in den achtziger Jahren weitgehend emanzipieren, weil es variabel ist und sich leicht an verschiedene Gegebenheiten anpassen läßt. Es gibt aber auch Mischformen, wenn zum Beispiel Dreiwegeboxen im Baßbereich von einem Hornsystem unterstützt werden. Mitunter werden Lautsprecherboxen auch «geflogen», unter der Decke des Saales aufgehängt, was u. a. eine gleichmäßigere Schallabstrahlung gewährleisten soll. Als Lautsprecher kommen für PA-Anlagen nur hochwertige Fabrikate in Frage, wobei vor allem auf die Empfindlichkeit Wert gelegt wird; diese Lautsprecher müssen über einen großen Wirkungsgrad verfügen, um die Verstärkerleistung optimal nutzen zu können.

Die Konzipierung von PA-Systemen ist ein komplexes Gebiet, das längst den Fachmann erfordert. Aus diesem Grund gibt es schon lange PA-Verleihunternehmen, die nicht nur die erforderlichen Komponenten verleihen, sondern auch das Personal zum Betrieb der PA stellen können.

Die heute übliche Verwendung von PA-Anlagen in der Rockmusik geht einerseits auf die Verstärkung von Filmmusik in großen Kinos zurück (Hornsysteme), andererseits auf die Open-Air-Konzerte der sechziger Jahre. Die vorhandenen Erfahrungen mit der elektroakustischen Verstärkung anläßlich von Großveranstaltungen und auch Jazz-Konzerten reichten bei weitem nicht aus: vor allem die bei Rockkonzerten übliche Lautstärke war absolutes Neuland. Die ausschließliche Verwendung von Instrumentalverstärkern auf der Bühne war zudem an ihre Grenzen gestoßen – die Lautstärke auf der

Bühne war so groß geworden, daß die Musiker sich gegenseitig nicht mehr hören konnten. PA-Anlagen ermöglichen die Lösung all dieser Probleme und repräsentieren mittlerweile einen technischen Stand, der kaum noch Wünsche offen läßt.

L Tony Bacon (Hg.): *Rock Hardware* (Dorset 1981)

PAF ist die Abkürzung von Patent Applied For. Diese Bezeichnung erhielten die Tonabnehmer, die die Firma Gibson seit 1960 beispielsweise in die Les Paul-Gitarren einbaute. (→ Gitarre)

Paisley Park ist das von Prince Roger Nelson gegründete Schallplattenlabel, auf dem vor allem seine eigenen Platten sowie die Platten einiger Musiker seines Umkreises wie Sheila E., Taja Sevelle, Apollonia, Jill Jones und der Gruppe MADHOUSE veröffentlicht werden. Paisley Park wird von der → WEA vertrieben.

Pan → Ariola-Eurodisc

Panorama-Effekt war ein besonders in den Anfängen der Stereotechnik sehr beliebter Klangeffekt, der erreicht wurde, indem man mit Hilfe des → Pan Pot eine Schallquelle – zum Beispiel die Leadgitarre oder einen Synthesizer – von der einen Seite zur anderen oder gar wiederholt hin und her wandern ließ. Ein einprägsames Beispiel findet sich, verbunden mit einer Beschleunigung der Tonfolge, am Schluß von *Brain Salad Surgery* von EMERSON, LAKE & PALMER (1973) und, in jüngerer Zeit, beispielsweise in dem Song «Innuendo» auf der LP *Innuendo* von QUEEN (1991). Dabei muß die hin und her wandernde Klangquelle keineswegs im akustischen Vordergrund stehen: In dem Song «Maxwell's Silver Hammer» (THE BEATLES: *Abbey Road*, 1969/1987, D: EMI) wandert während der letzten Strophe im Hintergrund eine auf einem Synthesizer gespielte leise Melodie langsam von links nach rechts.

S DEEE-LITE: «Smile On», auf *World Clique*, 1990 (D: Elektra)

Pan Pot ist die Abkürzung für «Panorama Potentiometer» und bezeichnet einen in jeden Kanal des → Mischpultes eingebauten Drehregler, mit dem man einer jeden Schallquelle, die den Kanal durchläuft, eine Stelle zwischen den beiden Extremen «rechts» und «links» auf der Stereobasis zuordnen kann (→ Panorama-Effekt). Dies geschieht keineswegs willkürlich, vielmehr ist das Pan Pot ein entscheidendes Arbeitsinstrument des →Produzenten, der der ihm anvertrauten Mehrspur-Aufnahme bei der → Abmischung erst den Raum geben muß, in dem die Musik für den Hörer stattfinden soll. Da dieser Raum einerseits fiktiv – also nicht real vorhanden – ist, andererseits übliche Hörgewohnheiten, wie etwa in einem Konzert üblich, berücksichtigt werden sollten, muß sich ein Produzent genau überlegen, wie er die Instrumente im Raum verteilt. Wie eine solche Planung aussehen kann, zeigt das aufgeklappte Cover der LP *Press to Play* (1986) von Paul McCartney; die

Buntstiftzeichnungen McCartneys präsentieren für jeden Song in einem Halbkreis die Anordnung der Instrumente und des Gesangs.

Parallelbewegung (engl. parallel motion) heißt die gleichzeitige Bewegung zweier Stimmen im Parallelgang, der entweder eine strenge Parallele darstellen kann (Terz-, Quint-, Sext-, Oktavparallelen usw.) oder mit wechselnden Intervallen in der gleichen Richtung verläuft, etwa:

Das Gegenteil von Parallelbewegung ist → Gegenbewegung, eine dritte Gattung ergibt sich durch → Seitenbewegung. Im Sinne der traditionellen Satzlehre, die für die harmonisch-tonale Musik und zum größten Teil daher auch für die Rockmusik gilt, verursacht die Parallelbewegung einen satztechnischen Fehler, wenn sich durch sie parallele Oktaven und Quinten ergeben. Parallele Terzen und Sexten sind daher, sofern sie nicht durch allzulange Ketten ermüden, erlaubt. Oktaven dürfen dann parallel geführt werden, wenn es sich dabei nicht um selbständige Stimmen, sondern lediglich um Stimmverstärkung – Oktavverdopplung – handelt, wie sie in der Rockmusik im Spiel von Gitarre und Baßgitarre häufig entsteht. Ausgenommen sind von dem Verbot auch parallel geführte Quinten, wenn durch die Intervallverknüpfung lediglich koloristische Wirkungen erzielt werden sollen.

Parlophone → EMI Records

Partialtöne → Teiltöne

Partitur (engl. score) ist die Notation mehrerer gleichzeitig erklingender Stimmen in einem geordneten Schriftbild (die Aufzeichnung einer einzigen – vokalen oder instrumentalen – Stimme wird nicht Partitur genannt). Die gleichzeitig verlaufenden Stimmen notiert man in mehreren Fünflinien-Systemen untereinander, wobei die durchgezogenen Taktstriche dafür sorgen, daß die rhythmischen und metrischen Beziehungen unter den vertikal zusammenschaubaren Stimmen sichtbar werden. In der entwickelten Partitur-Aufzeichnung der älteren → Bildungsmusik gruppiert man die einzelnen Instrumentengattungen nach folgendem Verfahren: Zuoberst erscheinen die Holzblasinstrumente in der Reihenfolge Piccolo-Flöte, Große Flöte, Oboe, Englisch Horn, Klarinette, Baßklarinette und Fagott: sodann für die Blechbläser Horn, Trompete, Posaune und Tuba. Darunter folgt die Notation der Schlaginstrumente, noch weiter unten der ggf. verwendeten menschlichen Stimmen Sopran, Alt, Tenor und Baß. Ganz unten werden die Streichinstrumente Violine 1 und 2, Viola (Bratsche), Violoncello und Kontrabaß aufgezeichnet.

In der Rockmusik spielt die Partitur eine untergeordnete Rolle, da die Musik ausschließlicher als in der Bildungsmusik mit Hilfe akustischer und elektrischer Übermittlung (Konzert, Schallplatte, Tonband) statt durch Notenbilder vom Musiker zum Hörer gelangt. Die meisten Auf-

zeichnungen von Rockmusik, die sich in Klavierauszügen und Gitarrenheften finden, entstehen nachträglich unter Zuhilfenahme der Schallplatte (→ Notation der Rockmusik). Beispiele wirklicher Partitur-Notation finden sich etwa auf dem Cover von *200 Motels* von Frank Zappa von 1971 und dem Cover der LP *Score* des Pianisten und Organisten Duncan Mackay (1977).
In einem umgewandelten, modernen Sinn ist auch die Skizze eine Partitur, die zum Zwecke der Realisation von elektronischer Musik und für den Gebrauch des Tonmeisters im Studio verfertigt wird. Im Gegensatz zur herkömmlichen Klang-Partitur ist die letztere eine Anweisungs- oder Aktionspartitur, da sie weniger ein musikalisches Ergebnis bildlich festhält als vielmehr Anweisungen zur Erzeugung von Klangprozessen erteilt (vgl. die Innenseite der Plattenhülle zu TANGERINE DREAMS *Alpha Centauri* von 1971). Doch lassen sich beide Gesichtspunkte einer Partitur, nämlich Abbild und Vorschrift, nicht scharf voneinander trennen.

S Duncan Mackay: *Score*, 1977 (GB: EMI)

L Michael Dickreiter: *Partiturlesen. Ein Schlüssel zum Erlebnis Musik* (Schott, Mainz 1983); Bernward Halbscheffel: *Zur Ontologie der Rockmusik*, in: International Review of the Aesthetics and Sociology of Music (Zagreb 1983)

Pattern bezeichnet eine rhythmische Einheit, die wie ein → Riff beliebig oft wiederholt werden kann. Im Gegensatz zum Riff ist aber mit Pattern nur der Rhythmus gemeint. Patterns können ein, zwei oder vier Takte lang sein, doch sind längere Patterns denkbar und in vielen Musikkulturen auch üblich. In der Rockmusik dagegen überschreiten Patterns selten die Länge von vier Takten, meistens sind Rock-Patterns sogar im Grunde nur einen Takt lang; ein solches Pattern wird allerdings durch → Fill ins variiert.

Payola ist ein anglo-amerikanischer Slangausdruck für Bestechung in ihrer aktiven wie passiven Form; das Wort bedeutet auch Schmiergelder. Bestechungen gehören zu den beinahe ständigen Begleiterscheinungen der Rockmusik-Industrie. Der einfache Rockkonsument kann dabei der Auffassung sein, daß ihn die Bestechung von Managern, Plattenladen-Inhabern und → Disc Jockeys nicht betrifft; das Übel liegt vielmehr hinter solchen Skandalen, also in der mit legalen Mitteln betriebenen Ausnutzung von Rockmusikern und Plattenkäufern durch Schallplattenfirmen und Konzertagenturen. Payola als ein gesetzwidriges Phänomen meint lediglich die nachträgliche Verteilung der durch Ausbeutung erlangten Gelder, und wichtig erscheint nur, daß Musiker und Rockkonsumenten durch solche Bestechungen nicht noch mehr manipuliert werden.
In einem wirtschaftlich so wichtigen Bereich, wie ihn die Herstellung und Verteilung von Rockmusik darstellt, wo riesige Kapitalmassen hin und her gelenkt, Firmen gegründet werden, fusionieren und aufgekauft werden, kann die Erwartung absoluter Korrektheit nur auf einer wirklichkeitsfremden Einstellung beruhen. Bestechungsaffären wie jene berüchtigte

US-amerikanische, zu deren Analyse 1959–61 ein Kongreßausschuß eingesetzt wurde, können sogar dazu verwendet werden, den gesamten Bereich der Rockmusik als moralisch verkommen zu verdächtigen, wobei Pauschalurteile vielfach den wirtschaftlichen Interessen anderer Firmen nützen.
Bestechungen sind abzulehnen, nicht nur deshalb, weil sie eine Atmosphäre gegenseitigen Mißtrauens erzeugen. Doch im Vergleich mit den Summen, die z. B. im politischen Bereich genannt werden, erscheinen die Schiebungen im Rockbereich relativ harmlos, jedenfalls sollte man sie nicht dramatisieren.

Pedal (von lat. pes, Fuß) ist eine Vorrichtung für den Fuß, der mit ihrer Hilfe Töne und Geräusche erzeugt oder eine Klangregulierung (sogenannte Effekte) besorgt. Beispiele sind Baßpedal bei der → Orgel, Nachhall- und Dämpferpedal beim → Klavier, → Fußmaschine bei Bass-Drum und → Hi-Hat, Transpositionspedal bei der → Harfe und der → Pedal Steel Guitar, Effektpedal bei → Wah-Wah, Verzerrer, → Phasing und Lautstärkeregelung. Der Baßsynthesizer Taurus der Firma → Moog wird ebenfalls mit einer Pedal-Klaviatur gespielt.

Pedal Steel Guitar ist darin eine technische Weiterentwicklung der → Steel Guitar, daß sie eine Pedalvorrichtung besitzt, mit welcher der Spieler alle Akkorde chromatisch verändern und auch die Melodiestimme ausführen kann. Im → Country-Rock wird das Instrument vielfach herangezogen, aber auch etwa bei THE GRATEFUL DEAD (Jerry Garcia), NEW RIDERS OF THE PURPLE SAGE (Buddy Cage) und – als Kuriosität in einem ehemals sozialistischen Land – in der ungarischen Gruppe FONOGRAF (Janos Brody). Abgebildet ist eine Pedal Steel Guitar auf der Cover-Rückseite von BAREFOOT JERRYS Album *Watchin' TV*, 1971 (USA: Monument). Mit Daumen und gestrecktem Zeigefinger wird ein runder oder flacher Stahlstab (steel bar) gehalten, der auf die Saiten aufgesetzt, doch nicht ganz niedergedrückt wird; mit den übrigen Fingern dämpft man die Saitenschwingung. Es gibt einhalsige und doppelhalsige Pedal Steel Guitars mit den Stimmungen → C 6th und E 9th. Das Instrument mit einem Hals ist in E 9th gestimmt: h d^1 e^1 fis^1 gis^1 h^1 e^2 gis^2 dis^2 fis^2, das Instrument mit zwei Hälsen zusätzlich in C 6th: c f a c^1 e^1 g^1 a^1 c^2 e^2 g^2. Um die Saiten zu zupfen, werden auf den Daumen, den Zeige-, Mittel- und Ringfinger der rechten Hand Ringe aufgesteckt. Eine andere Spielweise besteht aus dem Finger-Picking Style.

S *Suite Steel. The Pedal Steel Guitar Album*, 1970 (USA: Elektra); IMPROVED SOUND LIMITED: *Catch a Singing Bird On the Road*, 1973 (D: CBS)

L Frank Baum: *Schule für Pedal Steel Guitar* (Edition Framus 1974)

Pentatonik. Im Gegensatz zum relativ jungen diatonischen Tonsystem des Abendlandes (→ Dur, → Moll, → Kirchentonarten) werden im älteren pentatonischen System nur fünf Töne verwendet (penta, griech. fünf). Man unterscheidet die halbtonlose oder anhemitonische Pentatonik (in der also keine Halbtonschritte vorkommen) von der Pentatonik mit Halbtonschritten. Die ältere halbtonlose Pentatonik kennt verschiedene Modelle, z. B. d e g a c d oder d f g a c d; eine pentatonische Skala mit Halbtonschritten ist etwa d e f a h d. Außer in älteren europäischen Musikschichten, so in der alten südosteuropäischen Bauernmusik, wird Pentatonik in manchen außereuropäischen Kulturen auch heute noch verwendet (Japan, China). Ihren Reiz des Einfachen, Vergangenen, auch Exotischen wurde und wird auch von Rockmusikern erkannt und gelegentlich eingesetzt (vgl. «Spoonful» von Willie Dixon in den Interpretationen von CREAM und CANNED HEAT).

Percussion → Schlaginstrumente

Perpetuum mobile (lat., ewiges Mobile) nennt man nach romantischem Vorbild, so bei Niccolò Paganini, ein schnelles, zumeist in gleichmäßigen Sechzehnteln verlaufendes virtuoses Musikstück, das von einer einförmigen, gleichsam maschinell perfekten Bewegung geprägt wird. Häufig dient es dazu, spieltechnische Fertigkeit unter Beweis zu stellen. Beispiele für Perpetuum mobile in der Rockmusik finden sich bei Jeff Beck («Constipated Duck» auf *Blow by Blow*, 1975), Rick Derringer und John Nitzinger. In der technischen Perfektion und der letztendlich möglichen Geschwindigkeit sind allerdings Sequencer noch dem fingerfertigsten Instrumentalisten überlegen.

S KING CRIMSON: «Fracture» (*Starless and Bible Black*, 1974)

Phasing beruht auf der Mischung eines Tonsignals mit seinem phasenverschobenen Doppel: Ein Ton wird am Eingang eines Phasers aufgespalten. Ein Teil durchläuft das Gerät unverändert, während der andere in seiner Phasenlage verändert wird. Am Ausgang werden die beiden Anteile wieder zusammengeführt und ergeben das bekannte, schwirrende, in sich kreisende Klangresultat. Aus der Zusammenführung des Originalsignals und des phasenverschobenen Signals entsteht eine Art Kammfilter-Effekt; es kommt zu Verstärkungen, wenn beide Phasenbewegungen parallel verlaufen, zu Auslöschungen, wenn die Signale gegenphasig zueinander stehen.
Phasing wird in der Rockmusik selten allein eingesetzt; zumeist tritt es in Zusammenhang mit signalverzögernden Baugruppen auf, etwa im → Flanger und im → Chorus. Phasing dient im allgemeinen dazu, einen ursprünglich recht starren Klang lebendiger zu machen. Nicht zufällig also wurde mit dem → Leslie ein unter anderem mit Phasenverschiebung arbeitendes Gerät für die Orgel konstruiert. Frühe Beispiele von Phasing in der Rockmusik sind etwa in «Itchycoo Park» von den SMALL FACES (1967), in «Moscow» von der bundesdeutschen Gruppe WONDERLAND (1968) und in den Aufnahmen der BEATLES «Being For The Benefit Of Mr Kite» und «I am the Walrus» (1967).

Philadelphia Sound → Soul

Philips Records → PolyGram Records

Phon ist eine nicht mehr gebräuchliche Einheit für Lautstärke. Die Phonskala reicht von 0 Phon, was der Hörschwelle entspricht, bis zu 120 Phon (Schmerzschwelle); bei der Phonskala wird die unterschiedliche Empfindlichkeit des menschlichen Gehörs für verschiedene Frequenzen berücksichtigt. Als Einheit für Lautstärke wird in jüngerer Zeit die Einheit dB (A) (Dezibel A) verwendet.
Die gelegentlich anzutreffende Aussage, daß eine Rockband eine hohe Phonzahl habe, sagt nichts über die Lautstärke der Band aus; gleiches gilt auch für eine bezugslose dB-Ziffer. Lautstärke nimmt mit der Entfernung von der Quelle ab; daher darf bei einer Lautstärkeangabe die Entfernung, aus der gemessen wird, nicht fehlen.

Phonogram Records → PolyGram Records

Piano → Klavier

Pick-Up (engl., Abnehmer) ist ein elektromagnetischer Wandler, der die periodischen Schwingungen eines Körpers in entsprechende elektrische Spannungsschwankungen umwandelt. Bei der elektrischen Gitarre verursachen die über dem eingebauten Pick-Up schwingenden Saiten eine periodische Änderung des im und um den Pick-Up herrschenden Magnetfeldes, das in der Pick-Up-Spule eine entsprechende Spannung induziert. Beim Fender Rhodes E-Piano bewirken die Stimmzungen die Änderungen des Magnetfeldes, bei den alten Modellen der Hammond-Orgel erfüllen sich drehende, gezahnte Metallscheiben die gleiche Funktion. Bei nahezu allen Instrumenten der Rockmusik werden die Klänge mit Pick-Ups abgenommen, um das erzeugte elektrische Signal dem angeschlossenen Verstärker zuzuführen.
Der «single coil pick-up» ist ein einspuliger Pick-Up, der einen hellen, harten und obertonreichen Klang erzeugt; er ist zugleich mit dem Nachteil großer Brummempfindlichkeit und geringer Spannungsabgabe verbunden. Typische Gitarren mit Single Coil-Pick-Ups sind die Instrumente der Firma Fender (Telecaster, Stratocaster). Ein Pick-Up mit zwei nebeneinander liegenden Spulen heißt «humbucking pick-up». Ihn kennzeichnen ein weicher Klang und hohe Spannungsabgabe. Die äußeren Magnetfelder werden durch gegensinnig gewickelte Spulen kompensiert, wodurch die Brummempfindlichkeit gering bleibt. Bei Humbucking Pick-Ups mit Anzapfung läßt sich eine Spule abschalten, dadurch erhält man einen Abnehmer mit dem Klang und den Eigenschaften eines Single Coil-Pick-Ups («Split Sound»). Gitarren mit Humbucking Pick-Ups sind beispielsweise die Gitarren von Gibson (Les Paul).
Gitarren verfügen in der Regel über zwei oder drei Pick-Ups, elektrische Baßgitarren über ein oder zwei. Entscheidend für den Klang eines elektrisch zu verstärkenden Instrumentes ist immer auch die Lage und das Material des Pick-Ups. Für akustische Gitarren beispielsweise konnten sich piezo-elektrische Pick-Ups, häufig

im Steg des Instrumentes untergebracht, durchsetzen.
Rockmusiker experimentieren sehr viel mit Anzahl, Art und Anordnung der Tonabnehmer. Kaum eine Gitarre bekannter Rockmusiker besitzt noch die ursprünglichen Werkstonabnehmer, sondern Modifikationen und mitunter auch völlig andere. Beliebt sind besonders die Austausch-Pick-Ups der Firmen DiMarzio und Seymour Duncan. (→ Gitarre; → Baßgitarre)

Picture Disc (Bildplatte) ist eine Schallplatte, deren Vinyl ein mehrfarbiges Bild enthält; das Motiv ist in der Regel mit demjenigen des Covers identisch, wenn nicht überhaupt auf ein Cover verzichtet und die Platte in einer durchsichtigen Hülle verkauft wird. Die Klangqualität solcher Platten hält sich in bescheidenen Grenzen; zum befriedigenden Hören sollte man die normale, bildlose Ausfertigung anschaffen. Picture Discs wurden besonders um 1980 in erhöhtem Maße hergestellt und verkauft, meist zu erhöhten Preisen und in geringen Auflagen, um Sammlern einen doppelten Anreiz zu bieten. In dieser Zeit trafen auch seltene Formate (25-cm-LP), einfarbiges, mitunter klares Vinyl und sogenannte Shaped Discs – das sind Schallplatten, die keine runde, sondern irgendeine andere Form aufweisen – auf interessierte Abnehmer. Obwohl es Bildplatten, Platten aus buntem Schellack und Platten auf Kartons mit Fotomotiven schon seit Jahrzehnten gab, wirkte der hektische Verkauf von diversen Sonderformen der Schallplatte um 1980 wie die Götterdämmerung des Mediums: als sich die → Compact Disc seit Mitte der achtziger Jahre vehement durchsetzte, war die Vinyl-Picture Disc zu einer Nebenrolle verurteilt. Mittlerweile gibt es aber auch schon Picture-CDs, die teils ein Bild innerhalb der die eigentliche Platte umhüllenden Kunststoffschicht tragen, teils auf der nicht bespielten Seite mehrfarbig bedruckt sind.

L *Ein Besuch im Gimmick-Zoo*, in: *Musik Express* 3/1979

Piston → Kornett

Plagale Kadenz nennt man eine akkordische Schlußwendung, bei der der Schlußton oder der Schlußakkord auf der ersten Stufe (Tonika = T) von der vierten, subdominantischen (S) – statt, wie bei der → authentischen Kadenz –, von der fünften, dominantischen (D) Stufe erreicht wird, etwa in C-Dur:

Plagale Kadenzen sind im Blues und demzufolge auch in der Rockmusik äußerst verbreitet. Statistisch gesehen kommen sie etwa ebenso häufig wie alle anderen Kadenzen insgesamt vor, sofern man Erweiterungen und Mollvarianten, aber auch Vertretungsakkorde dazu zählt. Im folgenden Beispiel liegt bei * eine tiefalterierte Subdominant-Parallele (Sp) als Vertretungsakkord für die Subdominante vor:

Plagiat ist die unrechtmäßige Benutzung eines urheberrechtlich geschützten geistigen Eigentums, z. B. einer Melodie, eines Songtitels oder eines Liedtextes; ein Mißbrauch kann zivilrechtliche Folgen, etwa Entschädigung oder Leistung aus einer ungerechtfertigten Bereicherung, nach sich ziehen. Der bisher aufsehenerregendste Fall bildete in den siebziger Jahren George Harrisons Stück «My Sweet Lord» (auf *All Things Must Pass*, 1970). Auf Betreiben des US-amerikanischen Musikverlages Bright Tunes verglich ein New Yorker Gericht das Stück mit «He's So Fine» der einstigen Gruppe THE CHIFFONS (1963) und kam zu dem Ergebnis: «Es ist klar, daß ‹My Sweet Lord› der gleiche Song nur mit anderem Text wie ‹He's So Fine› ist» und verurteilte Harrison zur Herausgabe der eingeflossenen Tantiemen. Der Fall ist insofern beachtlich, als von anderer Seite behauptet wurde, die Melodie der CHIFFONS habe ihrerseits eine alte geistliche Melodie zur Grundlage, die normalerweise als → Traditional gelten würde, hätte der frühere Komponist des CHIFFONS-Musikstückes sie nicht bei seinem Musikverlag registrieren lassen. In diesem Zusammenhang ist auch vermutet worden, daß der US-amerikanische Kläger etwa in Großbritannien, wo abweichende Rechtsanschauungen herrschen, vom Gericht abgewiesen worden wäre.

In der Regel sind Fragen des Plagiats in der Rockmusik komplizierter als Harrisons Vergeßlichkeit, denn sie betreffen nicht ganze Stücke, sondern Teile von ihnen. Gerade die Entwicklung auf dem Sektor der Musikelektronik hat in den achtziger Jahren mehrmals gezeigt, daß die Praxis vieler Musiker, sich das geistige Eigentum anderer durch → Sampling nutzbar zu machen, juristisch nur schwer zu erfassen ist. Sampler machen es möglich, Ausschnitte aus bereits erschienenen Schallplatten herauszutrennen und in ein anderes Musikstück einzubauen; vor allem die Dancefloor-Stile Hip Hop und House basieren geradezu auf diesem Verfahren. So wird die Rockmusik geplündert und dabei hart an die Grenze des gerade noch Erlaubten gegangen. Zwei Beispiele seien genannt. Die Gruppe DNA unterlegte Suzanne Vegas A-cappella-Stück «Tom's Diner» (auf *Solitude Standing*, 1987) mit einigen House-Elementen, vor allem mit den Klängen eines Schlagzeugs. Weil DNA die Einnahmen des erfolgreichen Stücks mit der Sängerin teilten, unternahm sie nichts gegen die Gruppe – und erteilte damit sozusagen im nachhinein ihr Einverständnis für dieses Vorgehen. Stewart Copeland, früher Schlagzeuger von THE POLICE, sah es gelassen, als Jan Hammer für die Musik («Crocket's Theme») der Fernseh-Krimiserie «Miami Vice» Teile von Copelands Schlagzeugspiel, vor allem den Snare-Drum-Klang, mit einem Sampler aufnahm und in seine Komposition integrierte. So ist zu den bekannten Fragen der Nachahmung die Frage aufgetaucht, ob ein individueller Klang

auch Bestandteil des geistigen Eigentums ist. Der individuelle Klang eines Musikers, Resultat seiner persönlichen Überlegung und Spielweise, ist zwar von zentraler Bedeutung für die Rockmusik, aber juristisch kaum dingfest zu machen.
Ohnehin stellt die Rockmusik ein denkbar schlechtes Beispiel für die Einhaltung von Urheberrechten dar. Rock ist seinem Wesen nach eine eklektizistische Kunst(→ Eklektizismus), die vor fremden Kulturen und vergangenen Stilen ebensowenig haltmacht wie vor Hervorbringungen der Schlagerindustrie, des Jazz und auch vor eigenen früherer Jahre. Angesichts des herrschenden Zuges, alles Frühere im neuen Musikstück zu integrieren, fällt es nicht schwer, bei unzähligen Melodiefloskeln, harmonischen Wendungen, formalen Lösungen und aufnahmetechnischen → Gimmicks nachzuweisen, daß sie in einer früheren Komposition bereits Verwendung fand. Doch enthält das neue Stück zumeist auch eigenschöpferische Zutaten, die das Fremde ergänzen und ggf. übertragen können. Stilparodien von Gruppen wie THE RUTLES, GRUPPO SPORTIVO und ALBERTO Y LOST TRIOS PARANOIAS wären ohne eindeutige Nachahmungen gar nicht möglich. Auch Entlehnungen, die darüber hinausgehen, werden im allgemeinen geduldet, wenn das neue Stück, in dem sie vorkommen, nicht gerade millionenfach verkauft wird. Dies allerdings geschah im Falle George Harrisons, und so wurde eine alltägliche Erscheinung im Rockbereich zu einem juristischen Fall.

Plattenspieler ist ein Musikgerät, das zur Umwandlung der von einer Schallplatte dem Tonabnehmer übertragenen mechanischen Schwingungen in elektrische Spannungsschwankungen dient. Der wichtigste Teil eines Plattenspielers ist der Tonabnehmer mit dem ihn haltenden Tonarm. Die Bewegungen einer Saphirnadel in der Plattenrille übertragen sich auf eine Kristallplatte, wobei die infolge der Nadelbewegungen auftretenden Kristallverbiegungen Spannungsschwankungen hervorrufen (piezoelektrisches System). In der HiFi-Technik werden aber vor allem magnetische und dynamische Systeme verwendet. Bei ersteren ist die Nadel mit einem kleinen Eisenstab verbunden, dessen Ausschwenkungen Spannungen in der Spule eines Elektromagneten erzeugen. Bei der elektrodynamischen Lösung (Moving Coil) bewegt die Nadel eine kleine Spule, die inmitten eines Magnetfeldes angebracht ist. Da die abgegebene Spannung in den beiden letztgenannten Fällen sehr gering ist, müssen Vorverstärker herangezogen werden, die gleichzeitig als Entzerrverstärker dienen. (Beim Schneiden der Preßwerkzeuge einer Schallplatte werden die tiefen Frequenzen stark abgesenkt, weil deren große Auslenkungen bei größeren Lautstärken sehr viel Platz beanspruchen. Diese absichtliche Verzerrung, die nach genormten Verfahren vorgenommen wird, muß wieder rückgängig gemacht werden.) Vom Tonarm wird verlangt, daß er in der horizontalen wie vertikalen Richtung leicht beweglich gelagert ist, selbst dabei aber starr und resonanzfrei bleibt.

Die Kraft, welche die auf der sich drehenden Platte liegende Nadel zur Plattenmitte hin zieht, heißt Skating. Sie kann durch eine eigens hierfür vorgesehene regelbare Gegenkraft (Antiskating) ausgeglichen werden.

Ein HiFi-Plattenspieler muß rumpelfrei arbeiten. Rumpelgeräusche entstehen bei einem mangelhaften Laufwerk; läuft der Antriebsmotor nicht ruhig, so entstehen tieffrequente Störschwingungen, die sich über den Plattenteller oder direkt über den Tonarm auf den Tonabnehmer übertragen. Diese mechanischen Störwellen wandeln sich – nicht anders als die von der Diamantnadel vermittelten Schwingungen –, in elektrische Ströme um und gelangen über den Verstärker zu den Lautsprechern. Das derart hörbar auftretende Rumpeln kann mit Hilfe eines Rumpelfilters unterdrückt werden, allerdings um den Preis, daß die tieffrequenten Töne der Plattenaufzeichnung ebenfalls abgeschnitten werden. Die gemessenen Vergleichswerte heißen Rumpel-Fremdspannungsabstand und Rumpel-Geräuschspannungsabstand; praktische Bedeutung für den Musikhörer besitzt nur der letztgenannte. Von HiFi-Geräten werden Werte von mindestens 35 dB Rumpel-Fremdspannungsabstand bzw. 55 dB Rumpelgeräuschspannungsabstand verlangt. Gemessen an den technischen Möglichkeiten sind das eher schlechte Werte.

Des weiteren muß der Plattenteller eine gleichmäßige Drehgeschwindigkeit aufweisen, soll eine unangenehme, jeden Musikgenuß vernichtende Tonhöhenschwankung (engl. wow) vermieden werden. Das wird durch elektronisch geregelte Gleichstrommotoren, die den möglichst schweren Plattenteller direkt (Direktantrieb) oder durch einen Riemen (Riemenantrieb) antreiben, erreicht. Die möglichst konstante Drehzahl des Plattentellers muß derjenigen entsprechen, die auf der Schallplatte vermerkt ist (der sog. Nenndrehzahl von 33⅓ oder 45 U/min. 78 U/min sind nur noch sehr selten anzutreffen). Dreht sich der Plattenteller und damit die Schallplatte zu schnell, steigt die Tonhöhe und umgekehrt; Toleranzgrenzen von +1,5 % und −1 % dürfen nicht überschritten werden. Über Stroboskopmarkierungen, die durch eine Glimmlampe angeleuchtet werden, erfolgt die optische Kontrolle der Drehgeschwindigkeit; mit Hilfe einer Drehzahl-Feinregulierung kann man die Abweichung vom Sollwert berichtigen, wobei als Bezugswert die 50-Hz-Schwingung der Netzfrequenz benutzt wird.

Mit der Markteinführung der → Compact Disc und den dazugehörigen → CD-Playern beginnt der Plattenspieler an Bedeutung zu verlieren. Da die physikalischen Grenzen technisch erreicht worden sind, ist mit umwälzenden Neuerungen bei der Plattenspielerkonstruktion nicht mehr zu rechnen. Das Gerät selbst wurde ironischerweise in den achtziger Jahren unter den Händen von Disc Jockeys tatsächlich noch zum Musikinstrument: Für → Scratching ist ein herkömmlicher Plattenspieler unerläßlich.

Playback ist das die Musik enthaltende Band zu einem Kino- oder Fernsehfilm, auch – als ein Vorgang betrachtet (Playbackverfahren) – die Koppelung eines schon fertigen, präparierten Tonbandes entweder mit einer optischen Aufzeichnung (z. B. nachträgliche Synchronisierung von Mundbewegungen des Opernsängers und von entsprechender Musik) oder mit einem anderen Tonträger wie Schallplatte und Tonband. Im täglichen Sprachgebrauch wird «Playback» vielfach dem Begriff von → Overdubbing gleichgesetzt. Schon in den Sendungen von Dick Clarks → American Bandstand mußten die Rockmusiker stumm zu einer vorgespielten Musik agieren. Playback ist auch fester Bestandteil von Live-Konzerten, sei es, daß vorgefertigte Bänder eingesetzt werden – etwa von QUEEN für die Live-Aufführung ihres Stückes «Bohemian Rhapsody» – sei es, daß einzelne Bestandteile eines Songs mit Hilfe eines Samplers (→ Sampling) unter Studiobedingungen aufgenommen und im Konzertsaal eingespielt werden; es gibt kaum eine Rockgruppe, die dieses Verfahren nicht praktiziert (Sting, PINK FLOYD u. a.). Zu einem Stilmittel ihrer Musik erhoben Robert Görl und Gabi Delgado von der bundesdeutschen Band DEUTSCH AMERIKANISCHE FREUNDSCHAFT die Verwendung von vorgefertigten Bändern: In ihren Konzerten wurden lediglich Gesangs- und Schlagzeugparts live gespielt. Die restliche Musik stammte von Tonbandkassetten, die von 20 gut sichtbaren Kassettenrecordern – für jeden Song einen – auf der Bühne abgespielt wurden. Eine besondere Form des Playback sind sog. Music minus One-Platten: auf ihnen ist z. B. ein Rock-Song ohne Schlagzeuger aufgenommen. Der angehende Rock-Schlagzeuger kann nun diese Platte – es gibt auch gleichartige Tonband-Kassetten – abspielen und selbst den Schlagzeugpart übernehmen. Gerade für Rock und Jazz gibt es sehr viele derartige Tonträger, so daß jeder Instrumentalist das für ihn passende Playback finden kann.

Plektrum oder Plektron (engl. plectrum) ist ein Stäbchen oder ein Blättchen zum Anreißen der Saiten von Gitarren, Mandolinen und Zithern; es ist aus Holz, Elfenbein oder – heute zumeist – Plastik, Horn, Hartfilz und sogar Stein. Das Plektrum wird zwischen Daumen und Zeigefinger einer Hand gehalten. Das Material und die Stellung des Plektrums zur Saite ergeben jeweils einen spezifischen Klang. Die Saite wird dabei nicht nur von oben, sondern im Wechselschlag von oben und von unten angerissen. Als Effekt wird auch mit der Kante des Plektrums auf der Saite entlanggefahren; der zu hörende Klang ergibt sich dabei vor allem aus der Beschaffenheit der Saite.

Pogo wird der Tanz der Punks genannt; die Tänzer – meist vor der Bühne auf engstem Raum dicht gedrängt –, hüpfen dabei in hohen Sprüngen auf der Stelle. Zum Pogo gehört auch das absichtsvolle Anrempeln des Nächsten.

Polit-Rock wurde in den frühen siebziger Jahren eine Rockmusik genannt, die mit dezidiert politischen Texten ihr Publikum zu erreichen suchte. Hervorgegangen war diese Musik aus der 68er-Bewegung, obwohl gerade die linke Studentenschaft der späten sechziger Jahre mit Rockmusik nicht viel im Sinn hatte. Der häufig mit dramatischen und kabarettistischen Effekten angereicherte Polit-Rock verlor allerdings bald das Publikumsinteresse; Gruppen wie FLOH DE COLOGNE, LOKOMOTIVE KREUZBERG und TON STEINE SCHERBEN lösten sich Ende der siebziger und Anfang der achtziger Jahre auf oder gingen in anderen Bands auf, LOKOMOTIVE KREUZBERG beispielsweise in der NINA HAGEN BAND und in SPLIFF, während Rio Reiser, ehemals Sänger der Band TON STEINE SCHERBEN, als Solist einigen Erfolg hatte.
Der Begriff Polit-Rock suggeriert, daß es eine besondere politische Rockmusik gäbe. Politisches Engagement ist allerdings weniger von der Musik abhängig, als vielmehr vom Willen eines Musikers nach politischer Betätigung. Rockmusiker sind selten völlig unpolitisch, meistens aber staatsfern. So spricht beispielsweise der gewiß nicht unpolitische Udo Lindenberg in seinem Song «Mädchen aus Ost-Berlin» von «Jungs da oben», als handele es sich um namenlose Mächte – ganz abgesehen von dem kindlichen Vertrauen, das Lindenberg mit dieser Zeile in «die da oben» setzt.

Polnische Rockmusik → Osteuropäische Rockmusik

Polydor Records, Hamburg, wurde als Teil der 1962 beschlossenen Verbindung zwischen der holländischen Philips und der bundesdeutschen Siemens AG (→ PolyGram) weitergeführt (bestand aber schon seit 1924), eroberte in England und auch in den Vereinigten Staaten wesentliche Marktanteile, indem das Label verschiedene Firmen, sei es durch Ankauf, sei es infolge von Lizenz- und Vertriebsverträgen an sich band (RSO [Robert Stigwood Organisation] mit CREAM, BEE GEES; THE WHO, Jimi Hendrix, ROXY MUSIC, THUNDERCLAP NEWMAN; Giorgio Gomelskys Marmalade-Label, sodann Stax, MGM/Verve, UK Records u.a.). Durch eine äußerst aktive Tätigkeit in vielen Ländern bewährt sich die Polydor als ein überaus erfolgreicher Teil der PolyGram-Gruppe. Ein früher von Polydor geführtes Label, Zebra, förderte vor allem bundesdeutsche Rockmusiker (u.a. ABACUS, KIN PING MEH, OUGENWEIDE, RANDY PIE und PINGUIN). Auf Polydor sind die frühesten Einspielungen der BEATLES (als THE BEAT BROTHERS) erschienen.
Zu Polydor gehören Anfang der neunziger Jahre die Label A&M, Brunswick, Capricorn, Polydor und Verve, vertrieben werden von der Firma beispielsweise die Label ECM, Low Spirit, Mint, Morgan Creek, Perspective Records, Smash Records und Tabu.

PolyGram. 1962 beschlossen die holländische Philips Glühlampenfabrik und die bundesdeutsche Siemens AG, ein je mit 50% Beteiligung geführtes Unternehmen ins Leben zu rufen, dessen Aufgabe in der Herstellung und Verteilung von Schallplatten und MusiCassetten bestehen sollte. Der holländische Zweig lief unter der Bezeichnung Philips Phonographische Industrie mit dem Sitz in Baarn (Holland), der bundesdeutsche Teil als Deutsche Grammophon Gesellschaft mit dem Sitz in Hamburg. Beide Teile wurden 1972 unter dem zusammenfassenden Namen PolyGram neuorganisiert, nachdem Philips schon 1967 in Phonogram Tongesellschaft umbenannt worden war. Seit 1985 hielt Siemens nur noch 10 % des gemeinsamen Konzerns, der 1987 völlig in den Besitz der Firma Philips überging. Sitz der PolyGram ist seitdem London.

Die Deutsche Grammophon Gesellschaft ihrerseits bestand aus den Labels Archiv Produktion für frühe Kunstmusik, Deutsche Grammophon Gesellschaft für → Bildungsmusik und Polydor für populäre Musik, also auch für Rock. Das Label Philips geht auf eine Firma des Schallplattenladen-Besitzers H. van Zoelen zurück, der sein Unternehmen 1946 an Philips verkaufte; Philips wiederum kaufte 1961 Mercury hinzu, ein 1946 in Chicago gegründetes Label, auf dem wichtige Rock-Schallplatten erschienen und in den achtziger Jahren die meisten Rock-Platten des Konzerns veröffentlicht wurden. 1980 hatte PolyGram das britische → Decca-Label übernommen, das in der Bundesrepublik Deutschland allerdings weiterhin von → Teldec vertrieben wurde (bis Teldec von → WEA gekauft und in → East West Records umbenannt wurde).

Zu Beginn der neunziger Jahre werden unter der Dachorganisation PolyGram (in der Bundesrepublik Deutschland) die Firmen Phonogram, Polydor, PolyGram Klassik (mit Deutsche Grammophon, Decca und Philips Classic), Polyphon und Polystar geführt; außerdem gehören der Verlag Polygram Songs, die Importorganisation International Music Service und der Polygram-Vertrieb Karussell Musik- und Video-Vertrieb zu dem Konzern. Mit der Polygram Record Service GmbH gehört PolyGram die erste außerhalb Japans erbaute CD-Fertigungs-Anlage, eine der größten Europas.

Die Zahl der bei einer der früher oder gegenwärtig zu PolyGram gehörenden Firmen unter Vertrag stehenden Rockmusiker ist immens; genannt seien The Platters, The Spencer Davis Group, Dexy's Midnight Runners, Def Leppard, The Bee Gees, John Cougar Mellencamp, Bon Jovi, Robert Cray u. a.

L Martin Elste: *Kleines Tonträger Lexikon* (Kassel/Basel 1989); Donald Clarke (Hg.): *The Penguin Encyclopedia of Popular Music* (London 1989); *Musikmarkt Branchenbuch* (Starnberg 1991)

Polyphon (griech., mehrstimmig, vielstimmig). Mit dem Ausdruck wird ein Musikstück bezeichnet, dessen gleichzeitig erklingende Stimmen melodisch ausgeprägt und untereinander ebenbürtig sind. Von einer gänzlichen Unabhängigkeit der Stimmen voneinander zu sprechen ist im Blick auf eine tonal konzipierte Musik, also auch auf die Rockmusik, insofern ungenau, als ihre Führung den Regeln der Konsonanz- und der

Dissonanzbehandlung genügen muß. Der Begriff von → Konsonanz und Dissonanz setzt jedoch ein aufeinander bezogenes Verhältnis der Stimmen voraus. Die Beziehung der Einzelstimmen zueinander heißt auch → Kontrapunkt (von lat. punctum contra punctum, Note gegen Note, engl. counterpoint); das Handwerk polyphoner Stimmführung wird in der Kontrapunktlehre gelehrt. Den Gegensatz zu «polyphon» bildet «homophon», und letzterer Ausdruck besagt, daß die Stimmen nicht jede für sich ausgeprägt sind, sondern lediglich im Dienste der Akkordfortschreitung stehen. Mit Ausnahme der Melodie ergibt sich die «Stimme» gleichsam aus der Verbindung der aufeinanderfolgenden Töne einer Stimmlage (Sopran, Alt, Tenor usw.).

Nennenswerte polyphone Stellen, sofern es nicht Zitate älterer →Bildungsmusik sind, sind in der Rockmusik äußerst selten. Paradoxerweise traten einige Beispiele im als primitiv geltenden →Punk-Rock seit 1976 auf, so etwa in «Goodbye Toulouse» der STRANGLERS (→ New Wave). Das Fehlen polyphoner Denkweise geht dabei nicht auf Unvermögen zurück, kennt man doch auch in der → Bildungsmusik Komponisten von Rang, ja ganze Geschichtsepochen, deren Stilcharakteristikum unter anderem in einer überwiegend akkordisch-homophonen Setzweise besteht. Dieses akkordische oder monodische Gefüge der Rockmusik kann sogar gerechtfertigt werden. In semiotischer wie in psychologischer Hinsicht kann man die These vertreten, daß ein durchgehender, einige Aufmerksamkeit beanspruchender Sprachtext selber schon eine «selbständige Stimme» im Kontext des Liedes bildet, dessen Verständlichkeit von noch mehr gleichzeitig laufenden Stimmen geradezu beeinträchtigt sein würde: ein polyphon allzu dicht gesetztes Lied, in dem der Text von einigem Belang ist, erscheint wie eine mißglückte Komposition.

Trotzdem wäre die Erwartung allzu direkt, die kontrapunktischen Verfahren würden sich in der Rockmusik in dem Maße häufen, wie Fälle von Textlosigkeit darin zunähmen. Auch heute, da es doch zahllose textlose Rockstücke gibt, bleibt es bei der Tatsache, daß Rock eine überwiegend akkordisch-homophone Musik ist. Diese Setzart gehört ja gerade zu ihrer Massenwirksamkeit. Dennoch besteht bei einigen Gruppen die Neigung, Stimmen gegeneinander zu setzen, ohne dabei die Zufallsergebnisse älterer Improvisationspraxis in Kauf zu nehmen. Kontrapunkt verwirklicht sich auch dann freilich anders als nach der Empfehlung der Lehrbücher. In Pausen der führenden Stimme tritt häufig das Fragment einer anderen Stimme (zumeist der Baßstimme) auf, die eine der soeben erklungenen Phrase geltende Gegenmelodie vorträgt. Man könnte hier von einer «nachgetragenen Gegenstimme» sprechen, auch von einer «ergänzenden Stimmführung», wohl wissend, daß beide Ausdrücke ein Paradoxon wiedergeben: Das sukzessiv Gehörte soll als gleichzeitig Gedachtes oder doch zumindest Denkbares wahrgenommen werden. Als ein weiterer Fall lassen sich

scheinpolyphone Techniken benennen, die vorliegen, wenn sich Stimmen gleichzeitig bewegen, ohne wirklich polyphon geführt zu werden. Am häufigsten tritt die Baßgitarre bewegt-figurierend auf, indem sie akkordisch gemeinte Zieltöne (→ Leitton) über mehrere Durchgangstöne oder auch über Quart- und Quintsprünge erreicht. Unter der scheinpolyphonen Oberfläche vollzieht sich einfache akkordische Fortschreitung, vgl. «Winter Wine» auf CARAVANS Album *In the Land of Grey and Pink* (1971), wo zwischen Orgel und Baßgitarre solche Scheinpolyphonie entsteht.
Eine andere Form der Scheinpolyphonie ergibt sich durch die Verzahnung verschiedener Riffs (→ Riff). Dabei werden aus einem gemeinsamen Tonvorrat verschiedene Riffs zu einem Ganzen kombiniert, das sich allerdings nach zwei, spätestens nach vier Takten wiederholt. Formal sind diese Stimmen gleichberechtigt, mitunter lehnt sich selbst die Gesangsstimme an ein Riff an. Beispiele dieser Art finden sich immer wieder auf Platten von Bands der New Wave, etwa bei ORCHESTRAL MONŒUVRES IN THE DARK («Talking Loud and Clear» auf *Junk Culture*, 1984) und THE CURE («Six Different Ways» auf *The Head on the Door*, 1985).
Wirkliche Polyphonie begegnet dem Hörer häufig bei GENTLE GIANT, auch etwa in «Walking Down Their Outlook» von HIGH TIDE (*Sea Shanties*, 1969).

Polytonal heißt ein Stück oder eine Episode davon, bei dem mehrere gleichzeitig geführte Stimmen nicht zur selben → Tonart, sondern zu mehreren Tonarten gehören. Zum Beispiel verläuft die eine Stimme in C-Dur, die andere in E-Dur, die dritte in Fis-Dur usw. Polytonale Werke kommen in der französischen Musik der zwanziger und dreißiger Jahre (etwa bei Darius Milhaud) vor, bei Béla Bartók, Igor Strawinsky u. a. Eine Sonderart der Polytonalität stellt Bitonalität dar, bei der zwei («bi-») Tonarten gleichzeitig verwendet werden. In seiner *Unterweisung im Tonsatz* von 1937 (I. Teil, S. 177) lehnte Paul Hindemith polytonale Techniken mit den schroffen Worten ab: «Das nette Spiel, zwei oder mehr Tonarten zugleich nebeneinander herlaufen zu lassen und damit neue harmonische Wirkungen zu erzielen, ist für den Komponisten zwar sehr unterhaltend, der Hörer kann den verschiedenen tonalen Verläufen aber nicht folgen, da er jeden Einzelklang doch immer wieder auf das Fundament bezieht – und damit ist die Zwecklosigkeit des Bemühens erwiesen.» Polytonale Abschnitte finden sich, eher durch die Zufälle des Zusammentreffens, auch in der Rockmusik, besonders bei Frank Zappa und CAPTAIN BEEFHEART AND HIS MAGIC BAND.

Pop → Popmusik

Popmusik oder Pop. 1. Der Ausdruck ist ein Hinweis auf den Popularitätsgrad einer Musik. Popmusik ist schlicht populäre Musik und beschränkt sich als solche nicht auf die sog. Unterhaltungsmusik, da → «klassische» Werke wie einige Symphonien von Beethoven und Tschaikowskij unter Umständen mehr Hörer erreichen als Schlagerprodukte. – 2. Eine musikalische Gattung, deren Inhalt und Umfang bald mit dem deutschen Schlager, bald mit der Rockmusik usw., auch allgemein mit der Unterhaltungsmusik übereinstimmen kann. In dieser Bedeutung erweist sich der Ausdruck als ungenau, weil mehrdeutig; und mit dieser Ungenauigkeit sind die meisten musikpädagogischen Äußerungen über Rockmusik behaftet. – 3. Gelegentlich wird der Begriff auf Musik angewendet, die zwar ihrer Machart nach nichts anderes als Rockmusik ist, der aber bewußt – sei es im Text, sei es in der Komposition – kein höherer Anspruch beigemessen wird. Dies kann durchaus als Kompliment gemeint sein – Musik eben, die nicht mehr sein will als eine minutenlange Unterhaltung, in wenigen Wochen schon vergessen, trotzdem aber gut gemacht. In diesem Sinn paßt der Begriff etwa auf die ersten Platten beispielsweise der BANGLES und auf die Musik der BUGGLES oder MEN WITHOUT HATS. Noch weiter geht in diesem Sinn der Begriff Trash Pop, der unterstellt, daß diese oder jene Musik nichts wert ist und auch nichts wert sein will. Wenn es nur darum geht, das Publikum mit manchmal auch derben Späßen zu unterhalten, lautet die entsprechende Bezeichnung → Fun Pop.

Es empfiehlt sich, genauere Begriffe zu verwenden und jenes hier interessierende Gebiet, dessen Anfänge im → Rock 'n' Roll und im britischen → Beat liegen, in weitgehender Übereinstimmung mit dem angelsächsischen Sprachgebrauch Rockmusik oder Rock zu nennen. Natürlich ist es im Einzelfall schwierig, eine Grenzlinie zwischen Rock und Pop im unter 3. beschriebenen Sinn zu ziehen.

S *After The Ball. A History of Pop*, o. J. 2 LP (GB: EMI); ABBA: *International*, o. J. (D: Polydor); BUGGLES: *The Age of Plastic*, 1980 (D: Island/Ariola)

L Dörte Hartwich-Wiechell: *Pop-Musik. Analysen und Interpretationen* (Köln 1974)

Popular Music heißt in den Vereinigten Staaten jene Entertainer-Musik, als deren langjähriger Hauptvertreter Frank Sinatra gelten kann. Emotionsstarke sprachliche Bilder, gefällige melodische Wendungen in mehrfacher Sequenzierung (→ Sequenz), schwülstige Instrumentierung mit Streichern, Vokalchor als Hintergrund und dergleichen kennzeichnen diese gefühlswärmende Gattung, für die «Strangers in the Night» (ein Millionenhit Sinatras, komponiert von Bert Kämpfert) als Beispiel stehen mag. Aus der Umschreibung geht hervor, daß Popular Music und Rockmusik in Haltung und Stilmitteln, auch im Hinblick auf das angesprochene Publikum, grundverschieden sind. Wohl aber ist Popular Music der beschriebenen Art immer wieder Zielscheibe des Spotts von Rockmusikern, sei es eine sanft ironische Parodie bei 10 cc («The Film of my Love» auf der LP *The Original Soundtrack*, 1975), sei es eine rüde Cover-Version bei Sid Vicious («Strangers in the Night»). Im Laufe der achtziger Jahre haben sich die Grenzen zwischen Mainstream-Rock und Popular Music allerdings verwischt. Dennoch können auch zu Beginn der neunziger Jahre Popular Music und Rock nicht ohne weiteres als eng verwandt angesehen werden, wie es etwa Tony Palmer in seinem Buch *All You Need Is Love* tat.

L Tony Palmer: *All You Need Is Love. The Story of Popular Music* (London 1976), dt. *All You Need Is Love. Vom Blues zum Swing, von Africa zum Broadway, vom Jazz zum Soul und Rock 'n' Roll* (München/Zürich 1977)

Posaune (engl. trombone) ist ein zylindrisch verlaufendes Blechblasinstrument in der Alt-, Tenor- und Baßlage, dessen Länge mit Hilfe einer Zugvorrichtung verändert werden kann. Das Instrument wird in Jazz und Jazz-Rock ausgiebig verwendet, und zwar nicht nur als Zugposaune (slide trombone), sondern auch als Ventilposaune (valve trombone).

S Bood, Sweat & Tears: «Redemption» auf der LP *4*, 1971 (NL: CBS)

Potpourri. 1. → Medley. – 2. Eine Aneinanderkettung von «schönen Stellen» aus den Werken verschiedener Komponisten oder auch ein und desselben Musikers. Solche Zusammenstellungen von Fragmenten aus Orchester- und Klaviermusik sind seit dem Beginn des 19. Jahrhunderts bis heute (im Repertoire der Kurkapellen, Café- und Rundfunkorchester) beliebt. Ihr Entstehungsgrund dürfte darin liegen, daß vom ausgehenden 18. Jahrhundert an die musikalisch halbgebildeten Bürgerschichten das Konzertleben wesentlich zu beeinflussen begannen. Die Gattung (wenn Potpourri eine Gattung ist) befriedigt oberflächliche Bedürfnisse nach Musikhören; eine Verarbeitung von Themen und Motiven, auf die es Komponisten wie Beethoven und Brahms in erster Linie ankam, wird in solchem musikalischen Kunterbunt ausgespart. US-amerikanische Schallplatten, auf denen zahlreiche klassisch-romantische Symphonien nach ausgewählten Themen aneinandergekittet werden, entsprechen dem einstigen Potpourri und befriedigen den Kulturbedarf des von der Presse auf leichte Verdaulichkeit und sofortige Auswertung in Party-Unterhaltung gedrillten Stadtbürgers. Nach Anhören solcher Platten kann man den Kollegen am nächsten Tag versichern, daß man 24 klassische Symphonien kennt. Der Gipfel eines solchen Schnelldurchgangs klassischer Musik mit obligater Schlagzeugbegleitung war die Schallplattenserie *Hooked on Classics* (K-Tel, 1981): Auf einer dieser LPs wurden, eingespielt vom Royal Philharmonic Orchestra, nicht weniger als 106 Werke der → Bildungsmusik aufgenommen, zumeist jeweils auf wenige Takte reduziert. Die holländische Gruppe Ekseption hat Beispiele dafür hinterlassen, daß solche oberflächliche, hektische Aneignung musikalischer Vergangenheit auch im Bereich der Rockmusik möglich ist.

S Ekseption: –, «The Fifth», 1968 (D: Phonogram)

Prime ist die erste Stufe einer skalenmäßigen (diatonischen) Tonfolge, z. B. g in der G-Dur-Tonleiter g a h c d usw. Außer der reinen Prime, hier g/g, gibt es auch übermäßige und doppelt übermäßige Primen: g/gis ist eine übermäßige, ges/gis eine doppelt übermäßige Prime (→ Unisono).

Primär- und Sekundärfaktoren in der Rockmusik. Die europäisch-abendländische → Bildungsmusik hat sich seit dem Mittelalter nicht gleichmäßig entwickelt, sondern die Bereiche Tonhöhe und Tondauer, damit die Aspekte von Melodie, Harmonie und Rhythmus, auffallend einseitig bevorzugt und diese auch in der Notation am frühesten verfügbar gemacht. Die Klangfarbe hingegen blieb noch bis ins 18. Jahrhundert hinein zumeist unbestimmt, und die Wahl der Instrumente wurde weitgehend dem Interpreten überlassen. Auch die Abstufung der Lautstärke wurde erst relativ spät mit den heute üblichen, bloß ungefähren Vortragsanweisungen (→Dynamik) angegeben.

Vertreter der systematischen Musikwissenschaft, vor allem der Musikpsychologie, neigen verständlicherweise dazu, die ersteren Merkmale, also Bestimmungen der Tonhöhe und der Tondauer, als primär wichtig, die letzteren Merkmale hingegen, also Bestimmungen der Lautstärke und der Klangfarbe, als sekundäre Faktoren zu betrachten. Schwierig wird es, wenn versucht wird, diese Einteilung auf die Rockmusik zu übertragen. Mit der Feststellung, daß in der Rockmusik die Sekundärfaktoren entwickelter, fortgeschrittener seien als die noch (wie der Name besagt) «wesentlicheren» Primärfaktoren, wird stillschweigend ein Werturteil gefällt: die Faktoren, die bei Rockmusik im Vordergrund des Interesses stehen, seien für eine seriöse Musikbetrachtung von untergeordnetem Interesse. Wie Dörte Hartwich-Wiechell in ihrem an Musikerzieher gerichteten Buch über Popmusik (1974, S. 14ff) einmal schrieb: «Dem subjektiven Eindruck nach nehmen Fragen der Klangfarbe und der Aufnahmetechnik den ersten Rang ein, und die Elemente, an die sie gebunden sind, Melodik, Harmonik, Formabläufe, treten in der Wichtigkeit zurück. Wie die Analysen in ihrem Verfolg der Entwicklung ergeben, hat sich auch das eigentlich und einzig Neue in der Pop-Musik im Bereich dieser Sekundär-Komponenten vollzogen.»

Es versteht sich, daß mit einer Gegenüberstellung von Primär- und Sekundärfaktoren, so berechtigt sie innerhalb der älteren Bildungsmusik sein mag, den spezifischen Merkmalen der Rockmusik nicht beizukommen ist. Nicht einmal die gegenteilige These, wie sie den Ausführungen von Hartwich-Wiechell zugrunde zu liegen scheint, wäre erkenntnisfördernd, wonach die Sekundärkomponenten im Rock die Primärmerkmale abgeben und umgekehrt. Rockmusik ist weit vielschichtiger und in einem positiven Sinn allzu eklektizistisch (→ Eklektizismus), um auf solche einfachen Formeln gebracht zu werden. Absolut gesetzt, d.h. auf jede Art von Musik angewendet, wird jenes Begriffspaar nicht einmal den außereuropäischen Musikkulturen gerecht. In der japanischen Musik z. B. erhalten Klangfarbe und Intonationsansatz bei Gesangstimme, Koto, Bambusflöte usw. eine sinnstiftende musikalische Bedeutung.

Print heißt Druck, Pressung, etwa von Büchern oder Schallplatten, hier Plattenpressung. «Out of print» heißt im Rockbereich, daß eine Schallplatte nicht mehr hergestellt wird. Die noch unverkauften Exemplare werden in den USA und Europa durch einen Einschnitt am Rand des Covers, durch eine abgeschnittene Cover-Ecke oder durch ein kleines Loch an einer Hüllenecke kenntlich gemacht und im Preis herabgesetzt. Analog wird die Plastikschachtel von CDs am Rand durchbohrt. Eine solche Platte oder CD wird als → Cut-Out bezeichnet.

Produzent (engl. producer) ist im einfachsten Fall der Aufnahmeleiter bei Schallplatteneinspielungen, tatsächlich aber eine Schlüsselfigur in der Rockmusik. Er zeichnet für die betreffende Plattenproduktion verantwortlich, er bestimmt unter Umständen die mitwirkenden Musiker, wählt die Songs, die auf die Platte kommen, aus, prägt den Gesamtklang der Musikstücke und legt die Reihenfolge der Songs fest. Der damalige Produzent – der zudem Aufgaben wahrnahm, die heute Sache des → A & R-Managers sind – der EMI-Parlophone, George Martin, erreichte zum Beispiel, daß Pete Best nicht der Schlagzeuger der BEATLES blieb, sondern bekanntlich Ringo Starr dazu wurde (aber selbst dieser wurde bei den ersten Aufnahmen mitunter durch einen Studio-Schlagzeuger ersetzt). Bis in die sechziger Jahre hinein entsprach es der Regel, daß ein führender Angestellter der Plattenfirma (oder eventuell ihr Besitzer, wie bei Sun, Atlantic Records und zahllosen → Independent Labels) die Produzentenarbeit besorgte. Den Songschreibern Jerry Leiber und Mike Stoller gelang es am frühesten, als unabhängige Produzenten («freelance producer») aufzutreten und ihre Arbeit der betreffenden Schallplattenfirma anzubieten. Ihnen folgte der junge Phil Spector, mit dem der Produzent erst eigentlich ins Rampenlicht der Öffentlichkeit rückte. Spectors «Wall of Sound» wurde zur Qualitätsmarke, gleichsam zur Hauptsache, während seine verschiedenen Gruppen (THE CHRYSTALS, BOB B. SOXX & THE BLUE JEANS, THE RONETTES) untereinander wie austauschbar erschienen. Eine Spector vergleichbare Person in England war zur gleichen Zeit Joe Meek, der für Decca unter manchen Hits auch «Telstar» mit den TORNADOS produzierte (1962).
Weltweit anerkannt wurde die bedeutende Rolle des Produzenten besonders, als George Martin die klanglichen Experimente der BEATLES mit allen Mitteln förderte und sie seinerseits mit diversen technischen Neuerungen wie Tonbandcollage, elektronischen Musikinstrumenten und → Phasing, aber auch mit musikalischen Verfahren wie Stilzitat und Streichersatz bekannt machte, wobei Martin seine gründliche musikalische Ausbildung zugute kam. Martin machte sich später selbständig und wurde, auch als Chef der Londoner Air Studios, zum begehrten Produzenten (etwa für SEA-

TRAIN, Jeff Beck, John McLaughlin und Paul McCartney). Weitere bekannte Produzenten der sechziger und siebziger Jahre waren unter anderen Lou Adler (THE MAMAS & THE PAPAS), Bob Thiele, Terry Melcher und Gary Usher (Surf-Gruppen), Frank Zappa (THE GTO's, Wild Man Fischer, J. Shankar), Todd Rundgren (BIRTHA, DADDY LONGLEGS, Steve Hillage), Tony Visconti (THE WHO, EAGLES, Eric Clapton, Toningenieur bei THE BEATLES), Paul A. Rothchild bei Elektra Records, Ahmet Ertegun und Jerry Wexler bei Atlantic und Joe Smith bei Warner. Zu den bekannten Produzenten in England gehören Robert Stigwood und Mikkie Most, während in Deutschland etwa die Namen Peter Hauke, Rolf-Ulrich Kaiser, Julius Schittenhelm, später Dieter Dirks, Conny Plank, Reinhold Heil und Udo Arndt zu nennen wären; die letzteren sind auch international anerkannt.

An der Stellung des Produzenten hat auch Punk nichts verändern können, fast scheint es, als sei gerade der Produzent der Vermittler zwischen Band und Plattenindustrie gewesen, wie etwa der Produzent der frühen SEX PISTOLS-Platten, Chris Thomas – obwohl Thomas alles andere als ein Punk war, hatte er doch schon Bands wie PROCOL HARUM, PINK FLOYD, ROXY MUSIC und BADFINGER produziert. Und tatsächlich hat es unter den Produzenten keinen Generationenwechsel gegeben, wenn auch neue Namen auftauchten. Trevor Horn etwa hatte als Musiker bei der Band THE BUGGLES begonnen, war dann Mitglied der Kulturrock-Gruppe YES, bevor er nur noch als Produzent arbeitete. Horn, der als einer der ersten Produzenten die Möglichkeiten des digitalen Studios und vor allem des → Samplings erkannte und nutzte – nicht immer zum Wohle der mit ihm zusammenarbeitenden Gruppen – produzierte beispielsweise auch die Liverpooler Gruppe FRANKIE GOES TO HOLLYWOOD (*Welcome To The Pleasuredome*, 1984). Überragender Produzent der achtziger Jahre in den USA war Bill Laswell. Laswell, zunächst Bassist der Free Funk-Band MATERIAL, produzierte bald zahlreiche Gruppen und überschritt auch stilistische Grenzen.

Gerade die beiden letzten Namen, Trevor Horn und Bill Laswell, zeigen, welchen Einfluß ein Produzent auf die von ihm betreuten Musiker und damit die Musik nehmen kann. Deutlich wird aber auch, daß selbst so eigenständige Köpfe wie Horn und Laswell nicht unabhängig von Moden sind und anderen Namen Platz machen müssen, wenn die Mode, wie eine Platte zu klingen habe, wechselt.

L John Tobler/Stewart Grundy: *The Record Producers* (London 1982); Bert Muirhead: *The Record Producers File* (Dorset 1984); Al Kooper (with Ben Edmonds): *Backstage Passes* (New York 1977); George Martin: *All You Need Is Ears* (London 1979); Simon Frith/Andrew Goodwin (Hg.): *On Record* (New York 1990)

Progressive Rockmusik. Wie die meisten Begriffe der Rockmusik, die sich auf musikalische Sachverhalte richten, wurde auch «Progressiver Rock» von der Plattenindustrie geprägt und von den Journalisten übernommen. Beide hatten es dabei weniger auf Genauigkeit der Bezeichnung als auf Werbewirksamkeit abgesehen; die Bezeichnung kam bereits im Laufe der siebziger Jahre aus der Mode. Unter dem Ausdruck verstand man gewöhnlich die Musik von Gruppen wie EMERSON, LAKE & PALMER, PINK FLOYD, GENESIS und YES, deren «Fortschrittlichkeit» entweder in einer Annäherung an die → Bildungsmusik oder in der Heranziehung ungewohnter Klanggestaltung (→ Elektronische Musik, → Collage, → Zitat, langgedehnte → Improvisation usw.) gesehen wird; in den achtziger Jahren und zu Beginn der neunziger Jahre meint der Begriff lediglich neuartige Musik, die sich nicht in das übliche Repertoire der Schallplattenfirmen einordnet. Der Begriff «Progressivität» führt die meisten Rockhörer insofern irre, daß viele der in Frage stehenden Gestaltungsmittel andernorts bereits Jahre oder Jahrzehnte früher erprobt worden sind und daß mithin der angepriesene Fortschritt keiner ist, wenn man ihn an der elektronischen Musik, der Collage- und Zitattechnik der Avantgarde des 20. Jahrhunderts mißt.

Pseudonym, Deckname. Verträge mit anderen Schallplattenfirmen oder rechtliche wie künstlerische Bedenken können einen Musiker zur Wahl eines Decknamens veranlassen, der dann auf dem Plattencover angegeben wird; auch der Spaß an ungewöhnlich klingenden Namen spielt eine Rolle. Auf der skurril gezeichneten Innenseite von manchen GONG-Platten erscheinen die Musiker mit witzig übersetzten Decknamen. Die Musiker von CAPTAIN BEEFHEART AND HIS MAGIC BAND hießen Ed Marimba, Winged Eel Fingerling u. ä. Auf Sugarcane Harris' Album *Cup full of Dreams* von 1973 wird der ungenannte Gitarrist Harvey Mandel als «a mystery guest» bezeichnet. Auf Harry Nilssons *Son of Schmilsson* (1972) wird der Ex-BEATLE Ringo Starr – der in Wirklichkeit Richard Starkey heißt – «Richie Snare» genannt. Auf Randy Californias Soloalbum *Kapt. Kopter and the (Fabulous) Twirly Birds* von 1972 heißt der Schlagzeuger Ed Cassidy «Cass-Strange-Drums», der Bassist «Clit McTorius». Dr. John sorgte für eine Vielfalt von Pseudonymen auf seinen Platten, und auch die Platten von CREAM, John Lennon, Prince u. a. rechnen mit dem Vergnügen des Lesers, aufgegebene Rätsel zu lösen.

Psychedelische Rockmusik (engl. psychedelic rock, acid rock, head rock). Mit diesem Namen wird gewöhnlich die Musik der zahlreichen und zumeist kurzlebigen Gruppen an der US-Westküste in der zweiten Hälfte der sechziger Jahre bezeichnet. Den Ausdruck (übersetzt etwa «das Bewußtsein erweiternde» oder besser «die Seele erweiternde» Rockmusik) griff frühzeitig auch die Schallplattenindustrie auf und etikettierte zahlreiche harmlose Gruppen auch ohne Rauschmittel-Erfahrung mit dem anziehenden Begriff. Charakteristisch, daß der Bassist von THE BAROQUES auf der Hülle des Erstlingsalbums von 1967 bekennt: «We never realized that our music was psychedelic until we were billed as such.» Im Jahre 1972 brachte → Elektra Records ein Doppelalbum *The Beginning of Psychedelic Rock* heraus, auf dem sich Stücke von THE SEEDS, 13TH FLOOR ELEVATOR, THE LEAVES, THE CYAN' SHAMES, THE AMBOY DUKES, THE BLUES MAGOOS, THE CHOCOLATE WATCH BAND u. a. finden (→Punk-Rock).

Daß Rockmusiker wie ihr Publikum um 1965–70 in beträchtlichen Mengen Inhalierungsstoffe wie Haschisch und Marihuana, auch sonstige Rauschmittel («acid» im engeren Sinne) wie LSD 25, Meskalin, Peyote, Psilocybin und STP konsumiert haben und dies auch in den folgenden Jahrzehnten taten (und weiterhin tun werden), ist gewiß. Dennoch führt der Begriff «psychedelischer Rock» nicht weit, da er schillernd ist und etwa bedeuten kann, 1. daß eine Musik unter Einfluß von Rauschgift entstanden ist, 2. daß sie zum Hören im Rauschzustand bestimmt oder geeignet ist und 3. daß sie solchem Rauschzustand vergleichbare Sinneserlebnisse, Visionen und Halluzinationen bereitet. Keine dieser möglichen Bedeutungen läßt sich objektiv als die einzig richtige erhärten. Vor allem vermitteln Stücke, die als psychedelisch gelten, nur selten den Eindruck, daß sie einer angeregten Inspiration entsprungen seien (→ Deutsche Rockmusik; vgl. das dort über das erste Album von AMON DÜÜL Angeführte). Am ehesten deuten überlange Kollektivimprovisationen auf der Bühne und – soweit man dies feststellen kann – bei der Studioaufnahme darauf hin, daß die Musiker Klang- und Farbenvisionen in musikalische Vorgänge einzufangen versuchen, die Überlängen dürften auf das veränderte Zeitgefühl des unter Rausch Stehenden zurückgehen (vgl. *Third Testament* der GODZ von 1968 oder Live-Aufzeichnungen von THE GRATEFUL DEAD). Vielfach wurden → Wah-Wah-Pedal, → Rückkopplung, → Phasing und → Verzerrer bei der musikalischen Nachzeichnung eines tripähnlichen Zustandes benutzt, wie das der Soundtrack *The Trip* (1967) von THE ELECTRIC FLAG verdeutlicht. Film- und Diapositiv-Projektionen in Konzerten, wie sie während des Spiels von JEFFERSON AIRPLANE bei ihrem Auftritt auf dem → Monterey Pop Festival von 1967 gezeigt wurden, sollen in einen traumhaften Zustand versetzen und die Bereitschaft zu Assoziationen erhöhen.

Es ist keineswegs erwiesen, daß durch Rauschgifte das Bewußtsein wirklich «erweitert» wird, sofern man unter solcher Erweiterung eine Steigerung von Einfallsqualität sowie die Beschleunigung des Reaktionsvermögens versteht. Ihr Beitrag zur Bereicherung und Differenzierung der Rockmusik wird in der Regel – auch von namhaften Lexika – stark übertrieben. Umgekehrt haben in Überdosis eingenommene Rauschmittel (in den siebziger Jahren besonders Kokain und Heroin) – aber auch und vielleicht in noch stärkerem Maße der Mißbrauch von Alkohol – einige große Begabungen der Rockmusik zerstört (Brian Jones, Jimi Hendrix, Janis Joplin, Jim Morrison, nicht zuletzt Brian Epstein u. a.). Spätestens seit 1966 besteht in den USA generelles LSD- und Marihuana-Verbot, nach-

dem bis 1965 in einigen Bundesstaaten Experimente staatlich genehmigt und gefördert worden waren.
«Psychedelische Rockmusik» kann schließlich bedeuten, daß im Text Rauschmittel oder Rauschzustände zum Thema erhoben werden; der Ausdruck «psychedelische Rocktexte» wäre dann korrekter. Diesbezügliche Songs gibt es in großer Zahl, besonders solche, die in einer verschlüsselten Sprache auf persönliche Drogenerfahrungen Bezug nehmen, z. B. «Coming Down» von THE FUGS (1966), «White Rabbit» und «Run Around» von JEFFERSON AIRPLANE, «Lucy in the Sky with Diamonds» (zu lesen angeblich LSD), «Tomorrow Never Knows» und «I Am the Walrus» von THE BEATLES. Wiederholt traten DAVID PEEL & THE LOWER EAST SIDE in New York für die Legalisierung von Haschisch und Marihuana ein (*Have a Marijuana*, 1969, und *The Pope Smokes Dope*, 1970). Ein ausnahmsweise humoristisches Beispiel für psychedelische Songtexte gibt «Don't Bogart That Joint» von THE FRATERNITY OF MAN ab. Im Rückblick gehört zum psychedelischen Rock aber mehr als die bloße Erfahrung mit Drogen. Gleichzeitig tauchte mit ihm die Figur des Hippies auf, → Flower Power ist untrennbar mit psychedelischem Rock verbunden, und der gesamte Rockbereich löste sich aus den eingefahrenen Bahnen; dies wirkte sich auch auf die Peripherie der Musik aus, kenntlich etwa an der Kleidung oder der Gestaltung von Plattencovern. Die damals, Ende der sechziger Jahre, in der Musik erprobten Effektgeräte sind aus der Rockmusik nicht mehr wegzudenken, und insgesamt scheint es, als seien die Stilmittel des psychedelischen Rock heute klarer auszumachen als etwa zu Beginn der siebziger Jahre. Psychedelische Rockmusik hat sich bei einigen Gruppen bis in die achtziger und beginnenden neunziger Jahre erhalten; selbst manche Gruppen der → New Wave wurden hier und da als Vertreter eines psychedelischen Rock angesehen, etwa THE CURE, THE TOURISTS, PERE UBU oder WIRE. Wenn diese Zuweisung auch willkürlich wirkt und sich nicht unbedingt an der Musik dingfest machen läßt, so gibt es bei all den genannten Bands Anzeichen der psychedelischen Rockmusik: Ein Konzert von THE CURE etwa präsentiert dem Rockhörer alle optischen Ingredienzien des psychedelischen Rock.
Gegen Ende der achtziger Jahre erlebte weniger die Musik als eben die optischen Merkmale des psychedelischen Rock eine Renaissance, denn die Farbigkeit der damaligen Plattencover wird hier und da wieder aufgenommen, sei es bei Prince (*Around the World in a Day*, 1985), sei es bei → Rave.

S Timothy Leary: L. S. D., o. J. (USA: Pixie); ders.: *Turn On, Tune In, Drop Out*, 1968 (USA: ESP-Disk); Dr. Timothy Leary's *Turn On, Tune In, Drop Out* (Soundtrack). o. J. (USA: Mercury); Timothy Leary: *You Can Be Anyone This Time Around*, o. J. (USA: Douglas); THE ANIMATED EGG: *Psychedelic Sound*, o. J. (D: Europa); *Off*, 1968 (D: Elektra); *Off Il Hallucinations*, 1969 (D: Metronome); *Psychedelic/ Underground*, 1969 (D: Elektra; Titel auf dem Cover: Underground & Psychedelic); BRAINTICKET: *Psychonaut*, 1972 (D: Bellaphon); BRAINTICKET: *Cotton Wood Hill*, o. J.

(D: Bellaphon); Amon Düül: –, 1969 (D: Metronome); *Psych-Out*, 1968 (Soundtrack, USA: Sidewalk/Tower); *Nuggetts. Original Artyfacts from the First Psychedelic Era 1965–1968*, 1972, 2 LP (USA: Elektra)

L Timothy Leary/Ralph Metzner/Richard Alpert: *The Psychedelic Experience* (New York 1964); Josef Schurz: *Vom Bilsenkraut zum LSD* (Kosmos Bibliothek Nr. 263, 1969); Timothy Leary: *Politik der Ekstase* (Amsterdam/Katmandu: God's Press 1976); ders.: *High Priest* (New York 1968); Tom Wolfe: *The Electric Kool-Aid Acid Test* (Bantam Pocket Book 1971); Robert Somma (Hg.): *No One Waved Good-Bye. A Casuality Report on Rock and Roll* (London 1973); Wolfgang Sandner: *Der Einfluß von Drogen auf die Rockmusik. Zum Verständnis eines musikalischen und sozialen Phänomens* (in Melos/NZ 1. Jahrgang, Mainz 1975); Peter Stafford: *Psychedelics Encyclopedia* 1977 (And/Or Press, Berkeley, Calif.); Vernon Joynson: *The Flashback. The Ultimate Psychedelic Music Guide* (Telford 1988)

Pub-Rock (nach den englischen «Pubs», Kneipen). Der in *Melody Maker* und *Record Mirror* nachträglich geprägte Begriff bezeichnet die Musik von Gruppen, die in den Jahren zwischen 1972 und 1975 in Londoner Clubs, Lokalen und Pubs – besonders im Süden der Hauptstadt – auftraten. Pub-Rock ist eine soziale Erscheinung, ein Zirkel («circuit»), und die zu ihm gehörenden Musiker musizierten bald in der einen, bald in einer anderen Formation. Dementsprechend fällt es nicht leicht, das Personal einer Band jeweils genau festzustellen. zeitweiliges Ausscheiden, Aushelfen bei einer befreundeten Gruppe, unaufhörliche Umbesetzungen und Neugruppierungen kennzeichneten die Pub-Rock-Szene der genannten Zeit.

Im wesentlichen ist daran festzuhalten, daß «Pub-Rock» einen soziologischen, jedoch keinen musikalischen Ausdruck bildet – denn die Gruppen musizierten in den unterschiedlichsten Stilbereichen. Man mißversteht also den Begriff «Pub-Rock», wenn man sich darunter eine bestimmte Musikrichtung vorstellt. Auch eine weitere verbreitete Meinung ist irrig, wonach Pub-Rock die früheste Phase des Punk bildet; gleichwohl befanden sich unter den Pub-Rock-Formationen einige (wie etwa Dr. Feelgood), die erst mit der Punk-Welle zum Zuge kamen – das handwerkliche Können der Musiker unterschied sich allerdings evident von dem der Punk-Gruppen der ersten Stunde. Andere wie Brinsley Schwarz sollten im Power-Pop à la Nick Lowe eine wichtige Rolle übernehmen. Die am Pub-Rock beteiligten Musiker waren meistens Endzwanziger, solche, die es beim großen Publikum und bei den Plattenfirmen nicht rechtzeitig «geschafft» hatten. Aus ehrlicher Abneigung widersetzten sie sich dem Starkult sowie dem von Pink Floyd, Genesis, Yes und anderen angeführten Kulturrock und spielten statt dessen eine unkomplizierte, für eine kleinere Gemeinde bestimmte Musik, bei der man tanzen oder sich unterhalten konnte. Fesselten sie bei Live-Auftritten, so vermochten sie bei Studioaufnahmen nur selten eine gelöste Atmosphäre zu erzeugen. Manche der Platteneinspielungen überzeugen wenig, und dementsprechend flaute das anfängliche Interesse der Plattenfirmen bald ab. Die Promotion war – kaum überraschend – lahm oder gleich Null. Bezeichnend für die Abwehrhaltung dieser Musiker gegenüber vorgegebener «höherer Bildung» ist der humoristisch gemeinte Hinweis, der auf dem zweiten Album von CHILLI WILLI AND THE RED HOT PEPPERS von 1974 dem Plattenkäufer gilt: «Solltest du auf dieser Scheibe das Wort ‹Kultur› hören, so schick sie als ein fehlerhaftes Erzeugnis zurück» («Should you hear the word culture in this waxing, return as faulty product»).

Die wichtigsten Lokale der Pub-Szene hießen The Nashville Room, Kensington, Tally Ho in Kentish Town, Lord Nelson, Newland in Peckham und ab 1973 besonders Hope & Anchor in Islington, das über ein Aufnahmestudio verfügte und ein jedes Jahr wiederkehrendes Real Music Festival veranstaltete. Um aus der Routine der Pub-Auftritte herauszugelangen, versuchten später einige Gruppen auch in größeren Konzerten und sogenannten Package-Tourneen aufzutreten, in Tourneen also, bei denen an einem Abend mehrere Gruppen präsentiert wurden. Einen Höhepunkt solcher Tourneen bildete ein Naughty-Rhythms-Konzert im Rainbow-Theater.

Welche Gruppen zählen zum Pub-Rock? EGGS OVER EASY hieß eine US-amerikanische Band, die bereits Ende 1971 im Tally Ho gastierte und ein Jahr später von der ursprünglich irischen Formation BEES MAKE HONEY abgelöst wurde. *Music Every Night*, die einzige LP der BEES von 1973, zeigt stilistische Vielfalt von Rock 'n' Roll bis hin zu Country-Stücken. In einem vielschichtigen Ausdrucksbereich bewegten sich auch MIGHTY BABY, der bis zum Jazz-Rock und zu Anklängen an Free Music reichte. HELP YOURSELF machten einen mehrfachen Gestaltwandel durch, verzeichneten unter den Mitgliedern vorübergehend auch den Gitarristen und späteren Produzenten Dave Edmunds (der auch Punk-Bands produzierte) und standen durch die Person von Sean Tyla auch mit DUCKS DELUXE in Verbindung, einer mit Recht wiederentdeckten Formation, die zwei vornehmlich an Rock 'n' Roll-Rhythmen ausgerichtete Alben herausbrachten. Berücksichtigt man, daß DUCKS DELUXE-Mitglieder später in Gruppen wie TYLA GANG, THE MOTORS, BATTLE AXE und BRAM TCHAIKOVSKY tätig wurden, so können sie tatsächlich als wichtige Vorläufer des Punk und des Hardrock der ausgehenden siebziger Jahre angesehen werden.

Bezeichnend, daß die Cover-Rückseite der LP von BEES MAKE HONEY eine Danksagung an BRINSLEY SCHWARZ enthält («for their example and encouragement...»). BRINSLEY SCHWARZ, um 1965–1969 als KIPPINGTON LODGE bekannt, standen mit dem später namhaften Produzenten Nick Lowe an der Baßgitarre tatsächlich in der Vorderreihe des Pub-Rock. Sie spielten hervorragenden Country-Rock und brachten mehrere Alben heraus, die zu den hörenswertesten dieser Stilrichtung in England gehören. Die Mitglieder der Gruppe tauchten während der Punk-Welle teils in Graham Parkers RUMOUR auf, teils nahmen sie Soloalben auf (Nick Lowe, Ian Gomm). CHILLI WILLI AND THE RED HOT

Peppers um den US-Amerikaner Phil Lithman und den einstigen Mighty Baby-Gitarristen Martin Stone fingen mit Blues, Bluegrass und Western Swing an und verwendeten später auch Saxophon und Pedal Steel Guitar. Von diesem stilistischem Wandel zeugen ihre beiden Alben von 1972 und 1974. Die Anfänge von Slade (ursprünglich Ambrose Slade) reichen noch in die sechziger Jahre zurück, und sie können daher kaum als Pub-Musiker betrachtet werden – wie es vielfach geschah –, sondern eher als ein musikalischer Ausdruck der (damaligen) Skinheads. Wohl aber lassen sich Legend unter Leitung von Mikkey Jupp zu den Pub-Kreisen zählen, ebenfalls die von der Canvey Island stammenden Dr. Feelgood mit ihrem harten Rhythm & Blues. Weitere Bands waren Ace, Bandana, Charlie and the Wideboys, F.B.I. (Soul-Rock), The Funkees, G.T. Moore and His Reggae Guitars, Kokomo (ausgezeichneter Funk und Soul-Rock, gelegentlich Disco), die US-amerikanischen Westcoast-Mustern folgenden Kursaal Flyers, The Michigan Flyers, die gestaltungssicheren Moon, Pink Fairies und deren Vorläufer mit dem Namen Twink. Zum Punk leiteten die Gruppe Eddie & the Hot Rods (Rhythm & Blues) über, vor allem aber Kilburn & The High Roads, deren Sänger, der ehemalige Kunstlehrer Ian Dury aus Canterbury, ab 1977 zu einer Hauptfigur der New Wave und zum Dichter von witzigen und ironischen Texten werden sollte. Der Vollständigkeit halber seien noch Salutation, The Strutters und The Winkies genannt.

Um 1975 ging die einst blühende Pub-Szene immer mehr zurück, nicht zuletzt deshalb, weil sich ihr ursprünglicher Sinn ins Gegenteil verkehrte: sie diente hauptsächlich nur noch dazu, unbekannten Gruppen zum Start und zu Stars zu verhelfen. Der Pub wurde zu dem Boden, auf dem eine Star-Karriere ihren Anfang nehmen konnte. Ein zweiter Grund lag darin, daß die Besitzer der Lokale erkannten, Discos seien für sie billiger als Live-Bands. Dementsprechend wurden nicht wenige Pubs – etwa Lord Nelson – in Discotheken umgewandelt.

S Ace: *Five-A-Side*, 1974 (GB: Anchor); dies.: *Time For Another*, 1975 (GB: Anchor); Bees Make Honey: *Music Every Night*, 1973 (GB: EMI); Brinsley Schwarz: –, 1970 (GB: UA), dies.: *Despite It All*, 1970 (GB: Liberty/UA); dies.: *Silver Pistol*, 1972 (GB: Liberty/UA); dies.: *Nervous On The Road*, 1972 (GB: UA), dies.: *Please Don't Ever Change*, 1973 (GB: UA); dies.: *New Favourites*, 1974 (GB: UA); Chilli Willi and the Red Hot Peppers: *Kings of Robot Rhythm*, 1972 (GB: Revelation); dies.: *Bongos Over Balham*, 1974 (GB: Mooncrest); Dr. Feelgood: *Down By The Jetty*, 1975 (GB: UA); dies.: *Malpractice*, 1975 (GB: UA); Ducks Deluxe: –, 1974 (GB: RCA); dies.: *Taxi To The Terminal Zone*, 1975 (GB: RCA); dies.: *Don't Mind Rockin' Tonite*, 1978 (F: RCA, Sampler); Eddie & the Hot Rods: *Teenage Depression*, 1976 (GB: Island); dies.: *Life On The Line*, 1977 (GB: Island); Help Yourself: –, 1971 (GB: Liberty/UA); dies.: *Strange Affair*, 1972 (GB: UA); dies.: *Beware The Shadow*, 1973 (GB: UA); dies.: *Return Of Ken Whaley*, 1973 (GB: UA); Kokomo: –, 1975 (GB: CBS); dies.: *Rise And Shine*, 1976 (GB: CBS); Kilburn & the High Roads: *Handsome*, 1975 (GB: Dawn); dies.: *Wotabunch!*, 1978 (D: WEA); Kursaal Flyers: *Chocs*

Away, 1975 (GB: UK); dies.: *Great Artist*, 1975 (GB: UK); dies.: *Golden Mile*, 1976 (GB: CBS); LEGEND: –, o. J. (GB: Bell); dies.: –, (D: Vertigo, Phonogram); dies.: *Moonshine*, 1971 (GB: Vertigo/Phonogram); Mickey Jupps's LEGEND, 1978 (GB: Stiff, Zusammenstellung); MIGHTY BABY: –, 1969 (GB: Head); dies.: *Jug Of Love*, 1971 (GB: Polydor); MOON: *Too Close For Comfort*, 1976 (GB: Epic/CBS); dies.: *Turning The Tides*, 1977 (GB: Epic/CBS); PINK FAIRIES: *Never-Neverland*, 1972 (GB: Polydor); dies.: *What A Bunch Of Sweeties*, 1972 (GB: Polydor); dies.: *Kings Of Oblivion*, 1973 (D: Polydor); Graham Parker & THE RUMOUR: *Howlin' Wind*, 1976 (GB: Vertigo/Phonogram); dies.: *Live At Marble Arch*, 1976 (GB: Phonogram, nur für Werbung); TWINK: *Think Pink*, 1970 (D: Sire/Polydor)

L *Sounds* (12/1975 und 1/1976); *Zigzag* No. 92 (3/1979)

Punk-Rock. «Punk» ist ein schillernder Begriff, der sowohl «Schund», «wertloses Zeug» wie «Vorstadtjungen» bedeutet. Dementsprechend läßt sich auch «Punk-Rock» nicht eindeutig definieren. Noch 1977, in der zweiten Auflage von *The New Musical Express Book of Rock*, konnte Punk mit jenen «psychedelischen» Gruppen gleichgesetzt werden, die auf dem Sammelalbum *Nuggets* zu hören sind (→ Psychedelische Rockmusik und Schallplattenverzeichnis unter dem Artikel). Diese ursprüngliche, ästhetisch abwertende Bedeutung ist auf der Plattenhülle von *The Golden Filth* der FUGS (1970) gemeint, wo bei der Besetzung scherzhaft angegeben wird «Ed Sanders: Punk». «Sixties' Punk» ist demnach musikalische Konfektionsware von zeitlich-lokaler Eigenprägung; zu seinen Merkmalen gehören einfachste Harmoniefolgen, sich vielfach an die BEATLES und die ROLLING STONES anlehnende musikalische Wendungen, gepflegter chorischer Gesang und ein ausgiebiger Gebrauch von elektronischen Mitteln, das Beste ist häufig ein → Gimmick, der allerdings vom Tonmeister stammt. Die Urheber von Punk-Rock in diesem frühesten Sinn waren vornehmlich Jugendliche aus den gesicherten Verhältnissen der Mittelklasse, in der Regel Oberschüler, die über genügend musikalische Bildung und Inspiration verfügten, ein oder zwei LPs gerade noch hervorzubringen. Sie umgaben sich gern mit humoristisch gemeinten, phantastisch klingenden Bandnamen. Sie besaßen korrekt bürgerliche Anschauungen; daß sie sich nach dem ersten Joint dämonisch vorkamen, verdeutlicht ihre Bürgerlichkeit besonders gut – ihre Musik zeugt von einer ähnlichen Harmlosigkeit. Das genannte britische Rocklexikon versichert, daß THE TROGGS die erste englische Punkgruppe waren.

Die geschilderte Auffassung von «Punk» ist spätestens seit 1977 überholt. Im Zusammenhang mit der neuen Punk-Welle versteht man unter Punk den musikalischen Ausdruck von wirtschaftlichem Niedergang, Arbeitslosigkeit und Entfremdung in Großbritannien; die hart hämmernde, von jeder lyrischen Stimmung freie und unpersönlich wirkende Musik läuft in einem hektischen, durchgepeitschten Zeitmaß ab, Blues-Einflüsse zeigen sich kaum, die Stücke gehen bestimmt, ohne Fading, zu Ende. Die Texte drücken die Aggression, den Zynismus und die Hoffnungslosigkeit der

britischen Jugendlichen um das Jahr 1977 aus (dieses Jahr ist mit Recht ein Jahr des Punk-Rock genannt worden).
Die US-amerikanische Variante dieser Welle trat nicht mit dem Charakter von radikaler Neuheit auf, sondern berief sich vielmehr auf frühere Gruppen des → Hardrock wie THE FLAMIN' GROOVIES, MC 5, THE STOOGES, FRIJID PINK und FROST und mutet auch in musikalischer Hinsicht herkömmlicher an (Patti Smith, THE MODERN LOVERS u. a.). Vielfach traten Musiker, die verhinderte Rock 'n' Roller waren, als Punk-Rocker auf (Robert Gordon). Nach Ausweis des Doppelalbums *CBGB's Club*, New York, ließen sich die US-amerikanischen Gruppen kaum auf einen gemeinsamen Nenner bringen.
Bereits um 1980 zeigte sich, daß Punk-Rock zwar nicht selbst die erwartete Umwälzung der Rockmusik war, wohl aber die → New Wave vorbereitete. Manch eine Gruppe, die zunächst als Punk-Rock-Gruppe angesehen worden war, zeigte sich nach 1980 weit entfernt von ruheloser Aggressivität und bloßer Drei-Akkorde-Musik. Exemplarisch könnten die beiden wichtigsten Punk-Bands, THE SEX PISTOLS und THE CLASH für die gesamte Bewegung des Punk stehen: THE SEX PISTOLS lösten sich nach einigen Singles und einer LP auf; der Sänger Johnny Rotten gründete PUBLIC IMAGE LTD, eine Band, die mit Punk nichts mehr im Sinn hatte. THE CLASH wandten sich überlegt gestalteter Musik zu, von der das Dreifach-Album *Sandinista!* (1980) beredtes Zeugnis ablegt.
Punk hatte zu dieser Zeit – etwa 1980 – die Rockmusik schon völlig verändert. Die neuen Bands erteilten dem Pomp-Rock der siebziger Jahre eine deutliche Absage, die saturierten Gruppen wie YES, GENTLE GIANT, KANSAS, EMERSON, LAKE & PALMER und viele andere gerieten in eine Krise, von der sich manche nicht mehr und andere erst gegen Ende der achtziger Jahre erholten, dann allerdings häufig an die alten Erfolge anknüpfend. Punk brachte eine Renaissance für die Single – die Anfang der achtziger Jahre ein erhebliches Umsatzplus verzeichnen konnte –, stellte den einfach konstruierten Song in den Mittelpunkt der Rockmusik und verhalf der Gitarre wieder zu einer Vormachtstellung. Auch die Plattenindustrie veränderte sich um 1980: Die jungen Bands hatten häufig Verträge bei kleinen unabhängigen Labels; neue Musik veröffentlichten die Labels Stiff und Chiswick, so daß die großen etablierten Gesellschaften bald nachzogen und ihrerseits neue Gruppen unter Vertrag nahmen. Die schnelle Reaktion der Plattenfirmen führte bald dazu, daß die kleinen Firmen in finanzielle Schwierigkeiten gerieten und von den großen aufgekauft wurden. Immerhin hatte sich unter diesen Umständen eine Vielzahl von Bands und Musikern etablieren können, die allerdings zumeist keine Punk-Rocker waren. Vielmehr war die Rockmusik nun, am Anfang der → New Wave, in eine Vielzahl von Einzelstilen aufgesplittert, die mitunter völlig gegensätzliche Ziele verfolgten; wollten die einen an die Rockmusik vor den BEATLES anknüpfen, so sahen ande-

re die Rockmusik als eine Plattform an, auf der sie Musik machen konnten, mit der sie an die Avantgarde der Kunstmusik anknüpften. (→ New Wave)

S Punk in den USA: *Original Punk Rock. Live from the CBGB's Club, New York*, 1976, 2 LP (USA: Atlantic); RAMONES: –, 1976 (NL: Philips/Sire); dies.: *Sheena Is a Punk Rocker/I Don't Care*, 1977 (D: Philips); *Live at The Rat*, 1976, 2 LP (USA: Rat); THE MODERN LOVERS: –, 1976 (USA: Home of the Hits); dies.: *Rock 'n' Roll with* –, 1977 (USA: Beserkley); THE WACKERS: *Tonite/Captain Nemo*, o. J. (USA: Who Put the Bomp).
Punk in Großbritannien: THE DAMNED: –, 1977 (GB: Stiff); DEAF SCHOOL: *Don't Stop the World*, 1977 (GB: Warner); EDDIE AND THE HOT RODS: *Teenage Depression*, 1976 (GB: Island); THE SEX PISTOLS: *Anarchy in the U. K./I Wanna Be Me*, 1976 (D: Electrola); dies.: *Pretty Vacant/No Fun*, 1977 (GB: Virgin): *A Bunch of Stiff Records*, 1977 (NL: Stiff/Island); *Fool's Gold Chiswick Chartbusters* Vol. 1, 1977 (GB: Chiswick); *The Roxy London WC2 Jan–Apr 77*, 1977 (GB: EMI). Eine Punk-Persiflage findet sich auf der LP *Italians from Outer Space* (1977) von ALBERTO Y LOST TRIOS PARANOIAS.

L Caroline Coon: *1988. The New Wave – Punk Rock Explosion* (London); Julie Davis: *Punk* (London 1977); *Chatterbox* 11–12/79 und 1/80; *Punk Rock oder: Der vermarktete Aufruhr*, 1978 (Freie Gesellschaft, Frankfurt/M.); Jürgen Stark/Michael Kurzawa: *Der große Schwindel? Punk – New Wave – Neue Welle*, 1981 (Freie Gesellschaft, Frankfurt/M.)

Punktierter Rhythmus heißt eine Zeitgliederung, bei der eine Note infolge eines Punktes, der rechts neben dem Notenkopf angebracht wird, um die Hälfte ihres Wertes verlängert und die nachfolgende Note entsprechend verkürzt wird. Der punktierte Rhythmus erinnert an Hüpfen, und er wird häufig, besonders in der älteren Musik, in Tanzsätzen verwendet (Allemande, Siciliano usw.). Die Beispiele zeigen 1. punktierte Viertel, 2. punktierte Achtel und 3. punk-

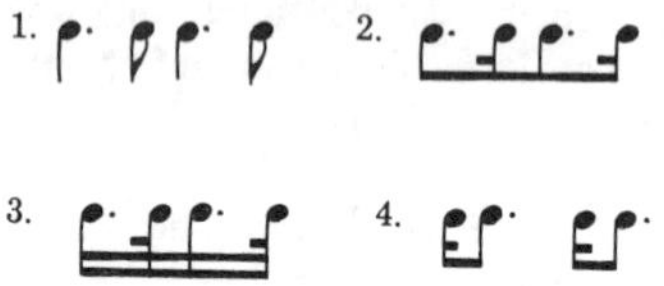

tierte Sechzehntel. Wird das Verhältnis lang-kurz in sein Gegenteil verkehrt (kurz-lang), so entsteht der sog. langobardische Rhythmus (4).

Quarte ist die vierte Stufe einer skalenmäßigen (diatonischen) Tonfolge in steigender Richtung, etwa a d^1. Als Intervall ist sie reine Quarte, wenn der Abstand zwischen der Bezugsstufe und der vierten Stufe fünf Halbtöne (= zwei Ganztöne und einen Halbton) beträgt. Es gibt auch übermäßige Quarten (z. B. a dis^1) sowie verminderte Quarten (z. B. a des^1), wobei der musikalische Zusammenhang darüber entscheidet, ob eine übermäßige Quarte oder eine verminderte → Quinte vorliegt, auch darüber, ob eine verminderte Quarte oder eine große → Terz gemeint ist. In einer melodischen Wendung wie f des^1 a c^1 b, die auf die Tonart b-Moll hindeutet, ist die Schreibweise des[1] a (verminderte Quarte) richtig, hingegen wäre die Notierung cis[1] a (große Terz) falsch. Durch Oktavversetzung des Quartenintervalls in die fallende Richtung entsteht eine Quinte (a d).

Quartett. 1. Ein Musikstück für vier Stimmen, das vokal, instrumental oder gemischt sein kann (z. B. ein Streichquartett von Beethoven). – 2. Eine Musikergruppe von vier Mitwirkenden, die zur → Combo-Besetzung gehört (z. B. THE BEATLES, THE RASCALS, PINK FLOYD).

Quartsextakkord. Dreiklänge mit Grundton, Terz und Quinte sind in ihrer Akkordstruktur umkehrbar, d. h. der Grundton braucht nicht immer zugleich der tiefste Ton zu sein, sondern kann um eine Oktave nach oben versetzt werden. Hierdurch wird die Terz bzw. die Quinte zum tiefsten Ton. Bei der ersten Umkehrung liegt die Terz unten (→ Sextakkord). Wird auch die Terz um eine Oktave nach oben versetzt, so entstehen zwischen dem jetzt tiefsten Ton der Quinte und dem höher liegenden Grundton bzw. der Terz die Intervalle Quarte bzw. Sexte; daher der Name des Akkordes Quartsextakkord (C-Dur und a-Moll in Grundposition und als Quartsextakkord):

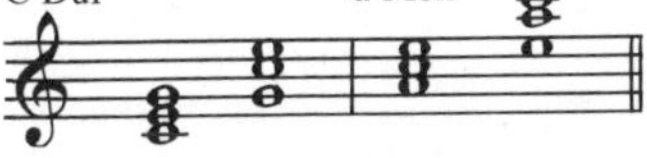

Der Quartsextakkord wird in der Regel als ein doppelter → Vorhalt aufgefaßt, dessen Sexte in die Quinte und dessen Quarte in die Terz aufgelöst wird. In dieser Eigenschaft gilt er als ein dissonanter (auch: scheinkonsonanter) Akkord und entsteht gewöhnlich auf der fünften – dominantischen – Stufe (im Beispiel mit be-zeichnet); nach der Auflösung der Dissonanz erfolgt der Schritt zur Tonika, in C-Dur:

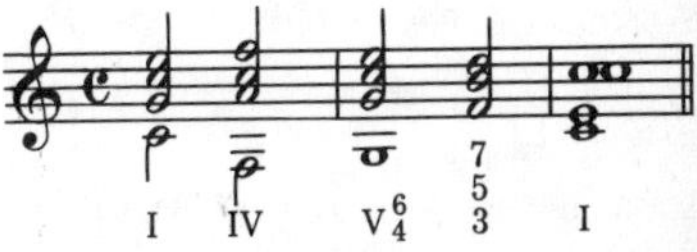

Quaver → Achtelnote

Querflöte (engl. German flute, flute) ist die beweglichste und am leichtesten intonierbare Art der sog. Holzblasinstrumente. (Die Einteilung stammt aus einer Zeit, in der die Querflöte zumeist aus Buchsbaum oder Ebenholz angefertigt wurde.) Das in mehrere Teile (2–4) auseinandernehmbare, zylindrisch gebohrte Instrument aus Silber hat den chromatisch ausgebauten Tonumfang von h (c^1) bis c^4; die Löcher werden mit Hilfe von Klappen geöffnet und geschlossen. Der von den Lippen gestaltete Luftstrom wird seitlich gegen die Kante einer im Kopfteil angebrachten Öffnung geblasen, wodurch die Luftsäule im Inneren des Instrumentes in Schwingung gerät. Töne, die über eine Oktave liegen, werden durch Überblasen erzeugt. Maßgebend beteiligt an der Konstruktion der heutigen Querflöte waren Johann Joachim Quantz im 18. und Theobald Böhm im 19. Jahrhundert. Sonderformen der Querflöte (der Großen Flöte) sind die Kleine

Flöte oder Piccolo, die Altflöte (engl. alto flute) und die Baßflöte (engl. bass flute). Die Querflöte gilt, nicht zuletzt dank des Spiels (und der akrobatischen Kunststücke) Ian Andersons von JETHRO TULL auch im Rockbereich als ein vollwertiges Instrument. Weitere Gruppen, die das Instrument verwenden, sind u. a. GONG, CHICAGO, KING CRIMSON, MISSUS BEASTLY und XHOL CARAVAN.

S JETHRO TULL: *Stand Up*, 1969 (D: Chrysalis); CHICAGO: *2*, 1969 (GB: CBS)

Quinte ist die fünfte Stufe einer skalenmäßigen (diatonischen) Tonfolge in steigender Richtung, etwa g d^1. Als Intervall ist sie reine Quinte, wenn der Abstand zwischen der Bezugsstufe und der fünften Stufe sieben Halbtöne (= drei Ganztöne und ein Halbton) beträgt. Es gibt auch übermäßige Quinten (z. B. g dis^1) sowie verminderte Quinten (z. B. g des^1), wobei der musikalische Zusammenhang darüber entscheidet, ob eine übermäßige Quinte oder eine kleine → Sexte vorliegt, auch darüber, ob eine verminderte Quinte oder aber eine übermäßige → Quarte gemeint ist. Bei einer Tonfolge in e-Moll: e h g dis^1 e^1 wäre die Notation g es^1 falsch, weil e^1 über den → Leitton dis^1 erreicht werden soll. Ebenso darf eine Figur wie c e g h f^1 e^1 c^1 nicht mit h eis^1 notiert werden, da in der Tonart C-Dur, die durch die Anfangstöne konstituiert wird, der Ton eis fremd ist. Durch Oktavversetzung des Quintenintervalls in die fallende Richtung entsteht eine Quarte (g d).

Quintenzirkel ist die optisch anschauliche Fortschreitung durch alle → Tonarten in Quintintervallen. Ausgehend von einer Tonart, z. B. von C-Dur, erreicht man nach zwölf Quinten sowohl in der Kreuz-Richtung ♯ wie in der Be-Richtung ♭ – unser gleichschwebend temperiertes zwölfstufiges System vorausgesetzt – erneut den gleichen Ton, der jedoch eine andere, enharmonisch gleichwertige Bezeichnung hat, z. B. c und his oder c und deses (→ Enharmonik). Im Beispiel ist der Anfangston Ges, nach zwölf Schritten in der Kreuz-Richtung wird Fis erreicht. Dazwischen liegen mehr vertraute Töne bzw. Tonarten.

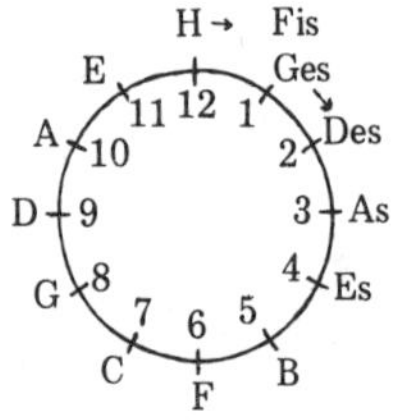

Quintett. 1. Ein Musikstück für fünf Stimmen (vokal, instrumental oder gemischt), z. B. das Klarinettenquintett von Johannes Brahms. – 2. Eine Musikergruppe von fünf Mitwirkenden, die in der Rockmusik – neben dem → Quartett – die häufigste Combo-Besetzung bilden (z. B. THE ROLLING STONES, THE YARDBIRDS).

Quintole («Fünfer», engl. quintuplet) heißt die unregelmäßige Aufteilung einer Note, die auf Grund der herrschenden Taktverhältnisse nur in 2, 4, 8 usw. aufteilbar ist, in fünf gleiche Teile. Sie wird mit einer eckigen oder runden Klammer zusammengefaßt und mit der Ziffer 5 versehen, etwa

Quintenparallele ist das Nebeneinanderlaufen zweier Stimmen im Quintenabstand. In der älteren Bildungsmusik, besonders im kontrapunktischen Stil, waren Quintenparallelen strengstens untersagt, da sie eine selbständige Führung der Stimmen lediglich vortäuschen. Seit dem musikalischen Impressionismus (Claude Debussy, z. T. Maurice Ravel) werden Quintparallelen zu tonfarblichen Zwecken eingesetzt. Den gleichen koloristischen, zumeist auf Exotik abgestellten Sinn besitzen sie im Jazz und in der Rockmusik, so in den kurzen Passagen zu Beginn von «The Dunbar High School Marching Band» von Les McCann (*Layers*, 1973) und auf der B-Seite von GONGS *Angel's Egg* (1973).

Quintsextakkord ist die erste Umkehrung eines Septakkordes, in welcher der Grundton – um eine Oktave nach oben versetzt – als Sexte erscheint. Im Quintsextakkord, etwa e g b c^1 (e:b Quint, e:c^1 Sext), wird die ursprüngliche Terz zum tiefsten Ton (Septakkord, → Umkehrung).

R

Race Music wurde von weißen US-Amerikanern die Musik schwarzer US-Amerikaner genannt, bevor sie in den vierziger Jahren in → Rhythm & Blues (R & B) umbenannt wurde; nach dem Zweiten Weltkrieg konnten sich die USA offiziell – auch als das gastgebende Land der UNO – keine rassistischen Diskriminierungen mehr leisten. Der Begriff bezeichnet nicht einen bestimmten Stil schwarzer Musik, sondern eher die Funktion, denn Race Music war die von schwarzen US-Amerikanern für schwarze US-Amerikaner produzierte Musik, gleichgültig, welchen Inhalts sie war. Die Verwendung einer solchen Bezeichnung wirft nebenbei ein Licht auf die Haltung der Musik insgesamt gegenüber: Musik wird danach wie ein Genußmittel gesehen, das man auf eine bestimmte Zielgruppe zuschneiden und liefern kann.

Race Records war bis in die fünfziger Jahre hinein die gängige Bezeichnung in den USA für Schallplatten, auf denen schwarze US-Amerikaner sangen und Instrumente spielten und die für die schwarze Bevölkerung bestimmt waren. Vielfach wurde die Musik auf den Race Records kleiner Plattenfirmen erst erfolgreich, als weiße Musiker sie in → Cover-Versionen veröffentlichten und damit mehr Geld verdienten als die eigentlichen Urheber der Stücke. In dem

Ausdruck tritt die Diskriminierung einer Bevölkerungsminderheit zutage, da die Weißen doch ebenfalls eine «Rasse» bilden. Das Wort wurde um die genannte Zeit in R & B-Records umbenannt (→ Race Music, → Rhythm & Blues).

Rack ist eine Transportkiste, in die Geräte übereinander fest eingebaut sind, zum Beispiel Effekt-Rack für Effektgeräte, Dimmer-Rack für die Steuerung der Lichtanlage, Slave-Rack, das mehrere Endverstärker enthält. Die Maße dieser Geräte sind in der Breite genormt (19 inch, also etwa 47,5 cm) und in der Höhe in ebenfalls genormte Einheiten eingeteilt; einzelne Geräte lassen sich somit schnell austauschen. Auch entsprechende Regale für Heim-Stereoanlagen werden mitunter als Rack bezeichnet, wenn sie auch nicht so stabil gebaut sind wie die Racks für den Live- und Studiobetrieb (siehe auch → Flight Case).

Raga (Sanskrit, Farbe, Farbton, auch Leidenschaft) ist ein in der indischen Musik verwendetes Tonleitermodell, das u. a. nach Intervallverhältnissen bestimmt ist und dem instrumentalen Improvisieren zugrunde liegt (Raga: männliches, Ragini: weibliches Melodiemuster). Neben der Intervallstruktur sind Anfangs- und Schlußton, Zentralton, Steigen und Fallen der Melodie sowie die Anzahl der verwendeten Töne für die Bestimmung eines Ragas von Bedeutung. In der indischen Musik gibt es über zehntausend Ragas, die seit Jahrhunderten ohne schriftliche Aufzeichnung überliefert worden sind. Einige hundert von ihnen sind auch heute in Gebrauch. Ragas sind bestimmten Tages- und Jahreszeiten, auch besonderen Anlässen, Stimmungen, ferner den zahlreichen Göttergestalten des Hinduglaubens zugeordnet. In einem unbegleiteten Vorspiel (alapa) stellt der Künstler den gewählten Raga vor. Hierauf folgt das eigentliche Musikstück, das mehrere Sätze von unterschiedlicher Länge aufweist und in einem festen rhythmischen Rahmen gehalten ist. Es wird mindestens von einer Trommel begleitet (→ Tabla).
Durch die überragende Gestalt von Ravi Shankar ist die Idee von Ragas auch zu den Rockmusikern gelangt. (Shankars Raga-Improvisation auf dem → Monterey Pop Festival von 1967 hat durch den Ernst und die spieltechnische Virtuosität alles Übrige in den Schatten gestellt und wurde vom Publikum, nach Zeugnis des dokumentarisch angelegten Films über das Musikereignis, dementsprechend bewertet.) Doch stellen Ragas gleichsam die Konzentrate einer jahrhundertelangen, dem Europäer wie dem US-Amerikaner fremden Musizierpraxis dar. Deshalb erscheinen Raga-Nachahmungen, die ein europäischer Rockmusiker nach einigen Wochen Unterricht verfertigt, wie ein naives Spiel, auch wenn die Ernsthaftigkeit der Bemühungen nicht angezweifelt werden soll (vgl. die diesbezügliche Episode in der Laufbahn von George Harrison). Vollends unglaubhaft wirkt es allerdings, wenn eine US-amerikanische Gruppe aus unerfahrenen jungen Musikern ein selbstverfaßtes Stück «Raga» nennt.

S Yehudi Menuhin/Ravi Shankar: *West Meets East,* 1967 (D: Hör Zu); Ravi Shankar: *At the Monterey International Pop Festival*, 1968 (D: Liberty); Ravi Shankar: *Four Raga Moods*, 1971, 2 LP (GB: Melodisc)

Ragtime (von engl. ragged time, zerrissene Zeit) heißt eine unter den schwarzen US-Amerikanern Ende des 19. Jahrhunderts praktizierte Klavierspielweise, die als eine Nachahmung des Rhythmus beim Banjospiel entstanden ist. Während die linke Hand gleichmäßig die Schlagzeit (Beat) markiert, versieht die rechte Hand die obere Stimme mit → Synkopen und mit → Off-Beat-Phrasierung. Die klassische Zeit des Ragtime ist um 1900–1910 anzusetzen, seine Virtuosen waren u. a. Scott Joplin, Jelly Roll Morton und der Weiße Joseph Lamb. Ragtime ist kein Jazz, sondern komponierte Musik und steht damit der traditionellen euro-amerikanischen Kunstmusik als einzige «schwarze» Musik sehr nahe, wie auch Scott Joplins Oper *Treemonisha* zeigt. Dennoch ist der Einfluß des Ragtime auf den frühen Jazz unübersehbar. Viele Papierstreifen, auf denen Ragtime-Stücke für das mechanische Klavier aufgezeichnet worden sind, wurden später auf Schallplatte überspielt.

S Scott Joplin: *Ragtime* Vol. 1–3. *Piano Rags played by the King of Ragtime. Original Piano Rolls* 1896–1913, o. J. (F: Musidisc)

Rap (engl. to rap, klopfen, herausschleudern) ist das rhythmische Sprechen zu einem tönenden Hintergrund, der im einfachsten Fall lediglich aus einem den Beat markierenden Schlagzeug, zumeist aber aus einer kunstvollen Collage von → Riffs, Schlagzeugfiguren und diversen kurzen Instrumentalklängen besteht. Rap entstand in den Wohnbezirken der schwarzen Bevölkerung US-amerikanischer Großstädte und ist eine Discotheken-Kunst, Tanzmusik also (→ Dancefloor), die davon lebt, daß der Vorführende ein Publikum hat, dem er imponieren kann, dem diese Kunst allerdings auch leicht zugänglich ist, so daß sich einerseits regelrechte Wettbewerbe unter den zumeist jugendlichen Rappern herausbilden können, andererseits sich mehrere Rapper zu Gruppen zusammentun und sich in der Gestaltung langer Rap-Stücke abwechseln. Die Hintergrundmusik ist dabei von kaum zu überschätzender Bedeutung und eng mit der Entstehung des → Scratching verknüpft; sehr genau werden Drum-Patterns und Baß-Riffs von vorhandenen Schallplatten – ohne jede Einschränkung der Herkunft – ausgesucht und miteinander kombiniert. Mitunter werden übliche Formen, etwa die Periodenbildung von vier Takten, durchbrochen und dem Effekt untergeordnet, Fills beispielsweise einmontiert, wenn es dem Produzenten opportun erscheint. In der Anfangszeit wurden vor allem Schallplatten und Tonbänder verwendet, später Drum Box und Drum Computer, schließlich im → Hip Hop vor allem Sampler, mit deren Hilfe die Musiker die in Frage kommenden Klangpartikel Schallplatten und CDs entnehmen. Auch werden mitunter Musiker herangezogen, die den entsprechenden Hintergrund liefern; ein derartiges Vorgehen ist jedoch

eine Ausnahme und verläßt im Grunde schon den Stil.
Rap ist seinem Wesen nach Stil und Stilmittel zugleich, wird seit Mitte der achtziger Jahre allerdings zunehmend als Stilmittel verwendet, auch von Rock- und Soul-Bands, die nicht zum engeren Umkreis des Rap oder des Hip Hop gehören, etwa von EARTH, WIND & FIRE oder Prince. Als Stilmittel ist Rap auch nicht auf die schwarze Bevölkerung beschränkt, sondern wird längst – vor allem im Folge-Stil Hip Hop – auch von weißen Musikern verwendet. Als die erste Rap-Aufnahme wird «Rapper's Delight» der SUGAR HILL GANG aus dem Jahre 1979 (USA: Sugarhill Records) angesehen, als musikalisches Phänomen ist Rap im engeren Sinn aber schon seit Beginn der siebziger Jahre bekannt und unter schwarzen Jugendlichen gebräuchlich, in einem weiteren Sinn – eben dem stark rhythmisierten Sprechen zu Musik – aber mit Sicherheit schon im vorigen Jahrhundert herausgebildet (→ Talking Blues) und möglicherweise in schwarz-afrikanischer Musik verwurzelt. Wie der Talking Blues und das → Toasting der Reggae-Musiker Jamaikas verwendet auch der Rap eine stark verschlüsselte Sprache, deren Inhalt oft, aber keineswegs immer einerseits das Los der Schwarzen beklagt und zu mehr oder minder ernst gemeinten politischen Aktionen aufruft, andererseits sich unverhohlen großmäulig und übertreibend, vor allem auf sexuellem Gebiet, gibt. Mitunter wird in diesem Zusammenhang auch Muhammad Ali als Rapper angesehen.
Der von der SUGAR HILL GANG in Gang gesetzte Trend konnte sich bis Mitte der achtziger Jahre indes nicht recht durchsetzen. Zu dieser ersten Generation von Musikern gehören noch WHODINI, GRANDMASTER FLASH & THE FURIOUS FIVE (mit dem Rapper Melle Mel) und AFRICA BAMBAATAA & THE JAZZY FIVE. Die zweite Generation der Rapper begann kurz nach Mitte der achtziger Jahre Platten aufzunehmen, etwa RUN-DMC, Public Enemy, Mantronix (mit dem Rapper Tricky Tee), die weiße Gruppe BEASTIE BOYS u. a. Wurde auch diese Musik zunächst noch mit der Bezeichnung Rap versehen, so setzte sich gegen Ende der achtziger Jahre der Begriff → Hip Hop durch.

S *Hip Hop Heritage* Vol. I, 1989 (D: BMG)

Raubpressung (engl. bootleg) ist eine Schallplatte, die unter Umgehung der vertraglichen Vereinbarungen zwischen Rockmusiker und betreuender Schallplattenfirma von dritten hergestellt und vertrieben wird. Raubpressungen enthalten zumeist Live-Konzerte oder Probestunden im Aufnahmestudio, gelegentlich bilden sie Nachpressungen selten gewordener früherer Platten. (Bootleg meint nicht Raubpressungen, die die täuschend echten Kopien von im Handel erhältlichen Platten, sog. Counterfeits, sind; Bootlegs sind immer auch äußerlich als irreguläre Veröffentlichungen erkennbar.) Wegen der üblichen Aufnahme mit Cassettenrecordern genügen Bootlegs nur selten den Anforderungen, die an die Klangqualität gestellt werden, wenn auch seit Beginn der achtziger Jahre die Qualität von Bootlegs gestiegen ist und sie sogar auf CD veröffentlicht werden. Dennoch blüht die um 1970 einsetzende Bootleg-Produktion immer mehr, da sie dem Liebhaber sonst nicht zu hörende Darbietungen oder persönlich gefärbte Situationen bekannter Rockmusiker zugänglich macht. Hinzu kommt, daß ehemals veröffentlichte, aber später nicht mehr erhältliche Singles auf nachträglichen Bootleg-Alben wieder gehört werden können (z. B. die jährlichen Weihnachtsbotschaften der BEATLES an die in Clubs zusammengeschlossenen Fans von 1963 bis 1969). Raubpressungen wurden von vielen Plattengeschäften in großer Anzahl geführt (und bei Erkundigungen durch unbekannte Ladenbesucher selbstverständlich abgeleugnet), sie werden aber auch unter der Hand und manchmal kaum versteckt gehandelt; Schallplattenbörsen und Flohmärkte sind beliebte Umschlagplätze von Bootlegs. Die Preise bewegen sich in der Höhe der normalen Ladenpreise oder etwas darüber. Die Plattenhülle eines Bootlegs ist gewöhnlich weiß, unter die Zellophanverpackung ist ein Orientierung gebendes Blatt eingelegt. Die Vignette auf der Plattenmitte gibt entweder nur die Seitenzahlen One und Two an oder sie enthält, in Abwehr gegen Rechtsschutz-Kontrollen, irreführende Phantasietitel.

Nach eigenen Schätzungen der Plattenfirmen verursachen Raubpressungen im internationalen Maß für die Musikindustrie einen jährlichen Verlust von mehreren Milliarden Mark. Dabei macht die Industrie keinen Unterschied zwischen Counterfeits von veröffentlichten Platten und Konzertmitschnitten. Während erstere von Rockhörern ahnungslos gekauft werden, dürften die Verkaufszahlen für die letzteren im dunkeln liegen. Käufer dieser Bootlegs besitzen zudem fast immer auch die regulär angebotenen Platten der von ihnen favorisierten Bands. Der Fall, daß jemand nur Bootlegs sammelt, ist äußerst selten.

Die Beurteilung von Raubpressungen muß dennoch zwiespältig ausfallen. Einerseits stimmen sie wegen der genannten Rechtsverletzung bedenklich, schon deshalb, weil sie die Tantiemen der beteiligten Rockmusiker schmälern. (Holländische Raubpresser überweisen die Gebühren vielfach an die betreffenden Musiker.) Die Raubpressung von Frank Zappas *200 Motels*, die noch vor Erscheinen des Films veröffentlicht worden war, hat möglicherweise manche Rockfans davon abgehalten, das später auf den Markt gekommene teurere Doppelalbum zu kaufen. Bob Dylan war über den Verkaufserfolg der 1975 regulär veröffentlichten *Basement Tapes* überrascht, waren sie doch seit Jahren auf massenhaft gepreßten Bootlegs erhältlich. Andererseits sind ganz wesentliche Klangereignisse der Rockgeschichte lediglich in Form von Raubpressungen zugänglich, so daß ihre Existenz unter einem historischen Gesichtspunkt gerechtfertigt werden kann.

So ist z. B. das Live-Konzert der MOTHERS OF INVENTION in Los Angeles 1970 mit Frank Zappas *Hot Rats* nur von einer Raubpressung her bekannt, die den geradezu besessenen Auftritt des Geigers Don Sugarcane Harris überliefert; die Konzertfassung weicht zudem erheblich von der späteren *Hot Rats*-LP ab. Das gleiche läßt sich über das Bootleg-Album *Zoot Allures Live in Paris* (1977) und andere, kaum mehr aufzählbare Zappa-Raubpressungen sagen; im Jahre 1991 entschloß sich Zappa, einige dieser Bootlegs selbst zu veröffentlichen. Der BEATLES-Kenner mag eine schwarz gehandelte Platte interessant finden, auf welcher *Let It Be* in der ursprünglichen, noch nicht von Phil Spector bearbeiteten Version zu hören ist. Bekannt sind Fälle, in denen Schallplattenfirmen sich erst durch eine Raubpressung bewegen ließen, eine längst fällige Veröffentlichung nachzuholen. So war z. B. die für die Entstehungsgeschichte von KING CRIMSON wichtige LP *Cheerful Insanity of Giles, Giles and Fripp* zuerst als Bootleg erhältlich, bevor sich Deram zu einer (klanglich befriedigenderen) Veröffentlichung entschließen konnte; auch der Veröffentlichung der Live-LP *Pictures At An Exhibition* von EMERSON, LAKE & PALMER ging eine erfolgreiche Bootleg-LP voraus. In wenigstens zwei Fällen wurden Promotion-Platten von Schallplattenfirmen selbst unter der Bezeichnung «Bootleg» herausgegeben (Graham Parker 1976; Tom Petty 1977). Und gar *The Official Bootleg* nannte Paul McCartney den 1991 veröffentlichten Mitschnitt seines Auftritts in der MTV-Serie *Unplugged* (→ MTV). Hieran wird auch deutlich, daß Musiker sehr wohl den Unterschied zwischen einem Bootleg und einem Counterfeit kennen; ein Unterschied, den die Plattenfirmen eben nicht machen.

Mitunter verhindern Musiker auch das Erscheinen einer bereits fertiggestellten LP. Prince beispielsweise ließ sein *Black Album* nicht veröffentlichen. Die Erwartungen der Fans von Prince waren aber durch Berichte in Zeitschriften bereits derart hochgeschraubt, daß sich Bootlegs der LP leicht verkaufen ließen.

Die Wege, auf denen das Material, also Aufnahmebänder, an die Raubpresser gelangen, sind verschlungen und oft nicht zu durchschauen. Die Aufnahme während eines Live-Konzertes ist noch der einfachste Weg, den auch viele Fans nutzen, die nicht das Ziel haben, ein Bootleg zu produzieren. Häufig gibt es auch Rundfunk- und Fernsehübertragungen von Konzerten, die sich bequem zu Hause mitschneiden lassen und über eine gute Qualität verfügen. Da die Schallplattenfirmen sehr daran interessiert sind, daß ihre Schützlinge möglichst oft im Rundfunk oder Fernsehen auftreten, liefern sie das Material für die von ihnen beklagten Raubpressungen sozusagen frei Haus.

In einem rechtlich diffusen Bereich befindet sich eine Kategorie von Schallplatten, die nicht eindeutig Bootlegs sind, von den Plattenfirmen aber häufig als solche angesehen und mitunter juristisch verfolgt werden: The Swingin' Pig ist der Name des bekanntesten Labels, das sich in diesem Bereich bewegt. Die in Luxemburg beheimatete Firma veröffentlicht seit Herbst 1988 zahlreiche LPs und CDs mit bisher unveröffentlichten

Aufnahmen vieler Rockbands, vor allem aber die Serie *Ultra Rare Trax* Vol. 1–6, die Studioaufnahmen von den BEATLES enthält. Diese Platten können nicht als Bootlegs bezeichnet werden, da in einigen Ländern Europas die Schutzfrist für geistiges Eigentum kürzer ist als in anderen. Vor allem Aufnahmen, die bis 1966 eingespielt worden sind, können veröffentlicht werden, wenn die üblichen Tantiemen an die Künstler abgeführt werden. Da die *Ultra Rare Trax*-Platten aber neben Mitschnitten von Fernsehsendungen auch Studioaufnahmen enthalten, die angeblich EMI veröffentlichen wollte, ist fraglich, wie das Label The Swingin' Pig in den Besitz der Bänder kam. Eben dasselbe Label brachte auch eine Kassette mit drei LPs der ROLLING STONES auf den Markt, die ein Live-Konzert in Atlantic City im Jahre 1989 dokumentieren (auch dies ein Rundfunk-Mitschnitt). Daraufhin brachte Sony Music, die Plattenfirma der Gruppe, 1991 ebenfalls eine Live-Platte der ROLLING STONES heraus, versehen mit dem Hinweis, daß es sich bei ihrer Veröffentlichung um eine «persönlich autorisierte» Veröffentlichung handelt.

Wenn auch Raubpresser zumeist kein Label angeben, so tauchen einige Namen doch häufiger auf, beispielsweise Ze Anonym Plattenspieler (ZAP), Trademark of Quality (tmq) und Old Glory Records. Die meisten Bootlegs, etwa rund 1000 verschiedene, existieren von den ROLLING STONES, gefolgt von den BEATLES, Bob Dylan, Bruce Springsteen, LED ZEPPELIN, Frank Zappa und Elvis Presley.

S Paul McCartney: *Unplugged. The Official Bootleg*, 1991 (D: EMI)

L Alfred Hilsberg: *Bootlegging. Kleine Löcher im System*, in: *Sounds* 7/1979f; Matthias Immel: *Plattenknacker AG*, in: *Musik Express/Sounds* 2/88; Bernd Gockel/Franz Schöler: *Beatles for sale*, in: *Musik Express/Sounds*, 5/89

Rave ist weniger ein musikalisches als ein soziales Phänomen; entstanden ist Rave um 1988 und wurde zu dieser Zeit wohl eher als eine Variante der → Acid Parties angesehen. Gemeint ist mit der Bezeichnung Rave ein Lebensstil, zu dem lange nächtliche Parties, eine bestimmte Kleidung – vor allem mit weit geschnittenen Jeans und bunten T-Shirts –, Drogen wie LSD und schließlich Musik gehören. Letztere ist in der Regel ein Gemisch von Rock-Songs, das auf die Musik der sechziger Jahre zurückgreift, aber ebenso auf die Tanzmusik der achtziger Jahre und häufig von Dee Jays zusammengemischt wird; einen Musikstil «Rave» gibt es indes nicht. Wohl aber Bands, die primär mit Rave in Verbindung gebracht werden wie etwa THE HAPPY MONDAYS, THE CHARLATANS (nicht zu verwechseln mit der gleichnamigen San Francisco-Band), THE SOUP DRAGONS, FLOWERED UP, THE SHAMEN, THE STONE ROSES und 808 STATE. Die Konzerte dieser Bands dauern mitunter mehrere Stunden und bestehen nicht nur aus den Auftritten der Musiker, sondern aus vielerlei Attraktionen, die ansonsten eher in Discotheken zu finden sind wie Dee Jays, Lightshows und Projektionen, vor allem aber ein aufs Tanzen eingestelltes Publikum.

L *Spex*, Oktober 1990, Seite 4.
S THE FARM: *Spartacus*, 1991 (D: Intercord); *Rave*, 2 CD, 1991 (D: EMI)

R & B → Rhythm & Blues

Receiver heißt die Kombination von Empfänger (Tuner) und → Verstärker («Steuergerät»). Empfänger-Verstärker können verschiedene Wellenbereiche besitzen (Lang-, Mittel-, Kurz- und Ultrakurzwelle); HiFi-Qualität mit Stereoempfang sichern nur die UKW-Receiver.

Recorder → Blockflöte, → Magnettongerät

Red Birds Records wurde 1964 von den Liederschreibern Jerry Leiber und Mike Stoller sowie dem New Yorker Geschäftsmann George Goldner gegründet; ein Parallel-Label hieß Blue Cat Records. Während der zwei Jahre ihres Bestehens erzielte die Firma ungewöhnlich viele Hits. Doch, unzufrieden mit der musikalischen Richtung, zogen sich Leiber und Stoller aus dem Unternehmen zurück, und das Label, auf dem u.a. die SHANGRI-LAS und THE TRADEWINDS erschienen sind, wurde aufgelöst.

Refrain (engl. Chorus) heißt der abschließende Teil eines Strophenliedes, der in allen Strophen gewöhnlich unverändert wiederkehrt. Der englische Ausdruck Chorus erklärt sich aus dem Umstand, daß der Refrain sehr oft vom Chor vorgetragen wird, im Gegensatz zu dem solistisch interpretierten Couplet (dem ersten Teil der Strophe). Der Refrain wird einprägsam und auch sonst besonders sorgfältig gestaltet, und er soll, als die musikalische Hauptsache, ein Lied sofort identifizieren helfen («She loves you, yeah, yeah, yeah», «All you need is love»). Viele Refraintextanfänge geben sogar den Songtitel an. Wird der Refrain (R) dem Couplet (C) der ersten Strophe vorangestellt, so entsteht das häufige Formgebilde R CR CR usw.

Reggae ist die Musik der mittellosen schwarzen und mulattischen Stadtbevölkerung Jamaikas. Er vereinigt Elemente des → Rhythm & Blues New Orleansscher Prägung, der afrikanischen Ur-Musiksprache und auch der Musik der nichtspanischen karibischen Inseln (Calypso, Mento) in sich. Die Anfänge des Reggae reichen in die ausgehenden fünfziger Jahre zurück. Die tanzlustige junge Bevölkerungsschicht der Städte, insbesondere der Hauptstadt Kingston, konnte nicht ausreichend mit Import-Schallplatten versorgt werden. So entschlossen sich einige mit ihren Verstärker- und Lautsprecheranlagen herumreisende Disc Jockeys – sogenannte Sound System Men –, einheimische Talente von der Straße ins Aufnahmestudio zu holen; vor allem sind Duke Reid und Coxson Dodd als Initiatoren zu nennen. Diese frühen, vornehmlich an Fats Domino, Amos Milbur, aber auch an Louis Jordan, Louis Prima und Kesley Smith ausgerichteten Platten zeigen eine starke Hervorhebung unbetonter Taktteile durch Lautstärke-Akzente und die Verwendung von Blechbläsern in der Rhythmus-Gruppe. Die neue Musik hieß Ska,

und ihre Geschichte verbindet sich mit den Namen von Musikern wie Byron Lee, Oven Gray, Laurel Aitken und Prince Buster (etwa 1962–1965).
Diese Musik fand bald auch in Großbritannien Aufnahme durch Einwanderer und Arbeitskräfte aus Jamaika. (Die Insel, einst Kolonie, ist seit 1962 Mitglied des britischen Commonwealth.) Doch nicht nur hier lebende Jamaikaner und andere Schwarze griffen Ska auf, sondern auch weiße Jugendliche aus der Arbeiterklasse, die sog. Skinheads, die allerdings als Enthusiasten nach kurzer Zeit wieder abfielen, als die Musik ihre militante Haltung, übrigens auch die aufsässigen oder obszönen Texte, zu verlieren begann (Ska hieß in England auch Blue Beat). Die ersten Labels, unter denen jamaikanische Aufnahmen in England erschienen, waren Melodisc und Bluebeat. Zu den am weitesten verbreiteten Singles gehörte 1964 Millie Smalls «My Boy Lollipop». Zu dieser Zeit gründete Chris Blackwell, Sohn eines jamaikanischen Plantagenbesitzers, in London die Plattenfirma → Island, bei der bis heute wichtige jamaikanische Musiker unter Vertrag sind. Eine andere Firma, die in der gleichen stilistischen Richtung arbeitete, war B & C von Lee Gopthal; Blackwell und Gopthal gründeten gemeinsam das Trojan-Label, Blackwell später noch das Label Mango.
Um die Mitte der sechziger Jahre vollzog sich ein stilistischer Wandel. Reggae wurde immer mehr elektrisch vorgetragen, der verhältnismäßig einfache Ska-Ryhthmus nahm verwickelte Mehrschichtigkeit an, die Rolle der Blechbläser verlor an Wichtigkeit, dafür traten Baß- und Rhythmusgitarre in den Vordergrund. Die unverändert wiederholten Baß- und Rhythmusfiguren, die im sogenannte → Dub-Verfahren miteinander vielschichtig kombiniert werden, prägten die Musik immer mehr, zur Rhythmusgruppe kam auch die elektrische Orgel hinzu. Seitdem setzte sich in den Texten ein bleibendes Merkmal des Reggae fest: der Protest gegen die Beherrschung durch Weiße, das Gefühl der Gefangenschaft und der politischen Entfremdung (das im Bild des trauernden Babylon zum Ausdruck kommt), damit verbunden die Heraufbeschwörung der afrikanischen Urheimat und die Sehnsucht nach ihr. Was in den Texten an religiösen, sich aus verschiedenen Quellen speisenden Vorstellungen vorherrscht, wird gemeinhin Rastafari, seine Anhänger Rastafarians genannt; als König und Befreier der im Exil lebenden Afrikaner wurde und wird der verstorbene äthiopische Kaiser Haile Selassi verehrt.
Um 1966–68 entstand aus all diesen Veränderungen Reggae, nachdem die Musik vorübergehend auch den Namen Rock Steady trug. Derrick Morgan, THE MAYTALS und Alton Ellis sind Musiker, die diese Übergangszeit verkörpern. Der neue, fertige Stil machte sich mit einigen Hits bemerkbar, darunter mit «Al Capone» von Prince Buster, ferner mit «Israelites» von Desmond Dekker. Weitere Hits lieferten Max Romeo, Nicky Thomas, Jimmy Cliff, THE PIONEERS, Dandy Livingston und JUDGE DREAD. Unter den jamaikani-

schen Gruppen erwiesen sich THE WAILERS unter Leitung des vielseitigen Bob Marley trotz der steigenden Erfolge der Gruppe gegen Ende der siebziger Jahre als qualitätsbeständig.

Durch den Tod Marleys im Jahre 1981 wurde dem Reggae die musikalische und moralische Autorität genommen. Reggae als Stil stagnierte, wenn auch Musiker wie Peter Tosh, Linton Kwesi Johnson, das Duo Sly & Robbie – bestehend aus dem Bassisten Robbie Shakespeare und dem Drummer Sly Dunbar –, Jimmy Cliff, Toots (Hibbert) & THE MAYTALS und andere nach wie vor einigen Erfolg auch in den USA und Westeuropa hatten. Trotz der Erfolge Sly & Robbies, die diese auch in stilfremder Musik hatten (Grace Jones), und junger Bands wie BLACK UHURU wurde jamaikanischer Reggae als Ganzes in den achtziger Jahren kaum mehr wahrgenommen. Die Ursachen sind weniger in der jamaikanischen Musik zu suchen – wenn auch vor allem die Dub-Versionen der Reggae-Songs nur noch ein Publikum von eingeschworenen Fans erreichten –, sondern in einer Gegenbewegung, die vorwiegend «weißen» britischen Rockgruppen zu immensen Erfolgen verhalf. Die eingängigen, vom Reggae beeinflußten Songs etwa von THE POLICE und FISHER Z, von SELECTER, MADNESS, SPECIALS und der Gruppe UB 40 erreichten ein weit größeres Publikum als die stagnierende Musik Jamaikas. Mittlerweile war Reggae kaum mehr ein eigener Stil, sondern ein Stilmittel, daß sich jeder Musiker aneignen konnte, wie Aufnahmen von BLONDIE, Boy George, MEN AT WORK und zahllosen anderen beweisen; selbst Bands wie 10 CC und THE ELECTRIC LIGHT ORCHESTRA versuchten sich an Reggae-Kompositionen.

Reggae und → Hip Hop haben im Sprechgesang ein gemeinsames Element, das der jamaikanischen Musik um 1990 zu einer vorsichtigen Wiederbelebung verhalf: «Ragamuffin» ist die Bezeichnung dieser Verbindung, die von schwarzen Musikern in den USA und in Europa geschaffen wurde; in Großbritannien etwa DEMON BOYZ, LONDON POSSE und Tippa Irie; in den USA Shinehead und Shelley Thunder; weiterhin der Nigerianer Dr. Alban und schließlich Shabba Ranks aus Jamaika.

S THE WAILERS: *Catch A Fire,* 1973 (GB: Island); dies.: *Burnin'*, 1973 (GB: Island); Bob Marley and THE WAILERS: *Live!*, 1975 (GB: Island); BURNING SPEAR: *Man In The Hills*, 1976 (USA: Island); TOOTS & THE MAYTALS: *Funky Kingston*, o. J. (NL: Island); BIG YOUTH: *Dread Locks Dread*, 1975 (GB: Klick); THIRD WORLD: –, 1976 (USA: Island); PRINCE FLO & JAH EDWARDS; –, 1987 (USA: Rhino Records); UB 40: *The Best Of...*, 1987 (D: Virgin); MATERIAL: *The Third Power*, 1991 (D: Island); THE POLICE: *Reggatta de Blanc*, 1979 (GB: A & M); THE SELECTER: *Too Much Pressure*, 1980 (GB: Two Tone); Tippa Irie: *Original Raggamuffin*, 1990 (GB: Island); Sweetie Irie: *DJ Of The Future*, 1990 (GB: Mango); Lee Scratch Perry: *Lord God Muzick*, 1990 (D: Zensor)

L Teja Schwaner: *Reggae – Süße Klänge und böse Töne aus einem Scheinparadies*, in: *Sounds* 1975, Nr. 6–9; Rolston Kallyndys/Henderson Dalrymple: *Reggae – A People's Music* (London o. J., etwa 1975); Lamar Gene Strasbaugh: *Reggae – Folklore aus Jamaika*, in: *Musik und Bildung*, 9/1979 (mit musikalischen Analysen und weiterer

Discographie); Leonard Barrett: *The Rastafarians. Sounds Of Cultural Dissonance* (Boston 1977)

Rehearsal (engl. Probe) ist das gemeinsame Einüben eines Musikstükkcs, eine Probe.

Reissue (engl., Wiederveröffentlichung) ist das nochmalige Auflegen von älteren, künstlerisch oder geschichtlich interessanten Schallplatten. Das in den Siebzigern um sich greifende Sammeln von Rockplatten, der Kult um einige Objekte (etwa Platten von It's A Beautiful Day, Mad River, Lothar and the Hand People, T 2 usw.) und die horrenden Preise bei Versteigerungen machen die Reissues für die Plattenfirma – wie für Raubpresser – profitabel. Ab 1978 wurden Platten der eben genannten Gruppen wiederveröffentlicht, außerdem alle zwölf Platten von → International Artists und die Star-Club-Platten. Ebendiese wurden 1991 komplett als CD wieder aufgelegt, wie überhaupt der neue Tonträger CD Auslöser für zahlreiche Wiederveröffentlichungen ist. Dabei kommen lange Zeit nicht mehr lieferbare Platten wieder auf den Markt, die häufig noch um weitere Stücke, die bisher unveröffentlicht waren, erweitert sind. Schallplattenlabels, die sich besonders um die Wiederveröffentlichung von Schallplatten verdient gemacht haben, sind → Line Records in Hamburg, Rhino Records und Repertoire Records.

S The Beach Boys: Smiley Smile, 1990 (D: Capitol); die CD enthält die beiden Platten *Smiley Smile* und *Wild Honey* sowie weitere sechs Songs, darunter eine frühe Fassung von «Good Vibrations».

Relatives Gehör → Absolutes und relatives Gehör

Remix wird die erneute → Abmischung ciner bereits auf einer Schallplatte veröffentlichten Aufnahme genannt; durchgeführt wird sie von einem Remixer, der sonst als Produzent oder Musiker arbeitet. Mit einem Remix können verschiedene Ziele verfolgt werden: Single-Hits bleiben mitunter länger in den Hitparaden, wenn bald nach der Originalveröffentlichung ein Remix erscheint. Für Disco-Versionen werden ebenfalls Remixer beansprucht, die die Tanzqualitäten – falls vorhanden – entdecken und herausarbeiten sollen, oft im Auftrag einer Plattenfirma. Häufig sind Remixes auch länger als die ursprüngliche Veröffentlichung und erscheinen dann auf Maxi-Singles; sie sind das eigentliche Medium des Remix. Remixer wie Norman Cook, Arthur Baker, Shep Pettibone, das Remixer-Duo Coldcut, Ben Liebrand, Pete Waterman u. a. haben (oder nehmen sich) zuweilen erhebliche Freiheiten, die ihnen anvertraute Musik zu verändern; es kommt vor, daß komplette Instrumentalteile entfernt und durch andere ersetzt werden. Coldcut beispielsweise ließen von der Platte «Paid In Full» des Rap-Musikers Erik B. lediglich die Stimme übrig und ersetzten den ursprünglichen Instrumentalteil durch Aufnahmen von anderen Schallplatten. Technisch wird Remixing einerseits durch die Mehrspurtechnik möglich, durch die in vielen Studios vorhandene Computertechnik und → MIDI aber erheblich erleichtert: auf den Bändern wird in der Regel auch ein Zeit-Code aufgenommen, der die Synchronisation weiterer Aufnahmen mühelos realisierbar macht.

Repetition → Wiederholung

Reprise ist das Wiedererklingen eines bereits aufgestellten zusammenhängenden Musikabschnittes nach einem oder mehreren dazwischengeschalteten Teilen.
Bei der Sonatenhauptsatzform der klassisch-romantischen Periode heißt Reprise die am Anfang vorgestellte Themengruppe, insofern diese nach ihrer Durchführung im Mittelteil am Schluß wiederholt wird (Exposition, Durchführung/Reprise, ggf. Coda). Ist ein Rockstück nach ähnlichen Grundsätzen gebaut, so kann man auch bei ihm von Reprise sprechen, z. B. beim *Sgt. Pepper*-Album der BEATLES, dessen Anfang («We're Sgt. Pepper's Lonely-Hearts Club Band...») am Schluß reprisenartig wiederkehrt. («A Day in the Life» ist als eine Zugabe nach dem imaginären Konzert, welches das Album darstellt, aufzufassen.) Im Stück «As I Feel I Die» auf CARAVANS LP *If I Could Do It All Over Again, I'd Do It All Over You* von 1970 bildet eine «Reprise» den Beschluß. Um den Charakter eines → Concept Albums hervorzukehren, beschließt eine «Reprise» die LP *The Secret Life of Harpers Bizarre* (von HARPERS BIZARRE, 1968). «Reprisen» dieser Art, die also ein Stück vom Anfang der LP wieder aufgreifen und am Schluß, mitunter in einer kürzeren oder leicht veränderten Form, wiederholen, sind keineswegs selten und treten auch im Umkreis der Rockmusik, etwa im Hip Hop, auf, wie Betty Boo mit ihrer LP *Boomania* (1990) zeigte: der die Platte eröffnende Song «Where Are You Baby?» beschließt auch die Platte, allerdings in einer anderen Abmischung. Manchmal legen Reprisen auch den Verdacht nahe, daß unbedingt die Laufzeit einer LP erreicht werden sollte und deshalb ein besonders wirkungsvoller Song einfach noch einmal verwendet wurde.

Reprise Records wurde 1960 von Frank Sinatra gegründet, als sein Vertrag mit → Capitol Records auslief. Die ersten Aufnahmen des neuen Labels waren Titel von Sinatra selbst, an den folgenden wirkten u. a. Dean Martin und Bing Crosby mit. Infolge der Neuauflage älterer Einspielungen Sinatras durch Capitol geriet Reprise in finanzielle Schwierigkeiten, die indes behoben wurden, als → Warner Bros. das Label 1963 für zwei Millionen Dollar aufkaufte; ein Drittel der Anteile behielt Sinatra. Reprise wurde damit eine Abteilung von Warner Bros. Records. Ein Lizenzvertrag mit der britischen Pye Records (u. a. THE KINKS, Petula Clark, Sandie Shaw), internationale Schlager von Frank und Nancy Sinatra («Strangers in the Night», 1966), der Vertrag mit Jimi Hendrix, Ry Cooder, Randy Newman, Arlo Guthrie, Neil Young, Joni Mitchell und den BEACH BOYS (samt deren Brother Records) sicherten den wirtschaftlichen Bestand der

Abteilung. Wie Warner Bros. ist heute auch Reprise Teil der → WEA. Seitdem veröffentlichten auf Reprise beispielsweise Emmylou Harris, CAPTAIN BEEFHEART & HIS MAGIC BAND, FLEETWOOD MAC und der Country-Sänger Dwight Yoakam.

Re-Release → Reissue

Revival, Neubelebung oder Renaissance, ist im Zusammenhang mit der Rockmusik die Erscheinung, daß ein älterer Rockstil unter verschiedenen Zielsetzungen dem jeweils gegenwärtigen Hörerbewußtsein erneut nahegebracht wird. Revivals begleiten beinahe die ganze Rockgeschichte. Sie sind teils für sich aufschlußreich, weil sich in ihnen aktuelle Sehnsüchte niederschlagen, teils wirken sie auf den späteren Stil zurück und bringen somit reizvolle oder zumindest kuriose Mischgebilde zustande. Das Rock 'n' Roll-Revival Anfang der siebziger Jahre läßt sich auf dem *Moondog Matinee*-Album von THE BAND (1973) ebenso verfolgen wie auf *It's Only Rock 'n' Roll* der ROLLING STONES und bei John Lennons Zusammenstellung *Rock 'n' Roll* von 1975. In einer kaum wiederzuerkennenden, gleichsam ästhetisierten Gestalt erscheint Rock 'n' Roll bei der britischen Gruppe ROXY MUSIC. Dem Kult um die führende englische Band der sechziger Jahre diente die bundesdeutsche BEATLES REVIVAL BAND, während Gruppen wie THE PASADENA ROOF ORCHESTRA und ASLEEP AT THE WHEEL durch Verlebendigung der dreißiger und vierziger Jahre so etwas wie Swing-Rock bzw. Western-Swing hervorbrachten.

Daß hinter den Revivals auch Interessen der Plattenindustrie verborgen sind, braucht einem wirklichkeitsnah denkenden Rockkenner nicht gesagt zu werden. Um 1980 etwa wurde mit den beiden Bands DEXY'S MIDNIGHT RUNNERS und THE Q-TIPS der Versuch unternommen, inmitten des auslaufenden Punk-Rock Soul wiederzubeleben. Zwar mißlang dies für das erste, Soul erwies sich aber als ein dauerhafter Bestandteil der Musik der achtziger Jahre. Zur selben Zeit war der Industrie mit einem Revival des Ska (→ Reggae) mehr Erfolg beschieden, Bands wie THE SPECIALS und MADNESS konnten zusammen mit anderen diesem Musikstil tatsächlich wieder zu neuem Leben verhelfen – nebenbei auch ein Beispiel dafür, daß ein Revival durchaus zu einem dauerhaften Trend umfunktioniert werden kann, wie die Erfolge von UB 40 und die Reggae-Coverversionen von Jimmy Somerville Anfang der neunziger Jahre bewiesen.

Andererseits zeigen auch gerade die ausgehenden achtziger Jahre, daß in einer Musik, in der kein Stil wirklich dominiert, ein Revival gleich welcher Art sich erübrigt.

S THE BEATLES REVIVAL BAND: *Ein Flug in die DDR*, 1978 (D: Metronome); SHA NA NA: *Rock 'n' Roll Is Here To Stay*, 1969 (USA: Kamasutra); CRAZY CAVAN 'N' THE RHYTHM ROCKERS: *Live At The Rainbow*, 1978 (GB: Charly/Pye); ROCKY SHARPE AND THE REPLAYS: *Rama Lama*, 1979 (D: Chiswick/Metronome); DARTS: *Dart Attack*, 1979 (D: Magnet/Electrola); *Mods Mayday '79*, 1979 (GB: Bridgehouse), SECRET AFFAIR: *Glory Boys*, 1979 (GB: I-Spy/

Arista); The Inmates: *First Offence*, 1979 (D: Radar/WEA); The Specials: –, 1979 (D: Chrysalis/Phonogram); Madness: *One Step Beyond*, 1979 (D: Stiff/Teldec); Dexy's Midnight Runners: *Searching For The Young Soul Rebels*, 1979 (D: EMI); The Q-Tips: –, 1980 (GB: Chrysalis)

Rhodes wurde kurz und bündig ein elektrisches Klavier nach seinem Erfinder, Harold Rhodes, genannt, der das Tonerzeugungsprinzip – Metallzungen, die von einem Hammer angeschlagen werden – schon während seiner Militärzeit im Zweiten Weltkrieg ersann. Es wurden später sogenannte «Suitcase»-Modelle, die über einen eingebauten Verstärker nebst Lautsprecher verfügten, und «Stage»-Modelle, die auf externe Verstärkung angewiesen waren, hergestellt. Die Zahl in der Modellbezeichnung – beispielsweise 73 oder 88 – bezog sich auf die Anzahl der Tasten. Das Fender-Rhodes-Piano war bis in die achtziger Jahre hinein vor allem bei Jazz-Rock-Musikern sehr beliebt, zumal sich sein an Glocken erinnernder Klang durch Manipulationen an den Metallzungen und der Stellung der Tonabnehmer leicht verändern ließ. Erst mit dem Aufkommen von → Synthesizern mit digitaler Tonerzeugung – die den typischen Klang des Fender Rhodes leicht nachahmen können – verlor das Piano schnell an Bedeutung, und die Produktion wurde eingestellt.

Rhythm & Blues, abgekürzt R & B, war und ist keine eindeutige musikalische Gattung, sondern eine zeitweilige Sammelbezeichnung für einige Vorläufer und Wurzeln des Rock. Ursprünglich ersetzte der euphemistische Begriff die Bezeichnung → Race Music, mit der die Musik schwarzer US-Amerikaner für schwarze US-Amerikaner belegt wurde. Wie der Name besagt (angewendet zum erstenmal angeblich vom ehemaligen *Billboard*-Redakteur Paul Ackerman), handelt es sich vordergründig um einen rhythmisch gestrafften zwölftaktigen Blues, der in den vierziger Jahren manche Stilmerkmale von Swing, Harlem Jump und Klein-Combo-Jazz in sich aufnahm und unter den schwarzen US-Amerikanern vor allem als Tanzmusik beliebt war (→ Race Music); es gehörten aber auch Balladen zu den R & B-Platten um 1950. Manch eine Jazzmusiker-Karriere nahm ihren Anfang in einer Rhythm & Blues-Gruppe (John Coltrane). Die Verbindung des schwarzen Rhythm & Blues mit Elementen «weißer» Schlagermusik erfolgte in der Anfangszeit des R & B in der Kombination einer «schwarzen» Stimme mit einer Streichergruppe (Nat King Coles «Nature Boy», basierend auf einem jiddischen Volkslied). In geglätteter Intonation, gereinigt von zweideutigen Wendungen, auch bereichert um den strophischen Aufbau der weißen Schnulze wie der C & W-Music, somit insgesamt auch für Weiße annehmbar gemacht, war R & B eine der Wurzeln des Rock 'n' Roll. Die alte Bezeichnung blieb indes noch lange Zeit; Chuck Berry z. B. hat seine Stücke als Rhythm & Blues aufgefaßt («Roll over Beethoven, and dig these Rhythm and Blues...»). In England entstanden Anfang der sechziger Jahre viele

Gruppen, deren Interesse dem (schwarzen) Rhythm & Blues galt; in den Bandnamen kamen in der Regel aber nur das Wort «Blues» vor.
Es ist keine Frage, daß der Rhythm & Blues, der als Gattung neben dem Rock 'n' Roll weiterhin bestand, auch heute noch eine Rolle im Gesamtbild der Rockmusik spielt. Doch liegt es schon in der Entstehung des Begriffs begründet, daß auf Musik, auf die der Begriff R & B angewendet wird, auch andere Bezeichnungen passen. Musiker, vor allem Gitarristen wie Johnny Winter, Stevie Ray Vaughan, Robert Cray und Johnny Guitar Watson können dem Rhythm & Blues zugerechnet werden; aber auch manches Stück von Eric Clapton oder den ROLLING STONES ist unter dem Gesichtspunkt des rauhen, städtischen Blues ein Rhythm & Blues-Stück. Andererseits geht auch die Musik vieler schwarzer US-Amerikaner auf den Rhythm & Blues zurück, dessen Bedeutung eben darin liegt, daß mit ihm ein weißes wie ein schwarzes Publikum gewonnen werden konnte.

S *History of Rhythm & Blues*. 1: The Roots 1947–52, 2: The Golden Years 1953–55, 3: Rock & Roll 1956–57, 4: The Big Beat 1958–60 (USA: Atlantic)

L Arnold Shaw: *The Rockin' '50s* (New York 1974; dt. *Rock 'n' Roll. Die Stars, die Musik und die Mythen der 50er Jahre*, Reinbek 1978); Lynn Ellis McCutcheon: *Rhythm And Blues*, 1971 (Beatty, Arlington/Virginia); Götz Alsmann: Die Anfänge: Rhythm & Blues, in: *Chasin' A Dream*, 1989 (Köln)

Rhythmus-Box wird ein elektronisches Schlagzeug genannt. Im Prinzip besteht ein solches Schlagzeug aus einem Hardware-Sequencer (→ Sequencer) und einem fest auf bestimmte Klänge – eben die Klänge eines Schlagzeugs – eingestellten → Synthesizers. Da die Klänge mit Hilfe von Oszillatoren und Filter-Schaltungen erzeugt werden, spricht man bei einer Rhythmus-Box im Gegensatz zu einem → Drum Computer von einem analogen Schlagzeug. In der Regel bietet eine Rhythmus-Box die verschiedenen Instrumente eines Drum-Sets an, auf jeden Fall also: Bass-Drum, Snare-Drum, Open High-Hat, Closed High-Hat, Bekken; anspruchsvollere Geräte bieten mehrere Becken und auch Tom-Toms sowie lateinamerikanische Perkussionsinstrumente wie Bongos, Timbales und Conga. Auch Klatschen gehört zu den vorprogrammierten Klängen. Diese Klänge können zu → Patterns und diese wiederum zu größeren Einheiten, meist Songs genannt, zusammengestellt werden. Das Tempo ist in weiten Grenzen stufenlos regelbar.
Der Klang der Rhythmus-Boxen ist sofort als künstlicher Schlagzeugklang zu erkennen, starr und blechern; besonders beliebt war bei New Wave-Bands die Rhythmus-Box TR 808 von → Roland (nach deren Bezeichnung sich eine Dancefloor-Band aus Manchester 808 benannte). Sie ist auf vielen Platten zu hören. Rhythmus-Boxen wurden im Laufe der achtziger Jahre von den Drum Computern, die authentische Schlagzeugklänge zur Verfügung stellen, abgelöst und nur noch für besondere Zwecke eingesetzt. Rhythmus-Box und authentisches Schlagzeug in Gegenüberstellung

kann man etwa auf *Face Value* (1981) von Phil Collins hören.

S Scritti Politti: «Lions After Slumber», auf: *Songs to Remember*, 1982 (D: Rough Trade)

Rhythmusgruppe (engl. rhythm section). Der aus dem Jazzbereich stammende Ausdruck bezeichnet jene Musiker innerhalb einer mittelgroßen oder großen Besetzung, deren Aufgabe vornehmlich darin besteht, einen festen Grundrhythmus (→ Beat) zu erzeugen und diesen mit synkopischen Bildungen und Zeitwertaufteilungen zu beleben. Ebenfalls von der Rhythmusgruppe wird der → Drive erzeugt, der sich durch Rhythmusverdichtung und Ereigniszunahme oft ohne Steigerung der Lautstärke charakterisiert. Zur Rhythmusgruppe zählen Schlagzeug, Percussion, Rhythmusgitarre, Baß(gitarre) und Klavier. Ihnen steht die melodieführende Gruppe (melody section) gegenüber.

Rhythmusmaschine → Rhythmus-Box

Rhythmus und Metrum. Obwohl Rhythmus und Metrum häufig als gleichbedeutende Begriffe verwendet werden, beziehen sie sich auf verschiedene Gesichtspunkte der Zeitorganisation in einem Musikstück. Rhythmus ist das Verhältnis der Zeitwerte untereinander, das sich als eine Relation von 1 : 2, 1 : 3, 2 : 3 usw. angeben läßt. Drei Töne von beliebiger Tonhöhe können z. B. die quantitative Beziehung von 2 : 1 : 1, 1 : 1 : 1, 3 : 2 : 1, 3 : 1 : 2 usw. aufweisen, etwa – wenn 1 = ein Viertel –

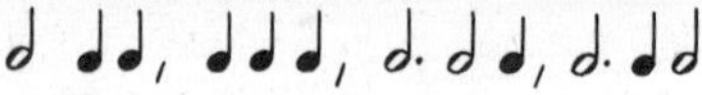

Gewisse historische Tanztypen wie Siciliano, Polka, Csárdás u. a. können ganze Stücke rhythmisch prägen. Während der Rhythmus die rein quantitative Ordnung von Tondauern darstellt, werden im Metrum die jeweiligen Gewichtsverhältnisse innerhalb des Taktgefüges deutlich (→ Akzent). Rhythmische Gebilde sind an sich betonungsneutral; erst ihre Stellung im Takt entscheidet darüber, welche Töne einer Rhythmuskette betont und welche unbetont sind. Im Viervierteltakt empfinden wir auf Grund von Hörgewohnheit und von kompositorischer Absicht, falls nicht ausdrücklich eine andere Betonung verlangt wird, daß das erste Viertel stark betont, das dritte leicht betont, das zweite und vierte Viertel dagegen unbetont ist. In einem Dreivierteltakt erhält das erste Viertel den Hauptakzent, das dritte einen Nebenakzent, während das zweite Viertel unbetont bleibt:

Den Unterschied zwischen Rhythmus und Metrum kann man besonders gut verdeutlichen, wenn sie gleichzeitig zum Zuge kommen. Bei einer rhythmischen Gruppierung

erscheint der Dreivierteltakt wie natürlich, da sich die Rhythmuskette ebenfalls in drei Abschnitte unterteilen läßt, etwa mit der Tonfolge

Wählt man aber den Vierviertеltakt und läßt den Rhythmus bestehen, so «wandert» das Metrum (der Taktakzent) jedesmal innerhalb einer Dreiergruppe; erst beim vierten Takt stellen sich die Betonungsverhältnisse des ersten Taktes wieder her. Es kommt eine Art rhythmisch-metrischer Permutation zustande.

usw.

→ Beat, → Off-Beat, → Punktierter Rhythmus

Rhythm & Sounds ist ein vom bundesdeutschen Plattenlabel BASF/ MPS erfundener Name für → Jazz-Rock, mit welchem besonders die Stilrichtung der von ihm produzierten Musiker bezeichnet wurde (Wolfgang Dauner, Volker Kriegel, Embryo, Enrico Rava Group u. a.).

Riff ist eine melodische Figur, die von einem Instrument (Baßgitarre, Orgel) im Prinzip unverändert wiederholt wird, während sich die anderen Instrumente, vielfach improvisierend, solistisch entfalten. Der Ausdruck entstammt dem Jazzbereich, der musikalische Sachverhalt, den er bezeichnet, blickt auf eine mehrere Jahrhunderte alte Vergangenheit in der → Bildungsmusik zurück. Eine ständig wiederkehrende Baßfigur, Basso ostinato (hartnäckiger Baß) genannt, liegt hier traditionsreichen Gattungen wie Chaconne und Passacaglia zugrunde. Die kunstvolle Vielfalt dieser Kompositionstechnik ermißt man an der Passacaglia für Orgel von J. S. Bach.
Der Riff kann ein schlichtes, nur einen Takt umspannendes → Motiv sein, er kann aber auch ein regelrechtes → Thema ergeben und mehrere Takte einnehmen. Längere Riffs erweisen sich aber bei näherer Betrachtung als im Kern ebenfalls nur ein- oder zweitaktig. Während bis Ende der siebziger Jahre Riffs in der Regel relativ lang waren, wurden im → Free Funk, → Jazz-Rock und → Funk zu Beginn der achtziger Jahre extrem kurze Riffs verwendet, zuweilen, etwa bei Material, erreichten sie gerade die Länge eines halben Taktes; die zweite Hälfte des Taktes wurde pausiert oder mit improvisierten Tönen gefüllt. Ohnehin sind Riffs keineswegs unantastbar, es läßt sich sogar die Regel aufstellen, daß Rockmusik, je näher sie dem Jazz steht, um so freizügiger in der Behandlung des Riffs vorgeht.
Auf einem eintaktigen Riff basiert beispielsweise «Come Together» von The Beatles:

Während Paul McCartney als der Bassist der Band diesen Riff nicht antastet, verfährt Bill Laswell, Bassist der New Yorker Gruppe MATERIAL, mit einem ebenfalls nur eintaktigen Riff anders: Der Riff von «Reduction» wirkt auf den ersten Blick zwar zweitaktig, doch ist er im Grunde genommen im Kern eintaktig, denn die Abwandlungen im zweiten Teil eines jeden Taktes erweisen sich im Laufe des Stückes als verfestigte Improvisation (Notenbeispiele siehe oben).
Verbindlich, also stets wiederkehrend, sind bei diesem Riff nur die Töne

während die weiteren Töne immer minimal abgewandelt werden, sei es durch kleine Glissandi, sei es durch einen anderen Klang oder durch ein kurzes Stoppen der Saitenschwingung.
Ein in seiner Einfachheit ähnlicher Riff findet sich bei der Gruppe CHICAGO in dem Song «It Better End Soon» (Noten siehe unten, A).

Auch dieser zweitaktige Riff ist im Grunde nur halbtaktig:

Der zweite Teil des Taktes erfährt im Laufe der ausgedehnten Flötenimprovisation starke Veränderungen bis hin zur Auflösung des gesamten Riffs. Dieses Verfahren wandte der Bassist, Peter Cetera, wiederholt an, so auch mit dem viertaktigen Riff der Komposition «Sing A Mean Tune Kid» (Noten siehe unten, B).

A

B

Auch hier wird der Riff selbst als Grundlage der Improvisation genutzt, bis schließlich nur noch die Töne

den ursprünglichen Riff repräsentieren.
Die achtziger Jahre könnte man überspitzt auch als das Jahrzehnt des Riffs bezeichnen: in beinahe jedem Stil – Rock, Jazz-Rock und Jazz – wirken Riffs formgebend, selbst Formen wie der Blues wurden durch Riffs verändert. Green Gartside, Kopf der US-amerikanischen Formation Scritti Politti, beispielsweise verwendete für den Song «Lions After Slumber» einen typischen Funk-Riff, der über lange Zeit auf einer einzigen Stufe verharrt; ein Blues-Feeling ergibt sich erst, als der Riff auf eine andere Stufe geschoben wird und sich damit ein tonal-funktionaler Zusammenhang bildet: die Ausgangsstufe erweist sich als Tonika, während die später folgende Stufe die Subdominante bildet (derart schematisierte Baß-Figuren zur Begleitung eines Blues sind allerdings nichts ungewöhnliches; ungewöhnlich ist, daß die Subdominante erst so spät eingeführt wird).
Noch weiter gehen Stücke, wie sie etwa The Cure, Japan oder Orchestral Manœuvres in the Dark komponierten: sie bestehen in jedem ihrer Teile aus Riffs, die kunstvoll ineinander verzahnt sind. Beispiele sind etwa «Talking Loud and Clear» von OMD und «Six Different Ways» von The Cure. Bei Japan sind es die Riffs des Bassisten Mick Karn, die mit den Patterns des Drummers Steve Jansen und den perkussiven Synthesizer-Klängen des Keyboard-Spielers Richard Barbieri eine eigenartige Kontrapunktik ergeben.
Nahezu ad absurdum geführt wurde die Idee des Riffs von jüngeren Dancefloor-Stilen wie House und Hip Hop; gemeinsam ist diesen beiden Ausprägungen funktionaler Musik, daß vom Riff lediglich die Aspekte der Wiedererkennbarkeit und des auffälligen Klangreizes beachtet und benutzt werden, während die formbildende Dimension nicht erkannt oder bewußt nicht gebraucht wird. Möglicherweise stößt diese «Maschinenmusik» in diesem Punkt allerdings an ihre kreativen Grenzen. Der Umstand, daß einige Hip Hop-Formationen wieder Drummer und Bassisten einsetzen, deutet darauf hin.

Ringmodulator ist Teil eines → Synthesizers oder auch ein selbständiges Gerät, das der Verschiebung von zwei (oder mehr) Frequenzen dient und für die Erzeugung neuer Klänge aus vorhandenen benutzt werden kann. Führt man zwei verschieden hohe Töne in die beiden Input-Kanäle des – ursprünglich aus der Hochfrequenztechnik stammenden – Ringmodulators, so erklingen im Ausgang ebenfalls zwei Töne: der eine entsteht durch Addition, der andere durch Subtraktion der zugeführten Töne. Hat der erste Ton z. B. die Schwingungszahl 800 Hz, der zweite Ton die Schwingungszahl

600 Hz, so hört man die Töne 1400 Hz (600 + 800) und 200 Hz (800 – 600). Erhöht oder erniedrigt man kontinuierlich die Frequenz eines der beiden zuführenden Oszillatoren, so wird hörbar, daß sich die beiden Ausgangstöne nicht einfach parallel zueinander bewegen, sondern eine komplexe, unregelmäßige Bewegungsform ergeben. Der durch den Ringmodulator transformierte Klang hat etwas Metallisches, Unreines, Unbestimmbares. Er wird häufig für die Erzeugung von Roboterstimmen, aber auch für «bedrohliche», «apokalyptische» Klänge herangezogen. Eine programmatische, künstlerisch einleuchtende Verwendung findet das Transformationsgerät in dem Stück «21st Century Schizoid Man» von King Crimson, und zwar nicht in der Version auf dem ersten Album von 1969, sondern auf *Earthbound* von 1972.

Mit dem Aufkommen von digital arbeitenden → Effektgeräten wurde der Ringmodulator zunehmend überflüssig. Metallische Klänge beispielsweise lassen sich wesentlich gezielter mit der FM-Synthese erreichen, bei der zwei oder mehr Oszillatoren (Operatoren) sich gegenseitig steuern, da es nämlich äußerst schwierig ist, mit einem Ringmodulator einen musikalisch sinnvollen Ton zu erreichen. Denn das Gerät verschiebt nicht nur die Grundtöne eines Tones, sondern auch die Obertöne, so daß den Musiker immer ein überraschendes Klanggemisch am Ausgang eines Ringmodulators erwartet.

S Billy Cobham; «Red Baron» auf *Spectrum*, 1973 (D: WEA)

Ritardando heißt langsamer werdend, das Tempo allmählich zurücknehmend; gleichbedeutend mit Rallentando.

Ritornell (ital., Wiederkehr) hieß in den Solokonzerten und den Concerti grossi der älteren → Bildungsmusik (17.–18. Jahrhundert) die thematische Gruppe, die das Werk einleitete und welche nach jeder Soloepisode notengetreu oder etwas abgewandelt im Tuttiklang des Orchesters wiederkehrte. Ein Beispiel für dieses Reihungsprinzip findet sich im 1. Satz von J. S. Bachs Konzert für zwei Violinen und Orchester in d-Moll (Bach-Werkverzeichnis 1043). Wenn das Bauprinzip auch im Jazz bzw. im Rock verwirklicht wird, liegt hier ebenfalls ein Ritornell vor; der gebräuchlichere Ausdruck dafür ist → Chorus.

Roadie → Road Manager

Road Manager, abgekürzt Roadie, ist die unentbehrliche Hilfs- und Begleitperson jeder Rockgruppe, die sich auf einer Konzerttournee befindet. Er ist zuständig für die Zusammenstellung von Flügen und Fahrten, für die Beschaffung aller notwendigen Gegenstände, er sorgt dafür, daß die Instrumente und Zusatzgeräte (→ Equipment) unbeschädigt an den Ort des Konzertes gelangen und rechtzeitig auf der Bühne aufgebaut werden. Seine Aufgaben umfassen indes weit mehr, als eine Aufzählung zu zeigen imstande ist; so muß er gelegentlich die Steuerung des Gesamtklanges, der aus dem → PA-System das Publikum erreicht, am

Mischpult übernehmen und sogar die Rolle des Leibwächters erfüllen, wenn es gilt, die Musiker vor allzu stürmischen Fans zu schützen.
Diese Aufgaben können nicht von einem einzelnen bewältigt werden; vielmehr werden sie auf viele Schultern verteilt. Unter Roadies gibt es regelrechte Spezialisten der Logistik, des Catering – das ist die Versorgung der gesamten Mannschaft einschließlich der Musiker mit Speisen und Getränken –, Fachleute für Licht- und Tonregie und besondere Roadies, die sich ausschließlich um die einzelnen Instrumente kümmern – auch sie Spezialisten ihres Faches.
Die ursprüngliche Aufgabe des Roadies, nämlich Verstärker und Lautsprecher zu schleppen und schließlich den Tour-Bus zu fahren, nimmt sich dagegen fast prosaisch aus, ist aber häufig die erste Stufe auf der Karriereleiter eines Roadies.
Nicht selten sind Road Manager selbst Musiker, so z. B. Hugh Hopper, der bei SOFT MACHINE Baßgitarre spielte, nachdem er jahrelang Road Manager der Gruppe gewesen war; ebenso Pete Sinfield, der die Texte für KING CRIMSON schrieb und die Lichtprojektionen bei Konzerten leitete. Hans G. Riebesehl, Gründer von *Riebes Fachblatt* (heute *Fachblatt Musik Magazin*; → Zeitschriften der Rockmusik), hat sich als Road Manager wie auch als Musiker und Publizist Verdienste am bundesdeutschen Rockleben erworben.

Rock ist der im englischen Sprachbereich übliche Sammelname für jene Musik, die den Gegenstand dieses Lexikons bildet (→ Geschichte der Rockmusik). Andere Namen wie → Rock 'n' Roll und → Beat bezeichnen nicht das Gesamtphänomen Rockmusik, sondern Zeitabschnitte von ihr; der Ausdruck → Pop als genereller Name ist ebenfalls unangemessen, höchstens trifft er die ästhetischen Nichtigkeiten der Rockproduktion (Pop-Rock).
Rock läßt sich kaum definieren, allenfalls eingrenzen. So ist Rock eine großstädtische, überwiegend vokale Musik, die wie der Jazz aus der Musik der weißen Einwanderer und der schwarzen Sklaven Nordamerikas schöpft. Rock benötigt für die Produktion die technischen und sozialen Gegebenheiten einer Industriegesellschaft wie Studios, Schallplattenfirmen, Rundfunk und Fernsehen. Von herausragender Bedeutung ist für die Rockmusik die Garantie künstlerischer Freiheit. Rockmusik ist von vornherein für jedermann zugänglich.
Einer derartigen Definition ließen sich natürlich Beispiele entgegenstellen, auf die die Definition kaum zutrifft, die aber trotzdem als Rockmusik gehört werden. So kann man für Rockmusik einfach die Musik halten, die man im Rock-Schallplattenladen kaufen kann.

Rockabilly (Rock-a-billy) ist eine Bezeichnung für die stilistische Mischung von → Blues- und → Country-Elementen am Anfang der → Rock 'n' Roll-Jahre. In dem Ausdruck schlägt sich das musikalische Programm gut nieder, das vom Gründer von → Sun Records in Memphis, Sam Phillips, verkündet wurde: «Wenn jemand Negro Spir-

ituals, Rhythm & Blues, Hillbilly oder Country-Musik miteinander verbinden könnte, nicht bloß nachahmend, sondern mit Einfühlung, Leidenschaft und Seele, wie man sie bei schwarzen Sängern und auch bei echten Country-Sängern findet... nun, daraus könnte wirklich etwas werden.» («If a person could get a combination of Negro spirituals, R and B, Hillbilly or Country music... not just an imitation but with feeling and favour and soul like the Negro singers have and true Country singers have, too..., it really could be something.»)
Gerade an den frühen Sun-Einspielungen von Elvis Presley kann man das Instrumentarium gut beobachten: es sind halbakustische Gitarre, Kontrabaß und gar kein oder nur ein sparsames Schlagzeug (statt dessen werden die Taktzeiten zumeist von einem Perkussionsinstrument – wie etwa Claves – markiert). Der vorherrschende und häufig acht- bis sechzehntaktige Blues-Ablauf sowie die → Blue Notes wurzeln in der schwarzen Musik, während die Stimmfärbung des Sängers sowie die Quarten- und Quintsprünge des Basses auf den Country-Ursprung verweisen. Hinzu kommt ein sehr schnelles Tempo, daß oft zu kleinen Ungenauigkeiten im Zusammenspiel von Gitarre und Baß führt und einen eigenartigen Swing erzeugt.
Rockabilly erlebte Anfang der achtziger Jahre ein Revival, als Gruppen wie THE STRAY CATS und THE POLE CATS diese Musik in die Konzerthallen zurückbrachten. Das Schallplattenlabel → Chiswick veröffentlichte bereits im Jahre 1977 einen → Sampler mit seltenen Rockabilly-Stücken, und Swift Records in London brachte Reissues von Rockabilly-Aufnahmen der Schallplattenfirma Ace heraus; andere Schallplattenfirmen zogen nach. Auch die Kleidung der Anhänger dieser Musik erlebte eine Renaissance, vor allem die Blue Suede Shoes, Wildlederschuhe mit dicken Kreppsohlen. Elemente von Rockabilly sind aber zu jeder Zeit in der Rockmusik zu entdecken.

S Ray Cami And His ROCKABILLY REBELS: *Wildcat Shakeout*, 1978 (GB: Radar/WEA); *Capitol's Rockabilly Originals*, o.J. (GB: Capitol/EMI); *CBS Rockabilly Classics*, Vol. 1ff, 1977 (GB: CBS); *Rare Rockabilly* (Vol. I, II, III) *From The Archives Of US Decca Records*, 1978 (GB: MCA); *Country Rockers* Vol. I, 1975 (USA: Teenage Heaven); *Sun Rockabillys* Vol. 1, 2, 3, o.J. (D: Sun/Bellaphon); *Country Meets Rock 'n' Roll* Vol. 1–2, 1978 (D: ABC/Ariola); *Rockabilly Rules, OK?*, 1978 (GB: Charly/Pye); *Chess Rockabillies*, 1978 (GB: Chess/Phonogram); *Imperial Rockabillies*, 1977 (GB: UA); *Ohio Rockabilly*, o.J. (USA: Hamilton); Mac Curtis: *Good Rockin' Tomorrow*, o.J. (USA: Rollin' Rock Records by Ronny Weiser); *Hollywood Rock 'n' Roll. 12 Rare Rockabilly Tracks*, 1977 (D: Chiswick/Metronome)

Rock-Jazz → Jazz-Rock

Rockkabarett vereinigt Rockmusik mit humoristischen Monologen, Gesprächen und Szenen auf der Bühne, wobei diese Verbindung von Text und Musik unterschiedlich ausfallen kann: die Musik kann in selbständigen Instrumentalsätzen zwischen den gesprochenen Texten erscheinen oder als instrumentale Liedbegleitung in den Handlungsteil selbst einbezogen werden. In den USA zählte The Firesign Theater zu den bekanntesten Kabarettgruppen, Cheech and Chong zu den bekanntesten Komiker-Duos. Kabarettistische Elemente waren auch häufig Beigaben der Konzerte von Frank Zappas Bands, vor allem des Films *200 Motels*, als zu den Mothers of Invention Mark Volman und Howard Kaylan gehörten, die ihr komisches Talent schon bei The Turtles (*The Battle of The Bands*) unter Beweis gestellt hatten. Als Flo and Eddie (von The Phlorescent Leech and Eddie, wie sie sich bei Zappa nannten) unternahmen sie auch um 1980 Tourneen, in denen parodierende und kabarettistische Einlagen zu ihren Auftritten gehörten.

In Großbritannien knüpften einige Gruppen an die einheimische Tradition des komischen Musiktheaters an; neben London war besonders Liverpool immer schon die hauptsächliche Pflegestätte dieser Gattung. Beachtlich talentierte Gruppen wie Liverpool Scene, Bonzo Dog Band (früher: The Bonzo Dog Doo Dah Band), The Monty Python (Monty Python's Flying Circus) – die Gruppe war später vor allem in Kino- und Fernsehfilmen erfolgreich –, Grimms und deren Mitglieder (u. a. Eric Idle, Neil Innes und Vivian Stanshall) haben eine unterhaltsame Rockgattung zur kultivierten Kunstart erhoben, die auf dem europäischen Kontinent erst um 1980 Nachahmer fand. In Großbritannien war es in den achtziger Jahren besonders die Gruppe Alberto Y Lost Trios Paranoias, die während ihrer Auftritte kabarettistische Einlagen brachte; auch die Musik Ian Durys wurzelt teilweise in der englischen Vaudeville-Kunst. Brian May und Roger Taylor, Gitarrist und Drummer der Gruppe Queen, sind ebenfalls für derartige Späße zu haben, wenn sie auch groben Scherzen nicht abgeneigt sind; so haben die beiden Musiker maßgeblich an den Aufnahmen von Hale and Pace and the Stonkers mitgewirkt (neben Dave Gilmour, Judie Tzuke und Cozy Powell).

Rockkabarett hat in der Bundesrepublik Deutschland dagegen keine Tradition, dafür gab es Blödel-Gruppen wie Insterburg & Co. Versuche, Rockmusik mit komischem Theater zu verbinden, gibt es nur wenige, und meistens handelt es sich dabei um einmalige Live-Aufführungen. Allenfalls die Band Grobschnitt führte bei ihren Auftritten so etwas wie Rockkabarett vor, andere Bands tun dies von Fall zu Fall, allerdings ohne Kabarett als Ziel zu verfolgen. Lediglich die österreichische Band Erste Allgemeine Verunsicherung kann als Rockkabarett-Gruppe bezeichnet werden. In der Bundesrepublik Deutschland konnte vor allem der US-Amerikaner Jango Edwards mit Rockkabarett Fuß fassen; seine in der Fools-Bewegung wurzelnde Show zielt allerdings oft unverblümt unter die Gürtellinie und ist manchmal geradezu grob.

S The Firesign Theater: *I Think We're All Bozos On This Bus*, 1971 (USA: Columbia); dies.: *Not Insane*, 1972 (USA: Columbia); dies.: *In the Next World You're On Your Own*, 1975 (USA: Columbia); Cheech and

CHONG: –, 1972 (USA: Ode/A & M); LIVERPOOL SCENE: *Amazing Adventures*, 1968 (GB: RCA); BONZO DOG BAND: *Keynsham*, 1969 (USA: Imperial); THE MONTY PYTHON: *Another Monty Python Record*, 1970 (GB: Charisma); Neil Innes: *How Sweet to Be an Idiot*, 1973 (GB: United Artists); ders.: *Taking Off*, 1977 (GB: Arista); GRIMMS: –, 1973 (GB: Island); Eric Idle and Neil Innes: *Rutland Times*, 1976 (USA: Passport/ABC); Vivian Stanshall: *Men Opening Umbrellas Ahead*, 1974 (GB: Warner); GILES, GILES AND FRIPP: *The Cheerful Insanity of* –, 1968 (GB: Deram); Robert Calvert: *Captain Lockheed and the Starfighters*, 1974 (GB: United Artists); Jango Edwards & FRIENDS ROADSHOW: –, 1979 (D: Squa/Rimpo); FLO & EDDIE: *Illegal Immoral and Fattening*, 1975 (NL: CBS); dies.: *Prince Flo and Jah Edward*, 1987 (US: Rhino); ALBERTO Y LOST TRIOS PARANOIAS: –, 1976 (D: Transatlantic/Metronome); dies.: *Italians from Outer Space*, 1977 (GB: Transatlantic); dies.: *Skite*, 1978 (D: Logo/Metronome); HALE AND PACE AND THE STONKERS: *The Stonk*, 1991 (D: GB: London)

Rock 'n' Roll (Rock and Roll, Rock & Roll, R & R) ist teils der um 1955 aufgegriffene Ausdruck für → Rhythm & Blues, teils eine kommerziell äußerst erfolgreiche Synthese der Jahre 1955–62, die Elemente von → Blues, → Country und weißer Ballade in sich aufnahm und eine bis dahin ungekannte Ausdehnung einer Musik für die junge Generation zur Folge hatte, ja deren wirtschaftliche Überlegenheit über die → Bildungsmusik mit einem Schlag vollzog. Der Ausdruck, der möglicherweise von dem Disc Jockey Alan Freed stammt, betont das Gemeinsame (statt das Trennende wie «Race Music» oder «Country») von Musikern und Hörern unterschiedlicher sozialer Lage, Herkunft und Mentalität; ursprünglich ist der Wortsinn des Begriffs aber eine sexuelle Anspielung. Die wichtigsten schöpferischen Musiker des Rock 'n' Roll sind Chuck Berry und Buddy Holly, in geringerem Maße auch Little Richard und Bill Haley. Hauptsächlich als Interpreten übten Elvis Presley, Jerry Lee Lewis, THE PLATTERS u. a. Einfluß auf Millionen von tanzenden und musikhörenden Jugendlichen aus. Rock 'n' Roll ist auch im späteren Rock allgegenwärtig, sei es in Form von → Oldies oder in → Cover-Versionen, mit denen junge Musiker ihre Ehrfurcht vor der «klassischen» Ära des Rock bezeugen. Immer wieder gab es Revivals des Rock 'n' Roll, wie er als Tanzmusik ohnehin zu keiner Zeit wirklich «tot» war. Unzählige Tanzclubs, die sich ausschließlich dem Rock 'n' Roll-Tanz widmen, beweisen dies. Nicht ausgeblieben ist dabei eine gewisse Verklärung des Rock 'n' Roll, auf die manche Rockhörer sich zurückziehen, als handele es sich beim Rock 'n' Roll um den Ausdruck einer unwiederbringlichen, guten alten Zeit.

S *The Best of Chuck Berry*, Recorded 1955–65, 2 LP (D: Bellaphon/Chess); *The Complete Buddy Holly Story*, 1973, Kassette mit 9 LPs (D: MCA/Coral); *Little Richard Cast a Long Shadow*, 1971, 2 LP (D: CBS); *The Legends of Rock: Bill Haley*, 1973, 2 LP (D: Teldec); *Robert Gordon with Link Wray*, 1977 (USA: Private Stock); Denny Laine: *Holly Days*, 1977 (D: Electrola)

L Norman N. Nite: *Rock On. The Illustrated Encyclopedia of Rock 'n' Roll. The Solid Gold Years* (New York 1974); Nik Cohn: *AWopBopaLooBop ALopBamBoom. Pop From the Beginning* (Weidenfeld & Nicolson, London 1969, dt. Reinbek bei Hamburg 1971 mit zahlreichen Nachdrucken); Charlie Gillett:

The Sound of the City (London 1971); Arnold Shaw: *The Rockin' '50s* (New York 1974, dt. *Rock 'n' Roll. Die Stars, die Musik und die Mythen der 50er Jahre*, Reinbek 1978); Dave Laing: *Buddy Holly* (London 1971); John Landau: *It's Too Late to Stop Now. A Rock 'n' Roll Journal* (San Francisco 1972); Greil Marcus: *Mystery Train. Images of America in Rock 'n' Roll Music* (New York 1975); Kandy H. Rhode: *The Gold of Rock 'n' Roll 1955–67* (New York 1970); Chris May: *Rock 'n' Roll*, o. J. (Socion, London); Graham Wood: *An A–Z of Rock and Roll* (London 1971); Hugh Mooney: *Just Before Rock: Pop-Music 1950–53 Reconsidered*, in: *Popular Music And Society*, Jg. 1, 1972

Rockoper (engl. Rock Opera). 1. Soviel wie → Concept Album, also allgemein ein ausgedehnteres, auf Schallplatte zugängliches, rockmusikalisches Werk. – 2. Mit Rockmusik vertonte Handlung: Die ersten Versuche, Bühnenstücke mit durchgehender Handlung in der Ausdruckswelt der Rockmusik zu verfassen, wurzeln in der Musical-Tradition: Gesprochene Texte wechseln mit musikalischen Einlagen. Musicals wie *Viet-Rock* von Megan Terry (1966) und *Hair* von Ragni, Rado und McDermot (1968) werden vermutlich deshalb zur Rockmusik gezählt, weil in ihnen Stimmen des Hippiemilieus und der Subkultur eingefangen werden, wenn auch in einer geglätteten, verharmlosenden Aussage. *Jesus Christ Superstar*, ein weiteres Musical, das als Rockoper bezeichnet wurde, bildet ebenfalls eine üble Manipulation mit der neu-mystischen, scheinreligiösen Welle um 1970, der viele Jugendliche, unausgefüllt und desorientiert, ergeben waren. Der Komponist des Musicals, Andrew Lloyd Webber, war später mit weiteren Musicals äußerst erfolgreich.

Der Griff des Rockmusikers nach Gattungen und Formen der → Bildungsmusik, der sich um die gleiche Zeit beobachten läßt, richtete sich auch auf die Oper. Zu den frühesten Rockopern gehören: *S. F. Sorrow* von The Pretty Things aus dem Jahre 1968 (Text von Phil May; in einer symbolgeladenen, sehr abstrakten Sprache wird die geistige Umnachtung eines Menschen geschildert, umwoben mit realen Elementen wie dem Ersten Weltkrieg und der Luftschifftragödie in Lakehurst im Jahre 1937); *Tommy* von Pete Townshend aus dem Jahr 1969 (die Geschichte einer psychisch bedingten Blindheit, sich sehr stark an *S. F. Sorrow* anlehnend); *Arthur* von The Kinks aus dem Jahre 1969 (das trostlose Leben eines kleinen Mannes in England) und *Miss Butters* von The Family Tree (Vorläufergruppe von The Wackers) von 1969, vielleicht das bestorganisierte Exemplar der Gattung. Die früheste Rockoper ist wohl *The Story of Simon Simopath* der britischen Gruppe Nirvana aus dem Jahre 1967.

In den genannten wie in den späteren Versuchen tritt gleichwohl das Unfertige, ja Widersprüchliche der Gattung zutage. Ein Widerspruch ergibt sich aus der Darbietungsform. Die Rockoper erscheint gewöhnlich nicht auf der Bühne, sondern auf der optisch unanschaulichen Schallplatte. Ein eventuell beigegebenes Text- und Bildheft entschädigt kaum für das Fehlen von optischen Eindrükken, an die ein Opernpublikum gewöhnt ist. Ein weiterer Widerspruch besteht darin, daß die Rockoper einerseits das ist, was mit dem musikhistorischen Begriff eine «Nummernoper» genannt werden kann, d. h. eine Folge geschlossener Sololieder, Ensemble- und Chorsätze sowie rein instrumentaler Stücke wie → Ouvertüre und Zwischenspiel (sprachliche Neugebilde wie «Underture» und «Outroduction» bezeichnen die abschließenden Abschnitte, also die Gegenstücke zu «Overture» und «Introduction»). Im Gegensatz zur älteren Nummernoper, deren dramaturgisch vorantreibende Handlungsmomente sich im Rezitativ vollziehen, kennt die Rockoper andererseits keine entsprechende Form, die – im Werk eingestreut – ihre Aufgabe darin erfüllt, daß sie frühere Ereignisse erzählt, gegenwärtige Handlung motiviert und Konfrontationen ermöglicht. Ohne solche Abschnitte aber bleibt die Rockoper statisch, und der Plattenhörer muß die fehlende Handlung an Hand der Begleittexte (wie bei *S. F. Sorrow* und *Tommy*) zum fragmentarischen Stück hinzudenken. Mit eben diesem Problem hatten auch die Verfilmungen von *Tommy* und der späteren Rockoper Townshends, *Quadrophenia* (1973), zu kämpfen; die Drehbücher umgingen diese Schwierigkeit durch Ergänzungen und Umschreibungen.

So bleiben die Rockopern, AMON DÜÜLS *Made in Germany* von 1975 inbegriffen, impressionistische Phantasie-Bühnenstücke in dem Sinn, daß sie subjektive Eindrücke festhalten, Ichbekundungen und isolierte Handlungsbruchstücke aneinanderreihen, ohne sie zu einem logisch Verfolgbaren zu artikulieren. Jene Form, die ihrer Funktion nach dem Rezitativ der älteren Oper entsprechen würde, muß in der Rockmusik erst noch gefunden werden. Weniger spürbar würde das Fehlen von Rezitativen in einer Form werden, die man Rock-Oratorium bezeichnen könnte; umgekehrt würde man den genannten Rockopern wohl mehr gerecht, wenn man sie gleichfalls als oratorische Werke ohne durchgehende Handlung auffaßte.

Daß dies nicht geschah und geschieht, ist wohl dem werbewirksamen Begriff «Rockoper» anzulasten. Streng genommen unterscheiden sich Rockopern kaum oder gar nicht von manchen Concept Albums. Allenfalls die Thematik – immer handelt es sich um einen unter schwierigen Umständen durch das Leben gehenden Menschen – läßt den Begriff Rockoper noch gerechtfertigt erscheinen.

Ohnehin ist die Gattung weitgehend ausgestorben. Selbst wenn hier oder da noch Platten erscheinen, die zu früheren Zeiten ohne weiteres als Rockoper apostrophiert worden wären, wird der Begriff zumeist gemieden; auch dies ein Kennzeichen dafür, daß Begriffe in der Rockmusik weitgehend losgelöst von dem existieren, was sie zu bezeichnen meinen. So ist beispielsweise Pete Townshends Platte *Iron Man* ihrem ganzen Wesen nach nichts anderes als eine Rockoper wie *Tommy*, bezeichnet wird die Platte aber als Musical.

S NIRVANA: *The Story Of Simon Simopath*, 1967 (USA: Bell); THE PRETTY THINGS: *S. F.*

Sorrow, 1968 (D: EMI); THE FAMILY TREE: *Miss Butters*, 1969 (USA: RCA); THE WHO: *Tommy*, 1972 (zweite, orchestrale Fassung USA: Ode); dies.: *Quadrophenia*, 1973 (GB: Track); THE KINKS: *Arthur*, 1969 (GB: Pye); dies.: *Soap Opera*, 1975 (USA: RCA); INFLUENCE: –, 1968 (USA: ABC); Pete Townshend: *The Iron Man*, 1989 (D: Virgin)

L Bernward Halbscheffel: *Living In The Past. Rock-Opern, -Symphonien, -Suiten und Parodien*, in: Tibor Kneif (Hg.): *Rock in den 70ern* (Reinbek bei Hamburg 1980)

Röhrenglocken (engl. tubular bells oder, dann eine kleinere Form meinend, chimes) sind Ersatzinstrumente, die den Glockenklang nachahmen. Stahlröhren, Stahlstäbe oder Stahlplatten hängen frei an Schnüren, sind häufig von einem Rahmen umschlossen und haben eine Länge von bis 3 m bei einem Durchmesser von 1 bis 2 cm, manchmal auch ein wenig mehr. Der Tonumfang beträgt etwa C_1 (Kontra-C) bis f^2. Die Metallstücke, gleich welcher Form, werden mit einem Holz- oder Gummischlägel angeschlagen und nach dem Ertönen mit Hilfe einer Pedalvorrichtung gedämpft. Röhrenglocken werden in der Rockmusik vielfach verwendet, am bekanntesten in Mike Oldfields *Tubular Bells* (1973), wo sie auf der A-Seite zuletzt, gleichsam als krönender Schluß, ertönen, nachdem über zehn andere Rockinstrumente in didaktischer Absicht vorgeführt worden waren.

S Mike Oldfield: *Tubular Bells*, 1973 (D: Virgin/Ariola)

Roland, Osaka und Hamamatsu, Japan, wurde 1972 von Ikutaro Kakehashi gegründet. Zunächst baute die Firma, die sich fast ausschließlich mit dem Bau von Musikgeräten beschäftigt, Rhythmusmaschinen. Die ersten Synthesizer, SH-100 und SH-2000, wurden 1973 auf den Markt gebracht. Roland wuchs in den siebziger und achtziger Jahren kontinuierlich; dabei werden etwa zwei Drittel des Umsatzes mit dem Export von Musikgerätschaften erwirtschaftet. Zu Roland gehören auch die Vertriebsmarken Boss und → Rhodes; letzteren Namen kaufte Roland von CBS. Mit dem LA (Linear Arithmetik)-Synthesizer D 50 leistete Roland in den achtziger Jahren auch einen Beitrag zur Geschichte des Synthesizers.

Rolling Stone ist eine 1967 von Jann Wenner und Ralph J. Gleason gegründete, zweiwöchentlich erscheinende → Zeitschrift. Die Publikation, die sich zeitweise die «beste Musikzeitschrift der Welt» nannte, war das Vorbild für zahlreiche Nachahmer. Mit ihrer Leserschaft älter geworden, bezieht sie sich thematisch allerdings längst nicht mehr auf Musik allein, sondern erweiterte den Themenkreis um Politik und Lebensstil-Geschichten. Dennoch sind die Artikel über Musik – vornehmlich → AOR – lesenswert. Die Bücher über Rockmusik, die *Rolling Stone* immer wieder veröffentlicht, zählen fast durchweg zu den Standardwerken der Rockliteratur.

L *The Rolling Stone Record Review*, Vol. I/II, 1967–69 und 1970–72 (New York 1972–74); *The Rolling Stone Interviews*, Vol. 1/2, 1971 und 1973 (Warner Paperback, New York); *The Rolling Stone Rock 'n' Roll Reader*, edited by Ben Fong-Torres (New

York 1974); *The Rolling Stone Record Guide*, 1979 (New York, Random House); *The Rolling Stone Encyclopedia of Rock & Roll*, edited by Jon Pareles and Patricia Romanowski (London 1983); Michael Shore: *The Rolling Stone Book of Rock Video* (London 1985)

Rondo heißt eine traditionelle Reihungsform, bei welcher ein thematisch geschlossener Hauptsatz (A) mit einem oder mehreren Nebensätzen (B, C, D usw.) abwechselt. Ein Gebilde wie A B A B' A ist eine einfache Rondoform (B' stellt die variierte Wiederholung von B dar). Bei ausgedehnteren Kompositionen werden mehrere Nebensätze eingeschaltet, z. B. A B A C A D A. Der Hauptsatz (A) wird auch Ritornell, die Nebensätze (B, C, D usw.) werden auch Episoden genannt. Die Musik der Wiener Klassik (→ Klassische Musik) und der Romantik hat viele individuelle Ausprägungen dieses an sich schematischen Formablaufs hervorgebracht. In der Rockmusik ist die Rondoform seltener: ein Beispiel findet sich auf der ersten LP von SEA TRAIN (1969). Nicht zu verwechseln mit dem Rondo ist der in der Rockmusik vorherrschende Strophenbau mit → Refrain und Couplet (R) CR CR usw. (→ Bridge, → Form in der Rockmusik, → Strophe).

S SEA TRAIN: –, 1969 (USA: A & M)

Rosalia → Sequenz

Rotierender Lautsprecher wird nach einem von den Hammond-Werken in den USA hergestellten Typus → Leslie genannt.

Rough Trade nannte Geoff Travis seinen Schallplattenladen, den er im Sommer 1976 in der Portobello Road in London eröffnete. Travis verkaufte besonders die unabhängig produzierten Platten und Tonbandcassetten von Punk- und New Wave-Bands. Auf Grund des Erfolges des Plattenladens und des damit verbundenen Plattenversandes entschlossen sich Travis, Richard Scott und Mayo Thompson, ein eigenes Schallplattenlabel zu gründen. Die erste Single des neuen Labels – das wie der Schallplattenladen Rough Trade hieß – erschien im Jahre 1977, eine Produktion der französischen Band METAL URBAIN. 1978 veröffentlichte Rough Trade mit *Inflammable Material* von STIFF LITTLE FINGERS die erste LP, von der auf Anhieb innerhalb des ersten Jahres 100000 Stück verkauft werden konnten. Die Entwicklung des auf neuere Rockmusik spezialisierten Labels verlief in der Folge so erfolgreich, daß im Jahre 1980 ein Vertriebsbüro in San Francisco eröffnet wurde. In der Bundesrepublik Deutschland konnte Rough Trade indessen zunächst nicht Fuß fassen, eine 1981 begonnene Zusammenarbeit mit einer etablierten Firma der Schallplattenindustrie scheiterte, nicht zuletzt auch auf Grund der Kritik innerhalb der Musikszene an dieser Verbindung. Ein Jahr später wurde dann zusammen mit dem Importeur DPR Rough Trade Deutschland gegründet. RTD, wie Rough Trade Deutschland sich abgekürzt nennt, veröffentlichte als erste LP die Live-Aufnahme *Hai!* von CABARET VOLTAIRE. Nach einer Krise des Unternehmens wurde im

Jahre 1985 die bundesdeutsche Filiale noch einmal umstrukturiert. Sie ist seitdem vollständiges Tochter-Unternehmen von Rough Trade in London.
1991 geriet das gesamte Unternehmen Rough Trade selbst in eine Krise, als der Eigner des Labels Rhythm King, Martin Heath, eine Zusammenarbeit mit Epic vereinbarte und einige seiner erfolgreichen Acts – Betty Boo und S'EXPRESS – von Rough Trade abzog.
Rough Trade England wurde 1987 von Geoff Travis, Peter Travis und Richard Scott in den Tim Niblett Trust überführt. Mitglieder des Trusts wurden alle Angestellten der Firma Rough Trade, die länger als zwei Jahre bei RT arbeiteten. Rough Trade England ist damit das zweitgrößte Unternehmen Großbritanniens, das sich im Besitz einer Belegschaft befindet. Auch Rough Trade Deutschland soll in den Besitz der Belegschaft überführt werden.
Rough Trade ist das Flaggschiff der sogenannten Indie-Bewegung, also der von der etablierten Schallplattenindustrie unabhängigen Labels. Unter der Federführung der Firma wurde auch der Cartel-Vertrieb gegründet, der unabhängig produzierte Tonträger vertreibt. Label der Firma (RTD) sind etwa Creation, Factory, 4 AD, Rhythm King, Rough Trade Inc., Rough Trade Ltd., Some Bizarre und World Service; in der Bundesrepublik Deutschland wurde das Label Our Choice gegründet, auf dem ausschließlich deutsche Rockmusiker ihre Musik veröffentlichen sollen. Vertrieben werden darüber hinaus von RTD unter anderem die Labels Backs, Day Glo, Eksakt, Fun Factory, Heartbeat, Mega Disc, Revolver, U. S. Metal und Manic Ears. Zu den Bands und Einzelkünstlern, die bei Rough Trade Schallplatten veröffentlichten (und veröffentlichen), zählen JOY DIVISION, SCRITTI POLITTI, NEW ORDER, Anne Clark, THE SMITHS, THE PIXIES, Betty Boo, Danielle Dax, GUANA BATZ, EINSTÜRZENDE NEUBAUTEN, THE MEKONS und THE SUGARCUBES. Rough Trade veröffentlicht in unregelmäßiger Folge → Sampler, die einen Überblick über das jeweils aktuelle Programm geben.

S Rough Trade: *Music for the 90's* Volume 2, 1990 (D: Rough Trade)

Round Records, San Rafael, Calif., war ein Unterlabel von → Grateful Dead Records, auf dem OLD & IN THE WAY, SEASTONES und Soloalben der Mitglieder von THE GRATEFUL DEAD (etwa von Jerry Garcia) erschienen.

Royal Albert Hall ist ein Konzertsaal am Rande des Londoner Kensington Park, der neben dem üblichen Konzertrepertoire des Bildungsbürgertums (seit 1941 war er bis zur Fertigstellung der Royal Festival Hall der Mittelpunkt des Londoner Konzertlebens) auch der Rockmusik breiten Raum gewährt. Einige dort stattgefundene Konzerte sind auch auf Schallplatten festgehalten, so DEEP PURPLES *In Concert*, 1970. (Auf dem Cover dieses Albums ist der Innenraum des Rundsaales sichtbar.) Nach kurzer Sperre, die wegen Randalierens ausgesprochen worden war, setzen sich seit Mitte 1975 die Rockkonzerte in der Halle fort. Um die Jahreswende 1990/91 beispielsweise trat Eric Clapton mehrere Tage hintereinander in diesem Saal auf; die Konzerte sind in Ausschnitten auf der Platte *24 Nights* dokumentiert.

S Eric Clapton: *24 Nights*, 1991 (D: WEA)

RSO ist die Abkürzung für das Schallplattenlabel der Robert Stigwood Organization (→ Polydor). Das Label wurde vom Manager-Director der britischen NEMS Enterprises, Robert Stigwood, gegründet. RSO war als Vertriebslabel (von Polydor) im holländischen Konzern → PolyGram integriert. Auf dem Label sind u. a. Platten von Eric Clapton und von THE BEE GEES erschienen.

Rückkopplung (engl. feedback) heißt eigentlich genauer akustische Rückkopplung und ist ein vom Musiker absichtlich erzeugter Effekt oder eine unbeabsichtigt hervorgerufene und dann unerwünschte und ärgerliche Erscheinung in → Live-Konzerten. Die Schallwellen, die aus einem nahe aufgestellten → Lautsprecher kommen, treffen auf ein → Mikrophon bzw. auf das → Pick-Up der Gitarre. Sie gelangen dadurch wieder über den Verstärker zu den Lautsprechern. Die Folgen sind noch intensivere Schallwellen, die ihrerseits wieder auf das Mikrophon einwirken, insgesamt eine gegenseitige Steigerung, die mit einem anschwellenden Pfeifton endet und, wenn nicht schnell Gegenmaßnahmen eingeleitet werden, zur Zerstörung der Lautsprecher führen kann. Rückkopplung entsteht zumeist dadurch, daß das Mikrophon falsch aufgestellt ist oder nicht die passende Richtcharakteristik besitzt, auch dadurch, daß das Pick-Up allzusehr in die Nähe eines Lautsprechers gebracht wird.

Von Rockmusikern, besonders von Gitarristen, wird Feedback als Stilmittel benutzt und gehört bei manchen zur ständigen Spielweise, nicht nur bei Jimi Hendrix, der ein Virtuose in der gesteuerten Erzeugung von Feedback war. Auch der Gitarrenklang von Carlos Santana beruht auf Feedback: der Verstärker wird dabei so eingestellt, daß er kurz vor der Grenze zur Rückkopplung steht; sobald Santana sich umdreht und damit die Tonabnehmer seiner Gitarre in die Abstrahlachse des im Verstärker eingebauten Lautsprechers bringt, erreicht er den für ihn typischen «stehenden» Ton. Eines der ersten Beispiele für den absichtsvollen Einsatz von Feedback ist der Anfang von «I Feel Fine» von den BEATLES. Wenn auch Feedback vor allem von Gitarristen künstlerisch eingesetzt wird, so ist es generell mit jedem mit Tonabnehmern versehenen Instrument möglich; Keith Emerson beispielsweise schob in Live-Konzerten seine Orgel oft so nahe an die PA-Lautsprecherboxen, daß es auch dann zu Feedback kam.

Um Rückkopplungen zu verhindern, werden verschiedene Maßnahmen getroffen: Es kommen nur Mikrophone mit einer ausgeprägten Richtcharakteristik zum Einsatz, die Lautsprecher der PA werden so aufgestellt, daß Musiker nicht in den Abstrahlbereich der Lautsprecher gelangen können, und schließlich werden kritische Frequenzbereiche mittels → Equalizer abgeschwächt. Ohnehin hilft bei einsetzender akustischer Rückkopplung nur das Reduzieren der Gesamtlautstärke.

Rückung. Harmonische Rückung heißt der unvermittelte Wechsel der Tonart zu Beginn eines neuen Abschnittes. Die neue Tonart wird in der Regel um eine (kleine) Sekunde höher oder tiefer angesetzt. Im Gegensatz zur → Modulation sind Rükkungen äußerst bescheidene Mittel musikalischer Abwechslung; dementsprechend kommen sie im Schlager häufig vor, wo sie als bloße Aufhellungsreize verwendet werden.

In «Penny Lane» der Beatles (in B-Dur) erscheint der Refrain jeweils um einen Ganzton tiefer (in As-Dur). Eine Parodie des Rückungsverfahrens bietet – infolge übertreibender Anhäufung – «Judy Goes On Holiday» auf Supersisters LP *Pudding and Yesterday* (um 1974).

Rumba ist ein kubanischer Paartanz afrikanischer Herkunft, der im 2/4- oder 4/4-Takt verläuft und kräftig betonte übereinandergeschichtete Rhythmen bevorzugt. In den dreißiger Jahren wurde die Rumba zur weltweiten Mode und wird auch heute noch getanzt. Varianten dieses Tanzes stellen der Mambo und der Cha-Cha-Cha dar.

Rumpelgeräusch → Plattenspieler

Rundfunk und Rockmusik. Das typische Medium der Rockmusik ist die Schallplatte, nur mit ihr läßt sich die Idee der Rockmusik realisieren. Da die Schallplatte als Gegenstand nichts über ihren Inhalt aussagt – selbst eine sinnfällige und schematisierte Covergestaltung wie z. B. im Heavy Metal-Rock vermag dies nicht –, benötigt die Rockmusik wie Musik überhaupt ein weiteres Medium als Mittel der Bekanntgabe. Dieses Medium war in geradezu idealer Weise der Rundfunk: Radiohören kann man neben der Arbeit, es beansprucht nicht die volle Aufmerksamkeit und ist beinahe jederzeit leicht verfügbar. In den USA zog man daraus schon relativ früh die Konsequenz, daß man in den → AM-Stationen nur die ersten 40 Stücke der aktuellen Hitparade spielte. Der Effekt war, daß ein und dasselbe Stück mehrmals am Tage gesendet wurde und somit der potentielle Käufer der Single mit hoher Wahrscheinlichkeit erreicht wurde. In diesem Sinne strahlten also die Rundfunksender ein permanentes Werbeprogramm für Single-Hits aus. Mit der Wendung der Rockmusik von den Single-Schallplatten zu den Langspielplatten erhielten die UKW-Sender größere Bedeutung, denn diese sendeten auch komplette LPs.
In Europa gehörte Rockmusik lange Zeit nicht zum Programm der Rundfunksender, die meistens nicht privat

organisiert sind – wie in den USA –, sondern zumeist in öffentlich-rechtlichen oder gar staatsnahen Formen. In der Bundesrepublik war der Rundfunk bis in die achtziger Jahre hinein ausschließlich öffentlich-rechtlich organisiert. Rockmusik – die für die Rundfunksender ein Bereich der U-Musik, der Unterhaltungsmusik, ist – spielte dabei eine geduldete Nebenrolle. Noch in den siebziger Jahren gab es bei den Landesanstalten täglich nur wenige Stunden Rockmusik, meistens in besonderen Sendungen, die sich an das jugendliche Publikum wandten. Bis heute haben sich die Programmverantwortlichen nicht von der Vorstellung freimachen können, daß Rockmusik ausschließlich von Jugendlichen gehört wird.

Das Bild wandelte sich erst, als private Rundfunksender Sendegenehmigungen erhielten. Von Anfang an setzten die meisten dieser Sender auf die Anziehungskraft von populärer Musik, darunter auch auf Rockmusik; sie griffen damit auf Sendeformen und Erfahrungen zurück, die in den sechziger Jahren Piratensender wie Radio Caroline gemacht hatten. Triebkraft dieser Programmgestaltung war und ist einzig und allein die Höhe der Einschaltquote; da vor allem junge Menschen Radio hören, strahlen diese Sender eben die Musik aus, für die diese sich interessieren – vereinfacht gesagt eben die Musik der Hitparaden. Der Erfolg dieser Sender war für die öffentlich-rechtlichen Anstalten Anlaß, die Strukturen ihrer Programme zu überarbeiten. Da diese Länderanstalten über den Hauptanteil der möglichen Sendefrequenzen verfügen, war es zumeist ein leichtes, eine komplette «Programmschiene» für ein Programm, das ausschließlich dem jungen Rundfunkhörer zugedacht war, zu reservieren. Aber auch die übrigen Programme geben der populären Musik – und damit auch dem Rock, nicht aber dem Jazz – breiten Raum. Besonders die sogenannten Service-Wellen – keine eigentlichen Musikprogramme – benutzen die «Musikfarbe» populäre Musik.

Der Bedarf an leichter Musik, wie anglo-amerikanische Musik immer noch genannt wird, ist enorm; die Chance, einen gängigen Hit mehrmals am Tag zu hören, sehr hoch. Diese Art, Programm zu machen, ist billig und erfolgreich zugleich: Da die Schallplattenfirmen auf Airplay – so nennen sie das Senden von aus LPs ausgekoppelten Singles – angewiesen sind, um Schallplatten zu verkaufen, werden Rundfunkanstalten wie auch einzelne Musikredakteure «bemustert», d. h. Schallplatten werden ihnen gratis zur Verfügung gestellt, mit dem Ziel, daß sie auch gesendet werden. Die Sender müssen natürlich an die → GEMA Gebühren abführen.

Der Bedarf an Musik ist enorm; die Folge ist die rasche Abnutzung der Musik. So werden Schallplattenaufnahmen von vornherein gestreckt, indem man von ein und demselben Song verschiedene Abmischungen herausbringt; auch die Zahl der Bands und Musiker ist unüberschaubar gestiegen. Der hohe Bedarf an Musik führt zu andauerndem → Hype, jede noch so geringfügige Neuerung in der Musik wird von Moderatoren und Disc Jockeys flugs in neue Stile umgemünzt. Dabei wirken manche Musikstile mittlerweile wie Musik-Recycling: Mitunter gelten noch nicht dagewesene Kopplungen von vorhandener, längst bekannter Musik schon als neuer Stil.

L Dieter Prokop: *Faszination und Langeweile* (Stuttgart 1979); Neil Postman: *Wir amüsieren uns zu Tode* (Frankfurt/Main 1985); Schriftenreihe Media Perspektiven: *Jugend und Medien. Eine Studie der ARD/ZDF-Medienkommission und der Bertelsmann Stiftung* (Frankfurt/Main 1986); Wolfgang Hoffmann-Riem/Will Teichert (Hg.): *Musik in den Medien. Programmgestaltung im Spannungsfeld von Dramaturgie, Industrie und Publikum* (Baden-Baden 1986); Stephen Barnard: *On The Radio* (Milton Keynes/Philadelphia 1989)

S

Samba ist ein brasilianischer Tanz afrikanischen Ursprungs, der seit den zwanziger Jahren bekannt ist und besonders um 1950 zum Modetanz wurde. Das Zeitmaß ist schnell in geradem Takt. Einer der gebräuchlichen Rhythmen ist

Die afrikanische Herkunft ist noch in den tastenden Fußbewegungen der Tanzpartner enthalten: die Urform der Samba wurde von Bantus zwischen Glasscherben und brennenden Fackeln zur Kriegerweihe getanzt. In Brasilien, vor allem in Rio de Janeiro, gibt es Tanzschulen, deren einziger Lehrinhalt die Samba ist. Alljährlich zum Karneval führen die Schüler und Mitglieder dieser Schulen ihre Kunst in freizügigen, farbenprächtigen Kostümen vor.

Sammelplatte (engl. sampler) heißt ein Album, auf dem Stücke verschiedener Gruppen vereinigt sind oder das getrennt erschienene Stücke eines Solisten enthält. Die häufigste Begründung für die erneute Veröffentlichung lautet, daß der Hörer «das Beste» («The Best of...», «The Very Best of...») aus dem Schaffen eines Musikers oder aus der Produktion einer Plattenfirma in die Hand bekommt. Sammelplatten können auch im Zeichen eines besonderen Themas stehen, z. B. unter dem einst verkaufsfördernden Motto «Psychedelic», «Underground» und «New Wave», wieder andere enthalten Filmmusik, deren einzelne Abschnitte oder Songs von verschiedenen Gruppen stammen. Sammelplatten sind nicht nur der kostensparende Weg einer Firma, sich oder eine bestimmte Musikrichtung dem potentiellen Käufer zu empfehlen. Häufig werden dann schon veröffentlichte Stücke in neuer Einkleidung nochmals auf den Markt gebracht. Sie können auch nützlich sein, wenn der Käufer nur einen Querschnitt aus dem Schaffen einer Gruppe kennenlernen will oder wenn die auf ihnen enthaltenen Stücke sonst nicht mehr erhältlich sind, etwa bei Zusammenstellungen einstiger Singles.
In den achtziger Jahren feierten

manche Schallplattenfirmen ihr Jubiläum mit der Veröffentlichung von Samplern, so etwa Island, EG und Elektra. Letztere ließ von heute bei Elektra unter Vertrag stehenden Musikern Cover-Versionen von Songs ehemals bei Elektra beheimateter Musiker für den Sampler zum vierzigjährigen Bestehen der Firma aufnehmen.

Eine besondere Form von Sammelplatten kam gegen Ende der siebziger Jahre auf: die Firmen K-tel und Arcade vereinigten auf sehr lang spielenden LPs Hits vergangener Zeiten und warben dafür im Fernsehen. Diese Idee war offensichtlich so erfolgreich, daß andere Schallplattenfirmen sie übernahmen und selbst Sammelplatten mit nicht mehr ganz taufrischen Hits veröffentlichten und dafür ebenfalls im Fernsehen warben. Mittlerweile erscheinen derartige Sampler schon wenige Monate nachdem die Hits aus den Hitparaden verschwunden sind, oft sogar mit ein oder zwei noch aktuellen Hits. Manche jüngere Musikrichtung wie → House, → Hip Hop oder → Rave läßt sich fast nur mit Hilfe von Samplern überblicken.

Manch eine Sammelplatte kommt aber gar nicht in den Handel: Plattenfirmen stellen mitunter besondere Sampler zusammen, mit denen sie sich bei Journalisten und Rundfunkmitarbeitern für gute Zusammenarbeit bedanken. Enthalten sind auf ihnen Songs von Musikern dieser Firma.

S *After The Ball – A History of Pop*, o. J., 2 LP (GB: EMI/Starline); *San Francisco Roots*, 1976 (USA: JAS); *The Beat Merchants. British Beat Groups 1963–1964*, 2 LP (GB: United Artists); *Nuggets. Original Artefacts from the First Psychedelic Era 1965–68*, 1972, 2 LP (USA: Elektra); *A Bunch of Stiff Records*, 1977 (NL: Stiff/Island/Ariola); *New Wave. Wer hat Angst vor den 80er Jahren?*, o. J. (D: Ariola); *Rave*, 1991 (D: EMI); *Rubaiyat. Elektra's 40th Anniversary*, 1990 (D: Elektra); *Deep Heat*, 1991 (D: Eurostar); *The History of the House Sound*, o. J. (D: BCM); *Ronny's Pop Show*, 1984 (NL: CBS)

Sampler → Sammelplatte

Sampling wird das Verfahren genannt, ein Schallereignis in eine digitalisierte Form umzuwandeln, zu speichern und gegebenenfalls mit digital arbeitenden Hilfsmitteln wie etwa einem Computer zu bearbeiten. Das digitalisierte Schallereignis kann wieder umgewandelt und auf übliche Weise hörbar gemacht werden.

Technisch gesehen werden für Sampling sog. Sampler verwendet: sie bestehen aus einem Analog/Digital-Konverter, einem Speichermedium und einem Digital/Analog-Konverter; hinzu kommen verschiedene Möglichkeiten, den aufgenommenen Klang zu bearbeiten, doch kann diese Aufgabe auch von einem Computer mit einem entsprechenden Programm übernommen werden. Bei einigen avancierten Samplern gehört der Computer zum Lieferumfang (→ Fairlight; → Synclavier). Sampling gibt es seit etwa Anfang der achtziger Jahre, doch sind die theoretischen Grundlagen schon sehr viel früher erarbeitet worden. Der US-amerikanische Mathematiker de Shannon fand heraus, daß sich ein Klang hinreichend genau in digitale Werte umsetzen läßt, wenn er wenigstens doppelt so häufig je Zeiteinheit (also: Sekunde) abgetastet wird, wie eine Frequenz beträgt. Da der Frequenzbereich, den der Mensch hören kann, von etwa 20 bis höchstens 20000 Hertz (20 kHz) reicht, genügt eine Abtastrate von etwas mehr als 40 kHz. Inklusive einer gewissen Sicherheitsreserve einigten sich die Hersteller entsprechender Geräte auf 44,1 kHz (für manche Anwendungsbereiche in der Musik wird auch mit der Samplingrate von 48 kHz, so bei der → DAT-Cassette, und mit 32 kHz beim digitalen Satelliten-Hörfunk gearbeitet). Eine weitere Größe ist die der Auflösung: das Schallereignis muß in binäre Zahlenwerte umgesetzt werden, um mit ihm rechnen zu können. Als Norm hat sich hier eine Auflösung von 16 Bit durchgesetzt, doch sind auch andere Werte möglich und gebräuchlich.

Das Analog-Signal – beispielsweise von einem Musikinstrument – wird mit einem Mikrophon aufgenommen, von einer besonderen elektronischen Schaltung 44100mal in der Sekunde (44,1 kHz) gemessen und vom Analog/Digital-Konverter in einen 16stelligen (16 Bit) binären Zahlenwert übertragen: in diesem Zustand ist der aufgenommene Klang nichts anderes als all die anderen Daten, mit denen man Computer füttern kann. Dementsprechend kann mit ihnen auch so verfahren werden. Sie können gespeichert werden (→ Hard Disk Recording), in beinahe beliebiger Weise manipuliert werden, und die Aufnahmen können exakt geschnitten werden. War in der Anfangszeit Sampling nur für wenige Sekunden möglich, so stieg infolge der mittlerweile sehr viel größeren Speicherkapazitäten die Aufnahmezeit auf Minuten. Aber auch bei kürzeren Aufnahmezeiten kann man bei der Wiedergabe einen zeitlich längeren Klang erzeugen. Ein sog. Loop setzt nach der Einschwingzeit des Klanges immer wieder zurück, bis der Musiker den Ton abbricht. Die digitalen Zahlenwerte werden in einem Digital/Analog-Konverter wieder in hörbaren Schall zurückgeführt.

Samples – so werden die Ergebnisse des Sampling genannt – spielen in modernen Musikinstrumenten wie → Synthesizern, → Rhythmusmaschinen und Hallgeräten eine herausragende Rolle, es gibt kaum Rockmusiker, die nicht in irgendeiner Form Samples einsetzen. Musikstile wie → Hip Hop und → House sind ohne Samples undenkbar. (→ Compact Disc)

L Gernot Winkler: Tonaufzeichnung digital. Moderne Audiotechnik mit Computerhilfe (Aachen 1990); *Keys – für Einsteiger*, Sonderheft der Zeitschrift *Keys* (München 1990)

San Francisco Records war ein kurzlebiges Label um 1969, auf dem z. B. Cold Blood, Victoria und Hammer erschienen.

San Francisco Sound ist die gängige Bezeichnung für die aus Blues, Beat und Folk bestehende Musik zahlreicher Gruppen in und um San Francisco der Jahre 1965–68. Die früheste Gruppe, der der Name zukommt, sind wohl The Beau Brummels. An den Konzerten und Tanzabenden, die – von der Gruppe Family Dog organisiert – in Longshore Hall und im → Avalon Ballroom stattfanden, wirkten Gruppen wie THE GREAT SOCIETY (mit Grace Slick), JEFFERSON AIRPLANE, THE CHARLATANS, THE GRATEFUL DEAD (damals noch THE WARLOCKS) und BIG BROTHER AND THE HOLDING COMPANY mit; in Berkeley waren COUNTRY JOE & THE FISH tätig (damals THE INSTANT ACTION JUG BAND). LSD war zu dieser Zeit noch nicht verboten, und einige Gruppen entwickelten jene Acid-Rock genannte Musik, zu deren Merkmalen offene Formen und lange Improvisationen, auch direkte Anspielungen auf psychedelische Trips gehören (→ psychedelische Rockmusik). Unter den in Europa bekannten Bands befinden sich KALEIDOSCOPE, LOADING ZONE und SOPWITH CAMEL; später sind Formationen wie SIR DOUGLAS QUINTET, MOTHER EARTH, MAD RIVER, LINN COUNTY und THE SONS OF CHAMPLIN teils aus dem einheimischen Hintergrund, teils aus anderen Bundesstaaten (z. B. Texas) in der Stadt aufgetreten. Die Organisation des Musiklebens übernahm 1966 Bill Graham mit seinen → Fillmore-Konzerten. Außer einigen lokalen Labels wie → Fantasy und → Autumn schlossen große Plattenfirmen Verträge mit den in San Francisco wirkenden Musikern ab (→ RCA mit JEFFERSON AIRPLANE, → Warner Bros. mit THE GRATEFUL DEAD, → Columbia mit Janis Joplin, BIG BROTHER AND THE HOLDING COMPANY und MOBY GRAPE, Vanguard mit COUNTRY JOE & THE FISH, → MGM/Verve mit THE SONS OF CHAMPLIN usw.). Um 1980 war San Francisco neben Akron, Ohio, ein Zentrum der sogenannten psychedelischen New Wave (THE RESIDENTS, CHROME, MX-80 SOUND, TUXEDOMOON).

S *San Francisco Roots*, 1976 (USA: JAS); THE BEAU BRUMMELS; *Volume 2*, o. J. (USA: Columbia); dies.; *'66*, 1966 (USA: Warner); BIG BROTHER AND THE HOLDING COMPANY: –, 1968 (USA: Mainstream); THE CHARLATANS: –, 1969 (USA: Philips); THE GRATEFUL DEAD: *The History of –*, 1972 (USA: MGM/Pride); dies.: *Vintage Dead*, 1972 (USA: MGM/Sunflower); GRACE SLICK & THE GREAT SOCIETY, o. J., 2 LP (USA: Columbia, die zwei Alben der Gruppe); JEFFERSON AIRPLANE: *Takes Off*, 1966 (GB: RCA); KALEIDOSCOPE: *Side Trips*, 1967 (USA: Epic); THE LOADING ZONE: –, o. J. (USA: RCA); MAD RIVER: –, 1968 (USA: Capitol); MOBY GRAPE: –, 1967 (USA: Columbia); QUICKSILVER MESSENGER SERVICE: –, 1968 (USA: Capitol); SOPWITH CAMEL: –, 1968 (USA: Kamasutra); *Subterranean Modern*, 1979 (USA: Cryptic Corp.)

L Ralph J. Gleason: *The Jefferson Airplane and the San Francisco Sound* (New York 1969); Curt-Albert Schwietzer: *«What's so Funny 'bout Peace, Love, and Understanding?»* in: Livin' In A Rock 'n' Roll Fantasy, 1979, S. 91–122 (Verlag Ästhetik und Kommunikation, Berlin; ein grundlegender Aufsatz mit einer wohl endgültigen Auflistung der S. F.-Gruppen); *Neue Musik in San Francisco*, in: *Sounds* 2/1980

Saxello heißt ein Sopransaxophon in B oder C, dessen Schallstück – demjenigen der tieferen Saxophone ähnlich – nach oben gebogen ist; der Klang ist dünner als beim Sopransaxophon. Das Instrument wird im Jazz-Rock verwendet, besonders von Elton Dean (ehemals bei SOFT MACHINE).

S Elton Dean: –, 1971 (GB: CBS); Elton Dean's *Ninesense*, 1976 (GB: Ogun)

Saxophon ist zwar ein Instrument aus Metall, gehört aber zur Familie der Holzblasinstrumente wegen seiner Ähnlichkeit mit der Klarinette und hat, wie diese, ein einfaches Rohrblatt. Andererseits besteht eine Verwandtschaft mit einem anderen Holzblasinstrument, nämlich der → Oboe, und zwar im Hinblick auf das Klappensystem und auf den Umstand, daß beide in die Oktave überblasen. Die acht verschiedenen Größen des Saxophons (benannt nach seinem Erfinder Adolphe Sax, 1846), sind folgende: Sopranino in Es und F, → Saxello bzw. Sopransaxophon in B und C, Alt in Es und F, Tenor in B und C, Bariton in Es und F, Baß in B und C, Kontrabaß in Es sowie Subkontrabaß in B. Das Instrument besitzt vom Alt abwärts einen nach oben gebogenen Trichter. Der Saxophonklang ist obertonreich, sonor und leicht näselnd. Im Jazz wird das Saxophon seit etwa 1920 verwendet und hat dort neben der Trompete immer wieder Anteil an stilistischen Umbrüchen. Musikalisch bedeutende Saxophonspieler waren Sidney Bechet, John Coltrane, Cannonball Adderley, Wayne Shorter (Sopran); Johnny Hodges, Benny Carter, Charlie Parker, Lee Konitz, Charlie Mariano, Phil Woods, Eric Dolphy (Alt); Coleman Hawkins, Lester Young, Archie Shepp, Pharoah Sanders, Albert Ayler, Gato Barbieri (Tenor); Gerry Mulligan (Bariton).

In der Rockmusik spielte das Saxophon zu verschiedenen Zeiten eine jeweils unterschiedliche Rolle. Im Rock 'n' Roll war es auf Grund der Nähe zu R & B ein wichtiges Instrument (King Curtis, Sam Taylor); besonders das Tenorsaxophon wurde häufig eingesetzt. Einflüsse bezogen Rock-Saxophonisten aber nicht nur aus dem Rhythm and Blues, sondern auch aus bestimmten Formen eines populären Jazz, repräsentiert etwa durch die Bands des Saxophonisten Earl Bostic. Mit der Vormachtstellung der BEATLES verschwand das Saxophon für etwa ein Jahrzehnt aus der Rockmusik, lediglich bei Gruppen, die sich Ende der sechziger Jahre dem → Jazz-Rock verschrieben (BLOOD, SWEAT AND TEARS, CHICAGO u. a.) wurde es zum wichtigsten Instrument des Bläsersatzes. Im Jazz-Rock Miles Davisscher Prägung wurde es häufig alleiniges Blasinstrument (WEATHER REPORT), aber auch im europäischen Jazz-Rock (SOFT MACHINE, HENRY COW, COLOSSEUM, IF) spielte es eine zentrale Rolle.

Anfang der siebziger Jahre verhalf der Saxophonist und Oboist Andy Mackay als Mitglied der Gruppe ROXY MUSIC dem Saxophon wieder zu einem Platz in der Rockmusik. Mackay schaffte einen spezifisch rockmusikalischen Saxophonstil, der weitgehend frei von Einflüssen aus dem Jazz ist. Eher konventionell mutet dagegen das Saxophonspiel von John Helliwell bei SUPERTRAMP an. Im Laufe der siebziger Jahre konnte sich das Altsaxophon einen Platz erobern; Soulsaxophonisten wie Junior Walker und Grover Washington beeinflußten mit ihrer Spielweise jüngere Saxophonisten, so beispielsweise David Sanborn und Tom Scott. So gehört ein sehr hoch und beweglich geblasenes Altsaxophon un-

trennbar zu der Musik von Funk-Bands, wie Plattenaufnahmen von Prince, Sheila E., Wendy & Lisa oder CAMEO zeigen.
Aber auch in der Rockmusik behielt das Saxophon einen festen Platz und wurde sporadisch auch bei New Wave-Bands eingesetzt, so bei BLURT, THE STRANGLERS, ORCHESTRAL MANŒUVRES IN THE DARK, Lene Lovich, Joe Jackson und zahlreichen anderen Bands. Ebenso zahlreich sind die Saxophonisten, die manch einen Hit geprägt haben: Rudy Pompelli (BILL HALEY'S COMETS), Clarence Clemons (E-STREET BAND), Mel Collins (KING CRIMSON), Jim King (FAMILY), Phil Kenzie (Solo auf Gerry Raffertys «Baker Street»), David Payne (Ian Dury's BLOCKHEADS), Candy Dulfer (Prince), Lora Logic und Larry Stabbins (WORKING WEEK).

S BLOOD, SWEAT & TEARS: –, 1968 (D: CBS); BLOODWYN PIG: *Getting to This*, 1970 (GB: Chrysalis/Island); SOFT MACHINE: *Fourth*, 1971 (GB: CBS); EMBRYO featuring Charlie Mariano: *We Keep On*, 1973 (D: BASF); THE MOTHERS OF INVENTION: *Cruising with Ruben and the Jets*, 1968 (USA: Verve/Bizarre); Gerry Rafferty: «Baker Street», auf *City To City*, 1978 (GB: UA); David Sanborn: *Close Up*, 1988 (D: Reprise); ROXY MUSIC: –, 1972 (GB: EG); Candy Dulfer: *Saxuality*, 1990 (D: Ariola); Prince & THE REVOLUTION: *Parade*, 1986 (Paisley Park); IF: *3*, 1971 (I: United Artists); COLOSSEUM: *Valentine Suite*, 1969 (D: Bronze); Joe Jackson: *Body and Soul*, 1984 (NL: A & M/CBS); Lora Logic: *Pedigree Charme*, 1982 (GB: Rough Trade)

Scat. Der Ausdruck bezeichnet eine Vokalstimme, die in einer jazzstilistischen Richtung einzelne Silben ohne einen bestimmten Wortinhalt vorträgt. Der Scat wurde besonders im Bebop stilprägend (Ella Fitzgerald), man interpretiert ihn hier als eine Instrumentalisierung der Gesangsstimme. Doch läßt er sich bereits im New Orleans-Stil, ja in den → Spirituals des 19. Jahrhunderts nachweisen. Daß Scat auch in der Rockmusik nicht unbekannt ist, beweist Little Richards «Tutti Frutti» mit der weltbekannten Silbenfolge: «a-wopbop-a-loobop-a-lop-bam-boom». Aber auch bei THE SMALL FACES («Lazy Sunday Afternoon») gab es mitunter Scat zu hören, und bei BLOOD, SWEAT AND TEARS sang der Gitarrist George Wadenius unisono zu seinem Gitarrenspiel in Scat-Manier.

Schallplatte (engl. record, disc, disk) ist eine flache, runde Scheibe aus Kunststoffen wie Polyvinylchlorid (PVC), Polystyrol, Vinylid oder – früher – aus Schellack, von unterschiedlichem Durchmesser (30, 25 und 17 cm bzw. 12, 10 und 7 inch). Die eng spiralförmig verlaufenden Rillen auf der Oberfläche enthalten Schallaufzeichnungen. Eine Schallplatte entsteht, in groben Zügen wiedergegeben, wie folgt: Ein seitlich geführter Schneidstichel graviert bei gleichmäßiger Umdrehungszahl Schallrillen in das Material einer Lackplatte ein (die Tonfrequenzspannungen des Masterbandes werden dabei von einem Verstärker so weit verstärkt, daß sie den Schneidstichel zu entsprechenden Bewegungen veranlassen). Die hierbei entstehenden Wellungen der Rille entsprechen der Stärke sowie der Frequenz der jeweils zugeführten Tonspannung. Eine Rille vereinigt dabei zwei

Aufzeichnungen in einer komplexen Gesamtbewegung, indem die innere Rillenwand bei Stereoaufzeichnungen den einen Kanal, die äußere Wand hingegen den anderen Kanal nachzeichnet. Von der so hergestellten Platte wird eine sog. «Vaterplatte» (Negativ) angefertigt, indem die Oberfläche der Urplatte zunächst mit einer elektrisch leitenden Schicht, sodann – auf galvanischem Wege – mit einem Kupferbezug versehen wird.
Beim Direct Metal Mastering (DMM), eingeführt von der Firma Teldec, wird der Schnitt in die Lackfolie umgangen und gleich in eine Kupferplatte geschnitten; dieses Verfahren wird mittlerweile von den meisten Schallplattenherstellern angewendet. Auf Grund der Verringerung der Arbeitsschritte hat das DMM-Verfahren vor allem in bezug auf die Erhaltung der hohen Frequenzen Vorteile.
Von der Metallplatte wird erneut eine Positivplatte abgezogen – die sog. «Mutterplatte» –, um die Urplatte zu schonen. Erst eine nochmals hergestellte Negativplatte – die «Sohnplatte» – wird zur Pressung der in den Handel kommenden Platten verwendet. Infolge der Zeugung von Enkel- und Urenkelplatten sowie infolge der weitgehenden Wertverminderung der Platten mit erhabener Rillenschrift nach ein paar tausend Abdrücken, treten erhebliche Qualitätsunterschiede der Pressung unter ein und derselben Fabrikationsnummer auf. Besonders früher war es berechtigt, wenn Sammler von US-amerikanischen Platten dortige Pressungen gegenüber bundesdeutschen oder holländischen bevorzugten. Auch die Plattenstärke hat einen Einfluß auf die Wiedergabequalität. Die unterste mögliche Grenze hatte man in diesem Fall Mitte der siebziger Jahre infolge der Ölkrise erreicht; Platten aus dieser Zeit sind wegen des damals tatsächlich herrschenden oder befürchteten Rohstoffmangels sehr dünn.
Man unterscheidet zwischen Mono- und Stereoplatten (→ Stereophonie); verträglich (combatible) nennt man jene Stereoplatten, die auch mono abspielbar sind. Noch Ende der sechziger Jahre wurden von manchen Rockplatten sowohl Mono- als auch Stereofassungen hergestellt (z. B. *Tomorrow* von der gleichnamigen britischen Gruppe, 1968, GB: Parlophone, USA: Import Records). Heute ist Stereophonie die Regel, lediglich zu Zeiten des Punk-Rock gab es vereinzelt Mono-Platten in einer zuweilen erbärmlichen Klangqualität – zur Freude der einer entwickelten Technik wie differenzierten Klangwiedergabe überdrüssigen Fans.
Schallplatten mit einem Durchmesser von 30 cm und einer Drehgeschwindigkeit von 33 ⅓ U/min heißen Langspielplatten (→ LP) bzw. mit einer Drehgeschwindigkeit von 45 U/min 12-inch-Singles oder Maxi-Singles; Platten mit einem Durchmesser von 25 cm und einer Drehgeschwindigkeit von 45 U/min heißen 10-inch-Singles (die Laufgeschwindigkeit von 78 U/min ist nicht mehr gebräuchlich); Platten mit einem Durchmesser von 17 cm heißen Singles bzw. – wenn sie mehr als ein Stück pro Seite enthalten – Extended Players (→ EP). Eine Besonderheit

im Rockbereich stellt die LP *Wow* von Moby Grape (1968) dar, bei der vor einem Stück von 33 ⅓ U/min auf 78 U/min umgeschaltet werden muß (ein Gimmick ohne einsehbaren Grund).

Schallplatten bilden das Herzstück der Rockmusik, oder, wie Carl Belz schreibt: «For the history of rock the primary sources are records» (s. Quelle). Sie sind die primären Zeugnisse, nach denen man auch die Leistungen einer Rockgruppe beurteilt. Seit der Markteinführung der → Compact Disc sinkt der Verkaufsanteil der LPs stetig und schneller als erwartet; noch schneller sinken die Verkaufszahlen für Vinyl-Singles, die z. B. in den USA nur noch für Promotionzwecke eingesetzt werden.

S Moby Grape: *Wow*, 1968 (USA: Columbia)

L Carl Belz: *The Story of Rock* (2. Auflage, New York/Evanston/San Francisco/London 1972); Dietrich Schulz-Köhn: *Die Schallplatte auf dem Weltmarkt* (Berlin 1940); Roland Gelatt: *The Fabulous Phonograph 1877–1977* (Cassell, London, 2. Auflage 1977); Steve Chapple/Reebee Garofalo: *Rock 'n' Roll Is Here To Pay – The History And Politics Of The Music Industry* (Nelson-Hall, Chicago 1977; dt.: *Wem gehört die Rockmusik?*, Rowohlt, Reinbek bei Hamburg 1980); Walter Haas: *Das Jahrhundert der Schallplatte*, 1977 (Bielefelder Verlagsanstalt); R. Serge Denisoff: *Solid Gold. The Popular Record Industry*, 1975 (Transaction, Edison, N. J.); Simon Frith/Andrew Goodwin; *On Record* (Pantheon, New York 1990); Michael Fink: *Inside The Music Business* (Schirmer, New York/London 1989); Bernhard Krieg: *Tonaufzeichnung analog. Mit Platte und Magnetband bis an die physikalischen Grenzen* (Elektor Verlag, Aachen 1989)

Scheinpolyphon ist eine Musik, die in der Hauptsache akkordisch-homophon angelegt ist, wobei die Zieltöne einer Stimme figurierend, d. h. durch Dazwischenschaltung vorbereitender Töne (Durchgangsnoten, Vorhalte usw.) erreicht werden. Hierdurch entsteht der Eindruck einer melodisch ausgeprägten, der Hauptstimme ebenbürtigen Stimme (→ Homophon, → Polyphon).

Schlägel oder Schlegel (engl. stick) ist ein paarweise gebrauchter Schlagstock, mit dem verschiedene Schlaginstrumente wie Tom-Tom, Trommel, Becken und Hi-Hat gespielt werden. Bei der Pauke verwendet man Schwamm-Schlägel, Filzschlägel, Korkschlägel, Leder- und Holzschlägel. Der Trommelschlägel heißt Trommelstock und besteht zumeist aus Holz, aber auch aus Kunststoff. Dicht vor dem Kopf verjüngt sich der Stock. Der ausgeprägte Kopf kann auch bei einem Holzstock aus Kunststoff bestehen (Nylon), der einen helleren Ton ergibt. Material, Stärke und Kopfform haben einen Einfluß auf den Klang der Schlaginstrumente.

Spezialschlägel, sog. Mallets, werden bei gestimmten Perkussionsinstrumenten verwendet (Marimbaphon, Vibraphon, Glockenspiel); ihr Kopfteil ist relativ groß und besteht aus einem vielfach gewickelten Baumwollfaden. Besondere Schlägel werden auch für den Triangel, die Große Trommel und das Hackbrett gebraucht.

Schlager ist nicht nur ein Musikstück, das den größten Erfolg unter gleichgearteten hat (→ Hit), sondern er ist durch seine Geschichte zugleich zu einer Gattung geworden. Fast immer ist er mit einem Text versehen, der Glückssuche, Weltschmerz, flotte Lebensfreude usw. in banalen Bildern zum Ausdruck bringt, in der Grundstimmung sentimental ist und verbrauchte Reizwörter wie Liebe, Sonnenschein, Wolke, Träume, Glück, Heimat, Ferne, Traurigkeit bis zum Überdruß wiederholt. Seine musikalische Faktur ist auf leichteste Eingängigkeit bedacht und besteht daher aus einer Aneinanderreihung von Wendungen melodischer, harmonischer und rhythmischer Art, die profillos und untereinander austauschbar sind. Die Regel ist, daß ein Schlager nach ein bis zwei Jahren vergessen wird. Schlager, die mehrere Jahrzehnte überlebt haben, heißen in der blumigen Sprache der Vergnügungsindustrie Evergreens (→ Oldie). Vom US-amerikanischen Einfluß zeugt, daß der «Schlager» unter den Schlagern, also der, der die größte Verkaufsziffer unter den Schlagern erreicht, mit dem Wort Hit bezeichnet wird.

Ein besonderes Merkmal des Schlagers ist seine Anpassungsfähigkeit an die herrschenden musikalischen Verhältnisse; war in den fünfziger Jahren der Schlager vom US-amerikanischen Big Band-Jazz beeinflußt, so geriet er im Laufe der sechziger und siebziger Jahre unter den Einfluß der Rockmusik, kenntlich einerseits an der Instrumentierung – obligat gehören nunmehr Schlagzeug und elektrische Gitarren dazu –, andererseits an dem jeweils von der Hörerschaft bevorzugten Stimmklang der Schlagerinterpreten. Die diffus zwischen Rock und Schlager bestehenden Grenzen werden immer wieder von Schlagersängern und -sängerinnen wenn nicht durchbrochen, so doch erreicht. Sänger wie Peter Maffay und Matthias Reim in der Bundesrepublik Deutschland geben sich das Image eines Rockmusikers, ohne tatsächlich Rockmusiker zu sein, denn die Art und Weise, wie sie ihre Themen – die natürlich auch Rockthemen sein könnten – behandeln, hat nichts mit Rockmusik zu tun. Umgekehrt ist manch ein Song einer veritablen Rockband dicht an der Grenze zum Schlager, wie Aufnahmen etwa von BAP, Udo Lindenberg, Herbert Grönemeyer und anderen zeigen. Natürlich ist dieses Phänomen nicht auf deutsche Musiker beschränkt, sowohl in den USA als auch in Großbritannien gibt es immer wieder Aufnahmen von Rockstars, für die die oben angegebenen Maßstäbe des Schlagers gelten. Dennoch scheint gerade in Deutschland der Typus des sentimentalen Schlagers fest verwurzelt; nicht zuletzt die Neue Deutsche Welle (→ Deutsche Rockmusik) rückte sich teilweise bewußt in die Nähe des Schlagers vor allem der fünfziger Jahre. Möglicherweise war dieses Kokettieren mit dem Schlager ein Grund für das Scheitern der NDW.

L Siegfried Schmidt-Joos: *Geschäfte mit Schlagern* (Bremen 1960); Heinrich Chr. Worbs: *Der Schlager* (Bremen 1963); Fritz Bachmann: *Lied, Schlager, Schnulze. Einige Möglichkeiten und Ergebnisse der Melodie-Analyse der «Alltagsmusik»* (Leipzig 1961);

Dietrich Kayser: *Schlager. Das Lied als Ware. Untersuchungen zu einer Kategorie der Illusionsindustrie* (Stuttgart 1975); Monika Sperr (Hg.): *Schlager. Das Große Schlager-Buch* (Rogner & Bernhard, München 1978)

Schlaginstrumente (engl. percussion instruments) sind allgemein umschrieben Instrumente, die durch Schlagen, Schütteln, Reißen und Schrapen zum Erklingen gebracht werden. Im Rockbereich unterteilt man die Schlaginstrumente in «drums» und «percussion»: Unter ersterem versteht man große Trommel (bass drum), Trommel (drum, snare drum), Hänge-Tom-Tom, Stand-Tom-Tom, Hi-Hat und Becken; zusammen bilden genannte Instrumente ein Drum-Set oder Drum-Kit (hergestellt etwa von Pearl, Sonor, Ludwig, Tama, Yamaha usw.). Mit «percussion» meint man die ergänzenden Schlaginstrumente, so besonders die zur Latin Percussion gehörende Gruppe Congas, Bongos, Schellentrommel und Schellenreifen, weiterhin Tempelblocks, Kuhglocken (cow bells), Cuicas, Maracas, Triangel, Timbales und Holzblocktrommel (wood block), Stielkastagnette, ferner Glockenspiel, Xylophon, Marimbaphon und Vibraphon; letztere Instrumente gehören zu der Gruppe der gestimmten Schlaginstrumente, die auch als Mallets bezeichnet werden. Der Erfindungsgabe von Musikern sind indes keine Grenzen gesetzt – sie setzen alles ein, was beim Anschlagen einen Ton hervorbringt, bis hin zur Bratpfanne (z. B. bei Nik Kershaw).
Schlaginstrumente bilden das rhythmische Rückgrat der Rockmusik. Von ihrer Behandlung hängt gleichsam das klangliche Profil einer Gruppe ab. Bei Studioaufnahmen werden sie daher in einem der ersten Durchgänge der Produktion aufgenommen. Bekannte Perkussionisten sind etwa Morris Pert (Aufnahmen z. B. mit BRAND X), Nippi Noya, Pete Escovedo (SANTANA), Sam Clayton (LITTLE FEAT), Mino Cinelu u. a.

Schlagzeug (engl. drum set) wird die Zusammenstellung von mehreren Trommeln verschiedener Art und einem oder mehreren Becken genannt. Das in der Rockmusik übliche Schlagzeug wurde vom Jazz übernommen und besteht im einfachsten Falle (Rockabilly) aus nur einer Snare-Drum, manchmal kommt noch ein Becken oder eine → Hi-Hat dazu; umfangreiche Sets dagegen bestehen aus einer Vielzahl von Trommeln und Becken, häufig gehören dann auch einige Pads – das sind flache, runde oder vieleckige Schlagflächen, auf die der Drummer in der üblichen Weise schlägt – eines elektronischen Schlagzeugs dazu. Zu einem Standard-Set werden in der Regel Bass-Drum (Große Trommel) mit Fußmaschine, Snare-Drum (Kleine Trommel), zwei Hänge-Toms, eine Stand-Tom, Hi-Hat sowie ein bis drei Becken zusammengestellt. Die verwendeten Trommelgrößen sind sehr unterschiedlich; im Laufe der siebziger und achtziger Jahre bevorzugten Schlagzeuger in immer stärkerem Maße Trommeln von größerem Durchmesser und tieferen, also längeren Kesseln. So haben Bass-Drums einen Durchmesser von 18 bis 24 Zoll, Tom-Toms von etwa 10 bis 20 Zoll, während bei der Snare die Kesseltiefe von etwa drei bis acht Zoll angegeben wird; es kommt sehr auf den Musik-Stil an, welche Snare-Drum verwendet wird. Allgemein werden heute voluminöse Trommeln gewählt, oft sogar mit überquadratischen Maßen – die Kesseltiefe der Trommeln ist dann größer als ihr Durchmesser. Größere Trommeln bedeuten vor allem, daß ihr Ton tiefer und länger anhaltend ist; auch ist der Show-Wert eines imposanten Schlagzeugaufbaus nicht von der Hand zu weisen und wird insbesondere von Hardrock- und Heavy Metal-Schlagzeugern ins Kalkül gezogen. Auch mit der prinzipiellen Bauart wurde experimentiert; vor allem die Tom-Toms standen dabei wiederholt im Vordergrund des Interesses. Gong-Toms etwa waren Toms von sehr großem Durchmesser und relativ geringer Kesseltiefe. Ihr Ton ist naturgemäß sehr tief, entwikkelt sich erst relativ spät nach dem Anschlag und klingt lange aus. Roto-Toms sind Toms, bei denen die Resonanzverstärkung nicht von dem üblichen Kessel übernommen wird, sondern von einem Metallrahmen, auf dem der Spannreifen mit dem Fell drehbar gelagert ist; auf diese Art läßt sich ein Roto-Tom schnell und einfach stimmen.

So vielfältig die Auswahl an Trommelgrößen ist, so verschiedenartig ist auch das Material, aus dem Trommeln bestehen können. Neben dem traditionellen Material Holz (Sperrholz oder Massivholz) sind Plastik und Metall zum Einsatz gekommen; auf breiter Basis konnten diese Materialien sich allerdings nicht durchsetzen. Lediglich die Snare-Drum besteht zumeist aus Metall, etwa aus Stahl, Messing oder Bronze. Es gibt allerdings auch Snare-Drums aus Holz. Auch die Spannreifen sind in der Regel aus Metall, bei manchen Bass-Drums allerdings auch aus Holz. Die Spannreifen dienen dazu, das Schlagfell auf den Kesselrand zu drücken und es fest auf diesem zu halten. Üblicherweise befinden sich am Spannreifen auch die Stimmschrauben, deren Gegenstück meistens am Kessel befestigt ist, manchmal aber auch am gegenüberliegenden Spannreifen des Resonanzfelles; in diesem Fall haben nur Schlagfell und Resonanzfell Kontakt mit dem Kessel. Resonanzfelle dienen zwar hauptsächlich der weiteren Tonverstärkung, haben aber auch Einfluß auf den Klang der jeweiligen Trommel. Mitunter wird dieser Einfluß ausgeschaltet, indem das Resonanzfell samt Spannreifen entfernt wird. Die Felle – Schlag- wie Resonanzfelle – bestehen heute in der Regel aus Kunststoff. Naturfelle halten den Beanspruchungen, denen sie während eines Rockkonzertes ausgesetzt wären, nicht stand, kommen aber dennoch mitunter zum Einsatz. Es gibt sehr viele verschiedene Arten von Fellen, die der Schlagzeuger je nach Klangvorstellungen und Spielweise aussucht; auch werden die verschiedenen Trommeln mit verschiedenen Fellen bespannt und für die Resonanzseite andere gewählt als für die Schlagseite. Um die Gunst der Schlagzeuger werben eine Vielzahl von Herstellern; waren es in den sechziger Jahren vor allem die Firmen Gretsch, Slingerland und Lud-

wig, so kamen in den siebziger Jahren japanische Firmen wie Tama und Yamaha hinzu, deren hervorragende und dabei preisgünstige Instrumente die alteingesessenen Firmen veranlaßten, ihre Drums wiederum ständig zu verbessern; weitere Hersteller sind Premier, Trojan und Pearl. Daneben gibt es eine Vielzahl von Herstellern, die in kleinen Betrieben Instrumente teilweise in Handarbeit bauen; eine von ihnen ist etwa die Firma Ayotte.
Die Vielzahl der Möglichkeiten, ein Schlagzeug zusammenzustellen, ist ein Resultat der Emanzipation dieses Instrumentes im Laufe der siebziger Jahre. Einflüsse aus dem Jazz in Gestalt von → Schlagzeugern wie Billy Cobham, Tony Williams und Jon Hiseman, aufgeschlossene Rockschlagzeuger wie Ginger Baker und Carl Palmer befreiten das Schlagzeug aus der mehr dienenden Funktion des Taktgebers und führten es zu einer mitunter höchst eigenständigen, klanggebenden Rolle. Aus diesem Grund wuchs vor allem die Zahl der zum Einsatz kommenden Tom-Toms und Becken, denn einerseits ist hauptsächlich mit ihnen eine Gestaltung des Klanges möglich, andererseits bilden sie ein Pendant zu Bass- und Snare-Drum, deren Klangvolumen im gleichen Maße wuchs; nach wie vor allerdings dienen Bass und Snare-Drum in erster Linie der Akzentuierung des Beats.
In den achtziger Jahren trat das elektronische Schlagzeug an die Seite des dann sogenannten «akustischen» Drum-Sets. Zum elektronischen Schlagzeug gehören auf der einen Seite die schon erwähnten Pads, auf der anderen Seite eine tonerzeugende und klangformende elektronische Einheit, die nach Art eines → Synthesizers oder eines → Sample-Players zumeist perkussive Klänge bereithält. Der Schlagzeuger kann sein Set von Pads nun in der gewohnten Weise mit den Klängen eines herkömmlichen Schlagzeugs versehen, aber auch mit gänzlich anderen; er kann sich perkussive Klänge selbst programmieren oder aber komplette Samples oder Ausschnitte von Samples verwenden (→ Sampling). Wurden diese elektronischen Drums zunächst sehr viel und mitunter ausschließlich verwendet (etwa bei ORCHESTRAL MANŒUVRES IN THE DARK), so werden sie heute eher als Erweiterung des Klangbildes in einem herkömmlichen Drum-Set verstanden. Hergestellt werden elektronische Drums beispielsweise von Simmons und Dynacord.

Schlüssel sind die Hilfszeichen in unserer Notation, die im System der fünf Linien einen festen Ton angeben, auf den alle anderen Notenzeichen bezogen werden. Der G-Schlüssel oder Violinschlüssel 𝄞 umschreibt mit seiner mittleren, geschlossenen Schleife das g^1 auf der zweiten Linie. (Die Linienzählung erfolgt von unten nach oben.) Der C-Schlüssel gibt die Position von c^1 an, wobei seine Lage in der senkrechten Richtung beweglich ist und je nach der Stimmlage so angebracht wird, daß möglichst keine Hilfslinien notwendig sind; Hilfslinien sind Zusatzlinien oberhalb oder unterhalb des Fünfliniensystems. Wenn die Mitte des C-Schlüssels die erste Linie umschließt, liegt ein Sopranschlüssel vor; wenn die zweite, ein Mezzosopran-Schlüssel; wenn die dritte Linie, ein Altschlüssel; wenn die vierte, ein Tenorschlüssel. Für den Rockmusiker am wichtigsten ist, neben dem Violinschlüssel, der Baß- oder F-Schlüssel 𝄢:, der für den tiefen Tonbereich zuständig ist und mit seinen beiden Punkten den Ton f auf der vierten Linie umgrenzt. In den folgenden Beispielen ist trotz der verschiedenen und unterschiedlich angebrachten Schlüssel der Ton c^1 dargestellt. Nur der letzte Ton zeigt g^1 mit Hilfe von oberen Hilfslinien.schwingung, deren Dichte (→ Frequenz) und Intensität (→ Lautstärke) stark variabel ist, jedoch stets eine gleichmäßig hin- und herpendelnde Bewegung bildet. Alle komplizierten Schwingungen, die in der akustischen Wirklichkeit die Regel sind, lassen sich als zusammengesetzte einfache Sinusschwingungen begreifen (Fourieranalyse). Unter dieser Voraussetzung lassen sich aus Sinusschwingungen andere Schwingungsformen synthetisieren, wie es mit einigen avancierten digitalen → Synthesizern möglich ist (Synclavier, Fairlight u. a.).

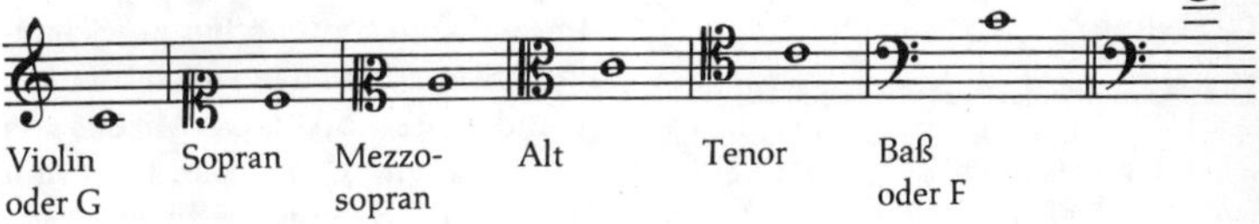

Schmaltz ist der US-amerikanisch-jiddische Ausdruck für Kitsch. Er bezeichnet eine gefühlsüberladene, süßliche und – technisch gesehen – überinstrumentierte Musik, die der anspruchsvolle und geschulte Hörer als aufdringlich, triefend und gleichsam klebrig empfindet und ablehnt.

Schwedische Rockmusik → Skandinavische Rockmusik

Schwingung ist eine durch äußere Einwirkung verursachte periodische Wellenbewegung, die durch Gegenkräfte zum Stillstand gebracht wird. Luftschwingungen sind mechanische Schwingungen, die Druckänderungen hervorrufen und auch eine (minimale) Wärme erzeugen. Die Grundform einer Schwingung ist die Sinus-

Bei der räumlichen Ausbreitung von Schwingungen entstehen Wellen. Ist die Schwingung eine zeitabhängige Zustandsänderung, so stellt sich die Welle als eine ortsabhängige Zustandsänderung dar. Wellen regen die benachbarte Materie ihrerseits zu Schwingungen an. Verlaufen diese quer zur Ausbreitungsrichtung der Wellen, so spricht man von Transversalwellen (z. B. Wasserwellen, die durch einen ins Wasser geworfenen Stein entstehen), im anderen Fall, wenn sie parallel zur Ausbreitungsrichtung verlaufen, von Longitudinalwellen.
Die wichtigsten elementaren Schwingungsformen sind

Sinus 

Rechteck 

Sägezahn 

Dreieck 

Eine sinusförmige Schwingung hat keine Obertöne (→ Teiltöne), sie kommt in der Natur nicht vor. Eine Rechteckschwingung besteht aus dem Grundton und aus ungeraden (dritten, fünften usw.) Teiltönen. Eine Sägezahnschwingung enthält neben allen Obertönen auch den Grundton.

L Wilhelm Stauder: *Einführung in die Akustik* (Heinrichshofen's Verlag, Wilhelmshaven 1976); John R. Pierce: *Klang. Musik mit den Ohren der Physik* (Spektrum der Wissenschaft, Heidelberg 1985); Diverse: *Die Physik der Musikinstrumente* (Spektrum der Wissenschaft, Heidelberg 1988)

Scratching, eingedeutscht auch Scratchen genannt, ist eine Kunst, die um 1980 zuerst von → Disc Jockeys ausgeübt wurde, denen die Musik allein zu langweilig war. So legten sie auf einen der üblicherweise zwei zu ihrem Arbeitsplatz gehörenden Plattenspieler eine gewöhnliche Schallplatte auf, auf den zweiten eine weitere. Während eine der beiden Schallplatten normal abgespielt wurde, wurde der Motor des zweiten Plattenspielers nicht eingeschaltet, sondern lediglich der Tonarm aufgelegt. Mit der Hand wurde der Plattenteller dann schnell unter dem Tonabnehmer ein kurzes oder längeres Stück hin und her bewegt, so daß zusätzlich oder – wenn die Musik des laufenden Plattenspielers mit Hilfe eines Umschalters vom Verstärker getrennt wurde – allein ein scheuerndes, kratzendes oder tief wummerndes Geräusch zu hören war. Es liegt auf der Hand, daß der DJ die zum Scratching ausersehene Schallplatte genau kennen muß, um wirkungsvolle Stellen auswählen zu können. Einzelne DJs haben das Scratching zu einer so hohen Kunst entwickelt, daß sie auf Schallplatten als Musiker genannt werden, deren Instrument eben der Plattenspieler ist. Das Resultat dieser Technik, die rasche, rhythmische Wiederholung von mitunter kaum definierbaren Schallereignissen, fand dann auch Eingang in andere Techniken des Mixens von Schallplatten, dann allerdings mit Hilfe von Samplern zuwege gebracht. Dennoch gibt es nach wie vor echtes Scratching, zu hören etwa in «My Definition of a Bombastic Jazz Style» von den Dream Warriors.

S Digital Underground: –, «Nuttin' nis Funky», 1990 (USA: Tommy Boy); Herbie Hancock: *Future Shock*, 1983 (NL: CBS); Dream Warriors: *and now the legacy begins*, 1991 (D: BMG)

Sechzehntelnote (engl. semiquaver, amer. sixteenth note) ist ein Sechzehntel der ganzen Note 𝅝. Das Zeichen für die Sechzehntelnote ist 𝅘𝅥𝅯, für die entsprechende Pause 𝄿.

Section (engl., Abteilung, Untergruppe) ist eine nach Gesichtspunkten der Funktion oder der gespielten Instrumente benannte Sondergruppe innerhalb einer Big Band oder einer größeren → Combo-Besetzung.

Nach der Funktion spricht man z. B. von einer Rhythmusgruppe (rhythm section), die Schlagzeug, Baß- und Rhythmusgitarre und unter Umständen Tasteninstrumente umfaßt. Auf Grund der Instrumente läßt sich z. B. eine Bläsergruppe (brass section) unterscheiden, zu der Querflöte, Trompete, Posaune, Saxophon, Waldhorn, Flügelhorn usw. gehören.

Seitenbewegung. Für sie ist charakteristisch, daß die eine Stimme liegenbleibt, während eine andere Stimme sich nach oben oder nach unten bewegt. Neben der Seitenbewegung kennt die Kontrapunktlehre noch → Gegenbewegung und → Parallelbewegung.

Sekundakkord ist die dritte Umkehrung eines Septakkordes. Im Septakkord b c^1 e^1 g^1 erscheint der eigentliche Grundton c, auf welchem der terzenweise Bau der sonstigen Akkordtöne beruht, um eine Oktave höher versetzt (erste Umkehrung), ebenso die Terz e (zweite Umkehrung). Hierdurch wird die Septime b zum tiefsten Ton. Von ihm gerechnet ergibt c^1 eine (große) Sekunde: daher stammt der Name dieser Akkordstruktur (→ Septimenakkord, → Umkehrung).

Sekunde ist die zweite Stufe einer skalenmäßigen (diatonischen) Tonfolge in steigender Richtung. Als Intervall ist sie klein oder groß, je nachdem, ob der Abstand zwischen Bezugsstufe und der zweiten Stufe einen Halbton oder einen Ganzton (= zwei Halbtöne) beträgt. Zum Beispiel ist g as eine kleine, g a eine große Sekunde. Es gibt auch übermäßige Sekunden (z. B. g ais oder ges a), wobei der musikalische Zusammenhang darüber entscheidet, ob eine übermäßige Sekunde oder eine kleine Terz vorliegt. Durch Oktavversetzung des Sekundenintervalls in die fallende Richtung entsteht eine Septime (g As, g A).

Selection (engl., Auswahl) ist ein feststehender Ausdruck auf den Plattenhüllen, der die Gesamtheit der auf der Platte enthaltenen Musikstücke in einer urheberrechtlich bedeutsamen Weise umfaßt. Wendungen wie «All selections written by...» drücken die Autorenrechte aus und verweisen in der Regel zugleich auf die Verwertungsgesellschaft (in den USA auf → ASCAP oder → BMI, in der BRD auf → GEMA usw.), der gegenüber Tantiemen zu entrichten sind (beispielsweise vom Rundfunk).

Semibreve → Ganze Note

Semiquaver → Sechzehntelnote

Septett. 1. Ein Musikstück für sieben Stimmen, das vokal, instrumental oder gemischt sein kann. – 2. Eine Musikergruppe von sieben Mitwirkenden, die damit zur stärkeren → Combo-Besetzung gehört. Septette waren bzw. sind CHICAGO und THE MOTHERS OF INVENTION aus der Zeit von *We're only in it for the Money* (1968).

Septime ist die siebente Stufe einer skalenmäßigen (diatonischen) Tonfolge in steigender Richtung. Als Intervall ist sie klein oder groß, je nachdem ob der Abstand zwischen dem Bezugston und der siebenten Stufe fünf Ganztöne (= zehn Halbtöne) oder fünf Ganztöne und einen Halbton beträgt; z. B. ist g f^1 eine kleine, g fis^1 eine große Septime. Es gibt auch übermäßige Septimen (z. B. ges fis^1) sowie verminderte Septimen (z. B. gis f^1), wobei der musikalische Zusammenhang darüber entscheidet, ob eine übermäßige Septime oder eine verminderte Oktave vorliegt, auch darüber, ob eine verminderte Septime oder eine große Sexte gemeint ist. Bei einer Tonfolge wie g d cis b a g wäre die Notation cis ais falsch, weil in der Tonart g-Moll, auf die die Figur hinweist, der Ton ais fremd ist. Durch Oktavversetzung des Septimenintervalls in die fallende Richtung entsteht eine Sekunde (g f bzw. g fis).

Septimenakkord oder Septakkord heißt ein Vierklang, der aus einem Grundton und drei aufeinandergeschichteten Terzen besteht. Die jeweilige Verteilung von kleinen und großen Terzen bestimmt die Akkordstruktur, und die unterschiedlichen Gattungen der Septimenakkorde wurden in älteren Harmonielehren mit großem Fleiß klassifiziert. Folgende Akkorde bieten eine Auswahl – jeweils über dem Ton g^1 – aus den möglichen Septimenakkorden:

Der Akkord Nr. 3 bildet, wenn er auf der fünften Stufe einer Tonart entsteht, einen Dominantseptakkord, der in der harmonischen Fortschreitung eine große Rolle spielt. Der Grundton braucht nicht zugleich der tiefste Ton zu sein, vielmehr sind Akkordumkehrungen möglich. Auf diese Weise entsteht jeweils ein → Quintsextakkord, ein → Terzquartakkord und ein → Sekundakkord. Die normale Auflösung des Septimenakkordes, der infolge des Septimenintervalls einen dissonanten Akkord darstellt, geschieht in der Weise, daß die Septime um einen Ton abwärts geführt wird, bei dem genannten Dominantseptakkord etwa:

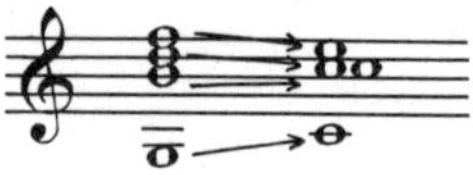

Septole («Siebener», engl. septolet) heißt die unregelmäßige Aufteilung einer Note, die auf Grund der herrschenden Taktverhältnisse nur in 2, 3 oder in deren Mehrfaches aufteilbar ist, in sieben gleiche Zeitwerte. Sie wird mit einer eckigen oder runden Klammer zusammengefaßt und mit der Ziffer 7 versehen, z. B.

Sequencer wird eine Einrichtung genannt, die es ermöglicht, programmierte Tonfolgen automatisch von einem Synthesizer oder anderen MIDI-kompatiblen Klangerzeugern spielen zu lassen. Grundsätzlich werden sogenannte Hardware-Sequencer von den Software-Sequencern unterschieden.

1. Hardware-Sequencer. Vor allem in der Anfangszeit der → Synthesizer kam bei vielen Musikern der Wunsch auf, den Synthesizer zu veranlassen, ständig wiederkehrende Tonfolgen (→ Riff) automatisch zu produzieren. So erzeugten die ersten Sequencer eine mit Hilfe von Potentiometern programmierbare Folge von Steuerspannungen, mit deren Hilfe die einzelnen Module eines Synthesizers gesteuert werden konnten. Wenn für den Sequencer etwa ein Oszillator und ein Filter reserviert wurden, so konnte man mit den verbleibenden Oszillatoren der Sequencerstimme eine weitere manuell hinzufügen. Auf diese Weise ließ sich die monophone Auslegung der frühen Synthesizer umgehen. Zwar avancierten die Hardware-Sequencer, in die bald Halbleiterspeicher eingebaut wurden, zu ausgeklügelten Automaten, die große Mengen von Daten speichern konnten, doch waren dem Konzept Grenzen gesetzt. Vor allem die Programmierung dieser Sequencer ist ein recht abstrakter, fehleranfälliger Vorgang, der zudem viel Zeit in Anspruch nimmt, so daß Hardware-Sequencer im Laufe der achtziger Jahre beinahe völlig von den Software-Sequencern verdrängt wurden. Lediglich in sogenannten → Workstations konnten sie ihre Stellung behaupten; auch in → Rhythmus-Boxen und Drum-Computern kommen spezielle Sequencer zum Einsatz.
2. Software-Sequencer. Die schnelle Verbreitung der Computertechnik, die zu leistungsfähigen und preisgünstigen Geräten führte, sowie die MIDI-Technik ermöglichten die Entwicklung von Computer-Programmen, die die Aufgaben eines Sequencers übernehmen können. Die Anwendung dieser Programme geschieht analog der einer Tonbandmaschine: Dem Musiker stehen eine Vielzahl von Spuren zu Verfügung, auf denen er festlegen kann, wann sein angeschlossenes MIDI-Keyboard welchen Ton mit welchem Klang in einer ebenso zu bestimmenden Lautstärke spielen soll. Software-Sequencer können auch mit MIDI ausgerüstete → Drum-Computer und Effektgeräte steuern. Für → Homerecording wie für → Hard Disk Recording sind Software-Sequencer wichtige Hilfsmittel.

Session ist eine Übungs- oder Aufnahmesitzung im Studio oder an einem anderen Ort, in einem weiteren Sinn auch Auftritt (gig) in einem Lokal (John Lennon: «In Liverpool we'd only ever done one-hour sessions and we just used to be our best numbers, the same ones, at every one. In Hamburg we had to play for eight hours...»).

Session-Musiker heißt ein Instrumentenspieler, der zu keiner Rockgruppe gehört, sondern von Fall zu Fall an den Studioaufnahmen bei der Einspielung einer Schallplatte mitwirkt und in Live-Konzerten nicht oder nur selten erscheint. Das Ansehen eines Session-Musikers konnte in den sechziger und siebziger Jahren durchaus zwiespältig sein: Seine Bereitschaft, alles zu spielen, was ihm abverlangt wurde, und seine stilistische Vielseitigkeit konnten ihm zum Nachteil ausgelegt werden. Rockmusiker, die ausschließlich Musik für andere machen, wurden deshalb von Bandmusikern nicht immer ernst genommen. Umgekehrt haben sich schon viele Musiker, die sonst in eigenen Bands spielten, als Session-Musiker verdingt. Mitunter gründen mehrere Session-Musiker gemeinsam eine Band. AREA CODE 615 (aus ihr ging BAREFOOT JERRY hervor) kamen auf diese Weise zustande. Die erfolgreichste aus ehemaligen Session-Musikern bestehende Band dürfte TOTO sein.

Im Laufe der achtziger Jahre änderte sich auch in der Rockmusik die Stellung der Sessionmusiker, wie es immer schon einzelne gab, die hohes Ansehen genossen (beispielsweise Billy Preston). Dadurch, daß die Idee der Rockmusik als Gruppenmusik immer stärker in den Hintergrund geriet und einzelne Musiker wie Sting, Peter Gabriel oder Eric Clapton manchmal nur für einen einzigen Song einen bestimmten Musiker engagierten, wurde der Sessionmusiker zum hochbezahlten Spezialisten, dessen Name selbstverständlich auf dem Cover genannt wird. Session-Musiker dieser Kategorie spielen allerdings nicht mehr für Werbe-Jingles wie ein ganzes Heer von Musikern (siehe auch → Gastmusiker).

Seven Arts → Warner Bros.

Sextakkord. Dreiklänge mit Grundton, Terz und Quinte sind in ihrer Akkordstruktur umkehrbar. Wird der Grundton um eine Oktave nach oben verlegt, so wird die Terz zum tiefsten Ton, und bei dieser ersten Umkehrung entsteht ein Sextakkord (zwischen der unten liegenden Terz und dem nach oben verlegten Grundton spannt sich das Intervall einer Sexte):

Der Sextakkord ist zwar ein konsonanter Akkord, trotzdem eignet er sich nicht als Schlußakkord, da der Grundton nicht zugleich die Basis des Akkordgefüges bildet und letzteres daher als labil, als nicht endgültig erscheint (→ Quartsextakkord).

Sexte ist die sechste Stufe einer skalenmäßigen (diatonischen) Tonfolge in steigender Richtung. Als Intervall ist sie klein oder groß, je nachdem ob der Abstand zwischen der Bezugsstufe und der Sexte vier Ganztöne (= acht Halbtöne) oder vier Ganztöne und einen Halbton beträgt. Zum Beispiel ist a f^1 eine kleine, a fis^1 eine große Sexte. Es gibt auch übermäßige Sexten (z. B. as fis^1) sowie verminderte Sexten (z. B. a fes^1), wobei der musikalische Zusammenhang darüber entscheidet, ob eine übermäßige Sexte oder eine kleine Septime vorliegt, auch darüber, ob eine verminderte Sexte oder eine reine Quinte gemeint ist. Durch Oktavversetzung des Sextenintervalls in die fallende Richtung entsteht eine Terz (a f bzw. a fis).

Sextett. 1. Ein Musikstück für sechs Stimmen, das vokal, instrumental oder gemischt sein kann. – 2. Eine Musikergruppe von sechs Mitwirkenden, die zur → Combo-Besetzung gehört. Sextette waren THE

Paul Butterfield Blues Band, If, Jefferson Airplane, Juicy Lucy und die ersten Formationen von Quintessence und The Turtles.

Sextole (Sechser, engl. sextolet) heißt die irreguläre Aufteilung einer Note, die auf Grund der herrschenden Taktverhältnisse nur in 2, 4, 8 usw. aufteilbar ist, in sechs gleiche Zeitwerte. Sie wird mit einer eckigen oder runden Klammer zusammengefaßt und mit der Ziffer 6 versehen, z. B.

Sharp (engl., scharf, erhöht). Mit dem Wort wird im Englischen die chromatische Erhöhung eines Tones um eine kleine Sekunde ausgedrückt, z. B. F Sharp (F ♯): Fis, C Sharp (C ♯): Cis, B Sharp (B ♯): His usw. Das Gegenteil von Sharp ist → Flat.

Shelter Records → A & M Records

Shuffle Rhythm beruht auf der Dreiteilung von Vierteln (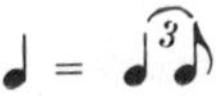 oder ) und wird zum Beispiel beim Swing und Boogie Woogie als so selbstverständlich empfunden, daß das Notenbild  in  umgesetzt wird. Häufig erscheint der federnde Shuffle-Rhythmus erst am Ende eines Stückes, wie das in George Harrisons «Living In The Material World» auf dem gleichnamigen Album von 1973 gehört werden kann.

Single ist die auch im Deutschen eingebürgerte Bezeichnung für das kleinste Format unter den handelsüblichen Schallplatten (→ LP, → Schallplatte). Sie ist in der Regel auf eine Umdrehungszahl von 45 U/min eingestellt bei einem Durchmesser von 17 cm und heißt im Hinblick auf das letztgenannte Maß auch 17-cm-Platte. In der Regel bedarf die Single zum Abspielen auf dem Plattenteller eines einsetzbaren Mittelsternes oder eines sonstigen Zentrierstükkes.
Die Stellung der Single in der Geschichte der Rockmusik wechselt über die Jahrzehnte. Auf Grund ihres geringen Preises war sie auch und besonders für Jugendliche attraktiv; erst durch das Interesse der Jugendlichen und deren Kaufkraft konnte Rockmusik in den fünfziger und sechziger Jahren Bedeutung erlangen. Langspielplatten waren dann auch häufig lediglich die Zusammenstellungen von Stücken, die vorher schon auf Singles erschienen waren. Noch die ersten LPs der Beatles beispielsweise entstanden auf diese Weise. Die Verkaufszahl von Singles war ein Gradmesser der Popularität eines Musikers, unterschwellig sogar ein Maßstab für künstlerischen Wert (→ Hit).
Seit Mitte der sechziger Jahren etwa verlor die Single gegenüber der LP an Bedeutung. Rockmusiker wandten sich längeren musikalischen Prozessen zu, denen die Single naturgemäß nicht gerecht werden konnte. Seit dieser Zeit gibt es viele Rockmu-

sik-Plattenläden, die keine Singles mehr führen. Erst gegen Ende der siebziger Jahre stiegen die Verkaufszahlen der Singles wieder, als im Zeichen von → Punk und → New Wave Rockmusiker ihre künstlerischen Ambitionen zurücknahmen und sich wieder in stärkerem Maße den Wurzeln der Rockmusik verpflichtet fühlten. Mit der Single wurde sogar ein gewisser Kult getrieben, indem ausgefallene Singles wie → EP, 10- und 12-inch-Singles (wieder) auf dem Markt erschienen. Eine Teninch-Single hat den Durchmesser von 25 cm und die Drehgeschwindigkeit von 45 U/min; eine Twelveinch-Single hat die Größe einer LP, aber gleichfalls die Umdrehungszahl von 45 U/min (Maxi-Single) und wurde wegen der verbesserten Wiedergabequalität besonders in Discotheken bevorzugt; daher auch ihr zweiter Name Disco-Single. Mitunter handelte es sich bei den auf Maxi-Singles erschienenen Songs schon um besondere Abmischungen eines auf einer LP veröffentlichten Stükkes. Um die Mitte der achtziger Jahre hatte der Verkauf von Singles einen neuen Höchststand erreicht, fiel dann aber stetig ab, so daß beispielsweise in den USA die klassische Vinyl-Single fast nur noch für Promotionzwecke eingesetzt wird. Dieser Niedergang hat mehrere Ursachen: Rockmusik – und damit die neuesten Hits – ist durch zahllose, öffentlich-rechtliche und private, Rundfunksender allgegenwärtig geworden. Allein in der Bundesrepublik Deutschland gibt es mehr als 300 Rundfunksender, die ihr Programm zum großen Teil mit dem Senden von Rockmusik gestalten; dabei kommen zumeist die aktuellen Hits zum Einsatz, also eben die Songs, die auf Singles verkauft werden. Auch das von der Schallplattenindustrie ständig beklagte Mitschneiden von Rundfunksendungen auf Compact Cassette spielt eine Rolle. In den USA gibt es sogar Schallplattenläden, in denen der Kunde die von ihm favorisierten Einzelsongs – auch von verschiedenen Schallplatten – auf eine Tonbandkassette spielen lassen kann. Schließlich kann der Rückgang des Single-Verkaufs (Vinyl) nicht ohne Berücksichtigung des Verkaufs von CD-Singles gesehen werden. Natürlich hat auch die Industrie ihren Anteil an dieser Entwicklung: Kaum sind Single-Hits aus den Hitparaden verschwunden, werden sie auf Samplern veröffentlicht, oft sogar gekoppelt mit einem oder zwei aktuellen Hits.

Üblicherweise werden Songs aus einem Album als Single ausgekoppelt, die erste Single zumeist vor der Veröffentlichung der LP, danach in regelmäßigen Abständen weitere Songs der LP. Oft werden verschiedene Fassungen eines Songs auf der LP, auf Single und Maxi-Single veröffentlicht. Ohnehin verlangt die Entscheidung, welche Fassung herausgebracht wird, ebenso einige Überlegung wie die, welches Stück auf Seite A bzw. auf Seite B (Flip Side) der Platte gepreßt wird. Erstere wirkt als die optisch bevorzugte Hauptseite zugkräftiger. Das Zeichen b/w heißt «backed with», das Zeichen c/w «coupled with» und macht das Verhältnis von Hauptsache und Begleitung deutlich.

S Howard Jones: «No One Is To Blame» auf: *Dream Into Action*, 1985 (D: WEA); ders.: «No One Is To Blame», Extended Mix, 1986 (D: WEA); auf derselben Maxi-Single befindet sich auch ein Long Mix.

Single Note-Spielweise wendet ein Gitarrist an, wenn er nur eine unbegleitete Melodie samt deren Umspielung und Verzierung vorträgt und jede mehrstimmige, akkordische Umrahmung vermeidet. Lange Passagen mit dieser Spielart finden sich vor allem bei Jazzgitarristen und bei Gitarristen, die dem Jazz nahestehen, wie beispielsweise Django Reinhardt, Charlie Christian, John McLaughlin und Larry Coryell. Bei Rockgitarristen hingegen ist diese Spielweise seltener anzutreffen, so etwa bei Alvin Lee und Brian May.

Sinuswellen → Schwingungen

Sitar (persisch, Dreisaiter). Was man in der Rockmusik mit Blick auf Ravi Shankars Instrument unter Sitar versteht, ist eine Abart unter den vielen Vina-Arten in Nord- und Südindien. Die Vina (veena) ist eine Stabzither mit vier bis fünf Drahtsaiten für die Melodieführung und einigen dünnen Stahlsaiten als Bordunsaiten (Resonanzsaiten) an den Flanken. Zwei Kalebassen (ausgehöhlte und präparierte Kürbisse) an beiden Enden dienen als Resonanzkasten. Diese Vina hat an einigen Orten des Landes Merkmale von der Sitar-Laute übernommen, und eines der mehrfach verbreiteten Ergebnisse solcher Kreuzung ist jenes Instrument, das in der westlichen Welt schlicht als Sitar gilt. Der Bau mit zwei Kalebassen, von denen die obere kleiner, die untere größer und reich verziert ist, erinnert an die Vina, während die etwa sieben Saiten sowie die ca. 19 Messingbünde von der Sitar stammen. Zum Anreißen der Melodiesaiten verwendet der Spieler ein Stahlplektrum auf dem Zeigefinger, während der Daumen fest auf den Rand der Holzdecke gesetzt wird; dadurch bleibt die rechte Hand stets in Ruhestellung. Die Drahtbünde am Hals lassen sich verschieben; Resonanzsaiten bis 12 oder 13 Stück kommen regelmäßig vor. In dem Film über das → Monterey Pop Festival (1967) kann die äußerst schwierige Spieltechnik der so verstandenen Sitar beobachtet werden.

Der resonanzreiche, exotisch wirkende Klang der Sitar hat um 1966–68 viele Anhänger unter den Rockmusikern gefunden. Es waren wohl die Byrds, die am frühesten auf das Instrument aufmerksam wurden, doch wurde es von George Harrison zum erstenmal auf einer Schallplatte vorgeführt («Norwegian Wood» der Beatles von 1965). Angesichts des Umstandes, daß indische Musiker fünf bis acht Jahre lernen, um das Sitarspiel einigermaßen zu beherrschen, mutet die Sitarmode bei Gruppen wie den Beatles, den Rolling Stones, The Pretty Things, selbst bei Richie Havens naiv an.

Eine sogenannte elektrische Sitar, die wie eine Gitarre zu spielen ist, sollte jedem den Zugang zu den bewunderten mystischen Klängen ermöglichen. Daß es frivol ist, sich ein Spiel auf einem Instrument schnell aneignen und im Rock integrieren zu wollen, das Ergebnis einer jahrhundertealten Tradition ist und im Dienste eines ganz anders gearteten Tonsystems steht (→ Raga), wurde von verständigen Rockmusikern bereits Ende der sechziger Jahre bemerkt. Selbst als Mitte der achtziger Jahre die Musik und die Rockmusik der sogenannten Dritten Welt wahrgenommen und vermarktet wurde, spielte indische Musik – und damit die Sitar – nur eine untergeordnete Rolle; noch Anfang der achtziger Jahre konnte die indische Sängerin Monsoon nicht recht reüssieren. Zu vermuten ist, daß Rockmusiker wie z. B. Danielle Dax nur beiläufig an der indischen Musiktradition interessiert sind; im Vordergrund steht vielmehr der exotische Klang des Instrumentes.

S *The Exciting Music of Ravi Shankar*, 1963 (GB: Melodisc); Ravi Shankar: *Four Raga Moods*, 1971, 2 LP (GB: Melodisc); *Shankar Family & Friends*, 1974 (GB: Dark Horse); The Ceyleb People: *Tanyet*, o. J. (D: Polydor International); elektrische Sitar ist zu hören auf The Orient Express: –, 1969 (USA: Mainstream) und auf Bit' a Sweet: *Hypnotic I*, 1968 (USA: ABC); akustische und elektrische Sitar nacheinander auf Richie Havens: *Something Else Again*, 1968 (USA: MGM); Monsoon: «Indian Princess», 1982 (D: Phonogram); Danielle Dax: *Blast The Human Flower*, 1991 (D: WEA)

Sixte ajoutée (franz., hinzugefügte Sexte) ist die Bezeichnung für einen Dreiklang mit hinzugefügter Sexte, z. B. c e g a. Der Akkord kann subdominantische Funktion erfüllen, d. h. auf der vierten Stufe stehen (in C-Dur f a c d) mit der darauffolgenden Dominante, doch kann er auch als Tonika – als die erste Stufe – verstanden werden (in C-Dur: c e g a). Tatsächlich schließen manche Stücke im Rock (und früher im Jazz) mit der genannten Akkordstruktur; die Sexte gilt dann als ein akkordfarblich bedingter → Zusatzton, der keiner Auflösung bedarf.

Ska → Reggae

Skandinavische Rockmusik. Auf die Existenz skandinavischer Rockmusik wurde die Öffentlichkeit durch die dänische Gruppe Savage Rose aufmerksam, deren Musik, geprägt von einer hellen Frauenstimme, in der Nähe der San Francisco-Gruppe Jefferson Airplane beheimatet war. Durch eine Tournee mit dem englischen «Bluesvater» Alexis Korner prägten sich die dänischen Beefeaters ins Bewußtsein ein; ihr Sänger Peter Thorup und Korner riefen später New Church ins Leben und schlossen sich, nach Auflösung dieser Formation, der Big Band C. C. S. an. Auch die schwedischen Hep Stars, The Hootenanny Singers und The Spotnicks, ebenso The Shamrocks, gehören zu den früh bekannt gewordenen Formationen, nicht zu vergessen Ola and the Janglers und Alrune Rod.
1969 machte das dänische Quartett Ache von sich reden, als sein Ballett *De homine urbano* – das erste Rockballett überhaupt – am Königlichen Theater in Kopenhagen aufgeführt wurde. Insgesamt standen dänische Rockmusiker um 1970 unter den Verfechtern neuer stilistischer Richtungen, so etwa Dr. Dopo Jam (geleitet von Kristian Pommer) und die einst vielbeachtete Jazz-Rock-Formation Burnin' Red Ivanhoe. Wie diese wurde auch die finnische Band

WIGWAM nur einem kleinen europäischen Publikum bekannt. Nicht anders erging es den finnischen Musikern Jukka Tolonen (g) und Pekka Pojohla (bg). Die norwegische Jazz-Rock-Gruppe RUPHUS konnte zwar am Anfang ihrer Laufbahn Erfolge verzeichnen, mußte schließlich aber auf Grund des mangelnden Publikumsinteresses aufgeben.
Dafür konnte das schwedische Quartett ABBA jahrelang geradezu Massenerfolge mit Hits wie «Waterloo», «Mamma Mia» und «SOS» feiern. Ihnen tat es die ebenfalls aus Schweden stammende Band EUROPE in den achtziger Jahren nach, wie auch die norwegische Gruppe A-HA international größte Erfolge verzeichnen konnte. Mit eben dieser Art Rockmusik, einem gut produzierten, melodiösen, aber auch konventionellen Mainstream-Rock, trat Anfang der neunziger Jahre das schwedische Duo ROXETTE an die Öffentlichkeit, auf Anhieb erfolgreich.
Doch gibt es in Nordeuropa eine Vielzahl von Bands, deren Musik britischer oder US-amerikanischer Rockmusik in nichts nachsteht: MEZZOFORTE und THE SUGARCUBES aus Island, DANCE WITH A STRANGER aus Norwegen, LAIDBACK, PRETTY MAID, MONACO BLUES BAND, NAPOLEON SOLO, die Sängerin Hanne Boel und die nur aus Frauen bestehende Band SUPER KARLA aus Dänemark, THE LEATHER NUNS, FRA LIPPO LIPPI, der Heavy Metal-Gitarrist Yngwie Malmsteen und die Heavy Metal-Band SATO aus Schweden, GRINGOS LOCOS aus Finnland und schließlich THE SEPTEMBER WHEN aus Norwegen.
Gemeinsam ist all diesen Gruppen und Einzelmusikern, daß sie den europäischen Markt im Auge haben und daher fast durchweg in englischer Sprache singen und damit zumindest in dieser Hinsicht das Schicksal bundesdeutscher Rockmusiker teilen.

S DK SAVAGE ROSE: *In the Plain*, 1968 (D: Polydor); ACHE: *De homine urbano*, 1970 (DK: Philips); BURNIN' RED IVANHOE: –, 1970 (GB: Warner); DR. DOPO JAM: *Entree*, 1973 (D: Zebra); SUPER KARLA: *Freak and Fatal*, o. J. (DK: Rosen)
S SPOTNICKS: *If You Could Read My Mind*, o. J. (D: Polydor); LES SHAMROCKS: *A Paris*, o. J. (F: Polydor); Bo Hansson: *Lord of the Rings*, 1972 (USA: Charisma/Buddah); ABBA: *International*, o. J. (D: Polydor); Yngwie Malmsteen: *Trilogy*, 1986 (NL: Polydor); ROXETTE: *Look Sharp*, 1989 (D: EMI); dies.: *Joyride*, 1990 (D: EMI); FRA LIPPO LIPPI: *The Colour Album*, 1990 (D: BMG)
N RUPHUS: *New Born Day*, 1973; dies.: *Let Your Light Shine*, 1976; dies.: *Inner Voice*, 1977 (alle D: Brain/Metronome)
SF Pekka Pohjola: *B the Magpie*, 1975 (GB: Virgin); Jukka Tolonen: Crossection, 1976 (D: Metronome); WIGWAM: *The Lucky Golden Stripes and Starpose*, 1976 (GB: Virgin)
Island MEZZOFORTE: *Catching Up With*, 1982 (GB: Pinnacle); THE SUGARCUBES: *Life's Too Good*, 1988 (D: Rough Trade)
L *Who Put the Bomp!* No. 15/Winter 1976/77), S. 34ff

Skating → Plattenspieler

Skiffle ist eine an Blueswendungen und Jazzrhythmen ausgerichtete Gruppen-Musizierweise, deren Ursprung in den sog. Rent Parties schwarzer US-Amerikaner mit musikalischer Tätigkeit liegt. Skiffle ist hemdsärmeliger Jazz, genauer eine stilistische Mischung von Blues-,

Volkslied- und Jazzelementen. Schon im Hinblick auf das Instrumentarium stellt er denkbar einfache Anforderungen: akustische → Gitarre, → Banjo, → Kontrabaß bzw. teachest bass (das ist ein aus einer Kiste und einem daran befestigten Besenstiel, von dessen Spitze die Saite zur Kiste gespannt ist, bestehendes Baßinstrument), → Mundharmonika, Kamm und → Waschbrett sind in kurzer Zeit von jedem erlernbar. In geschichtlicher Sicht kommt dem englischen Skiffle Ende der fünfziger Jahre (Lonnie Donegan, Chas McDevitt, Nancy Whiskey, Johnny Duncan, THE VIPERS u. a.) viel Verdienst in der Vorbereitung des Rock zu; auch das britische Blues-Revival der sechziger Jahre und das zur gleichen Zeit wieder erwachende Interesse an der eigenen, britischen Volksmusik haben Wurzeln in der Skiffle-Bewegung. Später so einflußreiche Jazz-, Blues- und Rockmusiker wie Ken Colyer, Chris Barber, Alexis Korner und John Lennon haben ihre ersten musikalischen Erfahrungen in Skifflegruppen gesammelt.

L Brian A. Bird: *Skiffle – The Story Of Folk Song With A Jazz Beat*, 1958 (Hale, London)

Slide Guitar ist kein besonderer Gitarrentyp, sondern bezeichnet eine Spielweise, die sich unter Blues-, Country- und Rockmusikern einer gleich großen Beliebtheit erfreut. Statt den Finger direkt auf die Saite aufzusetzen, benutzt der Spieler einen harten Gegenstand, mit dem er die Saite dicht über dem Bunddraht berührt (statt sie hinter ihm auf das Griffbrett zu drücken). Hierzu kann ein Taschenmesser ebensogut dienen wie ein Rasiermesser, doch steckt der Spieler meistens einen abgeschlagenen Flaschenhals (→ Bottleneck) oder noch bequemer ein im Handel erhältliches Röhrchen aus Metall oder Glas auf den kleinen Finger – seltener auf den Ringfinger – der Spielhand, wobei ein freibleibender Finger hinter dem Flaschenhals die Saite abdämpft. Das Wesen des Slide-Spiels besteht im Gleiten der Töne und in einem schwirrenden Vibrato. Wird die Gitarre (oder → Dobro) nicht in normaler Stellung seitlich gehalten, sondern auf die Knie bzw. auf einen Spieltisch gelegt, so kann man – wie beim Spielen auf der → Steel Guitar und der → Pedal Steel Guitar immer – eine Metallwalze zwischen den Zeigefinger und den Mittelfinger nehmen; diese Spielhaltung ist z. B. bei John Lennon in dem Film *Let It Be* zu sehen.

Typischerweise benutzt man beim Slide-Spiel die → offene Stimmung. Von den mannigfaltigen Klangmöglichkeiten der Slide-Technik geben u. a. die Plattenaufnahmen von Robert Johnson, Fred McDowell, Bukka White, Reverend Gary Davis, Johnny Winter, Ry Cooder, Duane Allman, Elvin Bishop, Lowell George, Jerry Garcia, Mick Taylor und Eric Stewart eine Vorstellung.

S Robert Johnson: *King of the Delta Blues Singers*, o. J. (USA: Columbia); Fred McDowell: *Mississippi Delta Blues*, 1965 (D: Intercord); Elmore James: *To Know A Man*, o. J. (USA: Blue Horizon); Earl Hooker: *Hooker & Steve*, o. J. (USA: Arhoolie); ALLMAN BROTHERS BAND: *Eat A Peach*, 2 LP, 1972 (D: WEA)

L *Slide Guitar – A Book/Record Guide To Electric Lead And Traditional Slide And Bottleneck Stiles* (Berkeley, Cal., Green Note 1972, mit Schallplatte); Lothar Trampert: *Die Slide Guitar*, in: *Gitarre und Baß*, 7/91

Smash Records wurde 1959 als ein Hilfslabel von → Mercury Records gegründet. Auf dem Label erschienen u. a. THE COLLAGE, THE LEFT BANKE und die Jam-Session FLYING BEAR MEDICINE SHOW.

Solo. 1. Ein musikalischer Abschnitt, der von einem einzigen Interpreten, eventuell unter sparsamer Begleitung, bestritten wird. In diesem Sinn spricht man von Gitarrensolo, Trompetensolo usw. – 2. Eine Vortragsweise, für die das Spiel bzw. der Gesang eines einzigen Interpreten ohne wesentliche Mitbeteiligung anderer Musiker charakteristisch ist (Solosänger, Solopianist usw.).

Songwriter → Liederschreiber

Sony Music Entertainment heißt seit dem 1. Januar 1991 die → ehemalige Schallplattengesellschaft CBS. Der japanische Elektronikkonzern Sony hatte die US-amerikanische Schallplattenfirma im Jahre 1987 gekauft. Schon seit langem waren die Schallplatten der CBS in Japan unter dem Namen Sony verkauft worden. Auch in der Bundesrepublik Deutschland wurde der Name CBS am 1. Januar 1991 durch Sony Music Entertainment abgelöst. (→ Columbia)

Sopran. 1. Die höhere Frauen- und Knabenstimme (im Gegensatz zum → Alt), die sich ungefähr in dem Umfang $c^1 - f^2$ bewegt, doch lassen sich diese Grenzen durch Stimmausbildung wesentlich erweitern. – 2. Die oberste Stimme einer vokalen oder instrumentalen Komposition (engl. treble). – 3. Eine Klasse der Instrumente, deren Stimmumfang – ihr Ambitus – sich mit der Sopran-Stimmlage in etwa deckt, z. B. Sopran-Saxophon.

Soul ist eine stilistische Mischung von → Gospelgesang und Rhythm & Blues. Bereits Mitte der fünfziger Jahre in Vorformen vorhanden (Solomon Burke, Sam Cooke), kam Soul vor allem in den Jahren 1965–68 zu einer ersten Blüte, mit Namen wie SAM AND DAVE, Aretha Franklin, James Brown, Wilson Pickett und nicht zuletzt Ray Charles die klassische Phase. Diese Aufzählung verdeutlicht, daß Soul besonders eine vokal orientierte Musik ist. Die frühen Soul-Aufnahmen entstanden auf dem Label Stax, das Jim Stewart 1960 in Memphis als Satellite Records gegründet hatte; später veröffentlichte die Firma Atlantic die meisten Soul-Schallplatten. Bei den Studio-Sessions der Soul-Sänger wurden häufig die aus schwarzen und weißen Musikern bestehende Rhythmusgruppe BOOKER T. AND THE MGs sowie die Memphis Horns engagiert; daher rührt auch der ein wenig uniforme Klang der Soul-Aufnahmen der sechziger Jahre. Als Ende dieser Phase wird das Datum der Ermordung Martin Luther Kings am 4. Juni 1968 angesehen.

Eine zweite Welle, die um 1970–72 einsetzte und sich hauptsächlich mit dem Sigma Sound Studio Kenny Gambles und Leon Huffs sowie mit dem von diesen 1973 gegründeten Philadelphia International Records (Phillysound) verbindet, führte zur Überschwemmung des Plattenmarktes mit perfekt geglätteter Konfektionsware. Teilweise konnten die früheren Soulstars wie Aretha Franklin und Isaac Hayes, weniger James Brown, wieder an die alten Erfolge anknüpfen, zum größten Teil aber waren es neue Namen in großer Zahl, die häufig nur eine Platte veröffentlichten und dann wieder aus dem Bewußtsein der Hörer verschwanden. Die überlegene, virtuos gemeisterte Studiotechnik von Produzenten, Studiomusikern und -technikern steht dann auch in keinem Verhältnis zur austauschbaren Musik von THE O'JAYS, THE THREE DEGREES, BACKSTABBERS und SHIP AHOY.

Beinahe nahtlos wurde der Phillysound gegen Mitte der siebziger Jahre von Disco abgelöst. Seitdem ist schwarze Musik vor allem Tanzmusik, seien es die verschiedenen Funk-Formen oder später Hip Hop, ein Dancefloor-Stil, in dem viele ältere Soul-Aufnahmen ausgeschlachtet werden.

Soul als Musikstil wurde dagegen in den achtziger Jahren vornehmlich von weißen Musikern in einer teils nostalgischen, teils verfremdenden Geste wieder aufgenommen, so etwa von Steve Winwood, Paul Young, Feargal Sharkey, Paul Weller, EURYTHMICS, SIMPLY RED, FINE YOUNG CANNIBALS und punktuell einigen anderen, wie etwa von Phil Collins. Teilweise kam es zur Zusammenarbeit von schwarzen Soulstars mit weißen Rockmusikern, wie die Schallplatten von Annie Lennox (EURYTHMICS) mit Aretha Franklin sowie von Lou Reed mit Sam Moore zeigen. Soul ist auch zu Beginn der neunziger Jahre ein existenter Musikstil, denn zahlreiche Sängerinnen, die auf Hip Hop-Platten zu hören sind, singen im Stil der früheren Soul-Sängerinnen.

Die Grenzen des Soul sind im übrigen fließend. Nicht immer ist ein Unterschied zwischen dem klassischen Soul und Aufnahmen etwa von Tamla-Motown zu erkennen; vor allem in der Bundesrepublik Deutschland wird in dieser Hinsicht häufig kein Unterschied gemacht, möglicherweise ist er auch marginal. Nicht zuletzt dieser Tatsache ist es wohl zu verdanken, daß der Begriff Soul inflationär gebraucht wird.

S *Black Sugar*, 1973 (D: CBS); Solomon Burke; *Rock 'n' Soul*, 1964 (GB: Atlantic); Clarence Carter: *The Best of...*, 1972 (USA: Atlantic); Eddie Floyd: *Knock on Wood*, 1967 (GB: Atco); Al Green: *Greatest Hits*, 1981 (D: Teldec); Etta James: *Etta James*, 1963 (US: Cadet); Wilson Pickett: *Greatest Hits*, 1973 (GB: Atlantic); Otis Redding: *Dock of the Bay*, 1968 (USA: Atlantic); SAM & DAVE: *Star Collection*, 1974 (D: Warner); Percy Sledge: *When A Man Loves A Woman*, 1966 (GB: Atlantic); Joe Tex: *I Gotcha*, 1972 (GB: Mercury); Bobby Womack: *Communication*, 1972 (GB: United Artists)

L Phyl Garland: *The Sound Of Soul*, 2. Aufl. 1971 (Pocket Books, New York); Arnold Shaw: *Soul*, 1980 (Rowohlt, Reinbek bei Hamburg); Gerald Hündgen (Hg.): *Chasin' A Dream. Die Musik des schwarzen Amerika von Soul bis Hip Hop*, Kiepenheuer und Witsch (Köln 1989)

Sound heißt einer der meistbenutzten, dabei vieldeutigsten Begriffe der Rockmusik. Sieht man von seiner Verwendung in den Fällen ab, in denen Bequemlichkeit (und Gedankenlosigkeit) das Wort in den Mund legt, so ergibt sich folgende Auffächerung seiner Bedeutung:
1. Klang als eine physikalisch-akustische Erscheinung, die mit dem Gehör wahrgenommen wird. – 2. → Klangfarbe. – 3. Musikalische Eigenart einer Gruppe, der sogenannte Gruppensound, der darüber Aufschluß gibt, welchen Anteil Vokalstimmen und Instrumente an der musikalischen Faktur haben; desgleichen das Mischverfahren eines Tonmeisters oder eines Studios, das z. B. zu einem trockenen oder umgekehrt zu einem nachhallreichen Klang führt, Effekte wie Phasing und Filterung usw. bevorzugt und bestimmte Grundrhythmen zu Grunde legt (z. B. GRATEFUL DEAD-Sound, Phil Spector-Sound, Philadelphia-Sound). Häufig bleibt unentschieden, ob man es mit einem Gruppensound oder mit einem Studiosound zu tun hat. Der Gruppensound wiederum hängt wesentlich von der Stimmklangfärbung der beteiligten Sänger ab (möglicherweise ist dies das tatsächliche Erkennungsmerkmal). – 4. Polyphone oder homophone Setzweise, noch allgemeiner kompositorische Technik, die sich in der Stimmführung, in der Akkordfortschreitung, in der Verteilung der Instrumente usw. niederschlägt. – 5. Allgemeines Sammelmerkmal einer lokal oder zeitlich näher angebbaren Musikrichtung. In diesem Sinn wird von einem → San Francisco-Sound gesprochen, ebenso von einem Boston-Sound (der freilich eine bloße Erfindung von Geschäftsleuten war), vom psychedelischen Sound, vom Sound der siebziger Jahre usw. Mit solchen Verallgemeinerungen kann nur gemeint sein, daß eine Gruppe oder einige Gruppen die Rockmusik eines Zeitraums bzw. eines Gebietes prägen, nicht dagegen, daß alle Gruppen sich in einen einheitlichen Sound einfügen. Schon der geläufige Begriff «San Francisco-Sound» erscheint anfechtbar, denn die beiden Gruppen JEFFERSON AIRPLANE und THE GRATEFUL DEAD, die neben den BYRDS aus Los Angeles das Gesicht der kalifornischen Rockmusik um 1967 prägen, unterscheiden sich voneinander beträchtlich (z. B. fehlt bei GRATEFUL DEAD eine selbstherrliche Vokalstimme völlig); im Hinblick auf weitere Gruppen wie THE BEAU BRUMMELS, SONS OF CHAMPLIN und THE CHARLATANS erscheint der Sammelname noch problematischer.
«Sound» wird zudem als ein für allemal feststehend vorgestellt. In Wirklichkeit ändert sich der Sound gerade bei künstlerisch regen Gruppen ständig, so daß es z. B. einen BEATLES-Sound gar nicht gibt, vielmehr hat man anzugeben, welches Jahr, welche Platte oder gar welches Musikstück gemeint ist. Da jedoch ein Hang nach begrifflicher Schärfe in gewissem Sinn industriefeindlich ist (vgl. die Manipulation mit dem Begriff «Boston-Sound»), besteht kaum Aussicht darauf, den Sound-Begriff bald durch einen konkreteren und genaueren zu ersetzen, der jeweils auf Stimmführung, Satzstruk-

tur, Besetzung, Studioverfahren usw. Bezug nimmt.

L Wolfgang Sandner: *Sound & Equipment*, in: Wolfgang Sandner (Hg.): *Rockmusik. Aspekte zur Geschichte, Ästhetik, Produktion* (Mainz 1977, S. 81–99); Charlie Gillett: *The Sound of the City* (London 1971); Simon Frith/Andrew Goodwin: *On Record. Rock, Pop and the written Word*, Pantheon Books (New York 1990)

Sounds war eine seit 1966 zunächst unregelmäßig, dann zweimonatlich und schließlich monatlich erscheinende Rockzeitschrift in deutscher Sprache; *Sounds* erschien zuletzt in Hamburg. Obwohl an anglo-amerikanischen Vorbildern ausgerichtet (eine Selbstverständlichkeit im Rockbereich), entwickelte sich die Zeitschrift dennoch zu einem eigenständigen und informativen Blatt. Lediglich der Beginn von Punk und New Wave wurde falsch eingeschätzt und zu spät in der Zeitschrift berücksichtigt; eine teilweise Erneuerung der Redaktion sollte dies wieder ausgleichen. Die darauf einsetzende Kehrtwendung des Blattes, das eben die vernachlässigten Gebiete nunmehr zur Hauptsache und sich selbst als ein Forum für beinahe jeden Musikproduzenten machte, führte zu einem Sinken der Auflage und einem damit verbundenen Ausbleiben von Anzeigen nicht nur der Schallplattenindustrie. Im Januar 1983 erschien die letzte Ausgabe von *Sounds*. Der Titel wurde von dem Schweizer Verleger Jürg Marquard gekauft und mit der schon in seinem Besitz befindlichen Musikzeitschrift *Musik Express* verbunden, die seitdem erscheinende Musikzeitschrift trägt den Titel *Musik Express/Sounds*. Ehemalige *Sounds*-Redakteure arbeiten seitdem unter anderem bei der Musikzeitschrift *Spex*, die die bewußt subjektive und mitunter kaum nachvollziehbare Berichterstattung und Wertung von Rockmusik, die *Sounds* zuletzt ihrer Leserschaft präsentiert hatte, mit anderer Gewichtung fortführt. Für *Sounds* schrieben u. a. Jörg Gülden, Jürgen Legath, Alfred Hilsberg, Hans Keller, Klaus Humann, Peter Urban, Ingeborg Schober, Diedrich Diederichsen und Kid P. (→ Zeitschriften der Rockmusik)

L *Sounds: Platten 66–77. 1827 Kritiken* (Zweitausendeins Verlag, Frankfurt/M. 1979)

Soundtrack ist eine Abkürzung für den US-amerikanischen Ausdruck «Motion Picture Soundtrack» und heißt dementsprechend «Tonfilm», nicht die darin verwendete Musik selbst, auch wenn in der Umgangssprache Soundtrack zumeist mit Filmmusik gleichgesetzt wird, d. h. mit «Music from the Motion Picture Sound Track». Zu unterscheiden sind dabei Filme, die in irgendeiner Form mit Rockmusik selbst zu tun haben – wie z. B. *200 Motels* von Frank Zappa und seiner Band Mothers of Invention – und übliche Spielfilme, deren Musik entweder aus bereits vorhandener Rockmusik besteht – beispielsweise *Pretty Woman* – oder für die Rockmusiker beauftragt wurden, die Musik zu schreiben, wie etwa Paul McCartney, der die Musik für den James Bond-Film *Live and Let Die* schrieb.

Space Sound wurde häufig eine mit künstlichem Nachhall- und Echoeffekt versehene Musik genannt, wie sie sonst in realen Räumen nicht vorkommt. Manchmal wird auch der mit dem → Leslie verformte Schwebeklang Space Sound genannt.

Speed Metal → Heavy Metal

Spex ist eine seit September 1980 in Köln erscheinende Musikzeitschrift, die sich von Anfang an besonders den aktuellen Trends in der Rock- und Pop-Musik widmete; im Jahre 1980 war das Punk, New Wave, Neue Deutsche Welle und Ska und rechtfertigte damit den Untertitel der Zeitschrift «Neue Musik zur Zeit». Der Untertitel wurde später zwar aufgegeben, den Zielen blieb die Redaktion indes treu und veröffentlichte beispielsweise als erste deutsche Zeitschrift ein Interview mit Madonna (November 1983). Herausgegeben wird *Spex* jeden Monat von einer GmbH, der auch einige der Redakteure angehören.
Spex konnte sich im Laufe der Jahre eine eingeschworene Gemeinschaft von Lesern aufbauen; dies auch wegen oder trotz eines bewußt subjektiven Stils, über Musik zu schreiben. In *Spex* schreiben neben anderen Detlef Diederichsen, Rainald Goetz, Gerald Hündgen, Michael Ruff, Dirk Scheuring, Nikki Sudden und Mayo Thompson. Zur Redaktion gehören Clara Drechsler, Jutta Koether, Ralph Niemczyk und Diedrich Diederichsen (ehemals → *Sounds*).

L *Spex*, Oktober 1990 (Heft zum zehnjährigen Jubiläum der Zeitschrift)

Spiritual (engl., geistlicher Gesang) ist eine unter der schwarzen Bevölkerung der USA im 19. Jahrhundert entstandene Gesangsgattung, die im Gegensatz zum → Gospelgesang ihre Wurzeln außerhalb des Gottesdienstes hat. Der (oder das) Spiritual war von Händeklatschen, Fußstampfen, ekstatischen Zurufen und Tanzbewegungen begleitet. Seine Themen entnahm er zumeist dem Alten Testament, während der spätere Gospelgesang Geschehnisse und Maximen aus dem Neuen Testament fortzuerzählen pflegte. Im Sinne der unter den schwarzen US-Amerikanern verbreiteten Verstecksprache waren die unterdrückten Sklaven in den USA gemeint, wenn vom besiegten und unterjochten Volk Israel die Rede war. In den Solokonzerten von Sängerinnen und Sängern, in Auftritten kultivierter Gesangsensembles haben Kunst und Kommerz schließlich über das gesiegt, was einst ein spontaner Ausdruck einer tief empfundenen Religiosität war.
Spirituals sind als eine der Wurzeln späterer schwarzer Musik der USA anzusehen, erkennbar etwa noch im Soul und selbst noch in der verklausulierten Sprache des Rap.

Sponsor (engl.-lat., Geldgeber, Förderer) ist der Deckmantel für Werbung in der Rockmusik. Anfang der achtziger Jahre entdeckten zahlreiche Unternehmen, deren Produkte primär nichts mit Rockmusik zu tun haben, Kultur als ideales Feld, das Angenehme mit dem Nützlichen zu verbinden. Sie schlossen mit Künstlern – nicht nur Rockmusikern – Verträge ab, die den Künstlern erhebliche Geldsummen einbrachten. Im Gegenzug wurde der Name der als Mäzen auftretenden Firma auf Konzertkarten, Plakate, Programmhefte usw. gedruckt. Verträge gibt (oder gab) es zwischen Tina Turner und Pepsi-Cola, Michael Jackson und Pepsi-Cola, George Michael und Sony, DIRE STRAITS und Philips, GENESIS und Michelob (eine Brauerei), Elton John und der Lastwagenfirma Iveco, Sting und Levi's (Jeans), Ray Charles und Pioneer Video u. a. Dabei geht es den Firmen weniger um direkte Verkaufserfolge als um das Image von Großzügigkeit und Verbundenheit mit der Jugend. Junge Menschen als Sympathieträger und als Konsumenten der Zukunft gesehen.

Da mit Rockmusik Tausende von Jugendlichen erreicht werden können, lag es nahe, von der Anziehungskraft der Rockmusik zu profitieren. Umgekehrt sind Tourneen in der Durchführung so teuer geworden, daß Plattenfirmen und Musiker kaum auf zusätzliche finanzielle Mittel verzichten wollen – um den Preis, die Konzerte als Werbeforen für Produkte jeglicher Art anbieten zu müssen. Natürlich gibt es auch bekannte Rockmusiker, die Sponsorship ablehnen, Bruce Springsteen etwa und Neil Young.

Einige Industriefirmen verwenden Rockmusik auch direkt für ihre Werbefilme in Kino und Fernsehen; am erfolgreichsten ist auf diesem Gebiet der Jeans-Hersteller Levi's, der zwischen Jeans und Rockmusik eine feste Verbindung zieht. Davon profitieren auch die Rockmusiker: Der Gitarrist Steve Miller gelangte mit seinem in den siebziger Jahren aufgenommenen Song «The Joker» Anfang der neunziger Jahre ebenso wieder in die Hitparaden wie THE CLASH mit ihrem Stück «Should I stay or should I go».

L Christian Stolberg: *Pepsi, Pop und Piepen*, in: *Musik Express/Sounds* 3/88

Spur (engl. track) ist eine durchgehend bespielte Linie auf dem Tonband. Je nach Bandbreite und → Magnettongerät gibt es 2-, 4-, 8-, 16- usw. Spur-Bänder.

Staccato ist eine Vortragsbezeichnung, welche angibt, daß die gespielten oder gesungenen Töne durch kleine Pausen voneinander getrennt sind; die Intonation der Einzeltöne geschieht energisch. Staccato-Spiel, das einen Gegensatz zum → Legato bildet, ist auch bei Streichinstrumenten ebenso wie beim Klavier, bei Bläsern und im Gesang möglich und üblich. Ein Beispiel für Bläser-Staccati bildet etwa der Song «Spinning Wheel» der Gruppe BLOOD, SWEAT & TEARS in seinem Eröffnungsteil.

Stage Box vereinigt auf der einen Seite Anschlüsse für die Bühnenkabel (Mikrophone, Tonabnehmer) und besitzt auf der anderen Seite einen Ausgang für das Vielfachkabel (Multicore), das entweder zunächst zum Bühnen-Mischpult oder aber gleich zum Mischpult im Saal geführt wird.

Standtom → Tom-Tom

Star-Club im Hamburger Stadtteil St. Pauli (Große Freiheit 39) war, neben dem → Cavern Club in Liverpool, das Zentrum des Beat um 1962–64. Während ihres dritten Hamburgaufenthaltes von April bis Juni 1962 traten die BEATLES im Star-Club auf, der am 13. April desselben Jahres von Manfred Weißleder eröffnet worden war. Im Laufe der folgenden Jahre gastierten viele britische, bundesdeutsche und US-amerikanische Beatgruppen in dem Tanzlokal, unter anderen LEE CURTIS & THE ALL STARS, IAN & THE ZODIACS, THE LIVERBIRDS, THE REMO FOUR, THE RATTLES, THE SEARCHERS und WAYNE FONTANA & THE MINDBENDERS. (Weitere Clubs in Hamburg waren der Kaiserkeller und der Top Ten Club, beide ebenfalls in St. Pauli). Der Star-Club – ehemals «Stern-Kino» – schloß am 31. Dezember 1969. Während seines Bestehens gründete der Besitzer ein Plattenlabel, auf dem einige Platten von dokumentarischem Wert erschienen sind. Diese Platten wurden mehrmals wiederveröffentlicht, zuletzt 1990/91 auch als Compact Discs. Die *Star-Club News* berichteten über aktuelle Rockereignisse und veröffentlichten künstlerisch ambitionierte Fotos, u. a. von der BEATLES-Freundin Astrid Kirchherr. Am 15. Dezember 1978 eröffnete Horst Fascher einen zweiten Star-Club am Großneumarkt (Alter Steinweg 43). Vgl. den Fotoband bei Rowohlt.

S *In the Beginning. The Beatles and Tony Sheridan*, 1968, 2 LP (D: Polydor/Karussell); THE BEATLES: *Live! at the Star-Club in Hamburg, Germany, 1962*, 1977, 2 LP (D: Bellaphon); *Star-Club Show: The Rattles*, o. J. (D: Star-Club); *Star-Club Show 4: The Liverbirds*, o. J. (D: Star-Club); *Star-Club Show 7: Ian & The Zodiacs*, o. J. (D: Star-Club); WAYNE FONTANA & THE MINDBENDERS: *The Game of Love*, 1965 (D: Star-Club); *Twist-Time im Star-Club Hamburg, 1: The Rattles*, o. J. (D: Ariola); THE SEARCHERS at the Star-Club Hamburg: *Sweets for my Sweet*, 1964 (D: Philips); *The Star-Club Anthology 1–6*, o. J. (D: Phonogram); *Live im Star-Club*, 2 LP, 1980 (D: Star-Club/Phonogram); Beat Battle Star-Club, 1986 (D: Star-Club/Polygram/Line)

L Dieter Beckmann/Klaus Martens: *Star-Club* (Reinbek 1980); Günter Zint: *Große Freiheit 39* (München 1987)

Stax Records, Memphis, Tenn., ist der spätere, 1961 gewählte Name des Labels Satellite, das 1959 vom Country-Musiker Jim Stewart und seiner Schwester Estelle Axton (St-Ax) in Memphis gegründet wurde und mit den MAR-KEYS – den späteren BOOKER T. AND THE MGs – örtliche Erfolge erzielt hatte. Einige Hits wurden von → Atlantic lizensiert. 1963 wurde das Unterlabel Volt ins Leben gerufen, das mit Stax zusammen nunmehr ganz von Atlantic vertrieben wurde. Otis Redding, Rufus Thomas, SAM AND DAVE, THE STAPLE SINGERS, THE DRAMATICS, THE BAR-KAYS, Don Nix – der auch Mitglied der Bläser-Section THE MEMPHIS HORNS war – und Isaac Hayes gehörten zu den Künstlern. Als Stax in finanzielle Schwierigkeiten geriet und sich mit Hilfe von → Polydor sanieren konnte, übernahm das bundesdeutsche Label Lizenzrechte von Stax/Volt. (→ Soul)

Steel Guitar. Die Steel Guitar wird beim Spiel waagerecht auf den Knien gehalten oder auf einen Tisch gelegt; die saitenverkürzende Hand hält ein Metallstück (steel bar) und fährt damit über die Saiten. Der erzeugte Effekt gehört zum Hauptmerkmal des Spiels. Mit der anderen Hand zupft man die 6–12 Saiten. Das Instrument ist stets elektrisch verstärkt. Um den Effekt zu erreichen, ist allerdings nicht unbedingt ein spezielles Instrument nötig, man kann diesen auch mit einer gewöhnlichen elektrischen Gitarre erreichen, wie John Lennon es in dem Film *Let It Be* vorführte. Besonders deutlich ist der Klangeffekt in George Harrisons Song «For You Blue» auf dem BEATLES-Album *Let It Be* (1970) zu hören.

STEMRA → GEMA

Stereophonie ist eine seit dem ausgehenden 19. Jahrhundert bekannte, jedoch erst seit etwa 1960 voll entwickelte elektroakustische Aufzeichnungs- und Wiedergabetechnik, mit deren Hilfe der Gesamtklang auf zwei Kanäle verteilt und somit räumlich gestaltet wird. Durch Kombination der beiden Kanäle können die mittleren Richtungen gleichfalls mit Klang gefüllt werden.

Bei der Aufnahme verwendet man mindestens zwei Mikrophone, deren Ausgangsspannungen getrennt verstärkt und auf zwei getrennten Tonbandspuren aufgenommen werden. Die Mikrophone müssen eine bestimmte Stellung zum Schallereignis haben, denn ihre «Hörebene» entspricht der des späteren Hörers. Bei Kunstkopfstereophonie wird ein dem menschlichen Kopf ähnlicher Kunstkopf eingesetzt, bei dem sich an Stelle der Trommelfelle die Membrane zweier Mikrophone befinden. Kunstkopfstereophonie wurde vereinzelt, vor allem in der Bundesrepublik Deutschland, auch für die Aufnahme von Rockmusik verwendet, konnte sich aber auf Grund der besonderen Produktionsweise von Rockmusik (→ Overdubbing, Mehrspurtechnik) nicht durchsetzen; doch vermittelt diese stereophone Aufnahmemethode einen sehr plastischen Höreindruck.

In der Rockmusik wird üblicherweise jedes Instrument für sich auf einer eigenen Tonbandspur aufgenommen. Erst beim Abmischen – dem eigentlichen Produktionsvorgang – wird ein künstlicher Raum geschaffen, in dem die Musik für den Hörer stattfindet. Dabei wird auch die Rechts-Links-Verteilung der Klangquellen vorgenommen und das Mehrspurband auf ein zweispuriges, also stereophones Mastertape abgemischt.

Auf der → Schallplatte, bei der die Stereophonie Ende der fünfziger Jahre eingeführt wurde, verkörpern die beiden Flanken der Rille die Kanäle, ihre jeweilige Ausgestaltung führt bei der Wiedergabe zu zwei gleichzeitigen Klangereignissen. Bei der → Compact Disc sind die Klangereignisse der beiden Kanäle zeitlich nacheinander aufgezeichnet und werden erst im → CD-Player wieder synchronisiert. Rundfunkanstalten verwenden die Stereo-Technik seit 1963.

Mitunter werden alte Mono-Aufnahmen künstlich stereophonisiert.

Technisch wird dies vor allem mit einem trickreichen Einsatz von Hallgeräten erreicht; Sammler von Rockschallplatten lehnen nachträglich stereophonisierte Schallplatten ab.

L Hans Peter Reinecke: *Stereo-Akustik* (Köln 1966)

Stimmführung ist die Gestaltung einer oder mehrerer instrumentaler und/oder vokaler Stimmen nach melodischen, harmonischen, kontrapunktischen und rhythmischen Gesichtspunkten.

Stimmgabel (engl. tuning fork) ist ein Metallstück in Form einer Gabel mit zwei Zinken, das den Stimmton a^1 (eingestrichenes a) mit der Schwingungszahl 440 Hz angibt, wenn es angeschlagen wird. Dieser Ton ist ein einfacher Sinuston, enthält also keine Obertöne. Eine Stimmgabel ist unentbehrlich, um die Stimmung eines Instrumentes oder die → Tonart eines gehörten Rockstückes festzustellen (→ Frequenz, → Teiltöne, → Stimmton, → Absolutes und relatives Gehör).

Stimmtausch heißt der satztechnische Fall, bei dem zwei (oder mehr) Stimmen ihre Rolle nach einer gewissen Zeit untereinander vertauschen: Was zuvor die obere Stimme brachte, erscheint jetzt in der Unterstimme, z. B.

Stimmton oder Normalton (engl. standard pitch) heißt der Orientierungston a^1 (eingestrichenes a), auf den sich alle anderen Töne beziehen. Seine Normierung wurde dank der Erfindung der Stimmgabel in der ersten Hälfte des 18. Jahrhunderts ermöglicht.
Früher unterlag der Stimmton je nach Zeitpunkt und Ort beträchtlichen Schwankungen. Als eine durchgehende Tendenz läßt sich seine allmähliche Erhöhung beobachten. Während der Stimmton zu Beginn des 18. Jahrhunderts etwa um einen → Halbton tiefer lag als heute, wurde er im Laufe des 19. Jahrhunderts, vor allem durch die reisenden Virtuosen, beständig erhöht, um den Klang (besonders den Streicherklang) aufzuhellen. Eine allgemein akzeptierte Stimmtonregelung besteht selbst in der Gegenwart nicht, trotz der Stimmtonkonferenz in Wien im Jahre 1885. Auch eine Londoner Konferenz im Jahre 1939, die den Stimmton auf 440 Hz bei 20 °Celsius heraufgesetzt hatte, konnte ihre Empfehlung international nicht durchsetzen (Frankreich z. B. hat 1950 den Stimmton auf 432 Hz herabgesetzt).

Stimmungen. Bei der Beschreibung verschiedener Saiteninstrumente wird die jeweilige Stimmung mit Tonbuchstaben angegeben, die zugleich die absolute Tonhöhe bezeichnen, z. B. c^1. Größerer Anschaulichkeit halber sind unten die gebräuchlichsten Stimmungen im Notenbild zusammengefaßt. Das Zeichen 8va über oder unter dem Liniensystem bedeutet, daß die Töne eine Oktave höher bzw. tiefer erklingen als notiert.

Diverse Beispiele

Gitarre, Dobro (6saitig):

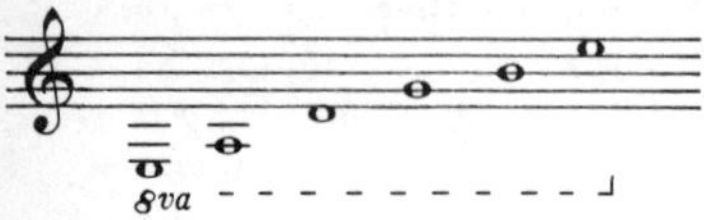

5saitiges Banjo:

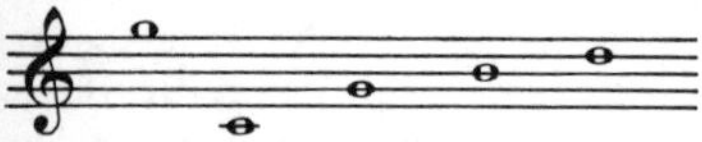

auch:

Ukulele:

Baßgitarre:

Pedal Steel Guitar (C 6th):

Pedal Steel Guitar (E 9th):

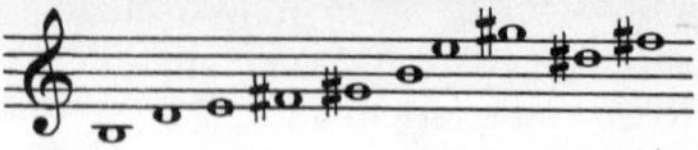

Violine, Mandoline:

Bratsche (Viola), wie Tenorbanjo:

Offene Stimmungen:
Cross-Note Tuning:

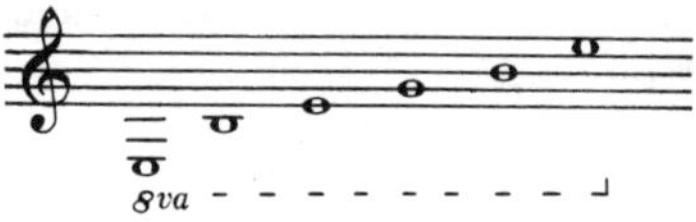

Cross Spanish Tuning:

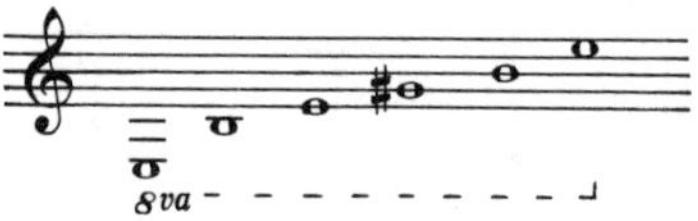

Sevastepol:

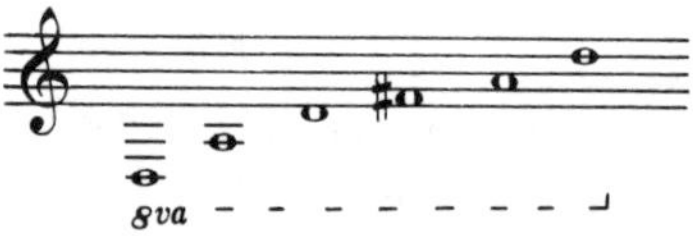

auch:

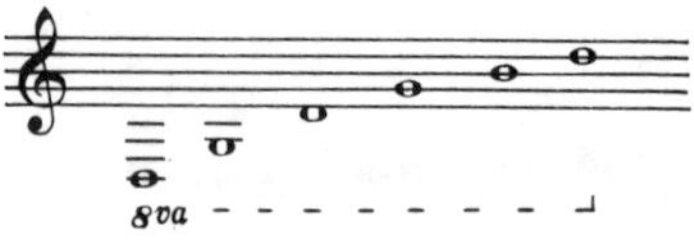

Gitarre (12saitig):

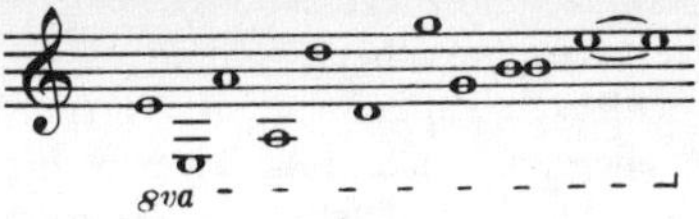

Gitarrenbanjo:

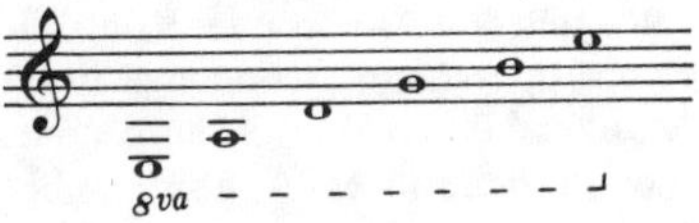

Tenorbanjo:

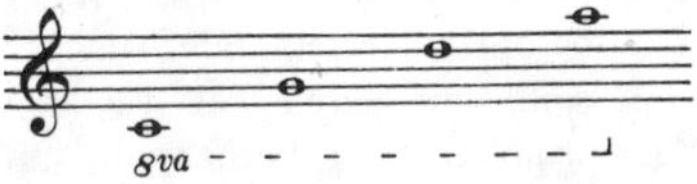

Violoncello:

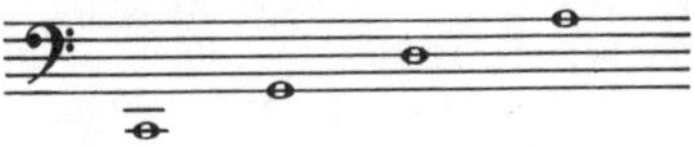

Kontrabaß: wie Baßgitarre

Straight Records, Los Angeles, wurde von Frank Zappa und Herb Cohen gegründet, → Warner Bros. besorgte die Herstellung und den Vertrieb der Schallplatten. Unter ihm erschienen u. a. CAPTAIN BEEFHEART, Judy Henske, Jeff Simmons, Tim Buckley und die GTO's.

Streichinstrumente (engl. bowed instruments) bestehen aus einem Resonanzkasten unterschiedlicher Form, aus Hals, Griffbrett und Wirbelkasten. Die Saiten werden mit einem Bogen (bei der Drehleier mit einem Kurbelrad) zum Schwingen gebracht. Im Laufe der Entwicklung europäischer Streichinstrumente hat sich das 8förmige Corpus aus leichtem Holz durchgesetzt. Die auch heute noch im Orchester verwendeten Streichinstrumente, die ihre Gestalt bereits im 17. Jahrhundert erhalten haben, sind → Violine, → Viola, → Violoncello und → Kontrabaß. Sonderformen bilden die Streichzither, die Streichleier und die → Vitar.

String Bass → Kontrabaß

Strophe (engl. stanza) heißt eine dichterische Form, die aus mehreren Zeilen (Versen) besteht und deren Verse zumeist in Reimen auslaufen. Die Reimstruktur weist eine große Vielfalt auf, etwa ABAB, AABB, ABCDB usw.; in der angelsächsisch geprägten Rockmusik beispielsweise kommt das Schema ABCB besonders häufig vor (Chevy-Chase-Strophen, benannt nach einer Ballade des 15. Jahrhunderts). Mehrere Strophen ergeben ein Gedicht. Außer einfachen Strophen werden in der Rockmusik Strophen mit Refrain verwendet, und diese Lösungen bilden sogar die Regel. Während der Strophenteil (Couplet) Neues enthält, wiederholt sich der Refrain im Text, häufig nur noch in der Musik, wort- bzw. notengetreu (→ Refrain). Während die Strophen zumeist die gleiche, seltener eine variierte musikalische Gestalt erhalten, treffen unter sich gleiche Reime nicht immer mit gleichen musikalischen Motiven zusammen. Vielmehr entsteht in der Musik eine Formgliederung, die sich mit derjenigen des Textes nur teilweise deckt. Übereinstimmung oder Diskrepanz zwischen Musik und Lyrik bilden dabei eine künstlerisch beabsichtigte Spannung. Eine gute Einführung in das Studium strophischer Formen bieten die Songs der BEATLES. Die feinere Kunst der Zeilen- und Strophenvariation, der Abspaltung und Fortspinnung von Motiven, kann man sich an Hand der Musik von JETHRO TULL vergegenwärtigen.

Studio ist eine Einrichtung, die Räume, aufnahmetechnische Apparate und Personal umfaßt und dazu bestimmt ist, die zur → Abmischung notwendigen Arbeitsbänder fertigzustellen, sie zu dem endgültigen Tonband (master tape) abzumischen und ggf. das Ergebnis auf die Matrix-Platte aufzuzeichnen (→ Magnettongerät, → Schallplatte). Diese Arbeitsphasen können, da die technischen Voraussetzungen für Studioaufnahmen Normungen unterliegen, auf verschiedene Studios verteilt werden, wobei je nach der Funktion des Tonmeisters (engineer) auf der Plattenhülle der abmischende Tonmeister (mixing engineer, mastering engineer) und weitere Beteiligte (remixing engineer usw.), vor allem aber der die Arbeiten überwachende → Produzent genannt werden.
Studios für Rockmusik weichen in der räumlichen und technischen Ausgestaltung von Studios für Produktionen von E-Musik in einigen Punkten ab. Auch die Ausgestaltung der Räume ist eine andere; in Studios für Rockmusik kann man verschiedene Moden beobachten: waren es früher Holz und etwa Lavagestein, um dem Raum eine eigene akustische Note zu geben, so kamen zeitweise gekachelte Räume für die Schlagzeugaufnahme auf. Mittlerweile gibt es allerdings Firmen, die Studios nach akustischen Kriterien bauen. In der Regel gibt es wenigstens zwei Räume: den Aufnahmeraum und den Abhör- oder Kontrollraum. In ersterem befinden sich die Musiker, deren Musik aufgenommen werden soll. Im Abhörraum befindet sich der die Aufnahme durchführende Toningenieur. Beide Räume können durch eine dicke Trennscheibe optisch miteinander verbunden sein, auf jeden Fall ist eine Gegensprechanlage vorhanden, mit deren Hilfe sich Musiker und Toningenieur verständigen können. Das Arbeitsmittel des Toningenieurs ist in der Hauptsache das → Mischpult, das je nach Größe und Aufgaben des Studios variieren kann; Effektgeräte, Verstärker und → Monitore – je ein Paar für das Nahfeld und Fernfeld –, vor allem aber eine oder mehrere Mehrspur-Tonbandmaschinen sind mit dem Mischpult verbunden. Angeschlossen an das Mischpult sind die im Aufnahmeraum stehenden Mikrophone; manche Instrumente werden indes direkt an das Mischpult angeschlossen. Schon dies, ob man beispielsweise einen Gitarristen über seinen gewohnten Verstärker im Aufnahmeraum spielen läßt oder ob die Ausgangsspannung der Gitarre dem Mischpult direkt zugeführt wird, ist eine grundsätzliche Entscheidung. In der Regel werden z. B. Baßgitarre und Keyboards direkt aufgenommen. Zumeist werden die einzelnen Aufnahmespuren einzeln

nacheinander aufgenommen, es befindet sich also oft nur jeweils ein Musiker im Aufnahmeraum, der die bereits aufgenommene Musik seiner Kollegen via Kopfhörer abhört und seinen Part spielt. Den Anfang macht in der Regel der Schlagzeuger, der im Kopfhörer den → Klick Track hört, um das Tempo genau halten zu können.

Die Digitaltechnik hat am frühesten in den Studios Fuß fassen können. Nachdem seit Ende der siebziger Jahre digitale Bandmaschinen verfügbar sind, muß schon im Vorfeld einer Produktion festgelegt werden, ob analog – also mit herkömmlichen Bandmaschinen – oder digital aufgenommen werden soll; dies ist beinahe eine philosophische Frage, denn seit der Entwicklung des Dolby-SR-Rauschunterdrückungssystems dürfte ein durchschnittlich geübter Hörer keinen Unterschied zwischen einer digitalen und einer analogen Bandaufnahme feststellen können. Für Studios bedeutet dies, daß sie ihren Gerätepark sowohl für digitale als auch für analoge Produktionen ständig auf dem neuesten technischen Stand halten müssen. Dies gilt auch für alle anderen Geräte bis hin zu den Musikinstrumenten, die Studios beinahe durchweg bereithalten – von der Gitarre über komplette Drum Sets bis hin zum Konzertflügel. In den achtziger Jahren kamen Computer sowie die für Midi-Produktionen notwendigen Geräte und Software hinzu. Längst gibt es natürlich auch durch einen Computer steuerbare Mischpulte. Da Studios in der Regel teuer sind, besitzen Plattenfirmen eigene Aufnahmestudios, manchmal stand sogar der Besitz eines Studios am Anfang einer Plattenfirma, z. B. bei → Virgin (Studio: The Manor). Dennoch gibt es, auch in der Bundesrepublik Deutschland, zahlreiche privat betriebene Studios, z. B. Conny's Studio in Neunkirchen, das Studio Dieter Dirks in Puhlheim, das Hansa-Studio in Berlin und das Musicland-Studio in München.

Auf Rockschallplatten findet der Hörer die Namen renommierter US-amerikanischer und britischer Studios: Wally Heider's in Los Angeles und in San Francisco, Record Plant in Sausalito, Record Plant in New York, Electric Ladyland Studios in New York, Muscle Shoals Sound Studio in Alabama, AIR Studio in London (Inhaber ist George Martin), Trident Recording Studios, Morgan Studios usw. Daneben gibt es mobile Studios für Live-Aufnahmen, so das Recording Mobile der ROLLING STONES und das Manor Mobile der Schallplattenfirma Virgin.

Diese hochmodern ausgerüsteten Studios werden nicht von allen Rockmusikern bevorzugt. Auf manchen Plattenhüllen findet man obskure Ortsangaben, die einmal und nie wieder auftauchen. Joe Jackson beispielsweise wählt mitunter ausgefallene Orte, THE COWBOY JUNKIES nahmen in einer Kirche auf, die Band BLUE RODEO in einem Kino, und viele Musiker nehmen ihre Platten zu Hause auf.

Stufen heißen die Töne einer Dur- oder Moll-Tonleiter, sofern sie in bezug auf den Grundton in senkrechter Lage vorgestellt werden. Zum Beispiel ist A in C-Dur die sechste, in F-

Dur die dritte und in D-Dur die fünfte Stufe. Innerhalb der älteren Kunstmusik vor 1600, in der das Gefühl harmonisch-funktionaler → Tonalität noch nicht so stark war, beschreibt man die Fortschreitung von Akkorden nach Stufen. In der späteren, bis ins 20. Jahrhundert hineinreichenden Musik, in der jegliches akkordische Geschehen auf den Grundton bzw. auf den Grundakkord (Tonika) bezogen ist, werden die Akkorde zweckmäßigerweise nach ihrer Funktion bestimmt. Daneben ist es möglich, Töne sowie Akkorde weiterhin mit Stufen zu bezeichnen, so daß in der Harmonielehre zwei Methoden der Beschreibung parallel laufen und sich im idealen Fall gegenseitig ergänzen. Nach der Stufenlehre erhalten Durakkorde eine großgeschriebene römische Ziffer (z. B. C-Dur IV: f a c), Mollakkorde eine kleingeschriebene römische Ziffer (z. B. c-Moll iv: f as c). Übermäßige Dreiklänge bezeichnet man mit großgeschriebener römischer Ziffer und einem oben rechts angehängten Strich (z. B. a-Moll III′: c e gis), verminderte Dreiklänge mit kleingeschriebener römischer Ziffer und einem oben rechts angehängten Kreis (z. B. C-Dur VII°: h d f). Die Stufenlehre hat, wenn auch unter anderen Maßgaben, für die Harmonielehre des Jazz noch eine gewisse Bedeutung.

Subdominante oder Unterdominante ist eine Funktionsbezeichnung (abgekürzt S). Sie bedeutet einen Akkord auf der vierten Stufe über oder auf der fünften Stufe unter der Tonika; in Dur ist sie ein Durakkord, in Moll ein Mollakkord, z. B. in C-Dur und in a-Moll:

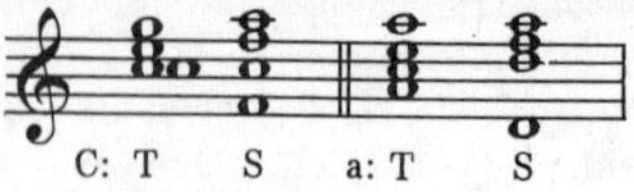

Suite (franz., Folge) ist eine Kette von Musikstücken – ursprünglich, ab Mitte des 16. Jahrhunderts, eine Folge von Tanzsätzen –, die im Hinblick auf Tonart und motivisches Material vielfach eine lose Einheit bilden. Bei J. S. Bach (1685–1750) wurden die einzelnen Tanztypen wie Allemande, Courante, Sarabande, Gigue, Gavotte usw. zu kunstvoll ausgearbeiteten Musikwerken stilisiert. In einer sehr freien Anlehnung an die Gattung sind auch in der neueren Rockmusik einige Stücke als Suiten bezeichnet worden. Es handelt sich ausnahmslos um ein längeres Musikstück, in dem entweder ein außermusikalischer Gedanke verfolgt wird, z. B. der zur Neige gehende Winter in Colosseums *Valentyne Suite* (1969). Oder ein musikalisches Thema wird als Refrain in einem strophischen Gebilde verwendet; als ein Beispiel für solche spezifisch musikalische Verarbeitung bietet sich das Stück «What Love» auf der Erstlings-LP der kanadischen Gruppe The Collectors (1969) an, das sich im Untertitel ausdrücklich als eine Suite bezeichnet und die gesamte B-Seite einnimmt. Keith Emersons Komposition «The Five Bridges Suite» (The Nice: *Five Bridges*, 1970) ergibt wiederum ein rondoartiges Gebilde, in dem sich ein feststehendes Thema jeweils mit einem thematisch variablen Zwischenspiel abwechselt. Unverbindlicher in der formalen Gestaltung wirkt *Gemini Suite* von Jon Lord (1971): Sie besteht aus einzelnen, musikalisch voneinander unabhängigen Stücken, in denen Klavier, Gitarre, Schlagzeug, menschliche Stimme, Baßgitarre und Orgel nacheinander mit einem symphonischen Klangkörper konzertieren. Ein weiteres Beispiel stellt «Elegant Gypsy» von Al DiMeola dar (*Elegant Gypsy*, 1977). In all diesen Kompositionen wird eher die Idee einer geschichtlichen Form beschworen, als speziell die für die Suite typische Variationstechnik angestrebt.

Sun Records, Memphis, Tenn., wurde im Jahre 1953 von dem zeitweilig als Radio-Disc Jockey arbeitenden Sam Phillips gegründet. Phillips hatte schon vorher die Musik schwarzer Sänger aufgenommen, um sie in seinen Rundfunksendungen zu verwenden. Zunächst nahm er, selbst ein Weißer, in seinem Studio ausschließlich schwarze Musiker auf – etwa Joe Hill Louis, Rosco Gordon, Howlin' Wolf und B. B. King – und verkaufte die Bänder an etablierte Schallplattenfirmen wie Chess in Chicago und RPM in Los Angeles. Auf seinem eigenen Label veröffentlichte Phillips von 1953 an Platten von Rufus Thomas, Junior Parker und anderen.

Im Jahre 1954 nahm er den jungen Elvis Presley unter Vertrag; Presley war zu Phillips gekommen, um für seine Mutter eine Platte mit einigen Liedern aufzunehmen. In der Gewißheit, daß diese Musik – eine Mischung von Rockabilly, Country und Blues –, Erfolg haben würde, wechselte Phillips vom Blues zu Country und Rockabilly und veröffentlichte die Musik von Jerry Lee Lewis, Charlie Rich, Johnny Cash, Roy Orbison und Carl Perkins; es entstanden Aufnahmen wie Perkins' «Blue Suede Shoes», Cashs «I Walk The Line» und Lewis' «Lotta Shakin' Goin' On». Regelmäßig allerdings verlor Phillips seine Stars an größere Schallplattenfirmen.

1969 wurde die Sun Records Company in eine Sun International Company umgewandelt. Das Label mit dem dazugehörigen Studio gilt als die Wiege des klassischen Rock 'n' Roll.

S *Sun. The Roots of Rock*, o. J. Vol. 1–13 (B: Charly Records)

L Colin Escott/Martin Hawkins: *Catalyst. The Sun Record Story*, London 1975; dies.: *The Complete Sun Label Session Files*, Ashford/Kent 1975

Surf (engl., Wellenreiten auf einem Brett). Mit dem Ausdruck Surf Music, Surf Rock oder Surf Sound pflegte man die Musik einiger US-amerikanischer Westküsten-Gruppen um 1960–64 zu bezeichnen, deren Texte um das Surfing kreisen. Zu den frühesten, noch rein instrumental spielenden Vertretern dieser Richtung gehören der Gitarrist Dick Dale, sodann The Tornados, The Pyramids und The Surftones. Surf Music besitzt kein musikalisches Eigenmerkmal, das sie vom Rock 'n' Roll der gleichen Zeit absetzen würde. Am ehesten wären helle Vokalharmonien mit Falsett und bewegte, an Chuck Berry erinnernde Staccati zu nennen, außerdem sinnfreie Silbenanhäufungen des begleitenden Chores. Texte, die vom Surf handeln, finden sich noch u. a. bei The Beach

BOYS, JAN & DEAN, THE VENTURES und THE SURFAIRS. Studioproduzenten von Surf Music waren Terry Melcher und Gary Usher.

L *Who Put the Bomp!* No. 14 (Herbst 1975)

Sustain bezeichnet die Dauer eines Gitarrentones nach dem Anschlagen einer Saite; Gitarren mit einem langen Sustain werden von Gitarristen bevorzugt. Bei elektrisch verstärkten Gitarren hängt die Dauer des Tones auch von der Einstellung des Verstärkers ab, manche Verstärker unterstützen das Sustain des angeschlossenen Instrumentes, andere dagegen nur wenig. Über das tatsächliche Sustain einer Gitarre oder Baßgitarre gibt daher nur das unverstärkt gespielte Instrument Aufschluß.

Swamp Rock → Cajun Music

Swing. 1. Eine allgemeine Eigenschaft rhythmisch-metrischer Art, die einem guten Jazz- und Rockstück anhaftet und der Musik die schwingende, mitreißende Energie verleiht (→ Drive). Diese metrisch-rhythmische Eigenschaft pflegt als die Spannung zwischen Rhythm Section und Melody Section, auch zwischen Beat und Off-Beat beschrieben zu werden. Joachim-Ernst Berendt hat in diesem Zusammenhang auch auf den Unterschied zwischen (europäischer) gemessener und (afrikanischer) gelebter Zeit hingewiesen. Doch scheint es, daß Swing – der in der deutschen Sprache zur Unterscheidung von Swing (2) auch klein geschrieben wird – keinem statischen Zustand entspringt, sondern ein schwer beschreibbares, durch eine stete Veränderung rhythmischer Konstellationen hervorgerufenes Gefühl zum Inhalt hat. Das Auseinanderfallen von Beat und Off-Beat kann nämlich, wie zumeist in der Unterhaltungsmusik seichter Art, auch einförmig und spannungslos ausfallen. Swing dagegen besteht aus der Entfernung, der Annäherung, dem Zusammentreffen und der erneuten Entfernung von rhythmisch-metrischen Schichten von- und zueinander, wobei dieses dynamische Geschehen auf mehrere Instrumente verteilt werden kann. Die Dauer solcher Eigendynamik, die zwischen Zusammentreffen und Entgegensetzung hin und her pendelt, kann in den einzelnen Schichten unterschiedlich lang sein, so daß deren Rotation einen komplizierten Bewegungs- und Verdichtungsablauf beschreibt. Um die einzelnen rhythmischen Einheiten solcher mehrfachen, sich verschiebenden Schichten aufeinander beziehen zu können, ist ein durchgehender Beat notwendig. Mag das rhythmische Geschehen noch so fein gegliedert sein, die Musik verliert ohne ihn die beabsichtigte Spannung. Solche Dialektik des Umschlagens von allzuviel in zuwenig hat sich im → Free Jazz der sechziger Jahre stilprägend vollzogen. – 2. Die Ära von etwa 1930 bis 1945 in der Geschichte des Jazz (Swing-Ära), in welcher große Orchester (Big Bands) stilstiftend waren. Zu den führenden Musikern, die vielfach große Orchester geleitet haben, gehören Fletcher Henderson, Duke Ellington, Count Basie, Luis Russell, Ben Pollack, Woody Herman, vor allem aber Benny Goodman, der als «King of Swing» bezeichnet wurde. Die Aufteilung des Orchesters in melodische und rhythmische Gruppen (Melody Section versus Rhythm Section), das Wechselspiel von Solo und Tutti, verfeinertes Arrangement und ein präzises Zusammenspiel aller Instrumente sind Merkmale des Swing. Beispiele von Swing im Sinne von (1) in der Rockmusik:

S SOPWITH CAMEL: *The Miraculous Hump Returns From the Moon*, «Fazon», 1973 (USA: Warner); 10 CC: *Sheet Music*, «Silly Love», 1974 (GB: Decca); CRAZY HORSE: –, «Beggar's Day», 1971 (USA: Warner)

L Stanley Dance: *The World of Swing*, 1974 (Scribner, New York); George T. Simon: *The Big Bands*, 2. Auflage 1976 (Collier, New York); Manfred Miller: *Die zweite Akkulturation – ein musiksoziologischer Versuch zur Entstehung des Swing*, in: *Jazzforschung* Bd. I, 1969

Synclavier ist die Bezeichnung für ein von der US-amerikanischen Firma New England Digital hergestelltes, digital arbeitendes Computer-Musiksystem. Das Synclavier war der erste käuflich zu erwerbende digitale Synthesizer, er ist auf Grund seines modularen Aufbaus aber weit mehr als ein Synthesizer. In der höchsten Ausbaustufe enthält das System Einheiten zur additiven und zur FM-Synthese, Sampling-Einheiten, Festplattenlaufwerk, Interfaces für Gitarren, für → MIDI und für → Mischpulte. Mit dem Synclavier ist aber auch → Hard-Disk-Recording möglich. Kernstück des Synclaviers sind die avancierten Möglichkeiten der Sampling-Baugruppe und die Möglichkeit der Resynthese, d. h., daß Samples analysiert und mit Hilfe der Synclavier-eigenen Oszillatoren nachgebildet werden können. Das Synclavier ist ein recht unauffälliges Musikinstrument und kann in der Regel nur durch einen Hinweis auf dem jeweiligen Cover erkannt werden. Seine vielfältigen Möglichkeiten der Klangspeicherung und -manipulation machten es für viele Musiker unentbehrlich. (→ Fairlight; → Synthesizer)

L Alex Merck: *Synclavier – Die Hitmaschine!*, in: *Keyboards* 12/86

Synkope heißt die Vorverlegung eines metrischen Gewichtes auf einen vorangehenden unbetonten Taktabschnitt. Der ursprünglich unbetonte Taktteil übernimmt einen ihm sonst nicht zukommenden Akzent. Die Umbetonung kann auf dreierlei Art erfolgen: durch Überbinden, durch Pause auf dem normalerweise betonten Taktteil und durch die dynamische Hervorhebung sonst schwacher Taktteile. Da die Synkope eine Abweichung von den herrschenden Betonungsverhältnissen darstellt, setzt sie ihrem Begriff nach ein festes Taktschema mit metrisch schweren und metrisch leichten Taktteilen voraus (→ Rhythmus und Metrum). Die reguläre Betonung (1) kann in eine synkopierte Gestalt umgeformt werden (2):

Nicht zu verwechseln mit der Synkope ist der → Off-Beat.

Synthesizer wird ein elektronisches Musikinstrument genannt, das die Rockmusik seit den siebziger Jahren bestimmt und dessen Entwicklung maßgeblich durch Rockmusiker und die Bedürfnisse von Rockmusikern beeinflußt worden ist. Gleichwohl versteht man unter dem Begriff «Synthesizer» eine Vielzahl von Instrumenten, die zum Teil erhebliche Unterschiede im jeweils angewandten Prinzip der Tonerzeugung aufweisen. Mitunter werden auch Sampler (→ Sampling) als Synthesizer bezeichnet.

1. Geschichte und Technik. Obwohl der Begriff Synthesizer bereits seit Jahrzehnten bekannt ist und auf Musikinstrumente angewendet wurde, trat er erst mit Robert Moogs Entwicklung eines elektronischen Musikinstrumentes in das Bewußtsein eines breiteren Publikums. Moog ordnete jedem bedeutsamen musikalischen Parameter – Tonhöhe, Obertonanteil und Lautstärke – ein gesondertes Modul zu, das mit Hilfe einer regelbaren Spannung gesteuert werden konnte: Voltage Controlled Oscillator (VCO) für die Tonhöhe, Voltage Controlled Filter (VCF) für den Obertongehalt und Voltage Controlled Amplifier (VCA) für die Lautstärke. Weitere Hilfsmodule waren etwa Low Frequency Oscillators (LFO), mit deren Hilfe etwa → Vibrato und → Tremolo erzeugt werden konnte, Hüllkurvengeneratoren (ADSR; die Buchstaben stehen für Attack, Decay, Sustain und Release), mit deren Hilfe Kennlinien für VCF und besonders VCA erzeugt werden können; Ringmodulatoren, Generatoren für weißes und farbiges Rauschen sowie Verteilerfelder und Mischpulte gehören ebenso zu größeren Synthesizern. Prinzipiell sind Synthesizer nicht auf Tastaturen angewiesen; VCO, VCF und VCA können mit jeder Niederspannungsquelle gesteuert werden. Jede Änderung der Spannung um ein Volt zieht eine Änderung der Tonhöhe um eine Oktave nach sich. Dabei handelt es sich um eine Volt/Oktave-Charakteristik, die so etwas wie einen Standard der frühen Synthesizertechnik darstellt. Da sich vor allem Rockmusiker für das neue Instrument interessierten, sie aber auf Grund der Struktur ihrer Musik gleichschwebend-temperierte Instrumente benötigten, wurden die Synthesizer bald mit Tastaturen versehen. Moog hatte dagegen seinen Synthesizer als offenes System geplant, in dem eine Tastatur eine von vielen Spielhilfen war, ein weiteres war etwa der Ribbon Controller, ein Draht, der über ein mit einer Widerstandsschicht versehenem Brett gespannt war. Wenn der Musiker den Draht an einer beliebigen Stelle auf das Brett drückte, wurde der bis zu diesem Punkt bedeutsame Teil des Widerstands kurzgeschlossen, so daß die Tonhöhe von dem Wert des verbleibenden Widerstandes bestimmt wurde. Keith Emerson etwa verwendete diesen Ribbon Controller («Lucky Man»). Der Ribbon Controller hat gewisse Ähnlichkeit mit der Steuerung des → Trautoniums.

Für die Belange der Rockmusik indes waren sowohl der Ribbon Controller als auch das modulare Konzept der Synthesizer – die einzelnen Module mußten umständlich mit Kabeln verbunden werden – zu unhandlich und entsprachen nicht den Erfordernissen des Live-Konzertes. Dennoch wurden auch große Moog-Synthesizersysteme von einzelnen Musikern und Gruppen auf die Bühne gebracht (Keith Emerson, TANGERINE DREAM). Die Firma Robert Moogs brachte dann auch bald einen relativ kleinen Synthesizer auf den Markt, den Mini Moog, der sowohl über eine Tastatur verfügte, wie auch die Module im selben Gehäuse untergebracht und bereits fest verdrahtet waren, so daß der Musiker keine Kabelverbindungen herstellen mußte. Der Mini Moog war der Synthesizer der siebziger Jahre schlechthin, er gehörte zur Grundausstattung fast jeder Rockgruppe. Ein Hindernis allerdings blieb: Die Synthesizer Moogs wie die einiger anderer Hersteller (ARP, EMS) waren monophon, d. h., sie konnten immer nur einen Ton zur gleichen Zeit erzeugen, mehrstimmiges Spiel war also ausgeschlossen.

So stand die Synthesizerentwicklung der siebziger Jahre ganz im Zeichen der Bemühung, aus dem Synthesizer ein mehrstimmiges Instrument zu machen. Daneben wurde nach Möglichkeiten gesucht, Klänge im Instrument speichern zu können. Stationen auf diesem Weg waren etwa der Memory Moog sowie die Instrumente der japanischen Firmen Korg, Roland und Yamaha. Ausgangs der siebziger Jahre waren Synthesizer zu ausgeklügelten Sound-Orgeln degeneriert, die sich nur schwierig programmieren ließen, dafür aber bereits mit einer großen Anzahl von voreingestellten Klängen aufwarten, die allerdings häufig nur traditionelle Instrumente mal schlecht, mal recht imitierten.

Waren die Synthesizer bis zu diesem Zeitpunkt noch Instrumente, die die Töne analog erzeugten und bearbeiteten, so kamen zu Beginn der achtziger Jahre Instrumente mit digitaler Tonerzeugung auf den Markt. Schon in den siebziger Jahren hatte es ein Keyboard der Firma RMI (Rocky Mountains Instruments) gegeben, das mit digitaler Tonerzeugung arbeitete. Die neuen Synthesizer dagegen erzeugten Töne nicht nur auf digitale Weise, sondern auch nach der Fourier-Synthese. Nach Fourier kann jede Schwingung aus mehr oder weniger Sinusschwingungen zusammengesetzt werden. Das → Synclavier und der → Fairlight Music Computer können aber noch mehr: Mit ihnen war → Sampling möglich, die Digitalisierung von Klängen jeder Art, die die Rockmusik im folgenden Jahrzehnt nachhaltig verändern sollte. Ein weiterer avancierter Synthesizer war der PPG Waveterm des Deutschen Wolfgang Palm, der sich trotz seiner Qualitäten gegen die internationale Konkurrenz nicht durchsetzen konnte.

Schon nach kurzer Zeit brachten japanische Firmen ebenfalls digitale Synthesizer auf den Markt, so daß auch Musiker mit einem kleinen Geldbeutel die neuartige Tonerzeugung einsetzen konnten.

Der «Mini Moog» der achtziger Jahre ist der DX 7 Synthesizer von Yamaha, der aus den Vorläufermodellen DX 1 und DX 5 entwickelt wurde. Erstmals stand dem Keyboardspieler mit diesen Instrumenten das Syntheseverfahren der Frequency Modula-

tion zur Verfügung: Mehrere Oszillatoren werden auf verschiedene Weise miteinander verkettet, so daß jeder Oszillator – Operator genannt – sowohl Töne erzeugen als auch andere Operatoren steuern kann. Die Stärke der DX-Synthesizer sind perkussive, metallische Klänge.
Das FM-Verfahren ließ andere Synthesizer-Hersteller nicht ruhen, bis es eine Vielzahl von Syntheseverfahren gab, wobei sich grundsätzlich nichts an der Tatsache ändert, daß Klänge entweder subtraktiv zustande kommen – aus einem vorhandenen Ton werden Obertöne herausgefiltert – oder auf additive Weise – Klänge werden aus einzelnen Tönen zusammengesetzt.
Durchsetzen konnten sich schließlich Synthesizer wie der D 50 von → Roland und der K 4 von Kawai, die einen Mittelweg zwischen durch → Sampling gewonnenen Klängen und elektronisch erzeugten darstellen: Die Einschwingphase eines natürlichen Tones wird dabei mit einem elektronisch erzeugten verbunden. Auf diese Weise sind natürlich wirkende Klänge möglich.
Damit schließt sich der Kreis. Ein Instrument, das erdacht wurde, um neuartige Klänge zu finden, wird bevorzugt dafür eingesetzt, bekannte Klänge nachzuahmen.

L Matthias Becker: *Synthesizer von gestern* (Augsburg 1990); Tony Bacon: *Rock Hardware* (Dorset 1981); Bernd Enders: Lexikon Musikelektronik (Mainz/München 1985); *Keys für Einsteiger* (München 1990); Peter Behrendsen/Michael Rüsenberg: Je größer der Apparat... Der Synthesizer in Rock und Jazz, in: Rock Session 2, Rowohlt Taschenbuch Verlag (Reinbek 1978)

T

Tabla (von arab. tabala, trommeln) ist der Name für Trommeln und Pauken im arabischen Sprachbereich und bezeichnet sehr unterschiedliche Schlaginstrumente. Im Zusammenhang mit indischer Musik heißt Tabla ein Paar kleine Trommeln, unter denen die vom Spieler rechts aufgestellte (die eigentliche Tabla) auf die erste, vierte und fünfte Stufe des Musikstückes gestimmt ist; die Klangfarbe ändert sich, je nachdem ob das Trommelfell mit den Fingerspitzen, der Handwurzel oder der flachen Hand bearbeitet wird. Die links aufgestellte Trommel (Banta) dient als begleitende Baßtrommel, deren Tonhöhe durch Handflächendruck verändert werden kann.

S The Beatles: «Love To You» (auf *Revolver*, 1966); *Ravi Shankar in San Francisco, Featuring Alla Rakha – Tabla*, 1968 (USA: World Pacific); *Drums of North and South India*, o. J. (USA: World Pacific)

Take ist ein «Anlauf» zur Studioaufzeichnung. Normalerweise finden Studioeinspielungen in mehreren Takes statt (→ Live), wobei außer den getrennten Aufnahmeverfahren für jede Spur auch wiederholt Takes für ein einziges Instrument aufgenommen werden, von denen die optimalen Teile ausgesucht und anschließend zu einer kontinuierlichen Spur zusammengestellt werden. Der auf den Plattenhüllen gelegentlich zu lesende Ausdruck «the recording was made in one take» heißt dementsprechend, daß das ganze Musikstück ohne Wiederholungen aufgenommen worden ist. Der Hörer weiß nicht, ob der Vermerk Fehler entschuldigen oder Bewunderung erregen soll (→ Overdubbing).

Takt heißt die in einem Musikstück wiederkehrende Zusammenschließung gleicher, doch verschieden rhythmisierbarer Notenwerte zu einer Gruppe. Die wichtigsten Taktarten in der Rockmusik sind folgende:

4/4 oder C, Viervierteltakt

¢, Allabreve-Takt; wie C, doch doppelt so schnell, nur mit zwei statt mit vier Schlagzeiten

2/4, Zweivierteltakt

2/2, Zwei-Halbe-Takt

3/4, Dreivierteltakt

3/8, Dreiachtel-Takt

6/8, Sechsachtel-Takt

12/8, Zwölfachtel-Takt

In der Rockmusik, die zum überwiegenden Teil nicht notiert ist, wird es eine Sache der Deutung, die jeweils gewählte Taktart nach dem Gehör auszukundschaften und Synkopen sowie rhythmische Unregelmäßigkeiten auf das geltende Taktgerüst zu beziehen. Gleichzeitig geführte Stimmen können mitunter entgegengesetzte Betonungsverhältnisse aufweisen; in «Sun King» der BEATLES (auf *Abbey Road*, 1969) z. B. wird die Baßbewegung gegen die Melodiestimme ausgespielt:

Unter einem unregelmäßigen Takt versteht man, daß seine Zählzeiten sich nicht auf einfache Zweier- oder Dreiergebilde zurückführen lassen, vielmehr aus beiden zusammengesetzt sind, etwa 5/4 (3/4 + 2/4 oder umgekehrt), 7/8 (4/8 + 3/8 oder umgekehrt) und 11/8 (2 × 4/8 + 3/8 oder umgekehrt). Das gleichmäßige Fließen von Takten wird gelegentlich durch → Taktwechsel unterbrochen: eine neue Taktart tritt auf.

Taktwechsel (engl. change of meter) heißt die Ablösung einer Taktart durch eine andere ohne eine dazwischenliegende Pause; gleichgültig ist dabei, ob es bei der neuen Taktart

bleibt oder nicht. Solange sich der Zweck der Rockmusik darin erschöpfte, → Tanzmusik zu sein, scheiden Taktwechsel in ihr von vornherein aus. Seit sie sich jedoch immer mehr zu einer musikalischen Kunstgattung entwickelte und sich von unmittelbar dienenden Funktionen unabhängig machte, öffnete sich ihr die Möglichkeit, durch gelegentliche Taktwechsel das gleichmäßige metrische Fließen zu beleben.
Um die Mitte der sechziger Jahre, etwa bei den BEATLES und den MOTHERS OF INVENTION, tauchten immer häufiger Taktwechsel in den Kompositionen auf, sei es, um metrische Unregelmäßigkeiten aufzufangen

(z. B.) 

statt 

sei es, um eine exotisch – vor allem indisch – beeinflußte Musik angemessen zu notieren. Bahnbrechend in letzterem Betracht ist George Harrisons «Within You, Without You» auf dem *Sgt. Pepper*-Album von 1967: Im Stück kommen kurz hintereinander die Takte 4/4, 5/4, 2/4 und 5/8 vor (→ Takt, → Rhythmus und Metrum).

Talking Bag → Voice Box

Tambourin. 1. Eine kleine Trommel von zylindrischer Form mit zwei Fellen. Sie wird zusammen mit einer Einhandflöte in der älteren (besonders französischen) Straßenmusik gespielt. Totentanz-Darstellungen aus dem Mittelalter zeigen das Instrument als Beiwerk des Todes. – 2. Tamburin oder Schellentrommel (engl. timbre), deren Holzreifen einseitig mit einer Membran bespannt ist und ringsherum kleine Schellen oder Metallplättchen hat: Der Durchmesser beträgt ca. 30 cm. Der durch Schütteln oder Schlagen erzeugte Klang ist das Geräusch des Felles bzw. das Klirren der Schellen.

S THE BYRDS: «Mr. Tambourine Man», auf: *Mr. Tambourine Man*, 1965 (D: CBS)

Tamtam (von malaiisch tammitamm, engl. gong) ist ein metallenes, zumeist bronzenes, rundes und flaches Schlaginstrument mit umgebogenem Rand, das frei in einem Rahmen hängt. Sein Durchmesser beträgt ca. 50–130 cm, doch gibt es auch Riesentamtams von noch größerem Durchmesser. Man schlägt das Instrument mit einem Pauken-, Trommel- oder Filzkopfschlägel und dämpft den Schall mit der Handfläche oder mit einer Filzscheibe. Die Tonhöhe des Tamtams ist unbestimmt (→ Gong).

Tango ist ein Paartanz, der um 1900 aus Buenos Aires – wo er von den unteren Schichten der Bevölkerung von je getanzt wurde – allmählich die ganze Welt, auch und gerade die «vornehme», eroberte. Das Zeitmaß ist langsamer 2/4-Takt, charakteristisch sind die plötzlichen Pausen und Stillstände inmitten der fließenden Schreitbewegungen sowie die Instrumentierung, zu der Violine und → Bandoneon gehören. Von diesem

Tango argentino unterscheidet sich der neuere Tango milonga durch die Synkopenbildung

sowie durch ein schnelleres Tempo. Der Tango erlebte während der achtziger Jahre eine Renaissance in Europa, es gab wieder Tanzveranstaltungen, die ausschließlich diesem Tanz vorbehalten waren, und Tango-Musiker wie der Bandoneon-Spieler Astor Piazzola unternahmen Konzerttourneen. Auch in der Rockmusik gibt es einige Beispiele von Tango-Rhythmik.

S ESPERANTO: *Last Tango*, «Last Tango», 1975 (GB: A & M), Udo Lindenberg und das PANIKORCHESTER: *Ball pompös*, «Rudi Ratlos», 1974 (D: Telefunken); Lisa Dalbello: *She*, «Tango», 1987 (D: EMI)

Tanzmusik. Die europäisch-amerikanische Kunstmusik erhielt wesentliche, ja vielleicht die wichtigsten Anregungen vom Tanz. Die altgriechische Gesamtkunst, die muzike hieß, enthielt außer Dichtung und Musik auch den Tanz, und im Wort Choreographie wird der Hinweis auf ein musikalisches Element – den Chor – weitergeführt. Es ist verbürgt, daß in den Kirchen des Mittelalters auch getanzt wurde, und selbst die Priester haben anläßlich von Prozessionen tanzähnliche Bewegungen ausgeführt. (Die Orgel war ursprünglich ein byzantinisches Hofinstrument, das u. a. zum Tanzen aufwartete.) Das metrische Modell von 4, 8 und 16 Takten, das der europäischen Musik seit etwa 1600 innewohnt und heute jedem Angehörigen dieses Kulturkreises wie naturbedingt erscheint; diese «quadratische» Bauweise geht auf den Einfluß bestimmter Gesellschafts- und Paartänze dieser Zeit zurück. Ein großer Teil europäischer Kunstmusik wurzelt auch unmittelbar im Tanz, wie das die unzähligen Typen des gemessenen und gesprungenen Tanzes, des Paartanzes und des anschließenden Reigens beweisen, die sich in der musikalischen Produktion für Laute und Tasteninstrumente niederschlagen. Außer den später herauskristallisierten Suiten für Klavier und Orchester, deren stereotype Satzfolge Allemande, Courante, Sarabande und Gigue hießen, tauchten im 16.–18. Jahrhundert allerlei andere Tanzarten von lokaler und vorübergehender Bedeutung auf: Siciliano, Folies d'Espagne, Bergamasca, Forlana usw. Im 18. Jahrhundert herrschte der zierliche Hoftanz Menuett vor und wurde auch in die zeitgenössische Symphonik als dritter Satz – bei Haydn, Mozart und dem jungen Beethoven – übernommen. Seine Vorherrschaft wurde im 19. Jahrhundert vom Wiener Walzer abgelöst, dessen bedeutendste Komponisten Joseph Lanner sowie Johann Strauß Vater und Sohn die ursprüngliche Gebrauchsgattung zu verfeinerten Kunstprodukten erhoben. Neben dem Walzer waren die Polka im 2/4-Takt oder die Rheinländer im gelassenen 2/4-Takt beliebt. Man tanzte gern und viel, und nicht selten überstrahlte die Tanzsaison auch wichtige politische Ereignisse (so etwa die Verhandlungen des Wiener Kongresses nach dem Sieg über Napoleon).

Während die früher wichtigsten Tänze (Menuett und Walzer) im ¾-Takt stehen, werden im 20. Jahrhundert, mit Ausnahme des English Waltz, geradtaktige Tanztypen bevorzugt. Ein weiterer Unterschied besteht darin, daß frühere Tanzformen sich viele Jahrzehnte lang behauptet haben; dagegen halten sich die modernen Paartänze – abgesehen von einem Kanon etablierter Standard- und lateinamerikanischer Tänze – nur für wenige Jahre und eventuell sogar nur für eine Saison (Twist, Hully Gully, Slop usw.). Von Bedeutung für die neuere Tanzgeschichte waren folgende Tanztypen: der argentinische → Tango, die kubanische → Rumba, der nordamerikanische Onestep, Foxtrott und → Cakewalk, in den zwanziger Jahren der → Charleston, der Shimmy, nach dem Zweiten Weltkrieg der → Boogie-Woogie sowie die brasilianische → Samba. Wie im Twist exemplarisch belegbar, löste sich der Paartanz immer mehr in einen Tanz zu zweit, jedoch jeder für sich auf: Der motorische Drang wird in Einzelimprovisationen von Bewegung und Gestus ausgelebt. Im Laufe der achtziger Jahre löste sich auch diese virtuelle Paar-Bildung auf, jeder tanzt für sich.

Ebenso wie die Anfänge der Kunstmusik im Tanz wurzeln, steht das erste Jahrzehnt der Rockmusik – seit etwa 1954 – im Zeichen des Paartanzes und der Bewegungsimprovisation zu zweit. Rockmusik war ursprünglich Tanzmusik, wie das der Gebrauchszweck des Rock 'n' Roll der fünfziger Jahre bezeugt: An eine vom Tanz losgelöste «Kunst» dachte man nicht. Doch in dem Maße, in dem → Taktwechsel, irreguläre Rhythmen und – wie im sog. meditativen Rock – rhythmischer Schwebezustand Aufnahme in die Rockmusik fanden, entfernte sich Rock seit den ausgehenden sechziger Jahren immer mehr von einer allzu direkt verstandenen dienenden Funktion. Er wurde immer mehr zu einer selbständigen Kunstgattung, zu der man gelegentlich noch tanzen konnte (und das etwa in Konzerten auch tat, wie man auch zu Schuberts Ländlern tanzen kann), die jedoch kraft ihrer künstlerisch eigenständigen Ausformung ein aufmerksames Zuhören als das angemessenere Verhalten verlangt.

Das Bedürfnis nach Tanz erfüllte daher in den siebziger Jahren eine eigenständige, nur lose mit Rockmusik verbundene Musik, kurz → Disco genannt, nach dem Ort, wo sie zu hören war, wo getanzt wurde: in der → Discothek. Disco-Musik dieser Zeit, kenntlich vor allem an einer den Beat auf jedem Viertel schlagenden, quasi überdimensionalen Bass-Drum und technisch ausgefeilter Produktion, hatte ihrerseits wiederum Auswirkungen auf die Rockmusik. Wie Rockmusik, ist auch Disco-Musik nicht nur Musik, sondern es gehört eine bestimmte Lebensweise dazu, die das Wochenende und den damit verbundenen Besuch in der Disco in den Mittelpunkt des Lebens stellt.

Punk-Rock und zu Beginn auch New Wave um 1976–80 mit ihrer Zurücknahme eines künstlerischen Anspruches brachten die Konzertbesucher wieder zum Tanzen – wenn man → Pogo als Tanz gelten lassen will.

Schon nach 1980 aber erforderte die neue Rockmusik wieder den Zuhörer, so daß auch der Tanz wieder in den Hintergrund geriet; funktionelle Musik für die Discotheken, mit dem Oberbegriff → Dancefloor bezeichnet, übernahm die Funktion der Tanzmusik. Die Grenzen zur Rockmusik sind fließend, gegenseitige Beeinflussung ist die Regel, und häufig handelt es sich um schwarze Musik.
Eine spezielle Tanzform war zu Beginn der achtziger Jahre der → Breakdance mit seinen Abarten; seit Mitte der Achtziger wird die Tanzmusik vor allem von → House und → Hip Hop und deren Mischformen bestimmt. Die Musiker dieses Genres sind zuweilen erklärte Gegner von Rockmusik, obwohl Rockmusik unverzichtbarer Bestandteil dieser Tanzmusik ist. Gegen Ende der achtziger Jahre kam Rockmusik, ergänzt mit allerlei Studio-Gimmicks, erneut in die Discotheken; → Rave, wie der Name der ganzen Bewegung heißt, wird im Gegensatz zu House und Hip Hop wieder von Musikern gemacht.
Tanzen in Discotheken beschränkt sich aber nicht nur auf das rhythmische Bewegen zu einer Musik. Immer spielt auch die Ausstattung der Discothek und besonders die Kleidung der Tänzer eine wichtige Rolle. Schon zu Zeiten der Disco-Tanzmusik achteten Disco-Gänger peinlich genau auf das «richtige» Aussehen – das «Outfit» – ihrer Kleidung. Die häufig dadaistisch inspirierte Kleidung von New Wave-Musikern wurde von Hörern dieser Musik nachgeahmt, mit eigener Phantasie ergänzt und umgeformt und schließlich in der Discothek vorgeführt. So konnte man gegen Ende der achtziger Jahre zum Teil äußerst einfallsreich gekleidete Tänzer sehen, die somit zeigten, daß trotz vieler Umformungen Tanz immer noch eine Möglichkeit der Selbstdarstellung ist.

L Curt Sachs: *Eine Weltgeschichte des Tanzes* (Berlin 1977, engl. New York 1937, London 1938)

Tapping ist eine Gitarrenspieltechnik, bei der die Finger der Spielhand Töne auf dem Griffbrett in der Technik des → Hammering anschlagen. Voraussetzung dieser Technik ist eine ausreichende Verstärkung des Tonsignals. Tapping, in den achtziger Jahren aufgekommen, gehört mittlerweile zum technischen Repertoire der meisten Gitarristen und Bassisten, ist aber vor allem im → Heavy Metal Rock verbreitet (Steve Vai, Steve Stevens u. a.).

S Steve Stevens: *Atomic Playboys*, 1989 (D: Warner Bros.)

Techno bezeichnet keinen eigenen Musikstil, sondern wird als Vorsilbe gebraucht: Techno Pop, Techno House. Der Begriff weist immer auf den vorwiegenden oder ausschließlichen Gebrauch von elektronischen Musikinstrumenten und Computern hin. Anfang der neunziger Jahre kam der Begriff «Tekkno» auf, mit dem eine besonders kompromißlose elektronische Tanzmusik benannt wird.

Teenybopper ist die humoristisch-geringschätzige Bezeichnung für die unteren Jahrgänge der Teenager, also für die 13- bis 16jährigen, deren

Rolle in der Geschmacksbildung des Publikums wie in der Marktstrategie der Plattenfirmen nicht zu unterschätzen ist.

Teiltöne oder Partialtöne. Mit Ausnahme der Sinuswellen sind Schwingungsvorgänge in der Regel zusammengesetzt. Beim Zupfen einer Gitarrensaite z. B. gerät nicht nur die ganze Länge der Saite in Schwingung (Grundton), sondern auch eine Hälfte, ein Drittel, ein Viertel usw. schwingen mit, wobei jede Teilschwingung einen Ton von unterschiedlicher Wahrnehmbarkeit erzeugt. Der Ausdruck «Teiltöne» wird diesem komplexen Schwingungsvorgang gerecht: Der Grundton heißt der 1. Teilton, die Oktave (½ der Saite) der 2. Teilton, die Duodezime (⅓ der Saite) der 3. Teilton usw. Man spricht auch von Obertönen, wobei dann der Grundton nicht mitgezählt wird. So ist der 2. Teilton (Oktave) zugleich der 1. Oberton, die Duodezime der 2. Oberton usw.

Tekkno → Techno

Tempo (ital., Zeit) heißt das vorgeschriebene Zeitmaß, in dem ein Musikstück verläuft. Während der Vorherrschaft der italienischen Musik im 17./18. Jahrhundert entstammten auch die näheren Bestimmungen des Zeitmaßes der italienischen Sprache, so etwa Adagio («langsam»), Moderato («gemäßigt»), Allegro («schnell») und Presto («sehr schnell»). Erst die Romantiker, unter ihnen Robert Schumann, begannen damit, entsprechende deutsche Ausdrücke zu verwenden.
Die Tempovorschrift bezieht sich auf die Dauer eines Taktes oder – weit häufiger – auf einen Zeitwert, dessen Mehrfaches einen Takt ausmacht, zum Beispiel auf ein Viertel. Auch indirekt, durch Angabe der absoluten Zeitdauer eines musikalischen Satzes, kann man das Tempo eines Taktes bestimmen. Seit Einführung des Mälzelschen → Metronoms Anfang des 19. Jahrhunderts kann das Zeitmaß in absoluten Zeitwerten festgelegt werden, während sich der frühere Musiker am Pulsschlag orientierte. Die Vorschrift *Viertelnote* = M. M. 60 z. B. heißt, daß sechzig Viertel in einer Minute gespielt werden sollen, mit anderen Worten, daß jedes Viertel genau eine Sekunde lang ist. Die wichtigste Frage bei der Tempobestimmung ist, welchen Taktbruchteil man zum Maßstab nimmt. Es leuchtet ein, daß das Zeitmaß einer Komposition um so schneller ausfällt, je größer der Taktteil ist, auf den sich die Metronomvorschrift bezieht. Im oben genannten Beispiel (*Viertelnote* = M. M. 60) liegt Moderato vor; bei *Halbe Note* = M. M. 60 dagegen ist das Tempo doppelt so schnell, da in einer Minute nicht sechzig Viertel, sondern ebenso viele Halbe untergebracht werden sollen (dabei *Viertelnote* = M. M. 120, also Presto).
Eine andere Frage von Interesse berührt das Verhältnis von Zeitmaß und Rhythmusdichte innerhalb des Taktes. Wir erleben das musikalische Zeitmaß im Hinblick auf die Taktschwerpunkte, nicht in bezug auf die Ereignisdichte innerhalb eines Taktes, so daß ein Takt, in welchem viele Noten untergebracht

sind, immer noch als langsam empfunden werden kann, wenn sich nur die wiederkehrenden Taktverhältnisse von schwer–leicht über einen längeren Zeitraum hinziehen. Umgekehrt können relativ wenige Noten das Gefühl von Schnelligkeit erzeugen, wenn man in ihnen eine schnelle Taktfolge wahrnimmt (z. B. bei Allabreve-Takt). Die Tempovorschriften sind nicht absolut zwingend, vielmehr haben sie lediglich Orientierungscharakter. Temposchwankungen kommen in einem Musikvortrag regelmäßig vor, und kaum merkliche Verlangsamungen bzw. Beschleunigungen unterscheiden eine lebendige Interpretation von Computermusik. Hinzu kommt, daß man bei → Cover-Versionen immer wieder beobachtet, wie erheblich das Originaltempo eines Stückes in der späteren Fassung abgewandelt werden kann. Bei solchen Abweichungen wird die große Bedeutung des richtig gewählten Tempos ersichtlich. Ein falsch gewähltes Zeitmaß kann ein an sich gewinnendes Stück zu einem Zerrbild machen und seine ästhetische Ausstrahlung zerstören.

Tenor. 1. Die höhere Männerstimme (im Gegensatz zum Baß), die sich im Tonumfang c–a^1 bewegt; bei den einzelnen Stimmfächern (lyrischer Tenor, Heldentenor usw.) verlagert sich dieser Stimmbereich etwas nach oben oder nach unten. – 2. In einem vierstimmigen Satz die zweitunterste Stimme. – 3. Eine Klasse der Instrumente, die einen der menschlichen Tenor-Stimmlage entsprechenden Umfang besitzt, z. B. Tenorposaune, Tenorsaxophon.

Terminologie der Rockmusik. Erfahrung lehrt, daß viele Rockmusiker und Fans der Meinung sind, Fragen der Begriffsbildung – sofern sie die Rockmusik betreffen – seien eine rein akademische Angelegenheit, die den Rockfan und erst recht den Musiker nichts angeht: man bedürfe demnach nicht der Worte, um sich über Rockmusik zu verständigen. Indessen zielt nur ein Teil, besser gesagt, ein Aspekt der Rockmusik auf sinnlichen Genuß ab, über den man in der Tat nicht sprechen kann. Der andere Teil ist dem Nachdenken in Begriffen durchaus zugänglich, insofern Zugehörigkeit zu einer Gattung, Formungsmerkmale, geschichtliche Herkunft und dergleichen erkannt und diskutiert werden können. Wenn zudem das Einverständnis über ein Stück nicht mehr gegeben ist, wenn also Unterschiede und sogar Gegensätze in der Wertung sichtbar werden, erscheint die Sprache mit ihren Begriffen erst recht notwendig, will der Rockhörer sich nicht auf unmotivierte Machtansprüche von «schlecht» und «gut» beschränken. Gibt man die Nützlichkeit musikalischer Begriffe auch im Rockbereich einmal zu, so entsteht die Schwierigkeit, sich auf solche Begriffe zu einigen, die der Rockmusik angemessen sind. Überspitzt könnte man sagen, daß es eine ebenso vielfältige musikalische Terminologie gibt, wie musikalische «Sprachen» oder Traditionszusammenhänge bestehen. Angesichts der Vielfalt musikalischer Systeme und Dialekte wäre es gewiß gewaltsam, die Begriffe eines Systems auf ein anderes, davon unabhängiges, zu übertragen. Bei dem Ringen um eine rockmusikalische Terminologie kann es nicht darum gehen, den Sachverhalten der Rockmusik etwa die jahrhundertealten Begriffe der → Bildungsmusik überzustülpen. Die Begriffe der Rockmusik müssen vielmehr so gewählt und nötigenfalls konstruiert werden, daß mit ihrer Hilfe eine angemessene, der Erkenntnis förderliche Beschreibung des musikalischen Sachverhaltes gewährleistet wird.

Hierbei sind vor allem die Einflüsse zu berücksichtigen, die die Rockmusik anderen Idiomen verdankt. In groben Zügen lassen sich vier Zusammenhänge kausaler Art in der Rockmusik beobachten.

1. Gewisse Techniken stammen unmittelbar vom Jazz, und sie lassen sich daher am besten mit Begriffen beschreiben, die der Jazzsprache entlehnt sind. So ist eine sich immer wiederholende Figur in der untersten Stimme → Riff und nicht etwa «basso ostinato» zu nennen, auch wenn letzterer Begriff aus der Bildungsmusik auf eine weit längere Vergangenheit zurückblickt; denn die betreffende Praxis des Rockmusikers wurzelt im Jazz, nicht in der älteren Bildungsmusik. Wegen solcher direkten Verbindungen mit dem Jazz erscheinen auch Begriffe wie → Break, → Drive, → Blue Notes, → Liner Notes und → Off-Beat gerechtfertigt. (Natürlich muß man sich darüber verständigen, was diese Begriffe im einzelnen bedeuten; gerade in bezug auf den Begriff Off-Beat herrscht keineswegs Einigkeit.)

2. Andere, besonders jüngere Sachverhalte der Rockmusik sind unter dem Einfluß der Bildungsmusik entstanden, auf sie treffen Ausdrücke wie «Round» (d.h. Kanon), → Suite, → Opera, → glissando usw. zu.

3. Bekannt in der Rockmusik sind ferner Einflüsse, die nicht auf den afro-amerikanischen und europäischen Musikbereich zurückgehen und die man verkürzt daher «exotische Einflüsse» nennen könnte. Sie zeigen sich im Rock eher direkt, in der Verwendung von Instrumenten (z.B. → Sitar) sowie in der Musizierart, weniger in der Terminologie. Aber Ausdrücke wie → Raga, → Reggae, «Voodoo» und → meditative Musik knüpfen auch hier an den Wortgebrauch der Ursprungsländer an.

4. Viele Musiziertechniken sind schließlich im Laufe der Geschichte der Rockmusik als deren eigene Beiträge aufgetreten. Sie beziehen sich vielfach nicht auf die Musik, sondern auf technische Verfahren, Organisation und Musikbetrieb (→ Gimmick, → Album, «Polls», → Groupie, → Roadie usw.).

Die Schwierigkeiten einer rockmusikalischen Terminologie werden nicht schon dadurch aufgedeckt, daß jeweils der sachlich-ursächliche Zusammenhang aufgedeckt und der entsprechende Herkunftsbegriff gewählt wird. Die meisten – ursprünglich anderen Musikbereichen entlehnten – Techniken sind im Rock umgeformt worden; die übernommenen Spielweisen haben hier eine eigene Tradition gestiftet, so daß diese, nicht mehr das ursprüngliche Modell (Jazz, Bildungsmusik, exotische Musik), dem jungen Rockmusiker als Maßstab und Vorbild dienen. Es

erscheint somit willkürlich, solche Techniken immer noch mit dem ursprünglichen Namen zu belegen. Das Schlagzeugsolo des Rockdrummers z. B. hat gegenüber dem Jazzvorbild an Länge und rhythmischer Verwicklung zugenommen; die ebenfalls aus dem Jazz stammenden Blechbläser gehen im Jazz-Rock eine Verbindung mit Gitarre und Baßgitarre ein und ergeben daher ein neues Klangbild; die → Rockoper als Gattung wirft unerwartete Schwierigkeiten der Formung wie der Inhaltsvermittlung auf, so daß sie kaum mehr im Zusammenhang mit der älteren Bildungsoper betrachtet werden kann.
Bei all diesem sollte nicht aus dem Blickfeld geraten, daß an der Begriffsbildung auch Stellen mitwirken, deren Anliegen nicht die Förderung einer musikimmanenten Diskussion ist, sondern das nach Marktgesetzen Verkaufen eines Produktes, das zwar möglicherweise neu, nicht aber anders ist als andere Produkte. Die Marketing- und Presseabteilungen der Plattenfirmen schaffen daher neue Begriffe, um die Aufmerksamkeit des Publikums auf eben dieses Produkt zu lenken. Musikjournalisten, die einerseits häufig genug kritiklos auch die unsinnigsten Begriffe, die man ihnen seitens der Industrie offeriert, übernehmen, andererseits beinahe jederzeit in der Lage sind, selbst neue Begriffe zu kreieren, sind ebenfalls in hohem Maße an der Begriffsbildung der Rockmusik beteiligt; musikalische Kenntnisse spielen dabei zumeist keine Rolle. So sieht sich der Rockhörer innerhalb kürzester Zeit mit einer wahren Flut von Begriffen konfrontiert, die häufig musikalische Sachverhalte benennen wollen, deren größtes Unterscheidungsmerkmal noch der Begriff selbst ist.

Terz ist die dritte Stufe einer skalenmäßigen (diatonischen) Tonfolge in steigender Richtung. Als Intervall ist sie klein oder groß, je nachdem ob der Abstand zwischen der Bezugsstufe und der Terz drei Halbtöne oder vier Halbtöne (= zwei Ganztöne) beträgt. Zum Beispiel ist g b eine kleine, g h eine große Terz. Bezieht man die Terz auf den Grundton, so gibt sie Aufschluß darüber, ob Moll oder Dur vorliegt (→ Tongeschlecht). In der afro-amerikanischen Musik und durch ihren Einfluß auf den Rock gelten auch hier kleine und große Terz als → Blue Notes, die untereinander austauschbar sind; Blue Note ist ein unsicher intoniertes Intervall. Durch Oktavenversetzung des Terzintervalles in die falsche Richtung entsteht eine Sexte (g B bzw. g H).

Terzett. 1. Ein Musikstück für drei Vokalstimmen (bei Instrumenten spricht man von Trio). – 2. Für eine Gruppe von drei Musikern verwendet man ebenfalls den Ausdruck Trio.

Terzparallelen kommen in vokalen und instrumentalen Duetten (→ Duos) regelmäßig vor, wobei die Hauptstimme von einer Oberterz wie auch von einer Unterterz begleitet werden kann. Ein Beispiel für die Oberterz-Begleitung findet sich in «All My Loving», für Unterterzparallelen in «Baby's in Black», beide von den BEATLES.

Terzquartakkord ist die zweite Umkehrung eines Grundakkordes, sofern dieser ein Septakkord ist. Im Septakkord g b c^1 e^1 wurde der Grundton c, auf welchem der terzweise Bau der anderen Töne beruht, um eine Oktave höher versetzt (erste Umkehrung), ebenso die Terz e (zweite Umkehrung); hierdurch wird die Quinte des Septakkordes (g) zum tiefsten Ton. Von ihm gerechnet ergeben b und c^1 eine Terz und eine Quarte: daher stammt der Name dieser Akkordstruktur.

Texte in der Rockmusik. Auch wenn man die → Jazz-Rock genannte Stilrichtung zu den Rockidiomen zählt, bilden mit Sprachtext verbundene Gesangsstücke etwa 95% aller Rockmusik. Bis 1970 war der Anteil von Textvertonungen noch größer, und es erscheint charakteristisch, daß im Gesamtschaffen der BEATLES nur zwei reine Instrumentalstücke enthalten sind («Cry For A Shadow», 1961, und «Flying» auf dem Album *Magical Mystery Tour*, 1967). Das Vorhandensein eines Textes heißt allerdings nicht, daß durch ihn in jedem Fall eine nennenswerte Botschaft von einigem Informationsgehalt ausgesendet wird; allzuoft scheint der Text nach der Musik entstanden zu sein und enthält deshalb Worte in passender Länge und mit dem passenden Klang. Es scheint zwischen Musikern und Publikum eine stillschweigende Abmachung zu geben, daß der Inhalt eines Textes nicht weiter wichtig ist. Erst recht trifft dies auf Länder zu, wo englischsprachige Rockmusik zwar gehört wird, aber Englisch nicht die Landessprache ist.

Aber selbst deutsch singende Rockmusiker kann man nicht immer verstehen; umgekehrt kann man ahnen, daß manch ein Rockhörer sich von bundesdeutscher Rockmusik abwendet, weil er die Texte versteht.

Dabei unterscheiden sich die Themen, über die Rockmusiker singen, von Nation zu Nation nur unwesentlich voneinander. So gut wie immer steht die Liebe im Vordergrund, meistens die unglückliche, des weiteren die eigene Befindlichkeit und das Leben in der Großstadt; selten sind Rocktexte humorvoll oder gar selbstironisch. Satirische Texte dagegen gibt es bei vielen Gruppen. Auf poetische Qualitäten legen die meisten Musiker keinen Wert; manch eine Rockband beschäftigt sogar einen Text-Dichter, weil es den Mitgliedern an Einfällen mangelt. Andere Musiker wiederum sind in erster Linie Dichter, Leonard Cohen etwa oder die Engländerin Anne Clarke. Für sie ist die Rockmusik eine Möglichkeit, einem Publikum die eigenen Texte vorzutragen (→ Lyrics).

L Bruce L. Chipman: *Hardening Rock. An Organic Anthology of the Adolescence of Rock 'n' Roll* (Boston/Toronto 1972); Richard Goldstein (Hg.): *The Poetry of Rock* (New York 1969); Stephanie Spinner (Hg.): *Rock is beautiful. An Anthology of American Lyrics 1953–1968* (New York 1970); Bob Sarlin: *Turn It Up! (I Can't Hear The Words)* (New York 1973, London 1975); Peter Urban: *Rollende Worte – die Poesie des Rock. Von der Straßenballade zum Pop-*

Song. Eine wissenschaftliche Analyse der Pop-Song-Texte, 1979 (Fischer Taschenbuch Verlag, Frankfurt am Main).

Thema ist eine melodisch, harmonisch und rhythmisch geprägte Einheit von der Länge mehrerer Takte, die als ein musikalischer Gedanke einem Musikstück ganz oder teilweise zugrunde liegt. Beim einteiligen Strophenaufbau wie etwa Bill Haleys «Rock Around the Clock» sind Gesangsteil und Thema identisch, und dieses Thema kehrt in allen Strophen unverändert wieder (dazwischen wird ein instrumentales Spiel eingeschoben). Eine zweiteilige Strophe aus Refrain und Bridge (Couplet) besteht entsprechend aus zwei ausgedehnten Themen. Bei kürzeren Themen ist es nicht immer möglich, Thema und Motiv voneinander zu unterscheiden. Im allgemeinen gilt, daß das Motiv eine kürzere und musikalisch offene Intervallfolge aufweist, während das Thema ein mehr oder minder geschlossenes Gebilde darstellt. Das Erfassen des musikalischen Zusammenhanges beruht zum großen Teil auf der Fähigkeit, ein Thema bei seiner Wiederkehr und in seinen Abwandlungen, Abspaltungen und Umformungen wiederzuerkennen.

Theorbe (engl. theorbo) ist eine vom 16. bis zum 18. Jahrhundert gebrauchte Baß- oder Erzlaute (ital. arciliuto) mit zweifachem Wirbelkasten und 16saitigem Bezug. Acht Saiten sind Griffsaiten und laufen in den rechten Wirbelkasten; die anderen acht Saiten sind freie Saiten (sogenannte Bordunsaiten), die leer mitschwingen und in den linken, seitlich versetzten Wirbelkasten laufen. Um 1600 war die verbreitetste Stimmung bei den Griffsaiten E F G c f a d g, bei den Bordunsaiten $_1$D $_1$E $_1$F $_1$G $_1$A $_1$H C D. Es gab daneben auch 14saitige (sogenannte Römische Theorben) und 17saitige Instrumente.

S AMAZING BLONDEL: *Fantasia Lindum*, 1971 (GB: Island).

Theremingerät (Ätherwellengerät) ist ein elektroakustisches Musikgerät aus der Pionierzeit der elektronischen Musik um 1920, benannt nach seinem Erfinder, dem Russen Leo Theremin. Schwingungen um 300 kHz werden von zwei Hochfrequenzgeneratoren erzeugt und über einen Modulator sowie über ein Tiefpaßfilter geleitet und anschließend verstärkt, so daß die entstehenden niedrigen Differenzschwingungen im Lautsprecher hörbar werden. Die Tonhöhe kann durch Bewegen einer Hand im elektrischen Feld der einen von zwei Antennen verändert werden: Nähert sich die Hand dieser «Spielantenne», so steigt der Ton und umgekehrt. Durch Rückkopplung entsteht so ein Pfeifen, das in eine musikalische Tonleiter eingefangen werden kann.
Theremin hat einige Jahre in den USA verbracht und sein Instrument dort weiter vervollkommnet («Aetherophon»); über eine zweite Antenne bzw. durch einen mit Pedal geregelten Widerstand konnte auch die Lautstärke modifiziert werden. Die Radio Corporation of America (→ RCA) hat dieses verbesserte Modell hergestellt und auf den Markt

gebracht. Das Musikgerät regte namhafte Komponisten wie Edgar Varese und Bohuslav Martinu an und lieferte die schrillen Heultöne in unzähligen Horrorfilmen. Es wird auch in den Pausen zwischen den einzelnen Rockstücken gespielt, die auf der LP *Lothar And The Hand People* von 1968 (USA: EMI/Capitol) enthalten sind; diese Platte wurde von dem Elektroingenieur Robert Margouleff produziert (Lothar ist das Theremingerät selbst; Margouleff gehörte später zu dem Duo TONTO's EXPANDING HEAD BAND). Ein Jahr früher, 1967, erscheint das kuriose Instrument in «Good Vibrations» der BEACH BOYS (noch früher auf *Pet Sounds*, ebenfalls von den BEACH BOYS); es ist beinahe ständig im Hintergrund zu hören. Die Spielweise des Theremingerätes kann man in dem Film *Led Zeppelin – The Song Remains the Same* sehen. Wenn das Theremin auch völlig aus der Rockmusik verschwunden ist, so tauchen ab und zu doch die vertrauten, glissandierenden Pfeiftöne des Instrumentes – vermutlich mit Hilfe eines Synthesizers erzeugt – auf Rockplatten auf, beispielsweise bei Sam Brown auf *April Moon* in dem Song «Mindworks».

S LOTHAR AND THE HAND PEOPLE: –, 1968 (USA: Capitol/EMI); THE BEACH BOYS: *Smiley Smile/Wild Honey*, 1990 (USA: Capitol; die CD enthält auch eine frühere Version sowie Ausschnitte aus den Proben); THE BEACH BOYS: *Pet Sounds*, 1966 (USA: Capitol); Sam Brown: «Mindworks», auf: *April Moon*, 1990 (D: A & M)

Tin Pan Alley hieß die Höhe der 28.–35. Straße New Yorks zwischen der Fifth und der Sixth Avenue. In den ersten Jahrzehnten des 20. Jahrhunderts besaßen hier viele US-amerikanische Musikverlage – so etwa Witmark & Sons, Marks and Stern, Harris und Harry von Tilzer – ihre Büros, in denen ausgiebig auf mit Papierstreifen gedämpften (und wohl auch verstimmten) Klavieren gespielt wurde; der Klang erinnerte den Journalisten Monroe Rosenfeld im Jahre 1903 an den Klang von Blechpfannen, eben an Tin Pans. Die «Ruhestörer» waren Pianisten, die «Song Plugger», die die Stücke von Hausautoren oder freien Komponisten vorführten. Die große Macht dieser Musikverlage war mit der Dominanz der Schlager- und Filmmusik eng verbunden; sobald → Rock 'n' Roll und Folksong-Bewegung sich durchzusetzen begannen, büßten die Musikverleger viel von ihrem Einfluß ein. Im übertragenen Sinn steht Tin Pan Alley sowohl für die Schlagerindustrie als auch für den US-amerikanischen Schlager selbst.

L David Ewen: *The Rise and Fall of Tin Pan Alley* (New York 1964); Isaac Goldberg: *Tin Pan Alley*, 1961 (F. Ungar Publishing Co., New York)

Toasting wird der beschwörende Sprechgesang von Reggae-Musikern genannt. Wie US-amerikanische Rapper (→ Rap) zu Funk- und Soul-Musik sprechen jamaikanische Sound System DJs zu den Klängen ihrer Reggae-Platten. Die Texte sind oft verschlüsselte, satirische Botschaften an die Zuhörer. Der erste einem größeren Zuhörerkreis bekanntgewordene Toaster war U-Roy; weitere waren Dennis Alcapone und Mitglieder der Gruppen BIG YOUTH und BRIGADIER JERRY. Linton Kwesi Johnson schließlich hat Toasting zu einer poetischen Kunst entwickelt: Seine Dichtungen erfindet er nicht im Augenblick, sondern schreibt sie auf und liest sie zu Reggae-Musik vor. (→ Reggae)

Tom-Tom ist ein in verschiedenen Größen hergestelltes, mit Schlag- und Resonanzfell bespanntes Trommelinstrument. Das Resonanzfell wird häufig vom Schlagzeuger demontiert; es hat keine Schnarrsaiten. Tom-Toms erzeugen je nach Größe, also dem Durchmesser des Kessels, einen mehr oder weniger tiefen Ton, der mit der Spannung des Felles in gewissen Grenzen im Zusammenklang mit anderen Tom-Toms gestimmt werden kann. Zu diesem Zweck verfügt der das Fell haltende Spannreifen über Stimmschrauben. Kleinere Tom-Toms werden an der Bass-Drum oder auf besonderen Ständern befestigt, größere stehen zumeist auf Beinen auf dem Boden. In der Regel gehören zu einem Schlagzeug-Set wenigstens zwei Tom-Toms, die Grundausstattung beträgt für Rock-Drummer in der Regel drei Tom-Toms, in der Zahl sind nach oben nur praktische Grenzen gesetzt.
Während im Jazz und früher auch in der Rockmusik Tom-Toms benutzt wurden, deren Kesseltiefe geringer war als ihr Durchmesser, so haben sich in den achtziger Jahren, ausgehend vom Hardrock und Heavy Metal, überquadratische Toms durchsetzen können: Da ihr Kessel länger (tiefer) ist als der Durchmesser, entwickeln sie einen tieferen und lauteren Ton. Eine spezielle Bauform kam in den siebziger Jahren auf Anregung des Schlagzeugers Billy Cobham mit den Gong-Toms auf; ihr Durchmesser ist wesentlich größer als ihre Kesseltiefe, ihr Ton tief und langanhaltend singend.
Toms sind neben den Becken die wesentlichen klanglichen Gestaltungsmittel des Schlagzeugers. Formverdeutlichende → Fill ins werden zumeist auf den Toms gespielt. Auch zum Setzen von Akzenten sind Tom-Toms unerläßlich.
Bei Live-Konzerten wird der Ton der Tom-Toms in der Regel sehr stark gedämpft, so daß er kaum noch zu hören ist; der Klang wird dann mit Hilfe des Mischpultes wieder restauriert. Der Vorteil dieses Vorgehens liegt darin, daß dieser Ton vom Mischpult aus kontrolliert und gegebenenfalls angepaßt werden kann. (→ Schlagzeug)

Tonalität, genauer Dur-Moll-Tonalität, ist das um 1600 auftretende, in den folgenden Jahrzehnten sich verstärkende und bis ins 20. Jahrhundert hineinreichende System, in welchem jeder Ton und jeder Akkord auf einen zentralen Ton (den Grundton der jeweiligen Dur- bzw. Moll-Skala) bezogen wird. Auf das gefestigte Tonalitätsgefühl baut die funktionale Harmonielehre Hugo Riemanns (1849–1919), in deren Auffassung sich die dur-moll-tonale akkordische Musik auf die drei harmonischen Funktionen Tonika

(1. Stufe), Subdominante (4. Stufe) und Dominante (5. Stufe) reduzieren läßt. Tonalität behauptet sich – als «erweiterte» oder «schwebende» Tonalität – auch heute noch und zeigt darin, daß sie selbst, freie Atonalität und serielle Techniken einander nicht so unversöhnlich gegenüberstehen, wie das noch die allzu eindimensionale Fortschrittsvorstellung einer älteren Generation (Theodor W. Adorno) glauben machen wollte; offensichtlich können sie zur gleichen Zeit nebeneinander existieren.
Die Rockmusik wurzelt auch in ihren vielschichtigsten Werken in der harmonischen Dur-Moll-Tonalität und kann in dieser Hinsicht geradezu konservativ genannt werden. Eine Auflockerung erfährt dieses tonale System einmal durch ältere, außereuropäische Einflüsse (→ Blue Notes, Fehlen von → Leittönen usw.), dann durch sparsam angewendete moderne Techniken wie → Cluster (Tonanhäufung, Tontraube), → Collage und → Minimal Music.

Tonart (engl. key) heißt die zweifache Bestimmung eines Musikstükkes, nämlich auf Grund seines → Tongeschlechts sowie der Tonstufe im → Quintenzirkel, auf der es steht. Nach dem Tongeschlecht unterscheidet man zwischen → Dur und → Moll. Damit die Intervallstruktur des jeweiligen Tongeschlechts gewahrt bleibt, erweisen sich Tonversetzungen, d. h. Erhöhungen und Erniedrigungen mit Hilfe von Vorzeichen, als unumgänglich. Dementsprechend kann man schon mit einem Blick auf die zu Beginn des Liniensystems angebrachten Vorzeichen (Kreuz und Be) ablesen, in welcher Tonart das betreffende Stück steht:

6× ♯	Fis-Dur oder dis-Moll
5× ♯	H-Dur oder gis-Moll
4× ♯	E-Dur oder cis-Moll
3× ♯	A-Dur oder fis-Moll
2× ♯	D-Dur oder h-Moll
1× ♯	G-Dur oder e-Moll
– ohne Vorzeichen	C-Dur oder a-Moll
1× ♭	F-Dur oder d-Moll
2× ♭	B-Dur oder g-Moll
3× ♭	Es-Dur oder c-Moll
4× ♭	As-Dur oder f-Moll
5× ♭	Des-Dur oder b-Moll
6× ♭	Ges-Dur oder es-Moll

Die mitverzeichnete Molltonart bildet die Paralleltonart zum jeweiligen Dur (und umgekehrt).

Tonband → Magnettongerät

Tongeschlecht. Nach dem Tongeschlecht unterscheidet man zwischen Dur und Moll mit den Intervallfolgen Dur: Grundton + 1 + 1 + ½ + 1 + 1 + 1 + ½ Ton (z. B. c d e f g a h c),
Moll: Grundton + 1 + ½ + 1 + 1 + ½ + 1 + 1 Ton (z. B. c d es f g as b c).
(→ Dur, → Moll, → Tonart)

Tonika heißt der erste Ton (Grundton) einer Dur- bzw. Molltonleiter, im System der harmonisch-funktionalen → Tonalität also derjenige Ton, auf den alle anderen Töne bezogen werden. Tonika-Akkord (abgekürzt T) ist der Dur- bzw. Mollakkord auf der ersten Stufe; um ihn zentriert sich das gesamte Kadenzgeschehen, indem sich die anderen Akkorde als eine Entfernung von und Rückkehr zu der Tonika interpretieren lassen (→ Dominante, → Subdominante, → Harmonie, → Kadenz).

Tonleiter oder Skala (engl. scale) ist eine Abstraktion: Der in einem Kulturraum verwendete Tonvorrat wird nach Tonhöhen geordnet und in Deutung des musikalisch gemeinten Sinns in Grundtöne, Nebentöne, Zusatztöne und Schleiftöne eingeteilt. Die Tonleiter als eine systembildende Erfindung wirkt freilich ihrerseits auf die Musizierpraxis zurück und bezieht die melodische Gestaltung von vornherein auf das Tonleitersystem. Tonleitern unterscheiden sich voneinander durch die Anzahl der Töne sowie durch die Abstände (Intervalle) zwischen den einzelnen Tönen. Die bekannteren Tonleitern sind (bezogen stets auf c):

Pentatonische Tonleitern:
c d e g a c
c d f g a c
c es g a b c
c des f g as c

Modale Tonleitern:
dorisch: c d es f g a b c
phrygisch: c des es f g as b c
lydisch: c d e fis g a h c
mixolydisch: c d e f g a b c
aeolisch: c d es f g as b c
ionisch: c d e f g a h c

Dur (aus Ionisch entwickelt):
c d e f g a h c

Moll (aus Aeolisch entwickelt):
c d es f g as b c

Melodisches Moll:
c d es f g a h c b as g f es d c

Harmonisches Moll:
c d es f g as h c

«Zigeuner-Tonleitern»:
c d es fis g as h c
c des e f g as h c

Ganztonskala:
c d e fis gis b c

Chromatische Tonleiter:
c cis d es f fis g gis a b h c

Top Forty Stations sind Rundfunksender in den USA, die vor allem die wöchentlichen Hits spielen (→ AM Radio, → FM Radio). Top Forty Bands sind dementsprechend Rockbands, die sich bemühen, eben diese Hits auf Veranstaltungen live zu spielen.

Tower Records war ein kurzlebiges Label in Kalifornien, auf dem u. a. THE CHOCOLATE WATCH BAND, Kim Fowley und Ian Whitcomb erschienen.

Track. 1. Eine im Aufnahmestudio verwendete Tonbandspur. – 2. In Analogie zur einzelnen Tonbandspur eine Aufnahmespur in einem → Sequencer. – 3. Die auf der Schallplatte aufgezeichnete Kopie eines Musikstückes, im weiteren Sinn das Musikstück selbst.

Traditional ist der übliche Vermerk auf Plattenhüllen und über einem notierten Musikstück, der besagt, daß der Komponist und/oder der Textdichter eines älteren Liedes nicht bekannt und somit auch urheberrechtlich nicht geschützt ist. Zumeist handelt es sich um Volkslieder, Bluesstücke, alte Märsche und dergleichen, die in einem neuen Arrangement erscheinen (in US-Amerika etwa «Will The Circle Be Unbroken» oder «House of The Rising Sun», in Großbritannien beispielsweise «Maggie Mae»).

S The Albion Band: *1990*, «Rambleaway», 1990 (CH: Topic)

Transkription ist Übertragung einer gehörten Musik in schriftliche Zeichen, zumeist in Noten. Die Musikethnologie, die sich mit der überwiegend schriftlosen Musik der außereuropäischen Musikkulturen befaßt, hat Methoden entwickelt, die auch im Rockbereich mit Gewinn herangezogen werden können. Geringer sind die Schwierigkeiten einer schriftlichen Fixierung beim Rock insofern, als sein Zeitmaß konstant bleibt und auch die rhythmischen Werte sich zumeist auf einfache Beziehungen wie 1:2, 1:3, 1:4, 2:3 usw. reduzieren lassen. (Im Gegensatz hierzu läßt sich der rhythmisch freie Vortrag z. B. balkanischer, türkischer, arabischer Musikstücke zumeist nicht in das europäische Taktsystem einzwängen.) Probleme ergeben sich teils bei verwickelteren Rhythmen, wie sie von schwarzen, US-amerikanischen Schlagzeugern improvisiert werden (vgl. etwa Billy Cobham auf Schallplatten des Mahavishnu Orchestra); hier kann die sogenannte Springer-Maschine gute Dienste leisten, die es ermöglicht, schnelle Tonfolgen in langsame umzusetzen, ohne daß hierdurch die Tonhöhe geändert wird, wie das bei der Transkription mit Hilfe von Tonbandgeräten der Fall ist. Es gibt auch kleine Sample-Geräte (→ Sampling), die kurze Tonfolgen speichern und beliebig oft in langsamerer Geschwindigkeit reproduzieren können. Auch bei diesem Verfahren bleibt die Tonhöhe unverändert. Teils entstehen Schwierigkeiten dadurch, daß für die elektronisch oder halbelektronisch erzeugten Klänge bislang keine Notierungsweise entwickelt werden konnte. Die Notation der europäisch beeinflußten Kunstmusik rechnet mit genau bestimmbaren Tonhöhen, Zeitwerten und Klangfarben; für die Rockmusik hingegen sind allmählich sich verändernde Klangstrukturen und Klangfarben kennzeichnend, deren unzählig viele Zwischenwerte von einem so groben Raster, wie es die Notation ist, nicht aufgefangen werden. Eine Filterung (z. B. → Wah-Wah), ein → Phasing-Effekt, ein bestimmter → Nachhall usw. können in ihren feinsten Abstufungen relativ genau mit dem Gehör wahrgenommen werden, und der technisch Kundige kann die gehörten Klangveränderungen wiederholen; aber sie können nicht notiert, sondern höchstens sprachlich umschrieben oder in Diagrammen dargestellt werden. Schematische Schaltbilder von der Zusammenschaltung beispielsweise von Gitarre, Effektgeräten, Verstärker und Lautsprecher zeigen dem mit der Materie Vertrauten durchaus, mit welchem Klang er zu rechnen hat. Absolut reproduzierbar ist allerdings kein Klang, denn ein nicht unwesentliches Element ist die individuelle Spielweise dieses oder jenes Musikers – Eric

Claptons Gitarrenklang läßt sich auch mit dessen eigenen Gerätschaften nicht von einem anderen Gitarristen getreu nachvollziehen. Im Rockbereich (auch im Bereich des Free Jazz und den nur annähernd notierbaren Klangkompositionen der sogenannten → Avantgarde) kann das Ohr alles, dagegen das Auge fast nichts ausrichten (→ Notation der Rockmusik).

Transponierende Instrumente heißen diejenigen Instrumente, deren Stimmen anders notiert werden, als sie erklingen. Zu ihnen gehören die Gitarre und die Baßgitarre, die eine Oktave tiefer erklingen als die Töne notiert sind; ebenso Piccoloflöte, Celesta usw. Im engeren Sinne jedoch nennt man diejenigen Blasinstrumente transponierend, die in einem anderen Ton als C gestimmt sind, wobei dieser jeweilige Grundton des Instrumentes dennoch als C notiert wird.
Zum Beispiel ist der Grundton der B-Klarinette der Ton B, der jedoch als der Ton C notiert wird. Der Spieler hat dementsprechend die Aufgabe, jede Note um einen Ganzton tiefer zu intonieren, etwa f statt g, d statt e usw. Die notierte Tonfolge (1) erklingt demnach wie (2).

(1)

(2)

Transponierende Instrumente, die in der Rockmusik verwendet werden, sind: Klarinette und Baßklarinette in A und B, Englisch Horn in F, Horn in D, Es und F, Trompete in B, D, Es und F, Kornett in A und B sowie Saxophone in Es, F und B.
Gelegentlich wird die Stimme auch dieser Instrumente – zur Vereinfachung beim Lesen – so notiert, wie sie tatsächlich erklingt; auf diesen Umstand wird dann eigens hingewiesen (Transposition).

Transposition oder Transponieren nennt man das Verfahren, ein Musikstück in eine andere Tonart zu versetzen. Transposition erweist sich dann als notwendig, wenn der Umfang der Singstimme anders gelagert ist als der Umfang der notierten Vokalstimme. Während die Transposition dem Sänger keine Schwierigkeiten bereitet (die seltenen Fälle von absolutem Gehör ausgenommen), müssen sich die Instrumentalisten auf einen anderen Fingersatz umstellen und sich gleichsam auf zwei Bahnen gleichzeitig bewegen. Mitunter wird eine Transposition auch in der Schallplattenproduktion vorgenommen, um Teile von Musikaufnahmen zusammenzufügen. George Martin, Produzent der BEATLES, beschreibt dieses Verfahren, das bei der Aufnahme für den Song «Strawberry Fields Forever» zur Anwendung kam.

L George Martin: *All You Need Is Ears* (London 1979)

Tremolo entsteht, wenn die Lautstärke eines ausgehaltenen Tones periodisch und gleichmäßig in einem schnellen Wechsel verändert wird. Das Tremolo wird nicht selten mit dem Vibrato verwechselt, das jedoch auf einer periodischen Veränderung der Tonhöhe beruht (der gelegentlich verwendete Begriff «Amplitudenvibrato» trägt zur weiteren Begriffsverwirrung bei). Verstärker-Lautsprecher enthalten mitunter auch einen Tremolo-Regler. Daß diese Klangumwandlung auch bei der Gesangstimme reizvoll eingesetzt werden kann, hört man bei FAMILYS *Music in a Doll's House* von 1968, ebenso bei PFMs *Jet Lag* von 1977.

Triangel ist ein aus einem dicken Draht dreieckig gebogenes Schlaginstrument von sehr hoher, unbestimmter Tonhöhe, das frei hängend mit einem Metall- oder Holzstab angeschlagen wird. Oft wird es mit der Hand gedämpft, um einen Ton von bestimmbarer Länge zu erreichen. Zur Markierung von Rhythmen findet es auch in der Rockmusik und in der → Cajun Music Verwendung.

S Peter Gabriel: *So*, 1986 (D: Virgin)

Trio. 1. Ein instrumentales Musikstück für drei Stimmen. – 2. Eine Gruppe von drei Musikern, im Rock mit den vorherrschenden Besetzungen Gitarre/Baß/Schlagzeug (THE JIMI HENDRIX EXPERIENCE, CREAM, THE POLICE) und Gitarre/Orgel (Klavier)/Schlagzeug (TONY WILLIAMS LIFETIME zur Zeit von *Emergency*, 1969). Unter den vielen Trio-Formationen seien noch BACK DOOR, THE NICE, EMERSON, LAKE & PALMER, TANGERINE DREAM, WEST COAST POP ART EXPERIMENTAL BAND, TROYKA, JAN DUKES DE GREY, STEVE SALAS COLOURCODE und die bundesdeutsche Band TRIO genannt; mittlerweile sind aber auch aus den Bands GENESIS und PINK FLOYD Trios geworden.
Trios sind häufig sehr kreative Formationen, in denen sich manchmal auch die Machtansprüche der einzelnen Mitglieder in künstlerische Erfolge ummünzen. Die auf den ersten Blick spärliche Instrumentierung kann sich dann als ein Vorteil erweisen: viele Songs von CREAM oder POLICE leben geradezu von einem ausgesparten, auf das Wesentliche beschränkten Arrangement. Andererseits ermöglicht es die übliche Mehrspurtechnik leicht, weitere Instrumente in die Arrangements aufzunehmen. In Live-Konzerten müssen die einzelnen Musiker dann häufig mehrere Aufgaben gleichzeitig auf sich nehmen: Da Rockmusik eine vokale Musik ist, ist einer der Instrumentalisten gleichzeitig auch der Sänger. Gordon «Sting» Sumner beispielsweise beschränkte sich bei POLICE nicht nur auf Gesang und Baßspiel, sondern benutzte häufig auch ein zusätzliches Baß-Pedal (Moog Taurus; → Synthesizer) und mußte seine Effektgeräte im Auge haben.

Triole (Dreier, engl. triplet) heißt die irreguläre Aufteilung einer Note, die auf Grund der Taktverhältnisse nur in 2, 4, 8 usw. teilbar ist, in drei gleiche Teile. Sie wird mit einer eckigen oder runden Klammer zusammengefaßt und mit der Ziffer 3 versehen.

Trombone →Posaune

Trommel (engl. drum). Man unterscheidet zwischen Trommeln ohne und mit Resonator sowie zwischen ein- und zweifelligen Trommeln. Eine Trommel ohne Resonator – also ohne klangverstärkenden Kessel – und mit einem Fell ist die Hand- oder Schellentrommel, deren Membran über einen runden Holzreifen gespannt ist. Die Regel bilden Trommeln mit Resonator. Einfellige Trommeln sind z. B. → Bongo und Conga, auch die Kesselpauke des Symphonieorchesters. Die zweifellige Trommel findet im Jazz und im Rock vielfältige Anwendung (Kleine Trommel mit und ohne Schnarrsaiten, Große Trommel mit Fußmaschine). (→ Schlaginstrumente)

Trompete (engl. trumpet) ist ein Blechblasinstrument, dessen Schallröhre überwiegend zylindrisch und eng mensuriert ist, in einen Schalltrichter ausläuft und ein halbkugelförmiges Kesselmundstück besitzt; ihr Material ist Messing oder Neusilber. Auf der früheren Naturtrompete konnte man lediglich die jeweiligen Naturtöne anblasen, so daß für die damals gebräuchlichen Tonarten ebenso viele Instrumente benötigt wurden. Seit Erfindung der Ventile um 1830 kann die Trompete innerhalb ihres Tonumfanges jeden gewünschten Ton zum Erklingen bringen. Im Jazz seit eh und je verwendet (King Oliver, Louis Armstrong, Dizzy Gillespie, Roy Eldridge, Winton Marsalis), erlangte die Trompete seit etwa 1970 auch in der Rockmusik eine gewisse Bedeutung, vor allem in der Jazz-Rock genannten Richtung (BLOOD, SWEAT & TEARS, CHICAGO, CHASE usw.). Als Kolorit hatten bereits die BEATLES für ihren Song «Penny Lane» (1967) den Klang einer Trompete zu nutzen gewußt.

Trugschluß heißt eine akkordische Fortschreitung, bei der auf den dominantischen Akkord nicht der erwartete Dreiklang auf der Tonika folgt, sondern der Akkord auf der sechsten Stufe; die harmonische → Kadenz wird infolge des Trugschlusses verzögert.

Tuba ist ein Bügelhorn mit gewundener Form in der Baßlage. Man unterscheidet zwischen Baßtuba mit dem Tonumfang A_1–a^1 (Stimmung in F oder Es) und Kontrabaßtuba mit dem Tonumfang Es_1–es^1 (Stimmung in C und B). Das Instrument ist nur selten auf Rockschallplatten zu hören; Beispiele gibt es bei BLOOD, SWEAT & TEARS, deren Posaunist Dave Bargeron die Tuba virtuos spielte. Im Jazz wird die Tuba häufiger eingesetzt, etwa bei Lester

Bowies Gruppe BRASS FANTASY: Auf dem Album *Avant Pop* (1986) sind einige Rocksongs zu hören, arrangiert für Blechbläser und Schlagzeug. Die Tuba spielt Bob Stewart. Obwohl das Instrument in der Rockmusik nicht gebräuchlich ist, ist der für dieses Instrument typische Stil, der mächtige Klangstoß, auch bei Rockbassisten zu hören, die auch die charakteristische Baßbegleitung der Tuba nachahmen. Besonders die Spielweise von Paul McCartney ist häufig bei der Tuba entlehnt, wie Songs wie «When I'm Sixty-four» und «Maxwell's Silver Hammer» zeigen. Vermutlich wird hier der Einfluß aus der britischen Marschmusik deutlich.

S BLOOD, SWEAT & TEARS: *In Concert*, 1976 (NL: CBS); Lester Bowie & BRASS FANTASY: *Avant Pop*, 1986 (D: ECM); THE BEATLES; *Abbey Road*, 1969/1987 (D: EMI); FLASH AND THE PAN: «Something About You», auf: *Flash and the Pan Collection*, 1990 (D: Epic/CBS)

Tubular Bells → Röhrenglocken

TV-Merchandising nennt man fernsehbeworbene Hitkopplungen, die seit Mitte der siebziger Jahre zum festen Bestandteil der Musikindustrie und des Musikhandels geworden sind. Waren es am Anfang hierauf spezialisierte Firmen wie K-tel und Arcade, so übernahmen die etablierten Plattenfirmen dieses Feld etwa seit 1980 selbst; offensichtlich waren diese → Sammelplatten so erfolgreich, daß die anderen Schallplattenfirmen das Geschäft gern selbst machen wollten. Die zeitweise sehr enge Verbindung der Schallplattenindustrie mit dem öffentlich-rechtlichen Fernsehen führte dann im Laufe der achtziger Jahre dazu, daß die Titel von Fernsehsendungen für die entsprechenden Schallplattenserien übernommen wurden (*Formel eins, Ronny's Pop Show*). Werbung für Schallplatten außerhalb von Schallplattenläden ist in Deutschland weitgehend unüblich und erst während der achtziger Jahre aufgekommen. Noch immer wird sehr selten für eine bestimmte Schallplatte einer bestimmten Gruppe geworben, obwohl gerade TV-Merchandising sich als erfolgreiches Mittel bewährt hat. Beworben werden allerdings fast ausschließlich Sammelplatten. Offensichtlich ist aber auch, daß die Schallplattenindustrie mit Fernsehsendern wie → MTV das ideale Werbeforum gefunden hat. (→ Fernsehen und Rockmusik; → Merchandising)

S *Ronny's Pop Show*, 1984ff (NL: CBS)

Tweeter ist ein Hochtonlautsprecher, wie er z. B. in einem PA-System zum Einsatz kommt.

Twist war ein Modetanz der beginnenden sechziger Jahre, eingeführt von Chubby Checker («Let's twist again») und der New Yorker Plattenfirma Cameo (→ Cameo Parkway Records). Der schnelle geradtaktige Tanz gab den Paaren die Gelegenheit, in gekrümmter Haltung ausschließlich mit der kunstvollen Verrenkung der Glieder beschäftigt zu sein. Twist war der erste Tanz, bei dem die paarweise Tanzenden sich überhaupt nicht mehr berührten.

1988 kam es noch einmal zu einem kurzen, eher komischen Revival der Musik zu diesem Tanz, als die FAT BOYS aus «Twist Again» zusammen mit Chubby Checker einen Hip Hop-Song bastelten. Zu einer Renaissance des Tanzes reichte es indes nicht.

S FAT BOYS: *Coming Back Hard Again*, 1988 (D: Polydor)

Two Tone nannte sich ein Label, auf dem Anfang der achtziger Jahre → Ska einiger britischen Bands wie SELECTER, MADNESS und SPECIALS sowie des Posaunisten Rico erschien.

U

Übermäßige Intervalle heißen die reinen Intervalle Quarte, Quinte, Oktave und deren Oktavversetzungen, wenn sie infolge der Tonleiterstruktur oder (meistens) infolge der alterierenden, d. h. versetzenden Vorzeichen um einen Halbton vergrößert werden. So ist f/h eine übermäßige Quarte, f/cis^1 eine übermäßige Quinte und f/fis^1 eine übermäßige Oktave. Andere Intervalle, die sonst klein oder groß sind wie Sekunde, Terz, Sexte und Septime, können ebenfalls übermäßig gemacht werden, wenn sie sich als große zusätzlich noch um einen Halbton erweitern. Zum Beispiel ist f/a eine große, f/ais eine übermäßige Terz; ebenso f/g f/gis eine übermäßige Sekunde usw. Den Gegensatz zu den übermäßigen Intervallen bilden die → verminderten Intervalle (→ Intervalle; → Alteration; → Vorzeichen).

Ukulele (hawaiisch, «der hüpfende Floh») ist ein kleines Saiteninstrument mit vier Stahlsaiten, die in a^1 d^1 fis^1 h^1 gestimmt (a^1 eine Oktave tiefer notiert) und mit einem Metallplektrum angerissen werden. Bekannt wurde die Ukulele in der Rockmusik durch Tiny Tim, der auf der Hülle seines ersten Albums *God Bless Tiny Tim* (1968) das Instrument in der Hand hält. Vgl. auch Vivian Stanshall: *Men Opening Umbrellas Ahead* (1974) (→ Stimmungen).

Umkehrung. 1. Akkordumkehrung, → Sextakkord, → Quartsextakkord. – 2. Eine Stimmbewegung, deren Verlauf sich aus einem bereits aufgestellten Motiv oder Thema ergibt: Wenn man steigende Intervalle als fallende neu schreibt (und umgekehrt) und dabei auf die genaue Einhaltung der Tonschritte achtet, entsteht eine Umkehrung der ursprünglichen Stimme. Ein Beispiel für diese Technik findet sich im Artikel → Zwölftonmusik und Rockmusik.

Undezime heißt die → Quarte über der Oktave; dementsprechend gibt es reine, übermäßige und verminderte Undezimen.

Ungarische Rockmusik → Osteuropäische Rockmusik

Unisono ist soviel wie Gleichklang, Einklang, das Zusammentreffen zweier oder mehrerer Töne oder das Führen zweier oder mehrerer Stimmen auf derselben Tonstufe.
Im erweiterten Sinn wird auch das simultane Erklingen in der Oktave Unisono genannt.

Unterhaltungsmusik (U-Musik). Der alles überragende Zweck von Musik gleich welcher Art ist Unterhaltung, und dies ergibt sich aus dem Spielcharakter dieser Kunstart, ja der Kunst überhaupt. (Es kommt freilich auf die Niveau- und Differenzierungsgrade von Unterhaltung und Spiel an.) Deshalb erscheint der Begriff ebensowenig brauchbar wie sein angeblicher Gegensatz → Ernste Musik, um letzten Endes ästhetische Werturteile bilden zu können. Solche Gegensätze können nur von Menschen ohne künstlerische Erfahrung aufgestellt werden. Tatsächlich steht hinter den beiden Begriffsmarken «U-Musik» und «E-Musik» ein leicht nachvollziehbarer Sachverhalt: U-Musik wird im Gegensatz zu E-Musik nicht staatlich subventioniert.

L Siegfried Schmidt-Joos: *Unterhaltung ist Kultur – Kultur ist Unterhaltung*, in: *Musik und Bildung* 12/1977; Tibor Kneif: *U-Musik: ein falsches Streitobjekt*, in: *Neue Zeitschrift für Musik* 1/1980 (Schott, Mainz), ders.: *«U-Musiker» wider Willen. Interviews mit Jürgen Dollase, Joachim H. Ehrig (Eroc), Hellmut Hattler, Julius Schittenhelm und Wolfgang Dauner*, in: *Neue Zeitschrift für Musik*, 1/1980 (ebenda)

US-amerikanische Rockmusik. Die USA sind das Heimatland der Rockmusik. Diese mag wesentliche Impulse von anderen Ländern, vor allem aus England, erhalten haben: das wirtschaftlich überlegene Produktions- und Verteilungssystem übernimmt aber immer wieder die Führung. Rockmusik ist daher, überspitzt gesagt, US-amerikanische Musik, und englische wie kontinentaleuropäische Kulturrock-Erzeugnisse stellen sich als Nebenprodukte und Abweichungen vom US-amerikanischen Hauptstrom dar. In der Tat könnten Gruppen wie YES, GENESIS, GENTLE GIANT und andere Träger eines Kunstwerk-Rock in den Vereinigten Staaten nicht jahrelang bestehen. Der überwiegende Teil der US-amerikanischen Produktion ist spieltechnische wie technologische Spitze und musikalischer Durchschnitt zur gleichen Zeit. Wäre dies anders, so würde der Rock in kurzer Zeit in Überfeinerung und kompositorische Bastelei (in das musikalische Kunstgewerbe mancher britischen Gruppen) abgleiten und somit seinen Charakter als eine zeitgemäße Volks- und Massenkunst verlieren.
Folgende Zeitabschnitte lassen sich in der US-amerikanischen Rockmusik unterscheiden (wobei sie sich freilich vielfach überschneiden und auch andere Strömungen mittragen): 1. Rock 'n' Roll; 2. Folksong- und Protestbewegung; 3. die sogenannte Britische Invasion; 4. Entstehung

einer wiedererwachten US-amerikanischen Rockmusik an der Westküste, einer Blues-Rock-Richtung an der Ostküste sowie stilistische Experimente in einigen Großstädten (New York, Boston, Chicago usw.), insgesamt die psychedelisch genannten Jahre; 5. Jazz-Rock um 1970 und das zunehmende Auseinanderfallen bzw. Vermischen der Gattungen in den siebziger Jahren; 6. spezifisch US-amerikanische Formen der New Wave sowie ironischer und verfremdender Rückgriff auf ältere Rockmusik (DEVO, B-52's) zu Beginn der achtziger Jahre; Wiedererstarken der schwarzen Musik im Laufe der achtziger Jahre.

1. Verwickelte gesellschaftliche, kulturelle und rassenbedingte Umstände um die Mitte der fünfziger Jahre führten zur Entstehung des Rock 'n' Roll, zunächst im Süden der USA. Elemente des schwarzen R & B, des weißen, gefühlsbeladenen Pop (→ Tin Pan Alley) und auch der Country-Musik haben ihre Spuren in der neuen Musik hinterlassen. Eher vom R & B her näherten sich dem Rock 'n' Roll Musiker wie Louis Jordan, Fats Domino, Little Richard und Chuck Berry, weiße Schnulze dagegen prägte Sänger wie Johnny Ray, Frankie Laine, Perry Como, Paul Anka und später die EVERLY BROTHERS. Bill Haley, der mit seinem «Rock Around the Clock» von 1954 die neue Gattung am spektakulärsten aus der Taufe hob, kam wiederum – wie teilweise Elvis Presley – aus dem Country-Bereich. Heute läßt sich kaum mehr rekonstruieren, wie Rock 'n' Roll aus einer Vielzahl nebeneinander bestehender und eigene Hitlisten führender Bereiche als die vermittelnde und siegreiche Richtung hervorging. Bereits 1956 ist diese Musik zu einer wirtschaftlichen Macht ersten Ranges geworden, als Elvis Presley mit Hilfe seines Managers und der neuen Plattenfirma RCA einen Millionenhit nach dem anderen produzierte («Heartbreak Hotel», «Love Me Tender», «Hound Dog»). In Presley fand die Teenagerwelt das ihr angemessene Idol, in dem Sex und Unschuld, Gewalt und Gehorsam vereinigt waren: Presley zeigte mit instinktiver Sicherheit, wie sich ein Jugendlicher in dem nach-McCarthyschen, von unterschwelliger Gewaltsamkeit wie von verlogener Moral beherrschten Klima der USA verhalten konnte. Die Stücke, die Presley sang, waren nicht besser und nicht schlechter als viele andere, mit denen Rock 'n' Roll-Stars auftraten. Zu ihnen gehörte Little Richard mit seiner unbändigen Energie und mit einem fast pathologischen Mangel an Hemmungen. Mit dem frühen Tod von Buddy Holly verlor die Rockwelt Anfang 1959 einen Vertreter, der massenanziehende Stücke schreiben konnte und eine geglättete, formal geschliffene Musik schuf, die auch Weiße ohne Bedenken genießen konnten.

Ein ganz besonderer Stellenwert kommt dem Schwarzen Chuck Berry zu, der nicht nur ein packender Bühnenkünstler war (duck walk: Entengang), sondern auch viele naiv-frische, die ganze Nation ansprechende Stücke komponierte («Roll Over Beethoven», «Maybelline», «Sweet Little Sixteen», «Brown Eyed Handsome Man», «No Particular Place to

Go»); seine Hautfarbe und ein persönliches Mißgeschick, das ihn ins Gefängnis brachte, haben verhindert, daß er der alle überragende Rock 'n' Roll-Musiker geworden ist. In seiner Bedeutung als Musiker stellt er alle Zeitgenossen, auch Elvis Presley, in den Schatten. Zu weiteren «Klassikern» dieser Frühzeit zählen Jerry Lee Lewis, Eddie Cochran, Roy Orbison und vielleicht noch Gene Pitney, obwohl letztere bereits in die sechziger Jahre führen. Das soll nicht heißen, daß die Ausläufer des Rock 'n' Roll um 1960 musikalisch einen Niedergang darstellen, eher im Gegenteil: die Massenhysterie legte sich, und das musikalische Niveau wurde deutlich höher. Die Produktion von Leiber/Stoller (besonders in der Interpretation der COASTERS), auch die EVERLY BROTHERS, ferner Duane Eddy, Gene Vincent und Del Shannon mögen diese These belegen. Den von Nachhall gesättigten, hochgefilterten Klanghintergrund zu manchen Hits lieferte Phil Spector, dessen Klangvorstellung den Massenkunst-Charakter des Rock 'n' Roll angemessen festhält.

2. Die frühen sechziger Jahre prägte die Wiederbelebung des am Folksong ausgerichteten, mit akustischer Gitarre begleiteten Sololiedes, dessen Themen das Volksleben und die Mißstände in den sozialen und politischen Einrichtungen des Landes (Topical Songs) waren. Da an dieser Bewegung ausschließlich weiße Musiker und Dichter beteiligt waren, kann man in ihr zugleich eine Gegenströmung zum Rock 'n' Roll erblikken, auch in ideologischer Hinsicht. Keines war dabei nach dem Geschmack des Durchschnittsbürgers: rümpfte er beim Rock 'n' Roll wegen des «Nigger-Geruchs» seine Nase, so witterte er bei den Protestsängern kommunistische Verschwörung. Die Folk-Richtung war wenigstens in musikalischer Hinsicht annehmbar für weiße Puristen, denn die akustischen Instrumente, die volksliednahen Formen und nicht zuletzt die nasalen Stimmen schienen in der Nähe von Country zu liegen. Doch im Blick auf die Texte, die eher die Haltung kritischer Intellektueller in den Großstädten zur Geltung brachten, kann man hier von einer Vermischung der Denkweisen städtischer Systemkritiker mit der Musizierweise konservativer Landbewohner sprechen. Es leuchtet ein, daß solche Folklore die Schwarzen kaum ansprechen konnte, obgleich natürlich auch Schwarze zum «Volk» gehören. Ein Paradoxon der Folk-Bewegung bestand darin, daß sich die Lieder der Volkstümlichkeit und der Allgemeinverständlichkeit verschrieben, jedoch nur die Mentalität und das «Volks»-Verständnis einiger Bohemiens in New Yorks Künstlerviertel Greenwich Village widerspiegelten. Statt eine breite Hörerschicht mit den Liedern anzusprechen, trafen sich die Folkniks beim jährlichen Newport Folk Festival, um sich als Künstler und als Publikum zu bestätigen. Das allgemeine Lebensgefühl zwischen Protest und sehr vagen dichterischen Bildern, zwischen Anknüpfung an die «fortschrittliche Tradition» und dem Schweigen darüber, wie es hier und jetzt fortschrittlich sein sollte, bestimmte die Texte

bedeutender Poeten wie Bob Dylan, Joan Baez, Pete Seeger und Judy Collins. Dylan freilich hat, wie zumeist, am frühesten den Schritt zu der sich abzeichnenden Realität vollzogen (und das war nicht bloß durch seinen Geschäftssinn bedingt): 1965/66 zog er elektrische Instrumente und sogar eine Rockgruppe (The Band) heran, um eine breitere Abnehmerschicht als nur einen esoterischen Kreis von Folksong-Kundigen zu erreichen.

3. Die «britische Invasion» breitete sich in den USA seit 1964 aus, doch haben US-amerikanische Gruppen relativ spät angefangen, den Vokalharmonien, den Studiogimmicks und den «verschlüsselten Botschaften» englischer Musiker nachzueifern. Zu den Ausnahmen gehören The Beau Brummels (*Introducing*, 1965), die Byrds (*Preflyte*, aufgenommen 1964) und andere wenige, von denen jedoch erst aus späterer Zeit Plattenaufnahmen existieren (The Charlatans). Die Plattenfirmen griffen bald wahllos nach jeder Gymnasiastengruppe, die musikalische Ambitionen zeigte und in der es zumindest ein Mitglied mit hübschem Gesicht gab, baute sie in Kleidung, Haartracht, Wortwitz und elektrischen → Gimmicks auf – und ließ sie nach zwei bis drei Platten fallen. Unbekannte (und unbedeutende) Bands wurden gleich auf der ersten Plattenhülle mit den Beatles, zumindest aber mit Cream verglichen (vgl. Eden's Children). Der Stil dieser unzähligen Gruppen in allen Gebieten der USA war indes weißer Pop ohne die Selbständigkeit der Beatles oder der Rolling Stones, von The Who oder von Move (The Buckinghams, T.I.M.E., The Cryin' Shame, The Shadows of Knight und 96 andere). Mit einer wenig glücklichen Wortwahl heißen sie nachträglich → Punk-Rock oder «Sixties' Punk», der mit der späteren Richtung um 1977 keine Gemeinsamkeit besitzt. Diese Formationen haben heute nur noch insoweit Bedeutung, als ihre Platten als Raritäten von einigen Sammlern gesucht werden. Nicht so offensichtlich von den Briten abhängig waren The 13th Floor Elevators, The Seeds, The Standells, Chocolate Watch Band u. a., deren Originalität indes vielfach sich in der Namensgebung zu erschöpfen schien; eine sensible Klangkultur kennzeichnet freilich Gruppen wie Sagittarius und Millenium. Boston hätte die Stadt für die Entstehung eines Rock mit dem Niveau der besten britischen Gruppen sein können (vgl. unten), doch hat eine überzogene Werbekampagne die Aufmerksamkeit der kritischen Öffentlichkeit einseitig auf die schwachen Gruppen, wie die genannten Eden's Children, gelenkt; die besseren blieben unbeachtet und stellten ihre Plattenaufnahmen nach zwei Jahren ein.

4. Um 1966 begannen, für eine breitere Öffentlichkeit zum erstenmal sichtbar, erste Anzeichen eines eigenständigen US-amerikanischen Beat aufzutreten. Was sich daraus entwickeln sollte, wurde bald mit dem nichtssagenden, einzig geographisch zutreffenden Ausdruck West Coast Sound bezeichnet. Den Anfang machten die Beach Boys freilich schon 1962, also gleichzeitig mit

den Beatles, deren Entwicklungstempo sie jedoch nicht folgen konnten; sie blieben sprachlich und musikalisch auf der geistigen Ebene von → Surf und Motorradfahren; erst die LP *Smiley Smile* von 1967 enthüllt ihr ernstzunehmendes musikalisches Potential. Das Eigentümliche der Westküsten-Musik bestand nicht zuletzt in der Heranziehung von Folk- und Country-Elementen (The Byrds, Gene Clark with the Gosdin Brothers), die der Musik eine reizvolle Unbeschwertheit verleiht. Es erscheint zweckmäßig, zumindest zwei Richtungen an der Westküste voneinander zu unterscheiden. Sie sind bald real vorhanden, bald sind sie nur idealtypisch aufgestellt. Die eine mit Los Angeles als Mittel- bzw. Orientierungspunkt verfügt über vorzügliche Studiotechnik, geschickte Arrangements und ist mehr weltoffen (um nicht das Wort «kommerziell» zu gebrauchen). Zu den Musikern, die in den Studios von Los Angeles ihren Klang erarbeitet haben, gehören Gary Usher, Curt Boettcher, The Surfaris, The Beach Boys, The Byrds, Jan & Dean, die programmatischen Beatles-Nachahmer The Monkees, Buffalo Springfield, Canned Heat, Clear Light, The Doors, Electric Prunes, Harpers Bizarre, The Turtles, Iron Butterfly, Sonny and Cher, Love, The Mamas and the Papas, Barry McGuire, P.F. Sloan, The Seeds, The Sunshine Company und die an musikalischem Vermögen alle hinter sich lassende Gruppe Spirit. Die andere Richtung mit San Francisco als wirklichem oder geistigem Heimatort zeigt weniger Professionalität, ist dafür spontaner und steht für eine Art Freiluft- und Freikonzertmusik mit langen Improvisationen. Zu der gewöhnlichen Glattheit und reinlichen Bürgerlichkeit der Angelaner besaßen die eher europäisch wie zugleich asiatisch beeinflußten, gemeinschaftsbezogen und eher antikommerziell ausgerichteten Bands von San Francisco ein gespanntes Verhältnis. Unter ihnen wären, außer den schon genannten Beau Brummels, zu nennen: The Charlatans (mit der Nachfolgeformation Dan Hicks & his Hot Licks), Jefferson Airplane, The Grateful Dead, Big Brother and the Holding Company, die Berkeley-Gruppe Country Joe and the Fish, The Loading Zone, Moby Grape, Quicksilver (Messenger Service), Sopwith Camel, Wind in the Willow, The Sons of Champlin und viele mehr.

In New York, wo die Bluestradition schon wegen des beträchtlichen Anteils der Schwarzen an der Bevölkerung stets lebendiger als an der Westküste war, entstand Mitte der sechziger Jahre eine Blues-Renaissance im Gewande elektrischer Klänge. Selbst das Wort «Blues» wurde programmatisch in den Namen einiger Bands aufgenommen, am frühesten bei The Paul Butterfield Blues Band, danach bei The Blues Project, The Dirty Blues Band und The Blues Magoos; am Blues ausgerichtet waren auch The Electric Flag. Die Erfolge dieser Gruppen in Presse und Mundpropaganda ließen zahlreiche Nachahmer aufkommen, die sich in einer mechanischen

Weise an die Blues-Gattung anlehnten. Um 1970 diente das Bluesschema nur noch dazu, die Gebrechen musikalischer Gestaltung zu verdekken (The Brooklyn Bridge, The American Breed, The Fifth Avenue, in der späteren Phase auch The Velvet Underground).

5. Am wichtigsten sind die Beiträge einiger Gruppen für die Rockgeschichte, die geographisch verstreut und somit nicht in eine leicht zu merkende «Richtung» oder in einen «Sound» einzuordnen waren; inmitten der erstickenden Mittelmäßigkeit wagten sie künstlerisch ambitionierte Plattenwerke. Neben der auch einer polyphonen Denkweise fähigen Gruppe Circus Maximus (*Circus Maximus*, 1967, *Neverland Revisited*, 1968) sind hier vor allem einige Bostoner Gruppen zu nennen. Earth Opera beeindruckt auch heute durch die Überlegenheit, mit der Stilbereiche, darunter die → Bildungsmusik, gehandhabt werden (*Earth Opera*, 1968, *The Great American Eagle Tragedy*, 1969). Beacon Street Union hat ausholende Formabläufe entwickelt (*Eyes of the Beacon Street Union*, 1968, *The Clown Died in Marvin Gardens*, 1968); Ultimate Spinach und Quill bilden weitere Belege für Bostons Eigenständigkeit. Daß die Jahre 1968/69 bis 1980 die stilistisch freiesten und schöpferischsten im US-amerikanischen Rock waren, beweisen ferner Ars Nova (Collagen und Zitate auf *Ars Nova*, 1968, *Sunshine and Shadows*, 1969), Ford Theatre (wie der Name schon andeutet – in Washingtons Ford Theatre wurde Abraham Lincoln ermordet –, ist neben der wiederholungsreichen Musik auch die politische Aussage von Gewicht: *Trilogy for the Masses*, 1968, *Time Changes*, 1969). In studiotechnischer Hinsicht ließ Joe Byrd mit zwei aufeinanderfolgenden Formationen bleibende Spuren zurück: von den Musikern wurden Collagen, eingeblendete Radioansagen und lyrische Kleinformen erprobt (*The United States of America*, 1968, *The American Metaphysical Circus*, 1969). Harte Verzerrer-Töne und Underground-Texte kennzeichnen zwei der erinnerungswürdigsten Gruppen, die Ende der sechziger Jahre aufkamen und verschwanden, nämlich The Fraternity of Man (*Welcome, Sons of the Desert*, 1968, *Get It On!*, 1969) sowie Mad River (*Mad River*, 1968, *Paradise Bar and Grill*, 1969).

In Kalifornien wirkte (wie die beiden zuletzt genannten Gruppen) die West Coast Pop Art Experimental Band, deren drei Mitglieder durch den scheinbaren Zynismus ihrer Texte sowie durch Unkonventionalität ihrer musikalischen Sprache aufhorchen ließen (*Part One*, um 1967; *Breaking Through*, um 1968; *A Child's Guide to Good and Evil*, um 1969; *Where's My Daddy*, um 1970). Captain Beefheart and his Magic Band lebten von der naturphänomenalen Stimme des Kapitäns Don van Vliet, auch von dessen nicht immer durchdringbaren Texten, vor allem aber von einer in Musik verkörperten Lebenshaltung.

Die weit herausragende Gestalt dieser künstlerisch anspruchsvollen Richtung ist Frank Zappa in Los Angeles, der seit 1966 bald unter eigenem Namen, bald unter dem Namen THE MOTHERS OF INVENTION die verschiedensten Gestaltungsmittel (Oratorium, Persiflage, Filmrockoper, Collagen usw.) erprobt, bedeutende Musiker wie Jean-Luc Ponty, George Duke, Ian Underwood und Aynsley Dunbar herangezogen und beeinflußt hat und immer wieder für Überraschungen sorgte, die nicht bloß → Gimmicks darstellten, sondern gewissermaßen Zeitgeschichte in symbolischer Form (und Verformung) festhalten, literarisch, optisch und musikalisch. Der erstaunlichste Beitrag der USA zur neueren Rockmusik besteht in den Platten Frank Zappas und im Gesamtkunstwerk seiner Bühnenveranstaltungen.

6. Die beginnenden siebziger Jahre standen vornehmlich im Zeichen von → Jazz-Rock (Larry Coryell, THE FLOCK, Miles Davis, CHASE, Herbie Hancock, BLOOD, SWEAT AND TEARS, CHICAGO, WEATHER REPORT, MAHAVISHNU ORCHESTRA, Jan Hammer, Billy Cobham u. a.). Nach Verebben der Erwartung, im Jazz-Rock liege der Schlüssel der Zukunft, zeichnet sich keine herrschende Richtung im Rockbereich ab. Blues-Rock, Country-Rock und Hardrock laufen mit alten und neuen Gruppen weiter, und Crossover setzt sich als eine der Rockrichtungen fort.

Zu nennen wären aus der Vielzahl der Bands und Einzelmusiker etwa THE ALLMAN BROTHERS BAND, THE AMBOY DUKES, WAR, ATLANTA RHYTHM SECTION, Elvin Bishop, DELANEY & BONNIE, BREAD, CHAIRMEN OF THE BOARD, ELEPHANT'S MEMORY, COMMANDER CODY, Ry Cooder, THE FLYING BURRITO BROTHERS, THE DOOBIE BROTHERS, THE EAGLES, STEELY DAN, GOOSE CREEK SYMPHONY, GREESY WHEELS und LITTLE FEAT. Das meiste bewegte sich allerdings auf dem breitgetretenen Middle of the Road, daneben gibt es einige elektronische Experimente, und auch ein US-amerikanischer Punk ist gegen Ende des Jahrzehnts im Ansatz zu verzeichnen.

7. Zunächst, um 1980, konnte aber selbst die US-amerikanische Schallplattenindustrie keinen Standpunkt zu Punk und New Wave finden: Platten von THE CLASH beispielsweise wollte CBS in den USA nicht in den Katalog übernehmen. Als immer mehr Platten aus Großbritannien importiert werden mußten, vollzog die Industrie eine Kehrtwende und nahm US-amerikanische Gruppen unter Vertrag: THE CARS, THE KNACK, CHEAP TRICK, BLONDIE, THE POP, THE BEAT – das waren die New Wave-Bands der USA.

Rockmusik wurde weiterhin aus England importiert, während amerikanische Musiker, vor allem in New York, sich einer Mischung von Jazz, Funk, elektronischer Musik und Rock zuwandten. Programmatisch nannte sich diese Richtung → No Wave; mehr aus dem Bereich des Jazz kamen die Musiker des Free Funk, wie etwa Bill Laswell, Bassist der Band MATERIAL. Laswell kann etwa seit 1980 als der weiße Gegenpol zu der von Schwarzen beherrschten Musik angesehen werden.

Denn die achtziger Jahre standen in den USA im Zeichen der von schwar-

zen Musikern gemachten Musik, zwischen den Polen Michael Jackson und Prince. Deutlich wird dies auch an der Musik selbst: sie ist am Riff orientiert und zum Tanzen gemacht. Natürlich gab es weiterhin die Bands für die Top Forty und die Fernseh-Stationen, die Hardrock-Bands für die Stadien und viele, vor allem weiße Außenseiter wie VIOLENT FEMMES, Tom Verlaine, CONCRETE BLONDE und SCRITTI POLITTI, um nur einige wenige zu nennen. Auch verhinderte Filmstars wie Madonna konnten ihre Nische finden; die Musik aber ist – aus europäischer Sicht – in der Hand der schwarzen Musiker.
Prince und Michael Jackson bewiesen jeder auf seine Art, wie sich das Blatt für die schwarze Musik gewendet hatte: Prince setzte in seiner Band weiße Musikerinnen ein (Wendy & Lisa, Jill Jones usw.), Michael Jackson kaufte die Rechte an den Songs der Beatles – Paul McCartney überbietend.
Selbst die weiße Musik schlechthin, Heavy Metal, wurde von schwarzen Bands wie LIVING COLOUR und 24-7 SPYZZ teilweise erobert, während die weißen Jugendlichen zu den Klängen der Hip Hop-Stars tanzten. Denn Hip Hop ist eine in den Großstädten der USA gemachte Musik. Mit Hip Hop und House hatten US-amerikanische Musiker einmal mehr einen weltweiten Trend gesetzt, dem dieses Mal die Europäer hinterherlaufen mußten. Mit Rockmusik allerdings hat Hip Hop nicht viel zu tun, sieht man einmal davon ab, daß Hip Hop-Musiker die Rockmusik ausschlachten.
Was haben weiße Amerikaner dem entgegenzusetzen? Neben Madonna, GUNS N' ROSES, Bill Laswell und Billy Joel vor allem Folk und Folk-Verwandtes: Edie Brickell, Suzanne Vega, Michelle Shocked und andere mehr, etwa die überaus und auch in Europa erfolgreiche Band R.E.M., die mit einer geradlinigen, fast restaurativen Musik die vielen nur nach Hitparaden schielenden Bands vergessen macht.

S Vgl. die Plattenverzeichnisse → Blues-Rock, → Country, → Jazz-Rock, → New Wave, → No Wave, → Punk, → Rockabilly, → Rock 'n' Roll. Außerdem: THE BEAU BRUMMELS: *Introducing* –, 1965 (GB: Pye); Gene Clark with The Gosdin Brothers: –, 1966 (USA: Columbia); J.D. Blackfoot: *The Ultimate Prophecy*, o.J. (USA: Mercury), THE INSECT TRUST: –, 1968 (USA: Capitol); Ron Elliott: *The Candlestickmaker*, o.J. (USA: Warner); KALEIDOSCOPE: *A Beacon from Mars*, 1968 (USA: Epic); THE FABULOUS KNICKERBOCKERS: *Lies*, o.J. (USA: Challenge), CHOCOLATE WATCH BAND: *The Inner Mystique*, 1968 (USA: Tower); *Early L.A.*, o.J. (USA: Together); AUTOSALVAGE: –, 1968 (USA: RCA); SAGITTARIUS: *The Blue Marble*, o.J. (USA: Together); *Markley, A Group*, o.J. (USA: Forward); TONGUE AND GROOVE featuring Lynne Hughes, 1969 (USA: Fontana); THE THIRD RAIL: *Id Music*, o.J. (USA: Epic); GLASS HARP: *Synergy*, 1971 (USA: MCA/Decca); THE SHIP: *A Contemporary Folk Music Journal*, 1972 (USA: Elektra); THE SMOKE: –, 1969, (USA: Sidewalk); Compton & Batteau: *In California*, 1970 (USA: Columbia); Bill Laswell: *Baselines*, 1983 (USA: Celluloid); Cyndi Lauper: *True Colors*, 1986 (D: CBS); MATERIAL: *One Down*, o.J. (D: Celluloid); SCRITTI POLITTI: *Songs to Remember*, 1982 (D: Rough Trade); TALKING HEADS: *Remain in Light*, 1980 (D: Sire); dies.: *Stop Making Sense*, 1984 (D: EMI); Paul Simon: *Graceland*, 1986 (D: Warner); GOLDEN PALOMINOS: *Visions of Excess*, 1985 (D: Celluloid); Nona Hendryx: *The Heat*, 1985 (D: RCA); Billy Joel: *The Bridge*, 1986 (D: CBS); PRINCE AND THE REVOLUTION: *Purple Rain*, 1984 (D: WEA); Prince: *Sign 'o' The Times*, 1987 (D: WEA); VIOLENT FEMMES: –, 1983 (D: Rough Trade); R.E.M.: *Eponymous*, 1988 (US: I.R.S.); R.E.M.: *Out of Time*, 1991 (D: Warner); GUNS N' ROSES: *Use Your Illusion* I & II, 1991 (D: Geffen/BMG; zwei Doppelalben)

L Arnold Shaw: *The Rockin' '50s* (New York 1974; dt. *Rock 'n' Roll. Die Stars, die Musik und die Mythen der 50er Jahre*, Reinbek 1978); Carl Belz: *The Story of Rock* (New York / Evanston / San Francisco / London 1973); Charlie Gillett: *The Sound of the City* (London 1971); Nik Cohn: *A WobBopaLooBopALopBamBoom. Pop from the Beginning* (Weidenfeld & Nicolson, London 1969; dt. Reinbek 1971); Arnold Shaw: *The Rock Revolution. What's Happening in Today's Music* (New York/London 1969); Jim Miller (Hg.): *Rolling Stone, Bildgeschichte der Rockmusik*, 2 Bände (Reinbek 1979); Simon Reynolds: *Blissed Out. The Raptures of Rock* (London 1990); Simon Frith/Andrew Goodwin (Hg.): *On Record. Rock, Pop and the written Word* (New York 1990)

V

VeeJay → Video Jockey

Verfolgerspot ist ein Scheinwerfer, der dazu dient, einzelne Musiker (den Sänger, einen solistisch hervortretenden Instrumentalisten usw.) beziehungsweise Objekte auf der Bühne zu «verfolgen». Zu diesem Zweck wird der Verfolgerspot entweder in einiger Entfernung zur Bühne aufgebaut, oder aber ein oder – meistens – zwei Spots werden in dem Baldachin über der Bühne in besonderen Gondeln befestigt und dort von Beleuchtern geführt; diese Gondeln bestehen aus einem Sitz und einer Vorrichtung zum Bewegen des Scheinwerfers. Die Beleuchter, die hoch oben über der Bühne schweben, stehen über Funk in Kontakt mit der Lichtregie weiter hinten im Saal. Spotscheinwerfer verfügen über ein besonderes Linsensystem und eine Irisblende, mit deren Hilfe der Lichtstrahl des eigentlichen Scheinwerfers stark gebündelt und auf das Ziel der Beleuchtung eingestellt werden kann. Die Helligkeit läßt sich mit einem Dimmer (→ Dimmer-Rack) regeln. Mitunter wird vor dem Spot-Scheinwerfer eine drehbare Palette mit Farbfiltern angebracht, zumeist aber wird das weiße Licht des Spots benutzt (→ Bühnenbeleuchtung).

Verminderte Intervalle heißen die reinen Intervalle Quarte, Quinte und Oktave und deren Oktavversetzungen, wenn sie infolge der Tonleiterstruktur oder (meistens) infolge von alterierenden, d. h. versetzenden Vorzeichen um einen Halbton verkleinert werden. So ist cis/f eine verminderte Quarte, h/f^1 eine verminderte Quinte und fis/f^1 eine verminderte Oktave. Andere Intervalle, die sonst klein oder groß sind wie Sekunde, Terz, Sexte und Septime, können ebenfalls vermindert werden, wenn sie sich als kleine zusätzlich noch um einen Halbton verengen. Zum Beispiel ist h/d^1 eine kleine, d/ces^1 eine verminderte Septime usw. Den Gegensatz zu den verminderten Intervallen bilden die → übermäßigen Intervalle (→ Intervalle; → Alteration; → Vorzeichen).

Verstärker (engl. amplifier) haben die Aufgabe, eingegebene elektrische Spannungen mit Hilfe von Röhren oder Transistoren zu verstärken. 1. HiFi: Man unterscheidet zwischen Vor- und Endverstärker; gewöhnlich werden diese beiden Verstärker in einem Gehäuse untergebracht und fest miteinander verdrahtet. Es gibt aber auch Einzelkomponenten. Niedrige Eingangsspannungen beispielsweise von Plattenspieler, CD-Player, Tuner, Tonbandgeräten usw. werden zunächst auf einen höheren Ausgangswert gebracht; die Relation von Eingangs- und Ausgangsspannung wird in dB angegeben und heißt Verstärkung. Die vom Verstärker abgegebene Leistung wird in Watt gemessen. Außer der Signalverstärkung erledigt der Vorverstärker folgende Aufgaben: gehörrichtige Lautstärkeregelung, Herstellung des Klanggewichts zwischen den Kanälen (Balance), Hervorhebung der Klangumrisse (Präsenz), Unterdrückung von Rumpeln und Rauschen (etwa auf alten oder vielgespielten Schallplatten), ferner Anheben bzw. Senken von Höhen und Tiefen mit Hilfe von Filtern. Verstärker für HiFi-Zwecke sind überwiegend Transistorverstärker verschiedener Schaltungsprinzipien. Röhrenverstärker, die HiFi-Anforderungen genügen, sind in der Herstellung aufwendig und daher sehr teuer; sie werden von HiFi-Snobs bevorzugt. Transistorverstärker verfügen über einen großen, weitgehend linearen Frequenzbereich, produzieren in sehr geringem Maße Verzerrungen und sind gemessen an ihrer Leistung recht klein.
2. Instrumentalverstärker: Instrumentalverstärker bilden mit dem zu verstärkenden Instrument immer eine Einheit; Anforderungen (Leistung, Frequenzgang, Verzerrungsarmut), die an HiFi-Verstärker gestellt werden müssen, sind für sie von untergeordneter Bedeutung. Häufig ist der Verstärker in der Lautsprecherbox untergebracht; eine solche Anordnung wird «Combo» oder «Kofferverstärker» genannt. Je nach zu verstärkendem Instrument und auch Stilbereich bevorzugen Rockgitarristen Röhrenverstärker, Jazzgitarristen Transistorverstärker, Bassisten zumeist Transistorverstärker, Reggae- und Heavy Metal-Bassisten dagegen wiederum Röhrenverstärker; Keyboardspieler verzichten häufig auf einen eigenen Verstärker, verwenden mitunter aber Endstufen, wie sie in PAs gebraucht werden. Eine Ausnahme sind hier wieder die Verstärker für die Hammond-Orgeln; deren Klang ist ohne die Verwendung eines Leslie Cabinets mit Röhrenverstärker nicht denkbar.
Vor allem Rockgitarristen modifizieren die von ihnen verwendeten Verstärker in jeder erdenklichen Weise. Da Gitarrenverstärker in der Rockmusik zumeist übersteuert werden, verwenden Rockgitarristen Röhrenverstärker, die bei Übersteuerung und → Rückkopplung insbesondere die harmonischen geradzahligen Obertöne betonen. Transistorverstärker dagegen betonen im gleichen Fall die unangenehmer klingenden

ungeradzahligen Obertöne. Dafür ist der von Transistoren verstärkte Ton verzerrungsärmer und klingt daher «sauberer». Aus eben diesem Grund verwenden Bassisten Transistorverstärker. Häufig auf der Bühne zu sehende Gitarrenverstärker sind etwa die der Firmen Vox, Marshall, Mesa Boogie, Hiwatt und Fender; die gängigen Baßverstärker stammen von den Firmen Peavey, Trace Elliott, Acoustic und Ampeg, deren SVT-Modell – ein Röhrenverstärker – einen geradezu legendären Ruf hat.
3. PA-Verstärker. PA-Verstärker sind immer transistorisierte Endverstärker hoher Leistung – mehrere hundert Watt –, die besonders auf Dauerleistung und Betriebssicherheit ausgelegt sind (→ PA).

Vertigo ist ein Unterlabel von Phonogram Records und ursprünglich auf Gruppen spezialisiert, die nicht zu den Marktschlagern zählten, dafür aber in musikalischer Hinsicht ein eigenes Profil aufwiesen (CATAPILLA, STREETWALKERS, früher GENTLE GIANT, NUCLEUS usw.). In den achtziger Jahren wandte sich das Label zumeist Hardrock und Heavy Metal zu; so wurden auf Vertigo beispielsweise Platten von STATUS QUO, KISS, BON JOVI, METALLICA, WARLOCK und BLACK SABBATH, aber auch von SOFT CELL veröffentlicht.

Vertrieb (engl. distribution). Kleinere Schallplattenfirmen schließen Verteilungsverträge mit schon ausgebauten Organisationen ab, sofern sie nicht den mühseligen und letztlich unwirtschaftlichen Weg des Selbstvertriebs wählen. Das Verhältnis von Hersteller und Vertreiber bzw. Lizenzgeber und -nehmer kommt auch auf der Plattenhülle zum Ausdruck, wobei das Produkt vom Verteiler/Lizenznehmer häufig eine neue Fabrikationsnummer erhält. Dies hat für das vorliegende Lexikon zur Folge, daß bei Plattenangaben bald das ursprüngliche Label, bald die spätere Vertriebsfirma herangezogen wird. Dennoch kann auf einer späteren Ausgabe einer Platte wiederum ein anderes Label und/oder ein anderer Vertrieb genannt sein; entscheidend ist, bei wem die Rechte an den Aufnahmen liegen. Die Sängerin Lene Lovich beispielsweise veröffentlichte ihre LP *Stateless* ursprünglich auf dem britischen Label Stiff, das in der Bundesrepublik Deutschland von Teldec-Telefunken-Decca vertrieben wurde. 1991 wurde die Schallplatte wiederveröffentlicht, diesmal von der Hamburger Firma → Line Records, da Lene Lovich, bei der die Rechte an den Aufnahmen lagen, sie an Line weitergab. Für Sammler ist natürlich vor allem die erste Veröffentlichung auf dem Ursprungslabel interessant, doch könnte man mit demselben Recht auch einen Sport daraus machen, nur Wiederveröffentlichungen auf anderen Labels zu sammeln, oder alle Veröffentlichungen zu sammeln. (Oder einfach nur Musik zu sammeln.)
In den siebziger Jahren kamen einige Bands auf die Idee, ihre Platten selbst zu vertreiben, nicht in zäher Heimarbeit, sondern im Rahmen eines gemeinsamen Vertriebes von mehreren Bands. Vorreiter war der Vertrieb Schneeball (bis 1977 April). Ein weiterer Vertrieb dieser Art ist

→ EfA, und auch Rough Trade und Deutsche Austrophon sind Vertriebe, die gar keine oder nur wenige Schallplatten unter eigenem Namen veröffentlichen.

Verve → MGM Records

Verzerrer (engl. fuzz box, distortion box) ist ein kleiner Vorverstärker, der in den Signalweg zwischen Instrument – meist Gitarre – und Verstärker geschaltet wird. Der Verstärker ist so ausgelegt, daß er schon bei geringer Höhe des Eingangssignals übersteuert wird (→ Clipping). Rockgitarristen verwenden zwar mitunter den Verzerrer, doch sind die Eingangsstufen von Gitarrenverstärkern ebenfalls leicht übersteuerbar, so daß auf einen gesonderten Verzerrer verzichtet werden kann. Die Übersteuerung des Signals bewirkt, daß sich das Verhältnis von Grundton zu Obertönen verändert, Teiltöne können als Grundtöne erscheinen.
Die Beispiele eines verzerrten Gitarrenklangs sind in der Rockmusik zahllos; es handelt sich sozusagen um den «Grundklang» der Rockmusik. «Satisfaction» von den ROLLING STONES zeigt den Klang in aller Deutlichkeit, Aufnahmen von Jimi Hendrix demonstrieren den verzerrten Klang einer Gitarre, die außerdem noch mit einem → Wah-Wah-Pedal verbunden wurde.

Verzerrungen. Man unterscheidet lineare und nichtlineare Verzerrungen. 1. Unter linearen Verzerrungen versteht man Amplituden- und Phasenverzerrungen. Erstere kommen dadurch zustande, daß → ein Verstärker die Amplituden verschiedener Frequenzen unterschiedlich stark verstärkt oder dämpft. Phasenverzerrungen dagegen entstehen, wenn der Phasenwinkel des Übertragungsfaktors nicht linear mit der Frequenz ansteigt (zum Beispiel, wenn die hohen Frequenzen einen Verstärker schneller durchlaufen als die tiefen). Alle Frequenzen sollen daher einen Verstärker gleich schnell durchlaufen, damit solche Phasenverzerrungen vermieden werden. – 2. Nichtlineare Verzerrungen sind der sogenannte Klirrfaktor und der Intermodulationsfaktor. Sie entstehen dadurch, daß die Kennlinien der aktiven Elemente – also Röhren und Transistoren – nicht linear sind. Besteht die Eingangsspannung eines Verstärkers zum Beispiel aus einem 1 kHz-Sinuston, so erhält man am Ausgang des Verstärkers nicht nur den verstärkten 1 kHz-Ton, sondern zusätzlich die Oberwellen dieses Tones von 2 kHz, 3 kHz, 4 kHz usw. Das Lautstärkeverhältnis der Partialtöne zum Grundton bezeichnet man als Klirrfaktor; er bewirkt eine Änderung der Klangfarbe des Originaltones. Werden zwei Sinustöne unterschiedlicher Frequenz auf den Verstärker gegeben, so entstehen nicht nur deren zugehörige Obertöne als Klirrfaktor im Verstärker, sondern auch deren Kombinationstöne, also die Summen- und Differenztöne aus beiden. Dies nennt man Intermodulation. Sie ist besonders störend, da diese Töne ursprünglich nicht einmal im Ansatz vorhanden waren.

Vibraphon (abgekürzt engl. «vibes») besteht aus einer Reihe von Leichtmetallplatten verschiedener Länge, die von f bis f^3 gestimmt sind. Unter jeder Platte ist zur Verstärkung ein Röhrenresonator angebracht, wobei sich an den Röhrenenden Klappen befinden, die durch einen Motor angetrieben gleichzeitig rotieren und die Röhrenöffnung bald verdecken, bald wieder frei werden lassen. Durch diese Bewegung entsteht ein periodischer Wechsel der Lautstärke, der – streng genommen – einen → Tremolo- statt einen → Vibratoeffekt erzeugt. Die Schwingungsdauer der Klänge wird mit einem Pedaldämpfer geregelt. Im → Jazz-Rock wird das Vibraphon häufig verwendet. Ein bedeutender Vertreter ist Gary Burton, vgl. etwa seine schon 1966 aufgenommene Version von «Norwegian Wood» der Beatles.

In der Rockmusik dagegen ist das Vibraphon ein selten zu hörendes Instrument, und zumeist wird es dann als zusätzliches Klang-Kolorit eingesetzt. In den achtziger Jahren wurde das Instrument selbst aus dieser Rolle von Synthesizern verdrängt.

S Gary Burton: *Norwegian Wood,* 1966 (D: RCA); Lynn Blessing: *Sunset Painter,* o. J. (USA: Epic); der Klang von Vibraphon und elektrischem Vibraphon ist gut auf Gary Burtons LP *Good Vibes* von 1970 zu vergleichen (USA: Atlantic)

Vibrato entsteht, wenn die Frequenzhöhe eines ausgehaltenen Tones periodisch und gleichmäßig in einem schnellen Wechsel verändert wird, etwa wenn der Gitarrist eine niedergedrückte Saite nach links und rechts auf dem Griffbrett verschiebt. Beim Akkordspiel ist diese Gitarrentechnik unhandlich, deshalb haben einige Gitarren einen Vibratohebel, der niedergedrückt und hochgezogen wird und sogar für Glissandoeffekte verwendbar ist. Das Vibrato wird nicht selten mit dem → Tremolo verwechselt, das jedoch auf einer periodischen Veränderung der Lautstärke beruht (→ Vibraphon).

Video Clip ist ein kurzer, mit Hilfe von Video-Geräten produzierter Film, der Single-Veröffentlichungen als werbende Unterstützung beigegeben wird. Das Verbreitungsmedium für Video Clips sind öffentlich-rechtliche und private Fernsehstationen; präsentiert werden sie von Video Jockeys. Mitunter zeigen Video Clips eine Band oder einen Musiker auf speziell zusammengestellten Kassetten über einen längeren Zeitraum, also aus verschiedenen Schaffens- oder Arbeitsperioden. Ein solches Video wird Longform Video genannt. Im Laufe der Zeit wurde auch die Produktionsform der Clips professionalisiert; Produktionen mit vergleichsweise billiger Video-Technik sind eher die Ausnahme. (→ Video und Rockmusik; → Fernsehen und Rockmusik, → MTV)

Video Jockey (abgekürzt VeeJay oder VJ) ist wie der → Disc Jockey ein Moderator, der dem Publikum – in diesem Fall ausschließlich dem Fernsehpublikum – → Video Clips, Konzertfilme und Werbefilme mit kurzen, manchmal amüsanten Ansagen präsentiert. Den Rahmen für die Tätigkeit des Video Jockeys bilden vor allem die Programme von privaten Fernsehstationen, deren Programm zum Teil oder ausschließlich (→ MTV) aus der Aneinanderreihung von Video-Filmen besteht. Da Video Jockeys lediglich ein retardierendes Moment in der Folge der Filme darstellen, können sie im Vergleich zum Disc Jockey nur sehr schwer ein eigenes Profil gewinnen; es stellt sich die Frage, warum es diese Funktion überhaupt gibt.

Video und Rockmusik. Spätestens seit Beginn der achtziger Jahre gehört die Produktion von Video Clips zu Promotion-Zwecken zur Rockmusik wie die Durchführung von Konzert-Tourneen. Video Clips schienen zu dieser Zeit ein ideales Mittel, eine neue Schallplatte oder eine bis dahin noch nicht in Erscheinung getretene Gruppe durch Privat-Fernsehsender wie beispielsweise → MTV einem möglichst großen Publikum auf vergleichsweise billige Art bekanntzumachen. Wenn die Kosten der Video-Produktionen im Laufe der Zeit auch hohe Summen erreichten, so sind sie doch um ein Vielfaches billiger als Tourneen und darüber hinaus nicht mit derart vielen Unwägbarkeiten verbunden wie diese. Dennoch nahm das Interesse des Publikums an Video-Produktionen gegen Ende der achtziger Jahre, vermutlich durch eine gewisse Übersättigung, stark ab. Hierin ist auch ein Grund dafür zu sehen, daß – etwa in der Bundesrepublik Deutschland – einige Sender ihr Angebot an Musiksendungen verringerten (→ Fernsehen und Rockmusik).
Videos spielen in unterschiedlicher Weise eine Rolle für Rockhörer. Zum einen sind es – der Anzahl nach der weitaus größte und wirtschaftlich bedeutendste Faktor – Video Clips, die die Single-Schallplatte einer Gruppe oder eines Musikers bekanntmachen sollen. Üblicherweise wird – um potentielle Käufer zusätzlich zu animieren –, während des Ablaufs des Films der Name der Gruppe und der Titel der Single eingeblendet. Ein weiterer Teil von Video-Produktionen sind käuflich zu erwerbende Cassetten, die beispielsweise Sammlungen von Video Clips einer Gruppe, mitunter durchsetzt mit Interviews und Konzertaufnahmen, oder aber einen kompletten Live-Auftritt einer Gruppe oder eines Musikers enthalten. Die Schallplattenindustrie verkannte lange die Entwicklungsmöglichkeit dieses Marktes, begann ihn aber seit etwa 1988 zu erschließen. Schließlich gibt es Video-Cassetten, deren Zielpublikum Amateur-Rockmusiker sind: Bekannte Rockmusiker erläutern in Wort und Bild ihre Spieltechniken und führen ihre Instrumente und Geräte vor. Häufig zeigen sie den jeweiligen Musiker auch im Konzert.
Unter den Video Clips kann man drei verschiedene Arten der Musikpräsentation unterscheiden: die einfachste zeigt die Band oder den Musiker in einem tatsächlichen oder fiktiven, also gestellten Konzert; mitunter wird diese Konzertsequenz in eine spielfilmartige, aber wortlose Rahmenhandlung eingebettet. Die zweite Kategorie von Clips zeigt die Musiker als Protagonisten eines kleinen, oft witzigen, manchmal absurden oder rätselhaften Spielfilms, des-

sen Inhalt nichts mit dem Inhalt des dargebotenen Songs zu tun hat; lediglich an den Lippenbewegungen des Sängers ist zu erkennen, das dieser unter allen Umständen seinen Song vortragen möchte. Die dritte Kategorie endlich benötigt die Musik nur als Untermalung – die Musik ist der Soundtrack zu den Bildern. Auch sind Video Clips abhängig von fotografischen Moden; zu Beginn der neunziger Jahre etwa präsentierten sich viele Video Clips in Schwarzweiß.

L Ralph Geisenhanslücke: *Revolte per Knopfdruck,* in: *Der Tagesspiegel* Nr. 13761, 30. Dezember 1990; Veruschka Body/Peter Weibel (Hg.): Clip, Klapp, Bum. Von der visuellen Musik zum Musikvideo (Köln 1987); Michael Shore: *The Rolling Stone Book of Rock Video* (London 1984); Michael Fink: *Inside The Music Business* (New York/London 1989)

Viertelnote (engl. crotchet, amer. quarter note) ist ein Viertel der Ganzen Note. Das Zeichen für die Viertelnote ist ♩, für die entsprechende Pause 𝄽.

Vina (veena) → Sitar

Viola oder Bratsche (engl. viola, von ital. viola da braccio, d. h. Armgeige, im Gegensatz zur viola da gamba, d. h. Kniegeige) ist das Altinstrument in der Familie der Streichinstrumente. Sie hat vier Saiten in der Stimmung c g d^1 a^1, wird also um eine Quinte tiefer als die → Violine gestimmt und entspricht dieser auch in der Bauweise, doch mit größeren Maßen. Obwohl viel seltener als die Geige, wird mitunter auch die Bratsche in der Rockmusik verwendet, vor allem von John Cale, der eine elektrische Viola spielt auf:

S Glass Harp: –, 1971 (USA: MCA/Decca)

Violine, Geige, Fiedel (engl. violin, fiddle) ist das wichtigste Streichinstrument, das sich seit etwa dreihundert Jahren nach Baumaterial, Herstellungsart und Spielweise kaum geändert hat. Die vier Saiten sind in reinen Quinten gestimmt (g d^1 a^1 e^2); zum Vortrag bestimmter Musikstükke werden gelegentlich auch andere Stimmungen vorgenommen (Skordatur). Die Violine fand aus zwei Richtungen Eingang in die Rockmusik. Als ein gängiges Instrument in der Country-Musik wurde sie in dem Maße auch im Rock verwendet, als dieser – spätestens seit 1965 – immer mehr folkloristische Elemente in sich aufnahm; ihre Vortragsart blieb dabei durchweg akustisch, wie etwa das Album *Pickin' and Fiddlin'* von The Dillards (1965) zeigt. Zu den Gruppen, deren Gesamtklang auch die Violine integriert, gehören It's a Beautiful Day und Dan Hicks & his Hot Licks in den USA, Fairport Convention, Darryl Way's Wolf, String Driven Thing, Steeleye Span und Dexy's Midnight Runners in England. Andererseits kam die Violine aus dem Jazzbereich in die Rockmusik. Vor allem machten Jean-Luc Ponty und Jerry Goodman die Violine im Rockbereich heimisch, und zwar zumeist mit elektrischer Verstärkung, die mit Hilfe eines Kontaktmikrophones an der Decke der Violine gehandhabt wird (es gibt auch resonanzkörperlose Solid Body-Geigen mit Pick-Ups, die gegen Rückkopplungen weniger empfindlich sind). Schon frühe Einspielungen von Ponty, besonders aber die von Zappa komponierte LP *King Kong* (1970) und später *Enigma* (1977) sind Musterbeispiele nicht nur der spieltechnischen Möglichkeiten der Violine, sondern auch eines gelungenen Jazz-Rock. Was der Geiger zur Kollektivimprovisation beizusteuern vermag, bewies Goodman als Mitglied von THE FLOCK, mehr noch von THE MAHAVISHNU ORCHESTRA (im Duett mit John McLaughlin). Einen eigenwilligen Geigenstil hat Don Sugarcane Harris in den Jazz-Rock eingeführt, wie er sich besonders auf der LP *Fiddler on the Rock* (1971) zeigt.

Die Einbeziehung der Violine erscheint, wenn ihr Gebrauch nicht allzu häufig ist, von Nutzen. Das bewegliche Spiel mit figurativen Verzierungen belebt die musikalische Faktur und fügt, besonders wenn auf den sonoren Leersaiten gespielt wird, dem Gesamtsound eine charakteristische Helligkeit hinzu. Weitere Techniken wie gezupftes Spiel (Pizzicato) und variable Bogenführung in gebundenem (Legato) und scharf gezogenem oder gehämmertem Spiel (Staccato, Martellato) machen die Violine im Rock vielseitig verwendbar.

S BETHNAL: *Dangerous Times,* 1978 (GB: Vertigo/Phonogram); THE FLOCK: –, 1969 (USA: Columbia); dies.: *Dinosaur Swamps,* 1969 (USA: Columbia); IT'S A BEAUTIFUL DAY: –, 1968 (USA: Columbia); MAHAVISHNU ORCHESTRA: *Birds Of Fire,* 1973 (NL: CBS); Jean-Luc Ponty Plays The Music Of Frank Zappa: *King Kong,* 1970 (GB: Liberty); Don «Sugarcane» Harris: *Fiddler On The Rock,* o. J. (D: MPS/BASF); VIOLINSKI (Mick Kaminski, früher bei ELO): *No Cause for Alarm,* 1979 (NL: Jet/CBS); Darryl Way: *Concerto For Electric Violin,* 1978 (GB: Island/EMI)

Violoncello (abgekürzt Cello, engl. 'cello) ist ein Streichinstrument in der Tenor- und Baßlage mit der Stimmung C G D a (also eine Oktave tiefer als die → Viola). Das Violoncello, das die Form einer → Violine besitzt, wird zwischen den Knien gehalten und ist am unteren Korpusende mit einem Stachel versehen, auf den sich das Instrument beim Spiel stützt. Der Klang des Cellos ist sonor und modulationsfähig; er prägt den Gesamtklang auch einiger Rockformationen, deren besonderes Interesse der Verbindung von Rock und → Bildungsmusik gilt (z. B. THE MOVE). Auf dem zweiten und dritten Album von ELECTRIC LIGHT ORCHESTRA werden sogar zwei Celli zugleich eingesetzt.

S Wendy Maharry: –, «Counting Lines», 1990 (D: A & M)

Virgin Records, London, entstand aus einer Kette von Schallplatten-Importläden; auch ein eigenes Tonstudio (The Manor) in Oxfordshire wurde früh eingerichtet. Der offizielle Beginn von Virgin mit dem früheren, von Roger Dean entworfenen Logo lag Mitte 1973, die erste von der Firma herausgebrachte Platte (Mike Oldfields *Tubular Bells*) war zugleich ein großer Markterfolg, der es dem Firmeneigner Richard Branson ermöglichte, sich auf künstlerisch gehobene, mitunter ausgefallene Erzeugnisse zu spezialisieren. In der Anfangszeit des Labels gehörten Musiker und Bands wie Kevin Coyne, HENRY COW, TANGERINE DREAM, CAN, FAUST und HATFIELD AND THE NORTH, aber auch SUPERCHARGE zu Virgin Records. Ausgefallen wirkten 1977 inmitten dieser illustren Gesellschaft die SEX PISTOLS (→ Punk-Rock), doch die Entscheidung, wichtige Gruppen der New Wave wie DEVO, XTC, HUMAN LEAGUE, MAGAZINE und PUBLIC IMAGE LTD unter Vertrag zu nehmen, erwies sich auch kommerziell als richtig, legte sie doch den finanziellen Grundstock für die Expansion der Firma. So konnte Virgin im Laufe der achtziger Jahre etablierte und erfolgreiche Musiker wie Peter Gabriel und Steve Winwood, und Ende 1991 schließlich die ROLLING STONES verpflichten; aber auch eine Vielzahl von jungen Musikern und Bands nahm das Label unter Vertrag. Virgin Records unterhält mittlerweile in den USA, in Australien sowie in Frankreich und der Bundesrepublik Deutschland Dependancen. In Großbritannien und einigen europäischen Großstädten gehören Virgin einige große Schallplattenund Buchläden, sogenannte Mega Stores. Richard Branson gründete auch eine Fluggesellschaft und pflegt teure, aber weitgehend harmlose Spleens wie den Versuch, den Atlantischen Ozean mit einem Ballon zu überqueren. Vermutlich auf Grund finanzieller Schwierigkeiten der Fluggesellschaft verkaufte Branson im März 1992 Virgin Records an → EMI.

Virgin (Deutschland) vertreibt neben dem Label Virgin noch weitere Labels, darunter Charisma, Earthworks, Luna, Siren, Venture, E.G., Enigma und Caroline. Caroline ist das älteste Unterlabel der Firma, auf dem etwa die dritte LP der Gruppe EGG erschien. Mit dem Label Virgin Classic versucht die Schallplattenfirma auf dem Gebiet der → Bildungsmusik Fuß zu fassen.

Vitar ist ein von Lee Larison konstruiertes Streichinstrument mit fünf Saiten, das Eigenschaften der Gitarre und der Viola in sich vereinigt.

S John Blair: *Southern Love,* 1976 (USA: Columbia)

Vocoder ist ein seit etwa Mitte der siebziger Jahre in der Rockmusik auftretendes Effektgerät, das besonders der Verbindung der menschlichen Stimme mit beliebigen anderen Schallquellen dient. Die Funktion des Gerätes liegt darin, daß aus einem zu bestimmenden Frequenzabschnitt der Stimme mit Hilfe eines Kammfilters bestimmte Anteile herausgefiltert werden. Die fehlenden Anteile werden mit anderen Schallquellen ergänzt, so daß eine Mischung der beiden Ursprungssignale das Resultat ist – ein Klavier oder Meeresrauschen scheint artikuliert zu sprechen. In der Rockmusik wurden beinahe ausschließlich Synthesizer als zweite Schallquelle verwendet. Möglicherweise ist hierin die Ursache zu sehen, daß der Vocoder ein exotisches Effektgerät blieb und bald in Vergessenheit geriet, zumal Rockmusiker dem Gerät nichts anderes als Roboter- oder «Science fiction»-Stimmen abverlangten. Zu den Musikern, die den Vocoder am frühesten benutzt haben, gehören Stevie

Wonder sowie die Gruppen The Electric Light Orchestra und die bundesdeutsche Gruppe Kraftwerk. Auf dem Innencover der unten angegebenen LP von Herbie Hancock ist das Gerät (Sennheiser VSM 201) abgebildet.

S Herbie Hancock: *Sunlight,* 1978 (NL: CBS); Phil Collins: «In The Air Tonight», auf: *Face Value,* 1981 (D: WEA); Brand X: «Act Of Will», auf: *Do They Hurt?,* 1980 (USA: Passport)

Voice Box (Power Mouth, Talking Bag) heißt ein um 1970 schon von Stevie Wonder und Iron Butterfly benutztes Gerät. Es besteht aus einem Verstärker, dessen angeschlossener Lautsprecher den Klang nicht frei, sondern in einen Schlauch abstrahlt. Das freie Ende des Schlauches nimmt der Instrumentalist in den Mund. Wenn er nun sein Instrument spielt, kann er mit Veränderungen von Zunge, Lippenstellung und Mundöffnung den Sound seines Instrumentes verändern. Die Mundhöhle wirkt dabei, wie beim Spiel mit der → Maultrommel, als Resonator. Die vom Mund weitergeleiteten Luftschwingungen werden von einem Mikrophon abgenommen. Wie eine instrumental erzeugte Tonfolge auf diese Weise sprachähnlich klingt, belegt etwa «She's A Woman» auf Jeff Becks Album *Blow By Blow* von 1975. Mit der Entwicklung des → Vocoders und anderer Effektgeräte wurde die Voice Box überflüssig.

Vorhalt (engl. suspension) ist ein Ton, der zum Grundton eines Akkordes eine Dissonanz (manchmal eine sog. Auffassungsdissonanz) bildet. Er tritt auf einem betonten oder relativ betonten Taktteil auf, während die schrittweise nach unten erfolgte Auflösung auf dem nächsten unbetonten Taktteil geschieht. Es gibt Quartvorhalt (1), Sextvorhalt (2), Septvorhalt (3) usw., ebenso mehrfache Vorhalte (z. B. Quart und Sext: 4; die Sexte ist an sich keine Dissonanz, aber das hier gemeinte und vorenthaltene Intervall ist die Quinte, die Sexte bildet eine Auffassungsdissonanz):

Vorzeichen sind graphische Zeichen, die – den Noten vorangestellt – eine Änderung von deren Tonhöhe anzeigen. Die drei Arten der Vorzeichen sind: 1. Ein Kreuz (♯) erhöht einen Ton um einen Halbton, z. B. c – ♯ c (c cis); ist die Note bereits mit einem Kreuz-Vorzeichen versehen, so geschieht die Erhöhung durch ein Doppelkreuz (×), z. B. ♯ c – × c (cis cisis). – 2. Ein Be (♭) erniedrigt eine Note um einen Halbton, z. B. g – ♭ g (g ges), ist die Note bereits mit einem Be-Vorzeichen versehen, so erfolgt die Erniedrigung durch zwei Bes (♭♭), z. B. ♭ g – ♭♭ g (ges – geses). – 3. Ein drittes Vorzeichen (♮) macht die voraufgegangene Erhöhung bzw. Erniedrigung rückgängig, z. B. ♯ c – ♮ c (cis c). Vorzeichen können am Anfang des Liniensystems angebracht sein und beziehen sich dann auf das ganze Musikstück, bzw. sie gelten so lange, wie sie nicht ausdrücklich – durch andere Vorzeichen – außer Kraft gesetzt werden. Treten Vorzeichen innerhalb eines Taktes auf, dann gelten sie lediglich für die Dauer des betreffenden Taktes, also nicht mehr für den folgenden Takt, den Fall ausgenommen, daß der Ton in den folgenden Takt übergebunden ist, etwa

Der erste Ton des zweiten Taktes ist cis, der zweite c.

W

Wah-Wah-Pedal ist ein selektiver Verstärker: Eine gewünschte Lage und Breite des Tonfrequenzbereiches wird mehr hervorgehoben als andere Bereiche. Dies gilt auch für die Obertöne eines einzigen Klanges, und der selektive Verstärker läßt hier eine bestimmte Bandbreite der Teiltöne mehr zur Geltung kommen als andere. Dies geschieht, indem ein Bandfilter bestimmte Frequenzen aus dem eingegebenen Signal in der Lautstärke anhebt. Die Einrichtung wird in Pedalform gebaut. Durch rhythmisches Drücken auf das Pedal, das die Funktion eines Potentiometers erfüllt, verlegt sich das selektive Band nach oben und nach unten. Werden Ein- und Ausgang kurzgeschlossen (Ruheposition des Pedals), so bleibt die Wah-Wah-Schaltung unbenutzt. Der Wah-Wah-Effekt war um 1970 auf der Höhe seiner Beliebtheit; Eric Clapton und Jimi Hendrix erzielten mit dem Gerät damals überraschende Wirkungen. Alle Möglichkeiten dieser Technik kann man auf Frank Zappas *Hot Rats*-Album von 1969 studieren; als Beispiel für die Verwendung des Pedals bei einer elektrischen Orgel sei das (einzige) Album von ATTILA genannt, gleichfalls aus dem Jahr 1970. Nicht zu verwechseln mit dem Wah-Wah-Pedal ist das Lautstärke-Pedal, das auf Lautstärkegrade zwischen pianissimo bis fortissimo stufenlos eingestellt werden kann und in gleicher Weise wie das Wah-Wah-Pedal mit dem Fuß betätigt wird. Einen versteckten Hinweis auf den zu erwartenden Klang gibt der Name eines bekannten Wah-Wah-Pedals: es heißt «Cry Baby».

S CHICAGO: «Hollywood», auf: *VI*, 1975 (NL: CBS)

Waldhorn (engl. french horn), also Horn im engeren Sinne, ist ein traditionsreiches Instrument der → Bildungsmusik. Sein Klang ist weich, modulationsfähig und reich an Obertönen; seine Verwendung verbindet sich mit der Vorstellung von Jagd, Wald, freier Natur und erscheint schon wegen dieser geschichtlich eingeübten Gedankenverbindung selten in der Rockmusik, die ihrerseits eine städtische, nicht-naive Kunstform darstellt. Eines der frühesten Beispiele für ein Hornsolo im Rock findet sich in «For No One» auf dem *Revolver*-Album der BEATLES (1966) – vermutlich ein glücklicher Einfall

George Martins. Ein weiteres Beispiel vgl. in «Stand by Me» auf der LP *Made in England* von Atomic Rooster (1972). Auch auf Platten von The Who ist ab und an ein Horn zu hören, denn der Bassist der Gruppe, John Entwistle, hat eine Ausbildung auf diesem Instrument genossen.

S The Who: *Quadrophenia,* 1973 (GB: Track)

Walking Bass (engl., «marschierender Baß»). Der Ausdruck entstammt dem Jazzbereich und bezeichnet eine bestimmte, für den → Bebop (aber auch schon für manchen Swing-Standard) charakteristische Spielweise des Kontrabasses. Dieser bringt Tonleitern und Skalenfragmente hervor, die einer Dur- oder Moll-Tonart, gelegentlich auch modalen Skalen entnommen sind. Die Bewegung verläuft auf und ab, wobei sie in der einen Richtung – nach oben oder nach unten – durchschnittlich eine Oktave oder etwas mehr umfaßt.

Grundlage des Walking Bass ist für den Bassisten die Abfolge der Harmonien. Häufig basieren Walking Bass-Linien auf Ketten von sogenannten II-V-I-Kadenzen (Mollparallele der Subdominante, Dominante, Tonika), wobei die Tonika weggelassen werden kann oder aber, wie auch die fünfte Stufe, als Grundlage einer neuen II-V-I-Kadenz dienen kann. Der Bassist bricht zunächst in seiner Baß-Linie die Harmonien, setzt auf die wichtigen Zählzeiten 1 und 3 Harmonie-eigene Töne, auf 2 und 4 Durchgangstöne; auf die Zählzeit 4 kann er auch leiterfremde Töne setzen, die zu den interessanteren Reibungstönen gehören. Für einfache Linien ist es üblich, auf die Zählzeit 1 den Grundton der jeweiligen Harmonie zu setzen. Für eine flüssige Walking Bass-Linie muß sich der Bassist sehr genau überlegen, wie er die Harmonien ausgestaltet: Üblicherweise – und ein wenig langweilig – werden die Töne in Vierteln (4/4-Takt) gespielt. Rhythmische Variationen, vor allem auf der Zählzeit 4, ermöglichen es dem Bassisten, den jeweils nächsten Takt auch einmal auf unorthodoxem Weg zu erreichen. Meister des Walking Bass sind Gary Peacock, Ron Carter, Percy Heath und Ray Brown, wenn sie auch keineswegs immer Walking Bass spielen.

In der Rockmusik gibt es nur selten wirklichen Walking Bass zu hören. Der Grund ist ebenso einfach wie einleuchtend: in der Rockmusik gibt es keine Harmoniefolgen wie die II-V-I-Kadenzen. Walking Bass tritt entweder als echter Walking Bass bei Blues und Blues-Rock auf oder aber es handelt sich um Pseudo-Walking Bass, der längst nicht den Ambitus eines echten Walking Bass erreicht. Zwei verschiedene Baß-Spielweisen nebeneinander kann man in dem Song «Englishman in New York» von Sting hören.

Beispiel 1 zeigt einen Walking Bass. Beispiel 2 entstammt dem Stück «Twelve Eight Theme» von Hugh Hopper (Soft Machine) und zeigt den Gegensatz zum Walking Bass: eine Bewegung in größeren Intervallen, die melodisch nicht selbständig sind, vielmehr einen Akkord umreißen. Diese zweite Art der Baßbewegung kennzeichnet den Jazz-Rock (seit etwa 1970) weit mehr als der ältere Walking Bass.

S Sting: ... *Nothing Like The Sun,* 1987 (D: A & M)

L Sigi Busch: *Jazz Bass Compendium* (Rottenburg 1984)

1

2

Walkman nannte der japanische Elektronikkonzern Sony ein kleines tragbares → Magnettongerät für → Compact Cassetten. Die batteriebetriebenen Geräte waren von Anfang an ein Verkaufsschlager und haben zahlreiche Nachahmer gefunden, so daß die Bezeichnung Walkman längst in den allgemeinen Sprachgebrauch übergegangen ist und für alle tragbaren Cassettengeräte gilt. Üblicherweise gehört zu einem Walkman ein → Kopfhörer, obwohl es auch möglich ist, die Geräte an eine stationäre Stereoanlage anzuschließen. Ursprünglich diente ein Walkman nur dem Abspielen von Tonbandcassetten – daher die Bezeichnung Cassette Player –, doch gibt es mittlerweile auch Geräte mit Aufnahmemöglichkeit, teilweise sogar mit → Dolby. Ein Nebeneffekt der Markteinführung des Walkman war es, daß der Verkauf von bespielten Tonbandcassetten, den MusiCassetten, stieg.
Eigenartig und noch kaum untersucht ist das Phänomen, daß so viele Menschen offensichtlich keinen ihrer Schritte ohne die Begleitung von Musik unternehmen wollen.

Walzer (engl. waltz) ist ein Ende des 18. Jahrhunderts im österreichisch-süddeutschen Gebiet aufgekommener Einzelpaartanz in gemäßigt schnellem ¾-Takt, bei dem die Paare Drehbewegungen ausführen und dabei auf der Tanzfläche kreisen. Eine in den zwanziger Jahren unseres Jahrhunderts zur Mode gewordene langsame Variante heißt English Waltz. In der Rockmusik tauchen Walzer durch die Vermittlung von Country- und Schlagermusik gelegentlich auf, etwa «Baby's in Black» der Beatles. Der in den USA allbekannte «Tennessee Waltz» findet sich u. a. auf dem von Brian Wilson produzierten Album *Spring* der Formation Spring, 1974 (USA: United Artists).

Warner Bros. Records, Burbank, Calif., wurde 1958 von der Warner Brothers-Filmgesellschaft gegründet. Zu den ersten wirtschaftlichen Erfolgen gehörten Stücke von den Everly Brothers; um 1962 wandte sich das Label auch der einsetzenden Folksongbewegung zu und nahm Peter, Paul and Mary unter Vertrag. 1964 kaufte die Firma den Mehrheitsanteil von Frank Sinatras → Reprise-Label, 1965 zwei weitere Kleinlabels (→ Autumn und → Valiant); durch letztere Erwerbungen kamen Harpers Bizarre und The Beau Brummels zu Warner. 1966 unterzeichnete The Grateful Dead einen Vertrag; das 1973 gegründete Gruppenlabel → Grateful Dead Records wurde zeitweilig von Warner vertrieben. 1967 wurde Warner Bros. Records/Reprise (kurz davor auch → Atlantic/Atco) von der Industriegruppe Seven Arts aufgekauft. Unter dem Firmenschild Warner Bros.-Seven Arts Records führte die vergrößerte Firma Rockmusiker wie The Association, The Everly Brothers, Alice Cooper, Van Morrison, Van Dyke Parks und The West Coast Pop Art Experimental Band. Die Kapitalkonzentrierung setzte sich 1969 fort, als der Kinney-Konzern Warner Bros.-Seven Arts samt der Atlantic-Gruppe sowie den Warner Bros.-Filmzweig erwarb; ein Jahr später kam → Elektra, 1972 → Asylum Records hinzu. Top-Manager wie Ahmet und Nesuhi Ertegun, Jerry Wexler, Mo Ostin, Joe Smith und Jac Holzman arbeiteten in der Verwaltung. Bald wurde auf den traditionsreichen Namen erneut zurückgegriffen; das riesige kulturindustrielle Konglomerat wurde → Warner Communications bzw. – außerhalb der USA – → WEA International genannt. Heute ist der Time-Warner-Konzern die Dachorganisation des gesamten Konzerns.

Waschbrett (engl. washboard) als Rhythmusinstrument in Skifflegruppen ist ein früher im Handel erhältliches, aus Wellblech gefertigtes Waschbrett, das auf den Knien gehalten wird: durch Reiben der Rillen mit einem Stab oder mit einem Metallstück (oft einem Fingerhut) ergibt sich ein heller Klang ohne eine bestimmte Tonhöhe. Ein spezialangefertigtes Waschbrett, das sich der Spieler um den Hals hängt, wird in der Zydeco-Musik verwendet (→ Cajun Music). Besonders gesucht bei Skiffle- und auch Dixieland-Gruppen waren (und sind) Waschbretter, die nicht aus Wellblech, sondern aus dicht aneinanderliegend befestigten Glasstäben bestehen.

WEA International war die Bezeichnung der außerhalb der USA arbeitenden Schallplattenabteilungen des amerikanischen Konzernes WEA Communications Inc. (WCI). Die Abkürzung WEA geht auf die Anfangsbuchstaben der einzelnen Firmen → Warner Bros., → Elektra Records und → Atlantic Records, die 1970 bzw. 1967 hinzugekauft wurden. Im Jahre 1988 wurde zusätzlich die → Teldec Schallplatten GmbH übernommen. Die Schallplattenabteilungen außerhalb der USA werden nunmehr insgesamt als Warner Music International bezeichnet; die Bezeichnungen für die nationalen Firmen dementsprechend Warner Music Germany, Warner Music France usw. (→ Warner Bros. Records, → WEA Music).

WEA Music (Hamburg) ist ein Geschäftsbereich der Warner Music Germany, die wiederum Tochter der Schallplattenfirma des Medienkonzernes WEA Communications Inc. (WCI) WEA Music International ist.

Tochterunternehmen der WEA Music sind die East West Records GmbH (seit 1. Januar 1991, vorher Teldec Records Service GmbH), Warner Home Video GmbH, Warner Bros. Film GmbH, Warner Bros. Music GmbH, Musik unserer Zeit Verlag GmbH und die Warner Bros Pay T. V. GmbH. WEA widmete sich ursprünglich ausschließlich Blues, Jazz, Soul und Rock; erst mit Übernahme der Teldec gehört auch deren E-Musik-Katalog zum gesamten Repertoire der Firma. WEA vertreibt in der Bundesrepublik Deutschland mehrere eigene und fremde Label; eigene sind Elektra, Sire, Warner Bros. und WEA. Darüber hinaus werden die Label Big Tree, Blanco Y Negro, CGD, Dark Horse (George Harrisons Label), Korova, Modern, Opal, Paisley Park, QWest Real, Valentino, Tommy Boy, GIG, Full Moon und Reprise vertrieben.
Bei WEA stehen eine Vielzahl von Rockbands und -musikern unter Vertrag, darunter A-HA, BEE GEES, CHICAGO, ECHO & THE BUNNYMEN, FLEETWOOD MAC, LITTLE FEAT, MÖTLEY CRÜE, NELSON, PRETENDERS, R. E. M., SIMPLY RED, SISTERS OF MERCY, TRAVELING WILBURYS, THE TIME, VAN HALEN, ZZ-TOP, Laurie Anderson, Anita Baker, George Benson, Jackson Browne, Tracy Chapman, Eric Clapton, Phil Collins, Ry Cooder, John Cale, Miles Davis, Brian Eno, Emmylou Harris, George Harrison, Chaka Khan, Madonna, Joni Mitchell, Randy Newman, Ted Nugent, Prince, Linda Ronstadt, David Lee Roth, Lou Reed, Paul Simon, Rod Stewart, Neil Young und Frank Sinatra. In der Bundesrepublik Deutschland veröffentlichten ALPHAVILLE, Curt Cress, Klaus Doldinger, Veronika Fischer, Inga Humpe, Heinz Rudolf Kunze, Marius Müller-Westernhagen, PASSPORT, Achim Reichel und Edo Zanki Schallplatten bei WEA. (→ Warner Bros., → WEA International)

Wechseldominante → Doppeldominante

Welle → Schwingung

Weltmusik ist die etwas hilflose und letzten Endes auch nicht zutreffende Bezeichnung für Rock- und Pop-Musik, die nicht in Nordamerika oder Europa, sondern in Ländern der sogenannten Dritten Welt, vornehmlich in Afrika entstanden ist.
Der Begriff «Weltmusik» ist allerdings weit älter: er geht auf den Musikwissenschaftler Georg Capellen zurück, der den Begriff bereits im Jahre 1906 prägte. Aufgegriffen wurde er später von dem bundesdeutschen Jazz-Kritiker Joachim-Ernst Berendt, der in diesem Sinn auch einige Schallplatten produzierte. Er brachte dazu jeweils Jazzmusiker und Musiker verschiedener Nationalitäten zusammen und nahm deren gemeinsame Improvisationen auf. Berendt nannte die Plattenreihe wie eine von ihm veranstaltete Konzertreihe «Jazz Meets The World».
Am Anfang der Weltmusik-Welle, die im Jahre 1988 einsetzte und alle Anzeichen von → Hype trug, standen allerdings die Platten von Peter Gabriel (*So*), Paul Simon (*Grace-*

land) und den TALKING HEADS (*Naked*) sowie eine Discotheken-Platte der Produzentengruppe COLDCUT, die in eine Aufnahme der Hip Hop-Gruppe ERIK B. & RAKIM ein kurzes Stück eines jemenitischen Volksliedes einbauten. Gesungen hatte dieses Lied die israelische Schlagersängerin Ofra Haza. Der Erfolg der genannten Platten führte dazu, daß Journalisten und im Gefolge auch die Schallplattenindustrie, Mitte der achtziger Jahre ohnehin auf der Suche nach unverbrauchten Klängen, auf die Pop-Musik Asiens und Afrikas aufmerksam wurden. Dieser Trend wiederum wurde von den Rockmusikern Europas und, in geringerem Maße, Nordamerikas aufgenommen und in vielfältiger Weise in der Musik verarbeitet.

Musik wie Raï aus Algerien, Warba aus Obervolta und der Elfenbeinküste, High Life aus Nigeria und Ghana, Soukous aus Zentralafrika, Juju aus Nigeria, Griot-Musik von der Westküste Afrikas und Mbaqanga von der Südküste, weiterhin bulgarische Volksmusik, indische Musik, Musik aus Korea und den arabischen Ländern konnte zwar nur selten die Hitparaden erobern, lenkte aber den Blick auf Musik, die nicht in Europa oder den USA entstanden war.

Der sich abzeichnende Trend wurde von der Schallplattenindustrie flugs vermarktet und beinahe jedem Arrangement mit exotischen Instrumenten das Etikett «Weltmusik», «World Music» oder schlicht «Ethno Pop» aufgedrückt.

Die eurozentristische Sicht, von der die seriöse Musikethnologie längst Abstand genommen hat, ist dabei unübersehbar: allemal müssen die außereuropäischen Musiker ihre Musik mit anglo-amerikanischen Rock-Modellen vermischt haben, um als Welt-Musiker angenommen zu werden. Man kann von der Plattenindustrie sicherlich nicht erwarten, daß sie sich als Nische für das Überleben fremder – und zumeist auch aussterbender – Musik zeigt. Die in den Jahren 1988 und 1989 überbordende Produktion von Schallplatten mit Weltmusik stieß aber auf ein unerfahrenes Publikum, das die Pop-Musik aus Afrika und anderen Ländern eher als zusätzlichen Klangreiz verstand und damit auf demselben Erkenntnisstand blieb wie der Rockhörer der sechziger Jahre, der George Harrisons «The Inner Light» hört.

Einige Rundfunkjournalisten allerdings nahmen sich der Musik, vornehmlich, aber nicht ausschließlich, in anderer, adäquater Weise an. In Berlin beispielsweise veranstaltete der Sender Freies Berlin die Veranstaltungsreihe «Heimatklänge» und gibt auch eine Schallplattenreihe unter dem gleichen Namen heraus. «Real World» nannte Peter Gabriel ein von ihm gegründetes Schallplattenlabel, auf dem außereuropäische Musik veröffentlicht wird.

Zu Beginn der neunziger Jahre ließ das Interesse des Publikums an World Music stark nach, sie ist wieder eine Randerscheinung. Einige Musiker konnten sich allerdings in der westlichen Musikwelt behaupten: Youssou N'dour, der Chor LADYSMITH BLACK MAMBAZO, Salif Keita, Cheb Khaled und Mori Kante.

S Ofra Haza: *Yemenite Songs,* 1985 (GB: Hed-Arzi/Ace); Veröffentlichungen des Real World-Labels und der Reihe «Heimatklänge».

Western Swing ist so etwas wie die ländliche Variante des Jazzstils Swing, enthält aber auch Elemente der traditionellen String-Band-Musik, Cajun und schwarzen Musik. Zeitlich parallel zum Swing entwikkelte sich der Western Swing in den dreißiger Jahren in den Südstaaten der USA, in Texas, Oklahoma und auch in Kalifornien. Sein bekanntester Vertreter ist Bob Wills, der mit seinen TEXAS PLAYBOYS den Vortragsstil prägte. Die gebräuchlichsten Instrumente der relativ großen Bands sind Gitarre (auch Steel Guitar), Fiedel, Baß, Mandoline, später auch Schlagzeug, Saxophon und Trompete. Da es sich beim Western Swing wie beim Swing um eine Tanzmusik handelt, gehörte zu manchen Bands ein «Shouter», der den Tanzenden die auszuführenden Tanzschritte zurief.

S *The History of Bob Wills and His Texas Playboys*, o. J. (USA: MGM); *King of Western Swing,* o. J. (USA: MCA)

Widmung (engl. dedication). In dem Maße, in dem das künstlerische Selbstbewußtsein der Rockmusiker in der zweiten Hälfte der sechziger Jahre stieg, kam der Brauch auf, Musikstücke oder ein ganzes Album einem Freund, einem anderen Musiker, einem Förderer usw. zu widmen. Widmungen und Danksagungen gehören zu den erfreulichen Gepflogenheiten neuerer Rockmusik, und sie bleiben so lange akzeptabel, wie sie nicht zu mechanischer Manier werden. Sie sind es leider geworden. Diese Manier wird auf dem Cover von *No Way Out* der US-Gruppe CHOCOLATE WATCH BAND (USA: Tower) parodiert, denn die LP ist über hundertfünfzig Menschen von J. S. Bach bis hin zu Humphrey Bogart gewidmet. Ein ähnlicher Nonsens findet sich auf dem Album *Cabretta* von Mink DeVille von 1977, und schon *Green Tambourine* von THE LEMON PIPERS (1967) wartet mit dem Witz auf: «This album is dedicated to Irene Waban, whoever she may be.»

Wiederholung (engl. repetition). Musik, wie jede ornamentale Kunst, macht von Wiederholungen Gebrauch. Ein musikalischer Ablauf, in dem keine Einheiten notengetreu oder variiert wiederholt werden, ergibt keinen Zusammenhang; jene schwer definierbare Logik, die man «musikalischen Sinn» zu nennen pflegt, ergibt sich vielmehr erst aus der Möglichkeit, Partien als gleich oder abgewandelt miteinander zu vergleichen oder als verschieden gegeneinander abzusetzen. Ein wiederholter Abschnitt (→ Motiv, → Thema usw.) hat dabei nicht den Grund, sich dem Hörer besser einzuprägen. (Musikhören setzt eine minimale Gedächtnisleistung voraus, ohne die es keinen Zweck hätte, musikalische Zusammenhänge knüpfen zu wollen.) Vielmehr erhält der wiederholte Teil zumeist eine architektonische Aufgabe, etwa die des Abschlusses bei einer einfachen Liedform wie AABB oder ABA, der fortgesetzten

Kontrastbildung bei einer Rondoform wie ABACA, häufig auch der Variation, für welche die Einheit von Wiederholung und Abwandlung charakteristisch ist (A A_1 A_2 A_3 usw.). Dort, wo eine Wiederholung unbegründet ist, liegt der Verdacht nahe, daß der Phantasie des Komponisten enge Grenzen gesetzt sind.
Im Rockbereich blüht das Wiederholungswesen ganz besonders. Es gibt dabei Wiederholungsformen, die in die Struktur des Musikstückes eingehen, für dieses also sinnstiftend sind. Der → Riff gehört hierher, wenn er nicht die Hauptsache, sondern ein stützendes Fundament bildet, über dem sich die variierten melodischen Gestalten erheben. In den achtziger Jahren hat sich aber – nicht zuletzt unter der Einwirkung von elektronischen Musikinstrumenten und → Sequencern – ein Songtyp entwickelt, der beinahe vollständig aus unablässig wiederholten Riffs besteht. In manchen Stücken ist die Absicht unverkennbar, durch fortgesetzte Wiederholung eine Art hypnotisierende Wirkung zu erzielen (und solche Wirkung ist, obgleich nicht architektonisch begründet, in der Musik gerechtfertigt). Zumal in der → Dancefloor Music der achtziger Jahre, vor allem in der → House Music, ist die beständige Wiederholung von sehr kurzen Tonfolgen, aber auch von einzelnen Geräuschen bis hin zu Samples von Schreien und Rufen, Stilmittel; dabei wird außer dem durchlaufenden, häufig mit Hilfe eines → Drumcomputers erzeugten Beat keine weitere formale Einteilung geduldet: für Sekunden etwa ist in vielen House-Stücken ein unablässig wiederholter Schrei oder auch ein gesprochener Satz zu hören, ebenso unvermittelt abbrechend wie einsetzend. Auch hier spielt der Einsatz von Sequencern und Computern eine bedeutende Rolle.
Die → Minimal Music wiederum arbeitet mit häufigen Motivwiederholungen, um die allmähliche Verschiebung der Klangschichten so unauffällig wie möglich zu erreichen. Wo solche mehr oder minder einleuchtenden Gründe für eine Wiederholung fehlen, wird die Musik uninteressant und aufdringlich, wie das die verbissen einhämmernde Musik mancher Hardrock-Gruppen um 1970–73 beweist. In diesem Zusammenhang mag auch ausgesprochen werden, daß das zwölftaktige Bluesschema mit nur drei Akkorden, das zu Beginn der Rockgeschichte eine Entwicklungsfunktion erfüllt hat, heute oft nur noch der Bequemlichkeit des Ohres dient. Dem der Rockmusik möglichen hohen Stand trägt die ständige Wiederholung eines einfachen Chorus nicht Rechnung, denn sie macht die Stücke verschiedener an sich begabter Musiker zu einem seelenlosen Einerlei. (Punk hat unter vielem auch den Vorteil mit sich gebracht, daß der übergroße Einfluß des Blues – als der Erfüllung eines eher akademischen Schemas – auf die Rockmusik zumindest zeitweise wesentlich zurückgedrängt wurde.)
Es wäre von Vorteil, wenn sich bei Musikern wie bei Hörern folgender Grundsatz festsetzen würde: Wiederholt der Musiker einen ganzen Abschnitt, so kann der Hörer darin ein Bauprinzip, eine gestalterische Absicht annehmen. Tritt die Wieder-

holung zum dritten- und viertenmal auf, so kann der Hörer schon den Verdacht hegen, daß ihn der Musiker für gedächtnisschwach hält. Bei noch häufigerer Wiederholung dürfen bereits Vermutungen über die Einfalt des Musikers selbst angestellt werden.

Wirbel (engl. roll) heißt eine Schlagart bei Trommeln und Pauken: er wird mit Hilfe eines sehr schnellen Wechsels der beiden Schlägel ausgeführt – eine hohe Kunst des Drummers, die selbst ein so berühmter Schlagzeuger wie Ringo Starr – nach Aussage des BEATLES-Produzenten George Martin – nicht ganz beherrscht hat – aber wohl auch nicht brauchte (vgl. Hunter Davies: *The Beatles – The Authorised Biography,* London 1968, S. 169).

Woodstock heißt eine im nördlichen Teil des Staates New York liegende Kleinstadt, wo im August 1969 ein Festival stattfinden sollte. Wegen allzu strikter Auflagen der örtlichen Behörden wurde das dreitägige Freiluftkonzert («Woodstock Music and Arts Fair») dann nicht dort, sondern ca. 80 Kilometer entfernt in der Nähe des Ortes Bethel, auf einem 243 Hektar großen Gelände des Farmers Max Yasgur, abgehalten. Die Zahl der Teilnehmer wird abweichend mit 400000 bis 500000 angegeben. Unter den auftretenden Musikern befanden sich Joan Baez, Joe Cocker, Arlo Guthrie, Richie Havens und Jimi Hendrix, unter den Rockgruppen COUNTRY JOE & THE FISH, CROSBY, STILLS, NASH & YOUNG, THE WHO, JEFFERSON AIRPLANE, THE BUTTERFIELD BLUES BAND, CANNED HEAT und MOUNTAIN. Ein abendfüllender Film von Michael Wadleigh hat nicht alle mitwirkenden Gruppen festgehalten, es fehlen z. B. JEFFERSON AIRPLANE, THE GRATEFUL DEAD, THE INCREDIBLE STRING BAND und BLOOD, SWEAT & TEARS. Ein Dreifach- und ein weiteres Doppelalbum enthalten Aufzeichnungen vom Woodstock-Festival, das wegen seiner Ausmaße und relativen Friedfertigkeit seines Ablaufs die Berichterstatter zu überschwenglichen Äußerungen veranlaßt hat. Abbie Hoffmans Losung von einer «Woodstock Nation» erwies sich dennoch als eine hohle Phrase. Die zeitlich parallelen Manson-Morde in Los Angeles und Umgebung – Manson und seine Anhänger beriefen sich auf einige BEATLES-Songs – sowie das kurz nach Woodstock veranstaltete unselige → Altamont-Freikonzert machten die aufgekommenen Hochgefühle schnell zunichte. Ende 1979 versuchte ein ausgedehntes «Woodstock Revival On Tour» mit Joe Cocker, Arlo Guthrie, Country Joe McDonald und Richie Havens die Erinnerung an Woodstock zu beleben.

S *Woodstock,* 1970, 3 LP (D: Atlantic); *Woodstock Two,* 1971, 2 LP (USA: Cotillion)

L Abbie Hoffman: *Woodstock Nation. A Talk-Rock Album* (New York 1969); *Musik Express* 9/1979

Workstation ist die Bezeichnung für ein Keyboard-Instrument, das in einem Gehäuse einen → Synthesizer, einen → Drum Computer, ein Effektgerät (Echo, Hall) und einen → Sequencer vereinigt. Häufig ist auch noch ein Diskettenlaufwerk Bestandteil des Instrumentes. Workstations sind besonders bei Amateurrockmusikern und Anhängern des → Home Recording beliebt, weil keine weiteren Geräte benötigt werden, um einen Rocksong produzieren zu können. Workstations sind etwa der Korg M1- und der Roland D 20-Synthesizer.

X

Xylophon (von griech. xylon, Holz) besteht aus einer Reihe verschieden langer Holzstäbe (in der Regel aus Palisander), die auf bestimmte Tonhöhen eingestimmt und in einer Klaviaturanordnung nebeneinander befestigt sind. Es gibt diatonische und chromatische Xylophone in unterschiedlich großen Ausführungen. Die Palisanderstäbe werden mit Holzklöppeln geschlagen, der Klang ist kurz und hohl.

Y

Yamaha, Hamamatsu (Japan), ist der Name eines im Jahre 1887 von dem Feinmechaniker Torakusu Yamaha gegründeten Mischkonzerns, der unter anderem (Möbel, Motorräder, Außenbordmotore, Computer, Sportartikel) Musikinstrumente und -elektronik herstellt. Neben traditionellen Musikinstrumenten aller Art widmet sich die Firma mit großem Erfolg der Entwicklung von Tasteninstrumenten. In den siebziger Jahren waren es vor allem die bühnentauglichen Pianos CP-80 und CP-70 B sowie die polyphonen → Synthesizer CS 80 und CS 60, mit denen sich Yamaha einen Namen machen konnte; zur selben Zeit wurde der Grundstein für den erfolgreichsten Synthesizer der achtziger Jahre, den DX 7, gelegt. Mit diesem digitalen Synthesizer brachte Yamaha ein neuartiges (wenn auch schon länger bekanntes) Syntheseverfahren auf den Markt (FM-Synthese). Die DX-Geräte-Familie wurde zu Beginn der neunziger Jahre von den SY-Synthesizern abgelöst.

Yamaha fertigt die meisten Instrumente in Hamamatsu, lediglich elektrische Gitarren werden von Fujigen gefertigt (Fujigen produziert auch Gitarren für die Firmen Ibanez, Fender, Squier, Westone u. a.). Akustische Gitarren, mit denen Yamaha Anfang der sechziger Jahre die westlichen Märkte zu erobern begann, werden in Taiwan gebaut, während Drums teilweise in England von der Firma Premier hergestellt werden.

Z

Zapple Records → Apple Records

Zebra → Polydor Records

Zeitschriften der Rockmusik. Über Rockmusik im weitesten Sinne zu berichten, gehört heute selbst bei Modezeitschriften, Tageszeitungen und Krankenkassenblättern, erst recht bei HiFi-Zeitschriften zum Pflichtprogramm. Gelegentlich handelt es sich dabei um kaum mehr als um Reklame unter redaktionellem Deckmantel. Auch die eigentliche Musikpresse, die sich in erster Linie der Musik widmet, ist zumindest in einer Nebenrolle Werbeforum der Schallplattenindustrie. Die Zahl der Musikzeitschriften ist in den siebziger und achtziger Jahren enorm gewachsen, wenn auch manch ein Titel ebenso schnell wieder vom Markt verschwand, wie er erschien.
In der Bundesrepublik Deutschland entwickelte sich eine eigenständige Musikpresse aus den Jugendmagazinen der sechziger Jahre (*Ok* und *Bravo*); dennoch gibt es in der Bundesrepublik Deutschland, gemessen an den USA und Großbritannien, vergleichsweise wenige Musikzeitschriften, vor allem, wenn man die Größe des bundesdeutschen Plattenmarktes in Rechnung stellt.
Die in der westlichen Welt erhältlichen Musikzeitschriften lassen sich in verschiedene Gruppen einteilen: 1. Allgemeine Musikmagazine wie etwa *Rolling Stone, Q* oder *Musik Express/Sounds*. Sie widmen sich der gesamten Musik, bevorzugen zumeist Mainstream, zeigen sich aber auch aufgeschlossen gegenüber jeder anderen Musik bis hin zu → Bildungsmusik. Die Rezension von Büchern und Videos gehört ebenso zu ihrem redaktionellen Umfang wie Filmkritik und etwas, das mit «Life Style» bezeichnet wird und nichts anderes als Werbung für hochwertige Konsumgüter ist. Der Hauptteil dieser Zeitschriften ist der Rezension neu veröffentlichter Schallplatten vorbehalten. 2. Musikmagazine mit einem thematischen Schwerpunkt widmen sich beispielsweise nur dem Heavy Metal-Rock, Schwarzer Musik oder den jeweils neuesten Trends. Diese Magazine erhielten in den achtziger Jahren erheblichen Zuwachs, beispielhaft ist die Zahl der Heavy Metal-Magazine. Andere Musik wird von diesen Zeitschriften wenn überhaupt, dann nur am Rande wahrgenommen. 3. Musikerzeitschriften sind vor allem am technischen Aspekt der Musik interessiert, am Equipment der Stars, an den neuesten Instrumenten und Geräten und gediegener Handwerklichkeit der von ihnen bevorzugten Musik. Nebenbei werden Platten rezensiert. In fast jeder dieser Zeitschriften gibt es ausgedehnte Workshops, in denen fast alle Tricks der großen Instrumentalisten verraten werden. Neben den Zeitschriften wie *Fachblatt Musik Magazin*, die eher allgemein den Instrumentenmarkt im Auge haben, gibt es Fachzeitschriften für Gitarre, Baß, Schlagzeug, Keyboards usw. Der

Übergang zu wissenschaftlichen Zeitschriften ist dabei fließend.

Anfang der achtziger Jahre gab es mehrere Versuche, Zeitschriften zu etablieren, denen ein Tonträger (Compact Cassette, LP) beigepackt war (*Debüt, m. a. c. Musikmagazin auf Cassette*), doch konnten sie sich nicht auf dem Markt durchsetzen. Überhaupt ist gerade der bundesdeutsche Zeitschriftenmarkt für Musikmagazine sehr schwierig – offensichtlich hören deutsche Rockfans lieber Musik, als daß sie darüber auch noch lesen.

Im folgenden werden verschiedene Zeitschriften aus den USA, Großbritannien und der Bundesrepublik genannt; die Aufstellung ist weder vollständig noch kann gewährleistet werden, daß alle diese Zeitschriften noch existieren. Einige Zeitschriften wurden eingestellt, sind aber mangels anderer Geschichtsschreibung interessante Quellen für die Musik vergangener Jahre.

USA

American Songwriter. Eine Zeitschrift für Songschreiber, Professionals wie Amateure; thematisch an Rock, Rhythm & Blues und Country Music interessiert. Erscheint monatlich in Old Hickory.

Bam. Erscheint monatlich in Oakland und widmet sich besonders der kalifornischen Musikwelt.

Billboard. Das in New York wöchentlich erscheinende Geschäftsblatt der Schallplattenbranche. Rockmusik ist für Billboard ein Produkt wie Autoreifen oder Zahnpasta; so erhält der Leser einen kleinen Einblick in den Wirtschaftszweig Rockmusik.

Boston Rock. Das Magazin erscheint monatlich in Boston und widmet sich Bostoner Gruppen und in Boston aufgenommenen Schallplatten.

Cashbox. Wie *Billboard* ein Wirtschaftsblatt, das wöchentlich in Hollywood erscheint.

Circus. Ein Magazin für Heavy Metal-Fans mit vielen Fotos. Erscheint monatlich in New York.

Country News. Zeitschrift, deren besonderes Interesse jüngeren Entwicklungen der Country Music gilt. Erscheint jeden Monat in Old Hickory.

Country Sounds. Gedacht für Sammler von Country-Schallplatten, erscheint *Country Sounds* monatlich in Iola.

Creem. Nach *Rolling Stone* das älteste Musikmagazin der USA; erscheint monatlich in Birmingham und setzt einen abgeklärten Leser voraus.

Frets. Zeitschrift für Gitarristen, die auf akustischen Gitarren vor allem Folk, Blues, Bluegrass und Klassik spielen. *Frets* erscheint monatlich in Cupertino.

Goldmine. Zeitschrift für Plattensammler, die deshalb sehr viele Anzeigen von Plattenverkäufern enthält. Erscheint monatlich in Fraser.

Guitar Player. Ein monatlich in Cupertino erscheinendes Magazin für Gitarristen. Interviews mit Star-Gitarristen und Testberichte über Instrumente und Verstärker sind das Hauptinteresse der Zeitschrift.

Guitar World. Ein Konkurrenzblatt für *Guitar Player*, das alle zwei Monate in New York erscheint.

Hit Parader. Klatschblatt für Teenies, das jeden Monat in Derby erscheint. Es enthält neben den neuesten Geschichten über die Favoriten seines Publikums auch Songtexte.

International Musician and Recording World. Eine Zeitschrift, die über die technische Seite der Rockmusik berichtet, ohne einem Instrument besonders gewidmet zu sein. Erscheint monatlich in New York.

Keyboard. Hieß früher *Contemporary Keyboard* und wird wie *Guitar Player* in Cupertino herausgegeben. *Keyboard* ist ebenfalls Vorbild für ähnliche Keyboard-Zeitschriften; erscheint monatlich.

Living Blues. Zeitschrift für Blues-Liebhaber, die vierteljährlich in Chicago erscheint.

Modern Recording and Music. Erscheint monatlich in Port Washington; die Zeitschrift wendet sich an den an moderner Studiotechnik interessierten Leser.

Musician. Die monatlich in Gloucester erscheinende Zeitschrift enthält neben den Berichten über Instrumente und Elektronik Interviews mit Rock- und Jazzmusikern.

New York Rocker. Erscheint elfmal im Jahr in New York. Die Redaktion ist besonders an neuer Musik interessiert.

OP. Zeitschrift für Independent-Labels und Musiker, die auf diesen Labels veröffentlichen. Erscheint alle zwei Monate in Olympia.

Popular Music and Society. Vierteljährlich von der Bowling Green University herausgegebene Zeitschrift, die Rockmusik unter einem wissenschaftlichen Aspekt betrachtet.

The Record. Diese Zeitschrift ist ein *Rolling Stone*-Ableger, der sich ausschließlich der Musik widmet. Erscheint jeden Monat in New York.

Record View. Zeitschrift für Plattensammler, die nicht nur an Rock-Schallplatten interessiert sind. Erscheint alle zwei Monate in Los Angeles.

Relix. Entstand aus einem Fanzine für die Gruppe THE GRATEFUL DEAD, wandelte sich aber zu einem allgemein gehaltenen Rock-Magazin. Erscheint alle zwei Monate in New York.

Rolling Stone. Das große Vorbild vieler Rock-Zeitschriften. Die alle zwei Wochen in New York erscheinende Zeitschrift widmet sich längst nicht mehr nur der Rockmusik, sondern auch vielen anderen Themen der mit dem Blatt älter gewordenen Leserschaft. Der Verlag der Zeitschrift gibt auch Bücher über Rockmusik heraus, u. a. Lexika, die zu den Standardwerken der Rockliteratur gehören.

Spin. Magazin, das in den USA auf Grund seiner extravaganten und überlegt gestalteten Aufmachung auffällt. Mußte sein Erscheinen vorübergehend wegen zu geringer Verkaufszahlen einstellen. Die monatlich erscheinende und sich nicht nur der Musik widmende Zeitschrift wird in New York herausgegeben.

Trouser Press. Ein monatlich in New York erscheinendes Magazin, dessen Interesse vor allem New Wave-Rock galt. Fester Bestandteil für die Abonnenten ist eine jeder Ausgabe beigelegte Schallfolie.

Trouser Press Collector's Magazine. Der Ableger von *Trouser Press*, der sich vor allem an Plattensammler wendet, erscheint alle zwei Monate, ebenfalls in New York.

Wavelength. Ein monatlich in New Orleans erscheinendes Magazin, das über die lokale Musik berichtet.

Großbritannien

Blitz. Ein monatlich in London erscheinendes Magazin, das sich unter anderem Musik widmet, die zum Lebensstil seiner Leserschaft gehört. Daneben viele andere Themen.

Black Echoes. Soul- und Reggae-Magazin, das jede Woche in London erscheint.

Black Music and Jazz Review. Wie der Name schon sagt, eine Zeitschrift, die sich Soul, Blues, Disco, Funk und Jazz widmet. Erscheint monatlich in London.

Blues and Soul. Ebenfalls Disco- und Soul-Musik gewidmete Zeitschrift, die in London erscheint.

Blues Unlimited. Eine in London alle zwei Monate erscheinende Blues-Zeitschrift.

Buy Gone. Erscheint jeden Monat in Nottingham; wendet sich besonders an Rock 'n' Roll-Sammler.

Cat Talk. Erscheint vierteljährlich in Feltham. Für Fans der fünfziger Jahre, nicht nur der Schallplatten dieser Zeit.

Country Music People. Erscheint monatlich in Dartford. Wendet sich an den Hörer von amerikanischer und britischer C & W Music.

The Cover. Themen dieser monatlich in London erscheinenden Zeitschrift sind Musik, Film und Fernsehen.

Echoes. Zeitschrift für Hörer von Funk und Soul. Erscheint wöchentlich in London.

Electronic and Music Maker. Eine Monatszeitschrift für Keyboarder und Elektroniker, die sich besonders für Inserate interessieren. Erscheint in Westcliff-on-Sea.

The Face. Erscheint monatlich in London. *The Face* setzte nicht nur Maßstäbe in der Berichterstattung über Musik – Artikel etwa von Julie Burchill –, sondern auch in der äußeren Aufmachung und der Typographie. Auch von diesen Standpunkten gesehen ein äußerst informatives Magazin.

Fan Library Monthly. Erscheint monatlich in London. Eine Musikzeitschrift, die jedes Heft unter ein anderes Thema stellt; häufig auch unpopuläre, abseits gelegene Themen.

Flexipop. Wichtigster Inhalt dieser monatlich in London erscheinenden Zeitschrift ist die jeder Ausgabe beigelegte Schallfolie.

I-D. Ähnlich wie *The Face* ein extravagant gestaltetes Magazin, das monatlich in London erscheint.

In The City. Ursprünglich ein Punk-Fanzine, das aber unregelmäßig erscheint. Wird in London herausgegeben.

International Musician and Recording World. Fachzeitschrift für Musiker und Studio-Personal. Das in London jeden Monat erscheinende Magazin bevorzugt in seiner Berichterstattung «richtige» Musiker, also solche, die bereits etabliert sind und ihr Instrument beherrschen.

Kerrang! Ein jeden Monat in London erscheinendes Magazin, das sich ausschließlich dem Heavy Metal-Rock widmet. Vorbild für diverse Nachahmer.

Melody Maker. Das älteste britische Musikmagazin. Erscheint wöchentlich in London. Für Rockhörer seit Jahren weniger interessant, weil aktuelle Entwicklungen nur wenig beachtet werden.

Music Week. Ein Branchenblatt, das jede Woche in London erscheint. Ähnlich wie Billboard – wenn auch weniger umfangreich – besonders interessant für Leser, die sich für den wirtschaftlichen Bereich der Rockmusik interessieren.

New Kommotion. Ein vierteljährlich in Wembley erscheinendes Magazin, das sich an Sammler von in den fünfziger Jahren veröffentlichten Schallplatten wendet. Akribisch in jeder Hinsicht.

New Musical Express. Abgekürzt *NME*. Die wöchentlich in London erscheinende Zeitschrift war lange Zeit das wichtigste Magazin für Rockmusik. In den letzten Jahren schwankte die Qualität des Inhalts stark.

Noise! Erscheint monatlich in London. Themen des *Sounds*-Ablegers sind Techno Pop, Heavy Metal und Punk.

Omaha Rainbow. Vierteljährlich in Wallington erscheinendes Magazin für Country-Rock, vor allem für die jüngeren Entwicklungen der Country Music.

Pop Pix. Zeitschrift für Teenager, die vor allem an Bildern von ihren Favoriten interessiert sind. Erscheint monatlich in London.

Q. Monatlich in London erscheinendes Musikmagazin, das sich besonders an Hörer des → AOR wendet; milde Ironie, Interviews und weitgespannter Themenkeis machen *Q* langsam, aber sicher zu einem nachahmenswerten Vorbild.

Record Business. Als direkter Konkurrent von *Music Week* berichtet auch *Record Business* über den wirtschaftlichen Aspekt der Musik und spart dabei neuere Themen wie Video und Independent Labels nicht aus. Erscheint wöchentlich in London.

Record Collector. Eine Zeitschrift für den gewissenhaften Plattensammler, der über Labels, Auslands-Releases und Bestellnummern vergißt, daß er es mit Musik zu tun hat. Erscheint, versehen mit vielen winzig gedruckten Anzeigen, monatlich in London.

Record Mirror. Wöchentlich in London erscheinende Musikzeitschrift, die versucht, das gesamte Musikleben widerzuspiegeln. Vereinigte sich 1991 mit *Music Week*.

Select. Entgegen dem Titel wählt diese in London monatlich erscheinende Zeitschrift nicht akribisch aus, worüber sie berichten will, sondern berichtet über fast jede Art von Musik. Manchmal etwas wirr gestaltet; mitunter werden Tonbandkassetten mitgegeben.

SFX. Eine der ersten Zeitschriften auf Tonband. Erschien monatlich in London.

Sky. Ebenfalls ein Magazin im neueren Stil, perfekt im Lay Out und überraschend in der Typographie. Widmet sich unter anderem der Musik; erscheint in London.

Smash Hits. Erscheint monatlich in London; enthält neben kurzen Interviews auch Klatsch und Tratsch und wendet sich damit an ein jüngeres Publikum.

Sounds. Wöchentlich in London erscheinende Zeitung, die sehr flexibel auf neuere Entwicklungen reagierte. Obwohl eine der meistgelesenen Musikzeitungen, mußte *Sounds* ihr Erscheinen im April 1991 einstellen.

Zig Zag. Zeitweise war diese monatlich in London erscheinende Zeitschrift unentbehrlich für den an neuer Rockmusik interessierten Leser; später schwankte die Qualität erheblich.

Bundesrepublik Deutschland

Bad. Erscheint monatlich in Bonn und widmet sich Soul, Funk, Hip Hop und Disco.

Break Out. Heavy Metal-Magazin, das monatlich in Neckarsteinach erscheint.

Fachblatt Musik Magazin. Deutschlands älteste Musikerzeitschrift; ging aus *Riebe's Fachblatt* hervor, verbesserte sich in Aufmachung und Stil im Laufe der Jahre erheblich. Das *Fachblatt Musik Magazin* war die Keimzelle für diverse weitere Musikerzeitschriften, die sich wie das *Fachblatt* vor allem der technischen Seite der Rockmusik widmen. Erscheint monatlich in München.

Gitarre und Baß. Musikermagazin der üblichen Machart: Musikerinterviews, Geräte- und Instrumententests, Workshops. Der *Fachblatt*-Ableger erscheint jeden Monat in Augsburg.

Glasnost. Wirkt wie ein gehobenes Fanzine für Gothic Rock, Techno und Wave. Erscheint zweimonatlich in Freiburg.

Horror Infernal. Heavy Metal-Zeitschrift, die monatlich in Dortmund erscheint.

Keyboards. Monatlich in Augsburg erscheinendes Magazin für Keyboard-Spieler und Home-Recording-Artisten. Bemüht sich in Workshops und Artikeln um Verständlichkeit. *Keyboards* ist einer der Ableger von *Fachblatt Musik Magazin.*

Keys. Zweimonatlich in München erscheinendes Magazin für Keyboards, Musikcomputer und Studioequipment. Sehr gut gestaltet, durchweg farbig. Jedes Heft ist einem thematischen Schwerpunkt gewidmet.

Limited Edition. Erscheint in Berlin. Widmet sich besonders Independent-Musik, auch der deutschen Rockmusik.

Metal Hammer. Heavy Metal-Zeitschrift der Schweizer Jürg Marquard-Verlagsgruppe.

Metal Star. Das monatlich in Hamburg erscheinende Magazin widmet sich Heavy Metal und Hardrock; farbig, mit Posters und Interviews.

Musik Express/Sounds → Musik Express/Sounds

Der Musikmarkt. Monatlich in Starnberg erscheinendes Branchenblatt für den Schallplattenhandel. Unentbehrlich für den, der wissen will, wie Musik zur Ware wird.

Network Press. Zeitschrift für neuere Rockmusik und Disco-Musik. Erscheint monatlich in München; die Redaktion befindet sich in Hamburg.

Popcorn. Farbiges Magazin für Teenager; mit Postern und vielen Fotos. Erscheint monatlich im Schweizer Marquard-Verlag, in dem eine Vielzahl von Musikzeitschriften erscheinen.

Pop Rocky. Klatsch und Tratsch für Teenager. Erscheint alle 14 Tage in der Schweizer Jürg Marquard-Verlagsgruppe.

Production Partner. Zweimonatlich in Augsburg erscheinendes Magazin für Studio-, Bühnen- und Lichttechnik. Tests und Interviews in einer von Anglizismen durchsetzten Sprache.

Rock Hard. Thematisch auf Hardrock und Heavy Metal beschränkt. Erscheint elfmal im Jahr in Dortmund.

Rough. Rockmagazin, das in Ratingen herausgegeben wird. Der Themenkreis ist ausdrücklich auf Rockmusik beschränkt, allerdings in sehr weiten Grenzen.

Spex → Spex

Sticks. Zeitschrift für Schlagzeuger, die neben Instrumenten-Tests auch Interviews mit Schlagzeugern, Marktübersichten und Workshops bringt. Erscheint jeden zweiten Monat im Musik Media Verlag in Augsburg.

Zillo. Monatlich in Lübeck erscheinende Zeitschrift, die sich besonders der Independent-Musik widmet. Veröffentlicht auch Schallplatten.

Zounds. Erscheint seit Januar 1992 monatlich in Stuttgart (Vereinigte Motor-Verlage). Chefredakteur der in der Aufmachung britischen Magazinen wie *Q* ähnelnden Zeitschrift ist Manfred Gillig-Degrave, der früher schon für *Sounds* und *Musik Express/Sounds* schrieb. Ziel des Blattes ist es, das «ganze Spektrum der Rockmusik» vorzustellen; gemeint ist damit vor allem → AOR.

Zensor ist der Name eines im Jahre 1980 von Burkhardt Seiler in Berlin gegründeten Schallplattenlabels. Seiler hatte zuvor auf wenigen Quadratmetern eines Ladens für Rock 'n' Roll-Requisiten (Blue Suede Shoes, Lederjacken usw.) Schallplatten verkauft. Dabei folgte er strikt seinem eigenen Geschmack, so daß der Käufer Rock-Schallplatten neben Avantgarde der → Bildungsmusik kaufen konnte; der knappen Auswahl wegen nannte sich der Plattenhandel *Der Zensor*, ein Name, der bald auf Seiler selbst überging. 1979 rief Seiler dann das Label Zensor ins Leben. Das Label machte sich in den achtziger Jahren mit Soul-, Blues- und auch Reggae-Schallplatten einerseits, mit unkonventioneller und avantgardistischer Musik andererseits einen Namen. Zu nennen wären beispielsweise die Veröffentlichungen der NEVILLE BROTHERS aus New Orleans sowie Frieder Butzmanns und Caspar Brötzmanns aus Berlin.

S Aaron Neville: *Orchid in the Storm*, 1985; Neville Brothers: *Live at Tipitana's New Orleans, Louisiana,* 1985; Caspar Brötzmann Massaker: *The Tribe*, 1987; Frieder Butzmann: *Das Mädchen auf der Schaukel*, o. J.; Frieder Butzmann: –, o. J. (alle: D: Zensor)

Zick Zack ist der Name des im Jahre 1980 in Hamburg von dem Journalisten Alfred Hilsberg gegründeten Labels. Anfang der achtziger Jahre veröffentlichte Hilsberg Aufnahmen von Einstürzende Neubauten, X-Mal Deutschland, Die Haut und Freiwillige Selbstkontrolle. Mit dem Zusammenbruch der sogenannten Neuen Deutschen Welle und dem Ende des Rip-Off-Vertriebs schien auch das Ende Zick Zacks besiegelt; Hilsberg konnte das Label allerdings weiterführen. Zu der Firma gehören auch die Labels What's So Funny About, Scratch 'n' Sniff und Cash Beat. Auf Zick Zack veröffentlichen gegenwärtig beispielsweise Die Haut und Die Erde.

Ziehharmonika → Akkordeon

Zitat (engl. quotation) kommt durch die klangliche Vergegenwärtigung einer früheren Komposition in einem späteren Musikwerk zustande, wobei die frühere Komposition, aus der zitiert wird, aus fremder oder – seltener – aus eigener Hand stammt; im letzten Fall liegt ein Selbstzitat vor. Der Grund, warum ein Teil aus einem früheren Musikstück im späteren herangezogen wird, ist unterschiedlich und kann Parodie, Freundschaftsgeste, witzige Laune wie liebevolle Erinnerung sein. In dem Maße, wie Rock sich zu einem eigenständigen Kunstbereich entwickelte, tauchten Zitate auch dort häufiger auf. Zitate wie bei The Nice oder Emerson, Lake & Palmer setzen dabei einen Hörerkreis voraus, der das Zitat als solches erkennt. In «All You Need Is Love» der Beatles erscheinen nacheinander Zitate aus der Marseillaise, aus dem englischen Volkslied «Greensleeves», aus dem Anfang einer bekannten Swing-Nummer sowie aus dem ehemaligen Beatles-Hit «She Loves You». Ebenfalls ein Selbstzitat findet sich bei 10 cc in dem Song «I'm Mandy Fly Me»: Am Anfang hört man ein Stück aus dem Song «Clockwork Creep» von dem früher erschienenen Album *Sheet Music*; in beiden Songs geht es im übrigen um das Fliegen in großen Flugzeugen.
Bei Stilzitaten werden nicht bestimmte Stücke, sondern Stileigentümlichkeiten in witziger Übertreibung vergegenwärtigt: Meister dieser Technik war die Gruppe Alberto y Lost Trios Paranoias mit ihren Stilzitaten aus Tangerine Dream und Punk. Künstlerisch einfacher sind die Textzitate: «Glass Onion» der Beatles stellt eine Folge von Textzitaten dar, die jeweils von der ursprünglichen Musik begleitet werden. Der Übergang vom Zitat zur Anspielung ist fließend; «Back In The USSR» der Beatles kann als ein Textzitat aus und als eine Anspielung auf Chuck Berrys «Back In The USA» gelten.

Zither ist ein flacher Holzkasten mit darüber gespannten Saiten; die metallenen Spielsaiten werden mit einem Plektrum gespielt, während die Begleitsaiten (aus Darm oder Kunststoff) gezupft werden. Das Instrument liegt beim Spielen auf einem Tisch oder auf dem Knie. Die Zither weist mannigfaltige Varianten nach Größe, Form und Stimmung auf. Das ursprünglich auf die Alpenländer begrenzte Instrument hat in jüngerer Zeit eine gewisse Verbreitung gefunden, nicht zuletzt dank des Hauptthemas in Carol Reeds Film *Der dritte Mann* von 1951, das von Anton Karas auf der Zither gespielt wird. Eine Klaviaturzither (engl. autoharp) war ständiges Begleitinstrument der englischen Gruppe PINKERTON'S COLOURS um 1965 bis 1967; sie ist auch auf «Do You Believe In Magic?» von THE LOVIN' SPOONFUL zu hören.

L Joseph Brandlmeier: *Handbuch der Zither* (München 1963)

ZTT ist der Name des im Jahre 1983 von dem Musiker und Produzenten Trevor Horn und dem Journalisten Paul Morley gegründeten Schallplattenlabels. Die erste Gruppe, die von dem Label unter Vertrag genommen wurde, war FRANKIE GOES TO HOLLYWOOD (der Name entstammt einer Schlagzeile, die in *Variety* erschien, als Frank Sinatras Filmpläne bekannt wurden). Die provokative Werbung für die Platte der Band machte auch das Label bekannt. Weitere Gruppen auf ZTT sind bzw. waren PROPAGANDA und ART OF NOISE.

Zusatztöne heißen harmoniefremde Töne in einem → Akkord, z. B. der Ton a, wenn er zum Tonikadreiklang c e g hinzugefügt wird (sixte ajoutee, hinzugefügte Sexte). Zusatztöne sind besonders im musikalischen Impressionismus (Claude Debussy, Alexander Zemlinsky, zum Teil Olivier Messiaen) sowie im Jazz beliebt und dienen der Bereicherung, der Trübung des Akkordcharakters und der Erhöhung des Klangreizes. Zusatztöne bedürfen nicht der Auflösung im nachfolgenden Akkord. Durch sie kann ein einfacher C-Dur-Akkord etwa in folgenden Gestalten erscheinen:

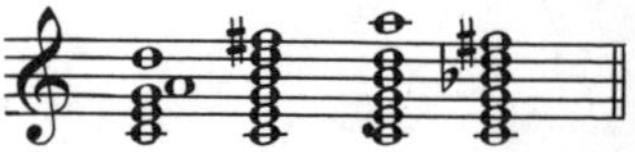

Zweiunddreißigstel (engl. demisemiquaver, US-amer. thirtysecond note) ist ein Zweiunddreißigstel der Ganzen Note. Das Zeichen für diese Note ist 𝅘𝅥𝅰, für die entsprechende Pause 𝄿.

Zwischendominante heißt ein Akkord, dessen Funktion darin besteht, den folgenden Akkord dominantisch vorzubereiten, in der Weise also, als sei der nächste Akkord die Tonika, und die Zwischendominante würde die fünfte Stufe vertreten. Der Zielakkord, vor welchem die Zwischendominante steht, kann jeder beliebige Akkord mit leitereigenen oder auch leiterfremden Tönen sein. Ist er die fünfte Stufe selbst, so heißt die vorangehende Zwischendominante auch Wechsel- oder Doppeldominante: sie ist dann Dominante der

Dominante. Der dritte Akkord im Beispiel verhält sich wie ein Dominantseptakkord zur nachfolgenden «Tonika» g h d; durch Hinzufügung der Septime f wird jedoch deutlich, daß dieser Akkord seinerseits die Dominante in der geltenden Tonart C-Dur bildet.

Zwölftonmusik und Rockmusik. Der Ausdruck Zwölftonmusik oder Dodekaphonie ist ungenau: er muß in der etwas umständlichen Wortwahl ihres Schöpfers Arnold Schönberg (1874–1951) «Komposition mit zwölf nur aufeinander bezogenen Tönen» heißen. Sie setzt das zwölfstufig gleichschwebend temperierte System voraus. Die Zwölftontechnik, die in Schönbergs Werken ab 1923 erprobt wurde, beruht auf der «Reihe», die entweder eine Melodie oder eine Akkordfolge oder beides sein kann und die alle zwölf Töne in der Weise nutzbar macht, daß kein Ton wiederholt wird, solange die elf anderen Töne nicht erklungen sind. Ein Beispiel für eine solche Reihe findet sich zu Beginn des zweiten Klavierkonzertes von Hans Werner Henze (1967). In vereinfachter Gestalt lautet sie (Vorzeichen beziehen sich nur auf den folgenden Ton):

Eine Reihe kann transponiert, d. h. höher oder tiefer gesetzt werden, sofern die Intervallverhältnisse gewahrt bleiben; ebenso kann sie in der Umkehrung, in der Krebsgestalt oder in der Umkehrung der Krebsgestalt auftreten. Umkehrung heißt, daß die Schritte umgekehrt erfolgen: ein Terzschritt nach oben wird jetzt zum Terzschritt nach unten usw.; Krebs bedeutet, daß der letzte Ton der Reihe diesmal der Anfangston ist, die Melodie wird von hinten angefangen. Krebs der Umkehrung oder (was auf das gleiche hinausläuft) Umkehrung des Krebses entsteht, wenn beide letztgenannten Umgestaltungen miteinander kombiniert werden. Die Reihe von Henze erscheint in der Umkehrung so:

in der Krebsgestalt so:

und im Krebs der Umkehrung schließlich so:

Die Zwölftontechnik hat nach dem Zweiten Weltkrieg eine europaweite Verbreitung gefunden und mündete Anfang der fünfziger Jahre in den Serialismus (Serie: Reihe), bei dem nicht nur die Tonhöhen, sondern auch die rhythmischen Werte, die Lautstärke-Abstufungen, die Klangfarben usw. in vorgefertigte Reihen von (zwölf) Einheiten gebracht werden. Der Serialismus und damit die Zwölftontechnik ist Ende der sechziger Jahre immer mehr einer freieren – und man kann sagen: intelligenteren – Kompositionstechnik gewichen. Beispiele für die Anwendung der Zwölftontechnik im Rockbereich finden sich nicht (Sinn des Artikels ist es, einige elementare kontrapunktische Techniken zu erläutern). Eine angebliche Zwölftonreihe in «Strawberry Fields Forever» ist weder mit dem Gehör wahrnehmbar, noch verrät der Klavierauszug etwas davon (vgl. *Das neue Rock Lexikon* von Siegfried Schmidt-Joos/Barry Graves, Artikel «George Martin», Rowohlt Taschenbuch Verlag, Reinbek 1990, Band 1, Seite 499).

Zydeco →Cajun Music

Literaturverzeichnis

Steve Smith: *Bits and Pieces,* Harmondsworth 1988 (Verlag: Penguin)

Bert Muirhead: *The Record Producers File,* Dorset 1984 (Verlag Blandford)

Artemy Troitsky: *Rock in Rußland,* Wien 1989 (Verlag: Hannibal)

Michael Fink: *Inside The Music Business,* New York 1989 (Verlag: Schirmer)

Gerald Hündgen (Hg.): *Chasin' A Dream,* Köln 1989 (Verlag: Kiepenheuer und Witsch)

Al Kooper (with Ben Edmonds): *Backstage Passes,* New York 1977 (Verlag: Stein and Day)

Frederic Dannen: *Hit Men,* London 1990 (Verlag: Muller)

Gerald Dellmann/Michael Thewes: *Synthesizer,* Köln 1981 (Verlag: JV Journal Verlag)

Dieter Doepfer u. a: *MIDI in Theorie und Praxis,* Aachen 1990 (Verlag Elektor)

Gernot Winkler: *Tonaufzeichnung digital,* Aachen 1990 (Verlag: Elektor)

Gerhard Bore: *Mikrophone,* Berlin 1973

John Peel: *Making 4-Track Music,* London 1989 (Verlag: Track Record)

Bernhard Krieg: *Tonaufzeichnung analog,* Aachen 1989 (Verlag: Elektor)

Rudolf Maurer/Günther Taucher/Gernot Brantner: *Das Vierspur-Aufnahmestudio,* München 1989 (Verlag: Franzis)

Andreas Schätzl: *Roland LA-Synthesizer D-20/D-10/D-110,* München 1989 (Verlag: Signum Medien)

Michael Dickreiter: *Mikrofon-Aufnahmetechnik,* Stuttgart 1984 (Verlag: Hirzel)

Andy Mackay: *Electronic Music,* London 1981 (Verlag: Phaidon Press)

Simon Frith/Andrew Goodwin: *On Record,* New York 1990 (Verlag: Pantheon)

Simon Garfield: *Expensive Habits,* London 1986 (Verlag: Faber & Faber)

Simon Reynolds: *Blissed Out,* London 1990 (Verlag: Serpent's Tail)

Bill C. Malone: *Country Music, USA,* Wellingborough 1985 (Verlag: Equation)

Tim Riley: *Tell Me Why,* New York 1988 (Verlag: Alfred A. Knopf)

Neville Stannard: The Beatles: *The Long & Winding Road,* London 1982 (Verlag: Virgin)

Jan Fairley/Stan Rijven: *African Music,* Liverpool 1989 (Afrika-Ausgabe der Zeitschrift *Popular Music*)

Billy Bergmann: *African Pop,* Dorset 1985 (Verlag: Blandford)

Sharon Davis: *Motown. The History,* Enfield 1988 (Verlag: Guinness)
Vernon Joynson: *The Flashback. The Ultimate Psychedelic Music Guide,* Telford 1988 (Verlag: Borderline)
Jas Obrecht: *Masters of Heavy Metal,* New York 1984 (Verlag: Quill/Guitar Player)
Wolfgang Sandner (Hg.): *Rockmusik,* Mainz 1977 (Verlag: B. Schott's Söhne)
Lol Creme/Kevin Godley: *The Fun Starts Here,* London 1981 (Verlag: Arrows)
Matthias Becker: *Synthesizer von gestern,* Augsburg 1990 (Verlag: Musik-Media)
Francis Hanly/Tim May (Hg.): *Rhythms of the World,* London 1989 (Verlag: BBC)
John Tobler/Stuart Grundy (Hg.): *The Record Producers,* London 1982 (Verlag: BBC)
Tony Bacon (Hg.): *Rock Hardware,* Dorset 1981 (Verlag: Blandford)
Bob Doerschuk: *Rock Keyboard,* New York 1985 (Verlag: GPI Publications)
Mick Mercer: *Gothic Rock,* London 1988 (Verlag: Omnibus)
Bert Gerecht: *Bass-Talk!,* Köln 1991 (Verlag: Bund)
Sue Steward/Sheryl Garrat: *Signed Sealed and Delivered. True Life Stories of Women in Pop,* London 1984 (Verlag: Pluto Press)
Jürgen Stark/Michael Kurzawa: *Der große Schwindel?,* Frankfurt/Main 1981 (Verlag: Freie Gesellschaft)
Helmut Salzinger: *Rock Power oder: Wie musikalisch ist die Revolution?,* Frankfurt/Main 1972 (Verlag: Fischer Taschenbuch)
Samuel Charters: *The Roots of the Blues,* London 1981 (Verlag: Quartet Books)
Volkmar Kramarz: *Harmonieanalyse der Rockmusik,* Mainz 1983 (Verlag: B. Schott's Söhne)
Ralph Denyer: *The Guitar Handbook,* London 1982 (Verlag: Pan)
Jürgen Frey/Kaarel Siniveer: *Eine Geschichte der Folkmusik,* Reinbek 1987 (Verlag: Rowohlt Taschenbuch)
Tibor Kneif: *Rock-Musik. Ein Handbuch zum kritischen Verständnis,* Reinbek 1982 (Verlag: Rowohlt Taschenbuch)
Tibor Kneif (Hg.): *Rock in den 70ern,* Reinbek 1980 (Verlag: Rowohlt Taschenbuch)
Greg Shaw's Bomp! Aus den Kindertagen der englischen Rockmusik, Reinbek 1983 (Verlag: Rowohlt Taschenbuch)
Greg Shaw's Bomp! Vergessenes, Verschollenes und längst Verdrängtes aus dem legendären kalifornischen Rock 'n' Roll-fanzine, Reinbek 1982 (Verlag: Rowohlt Taschenbuch)
Simon Frith: *Jugendkultur und Rockmusik,* Reinbek 1981 (Verlag: Rowohlt Taschenbuch)
Wilfrid Mellers: *Twilight of the Gods. The Beatles in Retrospect,* London 1973 (Verlag: Faber & Faber)

Michael Shore: *The Rolling Stone Book of Rock Video,* London 1985 (Verlag: Rolling Stone Press)

George Martin (with Jeremy Hornsby): *All You Need Is Ears,* London 1979 (Verlag: Macmillan)

Paul Gambaccini: *Masters of Rock,* London 1982 (Verlag: Omnibus)

Glenn A. Baker/Stuart Coupe: *The New Music,* London 1980 (Verlag: Ring)

Donald Bogle: *Brown Sugar. Eighty Years of America's Black Female Superstars*, New York 1980 (Verlag: Harmony Books)

«Liz Thomson»: *New Women in Rock,* London 1982 (Verlag: Omnibus)

Timothy W. Ryback: *Rock Around The Bloc. A History of Rock music in Eastern Europe and the Soviet Union,* New York/Oxford 1990 (Verlag: Oxford University Press)

Robert Cantwell: *Bluegrass Breakdown. The Making of the Old Southern Sound,* Chicago 1984 (Verlag: University of Illinois Press)

Marilyn Kochman (Hg.): *The Big Book of Bluegrass. The Artists – The History – The Music*, New York 1984 (Verlag: GPI Books)

Tony Bacon/Paul Day: *The Ultimate Guitar Book,* New York 1991 (Verlag: Alfred A. Knopf)

Register

Aufgenommen wurden nur Namen aus dem Haupttext, nicht jedoch aus der fortlaufenden Discographie. Die Häufigkeit der Nennung einer Gruppe spiegelt nicht unbedingt deren Wichtigkeit wider.